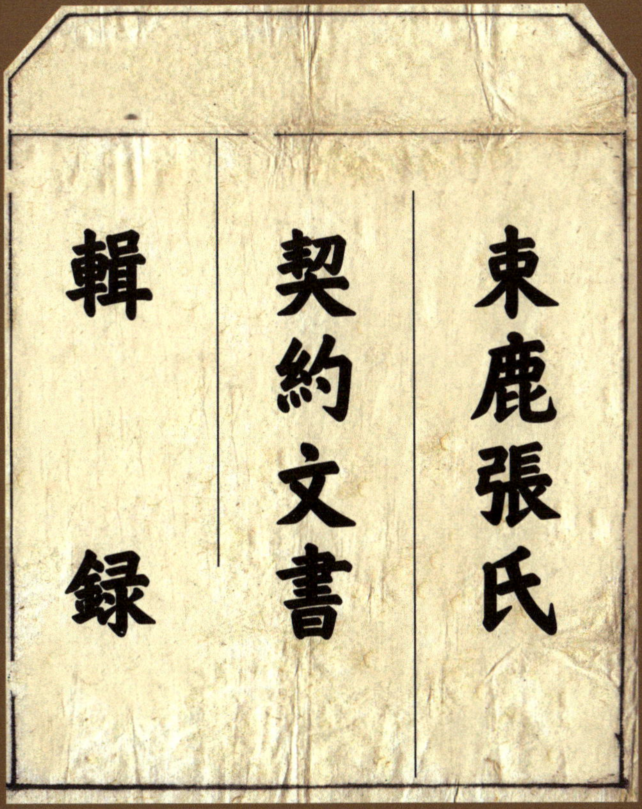

東鹿張氏契約文書輯録

國家古籍整理出版專項經費資助項目
河北省社會科學基金項目

童廣俊 張玉 張津 編著

天津出版傳媒集團
天津古籍出版社

圖書在版編目(CIP)數據

束鹿張氏契約文書輯録 / 童廣俊, 張玉, 張津編著
. -- 天津 : 天津古籍出版社, 2022.6 (2024.4重印)
ISBN 978-7-5528-1226-8

Ⅰ. ①束… Ⅱ. ①童… ②張… ③張… Ⅲ. ①契約-文書-匯編-辛集 Ⅳ. ①D927.224.36

中國版本圖書館CIP數據核字(2022)第089769號

束鹿張氏契約文書輯録
SHULU ZHANGSHI QIYUE WENSHU JILU

童廣俊　張　玉　張　津　編著

出　　版　天津古籍出版社
出 版 人　張　瑋
地　　址　天津市和平區西康路35號康岳大厦
郵政編碼　300051
郵購電話　(022) 23517902

責任編輯　王宇英
封面設計　鞠佳美

印　　刷　北京捷迅佳彩印刷有限公司
經　　銷　新華書店
開　　本　787 毫米×1092 毫米 1/16
印　　張　40.75
字　　數　540千字
版次印次　2022年6月第1版　2024年4月第2次印刷
定　　價　228.00元

張樹平家收藏契約文書的匣子（25×14×12 厘米）

張藏言家收藏契約文書的匣子（30×13×13 厘米）

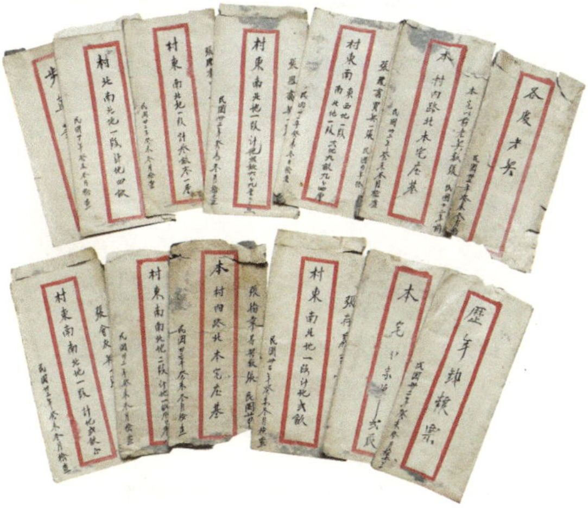

張藏言家裝地契的信封

張鎮乾（1915—1991）

張鎮坤（1921—2005）

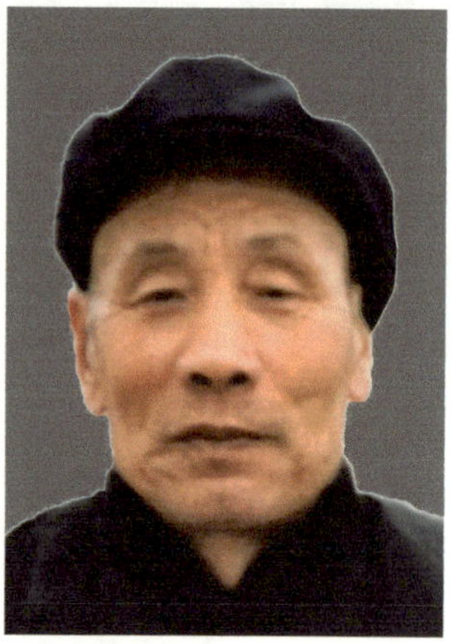
張鎮家（1924—2002）

張存義（1906—1980）

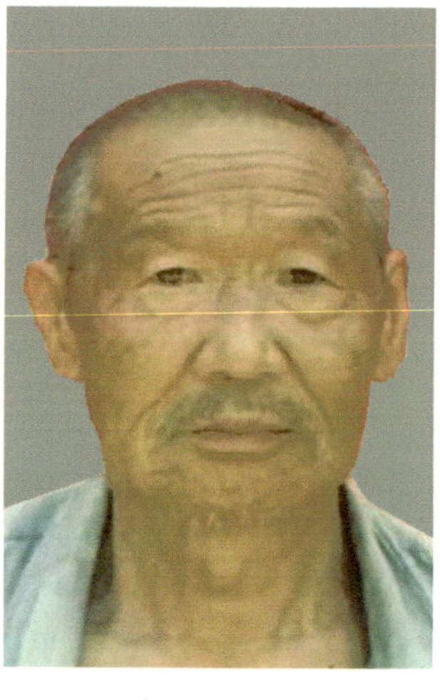
石同茂（1921—2006）

本書所録契約文書收藏者

東鹿縣人民醫院工作人員合影（1948年冬），中間一排着黑衣者爲院長王立山，畫面右邊站立者爲提供此照片的張静波

張樹平兄妹與母親在老屋前合影 (1966 年)

前言

束鹿縣（今河北省辛集市）位於華北平原西南部、河北省中部，地處太行山東麓平原區。束鹿縣，秦朝時爲钜鹿郡地。西漢先後設立“鄡（qiāo）”“陸成”“安國”“安定”“西梁”等縣、侯國。東漢時，歷設“鄡（qiāo）”“安國”縣。晉朝建置同東漢。北魏、北齊，設安國縣。隋朝設安定、鹿城縣。唐“天寶十五年，明皇以安禄山反”，改“常山之鹿泉爲獲鹿、饒陽之鹿城爲束鹿以厭之”[1]。故“束鹿”一名，從唐中期起，一直沿襲了一千二百三十年，1986年改爲辛集市。

東大陳村，始見於清代《康熙束鹿縣志》卷一“地理・鄉村”。“大陳莊，距舊城二十里，距新城三十里”，是束鹿縣西路二十三莊之一，轄西大陳村。乾隆時，隸屬於束鹿縣十八疃中小陳疃的北小陳莊。[2]今屬辛集市新壘頭镇所轄，位於河北省會石家莊東，307國道旁，距石家莊65公里，交通便利。從張氏家族契約文書看，張氏最晚在明朝崇禎初年就一直居住在東大陳村，至今有近四百年的歷史。東大陳村現有650户2060人（2020年7月統計），其中，約一半人口爲王姓，其次爲張姓、石姓、肖姓等。張姓現有人口三四百人，其中，家藏契約文書的張姓本支百餘人，另有百餘人定居於北京、天津、西安、南京、石家莊、營口及山東各地。

1 〔清〕劉昆：《康熙束鹿縣志》卷一“地理・沿革”，見〔民國〕謝道安：《束鹿五志合刊》民國二十六年鉛印本，臺北成文出版社影印，1968年，第52—53頁。

2 〔清〕李文耀：《乾隆束鹿縣志》卷二“地理志・莊疃”，見〔民國〕謝道安：《束鹿五志合刊》民國二十六年鉛印本，臺北成文出版社影印，1968年，第1389頁。

一、張氏家族契約文書概述

張氏家族契約文書包括張樹平、張藏言兩個家庭收藏的171張契約文書以及17張抄録地契、10多張往来账单、20多張繳税收據等。最早的是張樹平家藏明代崇禎六年（1633年）地契，最晚的是張藏言家藏1980年賣契，時間跨度達三百四十七年。

（一）張樹平家藏契約文書簡介

張樹平家藏契約文書124張，最早的是明代崇禎六年（1633年）肖丙德賣地契，最晚的是1964年互换莊基契約。另有抄契簿一册，抄録清雍正八年（1730年）到嘉慶二年（1797年）的17張地契和記有“張廷寬名下地糧”的2張備忘，除去與現存地契内容相同或基本相同的6份抄契外，還有與現存地契記載内容完全不同的有價值地契11張。這135張契約文書歷經明末、清朝、民國至二十世紀六十年代，最早的地契距今已近四百年（見表1）。

表1　張樹平家藏契約文書統計表

朝代	明朝	清朝										民國	中華人民共和國	總數
	崇禎	順治	康熙	雍正	乾隆	嘉慶	道光	咸豐	同治	光緒	宣統			
張數	1	4	14	8	24	18	7	5	2	11	1	28	1	124
抄契				*1+1	*10+4	1								*11+6

注：帶*者爲現存地契中未見之抄契。

張樹平家藏契約文書數量最多的是買賣房地契約，若將有价值的11張抄契計算在内，共91張，占全部契約的67%，主要集中在清代。除少數上手契外，都是立契約人將土地、房屋賣與張氏的賣契。賣契中又分民間私下簽訂的白契、加蓋官印的紅契以及民國年間的制式官契等。

1. 白契

白契是民間百姓買賣土地、房屋時，經中人説合擔保、簽押訂立，不經官府、不納税，也無官府鈐印的契約文書。張樹平家藏 80 張買賣房地契約中，白契 55 張，占買賣房地契約的 69%。其中明代崇禎六年（1633 年）二月十八日肖丙德賣地契是張氏家族現存最早的白契。

白契的内容一般包括賣主姓名，賣地原因，土地方位、數量、四至，中人姓名，買主姓名，價格錢數，反悔制約等，另有土地附屬物及計價，最後是立契時間、賣主畫押（清朝康熙晚期以後的契約一般不再有賣主畫押）、土地長寬數據、中人簽名。契約文書的格式、行文用語及内容約定俗成，一直到民國年間，基本没有太大變化。

白契中還包括草契。有論者將白契又稱作草契，其實不然，草契與白契是有區别的。嚴格説來，草契是白契的一種，二者有相通之處，但並不能劃等號。草契，顧名思義，即在簽訂正式契約前由賣主托中人事先草擬的契約。如清順治四年（1647 年）五月張奉奇賣地契，此契中買主“張後艾”及每畝價錢“二千文”六個字，筆體與全文不同，顯係後來填寫，在“二千文”下面，還有劃掉的“百文”字樣。這説明，賣主事先托中人將土地方位、畝數、四至及中人姓名等内容寫成草契，待中人覓到買主，經雙方協商後，再把買主姓名、雙方都認可的價錢填寫上去。從改寫的情况看，雙方對價錢曾有争議，最後才定爲“二千文”。這種情况在許多地契中都可以見到。

還有一種情况，就是先寫成草契，然後再寫正式契約。如嘉慶二十一年（1816 年）二月初二張立功賣莊基的兩張地契，兩契格式及契文内容基本相同，唯一不同的是莊基價格，草契是“七十千”文（由“五十千”文修改而成），白契則爲“三十五千文”，兩者相差一倍，恰恰表明買賣雙方討價還價的史實以及草契與白契的不同特點。

在諸多契約中草契只占極少數。事實上，更多的時侯買賣雙方只是經中間人多次口頭協商，最後訂立白契，並不一定先立草契，這也是一些論者將白契與草契混同的主要原因。

2. 紅契

紅契是土地所有者將已立白契呈送官府登記注册、交納契税，並由府吏蓋上紅色官印的契約文書，它較白契更具有法律效力。張樹平家藏契約文書中現有買賣房地红契 25 張，占买卖房地契約总数的 31%，另有典當房地紅契 6 張。

其中最早的兩張紅契是康熙二十五年（1686 年）十月張名樓賣地契和張聖如賣地契。張名樓賣地契上，與契文字體不同、由收税縣吏填寫的“五百”“一分五厘”分别是交易價格與應納税銀，此處蓋上了大紅的官府方印“束鹿縣印”。紅契與草契、白契的最大區别及各自特點一目了然。現存契約中，一些紅契與白契涉及同一樁土地交易，内容完全相同，但有些指向同一樁交易的紅契與白契内容却不盡相同，如雍正八年十二月十八日（1731 年 1 月 25 日）鄰村（按地理位置應爲今東大陳村東北的尖村營，今兩村相距 2.5 公里）劉進真、劉展韜两張賣地契。紅契與白契字迹一致，顯係一人書寫，内容基本相同，尤其是土地的長、寬具體數字完全相同。紅契較白契除少了兩個中人外，“計地三畝七分”較白契土地面積“五畝九分七厘”足足少了兩畝多，交易銀兩“共價銀三兩”與白契所載價銀相差一倍，“税銀九分”不足白契應繳税銀的 50%。

此兩契的上手契，即康熙四十九年（1710 年）十月十四日劉成思賣地契。上手契與紅白兩契所載土地長寬數據相同，實際計算面積與白契同爲“五畝九分七厘”，説明紅契所載土地面積和價銀實爲杜撰。當時的收税小吏不可能一一仔細比對，故此舉爲明顯的偷漏契税行爲，這種現象貫穿於清朝直至民國時期。清代基本執行賣契税率 3%、典契税率 2% 的規定，但到了清朝後期，列强入侵，國勢衰危，爲了償還巨額賠款，各種苛捐雜税多如牛毛，成了百姓揮之不去的噩夢。所以百姓爲了減輕負擔，往往在白契之外，重抄一份遠低於原契地價的契文，交到官府蓋章納税，税銀自然就減下去了。

同族的張藏言家藏契約文書中也有此現象，如咸豐三年十二月初九（1854 年 1 月 7 日）張鳳來賣地契，同是“叁畝零壹厘”土地，白契載“每畝價京錢拾捌千”，紅契所載“每畝價京錢玖千文”衹有白契地價的二分之一，所納税銀就減少了一半。

清代中晚期的紅契，一般帶有契尾。買主將已訂立的白契呈送縣府驗契註册、交税蓋章的同時，府吏將印製好的税收憑據粘連在契約尾部，故稱“契尾”。契尾由各省布政司統一雕版刊印並編號發行到各地，粘連民寫地契後，作爲官府徵收契税後的驗契憑證，使土地買賣更加規範。

現存八張契尾中，最早的是乾隆三十八年十二月（1774 年 1 月）趙勉賣地契上粘連的乾隆三十九年（1774年）契尾。最晚的嘉慶二十年（1815年）二月初二張文蔚賣莊基契粘貼咸豐元年（1851年）契尾。除此之外，明末至清代再没有官府制式地契了。中華民國成立後，土地買賣制度漸趨完善，出現了官府統一印製的契約文書。如清光緒年間的四張地契上粘有民國三年（1914年）五月二十日的買契。買契是簡單的表格。民國十五年十二月十六日（1927年1月19日）張煦亭賣地契粘有破損嚴重的張氏契約文書中唯一的“官紙草契”，其内容、格式與民間百姓自行簽訂的手書白契並無兩樣。

3. 當契

當契也稱典契，是民人爲生活所迫，經中人説合雙方同意而簽訂的地契。當主將房地作價出當於人，並規定當期，承當人交付當價後，在典當期間即獲得該房地的使用和收益權利，當主在約定期限内有贖回權，即以原價贖回土地，也有的到期不贖即視爲絶賣。當契格式與賣契大體相同，但内容較賣契簡單，一般没有長寬數據，甚至没有土地四至，僅約定“×× 年爲滿，錢到回贖”。

現存張氏家族文書中有當契29張，其中清代當契12張、民國當契17張，明末至清代嘉慶前期没有當契，最早的是嘉慶十一年（1806年）、十九年（1814年）張宣兩次承當他人土地的地契。嘉慶十一年（1806年）正月二十八日張立寬當契没有標明地塊四至、長寬數據，也没有規定當期，而且是“當與張宣爲业”，顯然與一般當契不同。其當價“陸拾捌千”，甚至高於同期土地買賣的價格（見表2）。

表2 張樹平家藏嘉慶年間賣契與當契土地價格

地契	畝數	單價	備註
嘉慶五年三月十四日張勇賣地契	6.42	大錢10千	賣①白
嘉慶六年三月十四日張勇賣地契	6.42	京錢15千	賣②紅
嘉慶六年十二月二十六日焦思聰賣地契	3.6785	京錢28千	賣
嘉慶十一年正月二十八日張立寬當契	2.00	錢34千	當
嘉慶十九年十二月王修敬當契	10.00	京錢31千	當
嘉慶二十年正月初十王宦成賣地契	8.1574	京錢19千	賣①白
嘉慶二十年十二月初十王焕成賣地契	8.1574	京錢10千	賣②紅
嘉慶二十一年十二月二十四日劉印成賣地契	7.0632	京錢23千	賣
嘉慶二十一年十二月二十四日徐□□賣地契	8.688	京錢15.785千	賣

嘉慶十九年（1814 年）張宣又從王修敬手中承當 10 畝土地，當契上貼一紙條云“此地起初當的年頭是嘉慶十六年正月”，三年後繼續承當，嘉慶十九年當契相較嘉庆十一年當契多了土地四至，但仍然没有當期，没有“錢到歸贖”之語，“言定共價京錢叁百壹十千”，也高於同時期土地賣價。

顯然這是兩張以當契爲名、以買賣土地爲實的賣契，此番操作的目的是規避契税。雍正十三年（1735 年）詔諭：“民間活契典當者，乃一時借貸銀錢，原不在買賣之例，嗣後聽其自便，不必投契用印，收取税銀。”乾隆二十四年（1759 年）又重申：“民間活契典買田宅，遵奉雍正十三年諭旨，概免其納税。”又把此條作爲定例載入《大清律》：“凡民間活契典當田房，一概免其納税。其一切賣契，無論是否杜絶，俱令納税。”[1]即買賣土地的賣契要繳納契税，而典當土地的當契則不必繳税。因此，嘉慶十一年、十九年這兩次買賣土地的賣契便寫成了當契。

乾隆後期，《户部例則》增訂一條“民人典當田宅，契載年份，統以十年爲率”，即當期超過十年或逾十年仍不回贖者，須繳納契税。這也是當契規定的當期一般在三至七年的原因。

張氏契約文書中，清朝後期道光二十九年（1849 年）至宣統年間的 10 張當契皆没有典當期限，也没有鈐印的紅契。其中，咸豐元年（1851 年）三月十二日張玉潤、張玉蔭當契未書當期，但有“錢到歸贖”四字。咸豐二年十二月初七（1853 年 1 月 15 日）張老完當契聲明“二分行息”，次年二月初十當與劉聚公的當契則規定“三分行息”，是僅有的兩張當價有利息的清代當契。

民國時期的當契，幾乎都規定了當期。當期一般三五年或六七年，最多的是民國十九年十二月十四日（1931 年 2 月 1 日）張治國當契。張治國“將自己村東樹地一段，計地一畝半”，當於“北大過劉銀海名下”，並規定“十五年爲滿，樹死地合，隨地带差，錢到歸贖”。“樹地”應是當期较長的主要原因。

根據民国时期規定，當契要向官府繳納契税。因此，從民國十六年（1927 年）到民國三十二年（1943 年）的 17 張當契中有 6 張紅契。其上鈐蓋的公章已不是縣級政權章，而是鄉級政權章。如民國十七年（1928 年）二月十六日張門王氏典當紅契，其上的“東鹿縣第貳區第貳十七鄉東大陳鄉公所圖記”方章及不甚清

1　《大清律例》卷九，《景印文淵閣四庫全書》第六七二册，臺灣商務印書館，1986 年，第 547 頁上。

晰的“公聚□敞”方章，表明此當契已在鄉公所繳納契税。

張氏現存當契一般是出當人因生活困難或特殊情況無力耕種，才將土地出當，以换回銀兩錢幣。而且當契與找契相連，出當人無力贖回時，往往通過中人向承當人找價，並再續當期。

4. 上手契

上手契也叫原契，是賣主或賣主祖上買進土地的原有契約，相較於出賣此地的新立地契而称“上手契”。上手契是賣主證明自己具有此出賣土地産權的法律憑證。一般而言，賣主若有相應的上手契要隨同新契一并交付買主，作爲地權轉移的證明之一。

張氏契約文書中有清代康熙至嘉慶年間的共10張上手契。最早的是康熙四十九年（1710年）十月十四日劉成思賣地契，二十年後，買主劉進真、劉進德後人劉展韜於雍正八年十二月（1731年1月）又將此地出賣與張方傑。最晚的是嘉慶二十五年（1820年）正月十四日張立功將莊基出賣與張立方的賣地契，六十二年後，光緒八年（1882年）正月初九，張立方後人張小祥將此地轉賣與張仁發。

上手契與張氏新契相隔時間最久的長達八十五年，如雍正九年十二月十九日（1732年1月16日），王元福將“孤莊村北東西地一段，計地六畝〇八厘五毫”“賣與徐中禄爲業”。八十五年後，嘉慶二十一年十二月二十四日（1817年2月9日），徐氏後人將此地连同乾隆四年十二月初十（1740年1月8日）买进戴興宇的“二畝六分”，共“二段，計地共八畝六分八厘八毫”“賣與張宣爲業”。地契中的孤莊位於東大陳村東南，兩村相距1公里。從三張地契所交易土地位置可知，王氏爲東大陳村人，戴氏與徐氏爲孤莊人。

上手契與張氏新契相隔時間最短的，是乾隆六十年（1795年）十一月初五王名世賣地的上手契與當月二十九日王天相賣地契，兩契相隔只有二十四天。還有一次購地附帶兩張上手契的，是乾隆五十五年（1790年）正月十二日袁永誠將土地出賣與張瑞，便拿出乾隆三十五年（1770年）與乾隆三十六年（1771年）兩張上手契（見表3）。

表 3　張樹平家藏上手契與新契對照表

上手契			新契		
時間	賣主	買主	時間	賣主	買主
康熙四十九年（1710 年）十月十四日	劉成思	劉進德 劉進珍	雍正八年十二月十八日（1731 年 1 月 25 日）	劉進真 劉展韜	張方傑
雍正九年十二月十九日（1732 年 1 月 16 日）	王元福（南段）	徐中禄	嘉慶二十一年十二月二十四日（1817 年 2 月 9 日）	徐□□	張　宣
乾隆四年十二月初十（1740 年 1 月 8 日）	戴興宇（北段）	徐中禄			
乾隆三十二年十二月二十三日（1768 年 2 月 11 日）	郝氏	劉永和	嘉慶二十一年十二月二十四日（1817 年 2 月 9 日）	劉印成	張　宣
乾隆三十五年（1770 年）正月二十六日	袁克孝 袁克忠	袁　義	乾隆五十五年（1790 年）正月十二日	袁永誠	張　瑞
乾隆三十六年（1771 年）正月二十六日	袁克忠	袁　義			
乾隆四十五年（1780 年）正月十一日	張昌裔	張廷孝	嘉慶五年（1800 年）三月十四日	張　勇	張　宣
乾隆五十六年（1791 年）正月十三日	王成功	王　欽	乾隆六十年（1795 年）正月十二日	王　欽	張廷寬
乾隆六十年（1795 年）十一月初五	王名世	王天相	乾隆六十年十一月二十九日（1796 年 1 月 8 日）	王天相	張　瑄
嘉慶二十五年（1820 年）正月十四日	張立功	張立方	光緒八年（1882 年）正月初九	張小祥	張仁發

5. 找契

找契是在房地典當後，出當人通過中人向承當人索取加價而簽訂的契約文書。有的當契能準時贖回，有的則不能按時贖回。出當人無力贖回時，土地或房産則歸承當人所有，而且當價一般低於土地賣價。這時出當人往往通過中人，與承當人約定延長當期、追加價款，寫成找契。

張氏契約文書中有找契 2 張，找契存根 1 張，另有直接原批在當契空白處的簡單找契 2 張。這些找契最明顯的特點是，不衹找地價，還再續當期，與當契性質相似。

如民國十七年（1928 年）二月十六日張門王氏當契，“今將自己村北東西園地一段，計地七畝”“當於王老生名下耕種，言明共價大洋貳佰貳拾圓整”，規定“五年爲滿，錢到回贖”。在當契空白處有不同筆體的兩行小字“同中人王洛丕找價洋元柒拾元，期滿再種五年爲滿。二十年十月十八日立”。這是民國二十年（1931 年）當期未滿時又續的找價簡約，此處蓋有“東鹿縣第貳區第貳十七鄉東大陳鄉公所圖記”完整章與騎縫章，表明找契得到鄉公所的認可。三年後，民國二十三年（1934 年）二月二十三日當期未滿時，張门王氏後人又另立一找契：“立字人張六合、張九命兄弟二人，找村北東西園地一段，經中人張慶申説合，在王老生名下找價大洋叁拾元，其洋當日交足，恐口無憑，立字爲證，五年爲滿，錢到歸回。”在原當契、找契基础上，此找契又將當期再延長一年，至民國二十八年期滿，故找價三十元。

這些找契與徽州地契、石倉契約等南方地區找契絶然不同。南方的“所謂找價，在很大程度上，是與土地的絶賣聯繫在一起的”[1]，即在絶賣地契的基礎上，或因地價上漲，賣主心理不平衡，便向買方找價。有的還一找再找，甚至土地出賣半個世紀後，還再找價。因爲找契的普遍存在，有時找契與正契同時簽訂。而張氏契約中的找契，是在當契基礎上，出當人與承當人約定再續當期所以追找地價而訂立的契約，相當於又立一簡單當契，與賣契無關。找價基本上發生於民國年間，且找價行爲少，找價次數少。

6. 抄契簿

在張树平家藏契約文書中，还有一本皺皺巴巴用契紙大小的棉紙上下對折成雙層、用紙捻裝訂的寬約 23 厘米、高約 17 厘米的簿册。此簿册共 17 張，收有用毛筆抄寫的從雍正八年腊月（1731 年 1 月）至嘉慶二年（1797 年）的 17 張地契和 2 張張廷寬名下地糧備忘。其中，抄寫在綿紙正面的 15 張地契與 2 張地糧備忘，筆迹一致，買主爲張方傑、張廷寬，應爲張廷寬抄寫。另 2 張筆迹不同、抄在綿紙反面的是乾隆六十年（1795 年）、嘉慶二年（1797 年）張宣買地契，顯係張宣抄寫。

17 張抄寫地契，有 6 張與現存地契内容基本相同，但個别抄契數據與現存地契有些出入，另外的 11 張地契内容却是從未見過的。鑒於乾隆十六年（1751 年）、嘉慶七年（1802 年）有張廷寬、張宣兩次分家，估計這 11 張地契上所購買的土地，在分家時分給了其他兄弟子侄，地契也隨地分去。這些抄録的地契雖

1 曹樹基、潘星輝、闕龍興編：《石倉契約》第一輯第一册，浙江大學出版社，2001 年，第 12 頁。

不是原始地契，但與現存買賣土地契約有同等的史料價值。

在抄契簿背面，除 2 張抄錄地契外，有 10 頁紙上密密麻麻記滿了各種來往賬目，如“正月十四日，張二白借錢二千”“八月初四，張盛子借高粱一斗”等等。

7. 分單

明崇禎六年（1633 年）至 1949 年中華人民共和國成立前的三百多年間，張氏家族曾六次分家析產，保存了七張分單：

（1）康熙四十年（1701 年）二月二十日張方傑分單

（2）乾隆十六年（1751 年）二月十四日張廷寬分單

（3）嘉慶七年（1802 年）二月十九日張宣分單

（4）道光三十年（1850 年）分單

（5）光緒二十四年（1898 年）十一月十二日分單（兩張）

（6）民國三十五年（1946 年）二月二十七日張鎮乾、張鎮坤、張鎮家分單

在古代農村社會里，任何稍有田産的家族，在家長年老或去世後，總會召集相關親族於一堂，當衆依據諸子均分原則，分配田房産業，並由各房代表抽簽或抓鬮，取得應分田房産權。這七張分單，皆是張氏家族嫡傳世系所分財産的原始資料。前六張分單爲複式分單，即參與分割家産的人員各自持有一份自己抓鬮所得家産的分單，各家文書拼合在一起，才能展現全部分家析産的狀況。最後一張是單式分單，是將諸子鬮分所得財産全部記録，並抄寫内容完全相同、與諸子人數一致的數份分單，分别交由諸子保存。

整理分析這七張分單，得到如下信息：

第一，據以上分單以及承嗣單、地契可以較清楚地整理出東大陳張氏家族十二代人的世系脉絡，即：孟奇—後艾—明顯—方傑—廷寬—宣—謙德—玉潤—仁發—治國—鎮家—樹平（張樹平爲契約文書保存者）。

第二，乾隆十六年（1751 年）二月十四日張廷寬分單，揭示了張氏家族兩支分開的具體時間。此分單記録了張廷寬所分土地，未涉及房屋的分配。分單中的“兩家”没有明確所指。查此前地契發現，乾隆七年（1742 年）到乾隆十一年（1746 年）的五年間，張廷寬與張連共同署名五次，共購地四塊 8.631 畝，乾隆九年十二月初八（1745 年 1 月 10 日）兩人購得莊基一塊。據此推斷，分單

中的“兩家”應是張廷寬、張連兩個家庭。此後，張樹平家藏契約中再没有“張連”的名字。本村同族張藏言是張樹平的侄兒輩，保存了47張家傳契約文書。最早的是乾隆三十五年十二月十七日（1771年2月1日）王文禮賣地契，買主是“張連”，表明了分家之後張連單獨購置土地的事實。在没有張氏家譜的情況下，家藏分單與地契證實了同根同祖的張氏兩支系分開的具體時間，實屬珍貴。

第三，分單的日趨規範。最早的康熙四十年（1701年）二月二十日張方傑分單，在中人見證下，兄弟“四人情願分開，以便修理房屋”，只涉及房屋分配，内容簡單。嘉慶七年（1802年）二月十九日張宣分單，立契時間分别寫在分單左右，騎縫左右裁斷，成兩行騎縫字，此分單形制正是典型的傳統分單格式。光緒二十四年（1898年）的兩張分單，立契時間騎縫寫成，並由張氏族人見證，至親公議。民國三十五年（1946年）二月二十七日張鎮乾、張鎮坤、張鎮家三兄弟的單式分單，名稱已不是簡單的“立分單人”，而是“立分析財産字據人”。分家内容涉及東大陳老家土地、房屋，以及北平“義昇”皮件廠、“義恒”皮箱店。證人中，不僅有“中人”，還有“親族見證人”“公證人律師閆振傑”及個人私章，較前代分單更加規範、嚴謹，表明隨着時間的推移，分家文書也與時俱進，日益趨向現代契約格式，標示着社會的發展與進步。

8. 其他

張樹平所藏還有一些其他類型的文書檔案：

光緒二十三年（1897年）六月初二繼承立嗣的繼單。首先明確了張有聲給伯父張仁發承嗣之事實，與張氏長輩所言吻合。其次，證實了張仁發共兄弟三人的事實，這是東大陳張氏第九代，與家族長輩所講“曾祖父兄弟三個”説法一致。

1949年1月23日華北區政府頒發的“土地房産所有證”，編號爲“東大陳字第肆拾陸號”，户主“張振甲”（镇家）。

最後是1964年張鎮乾、張鎮家兄弟互换莊基字據。

此外，抄契簿背面有10張往來賬單，另有一些零碎的計賬單據。

（二）張藏言家藏契約文書簡介

張藏言家藏契約文書，最早始於清朝乾隆三十五年腊月（1771年2月），截止於改革開放初期的1980年，歷經二百一十年，共47張。其中有27張房地買賣契約、12張房地典當契約、3張分單、2張字據、2張1949年華北區政府頒發的“土地房産所有證”、1張1980年賣樹木契約。另有民國十六年（1927年）至二十二年（1933年）繳納各種差税、雜税的收據、執照等21張（見表4）。

表4　張藏言家藏契約文書統計表

朝代	清朝						民國	中華人民共和國	總數	附：民國時期聯單、執照、收據等
	乾隆	嘉慶	道光	咸豐	同治	光緒				
張數	1	1	1	2	3	11	27	1	47	21

1. 房地買賣契約

房地買賣契約共27張，其中清代15張，民國12張，占全部契約文書的57.5%。27張地契中，紅契14張，白契13張。

（1）最早的地契

張藏言家藏契約文書中最早的地契是清朝乾隆三十五年十二月十七日（1771年2月1日）王文禮賣地契。此契買主張連是與張廷寬分家後張藏言本支的第一代。據張樹平家藏契約文書綜合分析，張連是張廷寬胞侄。

與此紅契連接的契尾今存“乾隆”兩字清晰可辨，具體年代不清，編號爲“壹仟貳佰陸拾壹號”。契尾的另一半是縣府保存的契尾存根。此契尾格式之規範、内容之嚴謹，可證康乾盛世的繁榮、社會治理的有條不紊。

（2）兩張“驗契無税”地契

張藏言家藏契約文書中現存清代咸豐三年十二月初九（1854年1月7日）張鳳來賣地契、同治五年十二月十六日（1867年1月21日）王化逵賣地契，兩契買主均爲張鳳（奉）翥。與兩契粘連的是民國四年（1915年）三月三十一日制式買契，買契與原契粘連處蓋有“驗訖”與“束鹿縣知事印”方形章，買契上土地坐落、面積、四至、買價、立契時間、買賣契人、中人等信息齊全，其中“應納税額”項下書“驗契無税”。

民國初年，無論清朝哪個年代的地契，北洋政府都要求按章補交契税。兩張地契上分别在“每畝價京錢九千文”“共賣價京錢九拾千整”處蓋有滿漢文的“束鹿縣印”紅色方形章，表示清朝咸、同年間已向縣政府納過税。當民國四年（1915年）三月三十一日（此處爲西曆）張鳳翥後人拿着兩張地契到官府蓋章交税時，收税書吏填寫“買契”内容，在“應納税額”項下書“驗契無税”，並在原紅契上注明繳税人“東大陳會”“東大陳張洛會”，即張鳳翥後人張會友。

兩張“驗契無税”地契的價值在於：一、證明了民國初年北洋政府對以往清代地契徵收契税的事實。如張樹平家藏光緒年間買賣房地的四張白契，買主爲張仁發、張長發，其後人張治國於民國三年（1914年）五月二十日到縣府繳納契税，四張地契粘貼的買契上，“應納税額”項下皆書“補税錢××千”。四張賣契光緒年間没有納税，到了民國初期，北洋政府照常徵收。二、“給契無税”表明清代已繳契税，民國時不再重複繳納，證明了不疊加納税的事實。

（3）手續齊全的“三聯契”

房地買賣契約中有一張民國十二年（1923年）十月初九王洛慎賣地契，聲明將“村内空莊基壹段”“憑中人説合，賣於張東西名下居住爲業”。此爲紅契，粘連了當时的官紙草契以及民国十二年（1923年）十一月三十日制式買契，成爲“三聯契”。另外還保存有此莊基買賣的上手契，即民國十一年（1922年）二月初十張老寬出賣土地與王洛慎的地契，可謂證據充分、手續齊全。張老寬賣地契是張藏言家藏契約文書中唯一的一張房地買賣上手契。

民國十七年（1928年）正月初三張二莽賣地契，是一張制式官紙草契，張二莽“將自己南北地一段，計地貳畝六分五厘”“賣與信德堂爲業”。當時社會流行家族堂號，故地契上的買主寫的不是個人姓名，而是堂號，説明張東西家堂號爲“信德堂”。

（4）粘貼印花税票的地契

印花税票是直接印有固定金額並粘貼在應納税憑證上的專門用於徵收印花税税款的一種有價證券。張氏契約文書中的光緒十年（1884年）十月十六日張洛雅賣地契，粘連同时期的一張官紙草契，以及民國十八年（1929年）十二月二十三日“河北財政廳印發、國民政府財政部驗契紙”，官紙草契正面下方粘貼兩枚印花税票。這兩張印花税票是河北省自行印製、國民政府統一頒發的“版圖旗税票”，褐色，票幅尺寸爲寬25毫米、高23毫米，票頭從右至左爲“國民政府印花税票”字樣。税票中央圖案爲當時中國地圖及國旗，俗稱“地圖旗印花税票”。税票四角分布着黑體“河北柒區”四字，票額爲“壹分”。印花稅票的粘貼時間應該與粘貼驗契紙的時間相同，驗契紙注明時間是“民國十八年十二月廿三日”，右邊有“縣長晋”三字。查《辛集市志》，當时的縣長名晋積傑[1]。

2. 房地典當契約

張藏言家藏契約文書中共12張房地典當契約，其中清代4張，民國時期8張。這12張當契中，3張當契與一般當契有所不同，類似今天的抵押貸款。另有2張當契，立契時間相隔半個世紀，涉及的是同一塊莊基。

（1）抵押貸款的當契

張藏言家第一張當契是清代嘉慶六年（1801年）四月張立功當契。這張當契與一般當契不同，没有標明土地四至，没有當期，也没有中人。張立功也沒有中人。張立功煩人代己借了張積、張老儀等十人的錢，在無力償還的情況下，“將自己村東南北地四畝、棗樹地二畝、園子一畝半”，抵押給協成號，“共作價錢壹百卅吊，錢到歸贖”。此契還規定了三方的權力，尤其是不僅張立功有贖回權，而且還將贖回權同時賦予了張積、張老儀等十人，可以“按地贖回”。這與張氏其他當契有著明顯的區别，具有抵押貸款的性質。

另有民國二十五年（1936年）十月十九日與十二月十一日的張翰章兩張當契。十月十九日，立當契人張翰章將“村東南南北園地一段，計地伍畝……當與德記號名下耕種”，言明“共當價通用國幣壹佰元整，按月壹分捌厘行息，期至拾個月，本利歸還，倘至期不歸，即以此地做押”。不到兩個月，十二月十一日，張翰章又立當契，將“村東南北園地壹段，計地叁畝五分……借到德記寶號名下”，“期限拾個月歸還”。兩契中的“德記號”與“德記寶號”應是同一堂號。兩張當契與一般當契不同之處在於：一是對象特殊，將土地“當”或“借”給錢莊性質的“德記寶號”，而不是一般的農户；二是當期短，一般當契至少兩三年當期，此兩張當契的當期只有十個月；三是當價有利息，“按月壹分捌厘行息”。具體説來，這兩份當契實質上是抵押契，是當主爲解决燃眉之急籌措錢款的一種途徑，相當於今天的抵押貸款。兩張當契上皆書“廢”字，表明已經到期“本利歸還”，

1　河北省辛集市志編纂委員會編：《辛集市志》第三編“政治”第七章“政府”，中國書籍出版社，1996年，第571頁。

贖回了土地。另外，當契使用的是“通用國幣”，强調了與當時泛濫的各種私票相區別。

（2）涉及同一塊莊基的兩張當契

民國二十年十二月初五（1932 年 1 月 12 日）張翰章當契的契文後，有顯然是另一種筆迹標注的“廿八年十二月廿三日贖回作廢紙”，即在民國二十八年（1939 年）十二月二十三日這一天將此莊基贖回。此契的上手契，是五十九年前的同治十一年（1872 年）二月初二張老好當契。兩張當契的標的物都有“北屋（房）”兩間。該莊基東與南二至皆爲胡同或道，北與西二至先後爲張老雍、張老木名下莊基，張老木應是張老雍後人。由此看出，同治十一年（1872 年）二月初二張老好出當的莊基，正與後來民國二十年（1931 年）十二月初五張翰章當契中“上帶北房二間”爲同一塊莊基。

張老好當契正文後面，有不同筆迹分别記述二條内容：“民國拾六年貳月廿五日，憑中人張老梅、張老怌説合，又找房價洋元貳拾五元整，言明再住七年爲滿，錢到回贖”；“民國十九年十月初十，憑中人張小旦、石拴正説，轉當張老辛，此證”。這些連同地契正文，釋放了三個信息：第一，同治十一年（1872 年）二月初二，張老好將上帶兩間北房的莊基出當給楊老福，當期三年；第二，五十五年後的民國十六年（1927 年）二月二十五日，張老好後人向楊老福（或後人）找房價大洋二十五元，商定再住七年；第三，七年未到期，民國十九年（1930 年）十月初十，此房轉當給張老辛。

從同治十一年（1872 年）張老好出當莊基到民國十六年（1927 年），中間經歷了五十五年，也就是當時雙方協議當期“三年爲满”並没有如期贖回。出現這種情况的最大可能是張老好已過世，且没有直接繼承人。直到民國十六年（1927 年），與張老好血緣關係最近的後人張翰章才找楊老福（或楊老福後人），“憑中人張老梅、張老怌説合，又找房價洋元貳拾五元整，言明再住七年爲滿，錢到回贖”。七年未滿時的“民國十九年十月初十，憑中人張小旦、石拴正説，轉當張老辛”，承當人由楊氏轉爲張氏。

第二年，即民國二十年十二月初五（1932 年 1 月 12 日），張翰章才與張老辛、張老槐簽訂正式當契。“憑中人張慶祥説和，當與張老辛、張老槐名下居住，言明共當價大洋貳拾伍元整”，並且規定，“不許轉當轉租，七年爲滿，洋到原物回贖。倘有損壞，住房人如數賠償，恐口無憑，立字爲證”。七年期滿以後，民國二十八年（1939年），張翰章贖回了這塊莊基及房産。於是，在民國二十年十二月初五的這張當契上，留下了“廿八年十二月廿三日贖回作廢紙”的記録，流落在外六十七年的莊基、房屋回到張氏手中。

3. 找契

張藏言家藏契約中，没有單獨的找契，但寫在3張當契上的簡單找契有5份。

（1）同治十一年（1872年）二月初二張老好當契上的找契

如前所述，同治十一年（1872年）二月初二，張老好將上帶兩間北房的莊基出當給楊老福，當期三年。在此當契空白處，有另一種筆迹記載“民國拾六年貳月廿五日，憑中人張老梅、張老怌説合，又找房價洋元貳拾五元整，言明再住七年爲滿”，即同治十一年當契訂立五十五年後的民國十六年（1927年）二月二十五日，張老好後人向楊老福（或後人）找房價大洋二十五元，商定再住七年。

（2）光緒三十二年（1906年）三月二十五日張四亭上手當契上的找契

張氏家族契約文書中，光緒三十二年（1906年）三月二十五日張四亭當契是唯一的一張上手當契。立當契人張四亭將自己“村東南南北地一段，計地肆畝……憑中人劉洛省説合，當於常洛壘名下耕種”，言明“當價共作九九京錢壹百伍拾千整”“三年爲滿，錢到歸贖”。三年未満时，光绪三十四年（1908年）十二月初六，張四亭（廷）“憑中人石老坦説合”，將此地塊“賣與張老會耕種”。上述張四亭上手當契在立契時間前後分别有“找價三千，中人劉洛行”“中華民國元年找價廿五千文，中人路小丑”的記録，应是買主張老会（張会友）的找價。

（3）民國二十九年（1940年）正月十二日張鎮南當契上的找契

民國二十九年（1940年）正月十二日，立當契人張鎮南將自己“村東南北園地壹段，計地貳畝……憑中人説合，當於張存義名下”，言明“每畝當價國幣洋拾伍元，其作當價國幣洋叁拾元整”，規定“耕種貳年爲滿”。期滿後，當主並未如期贖回該地，而是在兩年後的民國三十三年（1944年）八月二十六日，通過中人張曲禮，“找價國幣叁佰元，再作種七年”。不到四個月後的臘月初八，又“找價國幣洋壹佰捌拾六元”，不僅没規定再續當期，而且找價高於當時的當價，即使考慮當時物價上漲因素，找價也高得離譜。對此現象唯一的解釋就是出當人張鎮南將此地絶賣了，這也是當契留在張存義後人張藏言手中的原因。

5 份找契皆寫在當契上，闡釋了找契與當契緊密相連的事實與特點。

4. 分單

張藏言家藏契約文書中有 3 張分單。

（1）民國二十七年（1938 年）二月初十張翰章與胞嫂張王氏分單

從現有地契可知，張東西去世後，其弟張翰章支撑起門户，與胞嫂、侄兒共同生活八年。民國二十七年（1938 年）二月初十日，“立分單人張翰章與胞嫂張王氏，當同子侄及同族人等，各自情願分居度日”。分單明確了張王氏所分莊基、房屋及耕地，對具體權利也做了規定。此分單外有一張“王小台傢俱單”，記載了具體的傢俱，並有騎縫字“其封對證”，該傢俱單也是分單的一部分。王小台，即張翰章胞嫂，本村王氏，是地契收藏者張藏言的祖母。

（2）民國三十八年（1949 年）三月初三的 2 張分單

張藏言父親張存義兄弟四人，張存義排行老二。大哥張存仁與小弟張存智早年去北平。張存義與三弟張存禮在家务农。張存智去世較早，所以兩張分單，一張爲張存義分單，另一張爲張存智之子張瀛崙分單。

5. 聯單、執照與收據

張藏言家契約文書皆分門別類地裝在一個個信封里，在“歷年錢糧票”信封内，裝有民國年間各種執照、收據、聯單等票據 21 張，时间是從民國十六年（1927 年）到民國二十二年（1933 年），涉及北洋政府後期和國民政府前期基層政權税收情况。有張翰章自家的，也有村上其他人的。張翰章是張氏本支第十一代，張東西之弟、張英報祖父，曾任村中“甲地”。家中各種執照、收據、聯單等票據的保存，佐證了張翰章的“甲地”身份。

6. 其他

民國二十二年（1933 年）八月二十五日孫東來借大洋的借條 1 張。

張存信關於張存義房屋的字據 1 張。

民國三十八年（1949 年）一月二十三日華北區政府頒發的“土地房産所有證”2 張。此時張存義四兄弟尚未分家，土地房産所有證上的名字包括了張存義三兄弟、張存智兒子張瀛崙以及其他家人共二十位，因人口衆多，土地“柒段，拾畝玖分肆厘柒毫”，分寫在兩張土地房産所有證上，編號爲“東大陳字第貳拾壹號”。

當年的三月初三，張存義四兄弟分家。

1980 年 10 月 3 日，張存禮（張藏言三叔）將已被規劃的自己莊基上的樹木出賣與張藏言，並簽訂賣契。

此外，還有 3 張記賬單。

以上是張氏家族兩個家庭契約文書的簡單概述。

二、張氏家族契約文書存世原因

地處華北平原的張氏家族現存最早的契約文書距今將近四百年，其間屢經戰亂流離、水澇蟲灾，171 張契約文書以及 17 張抄契、21 張票據等，除個别契約上的一些字因紙張破損看不清外，絶大部分保存得相當完好。這有其社會背景及客觀環境等多方面因素。

（一）契約文書的實用價值

張氏契約文書中，絶大部分是土地買賣契約。在以農業爲主的中國傳統社會，土地一直是人們賴以生存的最重要的生産資料，擁有土地是古代中國人一生的追求，證實土地所有權的就是土地買賣契約，而地契則是土地的“身份證”。人們只有拿着那一紙地契，心里才踏實放心，感覺到有保障。在發生土地糾紛時，地契是解决糾紛、維護個人利益的最有效證據。地契的這種實用價值，使古代中國人都將地契視作自己的命根子，一代傳一代地珍惜保存。

同時，在中國封建社會及半殖民地半封建社會，國家政權也承認土地契約的實用價值，即使是民間私下訂立的白契，由於有了中人的見證、畫押，官府也承認其法律效力。如張樹平家藏乾隆六十年（1795 年）的 3 張地契，粘貼契尾的時間分别是嘉慶八年（1803 年）、九年（1804 年）及咸豐元年（1851 年），表明嘉慶、咸豐時仍然承認以前土地所有權的事實。到了民國年間，原清代地契仍被承認，如光緒十一年（1885 年）、十五年（1889 年）、十九年（1893 年）、二十五年腊月（1900 年 1 月）4 張地契，在民國三年（1914 年）五月經北洋政府驗證、收税，被粘上“買契”、蓋上官印後，重新獲得了北洋政府的認可。也就是説，它們不以朝代變更爲變更，改朝换代後仍被認可，因此，民間對契約文書的保護意識很强。

（二）張氏家族的自耕農身份

從張氏兩個家庭收藏的地契看出，張氏購買的土地面積多是幾畝甚至幾分的小塊土地，土地細碎，自己耕作，是中國農業社會典型的自耕農家庭。如果多子多孫，分割財産後，日子則陷入貧困境地。這樣的自耕農家庭，大多以委曲求全處世，没有多餘的財産可以被掠奪，在戰亂頻仍的年代較少受到兵燹匪禍的衝擊，世代留存的契約文書得以保存。再者，自耕農身份使張氏家族成員在歷次政治運動中免受衝擊，保存的契約文書也安然無恙。

（三）安全適宜的保存環境

張氏家族存放契約文書的百年老屋爲保存契約文書提供了較好的環境。如張樹平家三間百年老屋儘管没有雕樑畫棟，也不寬敞明亮，是華北平原經常見到的極普通的那種平頂磚房，但四梁八柱，圓檩方椽，堅固結實，歷盡風雨，經歷1963年連續七天七夜的暴雨、1966年邢臺地震、1976年唐山地震，百年老屋也没倒塌，契約文書未受絲毫損失。

（四）契約主人的嚴謹細心

張氏家族契約文書之所以能保存如此完好，與契約主人、保存者的嚴謹細心也是分不開的。

張樹平家藏契約按年代層層疊放在一塊方形絲帛内包裹，再放入长方形木匣内，木匣收藏在百年老屋一舊式衣櫃頂部約20厘米高的夾層内。直到二十一世紀初，百年老屋被拆除時，契約文書才被主人重新收藏。另外，用綫繩裝訂的抄契簿，抄録了雍正、乾隆、嘉慶時 17 張地契原文，並有 2 張記載張廷寬名下地糧的備忘，還在簿册上記載了日常生活中的來往賬目，可見其嚴謹、細心。

張藏言家藏契約文書先是分門别類裝在一個個信封内，有各處老契、宅基契、分單、歷年錢糧票等，信封上標注整理時間爲“民國三十二年”。形制統一的 13 個信封被報紙包裹並放在有抽拉蓋、长 30 厘米、宽高各 13 厘米的木匣内，保存完好。

正是張氏一代代人的嚴謹細心，精心保護，才使這些契約文書歷經風雨滄桑，得以存世。

三、張氏家族契約文書的特色及價值

契約文書，既具有法律證據的可靠性，又帶有資料的原始性，還有以稀爲貴的文物性，帶着時代的烙印，反映着社會的觀念，歷經戰争風雨的掃蕩、洪水地震等自然灾害的破壞，多數已經消失了。171 張張氏家族契約文書、近 40 張抄契收据等能够保存至今，難能可貴，具有多方面的價值。

（一）年代跨度大，保存完整，充實了北方契約文書寶庫

迄今爲止發現的國内契約文書，有兩個突出特點：其一，大多爲南方地區的契約文書，北方保存下來的地契則相對較少，對契約文書的研究也相對薄弱。這與北方尤其是河北省平原地區歷史上戰亂頻仍、契約文書易焚易毁有一定關係。而束鹿縣作爲老解放區，土地改革開展較早，保留下來的契約文書也更少。其二，就全國範圍而言，“明代中期以前的很少，清代前中期的也不多，道光以後至民國時期的最多”[1]。徽州契約如此，南方其他地區以及北方契約更是如此。

1　張傳璽：《中國古代契約資料概述》，《法律文獻信息與研究》2005 年第 2 期。

南方的徽學研究成就斐然，福建、廣東、安徽、貴州、江浙等地區的民間契約研究已形成規模，大型系列專著頻頻面世，如近年出版的《石倉契約》系列叢書、《清水江文書》整理與研究叢書等。與南方契約文書研究的熱潮相比，北方契約文書的研究有待進一步加强。近些年，隨着社會區域史研究的深入，北方地區在契約文書方面的研究也有了長足進步，發現了一批有價值的契約文書，出版了一批專著。如河北邯鄲學院藏“太行山文書”，以冀南、豫北、晉東南交界處的太行山中段爲核心，涉及以太行山爲中心的河北、河南、山西等省，出版了《太行山文書精萃》[1]，以及可作爲太行山地區家族史、村莊史研究案例的《學術名村“十里店”文書——王氏家族文書》[2]。山西大學郝平教授主編的《清代山西民間契約文書選編》[3]已由商務印書館出版。但有關華北平原地區特别是冀中平原家族契約文書的專著目前尚未見有正式出版。

張氏家族契約文書，在時間上，從明朝崇禎六年（1633 年）到中華人民共和國成立後的 1980 年，歷經明末、清朝、民國、中華人民共和國三百四十七年，最早的地契距今已將近四百年。

特别是張樹平家藏的清代 94 張契約文書，從清朝順治到宣統的每一時期，多則 24 張，少則 1 張，都有契約留存下來，占全部契約文書的 75.8%。若將有價值的 11 張抄契計算在內，清代契約文書則多達 105 張。乾隆朝 34 張契約文书，幾乎占清代契約總數的三分之一。民国年间也有 28 張契約文書存世。年代跨度如此之大、保存如此完整且系統完備的家族契約文書在華北地區乃至全國都屬罕見，可充實契約文書的寶庫。

（二）連續時間長，是研究冀中農村家族興衰的第一手原始資料

張氏家族两个家庭都是普通农民家庭。張樹平家藏地契中，涉及面積最大的地塊是光緒十一年（1885 年）十一月十六日買入的 13.561 畝，其次是乾隆

1 康香閣：《太行山文書精萃》，文物出版社，2017 年。
2 魯書月、顧海燕：《學術名村“十里店”文書——王氏家族文書》，廣西師範大學出版社，2018 年。
3 郝平：《清代山西民間契約文書選編》，商務印書館，2019 年。

五十五年（1790年）正月十二日買入的10.098畝。交易更多的則是一兩畝的細碎土地，最小片土地只有半畝。從張藏言家藏地契來看，一百八十年間只有13次購買土地、5次購買莊基地，購地最大的一块是光緒十三年十二月二十四日（1888年2月5日）買入的19.741畝，其次是同治五年十二月十六日（1867年1月21日）買入的9.94畝，其餘的都是五畝及以下的一二畝細碎土地。這些數據顯示了張氏兩個家庭是冀中農村最普通的農民家庭。

自第一張地契開始的明朝崇禎初年，張氏家族就一直生活在東鹿縣東大陳村，幾百年没有遷徙。這些契約文書，尤其是張樹平家藏契約文書，無聲地記録下了三百多年間十二代人的生活軌迹，清晰地反映出一個普通家庭的興衰史。

1. 明末至鴉片戰争前的鼎盛

從現存明末崇禎六年（1633年）張孟奇第一張購地契約開始，到清代道光前期的二百年間，只有嘉慶十一年（1806年）、嘉慶十九年（1815年）張宣兩次分别承當張立寬、王修敬土地，除此以外全部是買地契。買主先後有張孟奇、張後艾、張明顯、張方傑、張廷寬、張宣。尤其是雍乾嘉三朝，雍正朝的十三年間，8張地契，1張抄契，共7次購地，購買年不足兩年；乾隆朝的六十年間，23張地契，10張抄契，共21次購買土地、莊基，購買年不足三年；嘉慶朝的二十五年間，17張地契，1張抄契，購地9次，維持了三年的購買年。此間正是清朝政權穩固的“康乾盛世”繁榮期，相較其他時期，生産發展，社會穩定，土地流轉交易頻繁。張氏家族在此間辛勤勞動、省吃儉用，漸漸積累豐盈，得到長足發展，進入家族的鼎盛期，也爲後來道光年間的張謙德入庠學、辦私塾，並以孝名載入府縣志[1]、躋身耕讀之家行列奠定了基礎。

乾嘉時期張氏家族有兩次分家，一次是乾隆十六年（1751年）張廷寬與胞侄張連分家，一次是嘉慶七年（1802年）張宣與張袁氏、胞侄張立容分家。這種諸子均分家産的習慣，對於家族田産和財富的累積顯然不利，容易造成“富不過三代”的現象，因此，張氏家族的自耕農身份一直未變。

1 〔清〕宋陳寿：《同治東鹿縣志》卷七“人物志・孝友”，見〔民國〕謝道安：《東鹿五志合刊》民國二十六年鉛印本，臺北成文出版社影印，1968年，第1182頁。《光緒保定府志》卷六十三“孝義志三”，見《中國地方志集成》河北府縣志輯31，上海書店、巴蜀書社、江蘇古籍出版社，2006年，第361頁。

2. 鴉片戰爭後的衰落

隨着鴉片戰爭的爆發，外敵入侵，賠款割地，國勢日下，生靈塗炭，張氏家族也開始由盛而衰。道光朝的三十年中，只在鴉片戰爭前的道光五、六年間，張谦德兩次購地共 13 畝。鴉片戰爭後的道光後期，爲了生活，張謙德、張玉潤先後三次典當土地。咸豐、同治兩朝的二十五年間，除了張玉潤、張玉蔭同胞兄弟之間的一次土地交易外，只在同治十一年（1872 年）正月張仁發購得莊基一塊，與康乾嘉盛世時期的購地形成鮮明對比。

光緒前期似有好轉，九世張仁發、張長發兄弟三次共購進 23 畝土地，買下 3 塊莊基。但隨着兄弟分家，土地進一步分割細化，光緒末年及宣統年間，又三次典當土地，以維持生活。自耕農小家庭在日趨衰落的晚清，也不能幸免於難。

3. 民國前期的進一步衰落

清朝滅亡，幾千年封建王朝結束，但延續自鴉片戰爭的半封建半殖民地的社會性質没有改變。張氏家族在北洋政府時期未購買土地，民國七年（1918 年）二月二十四日有出當土地一次，民國十五年（1926 年）十一月，張六合、張九命接連兩次出當土地，然後就是不停地當、當、當，直到南京国民政府執政的民國二十四年（1935 年）十月二十三日還在典當土地。筆者曾詢問在北京生活的張鎮坤，得知典當土地的原因是打官司。爲了應付官司，張治國（張氏第十代，學名張殿臣，小名六合）開始典當土地，不到十年，當出土地四五十畝，因無力贖回，最後成絶賣。家境衰落而至貧困。

張鎮乾、張鎮坤、張鎮家兄弟三人，是東大陳張氏第十一代，出生於 20 世紀一二十年代。正值北洋政府時期，軍閥混戰，國家貧弱，家道中衰。據張鎮家回憶，自己四歲時，家里因打官司生活貧困，母親去世，十四五歲的大哥張鎮乾去北平跟東鹿皮匠師傅學徒。幾年後父親去世，十二歲的二哥張鎮坤也離開家鄉到北平學徒。張鎮家與祖母在老家相依爲命，艱難度日。

4. 民國後期的打拼

民國二十一年（1932 年），十七八歲的張鎮乾賣掉叔父張耀亭在北京经营的廣通木廠，憑着几年的学徒手艺，在前門里西皮市大街開設“義昇”手工作坊，製作皮箱、皮包等。民國二十四年（1935 年），其二弟張鎮坤也到皮件廠工作。民國二十七年（1938 年），十四歲的張鎮家與祖母來到北平，进入皮件廠。在義升皮件廠基礎上，張鎮乾又在西單開設了“義恒”皮箱店，由張鎮坤具體打理。

皮件廠與皮箱店的開設，有着鮮明的地域特色。如前所述，張鎮乾初到北平是跟束鹿皮匠師傅學徒的。束鹿縣辛集鎮的皮革業興起於明朝，盛行於清代，《光緒束鹿縣志》云：“辛集鎮爲束邑第一名區，俗所稱直隸一集也，街衢宏敞，貨物盛多，人烟稠密，有若通都。”[1]又言：“辛集一區工廠如林，每廠不下數十人，遠近諸村多以此爲生活。”[2]“辛集一區，素號商埠，皮毛二行，南北互易，遠至數千里。”[3]皮毛二行，是其特色。束鹿在民國時發展成爲全國著名的皮毛集散中心之一（“河北一集”），與山東一村（周村）、河南一店（駐馬店）並稱。

張鎮乾兄弟三人的打拼，使日子有了起色，民國三十二年（1943年）的二月、四月、十二月三次購地共27.82畝。

民國三十五年（1946年）二月二十七日，張鎮乾三兄弟“具各成年”，於是“將束鹿原籍家中及北平所有全部財産，三人平均分割清楚，各立門户”。此前，張鎮家已陪年老思鄉的祖母回到東大陳老家。三兄弟分家後，張鎮家仍在老家生活，老大張鎮乾在北平繼續經營義升皮件廠，老二張鎮坤經營義恒皮箱店。

5. 中華人民共和國成立後的新生活

全國公私合營後，義升皮件廠與其他私營企業合併爲北京皮件廠。張鎮乾便在北京皮件廠工作。20世紀60年代初城市精簡人口，張鎮乾妻子兒女五口從北京回到東大陳老家，與小弟張鎮家互换莊基，簽訂了1964年11月7日的互换莊基字據。張鎮坤在1949年9月轉到陶然亭附近的北京製革廠（後改爲北京革製品廠）工作。

張氏家族一百多張契約文書，以其獨特性完整地勾勒出了一個自耕農家族歷經明末、清朝、民國至中華人民共和國初期四個時期、三种社會形態的曲折歷史，反映了家族興衰與國家命運的息息相關，實屬珍貴和罕見。

同時，時間連貫的契約文書，基本勾勒出張氏家族的嫡傳世系，些微彌補了

---

1 〔清〕李中桂：《光緒束鹿縣志》卷一“歷史”，見〔民國〕謝道安：《束鹿五志合刊》民國二十六年鉛印本，臺北成文出版社影印，1968年，第1380頁。

2 〔清〕李中桂：《光緒束鹿縣志》卷十二“物産”，見〔民國〕謝道安：《束鹿五志合刊》民國二十六年鉛印本，臺北成文出版社影印，1968年，第1397頁。

3 〔清〕李中桂：《光緒束鹿縣志》卷十二“物産”，見〔民國〕謝道安：《束鹿五志合刊》民國二十六年鉛印本，臺北成文出版社影印，1968年，第1403頁。

家譜遺失的缺憾。

家庭生活及變遷是鄉村社會發展的縮影。就目前華北地區來看，反映一個家庭的百年契約文書少見，反映一個普通自耕農家庭數百年的契約文書更是少見。束鹿張氏兩個家庭的 171 張契約文書連續記録了張氏家族三百多年間的經濟生活狀況，爲研究封建社會衰亡期、半殖民地半封建社會冀中農村普通家庭的興衰及生活狀況提供了第一手原始資料。

（三）種類齊全，内容豐富，拓寬了經濟史、社会史研究領域

張氏家族契約文書種類齊全，内容豐富。其中，房地買賣契約占主要部分，有白契、紅契。紅契中有清代的契尾、民國時期制式的買契、官紙草契、買賣田房草契、國民政府財政廳驗契紙等。

其次是典當房地的當契。當契中主要是白契，也有少部分按官府要求繳納契税的紅契，同時還有抵押貸款性質的當契。找契與當契緊密相聯，這是張氏找契不同於南方找契的最鮮明特點。

在賣契、當契中，都有一些上手契摻雜其中，爲交易的順利進行提供保證。

契約文書中，還有分單、繼單、借條、互换莊基契約、償還洋元退字、證明地畝房屋字據、日常來往賬簿、土地房産所有證，另有繳納地糧、地丁銀、軍需洋、特捐銀等各種正税雜税的收據、執照、聯單等，涵蓋農村主要的契約文書形式，涉及古代農村社會生活的各個方面。

古代中國以農立國。土地是農業生産的基礎，土地房屋的買賣是農村重要的社會經濟活動。張氏家族房地買賣契約中的白契、紅契、上手契等，向我們展示了明清、民國時期土地買賣的具體過程及詳細規則，顯示出地價的浮動變化及政府的管理措施，是研究北方農村經濟史、社會史的重要史料。

張氏家族的每一張買地契約都記載了當時流通的貨幣，如將清代土地買賣契約按時間順序排列，就會發現清代貨幣流通的不同階段與規律：清代前期與後期以銅錢交易；康乾時期以銀兩交易。這種現象説明：一是貨幣流通的發展變化與清代社會經濟的發展變化基本一致；二是清代直隸農村的銀錢流通，完全受着市

場經濟杠杆的支配。清政府曾多次干預民間用銀或用錢，但實效不大，最終“銀錢交納仍各隨民便”。另外房地買賣契上記載的不同的錢幣名稱，如“康熙錢”“清錢”“大錢”“京錢”“三帝錢”及“國幣”“聯幣”等，值得進一步探討。

房地買賣契約顯示了各個朝代不同時期的土地價格，紅契還顯示了國家徵收的契税比率。清代規定房地交易用錢，繳税用銀，故銀錢比率在地契中也有反映。從張氏家族地契反映的情况看，清代長期維持了一兩白銀折合一千文銅錢的銀錢比率。

地契上除顯示當時的土地價格外，有些還記載了折徵税糧等重要的經濟信息，如“折糧地××畝”，“折糧地”即向國家繳納田賦的土地。無論清代還是民國，按照交易土地的實際畝數與折糧地數目做一比對，折糧地的占比均約爲交易土地的60%，即“六成折粮”。

官府不僅徵收田賦、契税，還徵收印花税。印花税票以獨特的存在形式和有價證券的特徵，蘊含了豐富的歷史文化内涵，值得進一步探討研究。

民國十六年（1927年）至民國二十二年（1933年）繳納地糧、地丁銀、軍需洋、特捐銀等各種正税雜税的收據、執照、聯單等，透露的信息十分豐富：

第一，民國政府不同時期縣級行政機構的稱謂不同。北洋政府時縣級行政機構稱“行政公署”，國民政府時期稱“縣政府”。第二，因財政緊張，北洋政府與國民政府往往採取“預徵”手段，如民國十六年（1927年）八月十五日“三槐堂聯單”“預徵民國十七年特捐銀元一毫八分七厘”，民國十七年（1928年）十二月三十一日“立益堂執照”“預徵民國十八年上下忙地丁銀三角伍分五厘”，以解燃眉之急。第三，巧立名目，代徵“警差費”“外收照費大洋五分”等，苛捐雜税，多如牛毛。第四，民國年間，新舊軍閥混戰。河北有各種駐軍，許多駐軍向農民徵收各種“軍需洋”“軍事特捐洋”。爲便於徵收，往往由當地政府隨田賦代徵。第五，政府有“夫差”，駐軍有“兵差”，農民不堪重負。有人不願出丁差，找人頂替，代頂替者繳納田糧税賦。第六，官府在辦理徵税過程中，要徵收“過糧費洋”。有人無力或其他原因不能按時向政府繳納田糧賦税時，可找人代繳，政府同樣要收取“過糧費洋”。結合地方史做進一步分析探討，對當時當地的賦税、雜税徵收情况會有更清晰明瞭的結論。

從宋元到明清，名門望族一般都有堂號。進入民國，堂號仍然流行，普通人家也開始擁有自己家族的堂號，而且頻繁出現在房地産交易領域。張氏兩個家庭清末、民國時期契約文書及民國時期的執照收據上，先後出現17個堂號，如“仁源堂”“課耕堂”“祥瑞堂”“信德堂”“首德堂”“三槐堂”“修身堂”等。“仁源堂”是根據張氏第九代張仁發名字中的“仁”字而起的堂號。據東大陳老支书石同茂介紹，東大陳石氏家族堂號爲“元善堂”，王氏家族堂號爲“太和堂”。這些堂號雖已遠去，但作爲一種文化風俗符號，其背後的故事與原委值得我們探討。

張氏契約文書上出現的人名寫法，也是當地人文風俗的一種符號。如契約文書上當事人姓名中的“老”字，未見於明末至清前期契約文書。最早契約中出现“老”字称呼的是張藏言家藏嘉慶六年(1801年)四月張立功當契，當契中10位“使錢銀人肖老化、王老法、張積、張老儀、張老師、王老體、張老耿、張立仲、肖老秀、張立德”，其中7人名字有“老”字。張树平家藏契約最早出现“老”字的，是道光二十九年（1849年）張行益當契有“温洛成”“李洛慎”之名（當地“洛”与“老”读音同）。同村石氏家族從光緒到民國年間地契上當事人姓名有“老”字的比比皆是。可見，人名中的“老”字習俗開始於清朝中期，直至民國時期。這種現象，俗稱“老號”。

關於“老號”的由來，據南周莊張氏後人張學悦轉述村中老人講，成年男子的父親去世後，不論本人歲數大小，一般都要再起一個老號。這大概是表示一個成年男子没有父輩後在家中成爲户主，起老號是爲尊意。一般由文人擬定，如东大陈張氏另一支第十一世張西珍（張席珍），學名“張翰章”，老號“張老翰”。起老號後，要舉行一個儀式，稱“賀號”，此時要請族内、村中的一些人聚饮，以使大家知曉其號。正式文册中一般把“老”寫成“洛”，因爲 “洛”比“老”文雅一些。“老號”現象普遍存在於束鹿縣及周圍許多地區，如保定徐水的連氏[1]、柏氏契約文書[2]，石家莊元氏縣牛家樓村牛氏契約文書中都有這樣的老號。如牛氏家藏乾隆十三年（1748年）張二小賣地紅契：

1 陳英傑：《記新發現的徐水連氏家族契約文書》，《文物春秋》2011年第4期。
2 趙曉芳：《徐水柏氏家族契約文書及基層社會控制研究》，《滄州師範學院學報》2019年第3期。

立字人張二小因爲不便，今將自己村東順馬溝白地一段，計地五畝有零，東至頂頭，西至馬溝，南至牛法，北至馬溝，四至分明，同中人劉老云、牛富環説合，賣與牛强爲業，言明每畝大錢三千壹佰文，其錢交足，立字爲證。

乾隆十三年立

此契中“劉老云”是老號，出現于乾隆前期，較東鹿張氏地契出現“老”號早了半个世紀。同時，老號的流行，使得人名更加複雜。一般人有大號（姓名）、小名，上過學堂的還有學名，再加上老號，若没有家譜可資查詢，今天的人們很難弄清古人身份，如張樹平家藏咸豐年間地契上的“張老完”爲何許人也完全無從考證。起老號的傳統，流行於二十世紀三十年代以前，之後隨着新思潮新文化興起，老舊的做法被逐漸拋棄。東鹿縣老號現象的存在爲研究地方社會民俗提供了又一鮮活的例證。

另外，張氏契約文書在書寫格式、契約稱謂、中人及尺丈等方面所體現出的特色，都在一定程度上反映了東鹿縣人文生態、鄉約民俗的原始風貌。

張氏家族保存的這些泛黄的、古老的契約文書，是張氏先祖處理種種物權和債權的記録，是張氏家族幾百年來生活、家庭變遷的真實寫照，也是社會歷史變遷的縮影。這些契約文書是反映當時民間社會生活、經濟生活的珍貴文獻，拓寬了北方農村經濟史、社會史的研究領域。

（四）各種官府印章，佐證了地方官制及社會歷史的變遷

張氏契約文書中，鈐印在紅契上的各種官府印章，表明了清代、民國時期官制與行政區劃的變遷、印章制度變革的踪迹以及各個時期官印的特點。

清代官印經歷了從初創到成熟的發展過程。順治元年（1644 年）清入主中原後，官印文字以滿漢合璧、兩種文字對照同時出現，漢文仍前朝習俗用篆字，滿文用楷體，此形制的官印流行了一百餘年。張氏家藏契約文書康熙二十五年（1686 年）至乾隆十二年腊月（1748 年 1 月）8 張紅契，其上鈐印的“束鹿縣印”

就是这种右爲九疊篆體漢字、左爲楷體滿文的印章。到了乾隆十三年（1748 年），“初制清篆，改鑄百官印信，清篆左，漢篆右，印文以品秩爲序”[1]，入印滿漢文字皆爲篆體，如張氏家藏乾隆三十五年（1770 年）至光緒年間的 17 張紅契鈐盖的左右滿漢文字皆爲篆體的“束鹿縣印”。清朝前後期印章字體的變化，顯示了滿族漢化程度逐步加深的史實，是滿漢文化進一步融合的體現。

民國時期紅契上鈐印的官府印章，反映了當時河北省地方政權名稱變化的史實。

民國二年（1913 年）起，“束鹿縣衙改爲縣知事公署，知縣改爲知事”[2]。粘連在同治五年十二月十六日（1867 年 1 月 21 日）王化逵賣地契上的民國四年（1915 年）三月三十一日“買契”上就鈐印“束鹿縣知事印”。

北洋政府時期，今河北省地方政府名稱沿襲清代，仍稱“直隸”。張藏言家藏民國十二年（1923 年）十月初九王洛慎賣地契粘附的民国十二年（1923 年）十一月三十日买契上有一枚完整的大型方章和两枚骑缝章“直隸財政廳印”。

1928 年 4 月南京國民政府成立後，直隸省改爲河北省。張樹平家藏民國十五年（1926 年）十二月十六日張煦亭賣地契粘貼的民國十八年（1929 年）九月三十日（此處爲公曆）“財政部驗契紙”，是由“河北省財政廳印”發。縣級行政機構由“縣公署”改爲“縣政府”，長官從“知事”改爲“縣長”。如張藏言家藏民國二十四年（1935 年）十月初八張老木田房買賣草契与存根的骑缝章爲“束鹿縣政府印”。

民國時期基層政權的變化，從鈐蓋在地契上的印章可尋找踪迹。如張藏言家藏民國二十年十二月初五（1932 年 1 月 12 日）張翰章當契上的圖章“束鹿縣第貳區第貳十七鄉東大陳鄉公所圖記”，民國二十四年（1935 年）七月初四張蟒群買賣田房草契上的圖章“束鹿縣第五區第貳十七鄉東大陳鄉公所圖記”。同時，由鈐印可見，當時的房地買賣也有一些經紀人參與其中，如民國二十年十二月初五張蟒群當契上的“大陳官牙圖記”，顯示國民政府時期房地買賣管理權力下移、契税徵收日趋規範化。

1 《清朝文獻通考》卷一百四十三，浙江古籍出版社影印，1988 年，考 6095 页。
2 河北省辛集市志編纂委員會編：《辛集市志》“歷史大事記”，中國書籍出版社，1996 年，第 21 頁。

日本帝國主義入侵中國，在張氏契約的圖章上也有反映。如鈐印在賣契上的“束鹿縣東大陳村公所”“束鹿縣東大陳鄉東大陳聯保辦公處”兩枚公章，證明了日本帝國主義在華北强化“以華制華”手段，在地方推行“强化治安”的僞保甲制度的史實。

束鹿縣于 1945 年 9 月全境解放，作爲老解放區，1946 年開展了轟轟烈烈的土改運動。鈐印在張藏言家藏民國三十七年十二月二十八日（1949 年 1 月 26 日）字據與三十八年（1949 年）三月初三分單上的“束鹿縣東大陳村公所圖記”方章，代表的正是人民當家作主的基层政权。

張氏家族契約文書上鈐印的這些印章，無聲地敘説着已經遠去的歷史變遷和社會變革。

總之，束鹿張氏契約文書是華北冀中農村普通家族幾百年來真實生活的寫照，也是冀中農村社會變遷的一個縮影。作爲研究華北農村社會經濟史、社會史的原始文獻，有着唯一性、真實性、典型性、連續性、具體性等特點，是一批具有較高文物價值的經濟、民俗資料。

以往，傳統史學研究往往更多關注政治史，“國計多於民生，財政多於經濟”[1]，缺乏對下層民衆的社會史研究。要想增加社會史的分量與内容，就需要相應的社會史史料的支撑，拓展史料來源，挖掘民間文獻。束鹿縣東大陳張氏家族所保存的時間跨度達三百多年的契約文書，正好可以支撑下層社會史的研究，成爲實現中國古代史、近代史領域史學轉型的極好資源。同時，歷史學研究的深化和轉型，更有賴於細緻的微觀研究，特别是微觀的區域社會史研究。内容豐富、保存完整、年代久遠、時間連貫的束鹿張氏契約文書，可以説爲明清史和近代社會經濟史領域，尤其是華北區域史研究領域，增加了一份微觀史學探索的珍貴史料。

1 胡如雷：《中國封建社會形態研究》，生活·讀書·新知三聯書店，1979 年，第 5 頁。

凡例

一、本書收録束鹿縣（今河北辛集市）東大陳村張樹平、張藏言两个家庭收藏的地契、房契、當契、找契、分單、繼單、執照、借據、收據、賬單、抄契簿、土地房産證等多種契約文書 220 張，附録同村石建科家藏契約文書 23 張。

二、所收録契約文書的起止時間，始自明朝崇禎六年（1633 年），止於 1980 年。

三、紀年，中華人民共和國成立前採用年號或國號紀年括注公元紀年，中華人民共和國成立後採用公元紀年。

四、契約文書根據立約時間排序，每件均包括圖片、標題、契文三項内容。標題係編者據立約時間和立約人姓名擬定。

五、所録契文按照能斷即斷原則，加標點符號。對於因傳統習慣而抬格另起的文字則不再按原格式。涉及關鍵數據及計量單位如面積、長度、銀、錢等處，不作任何改動，仍依原字爲准。

六、契約文書中的立契人、中人、代筆人等的畫押，均予省略。

七、爲保留原貌，輯録契文時，契約中一些錯字、別字，不作任何改動，只在錯字、別字後加【】，其内標注正字。

八、異體字及俗字徑直改爲規範字，另附“常見異體字、俗字與規範字對照表”，標注異體字、俗字及其在書中出現的位置。

九、脱漏字於 [] 内補足，衍字以〖〗標注。

十、原契中字迹模糊、辨認不清的單字以□表示，辨認不清且難以確定字數的用□……表示。

十一、買賣典當房地同時有紅白契者，以白契①、紅契②標注。只有一種時，不再標①②。

十二、整理者注釋及契約文書中原有注釋文字均用（）標注。

十三、契尾、執照、收據、軍事特捐收據等各類文書在首次出現時抄録全文。各類記賬單文字省略不録。

十四、爲方便讀者，對契約文書中的印章做了標注。結合相關印章文字，对模糊不清者亦儘量予以標注。

常見異體字、俗字與規範字對照表

規範字	異體字及俗字	出現序號
窗		第一編〇〇八 第二編〇二七 附録〇〇二
廿		第一編〇一二、〇五六、〇五八、〇七〇、〇七二、〇八一至〇八三、〇八五、〇九三、〇九四、〇九八、〇九九、一〇五、一一二、一一四、一一五、一一七、一二〇、一二六、一三五、 第二編〇〇六、〇〇九、〇一五至〇一七、〇二〇、〇二二、〇二七至〇二九、〇三五、〇三九、〇四二、〇四三、〇四四、〇五二至〇五四 附録〇〇四至〇〇七、〇〇九、〇一五、〇一八、〇二二
反		第一編〇一三、〇一四、〇三四、一四〇 第二編〇四五、〇四六 附録〇二〇
分		第一編〇〇一、〇〇三至〇〇七、〇〇九、〇一一、〇一二、〇一五、〇一六、〇二五、〇二七、〇二八、〇三六、〇三八、〇四二、〇五〇、〇五七、〇六七、〇六八、一二五至一二七、一二九、一三〇、一三四、一三五 第二編〇〇四 附録〇〇八
毫		第一編〇〇九、〇一二、〇一八、〇一九、〇二六、〇二七、〇三五、〇四一至〇四三、〇四五、〇四六、〇四八、〇四九、〇五二至〇五四、〇五六、〇六〇、〇六四至〇六九、〇七一、〇八五、〇八六、一〇二、一〇九、一二〇、一二七至一二九、一三一、一三五、一三八、一四二、一四三 第二編〇一三、〇一四、〇三一
胡		第二編〇〇八
闊		第一編一〇二 第二編〇一〇、〇二五 附録〇〇七
老		第一编一〇六、一〇七、一一〇 第二编〇二二、〇三三、〇三四 附录〇二〇
		第一编一〇四、一〇五、一〇八、一一四 第二编〇二三、〇二四、〇三〇、〇三八 附录〇一〇、〇一九
		第一编一〇二、一一一、一一三

續表

規範字	異體字及俗字	出現序號
兩		第一編〇〇四、〇〇八、〇一六、〇二〇至〇二二、〇二四、〇二六、〇二八、〇三〇、〇四二、〇五〇、一二六至一二八、一三〇、一三二至一三五、一三七、一三八
厘		第一編〇〇三、〇〇五至〇〇七、〇〇九、〇一〇至〇一二、〇一四至〇一六、〇二〇、〇二六、〇二八、〇三八、〇四二、〇四八、〇四九、〇六五至〇六九、〇七一、〇八四 第二編〇〇一
畝		第一編〇〇一、〇〇二、〇〇四、〇〇七、〇〇九、〇一四、〇一六、〇二〇至〇二二、〇二四、〇二六至〇二八、〇三四、〇三六、〇三八、〇四二、〇四九、〇五〇、〇六〇、〇七八、〇八一、一二五、一二六、一三〇、一三二、一三四、一三五、一三七、一三八
		第一編〇〇三、〇一八、〇一九、〇二九、〇三二、〇三三、〇三九、〇四一、〇五六、〇七四、〇七五、〇八五、〇九二、〇九三、〇九五、一二八、一三一、一三二、一三六、一三八至一四一 第二編〇〇一、〇一五、〇二一、〇三〇、〇三二 附録〇〇四、〇〇六、〇〇七
錢		第一編〇二六、〇二八、〇三〇、〇三九、〇四四、〇五四、〇六〇、〇六二、〇六五至〇六九、〇七一、〇七七、〇八二、〇八四、一二七至一三〇、一三四、一三五、一三八 第二編〇〇二、〇〇三、〇〇七 附録〇〇一至〇〇三
		第一編〇一一、〇一二、〇二八
		第一編〇〇四、〇〇五、〇〇九、〇二〇、〇二三、〇二四、〇五〇
		第一編〇四三、〇五一、〇五三、〇五七、〇七三、一三七
		第一編〇二六、〇七八、〇八一
		第一編〇〇一至〇〇三、〇〇五至〇〇八、〇一〇、〇一四至〇一七、〇二二
		第一編一〇八、一一五
		第一編〇七九、〇九二、〇九三、〇九五、一一七 附録〇〇七、〇一二、〇一五

續表

規範字	異體字及俗字	出現序號
絲		第一編〇四二、〇五三、〇五六、〇六七、〇七〇、〇七一、〇八五、〇八六、一〇二、一一七、一二七、一三四、一三五、一四二 第二編〇一三、〇一四 附録〇〇四、〇〇六、〇〇七、〇一五
梢		第二編〇三八
學		第一編〇〇七至〇〇九
同		第一編〇三〇、〇三五至〇三七、〇四一、〇四三、〇四五至〇五〇、〇五五、〇六一至〇六三、〇六五至〇六七、〇六九、〇七二、〇七八、〇八一至〇八五、〇九〇至〇九二、一〇二、一一七、一一八、一二一、一二三、一二六至一三〇、一三二、一三三、一三五、一三七、一三八、一四二 第二編〇〇三至〇〇七、〇一一、〇一二、〇一六、〇二三至〇二五、〇二九至〇三四、〇四三、〇四四 附録〇〇一、〇〇四、〇〇六、〇〇七、〇一三、〇一五、〇一六、〇二二
		第二編〇〇八
銀		第一編〇〇四、〇〇六、〇〇八、〇一七至〇二〇、〇二二、〇二四至〇二八、〇三〇、〇三一、〇三三、〇三五、〇三六、〇三八、〇三九、〇四二、〇四七、〇四九、〇五〇、〇五三、〇五五、一二五至一三五、一三七、一三八 第二編〇〇一、〇一二、〇一三
與		第一編〇〇三、〇〇四
		第一編〇〇七至〇〇九、〇一一、〇一二
		第一編〇九〇、〇九一
照		第一編〇〇二
侄		第二編〇三八
二八		第二編〇四八至〇五〇

續表

規範字	異體字及俗字	出現序號
九九		第二編〇一六
		第二編〇一〇 附録〇〇六
		第一編〇八五、〇八八、〇九二、〇九三、〇九五 附録〇〇七、〇一一
		第一編〇九六 第二編〇一八至〇二一 附録〇一六
		附録〇一〇、〇一二
		第二編〇一七

目録

第一編　張樹平家藏契約文書

抄契簿（带＊者爲現存地契中未見之抄契）

第二編　張藏言家藏契約文書

附録　東大陳石氏契約文書

第一編

張樹平家藏契約文書

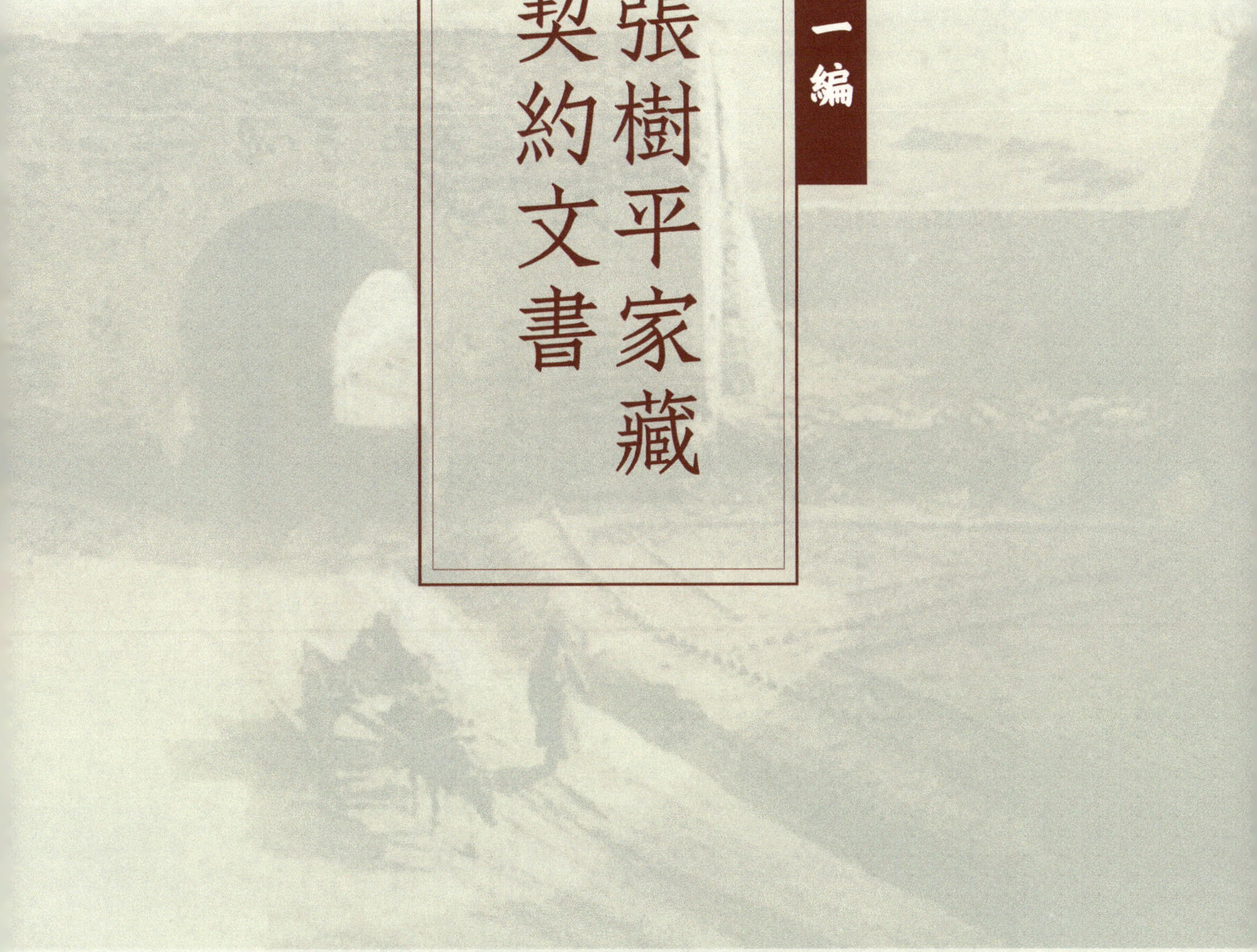

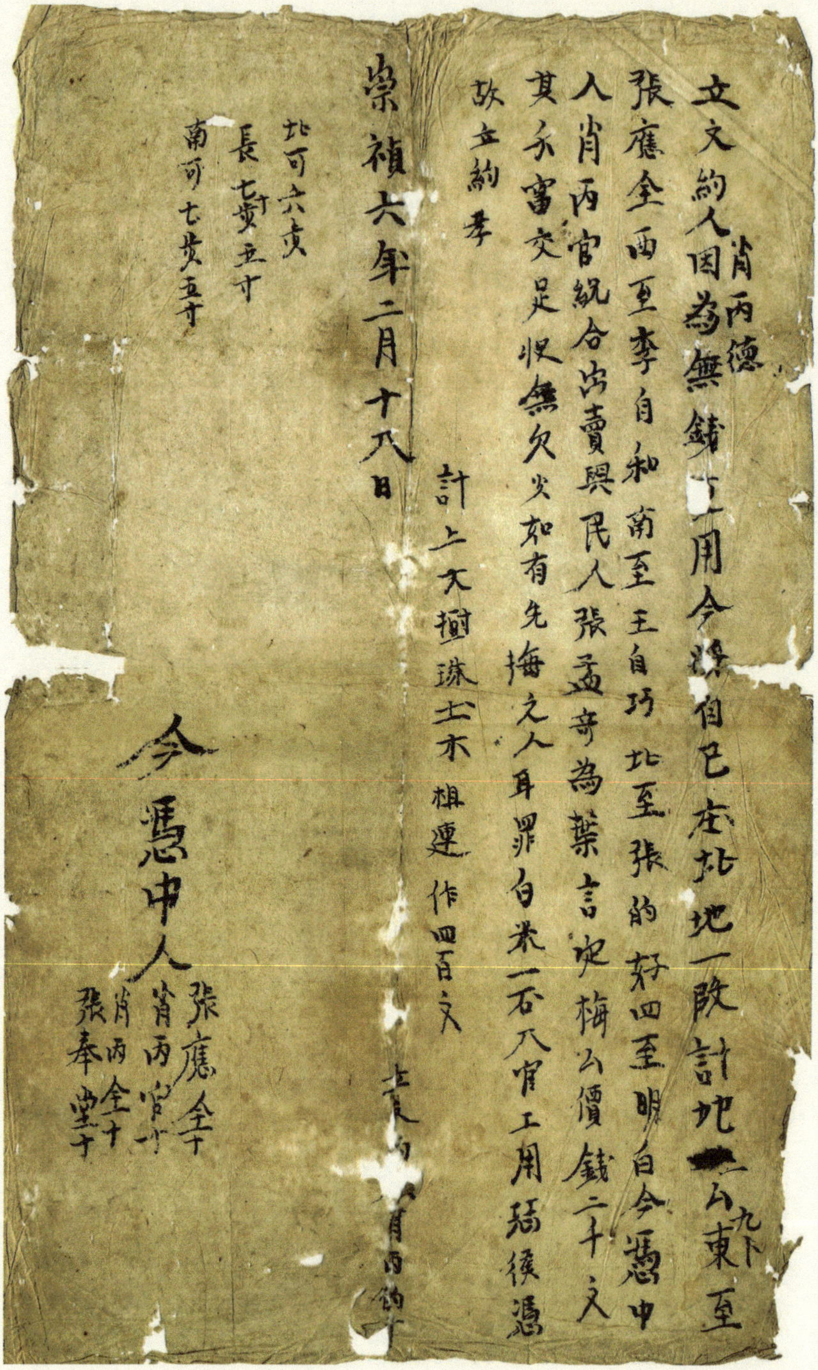

立文約人肖丙德因為無錢使用今將自己坐北地一段計地一ム九下東至
張應全西至李自和南至王自巧北至張的好四至明白今憑中
人肖丙官説合出賣與民人張孟奇為業言定梅ム價錢二十文
其錢當交足收無欠少如有先悔之人再罰白米一石入官工用恐後憑
故立約存
計上大樹株七木柤連作四百文
上頁白　肖丙的十
崇禎六年二月十八日
北可六丈
長七丈五寸
南可七丈五寸
全憑中人　張應全十　肖丙官十　肖丙全十　張奉堂十

〇〇一 明崇禎六年（一六三三年）二月十八日肖丙德賣地契

立文約人肖丙德，因爲無錢使用，今將自己莊北地一段，計地一畝九分，東至張應全，西至李自和，南至王自巧，北至張的好，四至明白，今憑中人肖丙官説合，出賣與民人張孟奇爲葉【業】，言定梅【每】畝價錢二千文，其錢當交足收無欠少。如有先悔之人耳，罪【罰】白米一石，入官工【公】用，恐後［無］憑，故立約孝【存】［照］。

計上大樹珠【株】，土木柤【相】連，作四百文。

崇禎六年二月十八日　立文約人　肖丙德

北可六步

長七十步五寸

南可七步五寸

今憑中人　張應全　肖丙官　肖丙全　張奉堂

立文約人張春新因為無錢使用今將自己村東南北地一段計地二厶東至石積象西至肖文
學南至肖順高北至道四至明白憑中人肖孟龍說賣與張孫耕種為業言定每厶價大
二千文道足其當日交足外無欠少兩家情願不許反悔如悔者罰米三斗公用恐后無
憑 立約存照

順治四年五月　　日立　文　約　人張春奇

老約留土木相連

中人　肖孟龍
　　　張後澄
　　　肖天仲

地長八十五丈
南闊五丈三尺
北闊五丈三尺
三面同

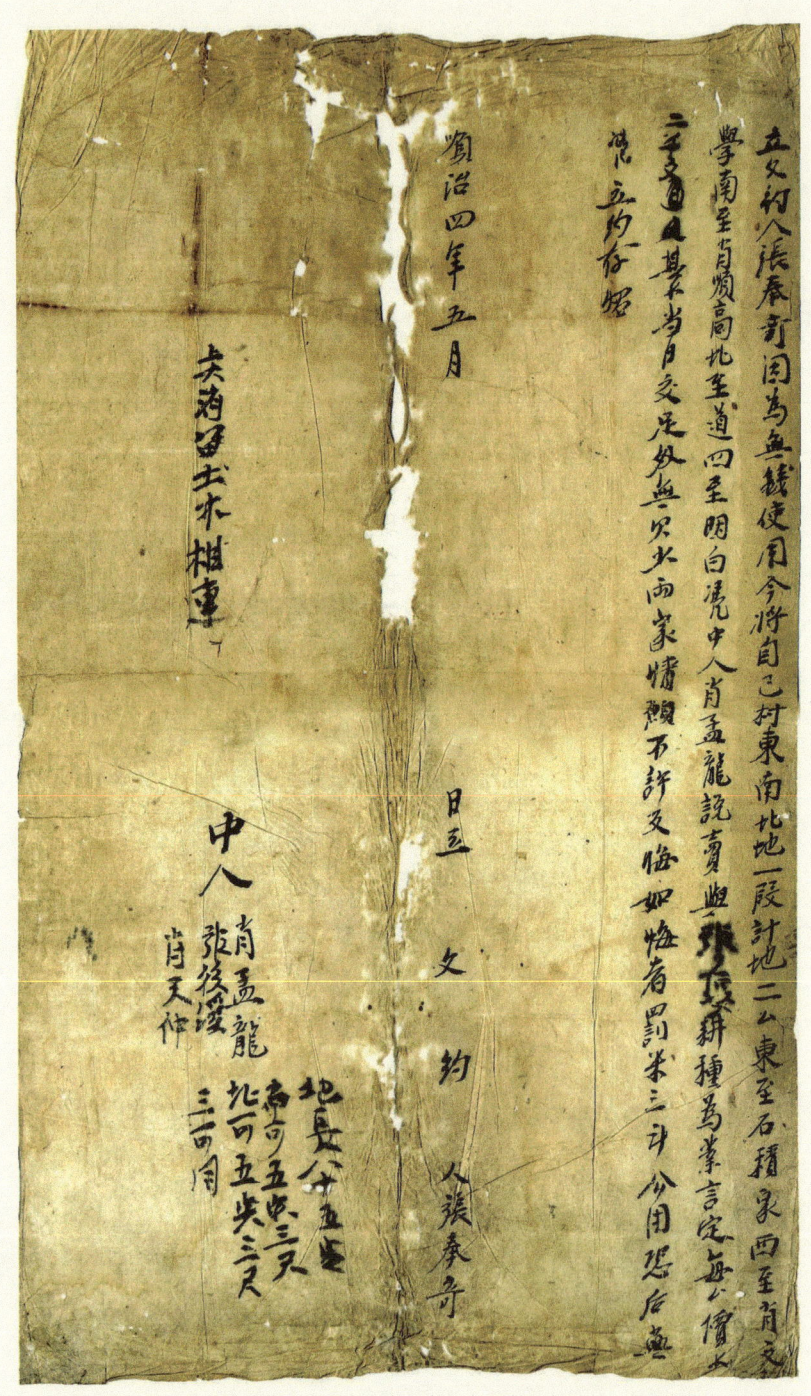

〇〇二 清順治四年（一六四七年）五月張奉奇賣地契

立文約人張奉奇，因爲無錢使用，今將自己村東南北地一段，計地二畝，東至石積家，西至肖文學，南至肖順高，北至道，四至明白，憑中人肖孟龍説，賣與張後艾耕種爲業，言定每畝價錢二千文，其錢當日交足，外無欠少，兩家情願，不許反悔，如悔者罰米三斗公用，恐後無憑，立約存照。

順治四年五月　日立　文　約　人 張奉奇

中人　肖孟龍
　　　張後綏
　　　肖天仲

上大有留【柳】土木相連

地長八十五步
南可五步三尺
北可五步三尺
三可同

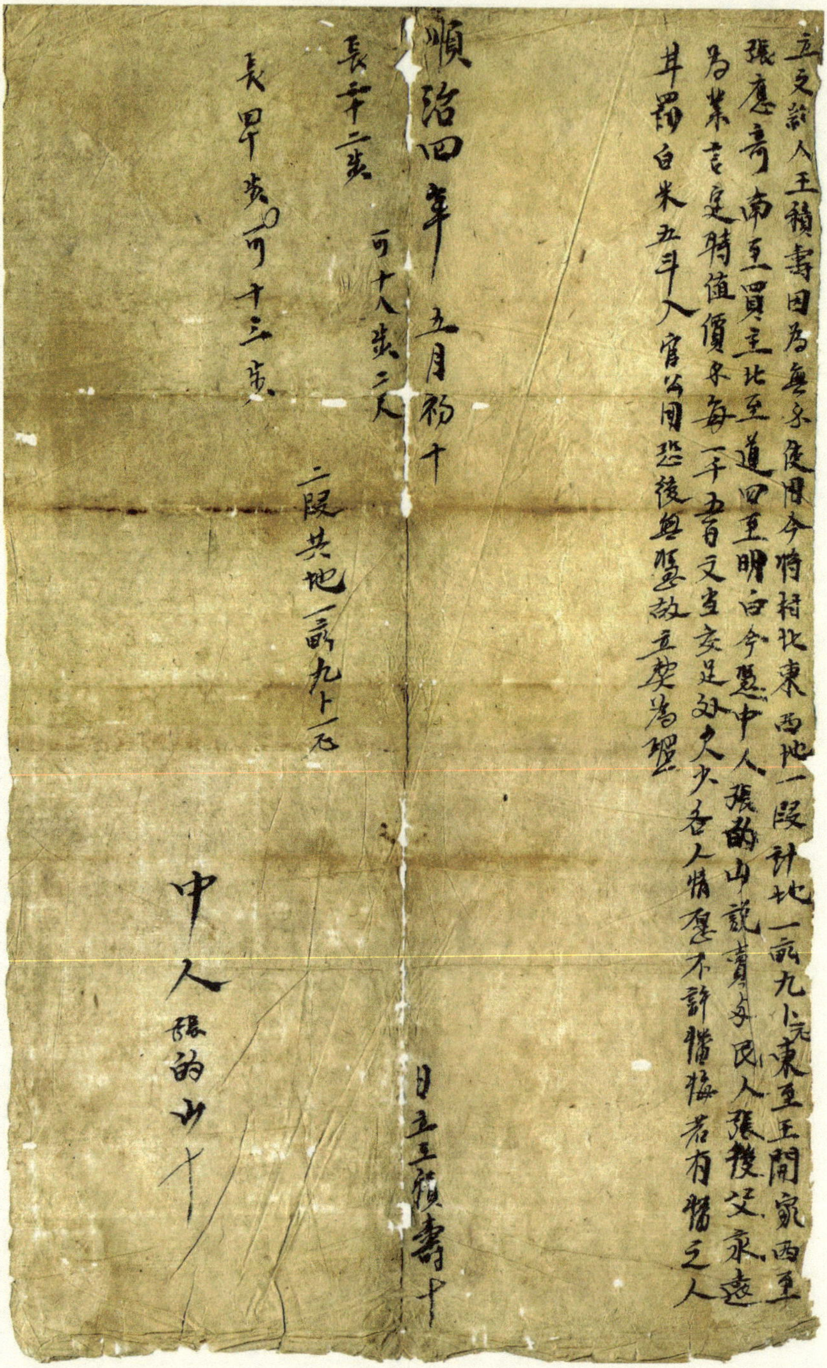

立文約人王積壽因為無錢使用今將村北東西地一段計地一畝九卜元東至王開家西至張應壽南至買主北至道四至明白今憑中人張的山説賣與民人張發父永遠為業言定時值價錢每一千五百文當交足外欠少分文人情俱不許翻悔若有翻之人并罰白米五斗入官公用恐後無憑故立契為照

順治四年五月初十日立王積壽十

長弍十二步　闊十八步二尺

長四十步　闊十三步

二段共地一畝九卜元

中人張的山十

〇〇三 清順治四年（一六四七年）五月初十王積壽賣地契

立文約人王積壽，因爲無錢使用，今將村北東西地一段，計地一畝九分一厘，東至王開家，西至張應奇，南至買主，北至道，四至明白，今憑中人張的山説，賣與民人張後艾永遠爲業，言定時值價錢每一千五百文，當交足外［無］欠少，各人情願，不許幡悔，若有幡之人耳，罰白米五斗入官公用，恐後無憑，故立契爲照。

順治四年　五月初十日立　王積壽

長二十二步　可十八步二尺

二段共地一畝九分一厘

長四十步　可十三步

中人　張的山

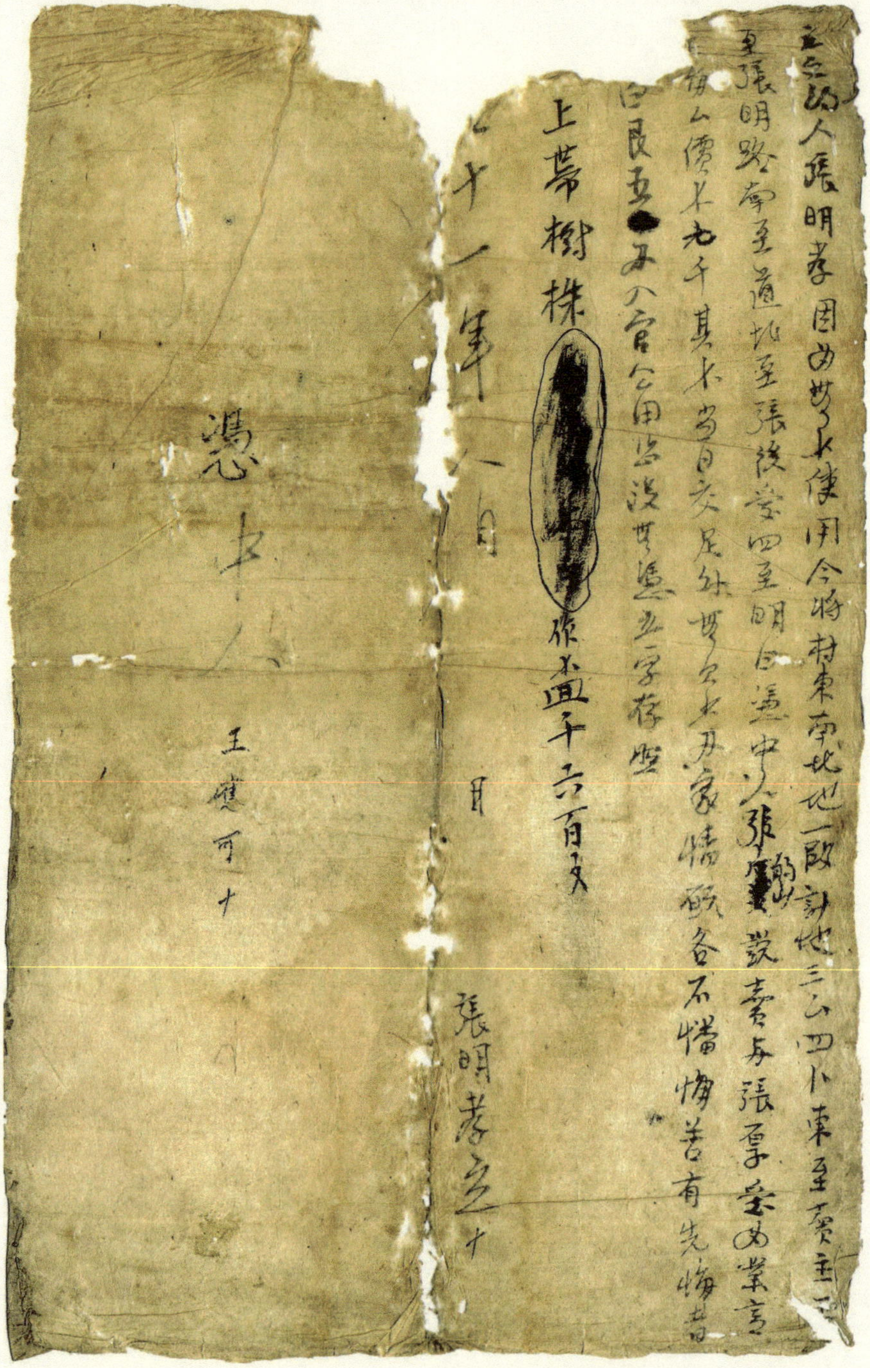

立賣地人張明孝因爲無錢使用今將村東南北地一段計地三分四厘東至賣主
西至張明路南至道北至張後堂四至明白憑中人張鶴山說合賣與張孚名下為業言
明每分價錢九千其錢當日交足外無欠少两家情願各不悔悔者有先悔者
罰白銀五[redacted]两入官公用恐後無憑立字存照
上帶樹株[redacted]作錢壹千六百文

十一年八月　日　　張明孝立十

憑中人　王建可十

〇〇四　清順治十一年（一六五四年）八月張明孝賣地契

立文約人張明孝，因爲無錢使用，今將村東南北地一段，計地三畝四分，東至賣主，西至張明路，南至道，北至張後愛，四至明白，憑中人張的山説，賣與張厚愛爲業，言定每畝價錢七千，其錢當日交足，外無欠少，兩家情願，各不憣悔，若有先悔者，口白銀五兩入官公用，恐後無憑，立字存照。

上帶樹株作錢四千六百文

〔順治〕十一年八月　　日

張明孝立

憑中人　王應可

立約人張明登因為無錢使用今將自己村西南北地一段計地三卜八厘東至張名禄西至刘的安
南至古道北至墳西至明白憑中人張名亮說賣與張後愛永遠為業言定每分價錢七百文其錢當
日交足外無欠少兩家情願不許反悔如有反悔之人甘罰白米三斗入官公用恐後無憑立約存照

計開　上帶樹株土木相連

順治十七年十二月　　日立　文約　人張明登

長十八步　南闊五步二尺
　　　　　北闊五步

中人　張的山
　　　張名亮
　　　肖文才

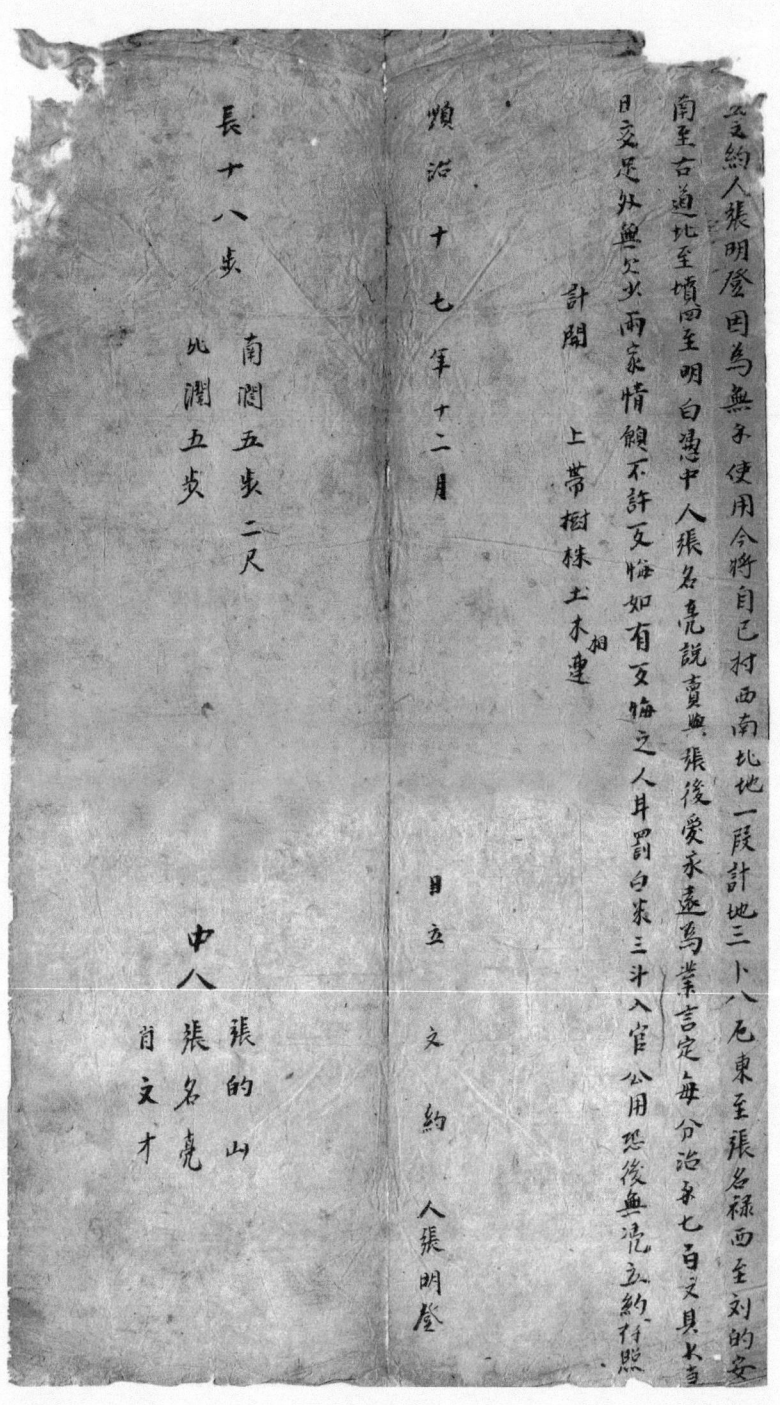

〇〇五

清順治十七年十二月（一六六一年一月）張明登賣地契

立文約人張明登，因爲無錢使用，今將自己村西南北地一段，計地三分八厘，東至張名禄，西至劉的安，南至古道，北至墳，四至明白，憑中人張名亮説，賣與張後愛永遠爲業，言定每分治【值】錢七百文，其錢當日交足，外無欠少，兩家情願，不許反悔，如有反悔之人耳，罰白米三斗入官公用，恐後無憑，立約存照。

計開　上帶樹株土木相連。

順治十七年十二月　日　立　文約人　張明登

中人　張的山　張名亮　肖文才

南闊五步二尺　北闊五步

長十八步

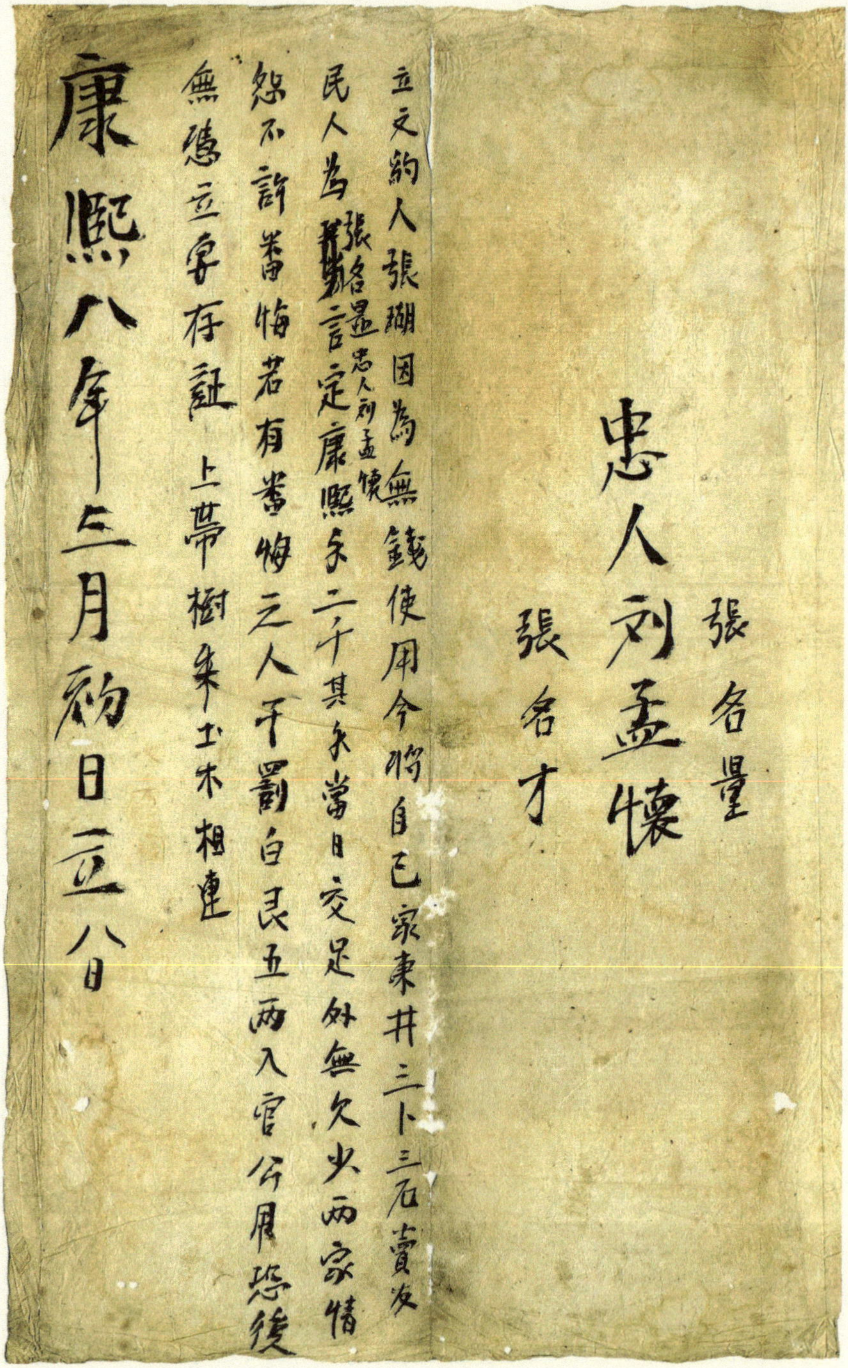

立文約人張瑚因為無錢使用今將自己家東井三下三石賣交
民人為張名量忠人刘孟懷言定康熙文二千其文當日交足外無欠少兩家情
愿不許番悔若有番悔之人干罰白艮五兩入官公用恐後
無憑立字存証　上帶樹条土木相連
康熙八年三月初日立八合

張名量
忠人刘孟懷
張名才

〇〇六 清康熙八年（一六六九年）三月初八張瑚賣地契

立文約人張瑚，因爲無錢使用，今將自己家東井三分三厘，賣友【與】民人〔爲〕張名顯。忠【中】人劉孟懷，言定康熙錢二千，其錢當日交足，外無欠少，兩家情怨【願】，不許番【反】悔，若有番【反】悔之人，干【甘】罰白銀五兩入官公用，恐後無憑，立字存證。　　上帶樹朱【株】，土木相連。

康熙八年三月初日立八日

忠【中】人　張名量　劉孟懷　張名才

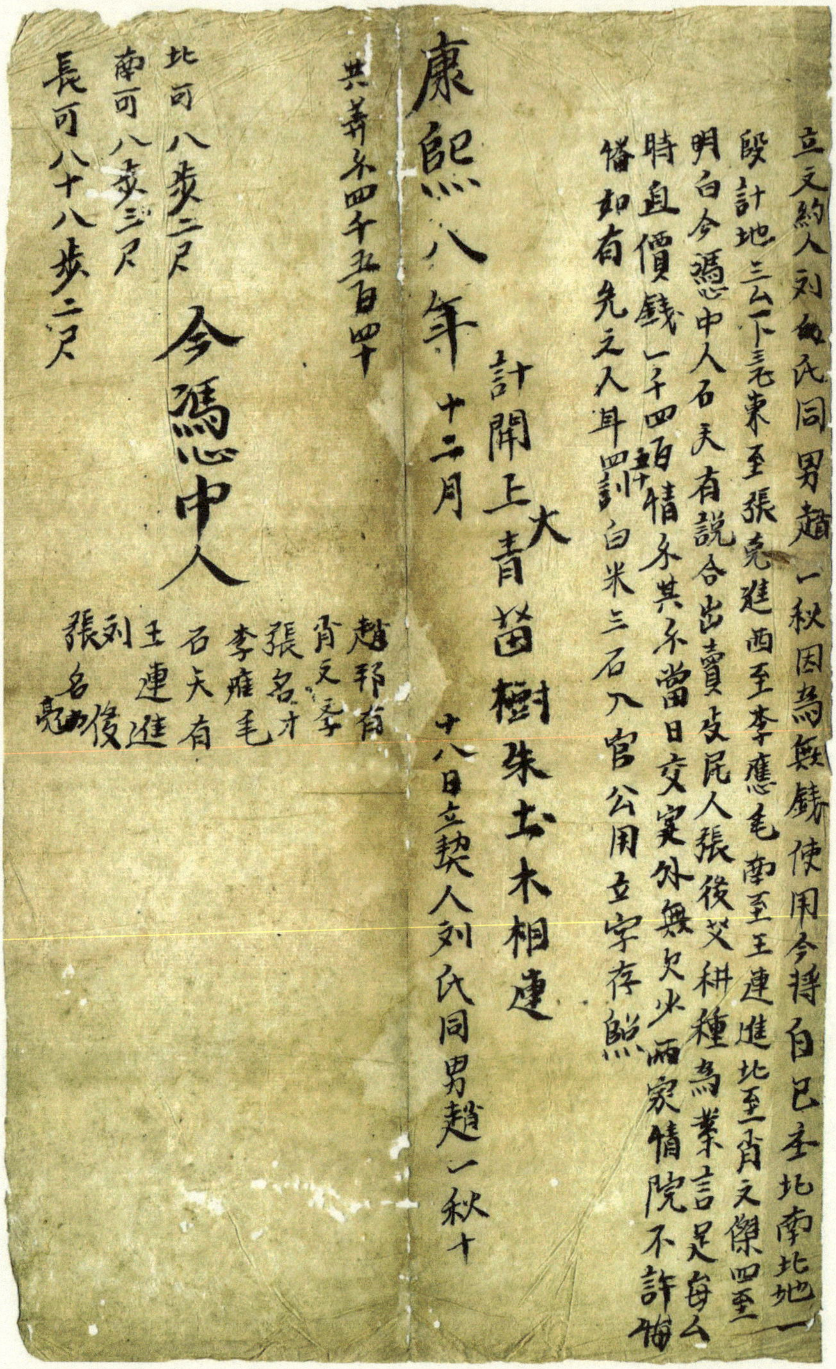

立文約人刘氏同男趙一秋因為無錢使用今將自己祖北南北地一
段計地三厶一下三毛東至張堯進西至李應毛南至王連進北至一肖文傑四至
明白今憑中人石夫有說合出賣支民人張後艾耕種為業言足每厶
時直價錢一千四百弍拾情系其系當日交完外無欠少兩家情院不許
悔如有先之人耳罰白米三石入官公用立字存照

計開上大青苗樹株共木相連

康熙八年十二月十八日立契人刘氏同男趙一秋十

共弄系四千五百四十

北可八步二尺
南可八步三尺
長可八十八步二尺

今憑中人

趙邦有
肖文季
張名才
李雍毛
石夫有
王連進
刘俊
張名亮

〇〇七 清康熙八年十二月十八日（一六七〇年一月九日）劉氏同男趙一秋賣地契

立文約人劉氏同男趙一秋，因爲無錢使用，今將自己莊北南北地一段，計地三畝一分三厘，東至張克進，西至李應毛，南至王連進，北至肖文傑，四至明白，今憑中人石天有説合，出賣與民人張後艾耕種爲業，言足【定】每畝時直【值】價錢一千四百五十情【清】錢，其錢當日交足，外無欠少，兩家情院【願】，不許悔懽，如有先［悔］之人耳，罰白米三石入官公用，立字存照。

計開上大青苗樹朱【株】，土木相連

康熙八年十二月十八日　立契人　劉氏同男趙一秋

共價錢四千五百四十

今憑中人

趙邦有

肖文學

張名才

李應毛

石天有

王連進

劉　俊

張名亮

北可八步二尺

南可八步三尺

長可八十八步二尺

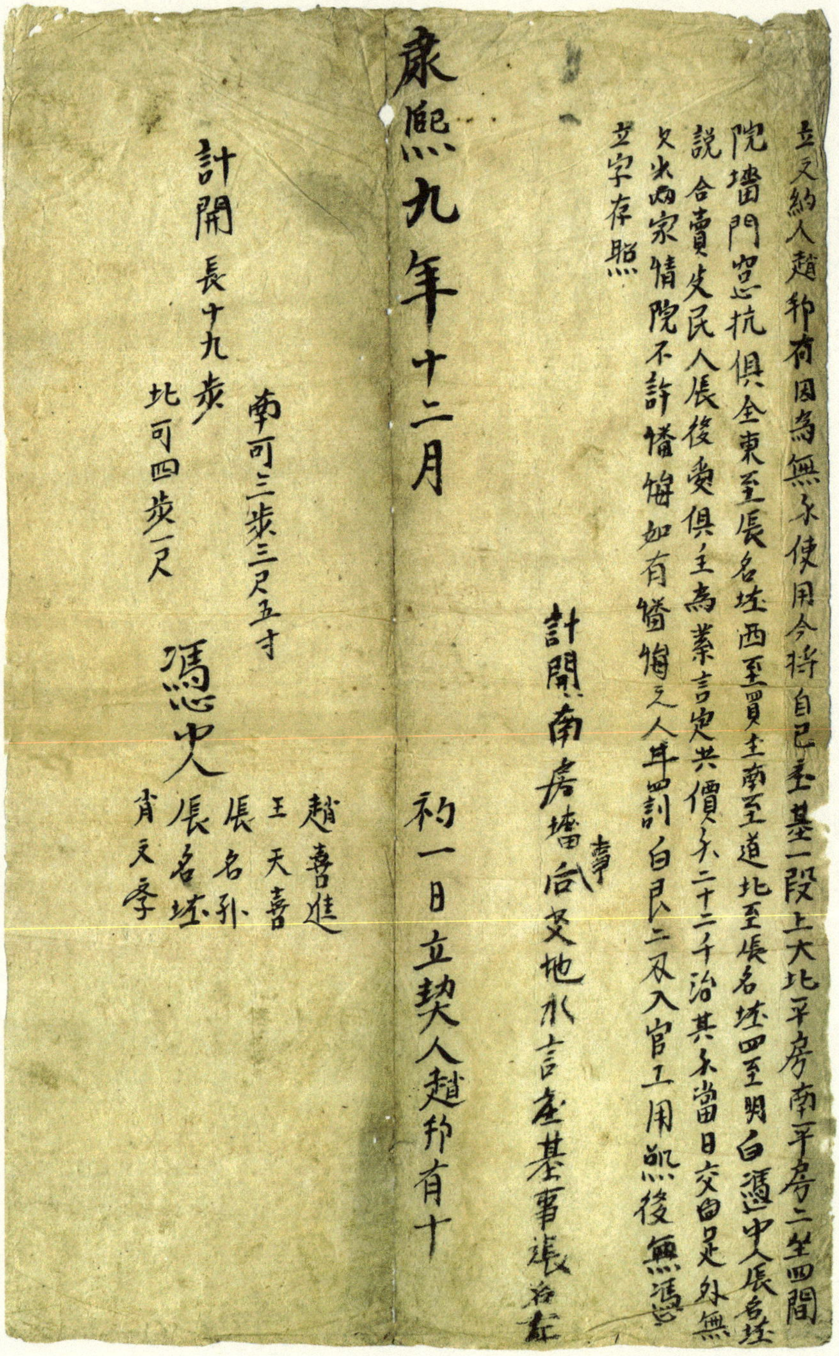

立文約人趙邦有因為無錢使用今將自己老基一段上大北平房南平房二坐四間
院墻門窗抗俱全東至張名坛西至買主南至道北至張名坛四至明白憑中人張名坛
說合賣與民人張後爱俱主為業言定共價錢二十二千治其錢當日交田足外無
欠少兩家情院不許僭悔如有僭悔之人罪罰白銀二兩入官工用恐後無憑
立字存照

計開南房墻壹合交地水言老基事張治存

康熙九年十二月初一日立契人趙邦有十

計開
長十九步
南可三步三尺五寸
北可四步一尺

憑中人
趙喜進
王天喜
張名孙
張名坛
肖文李

〇〇八 清康熙九年十二月初一（一六七一年一月十一日）趙邦有賣莊基契

立文約人趙邦有，因爲無錢使用，今將自己莊基一段，上大北平房、南平房二坐【座】四間，院牆、門窗、抗【炕】俱全，東至張名佐，西至買主，南至道，北至張名佐，四至明白，憑中人張名佐説合，賣與民人張後愛俱【居】主【住】爲業，言定共價錢二十二千治【整】，其錢當日交足，外無欠少，兩家情院【願】，不許懽悔，如有懽悔之人耳，罰白銀二兩入官工【公】用，恐後無憑，立字存照。

計開 南房牆事【是】後艾地水，言莊基事張名佐

康熙九年十二月 初一日 立契人 趙邦有

計開 長十九步 南可三步三尺五寸 北可四步一尺

憑中人 趙喜進 王天喜 張名孫 張名佐 肖文學

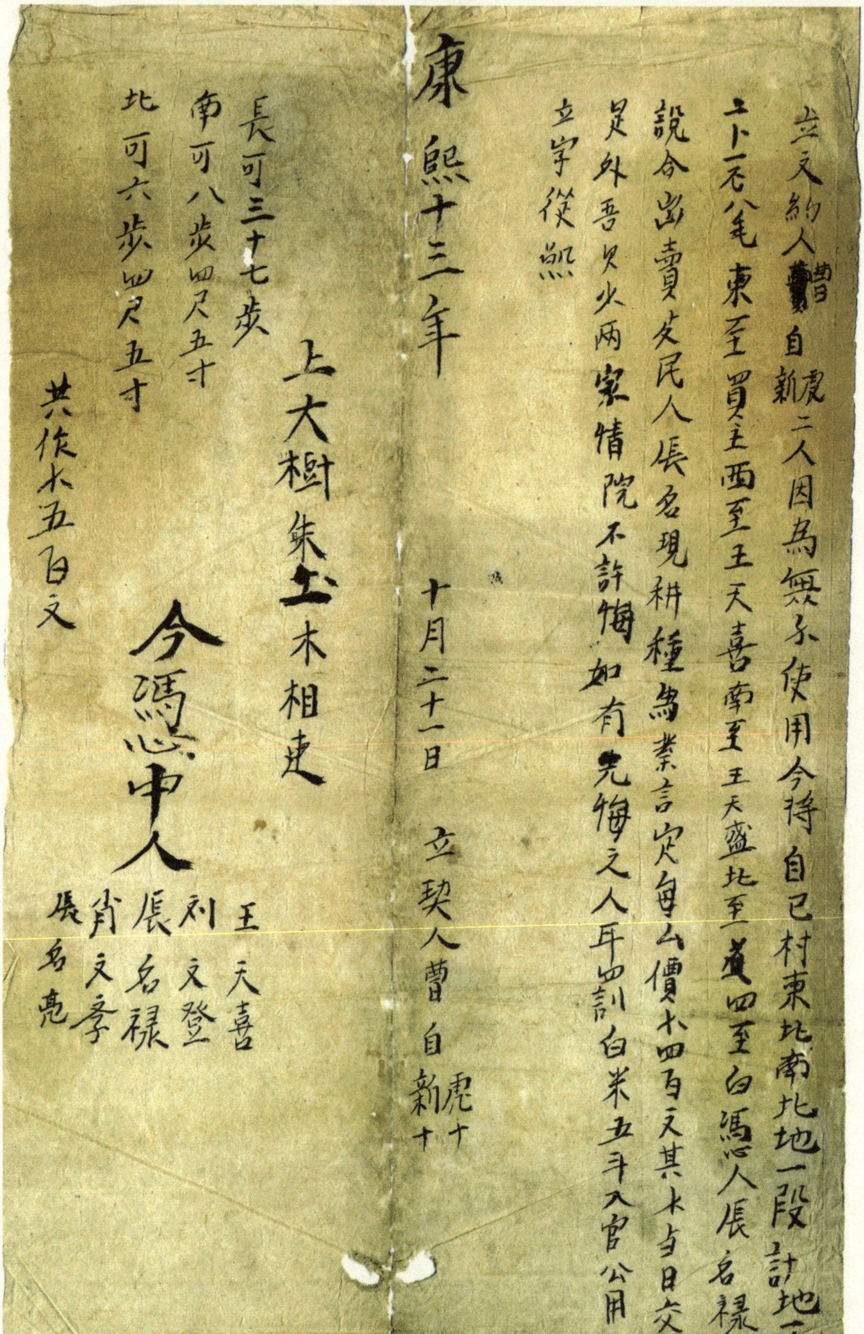
立文約人曹自新、自虎二人因為無錢使用今將自己村東北南北地一段計地一畝
二卜一乇八分毛東至買主西至王天喜南至王天盛北至道四至白憑中人張名祿
說合出賣與民人張名現耕種為業言定每畝價錢四百文其錢當日交
足外吾見火兩家情院不許悔如有先悔之人罰出白米五斗入官公用
立字從照

康熙十三年十月二十一日　立契人曹自新十　自虎十

上大樹朱土木相連

今憑中人　王天喜　刘文登　張名祿　肖文亭　張名亮

長可三十七步
南可八步四尺五寸
北可六步四尺五寸

共價錢五百文

〇〇九　清康熙十三年（一六七四年）十月二十一日曹自虎、曹自新賣地契

立文約人曹自虎 新 二人，因爲無錢使用，今將自己村東北南北地一段，計地一畝二分一厘八毫，東至買主，西至王天喜，南至王天盛，北至道，四至「明」白，憑人張名禄説合，出賣與民人張名現耕種爲業，言定每畝價錢四百文，其錢當日交足，外吾【無】欠少，兩家情院【願】，不許悔，如有先悔之人耳，罰白米五斗入官公用，立字從【存】照。

康熙十三年十月二十一日　立契人　曹自虎 新

上大樹朱【株】，土木相連

今憑中人
王天喜
劉文登
張名禄
肖文學
張名亮

長可三十七步
南可八步四尺五寸
北可六步四尺五寸
共作錢五百文

立文約人張明才因爲無錢使用今將自己村北南北地計地七分六厘東至王光前西至賈奎南至張瑚北至王天奉四至明白今憑中人張明亮說合出賣與本户張明顯永遠耕種爲業言定每分價錢一百五十文其錢當日交足外無欠少兩家情願各不許翻悔如有先悔者執此字到官依法究治恐後無憑故立文約存照

康熙二十三年四月二十　日立契人張明才

憑中人　張明亮　肖孟冬

南可二步四寸

長八十一步三尺中可二步一尺三寸

北可二步一尺六寸

〇一〇 清康熙二十三年（一六八四年）四月二十日張明才賣地契

立文約人張明才，因爲無錢使用，今將自己村北南北地，計地七分六厘，東至王光前，西至買主，南至張瑚，北至王天奉，四至明白，今憑中人張明亮説合，出賣與本户張明顯永遠耕種爲業，言定每分價清錢一百五十文，其錢當日交足，外無欠少，兩家情願，各不許懂悔，如有先悔者，執此字到官依法究治，恐後無憑，故立文約存照。

康熙二十三年四月二十日　　立契人　張明才

長八十一步三尺　　南可二步〇五寸　中可二步一尺三寸　北可二步一尺六寸

憑中人　張明亮　肖孟冬

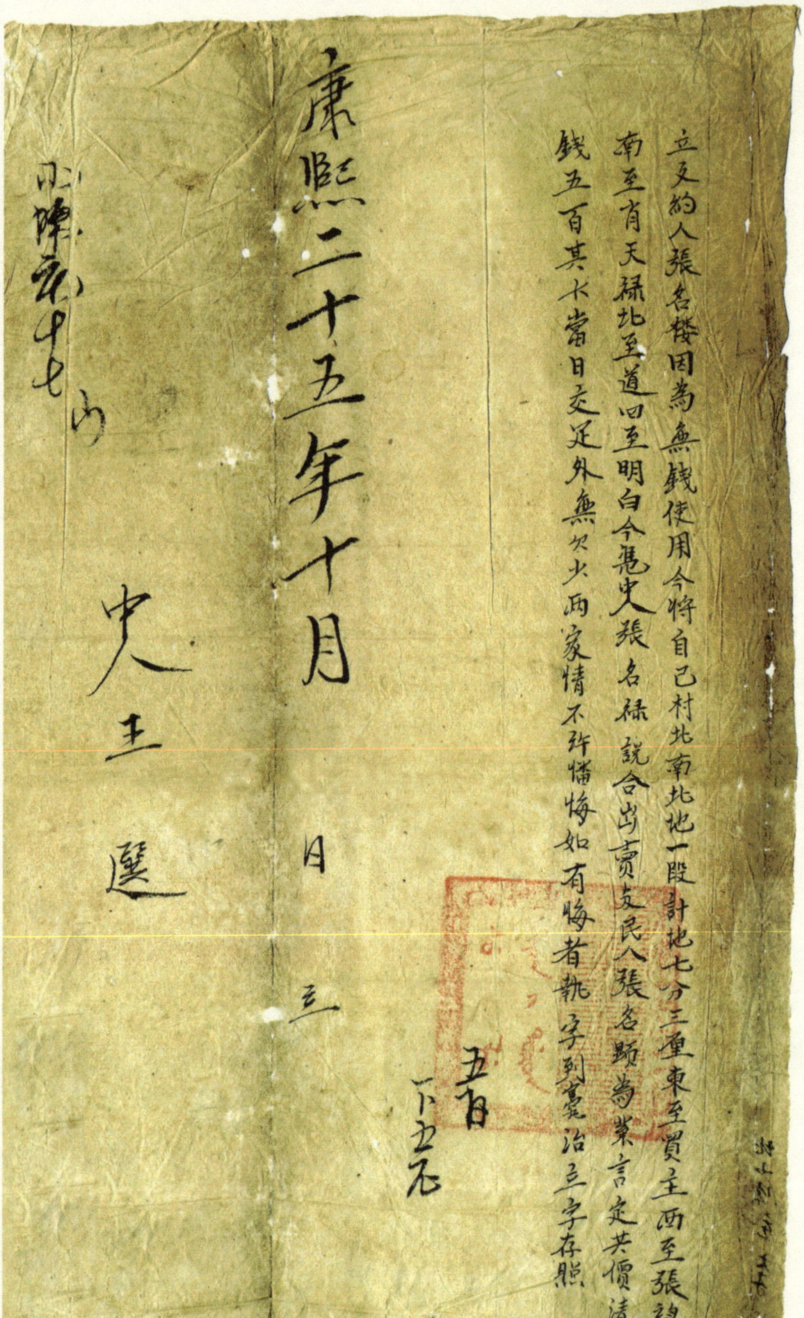

立文約人張名樓因為無錢使用今将自己村北南北地一段計地七分三厘東至賈圭西至張望
南至肖天禄北至道四至明白今憑中人張名禄説合出賣與民人張名駟為業言定共價清
錢五百其卞當日交足外無欠少兩家情不許憎悔如有悔者執字到官治立字存照

康熙二十五年十月　日　立

五百

一下五石

中人　王選

小陳家什七　山

〇一一 清康熙二十五年（一六八六年）十月張名樓賣地契

立文約人張名樓，因爲無錢使用，今將自己村北南北地一段，計地七分三厘，東至買主，西至張望，南至肖天禄，北至道，四至明白，今憑中人張名禄説合，出賣與民人張名顯爲業，言定共價清錢五百，其錢當日交足，外無欠少，兩家情［願］，不許悔悔，如有悔者，執字到官究治，立字存照。

五百

一分五厘

中人王 選

康熙二十五年十月 日 立

小陳莊十七山

（九疊篆漢文與楷體滿文『東鹿縣印』方印一枚）

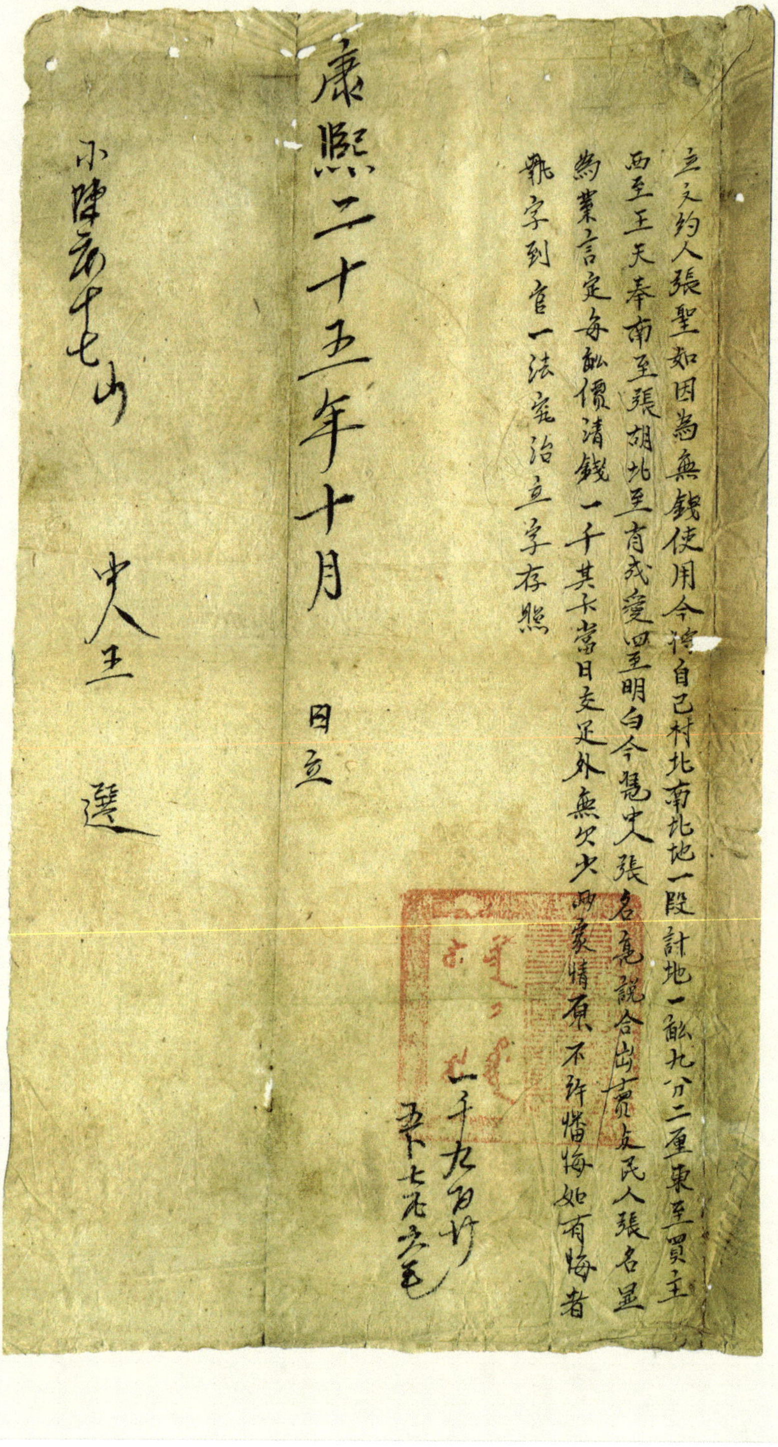

立文約人張聖如因為無錢使用今將自己村北南北地一段計地一畝九分二厘東至買主
西至王天奉南至張胡北至育戎㨿四至明白今憑中人張名亮說合出賣與民人張名显
為業言定每畝價清錢一千其卡當日交足外無欠少兩家情願不許懵悔如有悔者
執字到官一法究治立字存照

山千九百竹
五下七尺六毛

康熙二十五年十月　日立

中人王　選

小陣房中七山

〇一二 清康熙二十五年（一六八六年）十月張聖如賣地契

立文約人張聖如，因爲無錢使用，今將自己村北南北地一段，計地一畝九分二厘，東至買主，西至王天奉，南至張胡，北至肖成愛，四至明白，今憑中人張名亮説合，出賣與民人張名顯爲業，言定每畝價清錢一千，其錢當日交足，外無欠少，兩家情原【願】，不許播悔，如有悔者，執字到官一【依】法究治，立字存照。

一千九百廿
五分七厘六毫

康熙二十五年十月　日立
小陳莊十七山

中人王　選

（九疊篆漢文與楷體滿文『東鹿縣印』方印一枚）

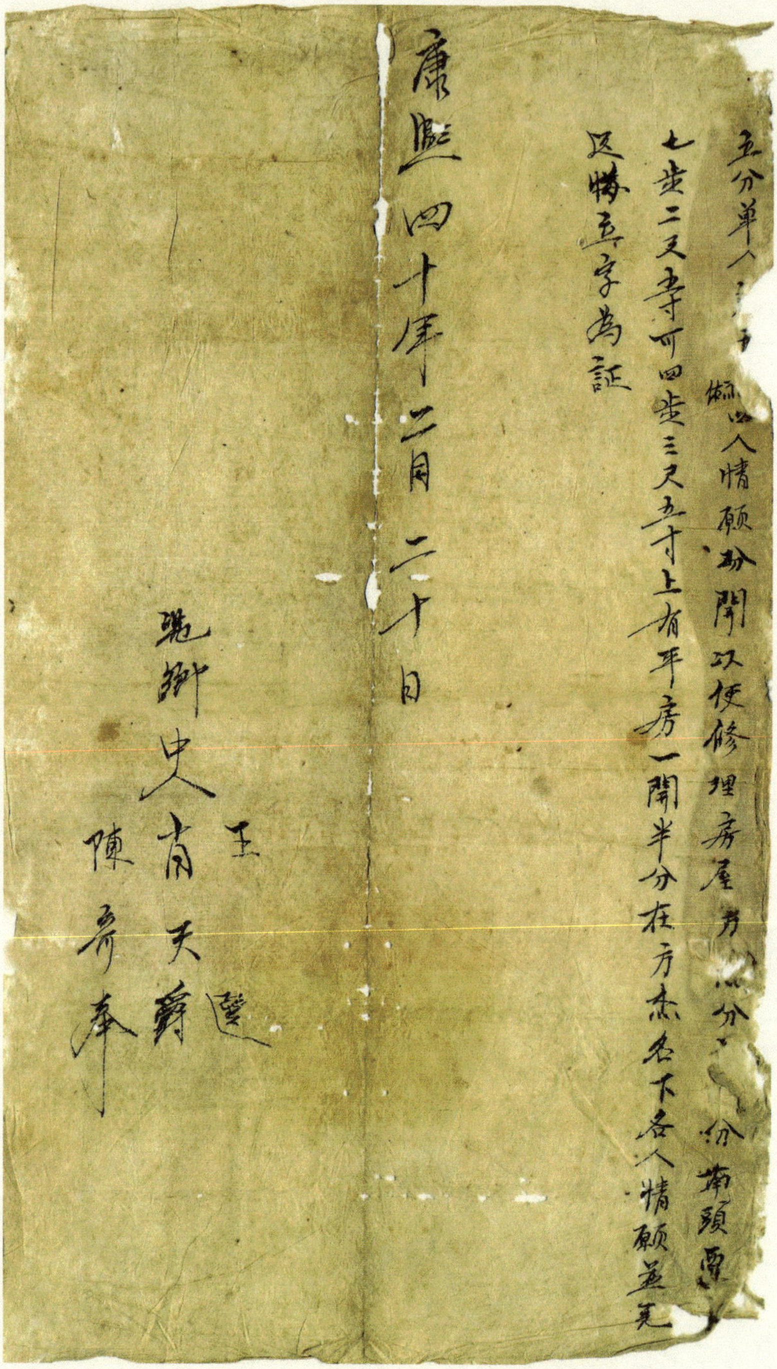

五分單人□□□□□□人情願分開以便修理房屋方杰分□□分南頭西□七步二丈寺可四步三尺五寸上有平房一間半分在方杰名下各人情願並无反悔立字為証

康熙四十年十二月二十日

憑鄉中人　肖天爵
王璽
陳喬奉

〇一三 清康熙四十年（一七〇一年）二月二十日張方傑分單

立分單人張方名、英、杰、佑四人，情願分開，以便修理房屋，方傑分□□，分南頭西□七步二尺五寸，可四步三尺五寸，上有平房一開【間】半，分在方杰名下，各人情願，並無反悔，立字爲證。

康熙四十年二月二十日

憑鄉中人 王選 肖天爵 陳奇奉

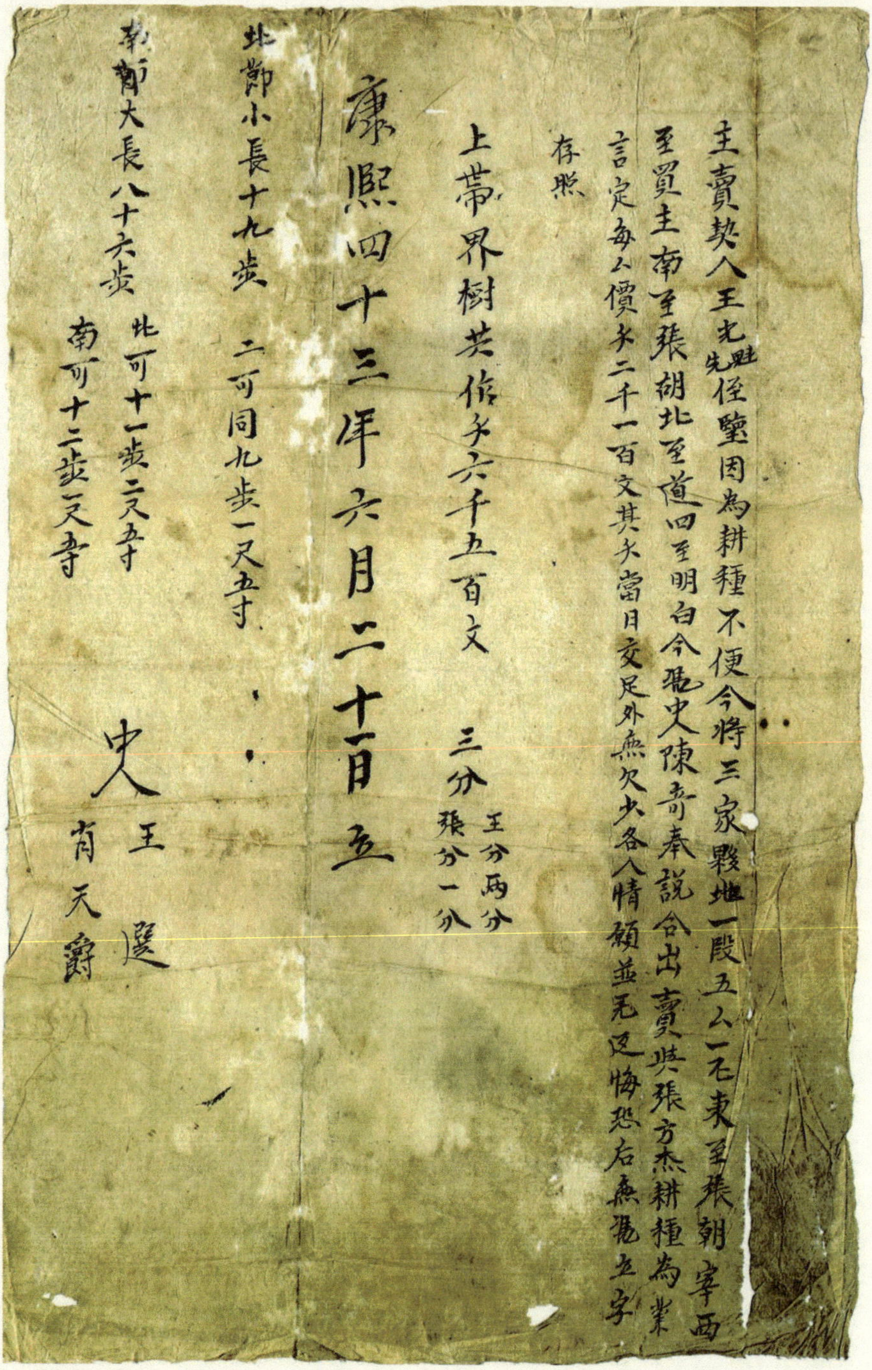

立賣契人王光旺先侄鑒因為耕種不便今將三家戮地一段五分一毛東至張朝宰西至買主南至張胡北至道四至明白今憑中人陳奇奉説合出賣與張方杰耕種為業言定每分價錢二千一百文其錢當日交足外無欠少各人情願並無返悔恐后無憑立字存照

上帶界樹共作錢六千五百文

三分 王分兩分 張分一分

康熙四十三年六月二十一日立

北節小長十九步 二可同九步一尺五寸

南節大長八十六步 北可十一步二尺五寸 南可十二步一尺寸

中人 王選 肖天爵

〇一四　清康熙四十三年（一七〇四年）六月二十一日王光魁、王光先賣地契

主【立】賣契人王光魁先侄鑒，因爲耕種不便，今將三家夥地一段五畝一厘，東至張朝宰，西至買主，南至張胡，北至道，四至明白，今憑中人陳奇奉説合，出賣與張方杰耕種爲業，言定每畝價錢二千一百文，其錢當日交足，外無欠少，各人情願，並無反悔，恐後無憑，立字存照。

上帶界樹共作錢六千五百文　三分　王分兩分　張分一分

康熙四十三年六月二十一日立

北節小長十九步　二可同九步一尺五寸

南節大長八十六步　北可十一步二尺五寸　南可十二步一尺五寸

中人　王選　肖天爵

[illegible]方名同為無钱使用今將自己庄基一段一卜一丕東至轂道西至張
名才南至道北至張方英同至明白今憑史人陳奇奉說合出賣與張方杰居住為業
言定共價钱一千一百當日交足外無欠少恐后無憑立字存照

上帶槐樹一科价钱一百

康熙四十五年三月　日　立

長七步二尺五寸
南可三步三尺
北可三步一尺四寸

史人　王隆
肖天爵

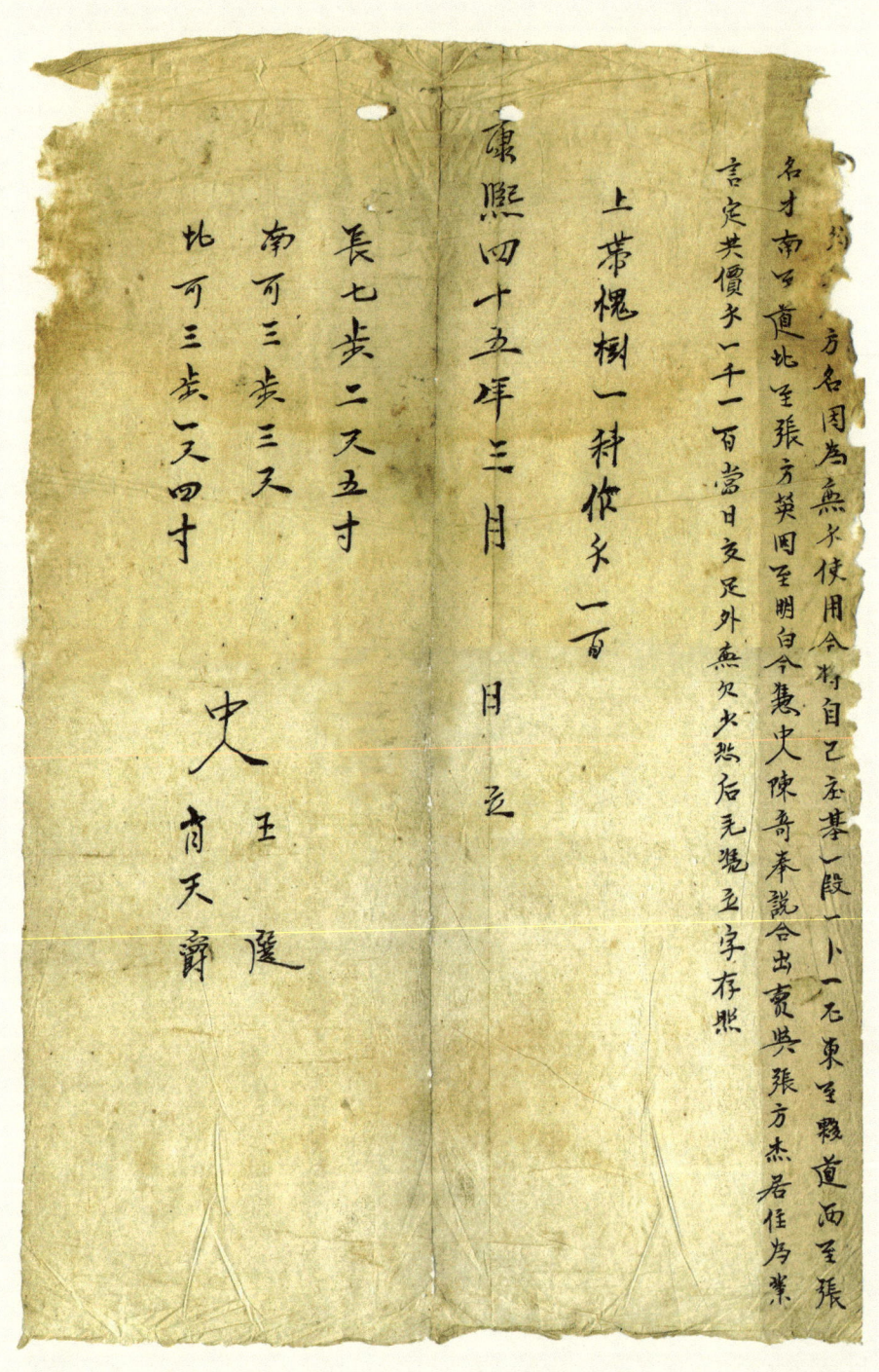

〇一五 清康熙四十五年（一七〇六年）三月張方名賣莊基契

立文約人張方名，因爲無錢使用，今將自己莊基一段一分一厘，東至夥道，西至張名才，南至道，北至張方英，四至明白，今憑中人陳奇奉説合，出賣與張方杰居住爲業，言定共價錢一千一百，當日交足，外無欠少，恐後無憑，立字存照。

上帶槐樹一科【棵】作錢一百

中人 王 選
肖天爵

長七步二尺五寸
南可三步三尺
北可三步一尺四寸

康熙四十五年三月 日立

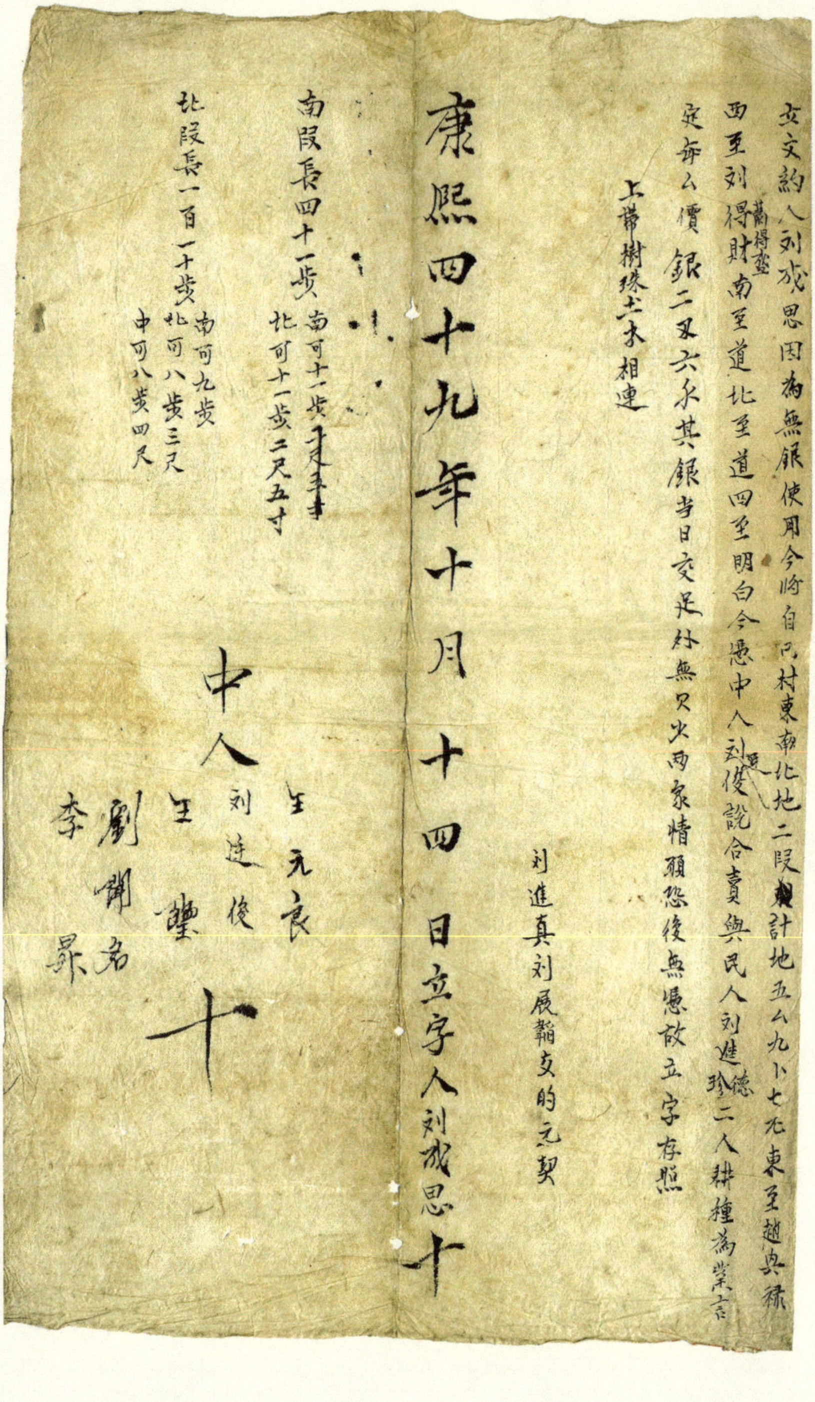
立文約人刘成恩因為無銀使用，今將自己村東南北地二段，計地五畝九分七厘。東至趙與祿，西至刘得財（刘得盛），南至道，北至道，四至明白。今憑中人刘俊說合，賣與民人刘進德、珍二人耕種為業。言定每畝價銀二兩六錢，其銀当日交足，外無欠少。兩家情願，恐後無憑，故立字存照。
上帶樹株土木相連
刘進真、刘展翰交的元契
康熙四十九年十月十四日立字人刘成恩 十
中人 刘進俊 十
王元良
王璽
劉彌名
李鼎
南段長四十一步 南可十一步 北可十一步二尺五寸
北段長一百一十步 南可九步 北可八步三尺 中可八步四尺

〇一六 清康熙四十九年（一七一〇年）十月十四日劉成思賣地契（上手契）

立文約人劉成思，因爲無銀使用，今將自己村東南北地二段，計地五畝九分七厘，東至趙興禄，西至劉得財、蕭得盛，南至道，北至道，四至明白，今憑中人劉廷俊説合，賣與民人劉進德珍二人耕種爲業，言定每畝價銀二兩六錢，其銀當日交足，外無欠少，兩家情願，恐後無憑，故立字存照。

上帶樹珠【株】，土木相連。

劉進真、劉展韜交的元【原】契

康熙四十九年十月十四日　立字人　劉成思

中人　王元良　劉廷俊　王鑒　劉聞名　李昇

南段長四十一步　南可十一步　北可十一步二尺五寸

北段長一百一十步　南可九步　北可八步三尺　中可八步四尺

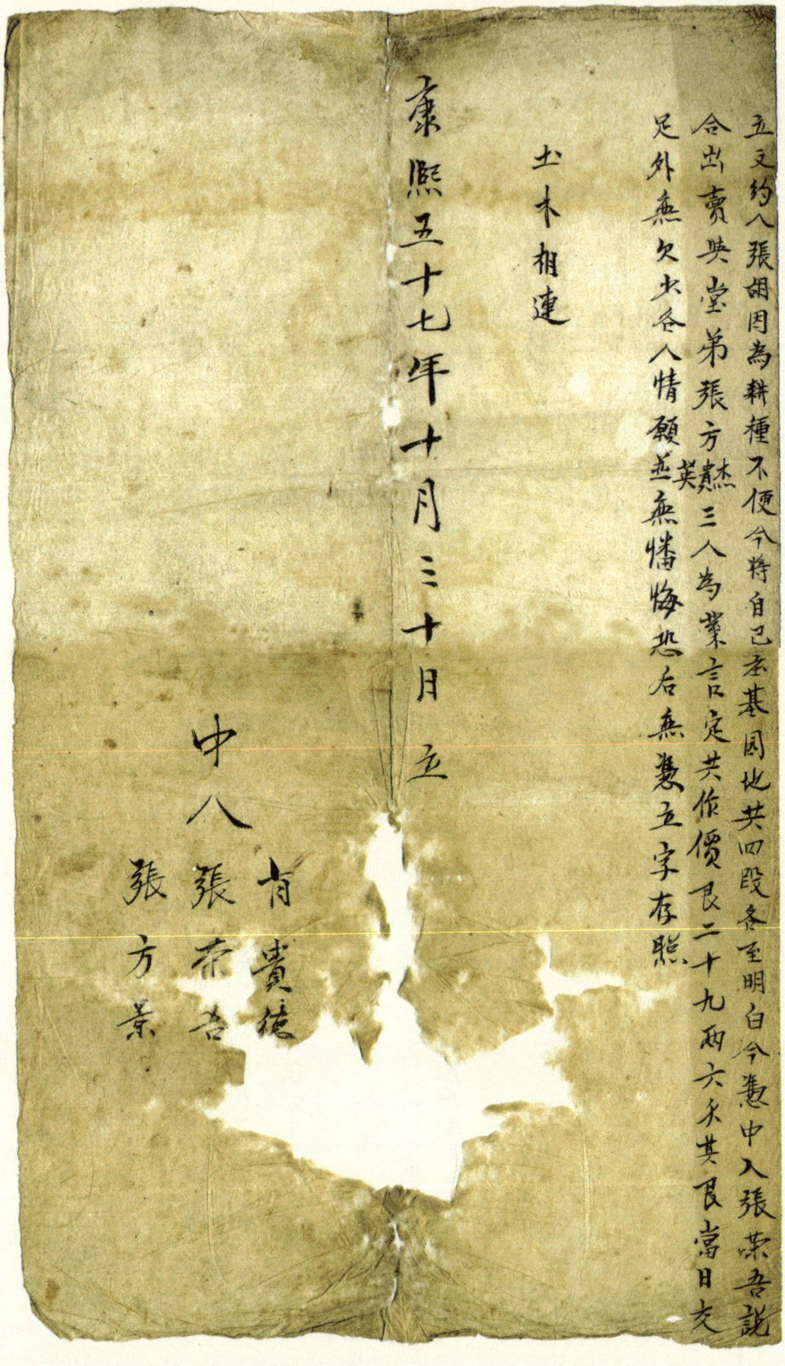

立文约人張胡因為耕種不便今将自己本基园地共四段各至明白今憑中人張荣吾説合出賣與堂弟張方魁英三人為業言定共作價艮二十九兩六禾其艮當日交足外無欠少各人情願並無悔恐后無憑立字存照

土木相連

康熙五十七年十月三十日立

中人 肖貴德 張荣吾 張方景

○一七 清康熙五十七年（一七一八年）十月三十日張胡賣莊基、園地契①

立文約人張胡，因爲耕種不便，今將自己莊基園地共四段，各至明白，今憑中人張榮吾說合，出賣與堂弟張方傑貴英三人爲業，言定共作價銀二十九兩六錢，其銀當日交足，外無欠少，各人情願，並無憣悔，恐後無憑，立字存照。

土木相連

康熙五十七年十月三十日立

中人 肖貴德
張榮吾
張方景

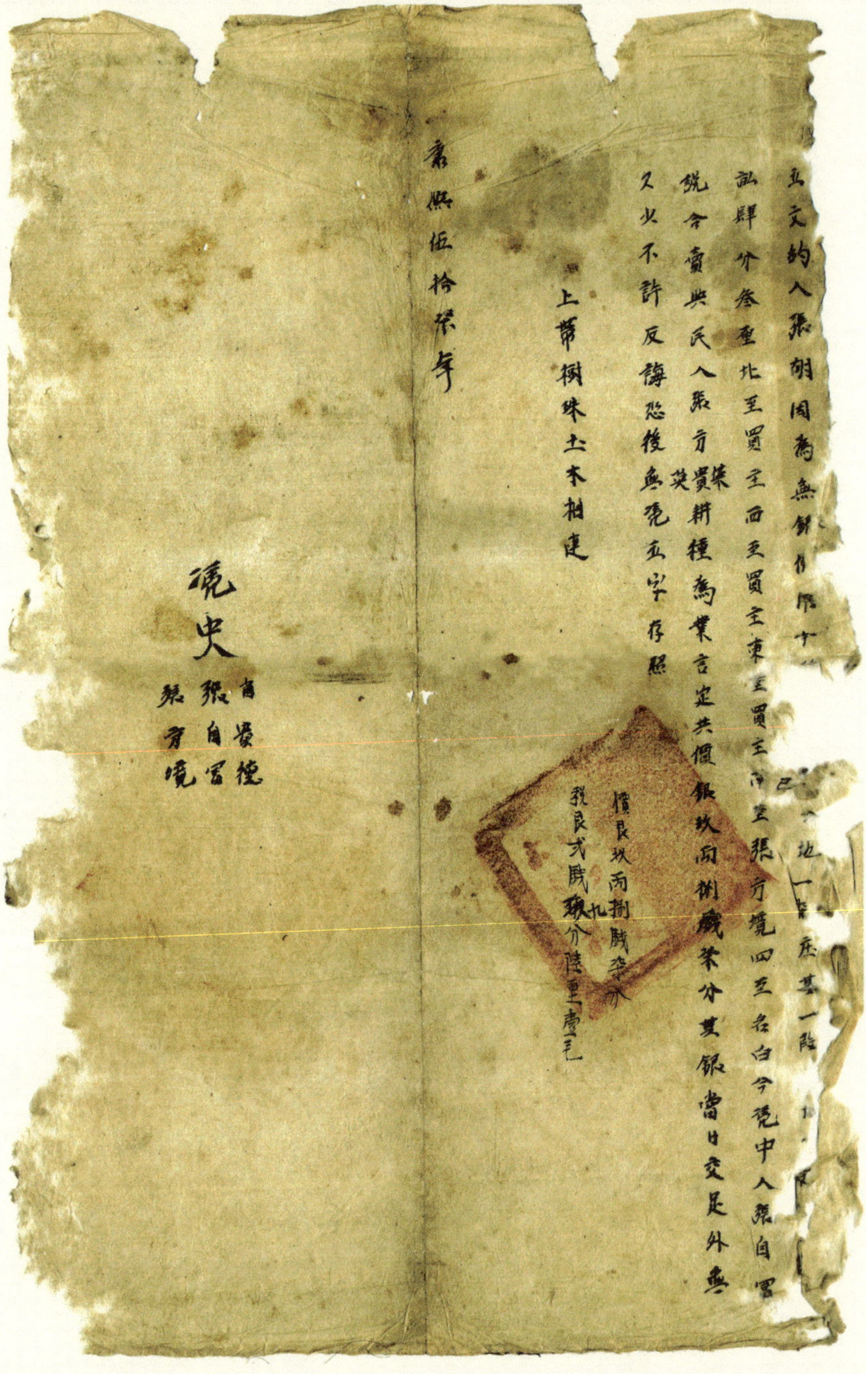
立文約人張胡因為無錢用[illegible]地一[illegible]庄基一段[illegible]
舐肆分叁釐 北至買主 西至買主 東至買主 南至張方境 四至名白 今憑中人張自富
説合賣與氏人張方貴榮耕種為業 言定共價銀玖兩捌錢 其分文銀當日交足 外無
又火不許反悔 恐後無憑 立字存照
上帶樹株土木相連
價艮玖兩捌錢李八
稅艮弍錢玖九分陸里壹毛
康熙伍拾柒年
憑中
曾發德
張自富
張方境

○一八 清康熙五十七年（一七一八年）張胡賣莊基、園地契②

立文約人張胡，因爲無銀使用，今□□己□……地一段、莊基一段，□……畝肆分叁厘，北至買主，西至買主、東至買主，南至張方境，四至名【明】白，今憑中人張自富説合，賣與民人張方傑英貴耕種爲業，言定共價銀玖兩捌錢柒分，其銀當日交足，外無欠少，不許反悔，恐後無憑，立字存照。

上帶樹珠【株】，土木相連

價銀玖兩捌錢柒分

稅銀貳錢九分陸厘壹毫

康熙伍拾柒年

肖貴德

憑中人 張自富

張方境

（九疊篆漢文與楷體滿文『東鹿縣印』方印一枚）

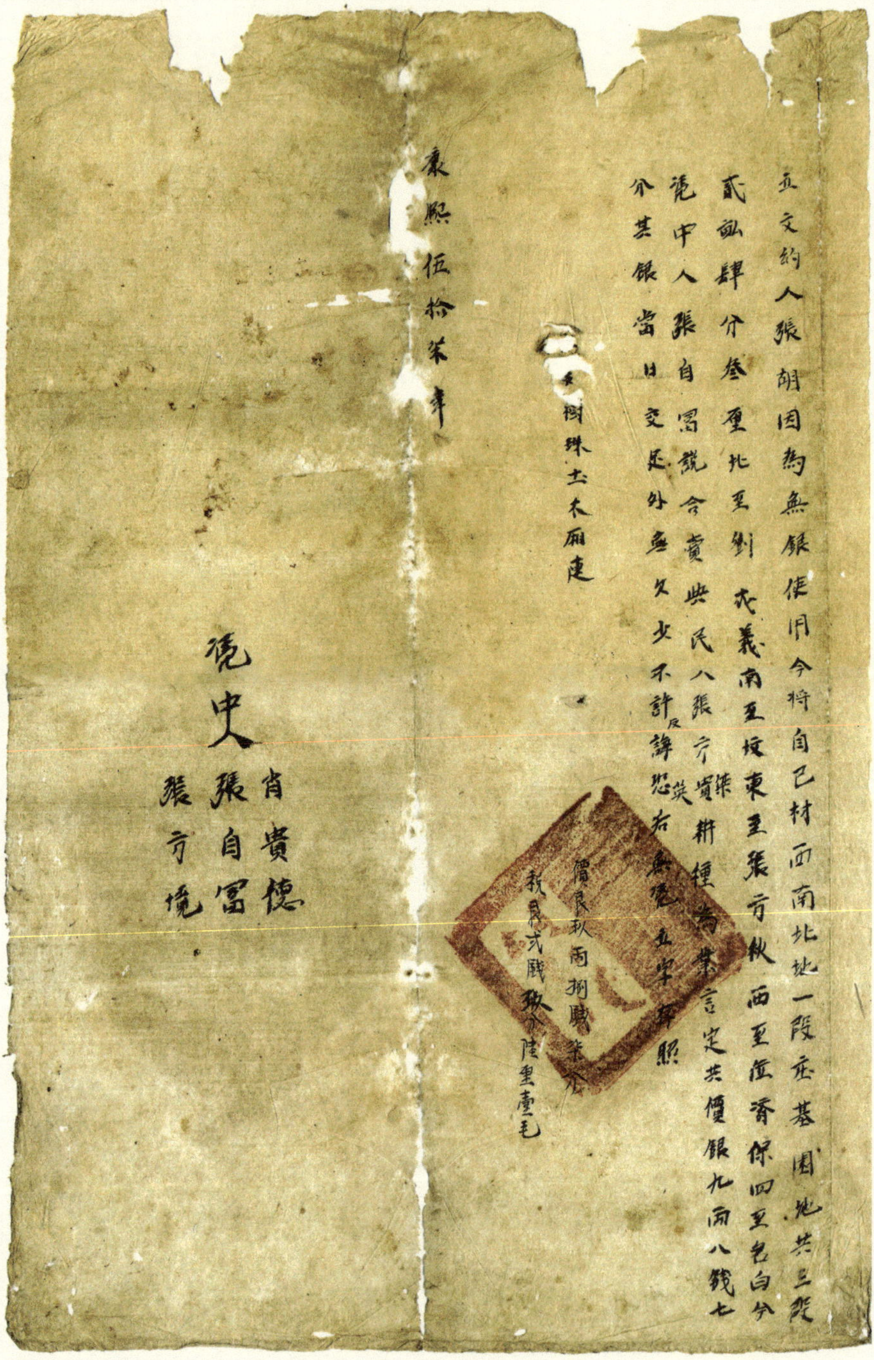

立文約人張胡因為無銀使用今將自己村西南北地一段坐基園地共三段
貳畝肆分叁厘北至劉仁義南至坡東至張方秋西至滄香係四至名白今
憑中人張自富說合賣與民人張方實栄耕種為業言定共價銀九兩八錢七
分其銀當日交足外無欠少不許反悔恐後無憑立字存照
內樹株土木厠連

價銀玖兩捌錢柒分
税銀貳錢玖分陸厘壹毛

康熙伍拾柒年

憑中人 肖貴德
張自富
張方境

○一九 清康熙五十七年（一七一八年）張胡賣莊基、園地契③

立文約人張胡，因爲無銀使用，今將自己村西南北地一段、莊基、園地共三段，貳畝
肆分叁厘，北至劉成義，南至墳，東至張方秋，西至位濟保，四至名【明】白，今憑中人
傑
張自富説合，賣與民人張方貴 耕種爲業，言定共價銀九兩八錢七分，其銀當日交足，外
英
無欠少，不許反誨【悔】，恐後無憑，立字存照。

上帶樹珠【株】，土木厢【相】連

價銀玖兩捌錢柒分
税銀貳錢玖分陸厘壹毫

康熙伍拾柒年

憑中人 肖貴德
張自富
張方境

（九疊篆漢文與楷體滿文『東鹿縣印』方印一枚）

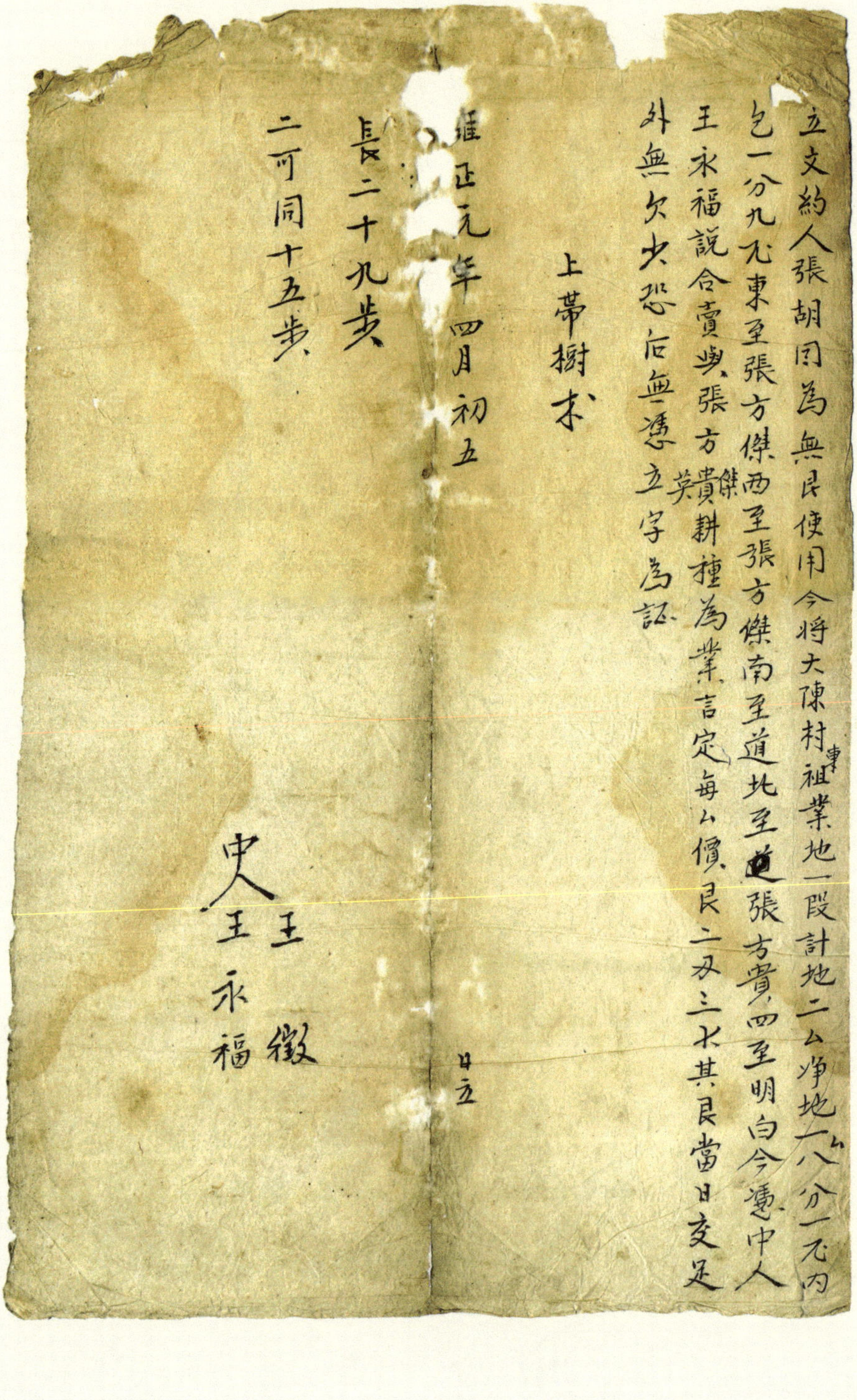

立文約人張胡同為無艮使用今将大陳村[東]祖業地一段計地二厶净地一厶八分一厘内包一分九厘東至張方傑西至張方傑南至道北至道張方貴四至明白今憑中人王永福説合賣與張方貴[傑英]耕種為業言定每厶價艮二两三卞其艮當日交足外無欠少恐后無憑立字為証

上帶樹木

雍正元年四月初五日立

長二十九步

二可同十五步

中人 王徵

王永福

〇二〇 清雍正元年（一七二三年）四月初五張胡賣地契①

立文約人張胡，因爲無銀使用，今將大陳村東祖業地一段計地二畝，净地一畝八分一厘，内包一分九厘，東至張方傑，西至張方傑，南至道，北至張方貴，四至明白，今憑中人王永福説合，賣與張方傑貴英耕種爲業，言定每畝價銀二兩三錢，其銀當日交足，外無欠少，恐後無憑，立字爲證。

上帶樹木

雍正元年四月初五日立

長二十九步

二可同十五步

中人 王徵 王永福

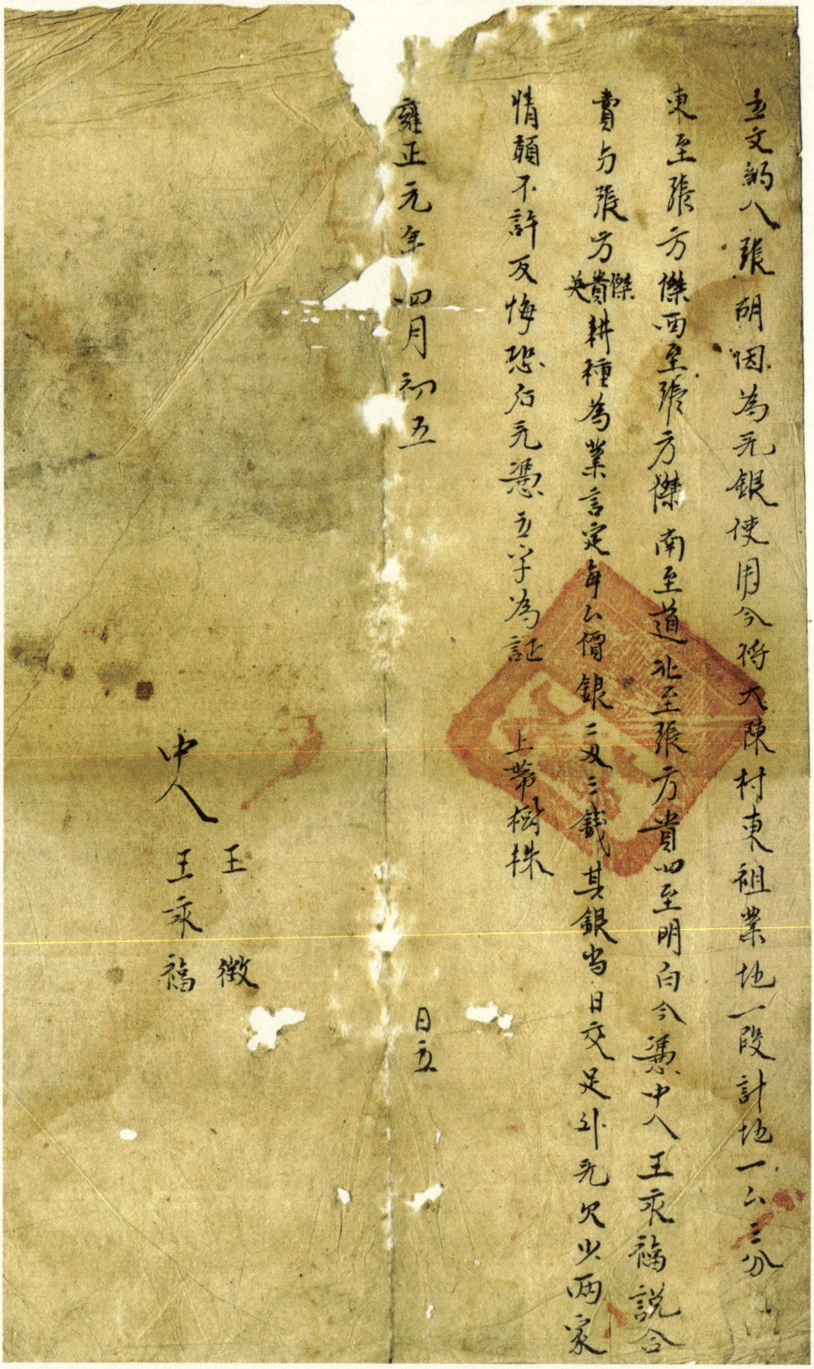

立文約人張朗因為無銀使用今將大陳村東祖業地一段計地一畝三分
東至張方傑西至張方傑南至道北至張方貴四至明白今憑中人王永福說合
賣與張方英貴傑耕種為業言定每畝價銀二兩三錢其銀當日交足外無欠少兩家
情願不許反悔恐後無憑立字為証
上帶樹株

雍正元年四月初五日立

中人 王徵
王永福

〇二一　清雍正元年（一七二三年）四月初五張胡賣地契②

立文約人張胡，因爲無銀使用，今將大陳村東祖業地一段，計地一畝三分，東至張方傑，西至張方傑，南至道，北至張方貴，四至明白，今憑中人王永福説合，賣與張方貴傑英耕種爲業，言定每畝價銀二兩三錢，其銀當日交足，外無欠少，兩家情願，不許反悔，恐後無憑，立字爲證。　上帶樹株

雍正元年四月初五　日立

中人　王　徵
　　　王永福

（九疊篆漢文與楷體滿文『東鹿縣印』方印一枚）

立文約人張方有因為無艮使用今將自己村北南北地一段計地
一厶言定價艮三两五分上帶柳朱東至張方貴西至張方英
南至張方杰北至道四至明白今憑中人王瑩說合賣與張方杰
耕種為業恐後無憑立字為証

雍正元年十一月二十四日　立

中人王瑩

〇二二 清雍正元年（一七二三年）十一月二十四日張方有賣地契

立文約人張方有，因爲無銀使用，今將自己村北南北地一段，計地一畝，言定價銀三兩五錢，上帶柳朱【株】，東至張方貴，西至張方英，南至張方杰，北至道，四至明白，今憑中人王瑩説合，賣與張方杰耕種爲業，恐後無憑，立字爲證。

中人　王瑩

雍正元年十一月二十四日　立

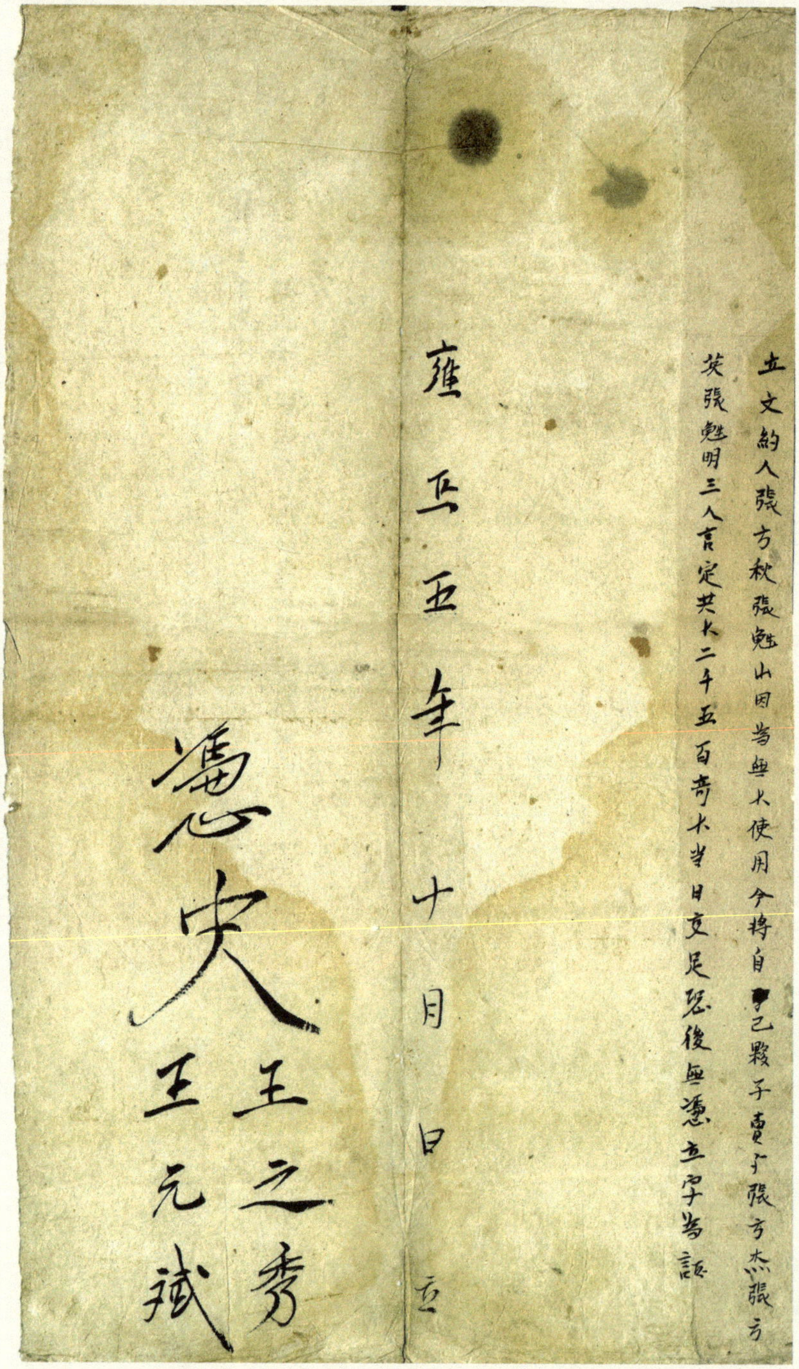

立文約人張方秋張魁山因為無錢使用今將自己股子賣于張方杰張方英張魁明三人言定共錢二千五百吊錢當日交足恐後無憑立字為證

雍正五年十月　日立

憑中人　王之秀　王元斌

〇二三 清雍正五年（一七二七年）十月張方秋、張魁山賣契

立文約人張方秋、張魁山，因爲無錢使用，今將自己夥子賣與張方杰、張方英、張魁明三人，言定共錢二千五百，奇【其】錢當日交足，恐後無憑，立字爲證。

雍正五年十月　日　立

憑中人　王之秀
　　　　王元斌

立文約人劉延真劉展韜因為無艮使用今將自己村西南北地一段計地五畝九分七
厘東至趙與祿西至刘名富南至道北至道四至明白憑中人刘成黄說合賣
與張方傑為業言定每畝價艮一兩一卜其艮當日交足不欠恐后無憑立文約
為証

雍正八年十二月十八　　日立

南段長四十一步　南可十一步　北可十一步三尺半

北段長一百一十步　南可九步　北可八步三尺　中可八步四尺

中人　李特英　刘成黄　姚公　趙治業

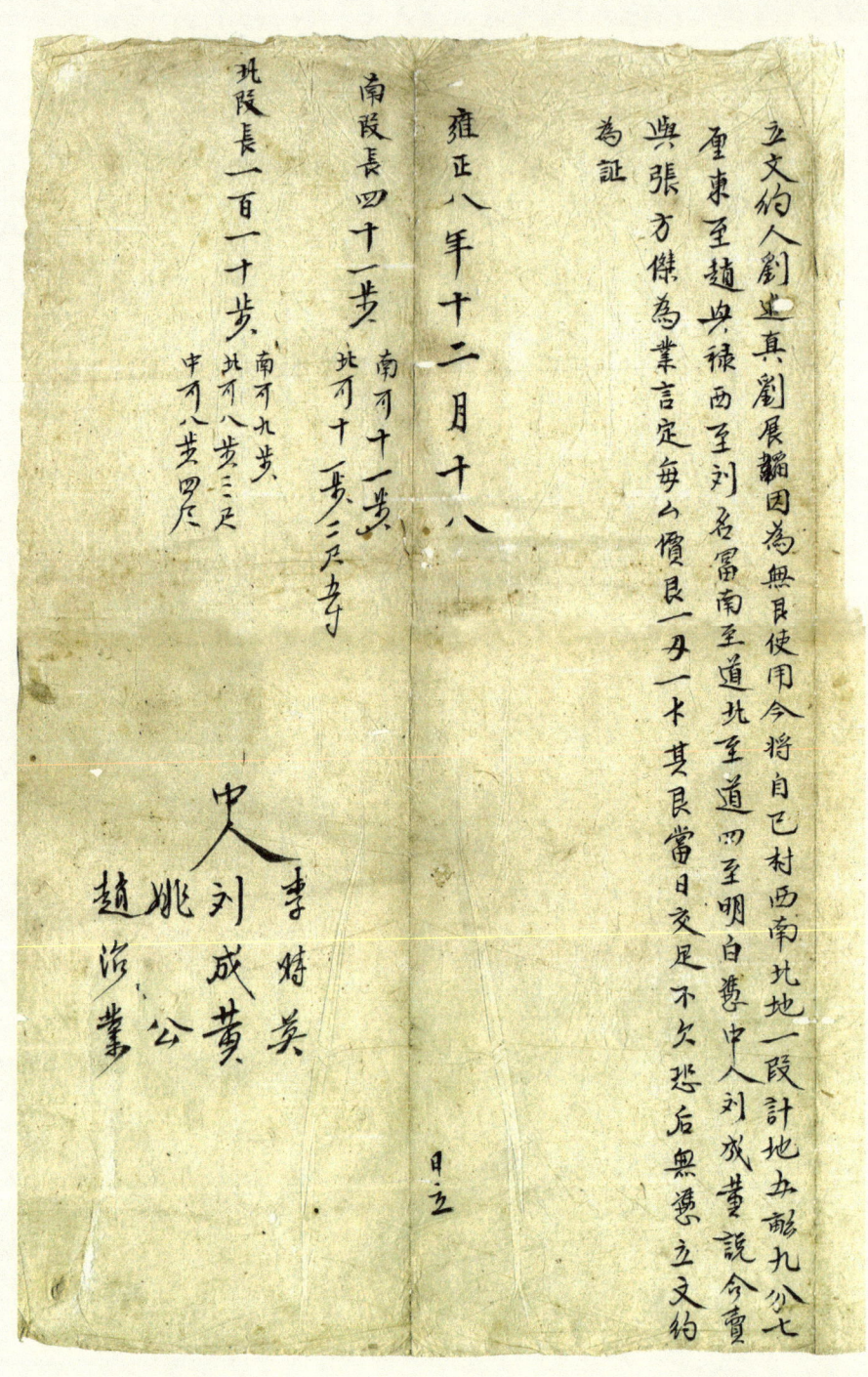

○二四

清雍正八年十二月十八日（一七三一年一月二十五日）劉進真、劉展韜賣地契①

立文約人劉進真、劉展韜，因爲無銀使用，今將自己村西南北地一段，計地五畝九分七厘，東至趙興禄，西至劉名富，南至道，北至道，四至明白，憑中人劉成黄説合，賣與張方傑爲業，言定每畝價銀一兩一錢，其銀當日交足不欠，恐後無憑，立文約爲證。

中人 李時英 劉成黄 姚公 趙治業

雍正八年十二月十八 日立

南段長四十一步
南可十一步
北可十一步二尺五寸

北段長一百一十步
南可九步
北可八步三尺
中可八步四尺

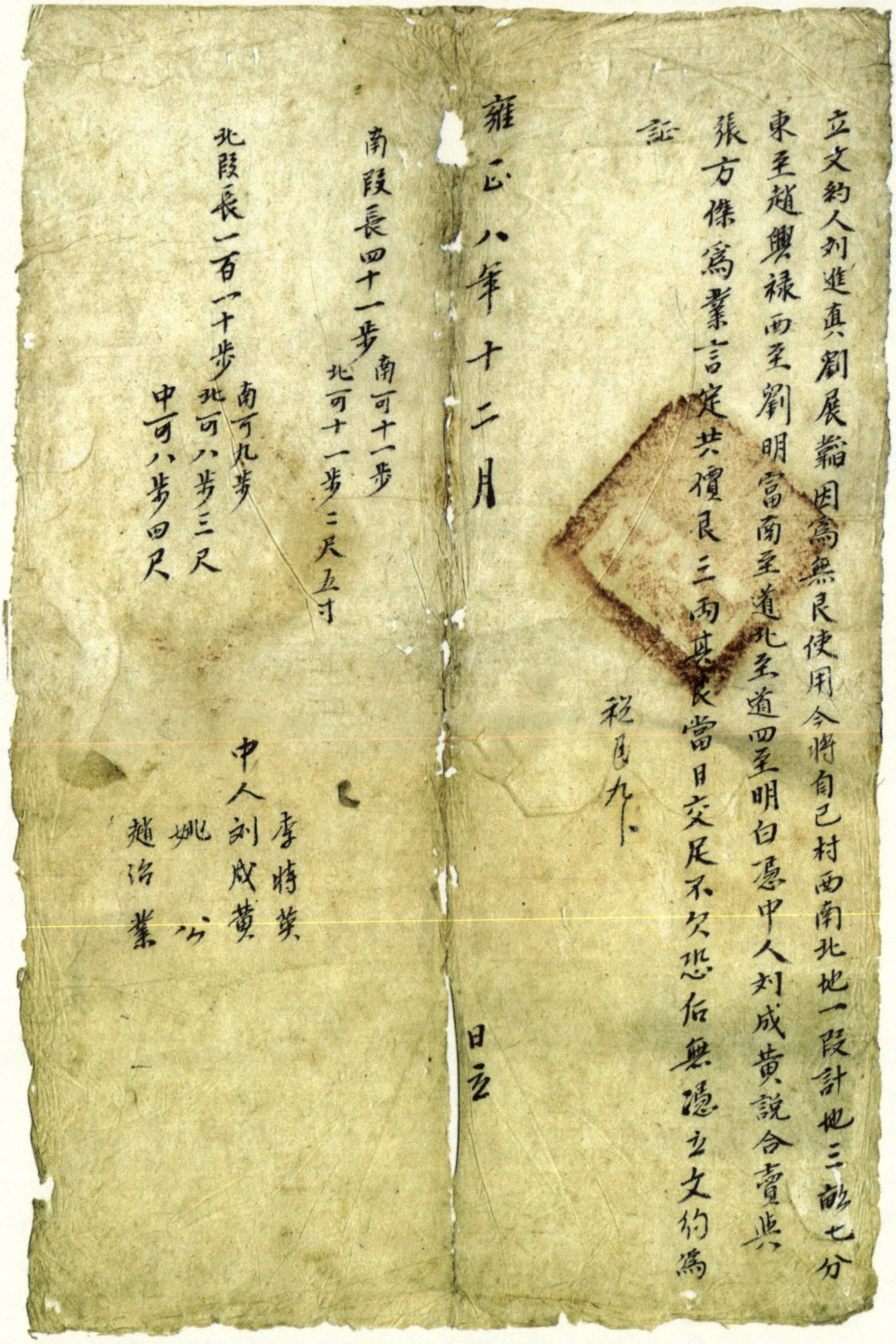

立文約人刘進真劉展翰因爲無良使用今將自己村西南北地一段計地三畝七分
東至趙興禄西至劉明富南至道北至道四至明白憑中人刘成黄說合賣與
張方傑爲業言定共價良三两其良當日交足不欠恐后無憑立文約爲
証

税良九卜

雍正八年十二月　　日立

南段長四十一步　南可十一步　北可十一步二尺五寸

北段長一百一十步　南可九步　北可八步三尺　中可八步四尺

中人　刘成黄　李特英　姚心　趙治業

〇二五

清雍正八年十二月（一七三一年一月）劉進真、劉展韜賣地契②

立文約人劉進真、劉展韜，因爲無銀使用，今將自己村西南北地一段，計地三畝七分，東至趙興禄，西至劉明富，南至道，北至道，四至明白，憑中人劉成黄説合，賣與張方傑爲業，言定共價銀三兩，其銀當日交足不欠，恐後無憑，立文約爲證。

稅銀九分

中人 李時英 劉成黄 姚公 趙治業

雍正八年十二月　日立

南段長四十一步　南可十一步　北可十一步二尺五寸

北段長一百一十步　南可九步　北可八步三尺　中可八步四尺

（九疊篆漢文與楷體滿文『東鹿縣印』方印一枚）

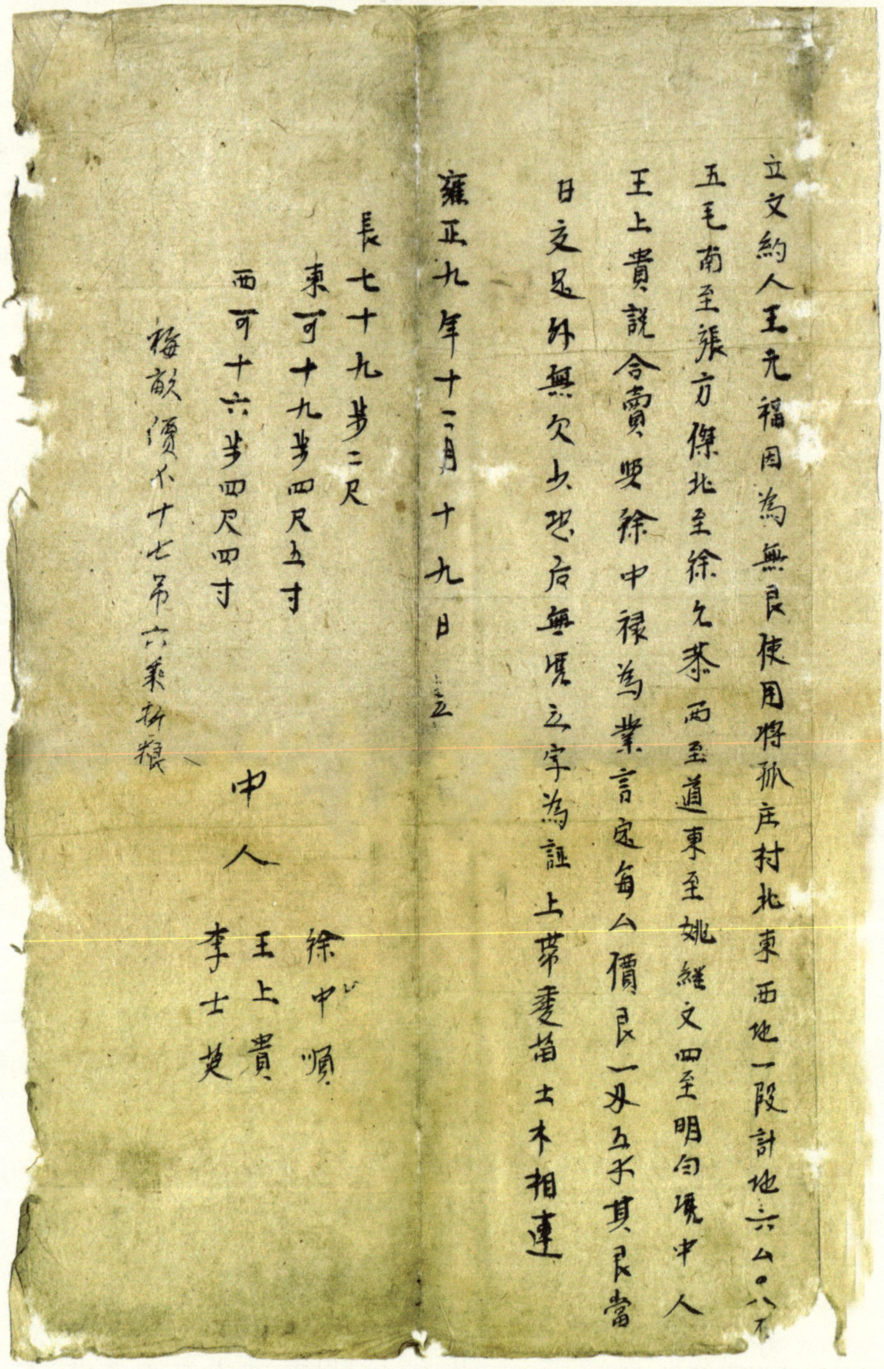

立文約人王允福因為無良使用將孤庄村北東西地一段計地六厶〇八厘
五毛南至張方傑北至徐允恭西至道東至姚維文四至明白憑中人
王上貴說合賣與徐中禄為業言定每厶價良一两五千其良當
日交足外無欠少恐后無憑立字為証上帯麦苗土木相連

雍正九年十二月十九日立

長七十九步二尺
東可十九步四尺五寸
西可十六步四尺四寸

每畝價大十七吊六乘折粮

中人
徐中順
王上貴
李士英

〇二六

清雍正九年十二月十九日（一七三二年一月十六日）王元福賣地契（上手契）

立文約人王元福，因爲無銀使用，將孤莊村北東西地一段，計地六畝〇八厘五毫，南至張方傑，北至徐元恭，西至道，東至姚繼文，四至明白，憑中人王上貴説合，賣與徐中禄爲業，言定每畝價銀一兩五錢，其銀當日交足，外無欠少，恐後無憑，立字爲證。上帶麥苗，土木相連。

雍正九年十二月十九日　立

長七十九步二尺　　中人　徐中順

東可十九步四尺五寸　　王上貴

西可十六步四尺四寸　　李士英

梅【每】畝價錢十七吊　六乘【成】折粮

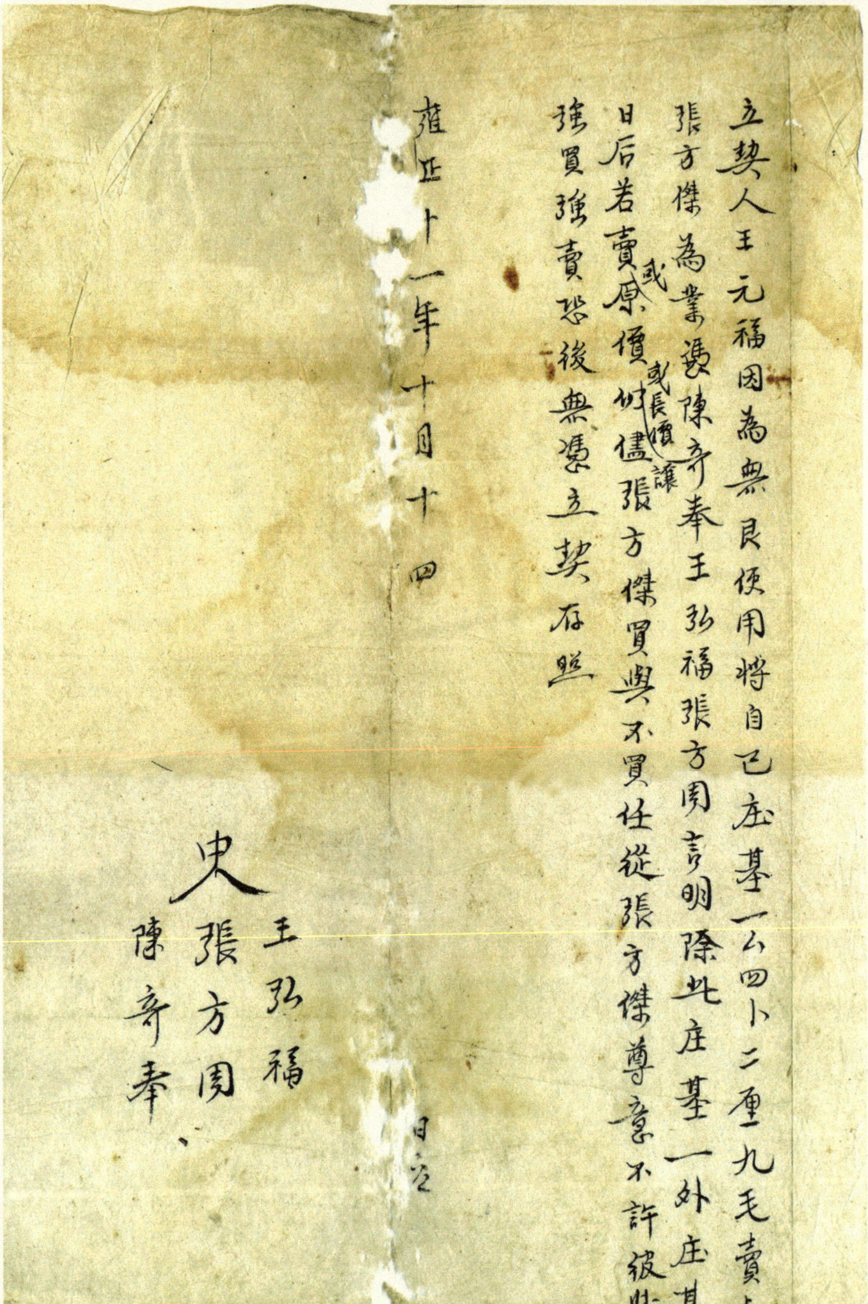
立契人王元福因為無艮便用將自己庄基一厶四卜二厘九毛賣与
張方傑為業憑陳齊奉王弘福張方周言明除此庄基一外庄基
日后若賣原價或長價讓付儘張方傑買與不買任從張方傑尊意不許彼此
強買強賣恐後無憑立契存照
雍正十一年十月十四日立
史
王弘福
張方周
陳齊奉

〇二七

清雍正十一年（一七三三年）十月十四日王元福賣莊基契

立契人王元福，因爲無銀使用，將自己莊基一畝四分二厘九毫，賣與張方傑爲業，憑陳奇奉、王弘福、張方周言明，除此莊基一【以】外，莊基日後若賣，或原價或長價，仍儘讓張方傑，買與不買任從張方傑尊意，不許彼此强買强賣，恐後無憑，立契存照。

中人 王弘福
張方周
陳奇奉

雍正十一年十月十四　日立

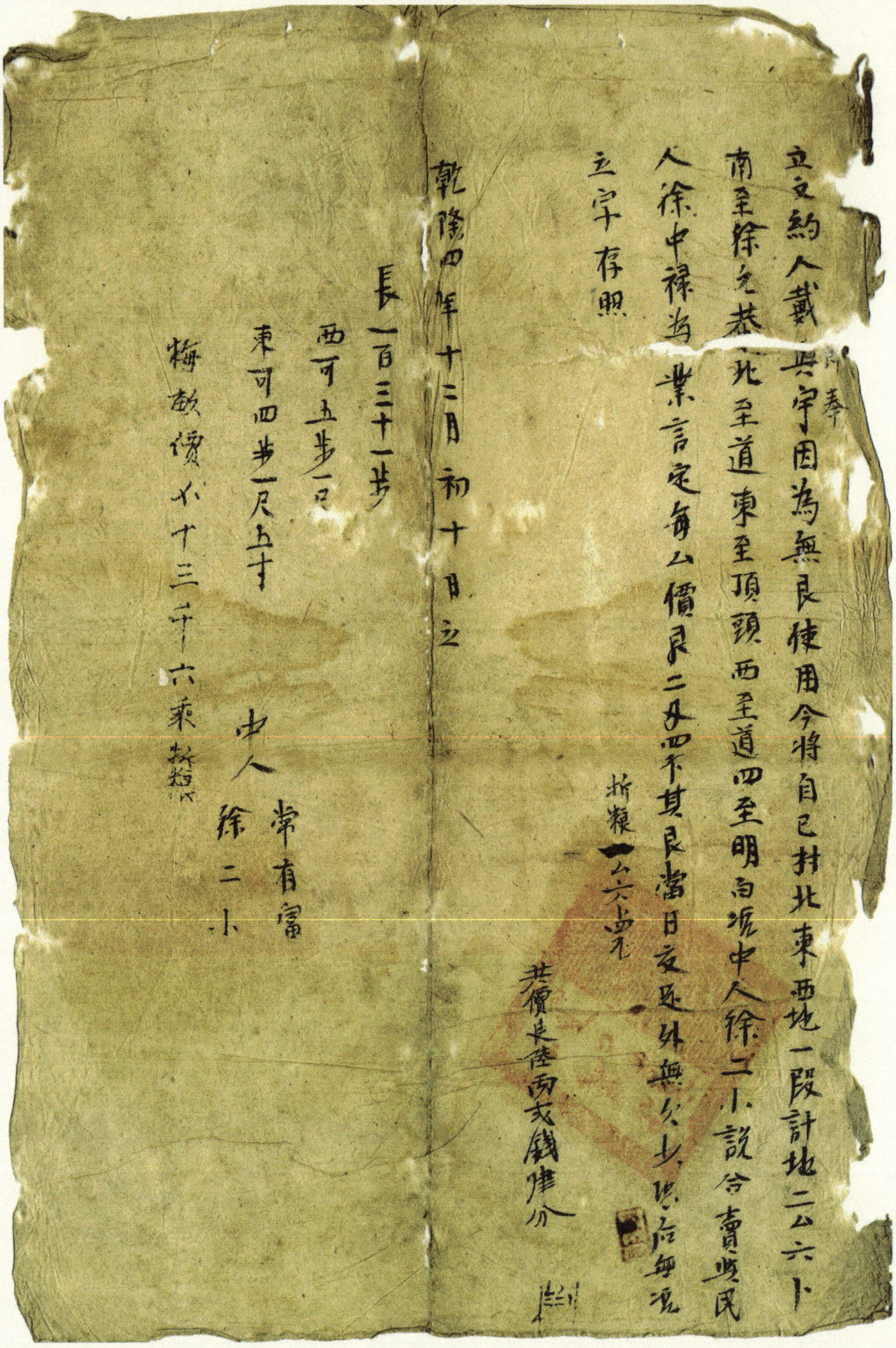

立文約人戴奉與宇因為無良使用今将自已封北東西地一段計地二厶六卜
南至徐允恭北至道東至頂頭西至道四至明白憑中人徐二小說合賣與民
人徐中祿為業言定每厶價艮二兩四卜其艮當日交足外無欠少恐后無憑
立字存照

折粮一厶六卜七

共價艮陸兩弍錢肆分

乾隆四年十二月初十日立

長一百三十一步
西可五步一尺
東可四步一尺五寸
梅畝價不十三千六乘

中人 常有富
徐二小

○二八 清乾隆四年十二月初十（一七四〇年一月八日）戴興宇賣地契（上手契）

立文約人戴興宇（即奉），因爲無銀使用，今將自己村北東西地一段，計地二畝六分，南至徐元恭，北至道，東至頂頭，西至道，四至明白，憑中人徐二小説合，賣與民人徐中禄爲業，言定每畝價銀二兩四錢，其銀當日交足，外無欠少，恐後無憑，立字存照。

折粮一畝六分四厘

共價銀陸兩貳錢肆分　　（数字：一八七二）

中人　常有富
　　　徐二小

乾隆四年十二月初十日立

長一百三十一步

西可五步一尺

東可四步一尺五寸

梅【每】畝價錢十三千　六乘【成】折粮

（九疊篆漢文與楷體滿文『東鹿縣印』方印一枚）

立文約人馮氏同子王元福孫王之信因為無銀使用今將自己庄
基一所計庄基一畝正東至道西至蕭文起南至賣主北至買主
四至明白憑中人陳奇奉說合賣與張廷寬張連達為業言定
共價銀陸兩柒錢伍分其銀當日交足不欠恐后無憑立字存照

乾隆九年十二月初八日立

長三十步五
二可同八步五

中人
張廷佐
陳奇奉

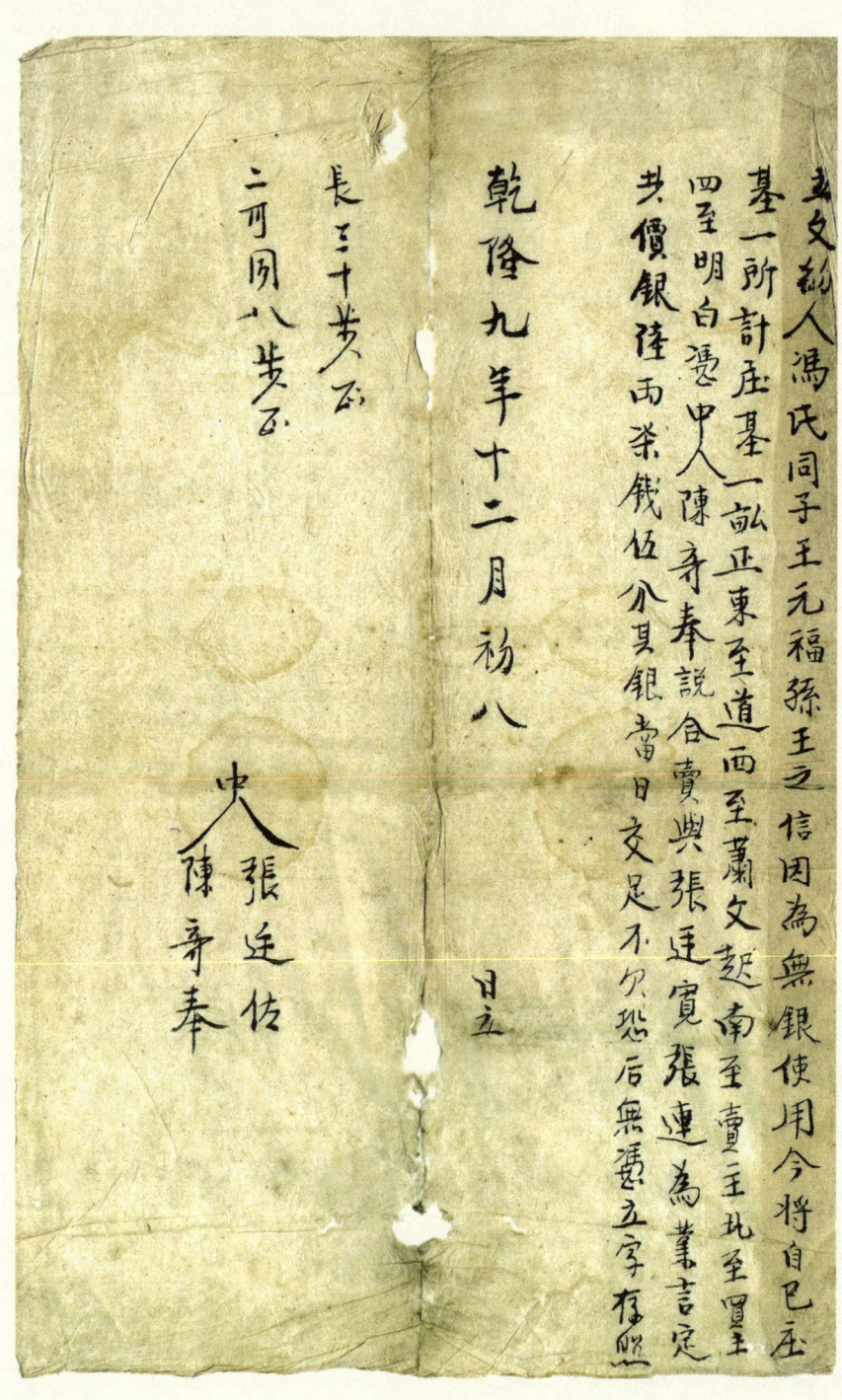

〇二九
清乾隆九年十二月初八（一七四五年一月十日）馮氏同子王元福、孫王之信賣莊基契

立文約人馮氏同子王元福、孫王之信，因爲無銀使用，今將自己莊基一所，計莊基一畝正【整】，東至道，西至蕭文起，南至賣主，北至買主，四至明白，憑中人陳奇奉說合，賣與張廷寬、張連爲業，言定共價銀陸兩柒錢伍分，其銀當日交足不欠，恐後無憑，立字存照。

乾隆九年十二月初八　　日立

長三十步正【整】
二可同八步正【整】

中人　張廷佐
　　　陳奇奉

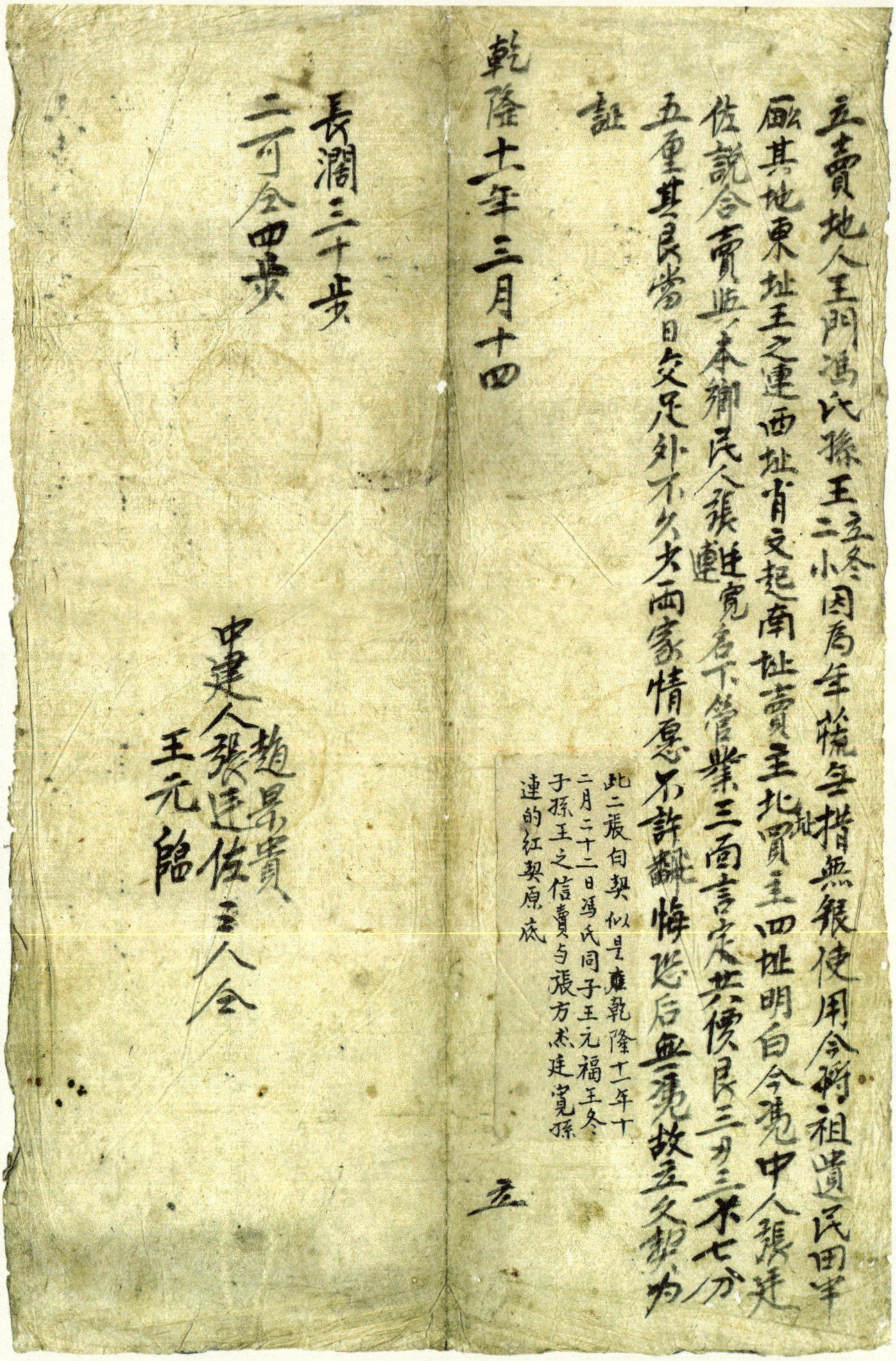

立賣地人王門馮氏孫王二小、立冬因爲年𦿎無措，無銀使用，今將祖遺民田半畝，其地東址王之連，西址肖文起，南址賣主，北址買主，四址明白，今憑中人張廷佐說合，賣與本鄉民人張廷寬名下管業，三面言定，共價銀三兩三錢七分五重，其銀當日交足，外不欠，此系兩家情愿，不許反悔，恐后無憑，故立文契為証。

乾隆十一年三月十四　立

長闊三十步
二可合四畝

中建人　趙景貴
　　　　張廷佐　三人仝
　　　　王元臨

此二張白契似是雍乾隆十一年十二月二十二日馮氏同子王元福、王冬冬子孫王之信賣與張方杰、廷寬孫連的紅契原底

○三○ 清乾隆十一年（一七四六年）三月十四日王門馮氏賣地契

立賣地人王門馮氏、孫王立冬 二小，因爲年慌【荒】無措，無銀使用，今將祖遺民田半畝，其地東址【至】王之連，西址【至】肖文起，南址【至】賣主，北址【至】買主，四址【至】明白，今憑中人張廷佐説合，賣與本鄉民人張廷寬 連名下管業，三面言定共價銀三兩三錢七分五厘，其銀當日交足，外不欠少，兩家情願，不許翻悔，恐後無憑，故立文契爲證。

（貼條）此二張白契似是乾隆十一年十二月二十二日馮氏同子王元福、王冬子、孫王之信賣與張方杰、廷寬、孫連的紅契原底。

乾隆十一年三月十四 立

中建【間】人 趙景貴 張廷佐 王元臨 三人同

長闊三十步

二可同四步

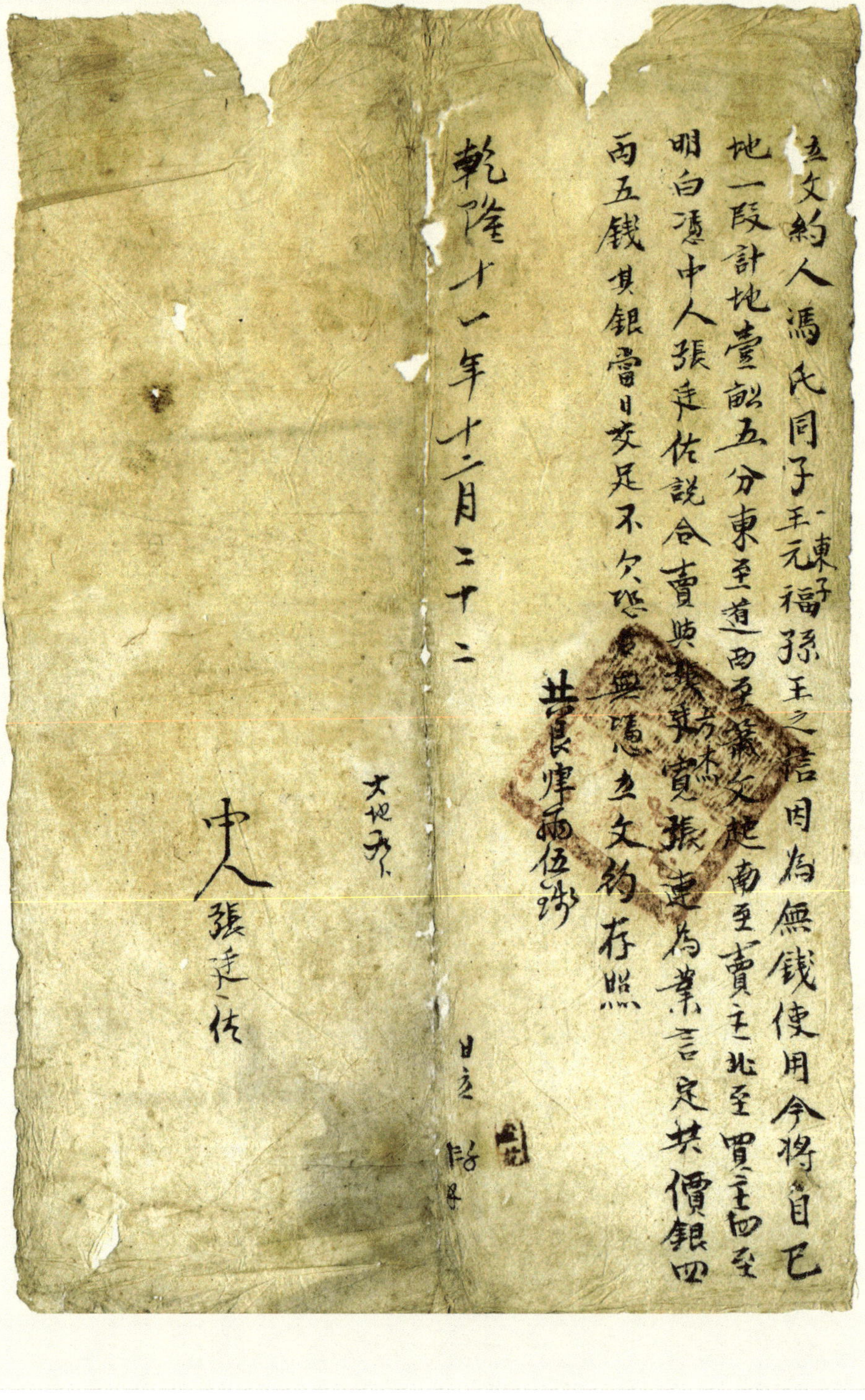

立文約人馮氏同子王元福（、東子）孫王之信因為無錢使用今將自已
地一段計地壹畝五分東至道西至蕭文起南至賣主北至買主四至
明白憑中人張廷佐說合賣與張廷芳杰寬張連為業言定共價銀四
兩五錢其銀當日交足不欠恐口無憑立文約存照

共長肆拾伍步

乾隆十一年十二月二十二日立

中人張廷佐

○三一 清乾隆十一年十二月二十二日（一七四七年二月一日）馮氏同子王元福、孫王之信賣地契

立文約人馮氏同子王元福（東子）、孫王之信，因爲無錢使用，今將自己地一段，計地壹畝五分，東至道，西至蕭文起，南至賣主，北至買主，四至明白，憑中人張廷佐説合，賣與張廷寬、方傑、張連爲業，言定共價銀四兩五錢，其銀當日交足不欠，恐後無憑，立文約存照。

共銀肆兩伍錢

大地 九分（数字：一三五）

中人 張廷佐

乾隆十一年十二月二十二 日立

（九疊篆漢文與楷體滿文『東鹿縣印』方印一枚；『驗訖』印一枚）

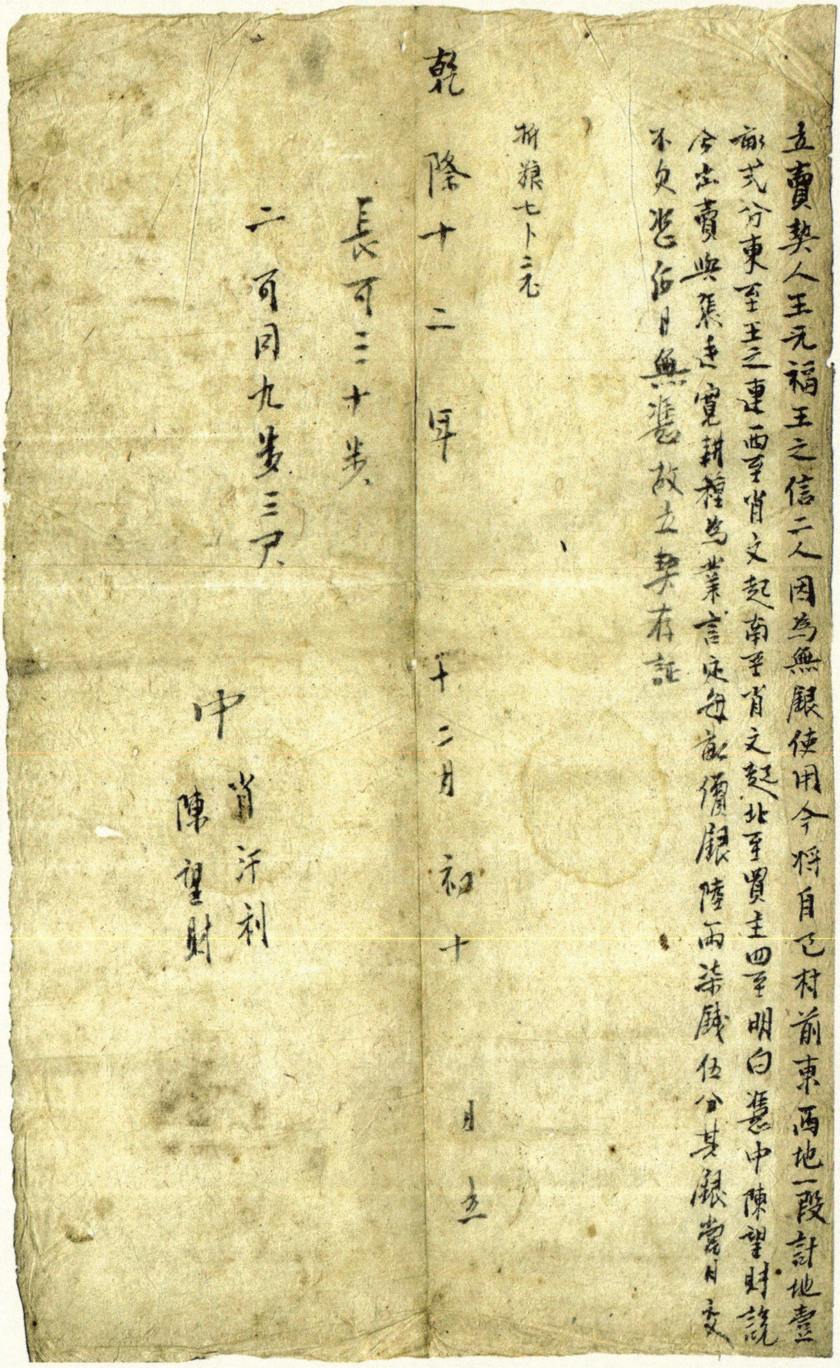

立賣契人王元福王之信二人因為無銀使用今將自己村前東西地一段計地壹
畝弍分東至王之連西至肖文起南至肖文起北至買主四至明白憑中陳望財說
合出賣與張達寬耕種為業言定每畝價銀陸兩柒錢伍分其銀當日交
不欠恐後日無憑故立契存證

折粮七卜二乇

乾隆十二年十二月初十日立

長百三十步

二百同九步三尺

中 肖汗利
陳望財

〇三二 清乾隆十二年十二月初十（一七四八年一月十日）王元福、王之信賣地契①

立賣契人王元福、王之信二人，因爲無銀使用，今將自己村前東西地一段，計地壹畝貳分，東至王之連，西至肖文起，南至肖文起，北至買主，四至明白，憑中陳望財説合，出賣與張廷寬耕種爲業，言定每畝價銀陸兩柒錢伍分，其銀當日交不欠，恐後日無憑，故立契存證。

折粮七分二厘

乾隆十二年十二月初十日立

中 肖汗利
陳望財

長可三十步
二可同九步三尺

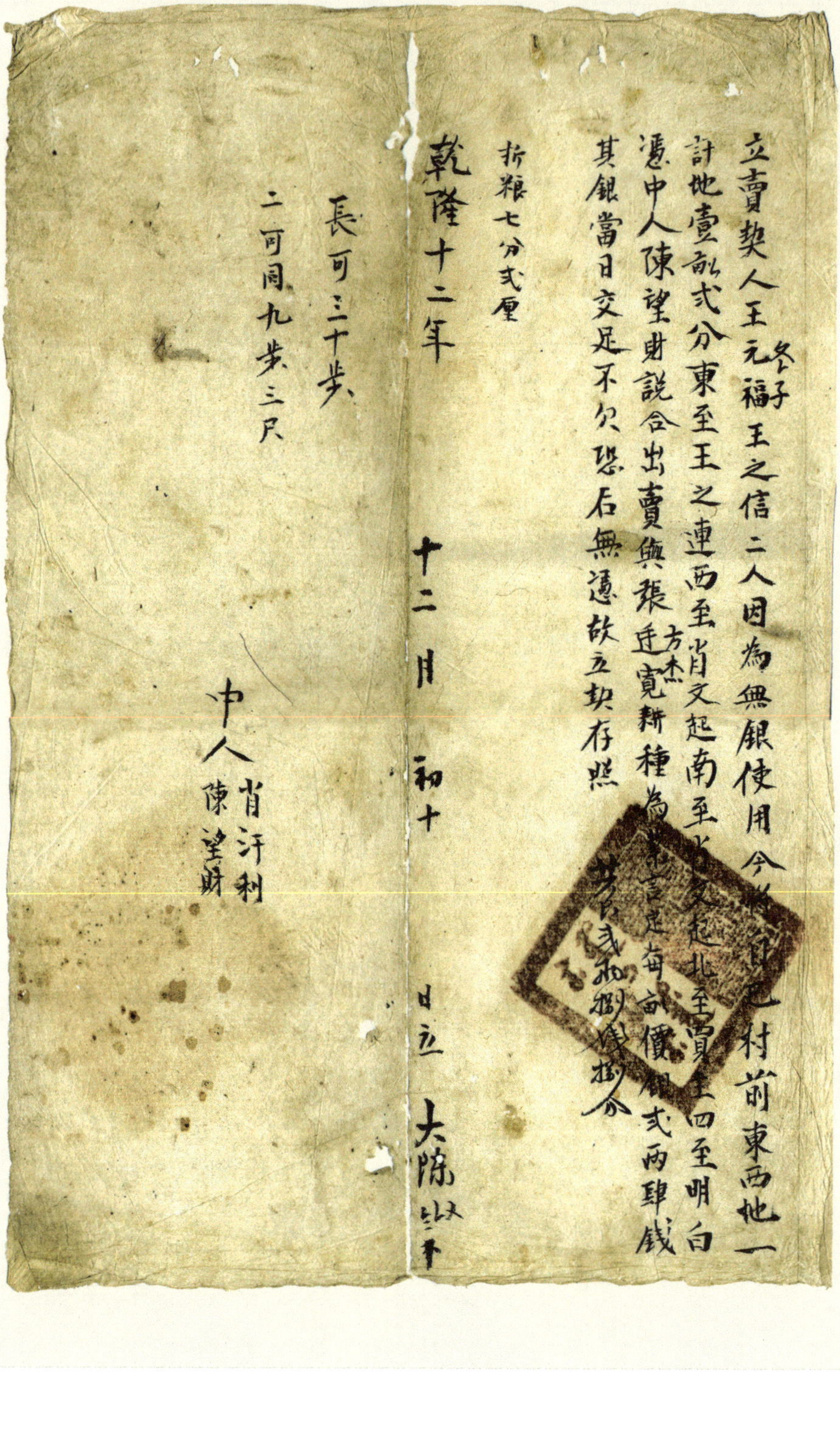
立賣契人王元冬子福子王之信二人因為無銀使用今將自己村前東西地一
計地壹畝弍分東至王之連西至肖文起南至肖文起北至賈奎四至明白
憑中人陳望財說合出賣與張廷寬方杰耕種為業言定每畝價銀弍兩肆錢
其銀當日交足不欠恐後無憑故立契存照
共合銀弍兩捌錢捌分
折粮七分弍厘
乾隆十二年十二月初十日立 大陳[illegible]
長可三十步
二可闊九步三尺
中人 肖汗利 陳望財

〇三三 清乾隆十二年十二月初十（一七四八年一月十日）王元福、王之信賣地契②

立賣契人王元福（冬子）、王之信二人，因爲無銀使用，今將自己村前東西地一，計地壹畝貳分，東至王之連，西至肖文起，南至肖文起，北至買主，四至明白，憑中人陳望財説合，出賣與張廷寬、方杰耕種爲業，言定每畝價銀貳兩肆錢，其銀當日交足不欠，恐後無憑，故立契存照。共銀貳兩捌錢捌分

折粮七分貳厘

乾隆十二年十二月初十日立　　大陳（数字：八六四）

長可三十步　　中人　肖汗利
二可同九步三尺　　陳望財

（九疊篆漢文與楷體滿文『東鹿縣印』方印一枚）

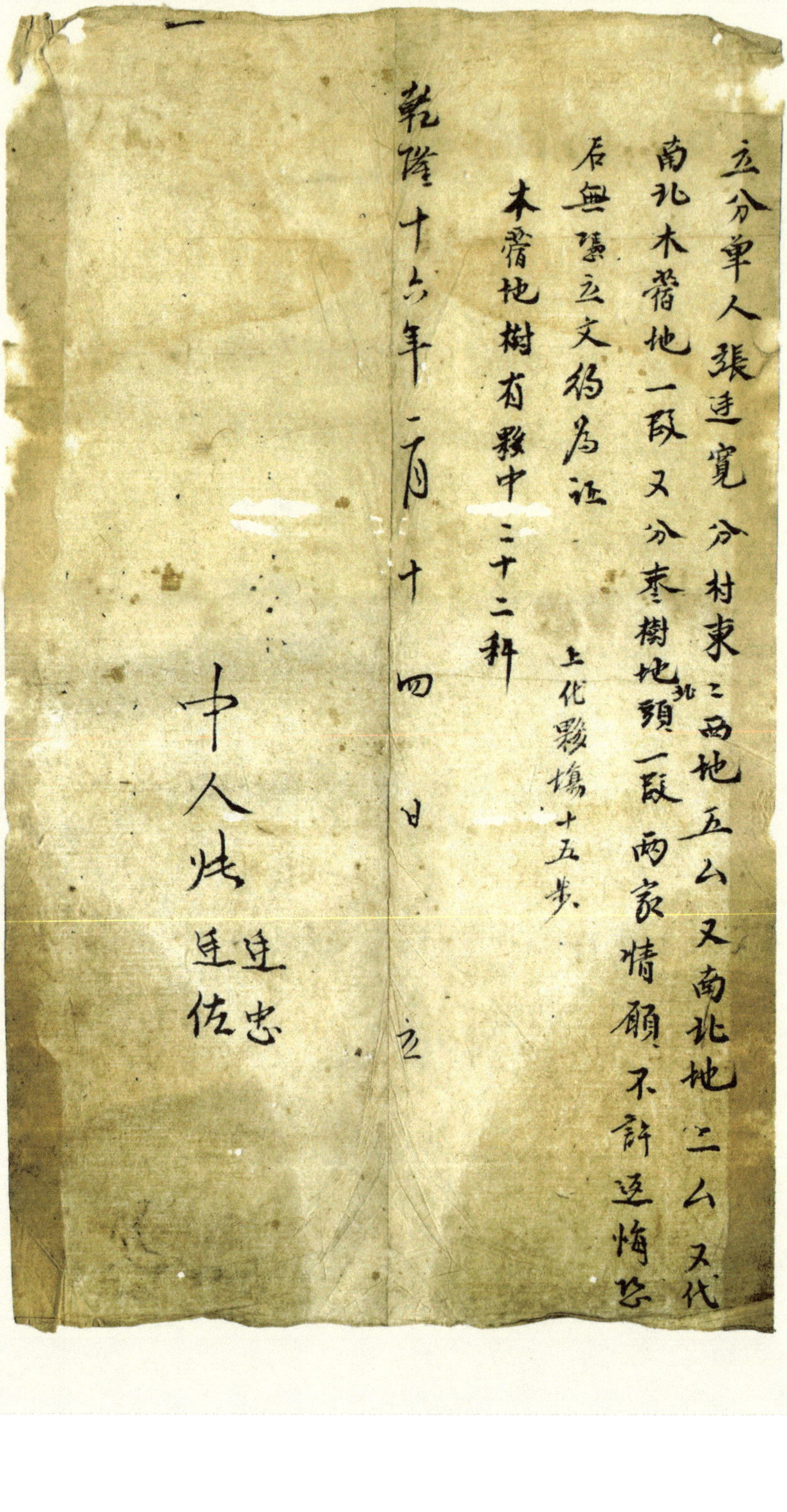
一

立分單人張廷寬分村東〻西地五畝又南北地二畝又代
南北木膂地一段又分棗樹地北頭一段兩家情願不許返悔恐
后無憑立文約為証
上代夥壋十五步
本膂地樹有夥中二十二科
乾隆十六年二月十四日立
中人姓廷忠
廷佐

〇三四 清乾隆十六年（一七五一年）二月十四日張廷寬分單

立分單人張廷寬，分村東東西地五畝，又南北地二畝，又代【帶】南北木【苜】蓿地一段，又分棗樹地北頭一段，兩家情願，不許反悔，恐後無憑，立文約爲證。

上代【帶】夥場十五步

木【苜】蓿地樹有夥中二十二科【棵】

中人 張 廷忠

廷佐

乾隆十六年二月十四日 立

立文約人郝氏（王思康）同男王修文因爲無銀使用今將自己村西北南北地一段計地柒畝零陸厘肆毛東至王思治西至店地南至道北至頂頭四至明白憑中人張天福説合賣與劉永和爲業言定每畝價銀拾陸兩其艮當日交足不欠恐后無憑故立字永遠存照

乾隆三十二年十二月二十三日　立

長可壹百七十四步二尺
南北二可仝九步三尺六寸

中人　王修孝　王思訓　王思治　張天福　王思道　王修身　王修己

尺丈張天福

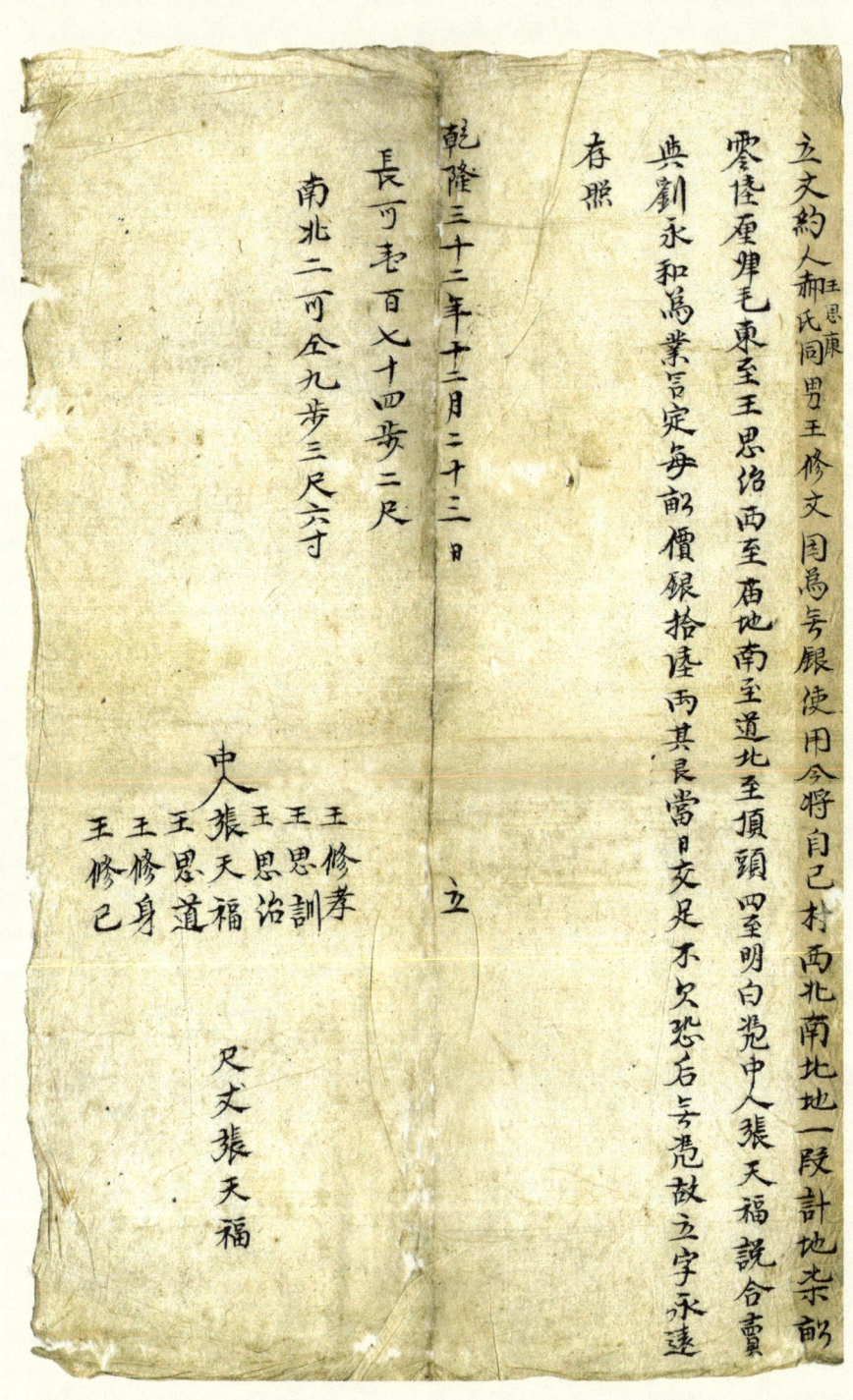

○三五 清乾隆三十二年十二月二十三日（一七六八年二月十一日）郝氏賣地契（上手契）

立文約人郝氏（王思康）同男王修文，因爲無銀使用，今將自己村西北南北地一段，計地柒畝零陸厘肆毫，東至王思治，西至廟地，南至道，北至頂頭，四至明白，憑中人張天福說合，賣與劉永和爲業，言定每畝價銀拾陸兩，其銀當日交足不欠，恐後無憑，故立字永遠存照。

乾隆三十二年十二月二十三日　立

長可壹百七十四步二尺
南北二可同九步三尺六寸

王修孝
王思訓
王思治
中人　張天福　尺丈　張天福
王思道
王修身
王修己

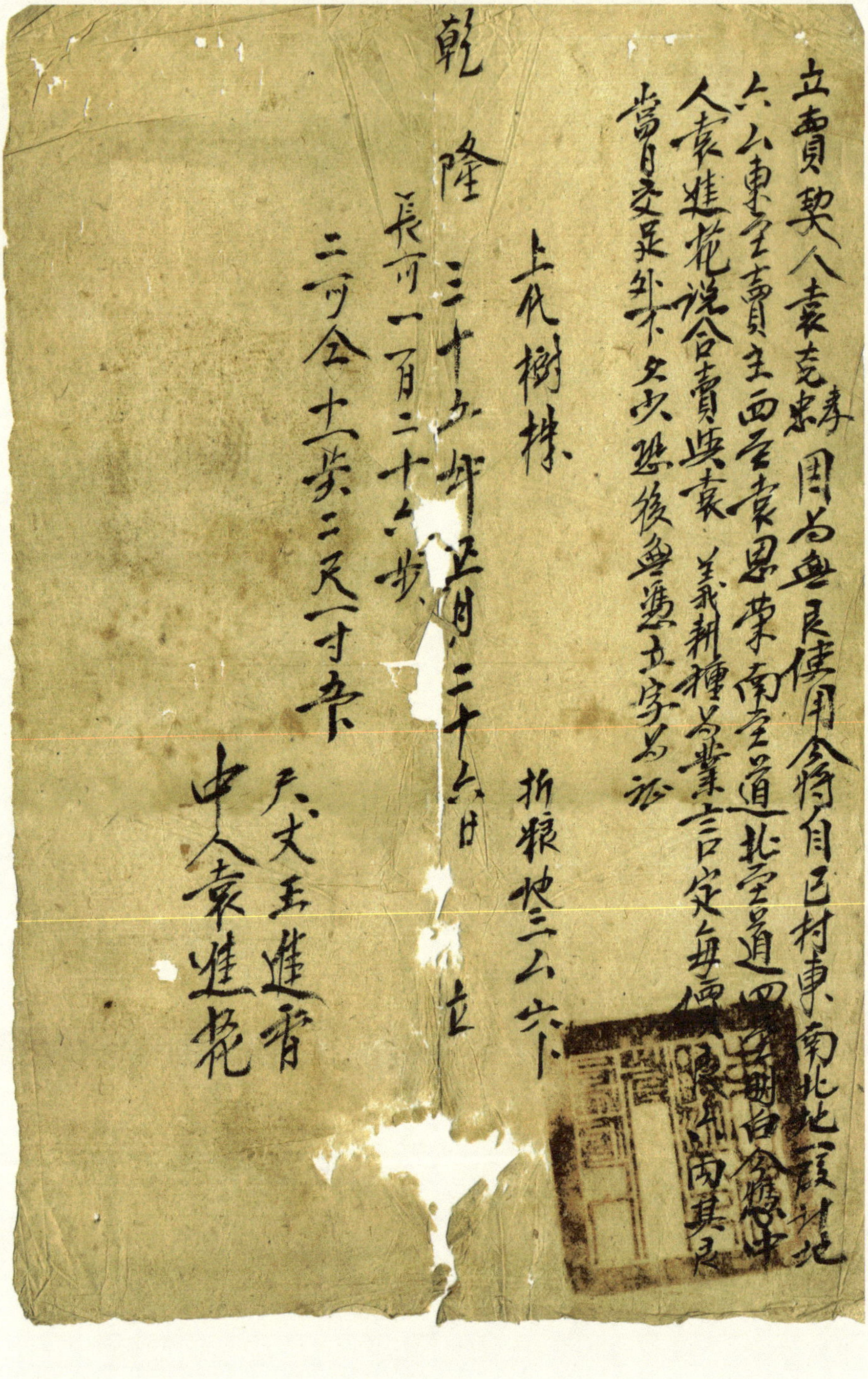
立賣契人袁尭忠孝因為無錢使用今將自己村東南北地一段計地
六分東至賣主西至袁恩榮南至道北至道四至明白今憑中
人袁進花說合賣與袁 義耕種為業言定每畝價銀 兩其錢
當日交足外欠不欠恐後無憑立字為証
上代樹株
折粮地三分六厘
乾隆三十五年正月二十六日 立
長可一百二十六步
二寸合十八步二尺八寸弃
天文王進香
中人袁進花

〇三六

清乾隆三十五年（一七七〇年）正月二十六日
袁克孝、袁克忠賣地契（上手契）

立賣契人袁克孝忠，因爲無銀使用，今將自己村東南北地一段，計地六畝，東至賣主，西至袁思榮，南至道，北至道，四至明白，今憑中人袁進花説合，賣與袁義耕種爲業，言定每價銀六兩，其銀當日交足，外不欠少，恐後無憑，立字爲證。

上代【帶】樹株　　折粮地三畝六分

乾隆三十五年正月二十六日　　立

長可一百二十六步

二可同十一步二尺一寸五分

尺丈　王進香

中人　袁進花

（篆體滿漢文『東鹿縣印』方印一枚）

立文契人王歛元福因為無銀使用今將自己庄基一段東至王之連南至買主
北至賣主西至八尺衆道四至明白今憑中人王之敬材說合出賣與張廷寬為業言定
共價銀壹兩其銀當日交足外不欠少恐后无憑立文契為証

乾隆三十六年五月初三日 立

長八步四尺寸
二面仝一步

尺丈王修仁
中人王敬材

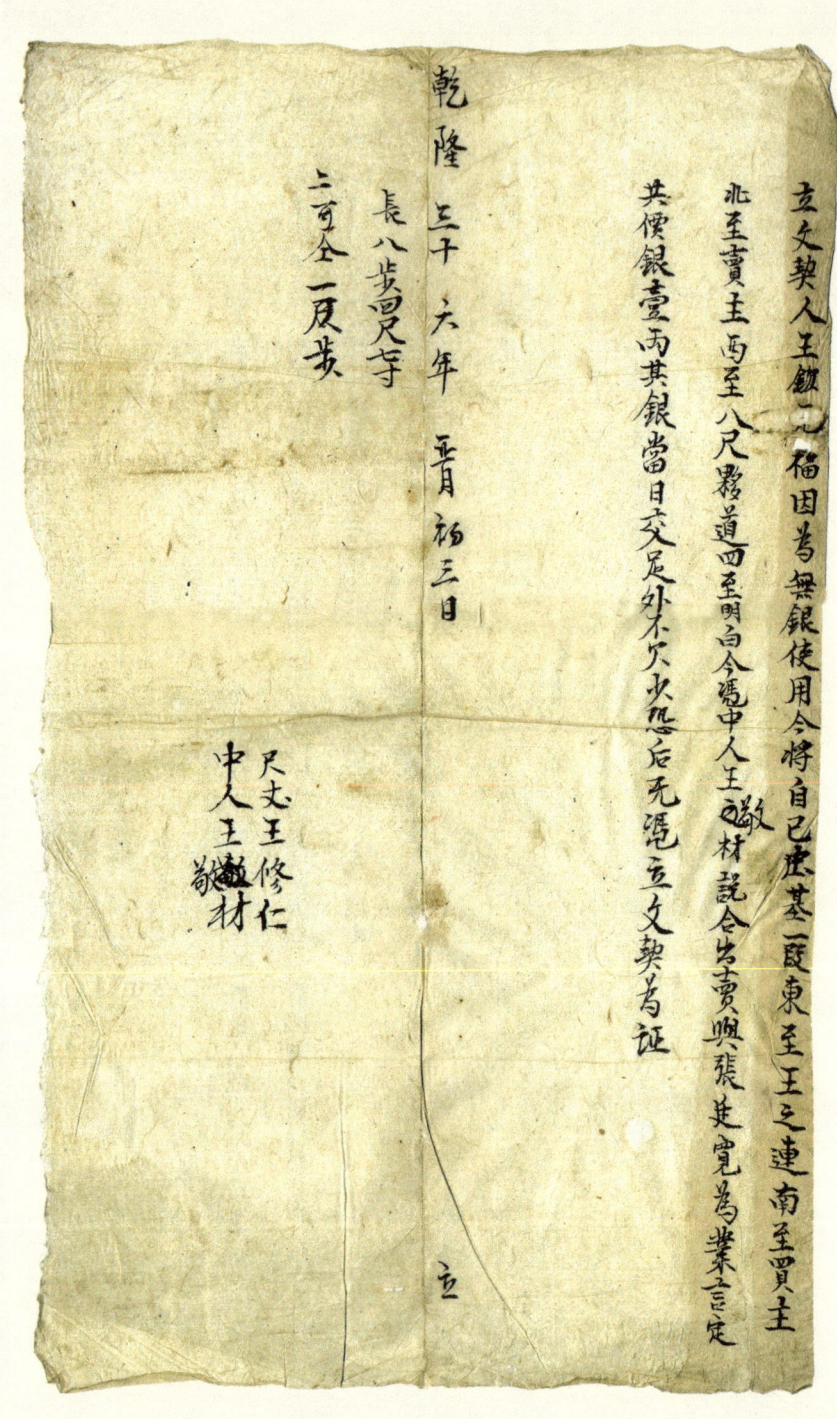

〇三七 清乾隆三十六年（一七七一年）正月初三王欽、王元福賣莊基契

立文契人王欽、元福，因爲無銀使用，今將自己莊基一段，東至王之連，南至買主，北至賣主，西至八尺夥道，四至明白，今憑中人王敬材説合，出賣與張廷寬爲業，言定共價銀壹兩，其銀當日交足，外不欠少，恐後無憑，立文契爲證。

乾隆三十六年正月初三日立

長八步四尺七寸
二可同一步

尺丈 王修仁
中人 王敬材

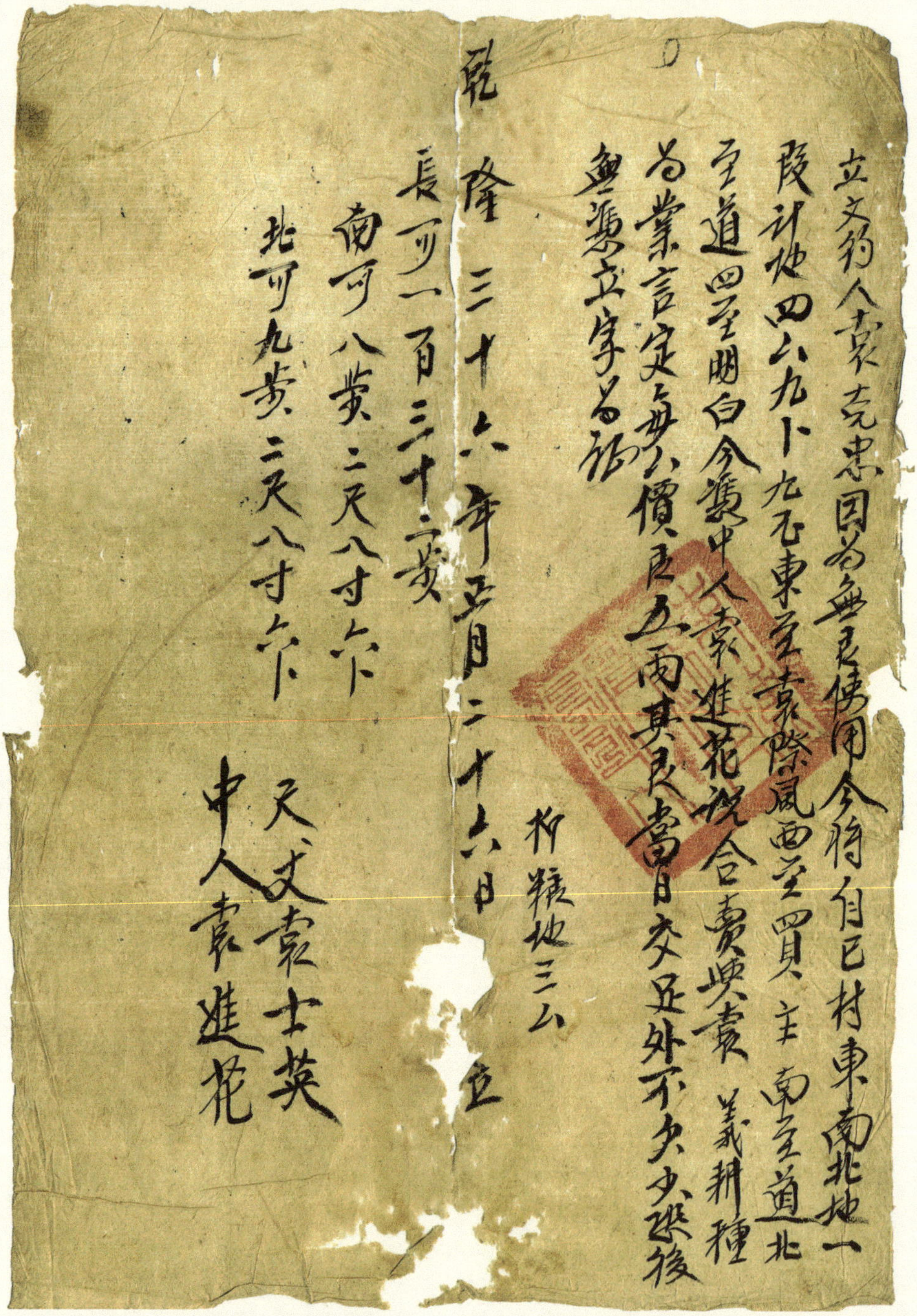
立文約人袁克忠因為無艮使用今將自己村東南北地一
段計地四分九厘九毛東至袁際風西至買主南至道北
至道四至明白今憑中人袁進花說合賣與袁 義耕種
為業言定每分價艮五兩其艮當日交足外不欠少恐後
無憑立字為証
柳糧地三分
乾隆三十六年五月二十六日 立
長可一百三十二弓
南可八弓二尺八寸六分
北可九弓二尺八寸六分
天文袁士英
中人袁進花

〇三八

清乾隆三十六年（一七七一年）正月二十六日袁克忠賣地契（上手契）

立文約人袁克忠，因爲無銀使用，今將自己村東南北地一段，計地四畝九分九厘，東至袁際風，西至買主，南至道，北至道，四至明白，今憑中人袁進花説合，賣與袁義耕種爲業，言定每畝價銀五兩，其銀當日交足，外不欠少，恐後無憑，立字爲證。

折粮地三畝

乾隆三十六年正月二十六日立

長可一百三十二步
南可八步二尺八寸六分
北可九步二尺八寸六分

尺丈　袁士英
中人　袁進花

（篆體滿漢文『東鹿縣印』方印一枚）

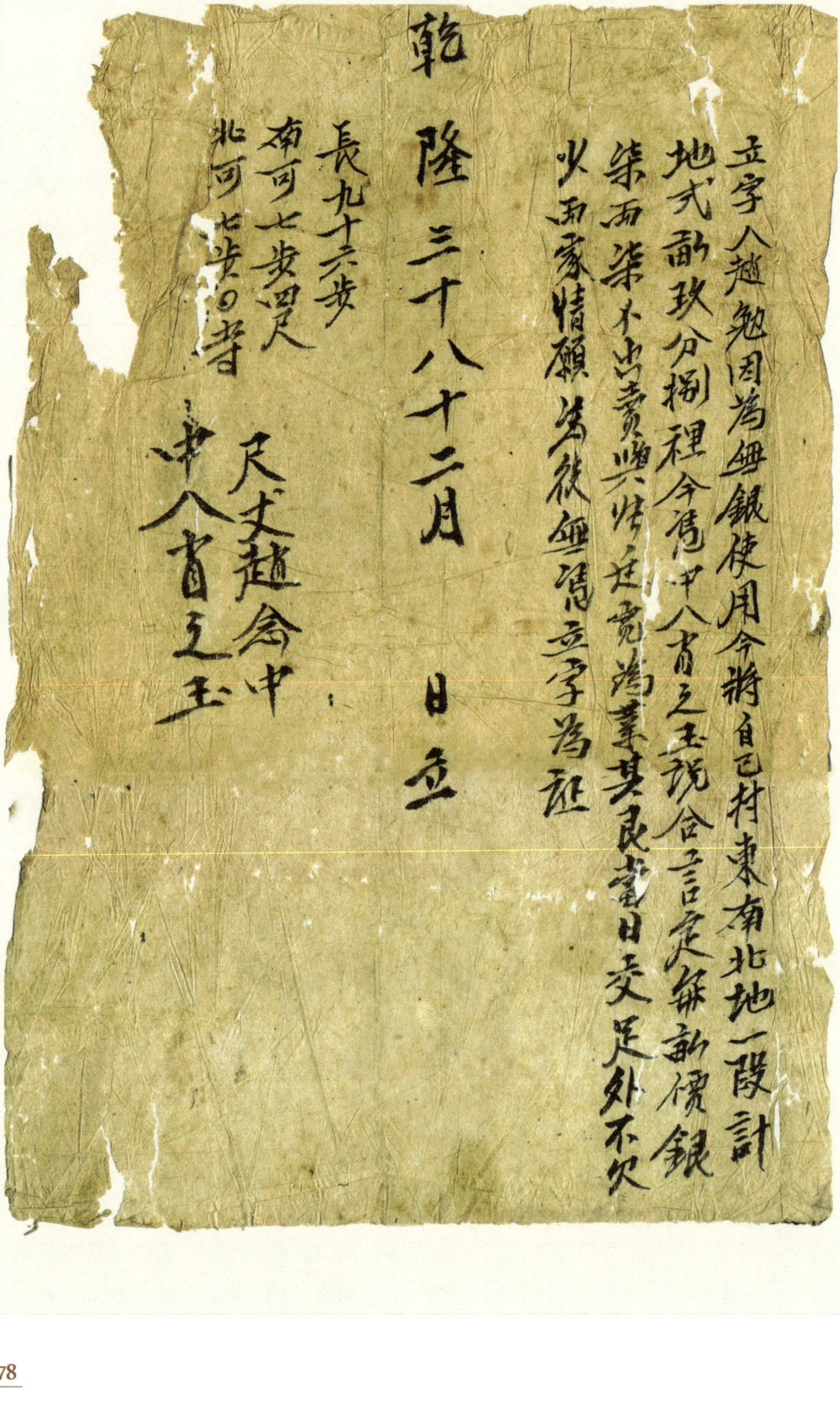

立字人趙勉因為無銀使用，今將自己村東南北地一段，計地弍畝玖分捌釐，今憑中人肖之玉說合，言定每畝價銀柒兩柒錢，出賣與張廷寬為業，其銀當日交足，外不欠。此兩家情願，恐後無憑，立字為証。

乾隆三十八十二月　日立

長九十六步
南闊七步四尺
北闊七步〇寸

丈尺趙念中
中人肖之玉

〇三九

清乾隆三十八年十二月（一七七四年一月）

趙勉賣地契①

立字人趙勉，因爲無銀使用，今將自己村東南北地一段，計地貳畝玖分捌裡【厘】，今憑中人肖之玉説合，言定每畝價銀柒兩柒錢，出賣與張廷寬爲業，其銀當日交足，外不欠少，兩家情願，恐後無憑，立字爲證。

乾隆三十八年十二月　　日立

長九十六步
南可七步四尺
北可七步〇五寸

尺丈　趙念中
中人　肖之玉

契尾

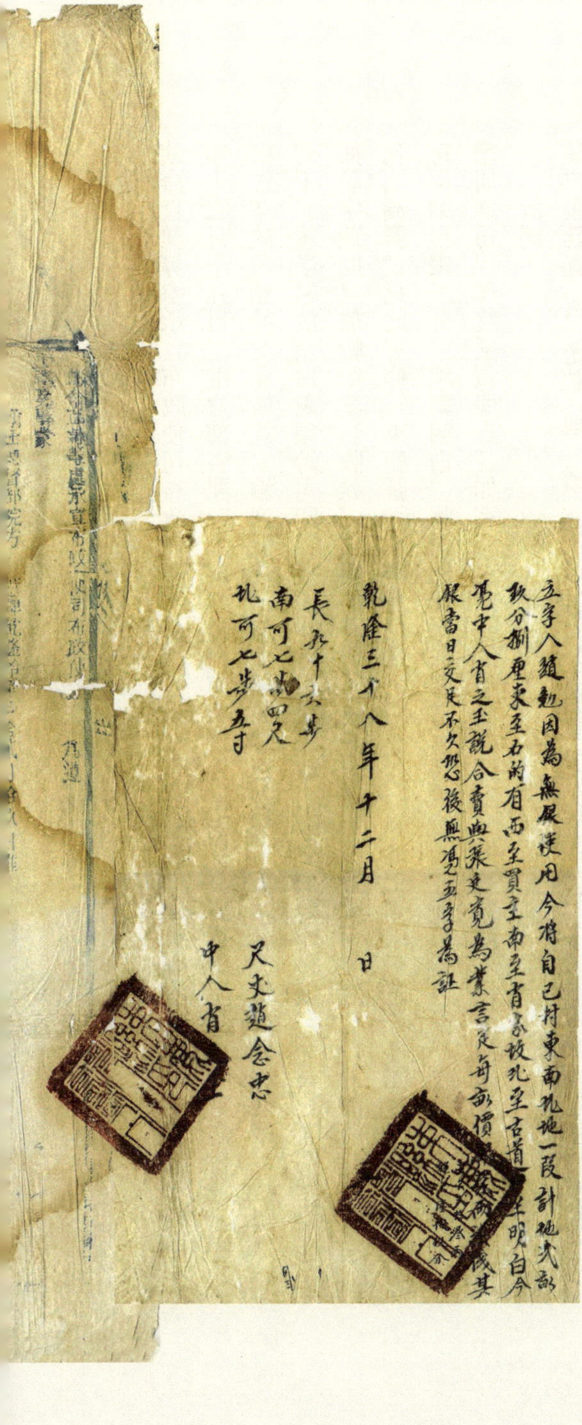
立字人趙勉因為無錢使用今將自己村東南北地一段計地弍畝
玖分捌厘東至石的有西至買主南至肖家坡北至古道四至明白今
憑中人肖之玉說合賣與張建寬為業言定每畝價錢……錢其
銀當日交足不欠恐後無憑立字為証
乾隆三十八年十二月　日
長叁十六步
南可七步四尺
北可七步五寸
尺丈趙念忠
中人肖

契尾

欽命直隸等處承宣布政使司布政使楊，爲遵旨議奏事，蒙前任總督部院方憲牌：乾隆十四年十二月十九日，准户部咨開：本部議覆河南布政使富明條奏買賣田産契尾，量爲變通。嗣後布政司頒發契尾格式，編列號數，前半幅照常細書業户等姓名、買賣田房價銀、税銀若干，後半幅於空白處須鈐司印。投税時將價税銀數用大字填鈐印之處，令業户看明，當面騎字截開，前幅給業户收執，後幅同季册匯送布政司查核等因。咨院行司。蒙此，擬合刊刷頒發。爲此，仰「束鹿縣」掌印官，凡民間典買房屋地土等項，著業户照契内價銀，每兩納税銀三分，填寫明白。將司頒契尾照議當面騎字截開，前幅給發業户收執，後幅隨季册送司，年終匯報册查。如有官吏改换侵隱情弊查出，揭參究處。須至契尾者。

計開

業户張廷寛 價 趙勉 地 頃 貳 畝 玖 分 捌厘 坐落 處，價銀 貳拾三兩，投税陸錢玖分

布字 貳百拾玖 號

右給業户 准此

乾隆三十九年 月

（篆體滿漢文『束鹿縣印』方印五枚；篆體滿漢文『直隸等處承宣布政使司之印』大方印兩枚）

〇四〇 清乾隆三十八年十二月（一七七四年一月）趙勉賣地契②（附契尾）

立字人趙勉，因爲無銀使用，今將自己村東南北地一段，計地貳畝玖分捌厘，東至石的有，西至買主，南至肖家墳，北至古道，四至明白，今憑中人肖之玉說合，賣與張廷寬爲業，言定每畝價銀柒兩柒錢，其銀當日交足不欠，恐後無憑，立字爲證。

共銀貳拾三兩

稅銀陸錢玖分

乾隆三十八年十二月 日立

長九十六步

南可七步四尺

北可七步五寸

尺丈 趙念忠

中人 肖之玉

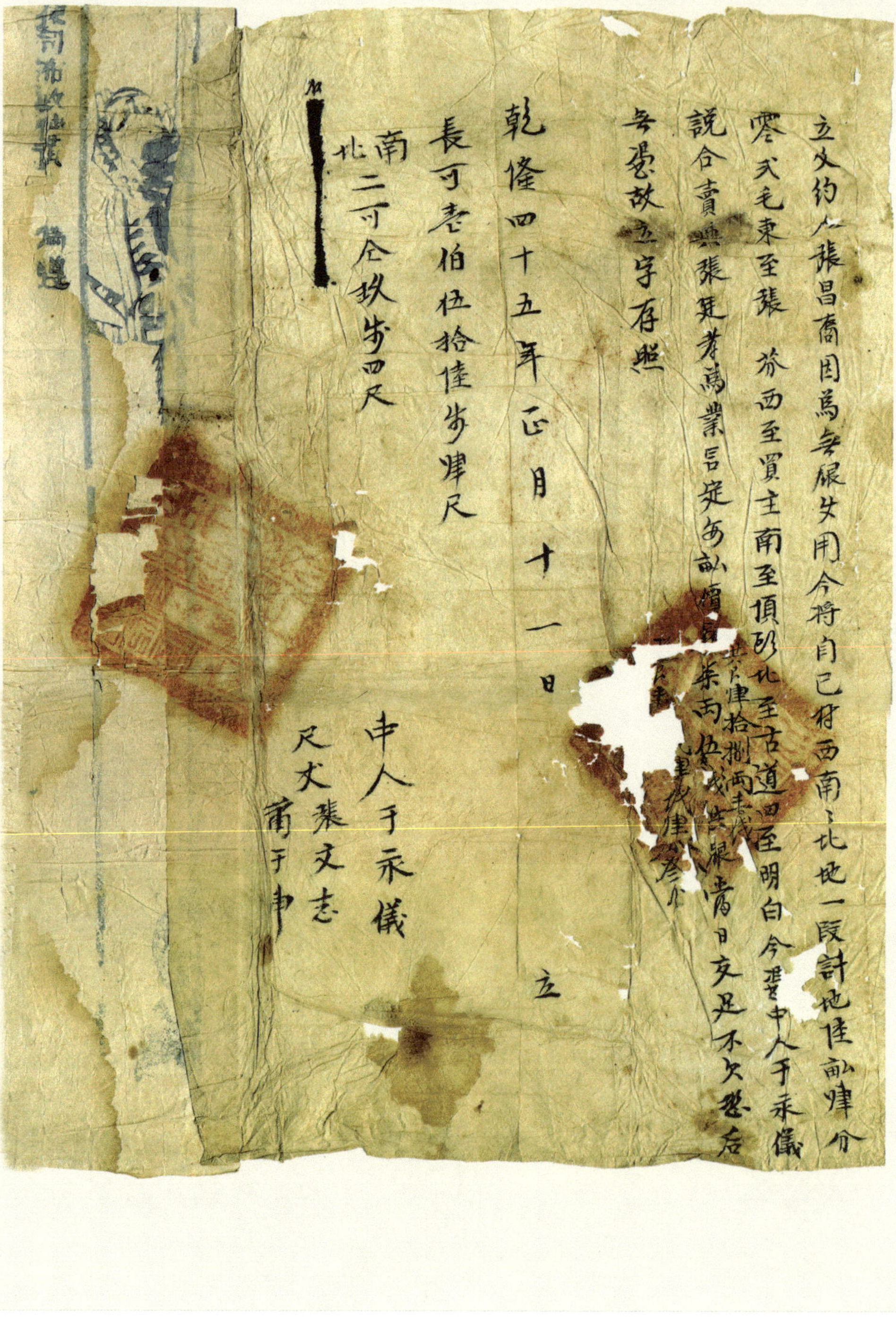
立文約人張昌裔因爲無錢使用今將自己村西南〻北地一段計地佳畝肆分
零弍毛東至張 西至買主南至項砂北至古道四至明白今憑中人于永儀
說合賣與張廷孝爲業言定每畝價銀柒兩伍錢共銀[illegible]當日交足不欠恐后
無憑故立字存照
乾隆四十五年正月十一日 立
長可壹伯伍拾佳步肆尺
南北二可仝玖步四尺
中人于永儀
尺丈張文志
甫于申

〇四一　清乾隆四十五年（一七八〇年）正月十一日張昌裔賣地契（上手契、附契尾）

立文約人張昌裔，因爲無銀使用，今將自己村西南南北地一段，計地陸畝肆分零貳毫，東至張芬，西至買主，南至頂頭，北至古道，四至明白，今憑中人于永儀説合，賣與張廷孝爲業，言定每畝價錢柒兩伍錢　共銀肆拾捌兩壹錢，其銀當日交足不欠，恐後無憑，故立字存照。
税銀壹两肆錢肆分叁厘

中人　于永儀
　　　張文志
尺丈　蕭于申

乾隆四十五年正月十一日立

長可壹佰【佰】伍拾陸步肆尺
南
北　二可同玖步四尺

（篆體滿漢文『東鹿縣印』方印兩枚）

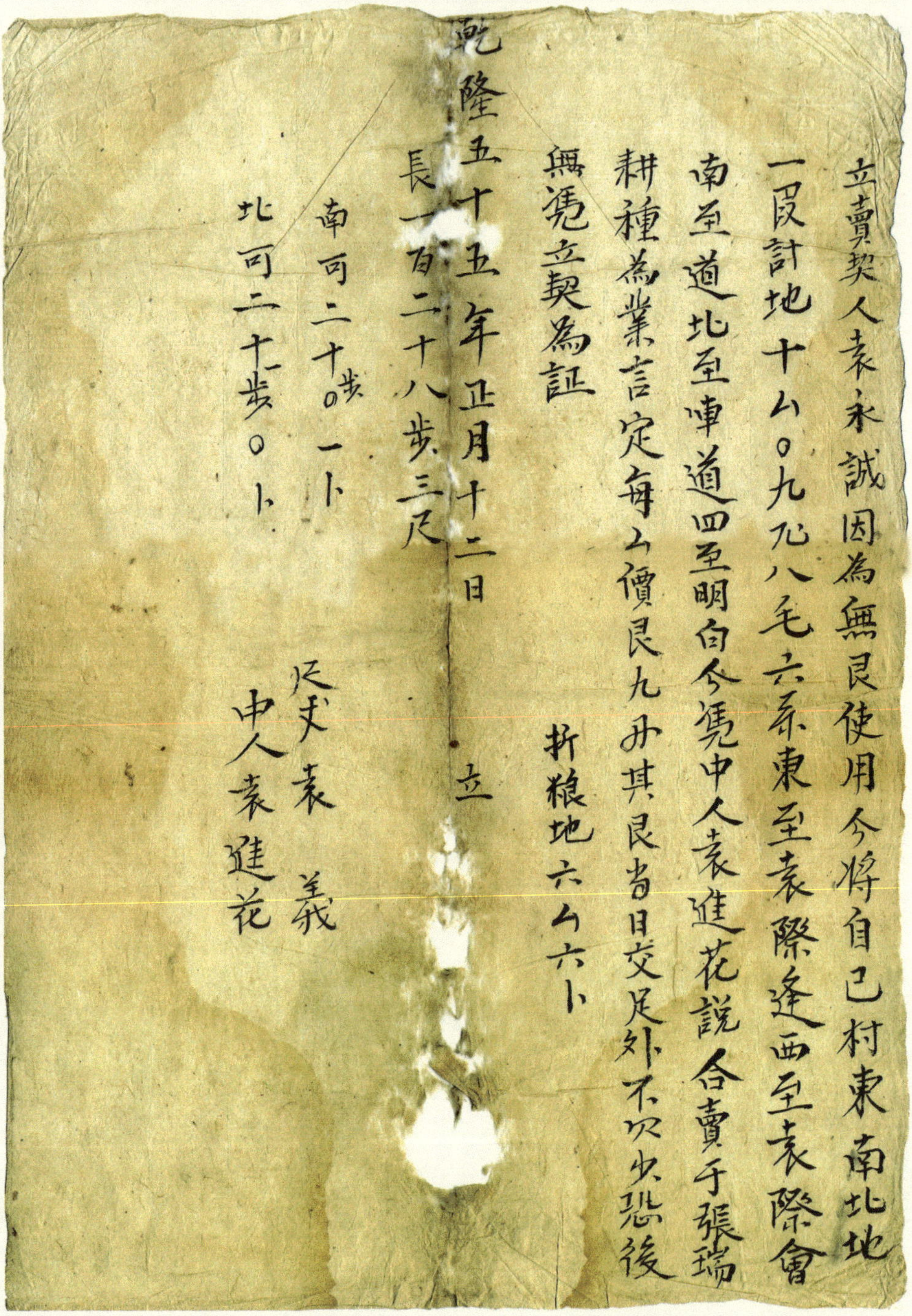
立賣契人袁永誠因為無艮使用今將自已村東南北地
一段計地十ム〇九乙八毛六系東至袁際逢西至袁際會
南至道北至車道四至明白今憑中人袁進花說合賣于張瑞
耕種為業言定每ム價艮九ㄨ其艮當日交足外不欠少恐後
無憑立契為証　　　　　　　　折粮地六ム六卜
乾隆五十五年正月十二日　　　　　立
長一百二十八步三尺
南可二十步〇一卜
北可二十步〇一卜
代書袁義
中人袁進花

〇四二 清乾隆五十五年（一七九〇年）正月十二日袁永誠賣地契

立賣契人袁永誠，因爲無銀使用，今將自己村東南北地一段，計地十畝〇九厘八毫六絲，東至袁際逢，西至袁際會，南至道，北至車道，四至明白，今憑中人袁進花説合，賣于張瑞耕種爲業，言定每畝價銀九兩，其銀當日交足，外不欠少，恐後無憑，立契爲證。

折粮地六畝六分

乾隆五十五年正月十二日立

長一百二十八步三尺

南可二十步〇一分

北可二十一步〇分

尺丈　袁　義

中人　袁進花

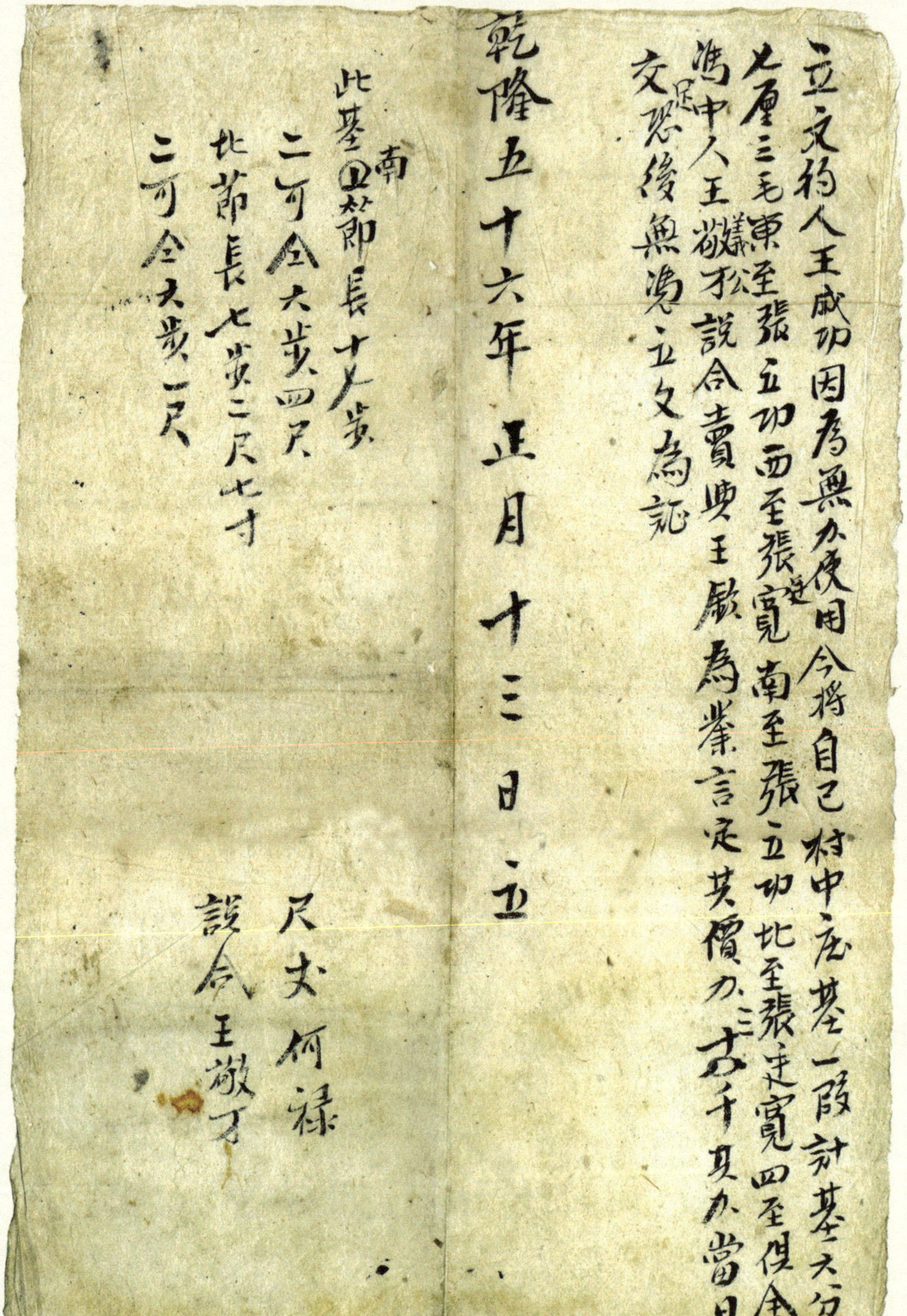

立文約人王成功因為無力使用今將自己村中庄基一段計基大分七厘三毛東至張立功西至張廷寬南至張立功北至張廷寬四至俱全憑中人王敬才說合賣與王啟為業言定其價九三古千文九當日交足恐後無憑立文為記

乾隆五十六年正月十三日 立

此基南節長十丈步
二可全大步四尺
北節長七步二尺七寸
二可全大步一尺

尺丈何祿
說合王敬才

○四三 清乾隆五十六年（一七九一年）正月十三日王成功賣莊基契（上手契）

立文約人王成功，因爲無錢使用，今將自己村中莊基一段，計基六分七厘三毫，東至張立功，西至張廷寬，南至張立功，北至張廷寬，四至俱全，馮【憑】中人王義公 敬才說合，賣與王欽爲業，言定共價錢三十千，其錢當日交足，恐後無憑，立文爲證。

乾隆五十六年正月十三日立

此基南節長十七步
二可同六步四尺
北節長七步二尺七寸
二可同六步一尺

尺丈 何 禄
説合 王敬才

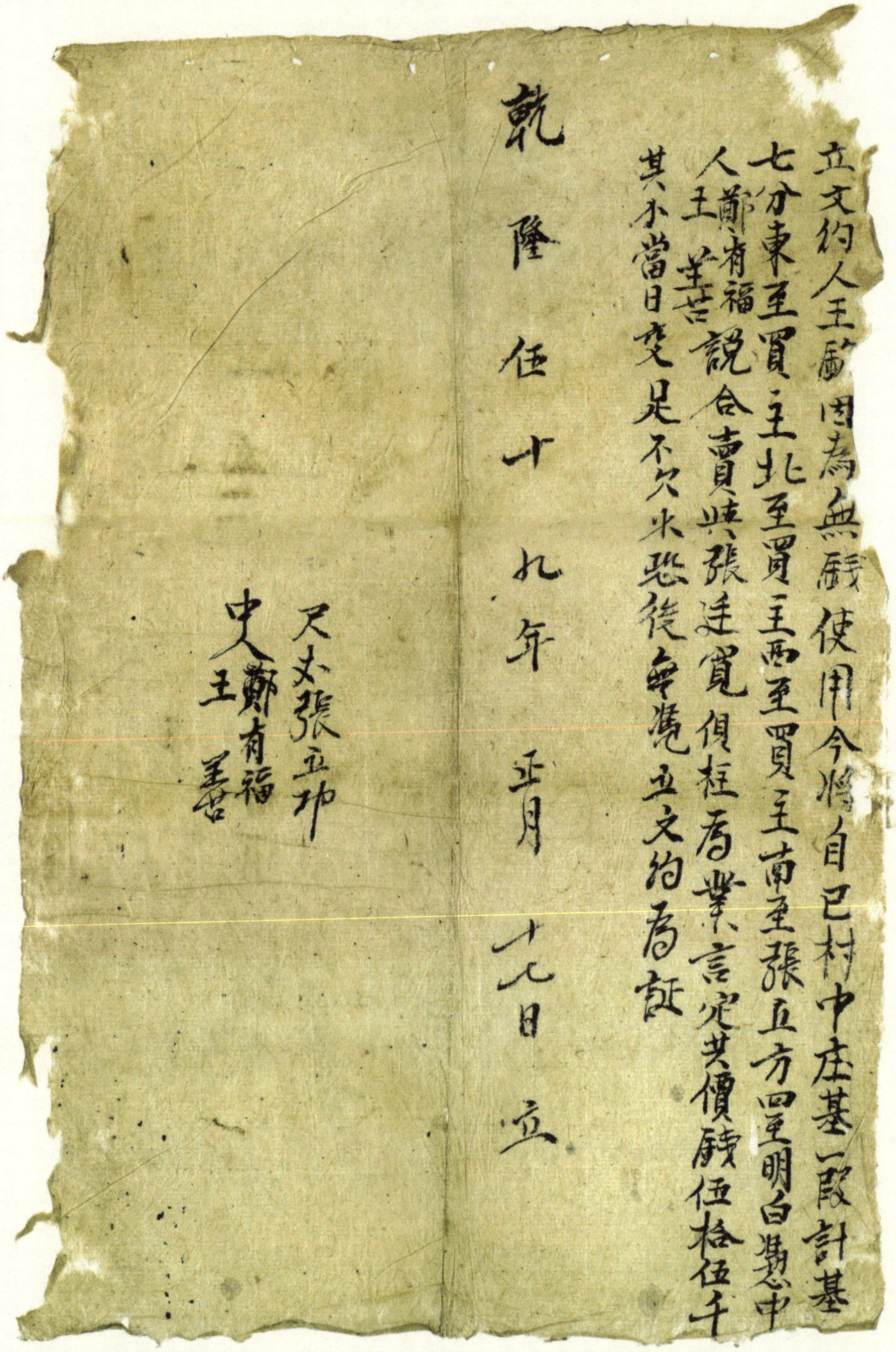

立文約人王敞因為無錢使用今將自己村中庄基一段計基七分東至買主北至買主西至買主南至張五方四至明白憑中人鄭有福、王善説合賣與張廷寬俱桂為業言定其價錢伍拾伍千其不當日交足不欠少恐後無憑立文約為証

乾隆伍十九年正月十七日立

又文張立功

中人鄭有福
王善

〇四四 清乾隆五十九年（一七九四年）正月十七日王欽賣莊基契

立文約人王欽，因爲無錢使用，今將自己村中莊基一段，計基七分，東至買主，北至買主，西至買主，南至張立方，四至明白，憑中人鄭有福、王善說合，賣與張廷寬俱【居】柱【住】爲業，言定共價錢伍拾伍千，其錢當日交足不欠少，恐後無憑，立文約爲證。

乾隆伍十九年正月十七日 立

尺丈 張立功

中人 鄭有福 王善

立文約人王欽因為無錢使用將自己庄基一段計
庄基六分七厘三毛南至張立功東至張立方西至
本主北至本主四至俱全憑中人王義公王敬才說合賣于張
庭寬為業言定共價銀二兩其銀當日交完恐後無
憑立文為証

乾隆六十年正月十二日立

南節長十七步
二可仝六步四尺
北節小段長七步二尺七寸
二可仝六步一尺

尺文何禄

○四五 清乾隆六十年（一七九五年）正月十二日王欽賣莊基契①

立文約人王欽，因爲無錢使用，將自己莊基一段，計莊基六分七厘三毫，南至張立功，東至張立方，西至本主，北至本主，四至俱全，憑中人王義公、王敬才說合，賣於張廷寬爲業，言定共價銀二兩，其銀當日交完，恐後無憑，立文爲證。

乾隆六十年正月十二日　立

南節長十七步
二可同六步四尺
北節小段長七步二尺七寸
二可同六步一尺

尺丈　何　禄

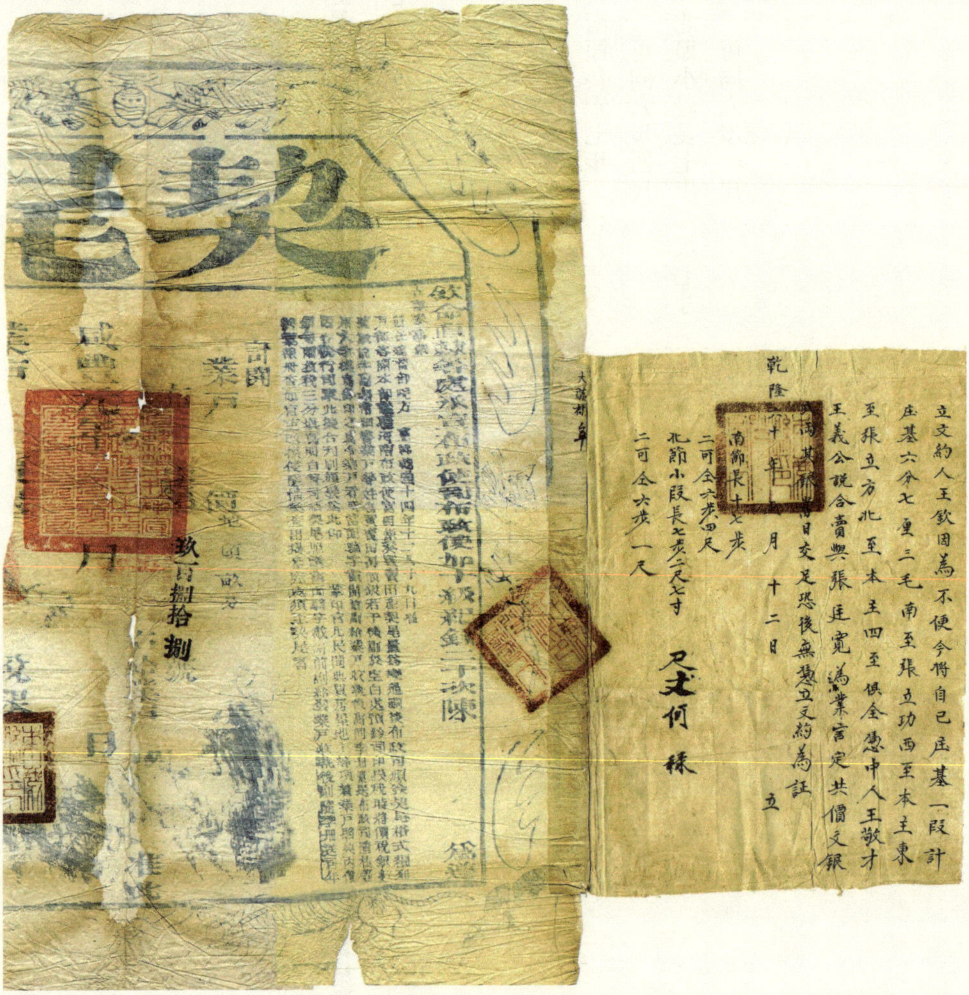

立文約人王欽因為不便今將自己庄基一段計
庄基六分七厘三毛南至張立功西至本主東
至張立方北至本主四至俱全憑中人王敬才
王義公說合賣與張廷寬為業言定共價文銀
両其銀當日交足恐後無憑立文約為証
乾隆　十年　月十二日　立
南節長十七步
二可仝六步四尺
北節小段長七步二尺七寸
二可仝六步一尺
尺丈何禄

〇四六 清乾隆六十年（一七九五年）正月十二日王欽賣莊基契②（附契尾）

立文約人王欽，因爲不便，今將自己莊基一段，計莊基六分七厘三毫，南至張立功，西至本主，東至張立方，北至本主，四至俱全，憑中人王敬才、王義公説合，賣與張廷寬爲業，言定共價文【紋】銀貳兩，其銀當日交足，恐後無憑，立文約爲證。

乾隆六十年正月十二日立

南節長十七步

二可同六步四尺

北節小段長七步二尺七寸

二可同六步一尺

尺丈　何　禄

（篆體滿漢文『東鹿縣印』方印三枚；篆體滿漢文『直隸等處承宣布政使司之印』大方印一枚）

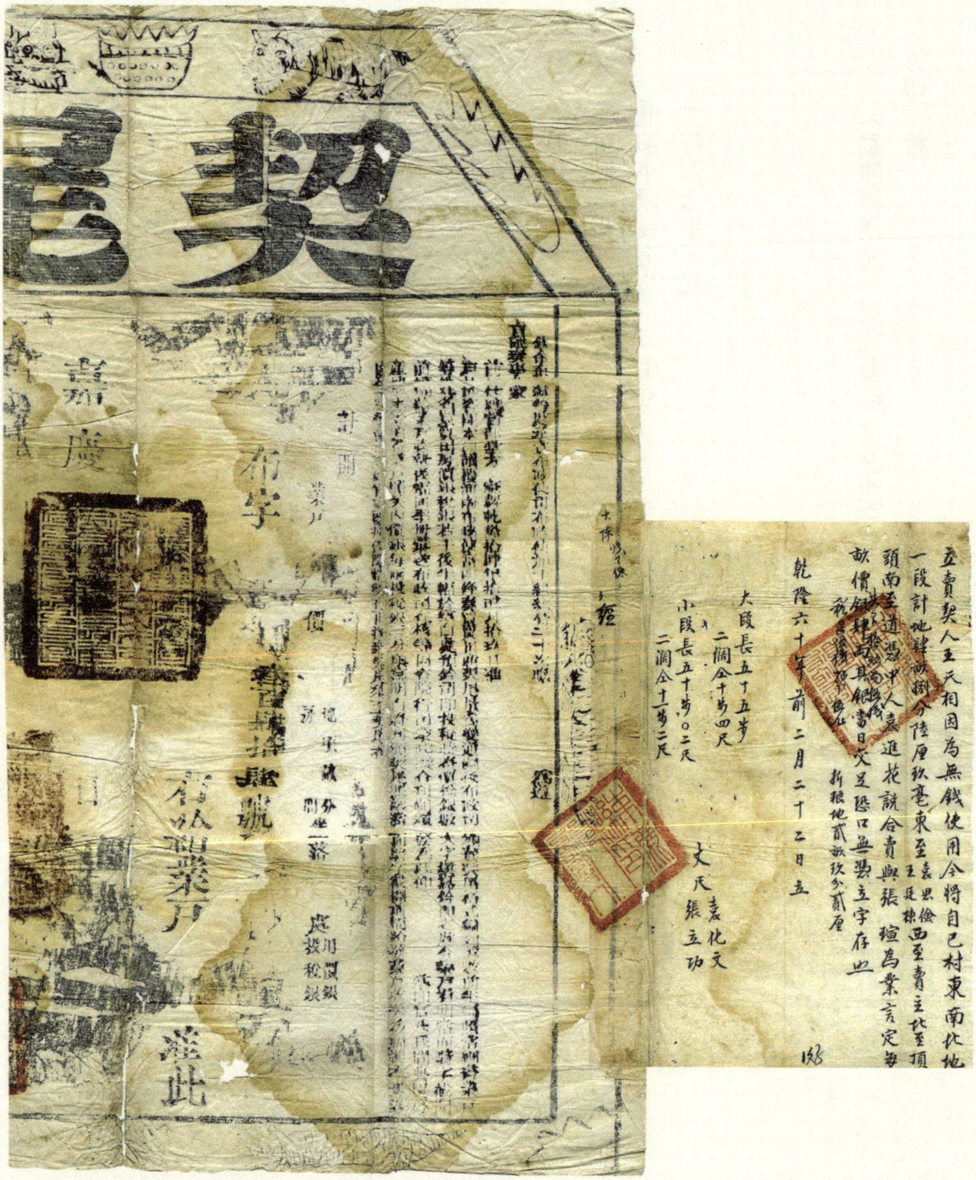

立賣契人王氏相因為無錢使用今將自己村東南北地
一段計地肆畝捌分陸厘玖毫東至袁思儉 王廷棟 西至賣主北至頂
頭南至道憑中人袁進花說合賣與張瑄為業言定每
畝價銀肆兩其銀當日交足恐口無憑立字存照
折粮地貳畝玖分貳厘

乾隆六十年前二月二十二日立

大段長五十五步
二澗仝十步四尺
小段長五十步〇二尺
二澗仝十一步二尺

文氏
袁化文
張立功

〇四七 清乾隆六十年（一七九五年）前二月二十二日王天相賣地契（附契尾）

立賣契人王天相，因爲無錢使用，今將自己村東南北地一段，計地肆畝捌分陸厘玖毫，東至袁思儉、王廷棟，西至賣主，北至頂頭，南至道，憑中人袁進花説合，賣與張瑄爲業，言定每畝價銀肆兩，共銀拾玖兩五錢，税銀伍錢捌分伍厘，其銀當日交足，恐口無憑，立字存照。

折粮地貳畝玖分貳厘

乾隆六十年前二月二十二日立

（数字：一九五）

大段長五十五步

二闊同十步四尺

小段長五十步〇二尺

二闊同十一步二尺

丈尺　袁化文

張立功

（篆體滿漢文『東鹿縣印』方印三枚；篆體滿漢文『直隸等處承宣布政使司之印』大方印兩枚）

立契人王廷棟因為無錢使用今將自己村東三西地一段計田四畝
零二毛五毛東至頂頭西至頂頭中間騎道南至王欽北至買主四至
明白今憑中人袁進花説合出賣與張宣為業言定每畝價銀
壹兩其銀當日交足外不欠少恐后无憑立契存証

乾隆六十年二月初十日　立

長六十九歲
前仝十四歲

尺丈人合陞
中人袁進花

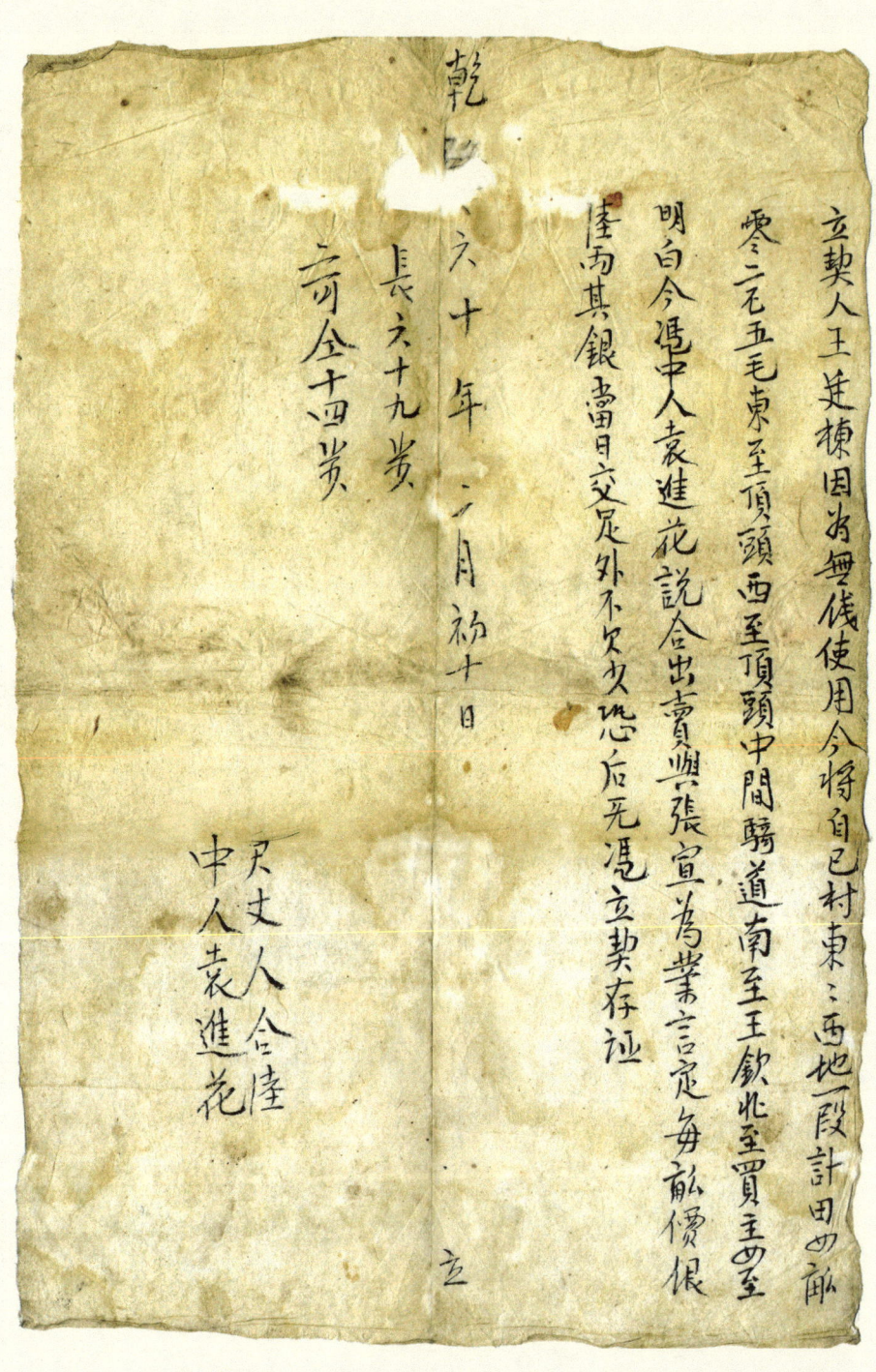

〇四八 清乾隆六十年（一七九五年）二月初十王廷棟賣地契①

立契人王廷棟，因爲無錢使用，今將自己村東東西地一段，計田四畝零二厘五毫，東至頂頭，西至頂頭，中間騎道，南至王欽，北至買主，四至明白，今憑中人袁進花説合，出賣與張宣爲業，言定每畝價銀陸兩，其銀當日交足，外不欠少，恐後無憑，立契存證。

乾隆六十年二月初十日立

長六十九步
二可同十四步

尺丈人 合【何】陸
中　人 袁進花

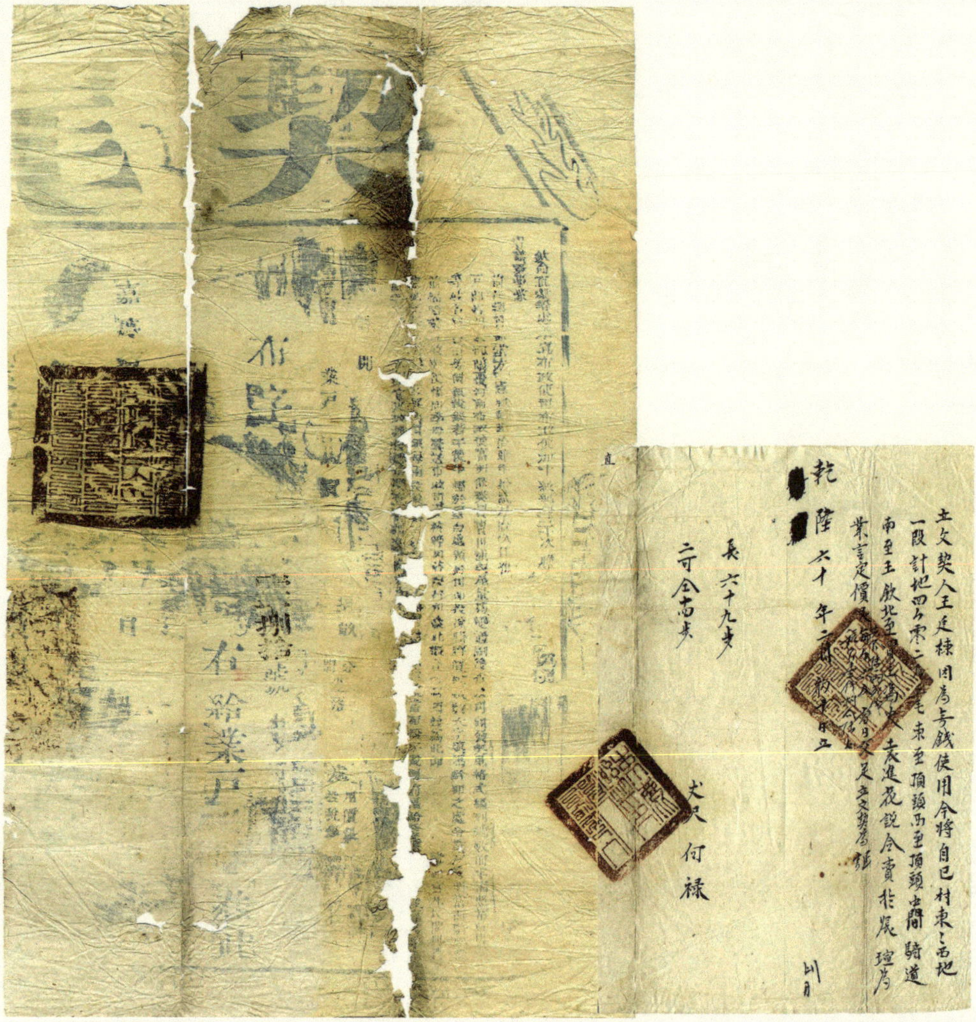
契
立文契人王廷棟因為無錢使用今將自己村東東西地
一段計地四分零二[illegible]毛東至頂頭西至頂頭出閁騎道
南至王欽北至[illegible]表進說合賣於[illegible]瑄為
業言定價[illegible]足立文契為證
乾隆六十年二月[illegible]日立
長六十九步
二寸全面步
丈尺 何祿

○四九 清乾隆六十年（一七九五年）二月初十王廷棟賣地契②（附契尾）

立文契人王廷棟，因爲無錢使用，今將自己村東東西地一段，計地四畝零二厘五毫，東至頂頭，西至頂頭，中間騎道，南至王欽，北至買主，憑中人袁進花説合，賣於張瑄爲業，言定價銀每畝陸兩 共銀陸兩貳錢 稅銀壹錢捌分陸厘 ，當日交足，立文契爲證。

乾隆六十年二月初十日立

（数字：六二）

長六十九步

二可同十四步

丈尺 何禄

（篆體滿漢文『東鹿縣印』方印兩枚；篆體滿漢文『直隸等處承宣布政使司之印』大方印兩枚）

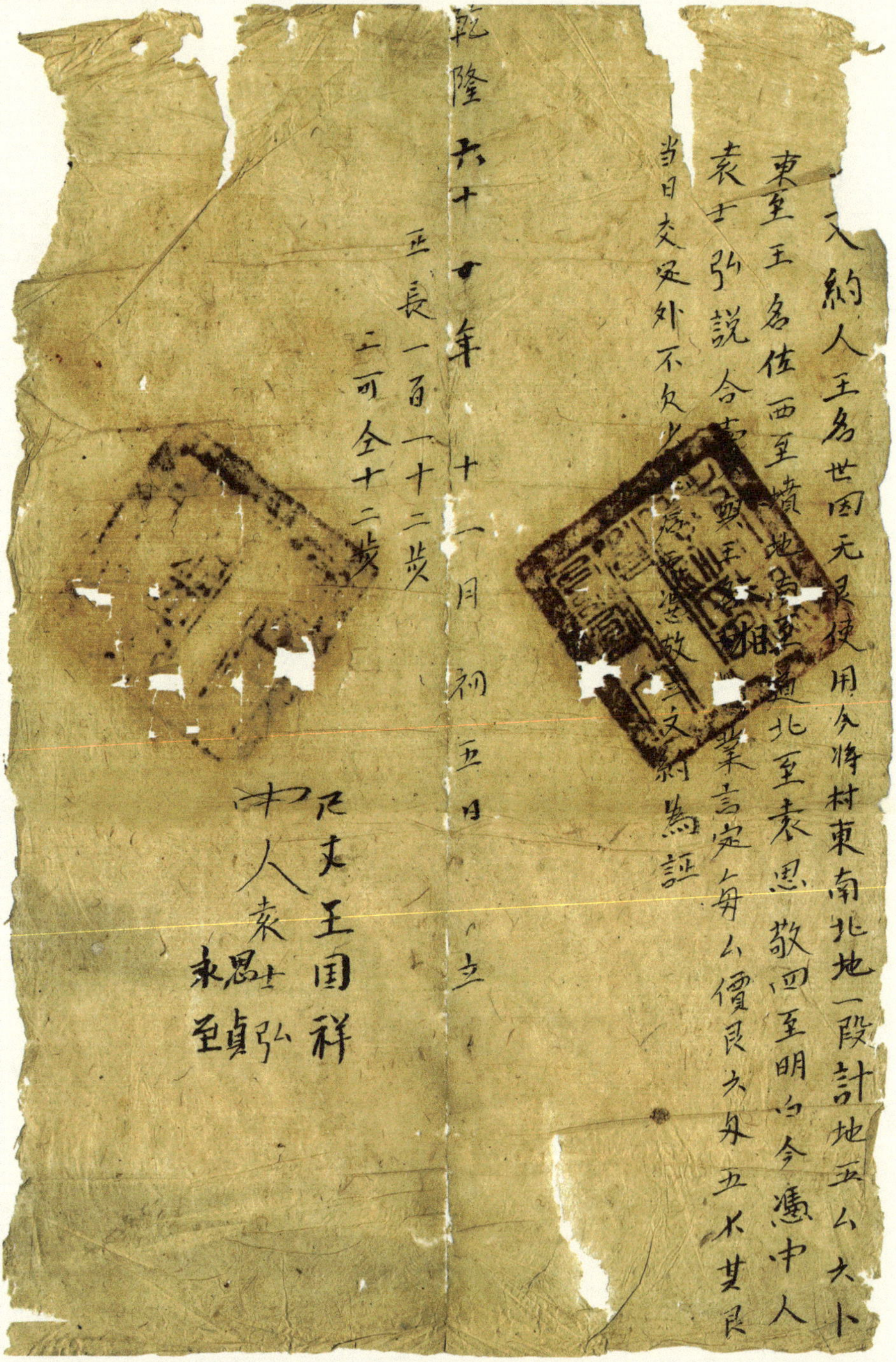
立文約人王名世因无艮使用今將村東南北地一段計地五畝大小
東至王名佐西至積地為界南至道北至袁思敬四至明白今憑中人
袁士弘說合賣與王□□□業言定每畝價艮六兩五錢其艮
当日交足外不欠少恐口無憑故立文約為証
正長一百一十二步
二可仝十二步
乾隆六十四年十一月初五日立
尺丈王国祥
中人袁士弘
袁思
至貞

〇五〇 清乾隆六十年（一七九五年）十一月初五王名世賣地契（上手契）

立文約人王名世，因無銀使用，今將村東南北地一段，計地五畝六分，東至王名佐，西至墳地，南至道，北至袁思敬，四至明白，今憑中人袁士弘説合，賣與王天相爲業，言定每畝價銀六兩五錢，其銀當日交足，外不欠少，恐後無憑，故立文約爲證。

尺丈　王國祥

中人　袁士弘
　　　袁思貞
　　　袁永至

乾隆六十年十一月初五日立

正長一百一十二步

二可同十二步

（篆體滿漢文『東鹿縣印』方印兩枚）

立文約人王天相因為無錢使用今將自己村東南北地一段計地五畝六分東至賣主西至王家坟南至大道北至頂頭四至俱全憑中人袁永志說合賣與張瑄耕種為業言定每畝價銀三兩五分當日交足外無欠少恐後無憑立文為記

乾隆六十年十一月二十九日立

長一百二十二步

南寬十一步一尺

北寬十二步四尺

尺丈何禄

說合袁永志

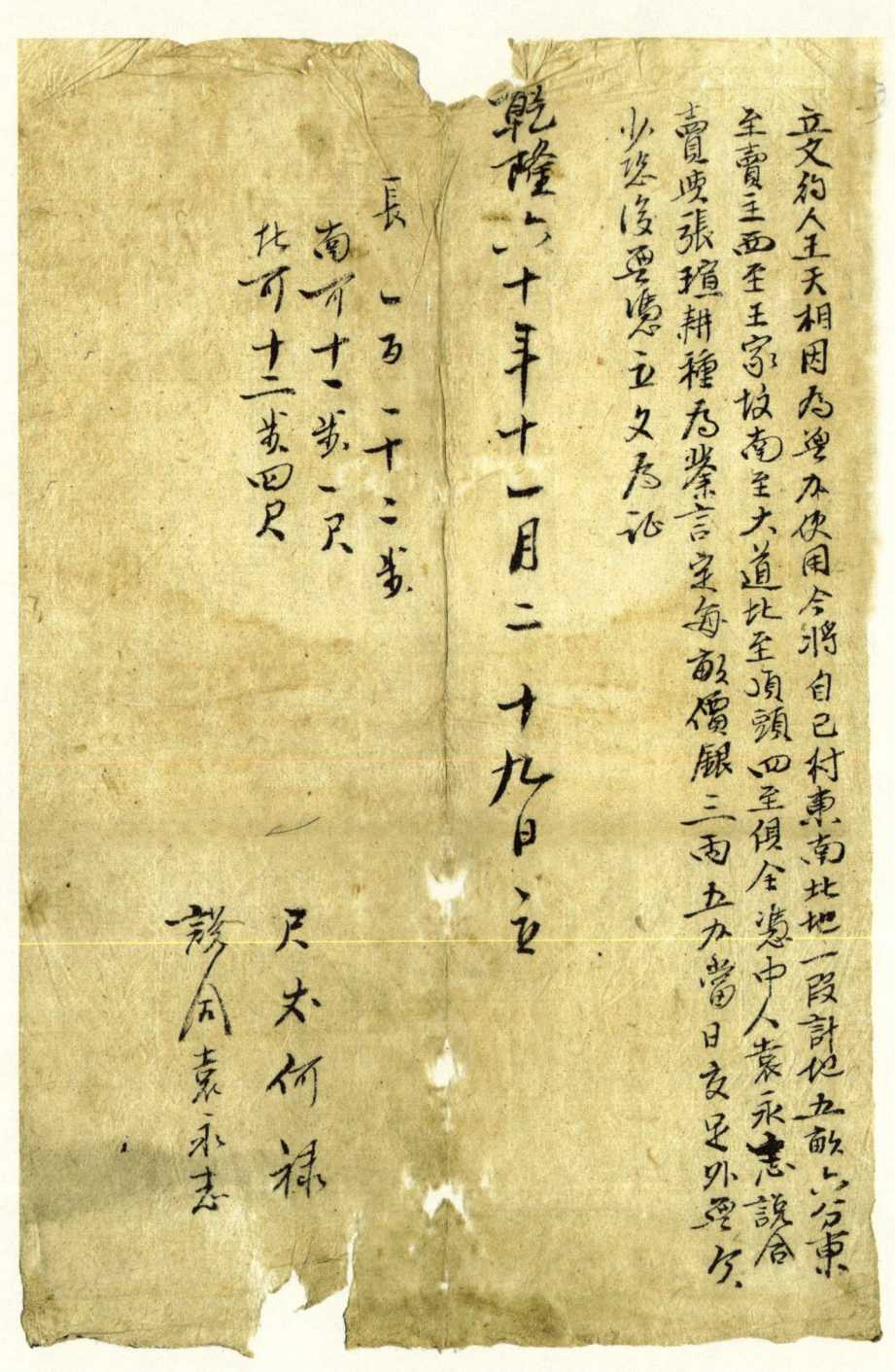

〇五一 清乾隆六十年十一月二十九日（一七九六年一月八日）王天相賣地契

立文約人王天相，因爲無錢使用，今將自己村東南北地一段，計地五畝六分，東至賣主，西至王家墳，南至大道，北至頂頭，四至俱全，憑中人袁永志説合，賣與張瑄耕種爲業，言定每畝價銀三兩五錢，當日交足，外無欠少，恐後無憑，立文爲證。

乾隆六十年十一月二十九日立

長一百一十二步

南可十一步一尺

北可十二步四尺

尺丈 何 禄

説合 袁永志

立文約人王廷棟因為無錢使用今將自已村東東西地一段計地四畝三分一厘二毛五系東至頂頭西至頂頭南至買主北至大道憑中人袁際順說合賣於張瑄為業言定共作價銀貳拾四兩當日交足恐後無憑立文為記

嘉慶二年二月二十六日立

長六十九步

東可十八步

西可十二步

丈尺 何祿

袁廷杰

〇五二

清嘉慶二年（一七九七年）二月二十六日王廷棟賣地契①

立文約人王廷棟，因爲無錢使用，今將自己村東東西地一段，計地四畝三分一厘二毫五絲，東至頂頭，西至頂頭，南至買主，北至大道，憑中人袁際順説合，賣於張瑄爲業，言定共作價銀貳拾四兩，當日交足，恐後無憑，立文爲證。

丈尺 何 禄

嘉慶二年二月二十六日立

長六十九步

東可十八步

西可十二步

袁廷杰

契

布字

第伍號

立文約人王廷棟因爲無力使用今將自己村東東西地一段計地四畝壹分[illegible]弍毛五系東至項頭西至項頭南至買主北至大道四至明[illegible]袁際順説合賣與張宣耕種爲業言定共價銀[illegible]日交足外無欠少恐後無憑立文爲証

長六十九步

東頭十八步

西頭十二步

嘉慶[illegible]年二月二十六日 立

中人 袁際順

尺丈 袁廷杰

何禄

〇五三 清嘉慶二年（一七九七年）二月二十六日王廷棟賣地契②（附契尾）

立文約人王廷棟，因爲無錢使用，今將自己村東東西地一段，計地四畝叁分壹厘貳毫五絲，東至頂頭，西至頂頭，南至買主，北至大道，四至明白，憑中人袁際順説合，賣與張宣耕種爲業，言定共價銀貳拾肆兩（税銀柒錢貳分），其銀當日交足，外無欠少，恐後無憑，立文爲證。

嘉慶二年二月二十六日立　　　（数字：二四）

長六十九步
東可十八步
西可十二步

尺丈　何禄
　　　袁廷杰
中人　袁際順

（篆體滿漢文『東鹿縣印』方印四枚；篆體滿漢文『直隸等處承宣布政使司之印』大方印兩枚）

立賣契人張　勇因為不便將自己村西南〻北地二段共計地陸畝肆分弍毛東至張立寬西至張倉南至頂頭北至道四至明白憑中人張文治張立功說合賣與張　宣為業言定每畝大錢拾千其不当日交足不欠恐后無憑立字為証

大段長一百五十六步四尺

南北二頭同九步三尺

小段長十三步

南北二頭同二步二尺

嘉慶五年三月十四日　立

中人　張文治　張立功

尺丈　李廷芳　張立功

〇五四 清嘉慶五年（一八〇〇年）三月十四日張勇賣地契①

立賣契人張勇，因爲不便，將自己村西南南北地二段，共計地陸畝肆分貳毫，東至張立寬，西至張會，南至頂頭，北至道，四至明白，憑中人張文治、張立功説合，賣與張宣爲業，言定每畝大錢拾千，其錢當日交足不欠，恐後無憑，立字爲證。

中人 张文治 立功

嘉慶五年三月十四日 立

大段長一百五十六步四尺
南北二可同九步三尺
小段長十三步
南北二可同二步二尺

尺丈 李廷芳 張立功

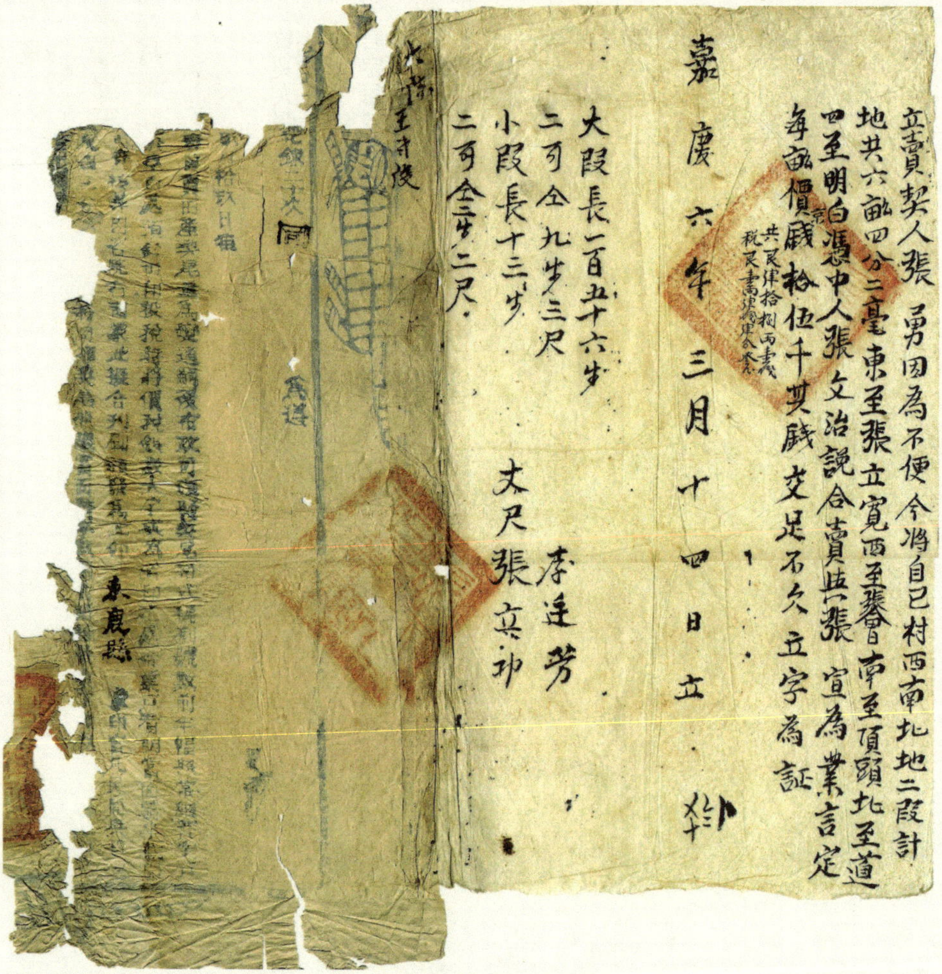
立賣契人張　勇因為不便今將自已村西南北地二段計
地共六畝四分二毫東至張立寬西至張奮南至頂頭北至道
四至明白憑中人張文治説合賣與張　宜為業言定
每畝價錢拾伍千其錢交足不欠立字為証
嘉慶六年三月十四日立　約
大段長一百五十六步
二弓仝九步三尺
小段長十三步
二弓仝二步二尺
李廷芳
丈尺張亮功
東鹿縣

〇五五 清嘉慶六年（一八〇一年）三月十四日張勇賣地契②（附契尾）

立賣契人張勇，因爲不便，今將自己村西南北地二段，計地共六畝四分二毫，東至張立寬，西至張會，南至頂頭，北至道，四至明白，憑中人張文治説合，賣與張宣爲業，言定每畝價京錢拾伍千，其錢交足不欠，立字爲證。

共銀肆拾捌兩壹錢

税銀壹兩肆錢肆分叁厘

（数字：四十八一）

嘉慶六年三月十四日立

大段長一百五十六步

二可同九步三尺

小段長十三步

二可同二步二尺

丈尺 李廷芳

張立功

（篆體滿漢文『東鹿縣印』方印三枚）

立文人焦思聰因為無錢使用今將自己村北南北地
一段記地三畝六分七厘八毛五系東至焦勳臣西至焦
倫南至項頭北至項頭四至明白憑中人刘洪亮
說合賣于張、旋為業言定每畝價京錢二
十、八千一正其錢当日交足外無欠少恐後無憑
立字為正　　折粮地二畝二分八厘
嘉慶陸年十二月廿六日　　立
表一百一十八步二尺五寸
南可七步二尺　　立文人張立公十
　　　　　　　　焦蘭香
北可七步二尺五寸

〇五六 清嘉慶六年十二月二十六日（一八〇二年一月二十九日）焦思聰賣地契

立文人焦思聰，因爲無錢使用，今將自己村北南北地一段，記【計】地三畝六分七厘八毫五絲，東至焦勳臣，西至焦綸，南至頂頭，北至頂頭，四至明白，憑中人劉洪亮説合，賣於張旋爲業，言定每畝價京錢二十八千正【整】，其錢當日交足，外無欠少，恐後無憑，立字爲正【證】。

折粮地二畝二分八厘

嘉慶陸年十二月廿六日　　立

長一百一十八步二尺五寸

南可七步二尺

北可七步二尺五寸

尺丈人　張立功

焦蘭香

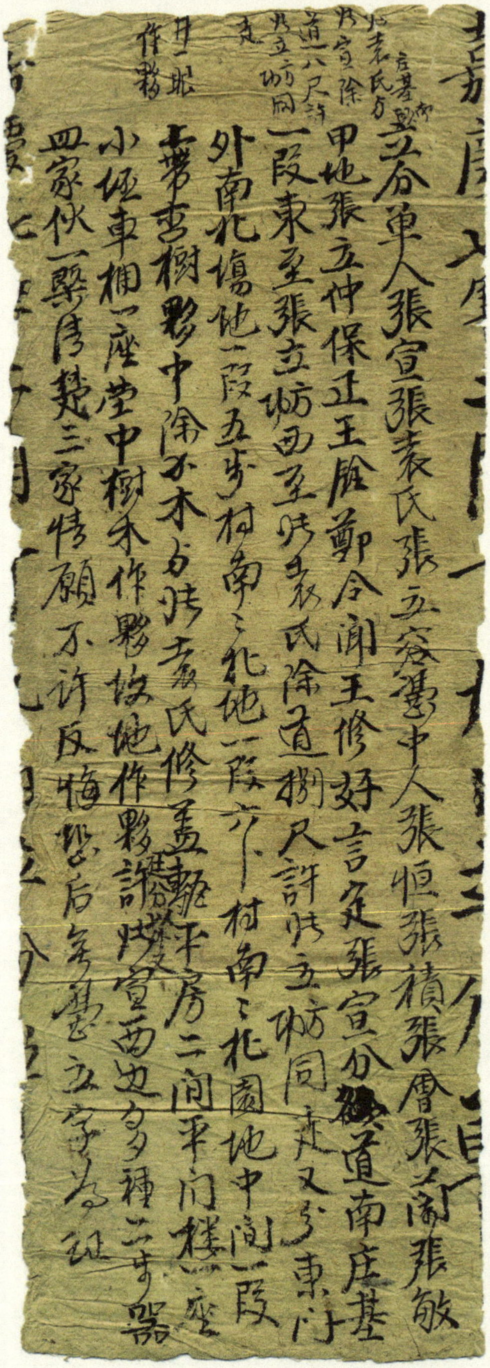
立分單人張宣張袁氏張立容憑中人張恒張積張會張蘭張敏
甲地張立仲保正王脸鄭合剛王修好言定張宣分[illegible]道南庄基
一段東至張立坊西至張袁氏除道捌尺許張立坊同走又分東門
外南北墙地一段五步村南南北地一段六十村南南北園地中間一段
東書樹影中除不木分張袁氏修蓋平房二間平門樓一座
小經車棚一座堂中樹木作影披地作影許張宣西邊分種二寸器
四家伙一概均分三家情願不許反悔恐后無憑立字為証

〇五七　清嘉慶七年（一八〇二年）二月十九日張宣分單

（騎縫字）嘉慶七年二月十九日立分單

（分單上方文字）莊基南頭張袁氏與張宣除道八尺，許張立方、張立功同走，井一眼作夥

立分單人張宣、張袁氏、張立容，憑中人張恒、張積、張會、張蘭、張敏、甲地張立仲，保正王銓、鄭令聞、王修好，言定張宣分道南莊基一段，東至張立方功，西至張袁氏，除道捌尺許張立方功同走。又分東門外南北場地一段五步；村南南北地一段六分，村南南北園地中間一段，上帶杏樹夥中。除錢木與張袁氏修蓋磚平房二間、平門樓一座，小坯車棚一座，塋中樹木作夥，墳地作夥廷分以外，又許張宣西邊多種二步；器皿傢伙一概清楚。三家情願，不許反悔，恐後無憑，立字爲證。

（騎縫字）嘉慶七年二月十九日立分單

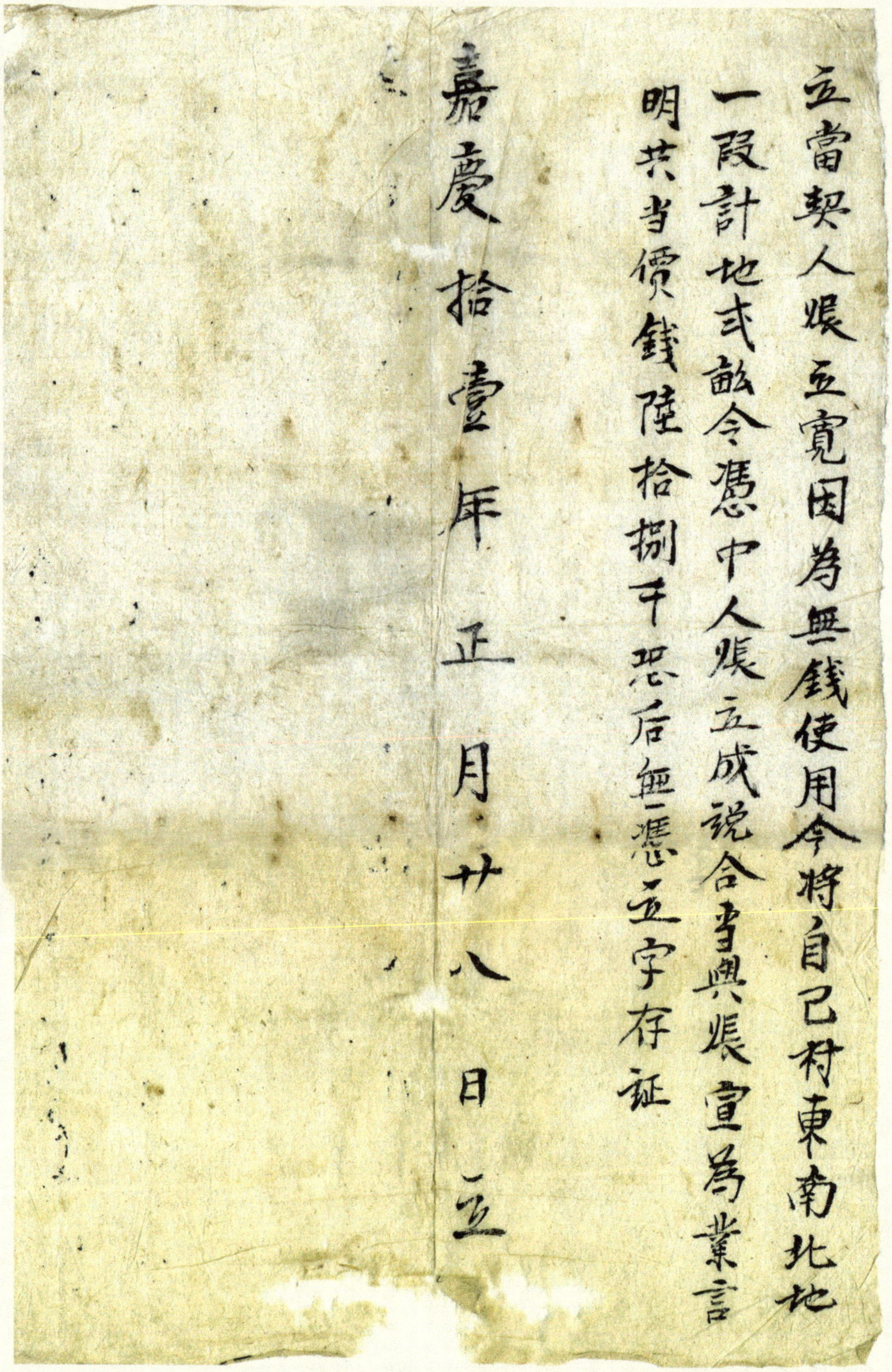
立當契人張立寬因為無錢使用今將自己村東南北地
一段計地弍畝今憑中人張立成說合當與張宣為業言
明共當價錢陸拾捌千恐后無憑立字存証
嘉慶拾壹年正月廿八日立

〇五八 清嘉慶十一年（一八〇六年）正月二十八日張立寬當契

立當契人張立寬，因爲無錢使用，今將自己村東南北地一段，計地貳畝，令【今】憑中人張立成説合，當與張宣爲業，言明共當價錢陸拾捌千，恐後無憑，立字存證。

嘉慶拾壹年正月廿八日　　立

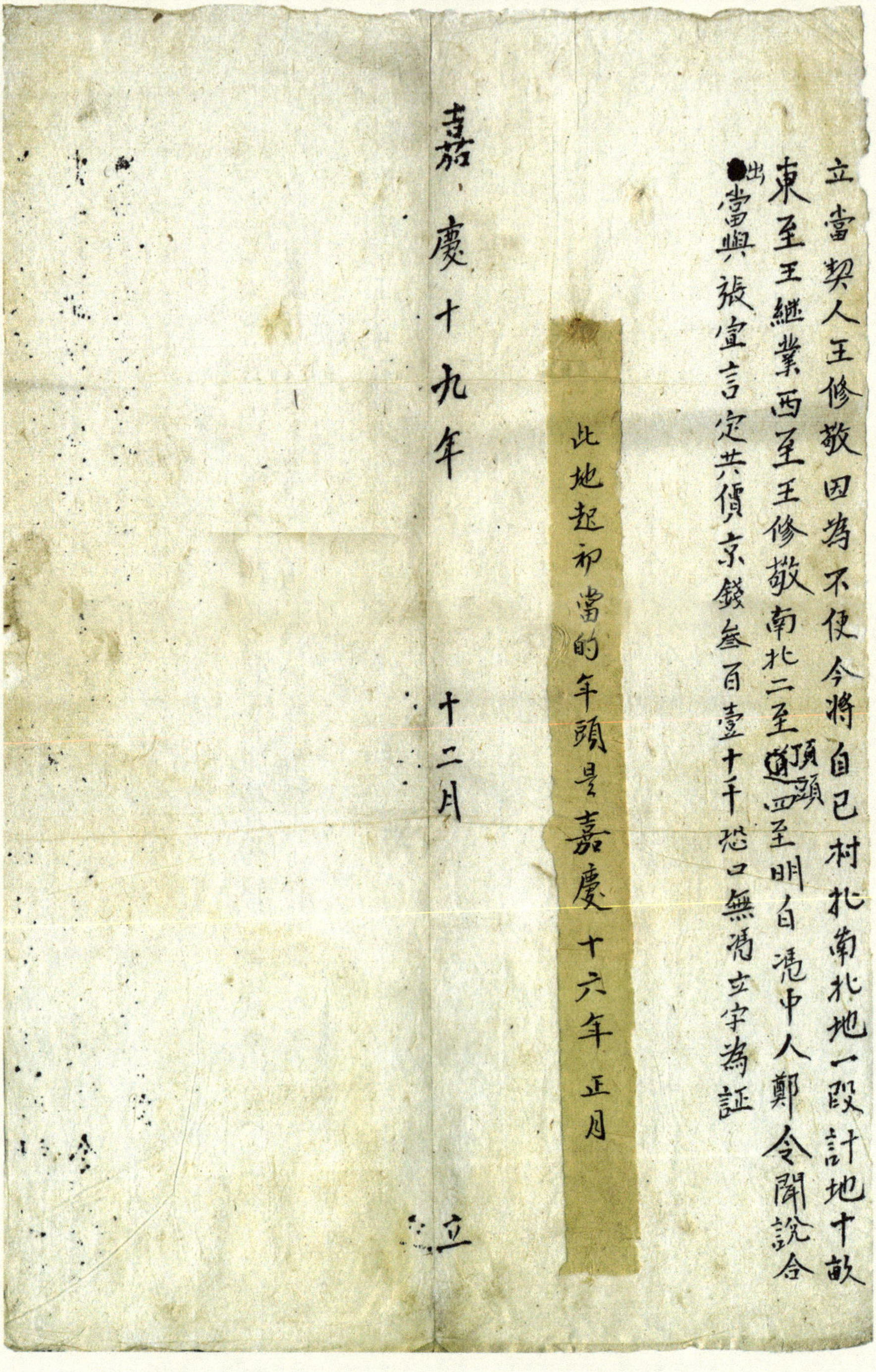

立當契人王修敬因為不便今將自己村北南北地一段計地十畝
東至王継業西至王修敬南北二至道頂頭四至明白憑中人鄭令聞説合
出當與張宣言定共價京錢叁百壹十千恐口無憑立字為証

此地起初當的年頭是嘉慶十六年正月

嘉慶十九年十二月　立

〇五九 清嘉慶十九年十二月（一八一五年一月）王修敬當契

立當契人王修敬因爲不便，今將自己村北南北地一段，計地十畝，東至王繼業，西至王修敬，南北二至頂頭，四至明白，憑中人鄭令聞説合，出當與張宣，言定共價京錢叁百壹十千，恐口無憑，立字爲證。

（貼條）此地起初當的年頭是嘉慶十六年正月

嘉慶十九年十二月　　立

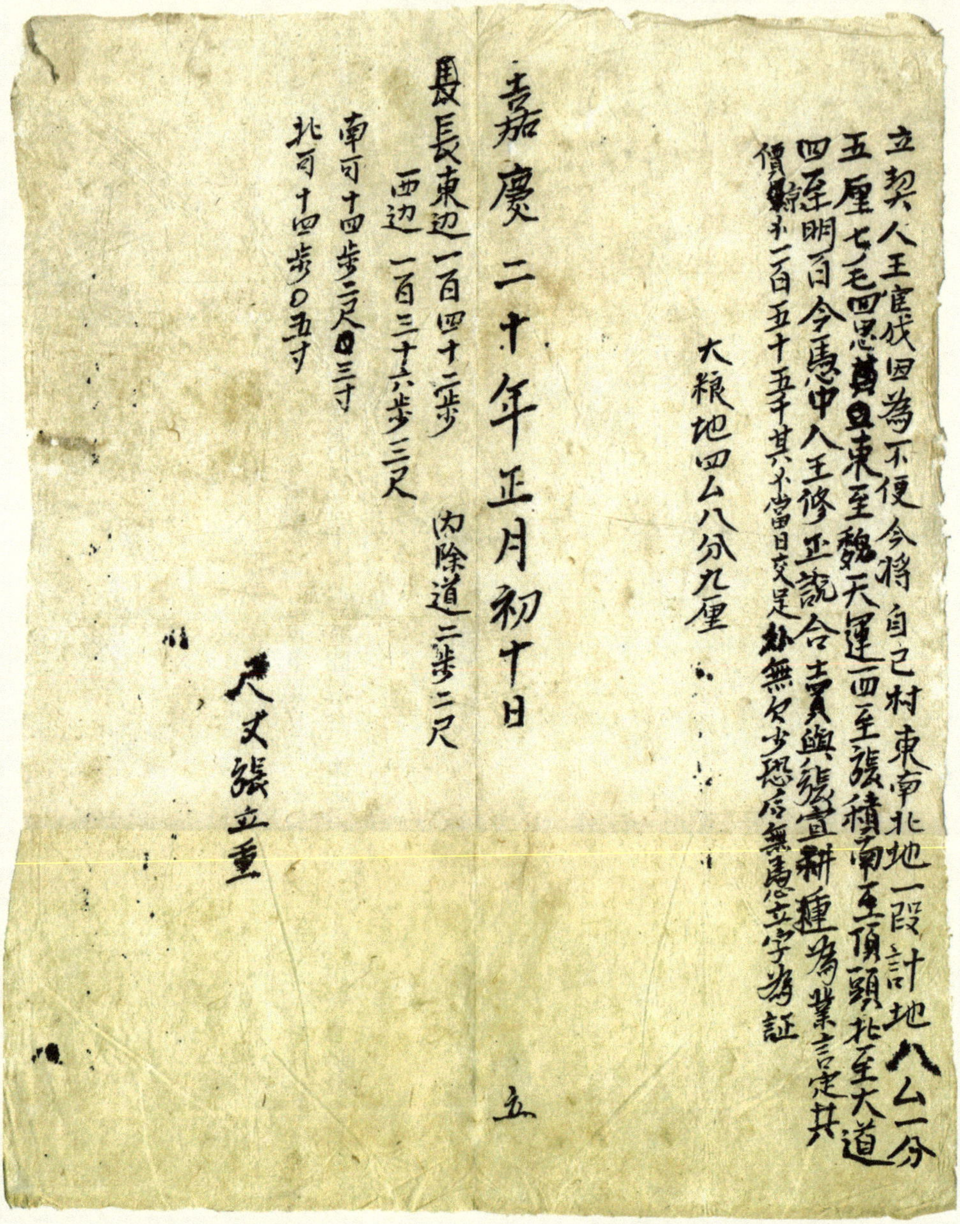

立契人王宦伐因為不便今將自己村東南北地一段計地八厶一分
五厘七毛四忽其東至魏天運西至張積南至項頭北至大道
四至明白今憑中人王修正説合出賣與張宣耕種為業言定共
價錢一百五十五千其錢當日交足並無欠少恐后無憑立字為証

大粮地四厶八分九厘

嘉慶二十年正月初十日 立

畝長東边一百四十二步
西边一百三十六步三尺
内除道二步二尺
南闊十四步二尺四三寸
北闊十四步〇五寸

立文張立重

○六○

清嘉慶二十年（一八一五年）正月初十王宧成賣地契①

立契人王宧成，因爲不便，今將自己村東南北地一段，計地八畝一分五厘七毫四思【絲】，東至魏天運，西至張積，南至頂頭，北至大道，四至明百【白】，今憑中人王修正説合，賣與張宣耕種爲業，言定共價京錢一百五十五千，其錢當日交足，外無欠少，恐後無憑，立字爲證。

大粮地四畝八分九厘

嘉慶二十年正月初十日　立

長東邊一百四十二步　內除道二步二尺

西邊一百三十六步三尺

南可十四步二尺〇三寸

北可十四步〇五寸

尺丈　張立重

立賣契人張文蔚因為不便今將自己庄一段西至王修亨東至
買主南北二至頂頭憑中人張殿臣說合賣于張宣為業言定共
價京錢貳拾千其錢當日交足恐口無憑立賣契為証

嘉慶二十年二月初二日　　立

長可叁拾步

橫可仝拾貳步叁尺伍寸

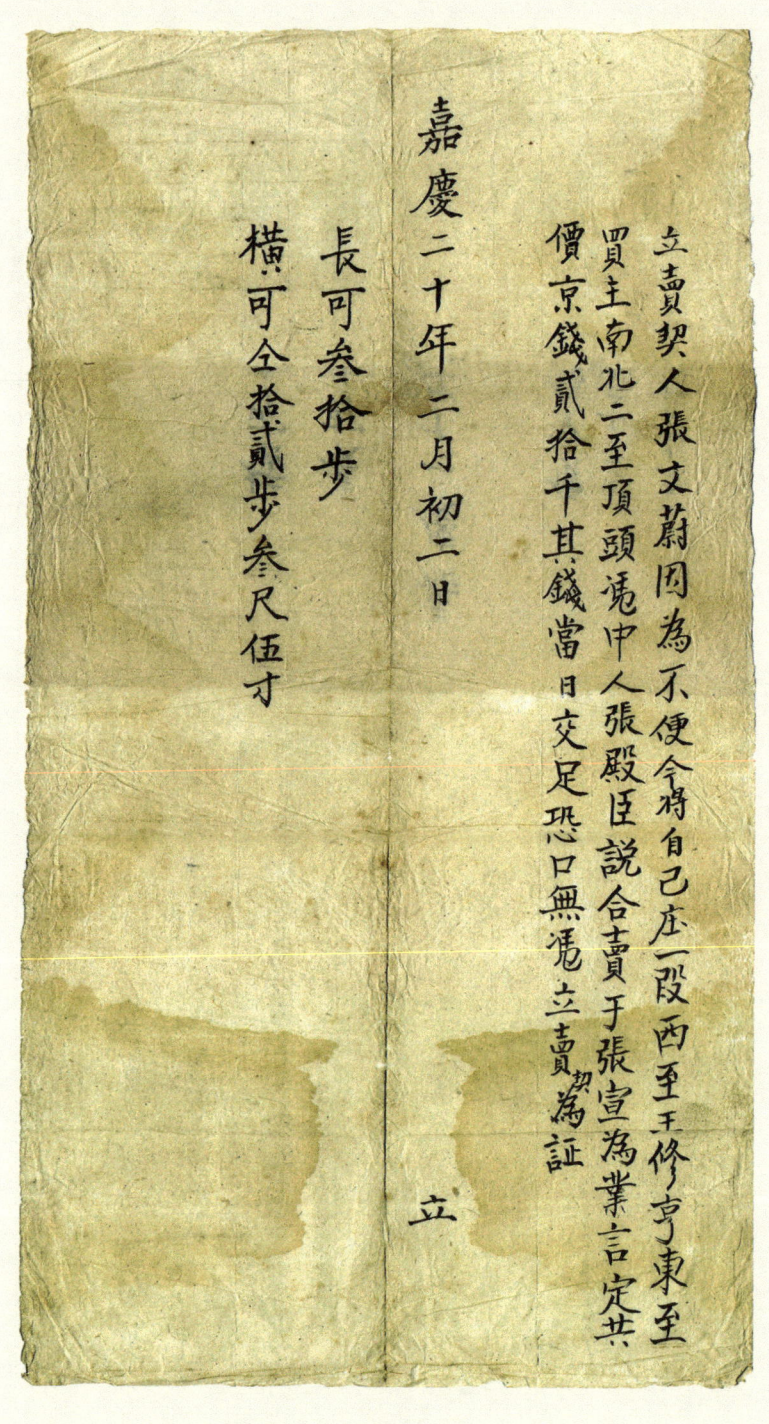

○六一 清嘉慶二十年（一八一五年）二月初二張文蔚賣莊基契

立賣契人張文蔚，因爲不便，今將自己莊［基］一段，西至王修亨，東至買主，南北二至頂頭，憑中人張殿臣説合，賣於張宣爲業，言定共價京錢貳拾千，其錢當日交足，恐口無憑，立賣契爲證。

嘉慶二十年二月初二日　立

長可叁拾步
橫可同拾貳步叁尺伍寸

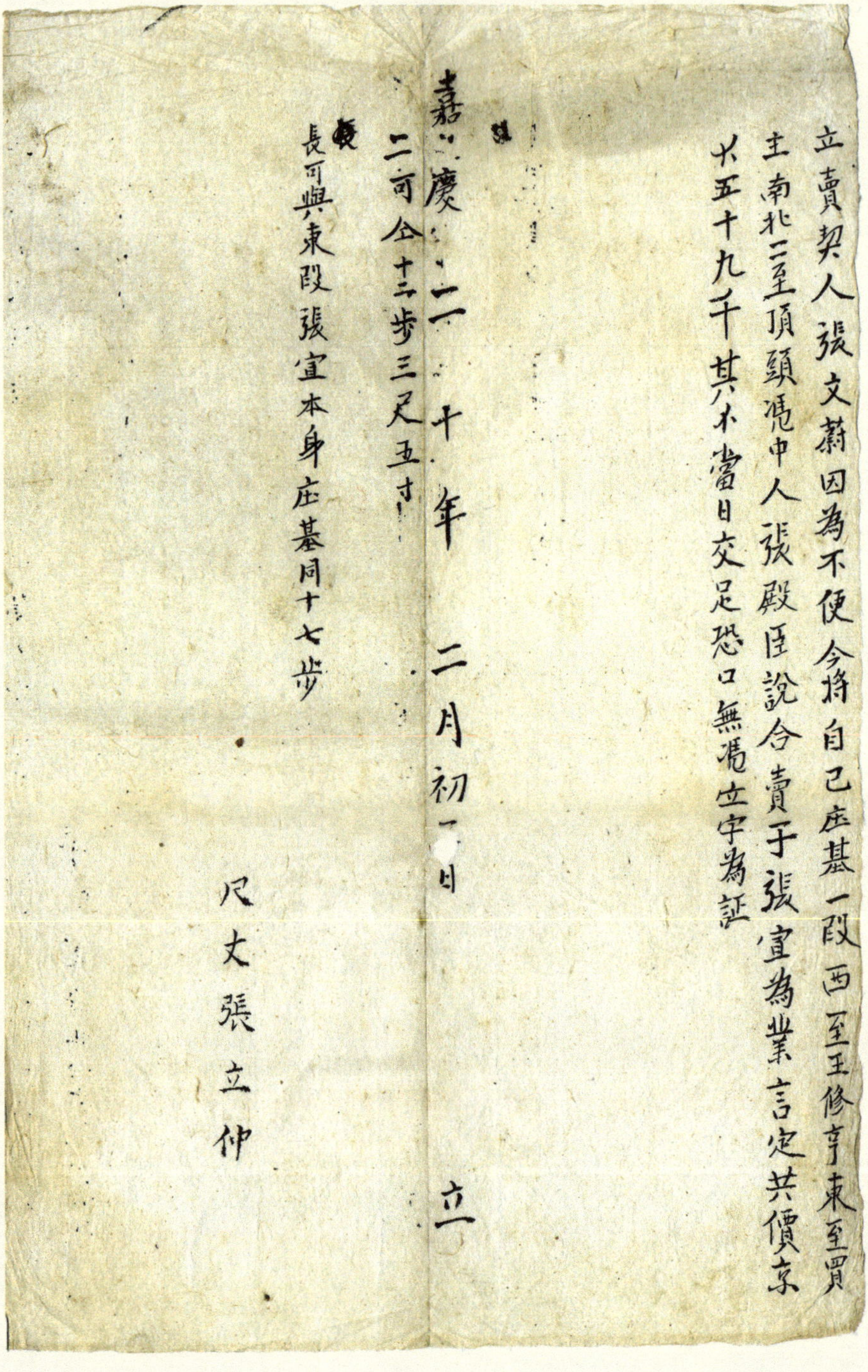

立賣契人張文蔚因為不便今將自己庄基一段西至王修亨東至買
主南北二至頂頭憑中人張殿臣說合賣于張宣為業言定共價京
大五十九千其大當日交足恐口無憑立字為証

嘉慶二十年二月初一日 立

二司仝十二步三尺五寸
長司與東段張宣本身庄基同十七步

尺丈張立仲

〇六二 清嘉慶二十年（一八一五年）二月初二張文蔚賣莊基契①

立賣契人張文蔚，因爲不便，今將自己莊基一段，西至王修亨，東至買主，南北二至頂頭，憑中人張殿臣説合，賣於張宣爲業，言定共價京錢五十九千，其錢當日交足，恐口無憑，立字爲證。

嘉慶二十年二月初二日　立

二可同十二步三尺五寸
長可與東段張宣本身莊基同十七步

尺丈　張立仲

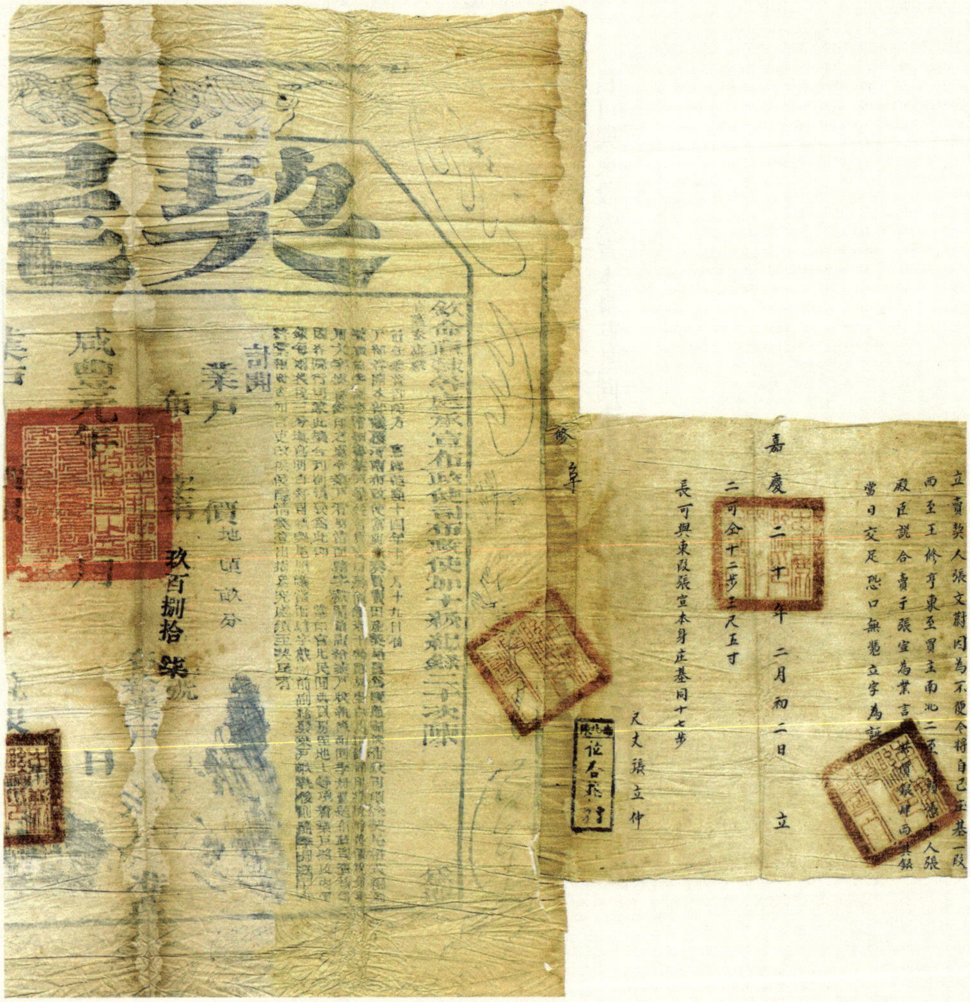

〇六三 清嘉慶二十年（一八一五年）二月初二張文蔚賣莊基契②（附契尾）

立賣契人張文蔚，因爲不便，今將自己莊基一段，西至王修亭，東至買主，南北二至頂頭，憑中人張殿臣説合，賣於張宣爲業，言定共價銀肆兩，其銀當日交足，恐口無憑，立字爲證。

嘉慶二十年二月初二日立

二可同十二步三尺五寸

長可與東段張宣本身莊基同十七步

尺丈 張立仲

（篆體滿漢文『東鹿縣印』方印四枚；篆體滿漢文『直隸等處承宣布政使司之印』大方印一枚；『南小陳位合莊』長方形黑色印一枚）

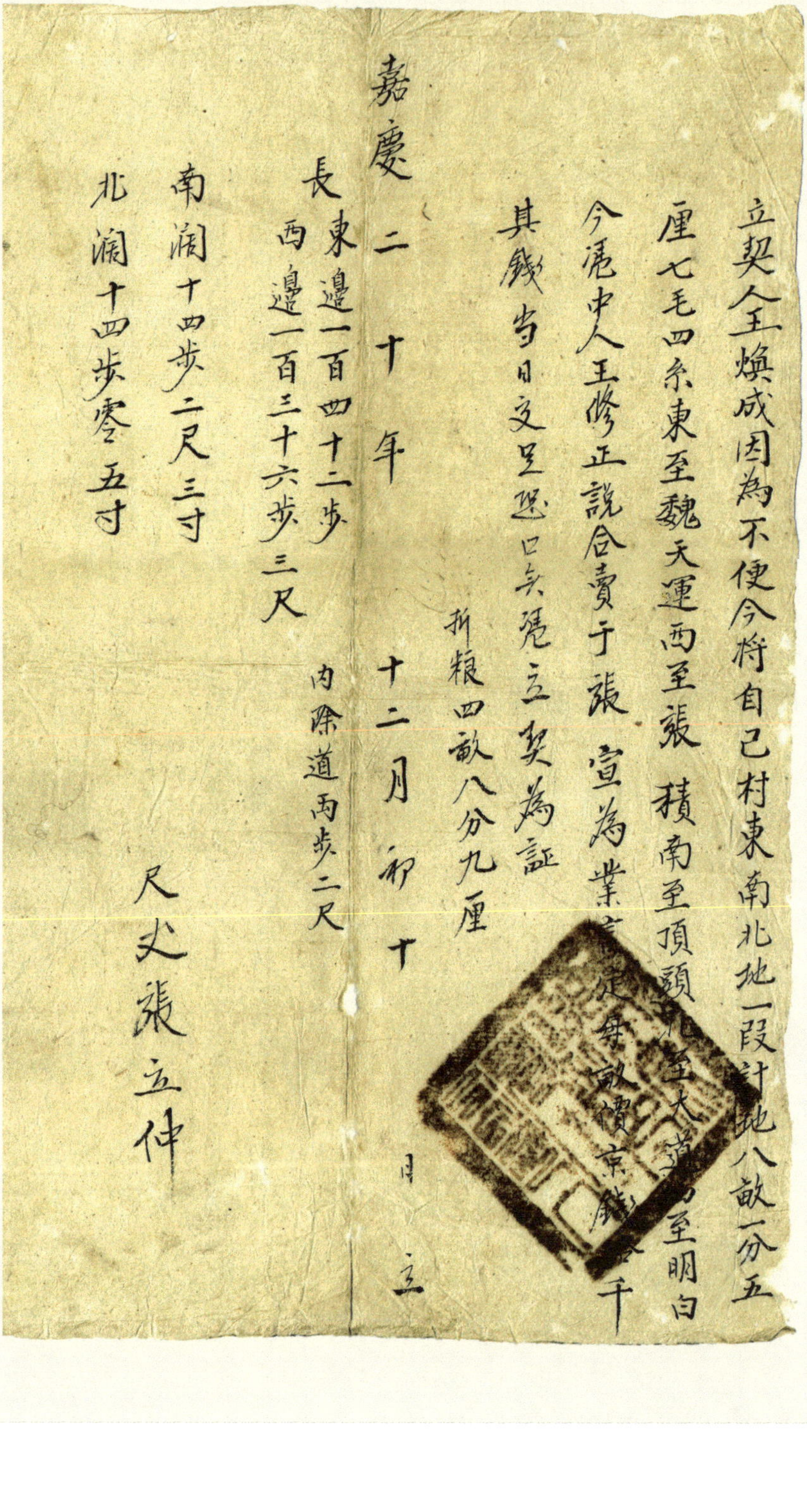

立契人王焕成因為不便今將自己村東南北地一段計地八畝一分五厘七毛四系東至魏天運西至張 積南至頂頭北至大道四至明白今凴中人王修正說合賣于張 宣為業言定每畝價京錢[illegible]千其錢当日交足恐口無凴立契為証

折粮四畝八分九厘

嘉慶二十年　十二月初十　日立

內除道西步二尺

長東邊一百四十二步

西邊一百三十六步三尺

南濶十四步二尺三寸

北濶十四步零五寸

尺丈張立仲

〇六四　清嘉慶二十年十二月初十（一八一六年一月八日）王焕成賣地契②

立契人王焕成，因爲不便，今將自己村東南北地一段，計地八畝一分五厘七毫四絲，東至魏天運，西至張積，南至頂頭，北至大道，四至明白，今憑中人王修正説合，賣於張宣爲業，言定每畝價京錢拾千，其錢當日交足，恐口無憑，立契爲證。

折粮四畝八分九厘

嘉慶二十年十二月初十日　立

長　東邊一百四十二步　內除道兩步二尺
西邊一百三十六步三尺

南闊十四步二尺三寸
北闊十四步零五寸

尺丈　張立仲

（篆體滿漢文『東鹿縣印』方印一枚）

立文約人張立功因為無錢使用今將自已庄基一段計地三分九厘五毛買去東至賣主西至買主頂頭南至買主北至買主四至明白中人石作舟 張立德說合賣與張宣碧為業言定共價不七十千其不當日交足恐后無憑立字為証

随粮二分四厘

上带枣樹三株 張立功的道全無

嘉慶二十一年二月初二日 立

尺丈張殿臣

長可十五步四尺

二可仝六步

〇六五 清嘉慶二十一年（一八一六年）二月初二張立功賣莊基契①

立文約人張立功，因爲無錢使用，今將自己莊基一段，計地三分九厘五毫，東至賣主，西至頂頭，南至買主，北至買主，四至明白，中人石作舟、張立德說合，賣與張宣爲業，言定共價錢七十千，其錢當日交足，恐後無憑，立字爲證。

拆【折】粮二分四厘　　上帶棗樹三株　張立功的道全無

嘉慶二十一年二月初二日　　立

長可十五步四尺
二可同六步

尺丈　張殿臣

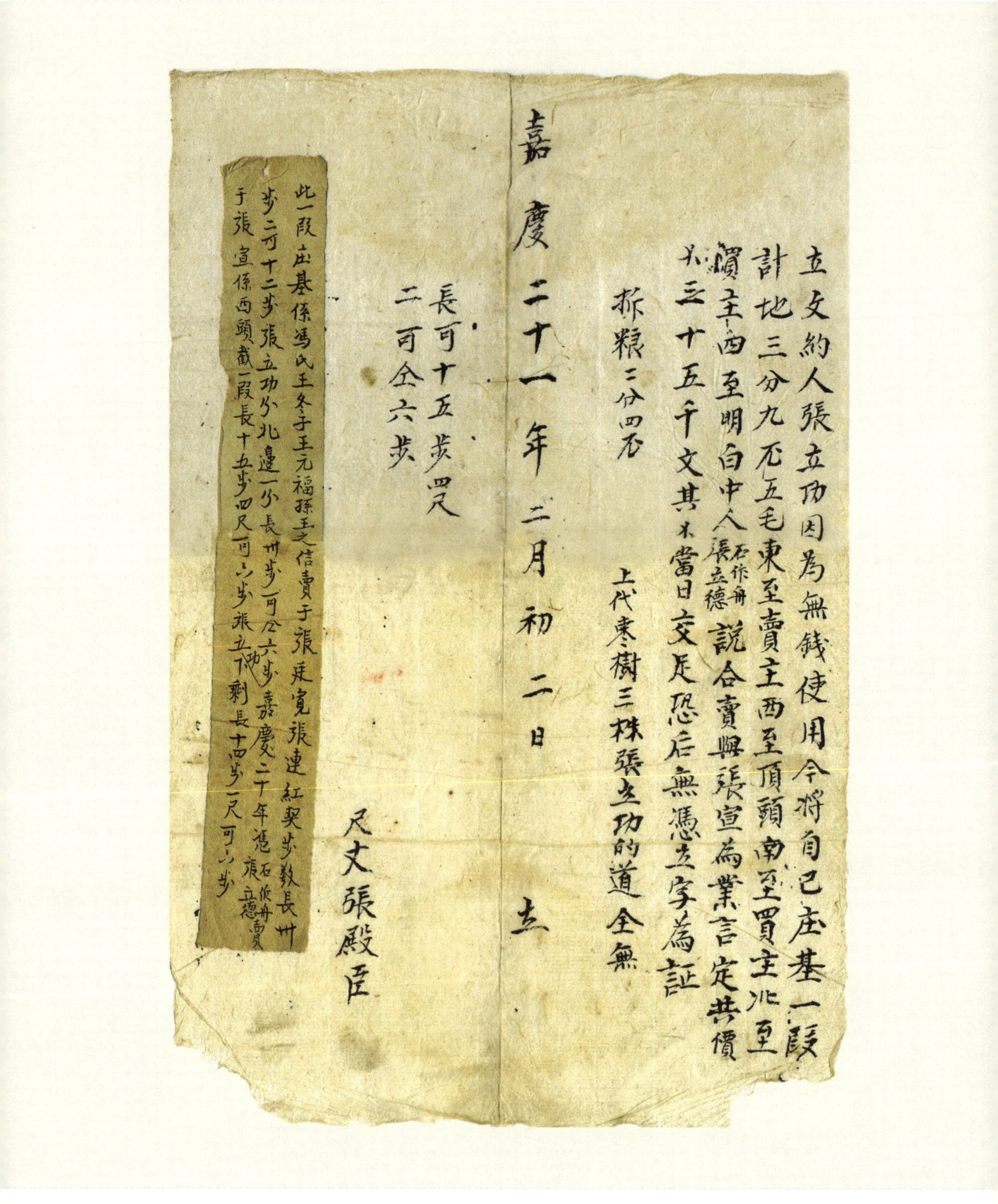
立文約人張立功因為無錢使用今將自己庄基一段
計地三分九厘五毛東至賣主西至頂頭南至買主北至
賣主西至明白中人張立德石作舟說合賣與張宣為業言定共價
錢三十五千文其錢當日交足恐后無憑立字為証
拆粮二分四厘
上代棗樹三株張立功的道全無
嘉慶二十一年二月初二日立
長可十五步四尺
二可仝六步
立文張殿臣
此一段庄基係馮氏王冬子王元福孫王之信賣于張廷寬張連紅契步数長卅
步二可十二步張立功分北邊一分長卅步可仝六步嘉慶二十年憑石作舟張立德賣
于張宣係西頭截一段長十五步四尺可六步張立功下剩長十四步一尺可六步

〇六六 清嘉慶二十一年（一八一六年）二月初二張立功賣莊基契②

立文約人張立功，因爲無錢使用，今將自己莊基一段，計地三分九厘五毫，東至賣主，西至頂頭，南至買主，北至買主，四至明白，中人石作舟、張立德說合，賣與張宣爲業，言定共價錢三十五千文，其錢當日交足，恐後無憑，立字爲證。

折粮二分四厘　上代【帶】棗樹三株　張立功的道全無

嘉慶二十一年二月初二日立

長可十五步四尺　尺丈　張殿臣

二可同六步

（貼條）此一段莊基係馮氏王冬子王元福孫王之信賣於張廷寬張連紅契，步數長卅步，二可十二步，張立功分北邊一分【份】，長卅步，可同六步，嘉慶二十年，憑石作舟、張立德賣於張宣，係西頭截一段，長十五步四尺，可六步。張立功下剩長十四步一尺，可六步。

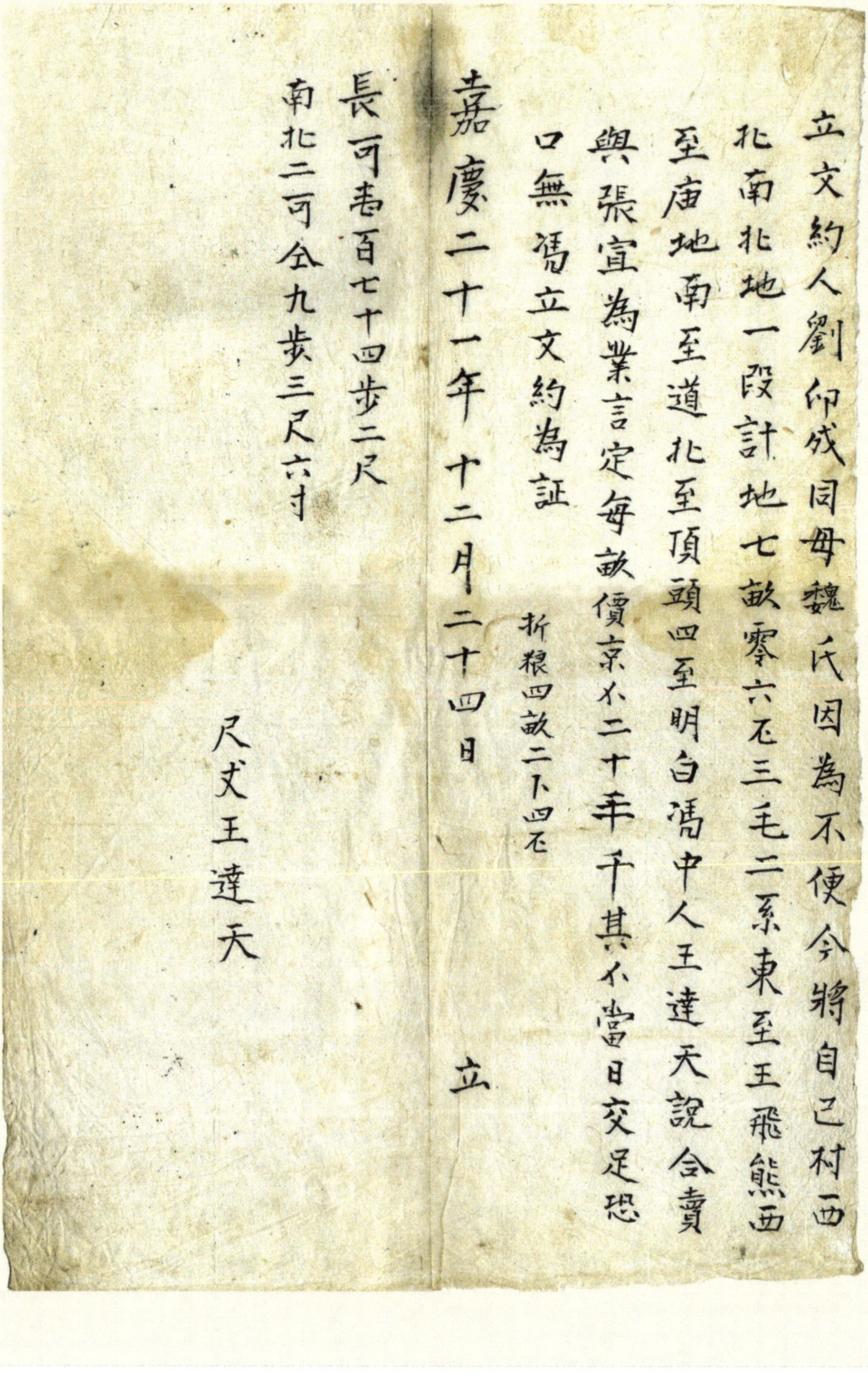

立文約人劉印成同母魏氏因為不便今將自己村西
北南北地一段計地七畝零六厘三毛二系東至王飛熊西
至庙地南至道北至頂頭四至明白憑中人王達天說合賣
與張宣為業言定每畝價京錢二十千其錢當日交足恐
口無憑立文約為証　　折粮四畝二分四厘
嘉慶二十一年十二月二十四日　立
長可壹百七十四步二尺
南北二可仝九歩三尺六寸
尺丈王達天

○六七

清嘉慶二十一年十二月二十四日(一八一七年二月九日)劉印成賣地契

立文約人劉印成同母魏氏，因爲不便，今將自己村西北南北地一段，計地七畝零六厘三毫二絲，東至王飛熊，西至廟地，南至道，北至頂頭，四至明白，憑中人王達天説合，賣與張宣爲業，言定每畝價京錢二十三千，其錢當日交足，恐口無憑，立文約爲證。

折粮四畝二分四厘

嘉慶二十一年十二月二十四日　立

長可壹百七十四步二尺

南北二可同九步三尺六寸

尺丈　王達天

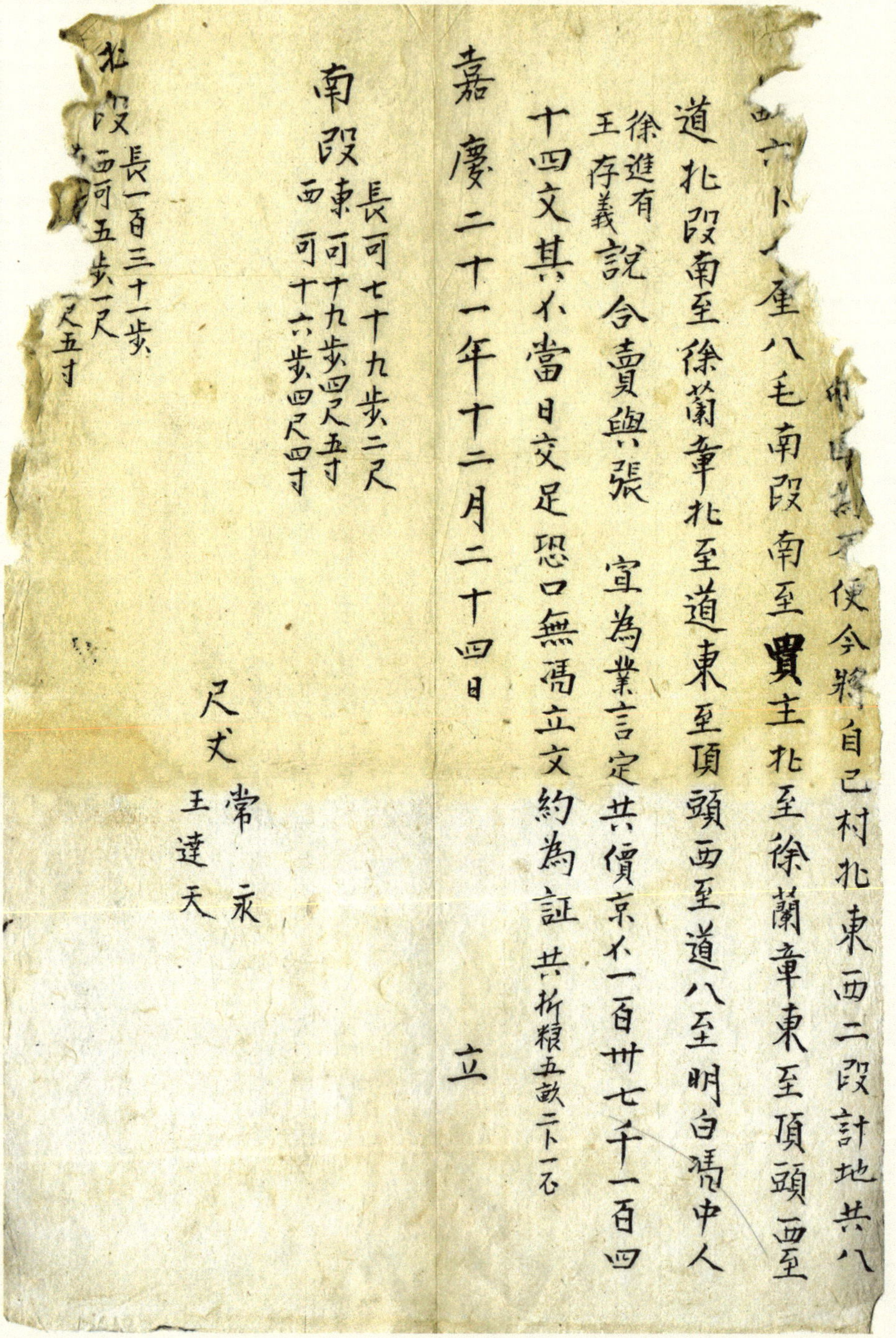

□□□不便今將自己村北東西二段計地共八
畝六卜八厘八毛南段南至買主北至徐蘭章東至項頭西至
道北段南至徐蘭章北至道東至項頭西至道八至明白憑中人
徐進有
王存義
說合賣與張　宜為業言定共價京錢一百卅七千一百四
十四文其錢當日交足恐口無憑立文約為証　共折粮五畝二卜一石
嘉慶二十一年十二月二十四日　立
南段長可七十九步二尺
東可十九步四尺五寸
西可十六步四尺四寸
北段長一百三十一步
西可五步一尺
東可一尺五寸
尺丈　常永
王達天

〇六八 清嘉慶二十一年十二月二十四日（一八一七年二月九日）徐□□賣地契

□……［徐□□］，因爲不便，今將自己村北東西二段，計地共八畝六分八厘八毫，南段南至買主，北至徐蘭章，東至頂頭，西至道；北段南至徐蘭章，北至道，東至頂頭，西至道，八至明白，憑中人徐進有 王存義說合，賣與張宣爲業，言定共價京錢一百卅七千一百四十四文，其錢當日交足，恐口無憑，立文約爲證。

共折粮五畝二分一厘

嘉慶二十一年十二月二十四日　　立

南段　長可七十九步二尺

東可十九步四尺五寸

西可十六步四尺四寸

北段　長一百三十一步

西可五步一尺

東［可四步］一尺五寸

尺丈　常　永

王達天

（注：其中［徐□□］、［可四步］據乾隆四年戴興宇上手契補。）

立賣契人張立功因爲不便今將自己村庄基一段計庄基三
分五厘五毛東至王開瑞北至东頭買主西頭張乾德南至
張乾德西至張乾德四至明白今憑中人張文蔚說合賣與張
立方爲業言定共價京錢四十千整其錢当日交足外不欠少空
後無憑立字爲証　　折粮地二分二厘

嘉慶二十五年正月十四日　　立

長十四步一尺
二月仝六步

尺丈王達天

〇六九

清嘉慶二十五年（一八二〇年）正月十四日張立功賣莊基契（上手契）

立賣契人張立功，因爲不便，今將自己村莊基一段，計莊基三分五厘五毫，東至王開瑞，北至東頭買主、西頭張乾德，南至張乾德，西至張乾德，四至明白，今憑中人張文蔚説合，賣與張立方爲業，言定共價京錢四十千整，其錢當日交足，外不欠少，空【恐】後無憑，立字爲證。

折粮地二分二厘

嘉慶二十五年正月十四日　　立

長十四步一尺

二可同六步

尺丈　王達天

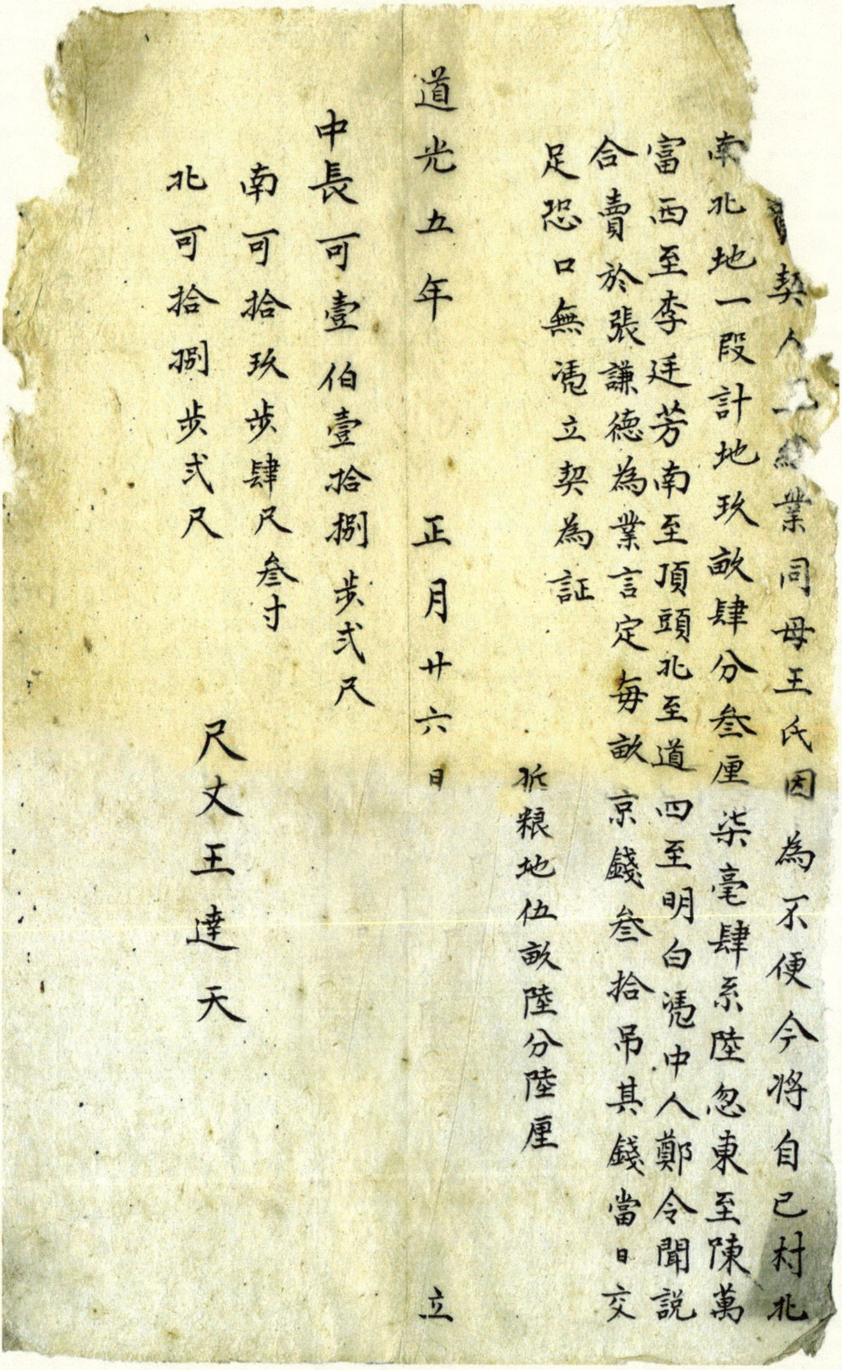
賣契人□□業同母王氏因為不便今將自己村北
南北地一段計地玖畝肆分叁厘柒毫肆系陸忽東至陳萬
富西至李廷芳南至頂頭北至道四至明白憑中人鄭令聞說
合賣於張謙德為業言定每畝京錢叁拾吊其錢當日交
足恐口無憑立契為証
派糧地伍畝陸分陸厘
道光五年正月廿六日立
中長可壹伯壹拾捌步弍尺
南可拾玖步肆尺叁寸
北可拾捌步弍尺
尺丈王達天

〇七〇 清道光五年（一八二五年）正月二十六日王繼業賣地契

□賣契人王繼業同母王氏，因爲不便，今將自己村北南北地一段，計地玖畝肆分叁厘柒毫肆絲陸忽，東至陳萬富，西至李廷芳，南至頂頭，北至道，四至明白，憑中人鄭令聞説合，賣於張謙德爲業，言定每畝京錢叁拾吊，其錢當日交足，恐口無憑，立契爲證。

折粮地伍畝陸分陸厘

道光五年正月廿六日立

中長可壹伯【佰】壹拾捌步貳尺

南可拾玖步肆尺叁寸

北可拾捌步貳尺

尺丈　王達天

立賣契人張立命因為不便今將自己村東北南北地
一段計地三畝六分七厘八毛一絲八忽東至張遜西至張思誠南
至頂頭北至道四至明白憑中人王存義説合賣於張謙德耕
種言明共價每畝京錢二十四吊其錢當日交足恐口無
憑立字為証

拆粮二畝二分一厘

道光六年　正月十九日　立

北大段長一百卌八步二尺
南可五步三尺二寸
北可五步〇六寸四卜
南小段長卌步〇三尺
南可四步〇三寸
北可五步

上代繳井

尺丈王達天

〇七一 清道光六年（一八二六年）正月十九日張立命賣地契

立賣契人張立命，因爲不便，今將自己村東北南北地一段，計地三畝六分七厘八毫一絲八忽，東至張遜，西至張思誠，南至頂頭，北至道，四至明白，憑中人王存義説合，賣於張謙德耕種，言明共價每畝京錢二十四吊，其錢當日交足，恐口無憑，立字爲證。

折粮二畝二分一厘

道光六年正月十九日立

北大段長一百卅八步二尺
南可五步三尺二寸
北可五步〇六寸四分
南小段長卅步〇三尺
南可四步〇三寸
北可五步

尺丈　王達天

上代【帶】夥井

道光二十七年七月廿一日仝中人 張思聰 王凌霄 張思瑞 王允裔 楊光亮 刘明亮

張思温庄基中長可拾二步厶八寸

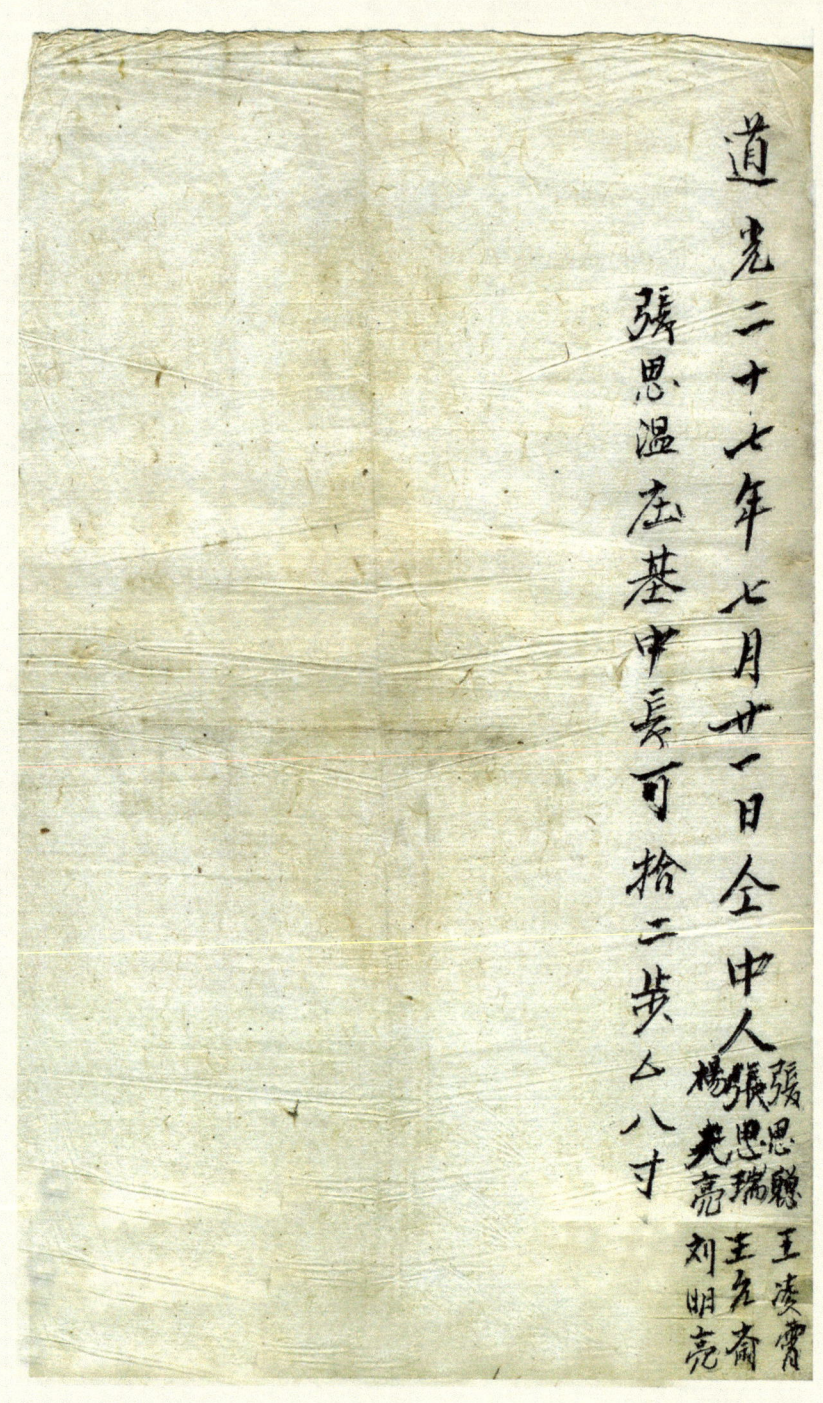

○七二 清道光二十七年（一八四七年）七月二十一日張思温莊基證明

道光二十七年七月廿一日同中人 張思聰 王凌霄
張思瑞 王元齋
楊天亮 劉明亮

張思温莊基中長可拾二步○八寸

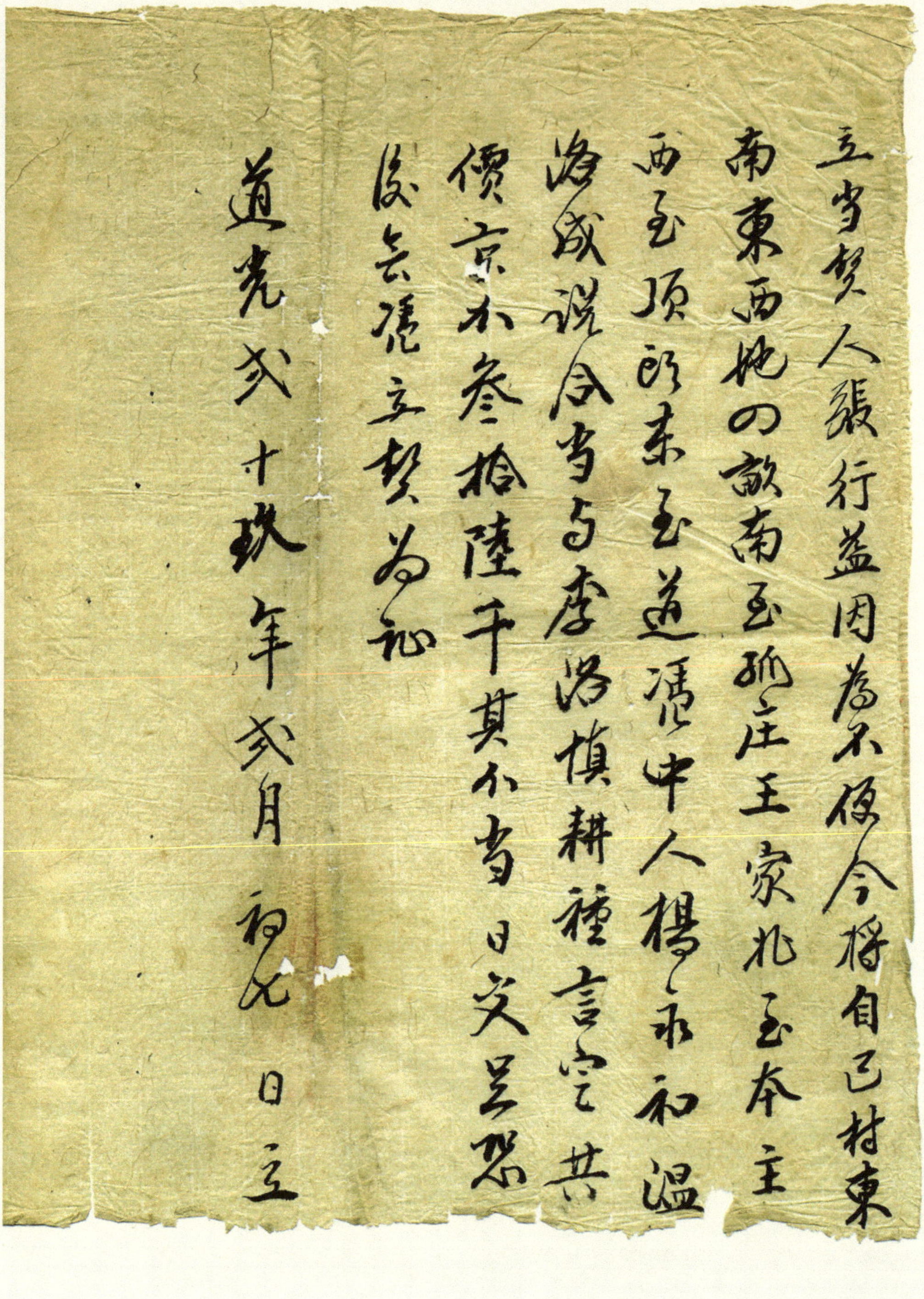
立当契人張行益因爲不便今將自己村東
南東西地四畝南至孫庄王家北至本主
西至頂頭东至道憑中人楊永和温
洛成説合当与李洛楨耕種言定共
價京錢叁拾陸千其錢当日交足恐
後無憑立契爲証
道光貳十玖年貳月初七日立

〇七三 清道光二十九年（一八四九年）二月初七張行益當契

立當契人張行益，因爲不便，今將自己村東南東西地四畝，南至孤莊王家，北至本主，西至頂頭，東至道，憑中人楊永和、温洛成説合，當與李洛慎耕種，言定共價京錢叁拾陸千，其錢當日交足，恐後無憑，立契爲證。

道光貳十玖年貳月初七日　立

立當契人張玉淵因為不便今將自己村南南北園地貳拾畝

東至西至石家墳南至頂頭北至道憑中人秦老睿 王老福說合當與秦光美名

下共當價京錢貳佰貳拾捌吊整恐口無憑立文為証

道光卅年　立

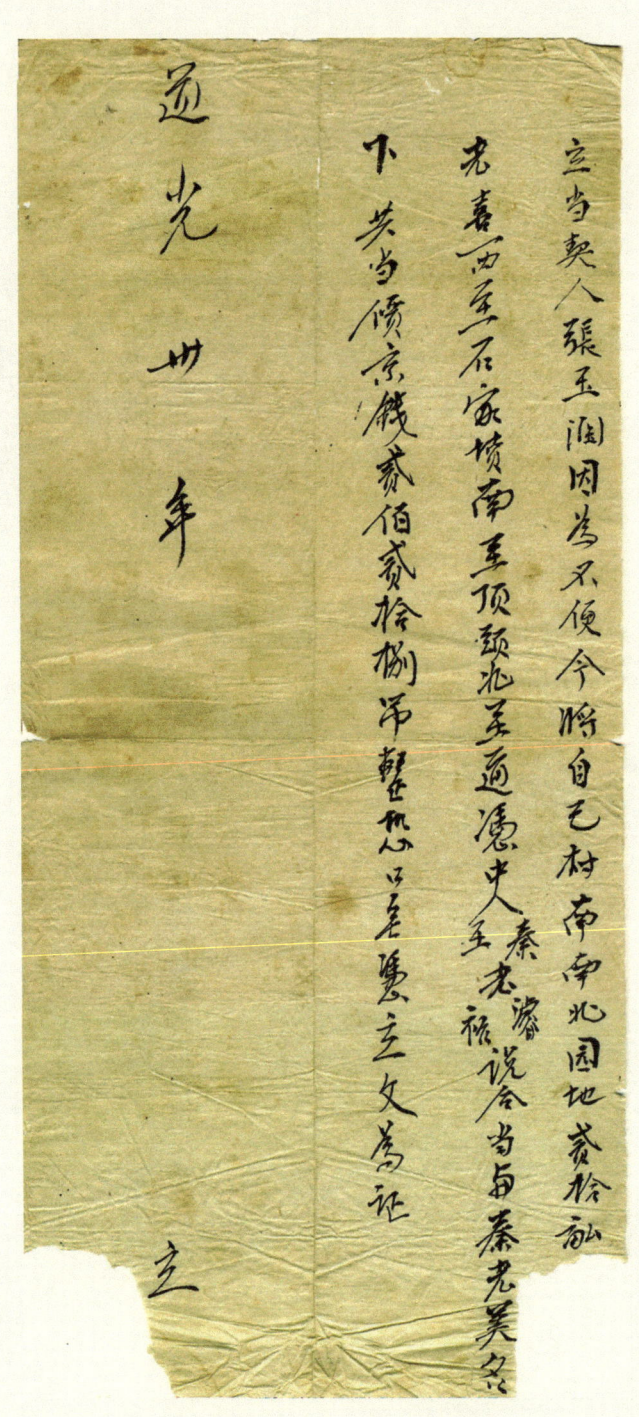

〇七四　清道光三十年（一八五〇年）張玉潤當契

立當契人張玉潤因爲不便，今將自己村南南北園地貳拾畝，［東至］□老喜，西至石家墳，南至頂頭，北至道，憑中人秦老潽、王老祚說合，當與秦老美名下，共當價京錢貳佰貳拾捌吊整，恐口無憑，立文爲證。

道光卅年　　立

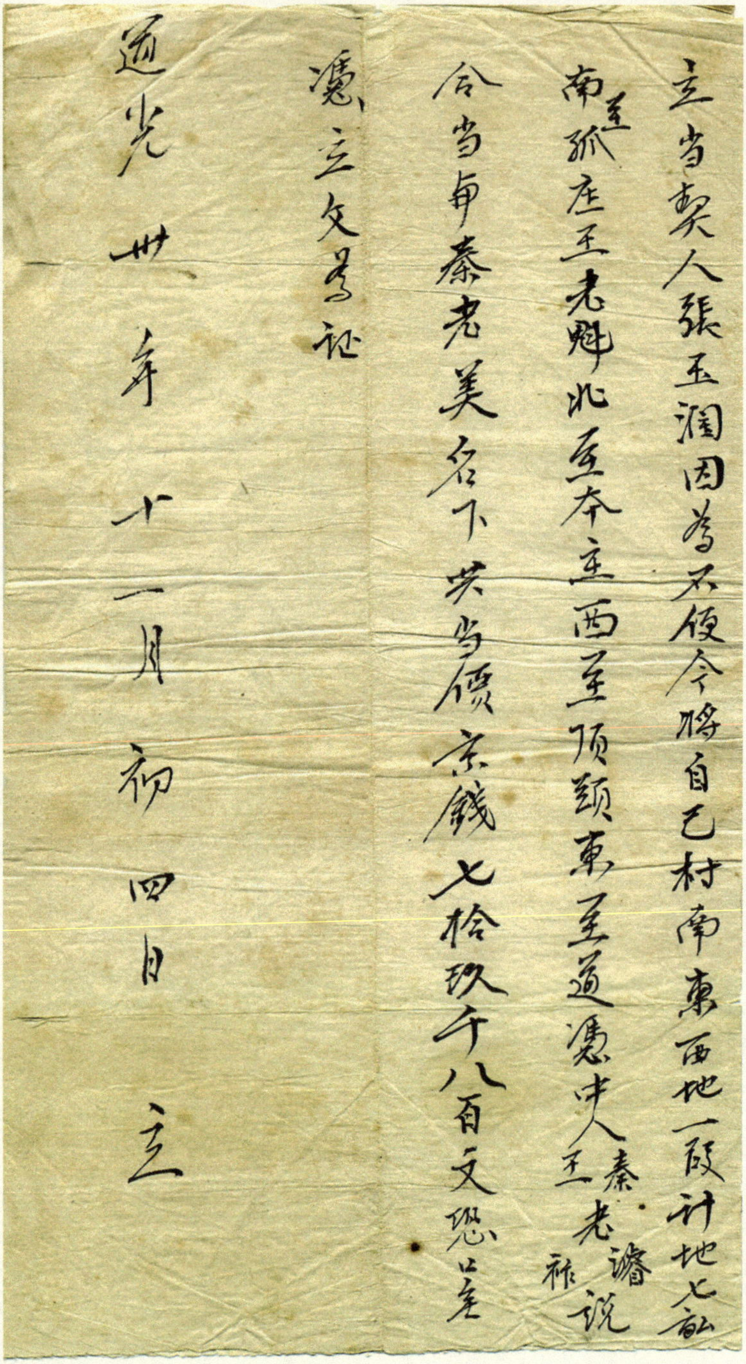

立當契人張玉潤因為不便今將自己村南東西地一段計地七畝
南至狐庄王老魁北至本主西至頂頭東至道憑中人秦老謙 王祚 説
合當與秦老美名下共當價京錢七拾玖千八百文恐口無
憑立文為証
道光卅年十一月初四日立

○七五 清道光三十年（一八五〇年）十一月初四張玉潤當契

立當契人張玉潤，因爲不便，今將自己村南東西地一段，計地七畝，南至孤莊王老魁，北至本主，西至頂頭，東至道，憑中人秦老濬　王老祚說合，當與秦老美名下，共當價京錢七拾玖千八百文，恐口無憑，立文爲證。

道光卅年十一月初四日　立

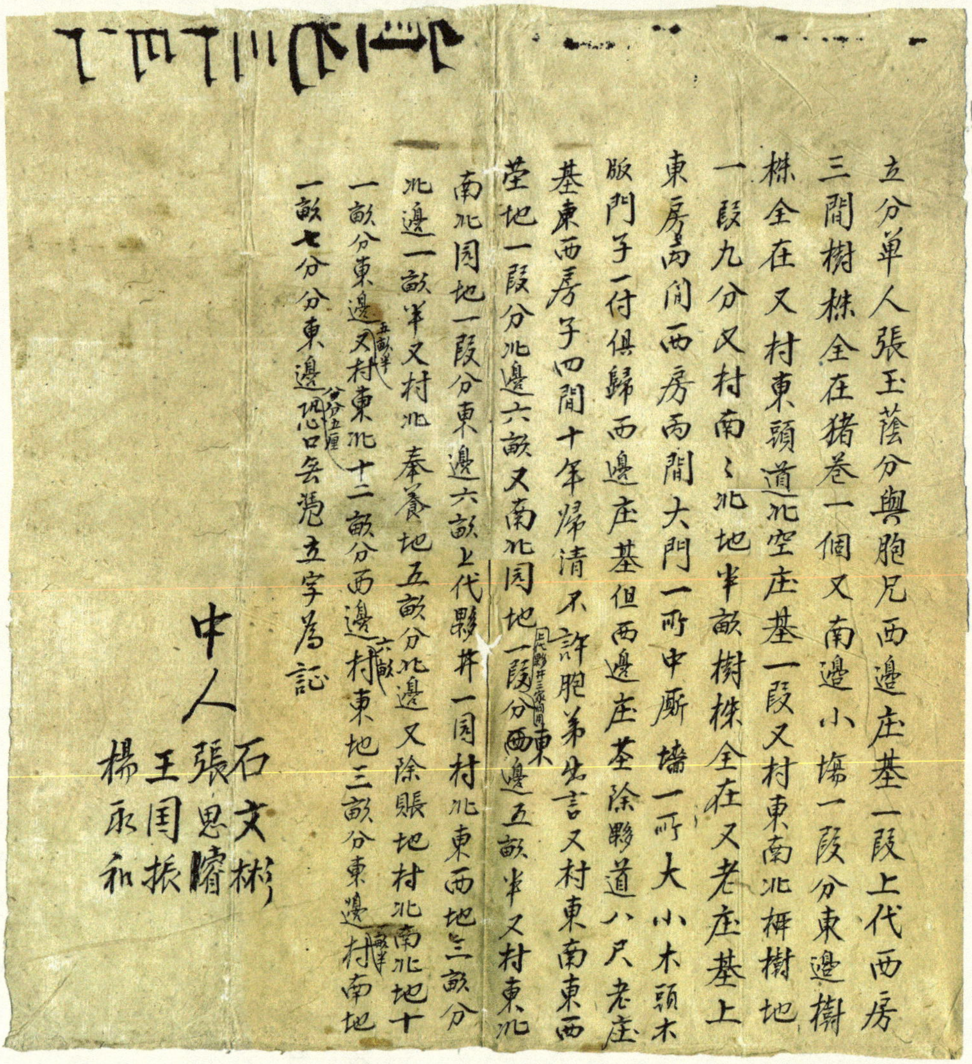

立分單人張玉蔭分與胞兄西邊庄基一段上代西房
三間樹株全在猪巻一個又南邊小塲一段分東邊樹
株全在又村東頭道北空庄基一段又村東南北拼樹地
一段九分又村南〻北地半畝樹株全在又老庄基上
東房兩間西房兩間大門一所中廝墻一所大小木頭木
版門子一付俱歸西邊庄基但西邊庄基除夥道八尺老庄
基東西房子四間十年歸清不許胞弟生言又村東南東西
塋地一段分北邊六畝又南北園地一段分西邊五畝半又村東北
南北園地一段分東邊六畝上代夥井一困村北東西地三畝分
北邊一畝半又村北奉養地五畝分北邊又除賬地村北南北地十
一畝分東邊又村東北十二畝分西邊村東地三畝分東邊村南地
一畝七分分東邊恐口無憑立字為記

中人 石文彬
張思濬
王国振
楊承和

〇七六 清道光三十年（一八五〇年）分單

立分單人張玉蔭分與胞兄西邊莊基一段，上代【帶】西房三間，樹株全在，猪卷【圈】一個；又南邊小場一段，分東邊樹株全在；又村東頭道北空莊基一段；又村東南北柳樹地一段九分；又村南南北地半畝，樹株全在；又老莊基上東房兩間、西房兩間、大門一所、中斷牆一所、大小木頭、木版【板】門子一付，俱歸西邊莊基，但西邊莊基除夥道八尺，老莊基東西房子四間，十年歸清，不許胞弟出言；又村東南東西塋地一段，分北邊六畝；又南北園地一段，上代【帶】夥井三家同用，分東邊五畝半；又村東北南北園地一段，分東邊六畝，上代【帶】夥井一園【眼】；村北東西地三畝，分北邊一畝半；又村北奉養地五畝分北邊，又除賬地村北南北地十一畝，分東邊五畝半；又村東北十二畝，分西邊六畝；村東地三畝，分東邊一畝半；村南地一畝七分，分東邊八分五厘。恐口無憑，立字爲證。

中人 石文彬

張思睿

王國振

楊永和

（騎縫字）道光三十年十

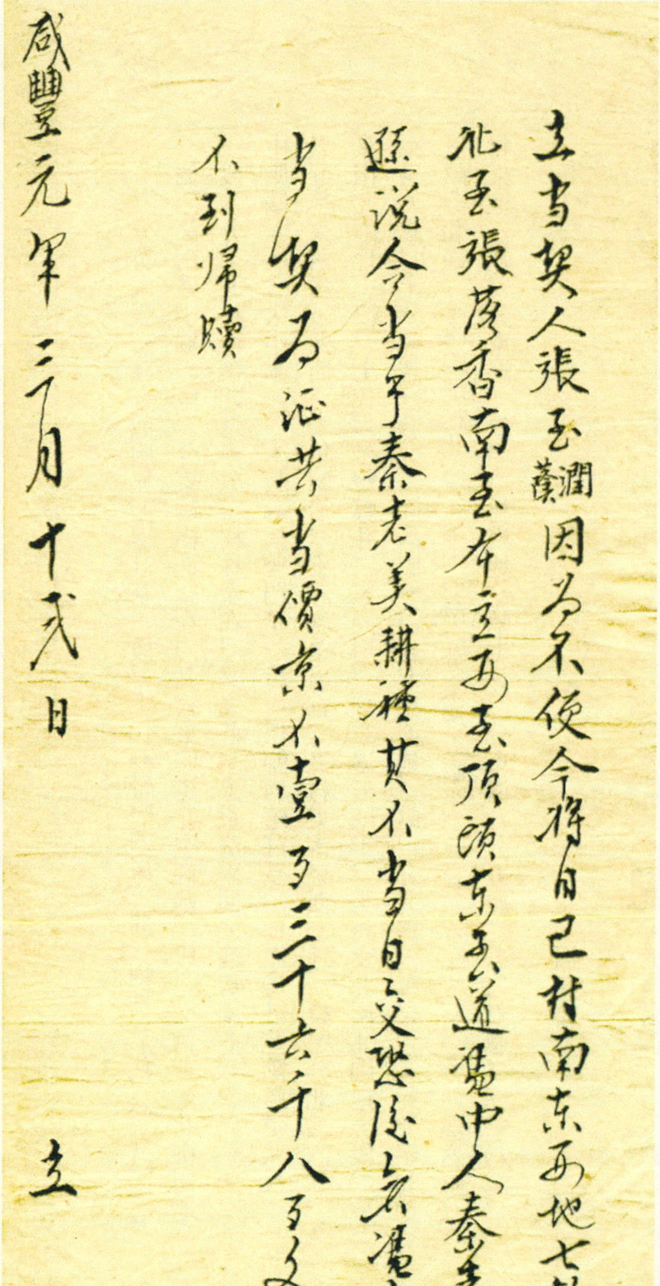
立當契人張玉潤藻因為不便今將自己村南東西地七畝
北至張茂香南至本主西至頂頭東至道邊中人秦孝
遜說合當于秦孝美耕種其不當自交恐後無憑立
當契為証共當價京錢壹百三十六千八百文
不到歸贖
咸豐元年二月十六日　立

〇七七 清咸豐元年（一八五一年）三月十二日張玉潤、張玉蔭當契

立當契人張玉潤、蔭，因爲不便，今將自己村南東西地七畝，北至張落香，南至本主，西至頂頭，東至道，憑中人秦老遜説合，當於秦老美耕種，其錢當日交，恐後無憑，立當契爲證。共當價京錢壹百三十六千八百文，錢到歸贖。

咸豐元年三月十貳日　　立

立當契人張秀兄因為不便，今將地一段坐落計地七分，東至張

秀讀，西至張秀脩，南至丁家，北至古道，四至明

白，仝中人楊東恒說合，當與劉嘉名耕種。

言明共價京大錢廿八千，其錢當日交足。立

字為證

二分行息

咸豐五 式年十二月初七日 立

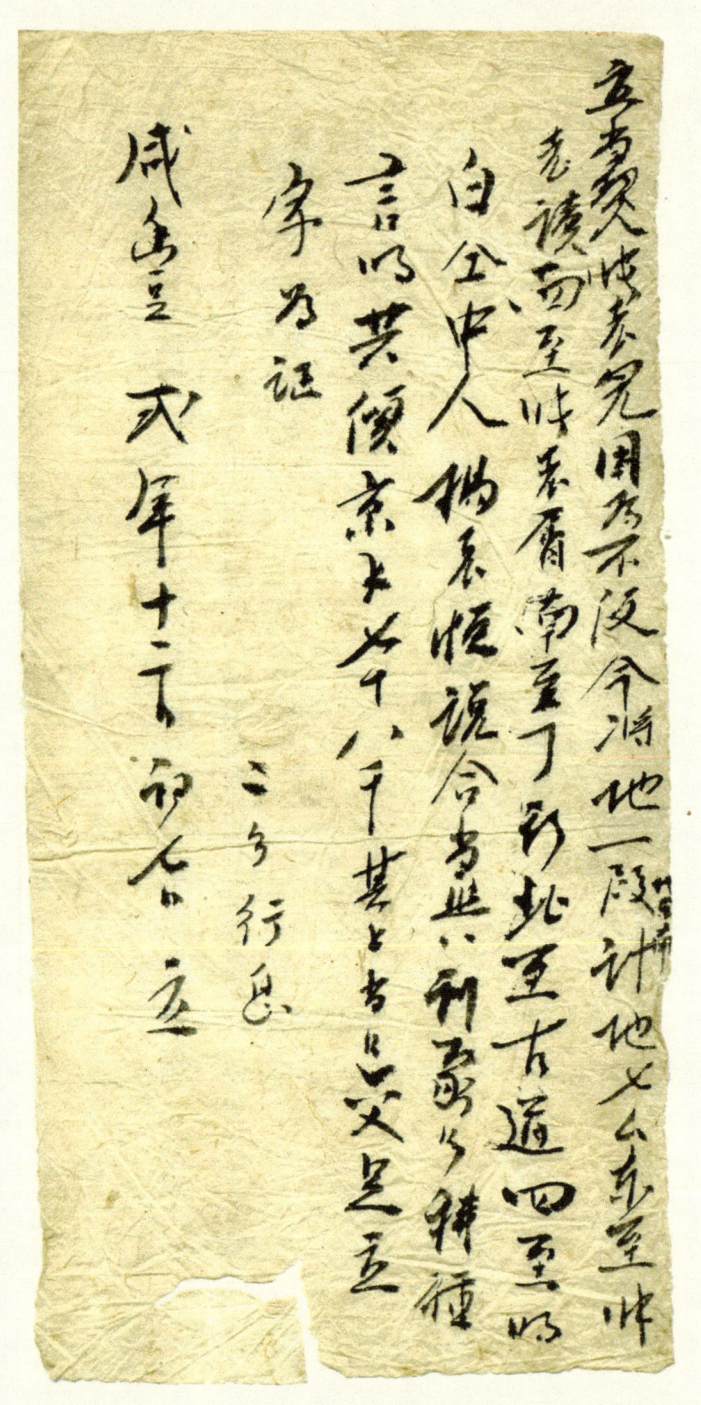

○七八 清咸豐二年十二月初七（一八五三年一月十五日）張老完當契

立當契人張老完，因爲不便，今將地一段，村東南計地七畝，東至張老讀，西至張老屑，南至丁【頂】頭，北至古道，四至明白，同中人楊老恒説合，當與劉聚公耕種，言明共價京錢七十八千，其錢當日交足，立字爲證。

二分行息

咸豐貳年十二月初七日　立

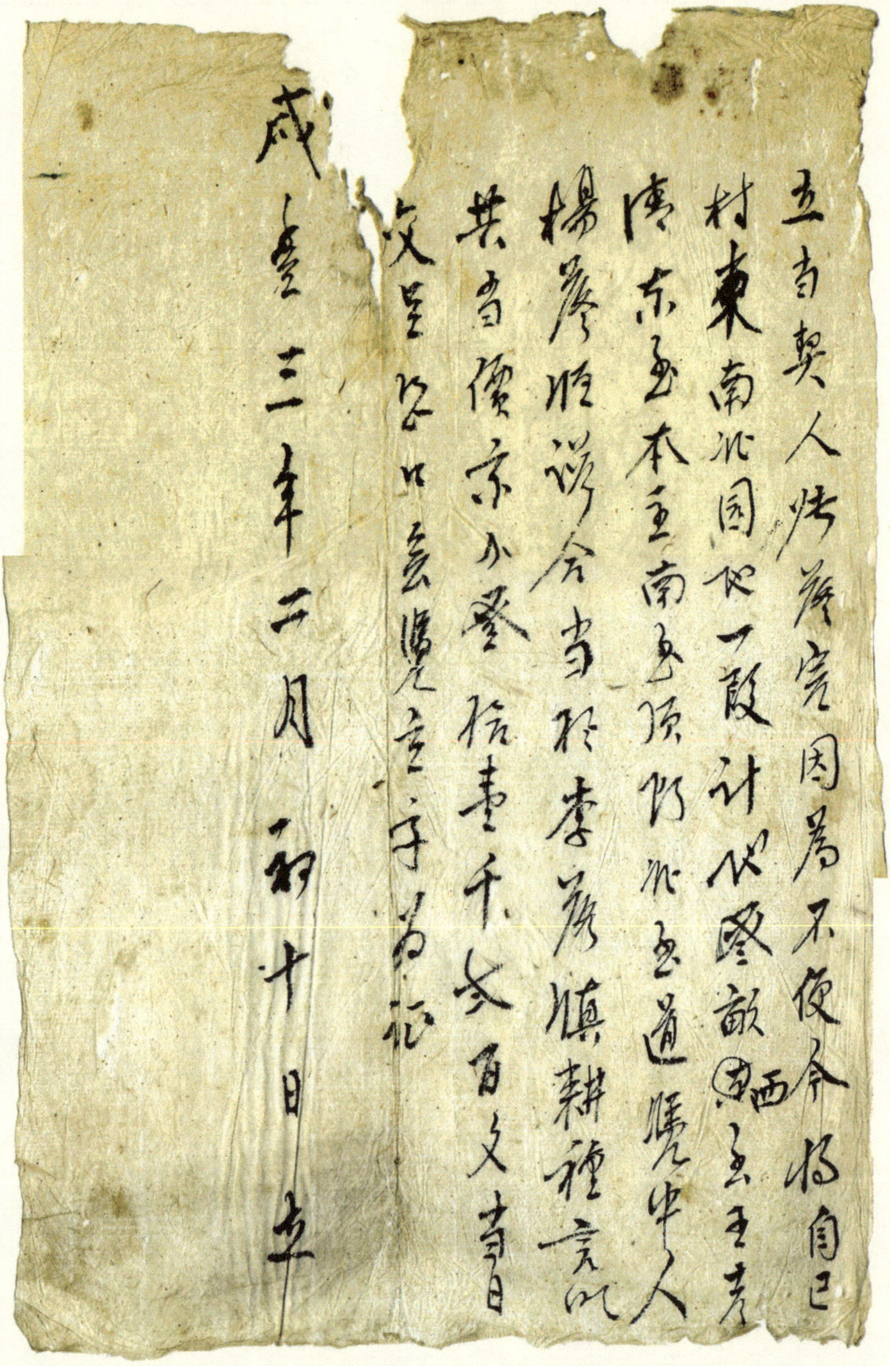

立當契人張榮完因爲不便今將自己
村東南北園地一段計地壹畝西至王孝
清東至本主南至頂頭北至道憑中人
楊榮升說合當於李榮慎耕種言明
共當價京錢叁拾壹千文其錢當日
交足空口無憑立當字爲証

咸豐三年二月初十日立

〇七九

清咸豐三年（一八五三年）二月初十張落完當契

立當契人張落完，因爲不便，今將自己村東南北園地一段，計地叁畝，西至王老清，東至本主，南至頂頭，北至道，憑中人楊落恒説合，當於李落慎耕種，言明共當價京錢叁拾壹千貳百文，當日交足，恐口無憑，立字爲證。

咸豐三年二月初十日　　立

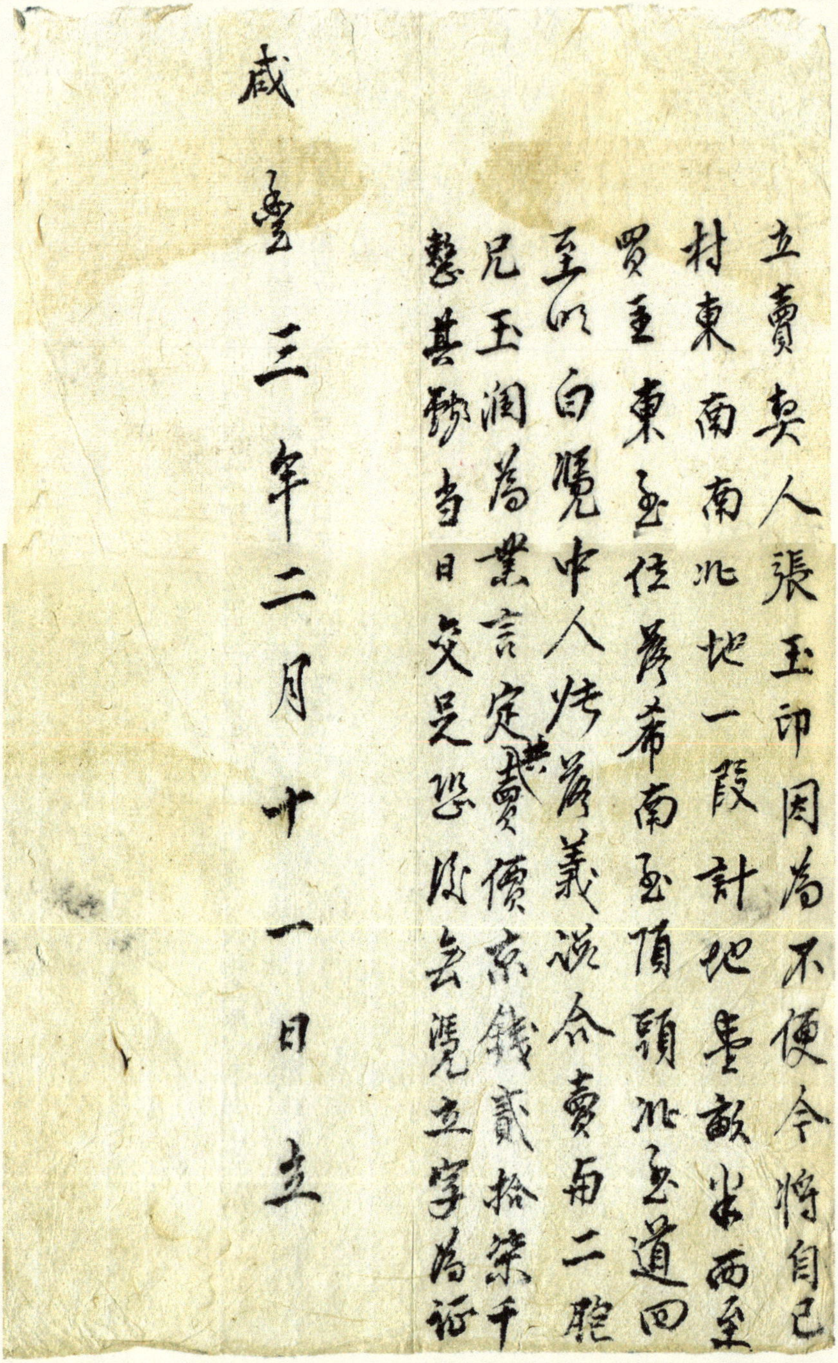

立賣契人張玉印因為不便今將自己
村東南南北地一段計地壹畝半西至
買主東至任姓希南至頂頭北至道四
至明白憑中人焦發義說合賣與二胞
兄玉潤為業言定共賣價京錢貳拾柒千
整其錢當日交足恐後無憑立字為証
咸豐三年二月廿一日立

〇八〇 清咸豐三年（一八五三年）二月十一日張玉印賣地契

立賣契人張玉印，因爲不便，今將自己村東南南北地一段，計地壹畝半，西至買主，東至位落希，南至頂頭，北至道，四至明白，憑中人張落義説合，賣與二胞兄玉潤爲業，言定共賣價京錢貳拾柒千整，其錢當日交足，恐後無憑，立字爲證。

咸豐三年二月十一日　立

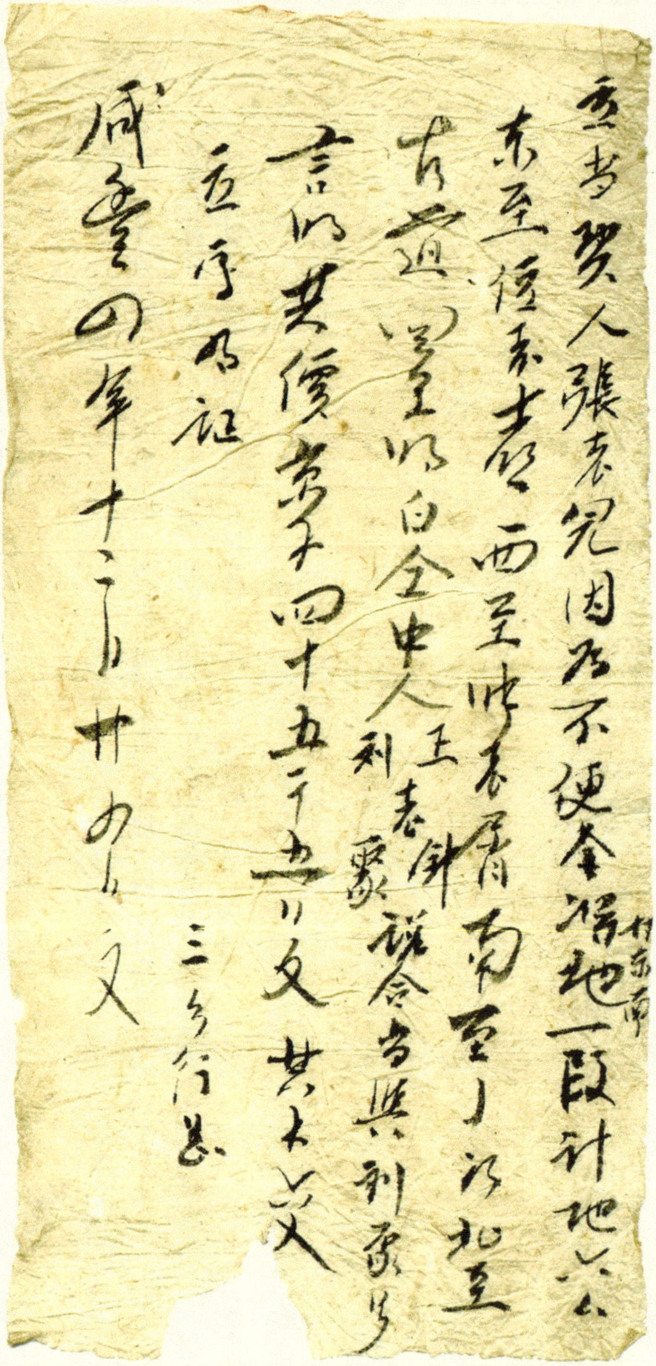
立出賣契人張春兒因為不便今將村東南地一段計地六分
東至張秀春　西至張春清　南至小路　北至
大道　界至明白　全中人王春錦　劉聚　説合出與劉聚名下
言明其價京錢四十五千五百文　其木小文
立字為証　三分行息
咸豐四年十二月廿四日　文

〇八一 清咸豐四年十二月二十四日（一八五五年二月十日）張老完當契

立當契人張老完，因爲不便，今將村東南地一段，計地六畝，東至位老喜，西至張老屑，南至丁【頂】頭，北至古道，四至明白，同中人王老針、劉老聚説合，當與劉聚公，言明共價京錢四十五千五百文，其錢交，立字爲證。三分行息

咸豐四年十二月廿四日文

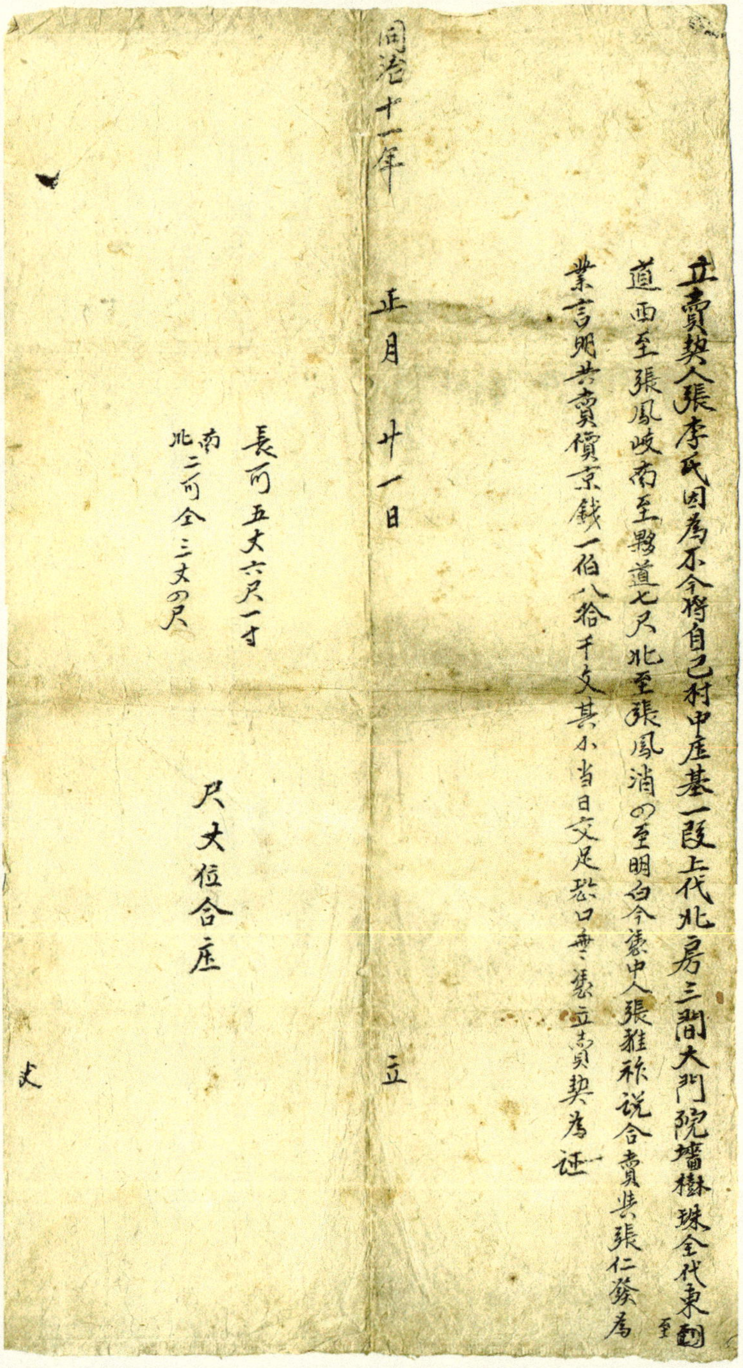

立賣契人張李氏因為不令將自己村中庄基一段上代北房三間大門院墻樹株全代東至
道西至張鳳岐南至夥道七尺北至張鳳鳴四至明白今憑中人張雅祚說合賣與張仁發為
業言明共賣價京錢一佰八拾千文其錢當日交足恐口無憑立賣契為証

同治十一年 正月 廿一日 立

長向五丈六尺一寸
南北二向仝三丈四尺

尺丈位合庄

史

〇八二

清同治十一年（一八七二年）正月二十一日張李氏賣莊基契①

立賣契人張李氏，因爲不［便］，今將自己村中莊基一段，上代【帶】北房三間，大門、院牆、樹珠【株】全代【帶】，東至道，西至張鳳岐，南至夥道七尺，北至張鳳消，四至明白，今憑中人張雅祚説合，賣與張仁發爲業，言明共賣價京錢一伯【佰】八拾千文，其錢當日交足，恐口無憑，立賣契爲證。

同治十一年正月廿一日　立

長可五丈六尺一寸

南北二可同三丈四尺

尺丈　位合莊

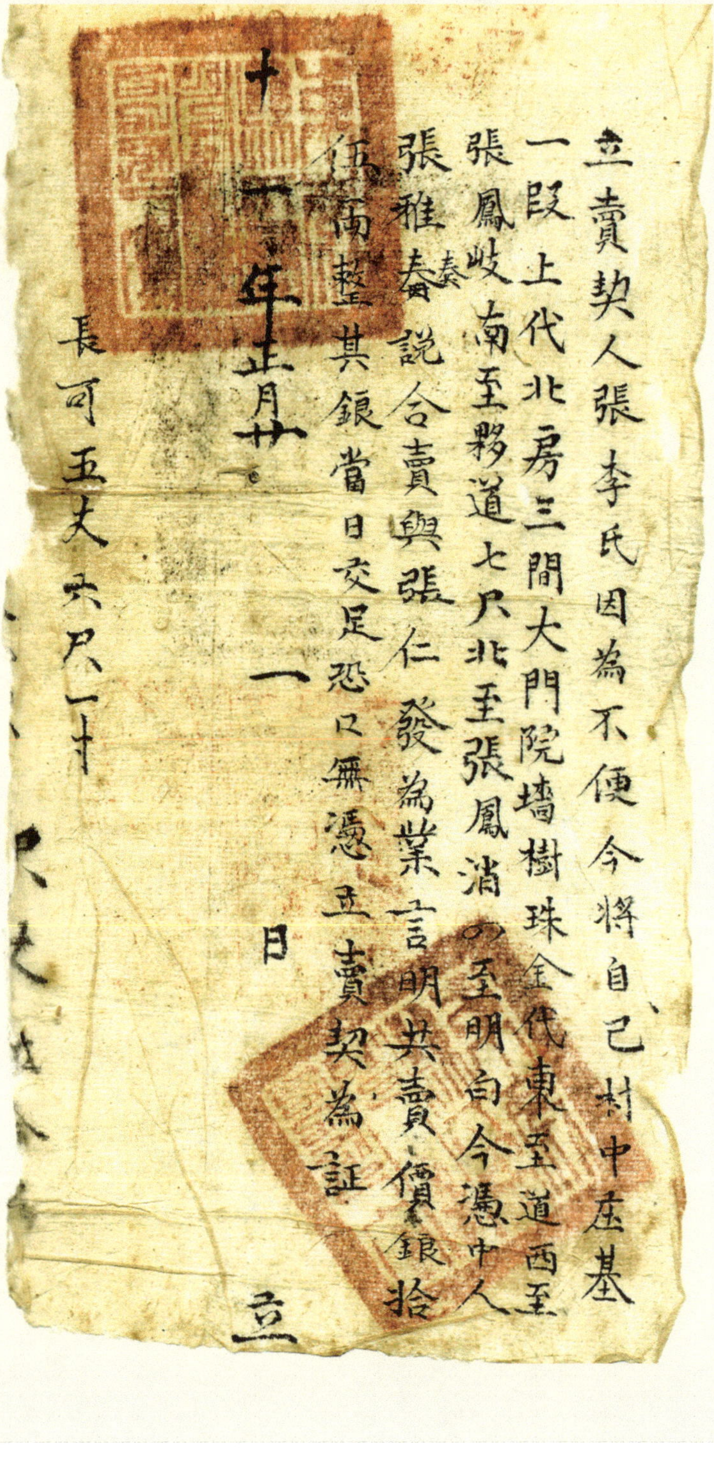
立賣契人張李氏因為不便今將自己村中莊基
一段上代北房三間大門院墻樹珠全代東至道西至
張鳳岐南至夥道七尺北至張鳳消至明白今憑中人
張雅春說合賣與張仁發為業言明共賣價銀拾
伍兩整其銀當日交足恐口無憑立賣契為証
十一年正月廿一日　立
長可五丈六尺一寸

〇八三 清同治十一年（一八七二年）正月二十一日張李氏賣莊基契②

立賣契人張李氏，因爲不便，今將自己村中莊基一段，上代【帶】北房三間，大門、院牆、樹珠【株】全代【帶】，東至道，西至張鳳岐，南至夥道七尺，北至張鳳消，四至明白，今憑中人張雅奏説合，賣與張仁發爲業，言明共賣價銀拾伍兩整，其銀當日交足，恐口無憑，立賣契爲證。

［同治］十一年正月廿一日　立

長可五丈六尺一寸　　尺丈　位合莊
南北［二可］同三丈四尺

（篆體滿漢文『東鹿縣印』方印兩枚）

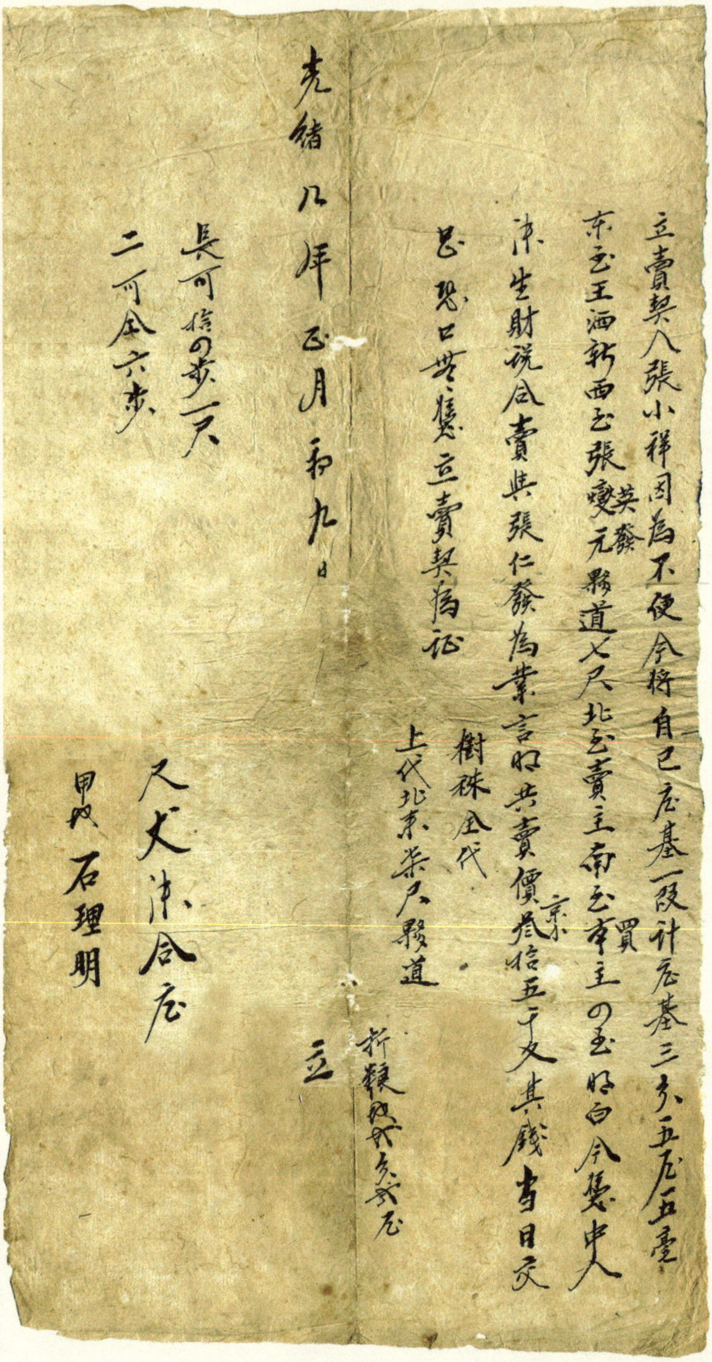
立賣契人張小祥因為不便今將自己庄基一段計庄基三分五厘五毫
東至王洒新西至張變元英發夥道七尺北至賣主南至買主四至明白今憑中人
沛生財說合賣與張仁發為業言明共賣價京錢貳拾五千文其錢當日交
足恐口無憑立賣契為証
樹株全代
上代北東柴尺夥道
折粮地貳分貳厘
光緒八年正月初九日 立
長可信四步一尺
二可合六步
又代沛合庄
甲頭 石理明

〇八四 清光緒八年（一八八二年）正月初九張小祥賣莊基契

立賣契人張小祥，因爲不便，今將自己莊基一段，計莊基三分五厘五毫，東至王泗新，西至張燮元、英發，夥道七尺，北至賣主，南至買主，四至明白，今憑中人張生財説合，賣與張仁發爲業，言明共賣價京錢叁拾五千文，其錢當日交足，恐口無憑，立賣契爲證。

樹株【株】全代【帶】　上代【帶】北來柒尺夥道

折粮地貳分貳厘

光緒八年正月初九日　立

長可拾四步一尺

二可同六步

尺丈　張合莊

甲地　石理明

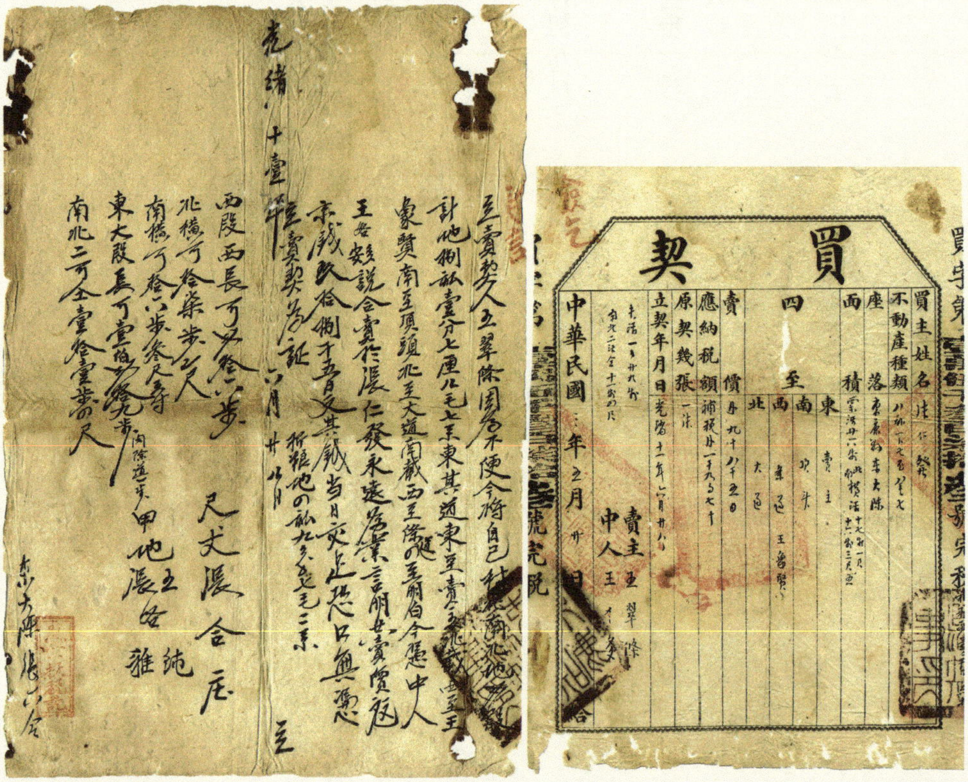
買契
買主姓名
不動產種類
坐落
面積
四至
東
南
西
北
賣價
應納稅額
原契幾張
立契年月日
中華民國　年　月　日
賣主
中人

〇八五 清光緒十一年（一八八五年）六月二十八日王翠條賣地契（附民國三年五月二十日買契）

立賣契人王翠條，因爲不便，今將自己村北南北地一段，計地捌畝壹分七厘八毫七絲，東其【騎】道，東至賣主，北截西至王象賢，南至頂頭，北至大道，南截西至條道，四至明白，今憑中人王洛多安說合，賣於張仁發永遠爲業，言明共賣價九九京錢玖拾捌千五百文，其錢當日交足，恐口無憑，立賣契爲證。

折粮地四畝九分〇七毫二絲

光緒十壹年　六月廿八日立

西段西長可貳拾六步
北横可拾柒步一尺　南横可拾六步叁尺五寸
東大段長可壹佰貳拾九步　內除道一步
南北二可同壹拾壹步四尺

尺丈　張合莊
甲地　王洛純
　　　張洛雅

東大陳張六合

（騎縫『東鹿縣知事印』方印兩枚；騎縫『驗訖』印一枚；『照章投税訖』小長形印一枚；大長形印三枚不清）

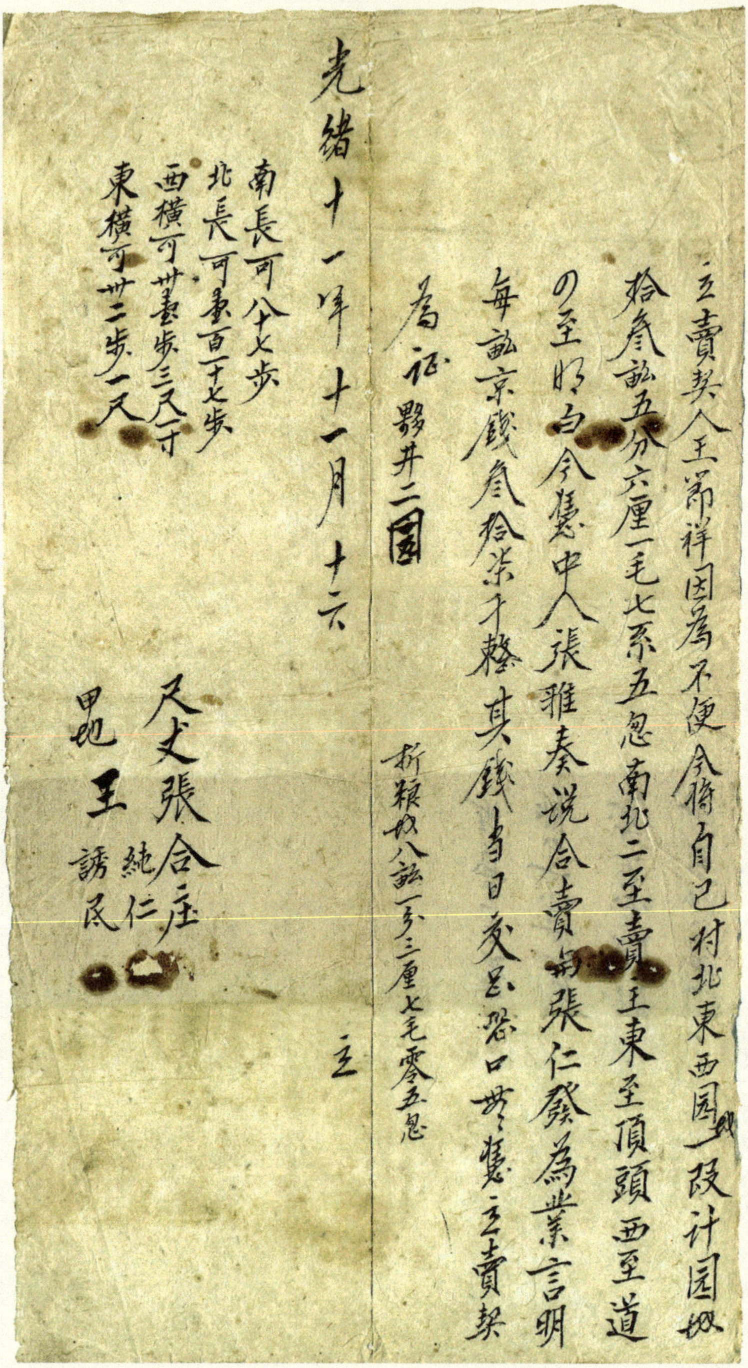

立賣契人王節祥因為不便今將自己村北東西園地一段計園地
拾叁畝五分六厘一毛七系五忽南北二至賣主東至頂頭西至道
四至明白今憑中人張雅奏説合賣與張仁發為業言明
每畝京錢叁拾柒千整其錢當日交足當口無虧立賣契
為証 豁井二圖
折粮地八畝一分三厘七毛零五忽

光緒十一年十一月十六 立

南長可八十七步
北長可壹百一十七步
西横可廿壹步三尺一寸
東横可廿二步一尺

丈丈張合庄 純仁
甲地王 誘民

〇八六 清光緒十一年（一八八五年）十一月十六日王節祥賣地契

立賣契人王節祥，因爲不便，今將自己村北東西園地一段，計園地拾叁畝五分六厘一毫七絲五忽，南北二至賣主，東至頂頭，西至道，四至明白，今憑中人張雅奏説合，賣與張仁發爲業，言明每畝京錢叁拾柒千整，其錢當日交足，恐口無憑，立賣契爲證。

夥井二園【眼】　折粮地八畝一分三厘七毫零五忽

光緒十一年十一月十六　立

南長可八十七步

北長可壹百一十七步

西横可卅壹步三尺一寸

東横可卅二步一尺

尺丈　張合莊

甲地　王純仁

　　　誘民

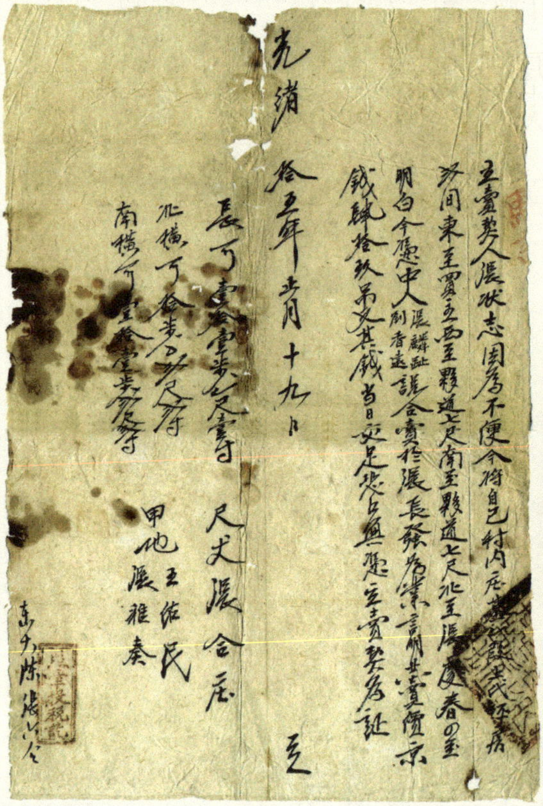
立賣契人張狀志因爲不便，今將自己村内庄基一所，同東至買主，西至顆道七尺，南至顆道七尺，北至張慶春，四至明白。今憑中人張麟趾、劉杏遠説合，賣於張長發名下爲業，言明共賣價京錢肆拾玖吊文，其錢當日交足，恐口無憑，立賣契爲証。
光緒拾五年十一月十九日 立
長丈壹拾壹步六尺壹寸 尺丈張合居
北横丈壹拾步□尺
南横丈壹拾壹步□尺
甲地 王佐民 張祖奏

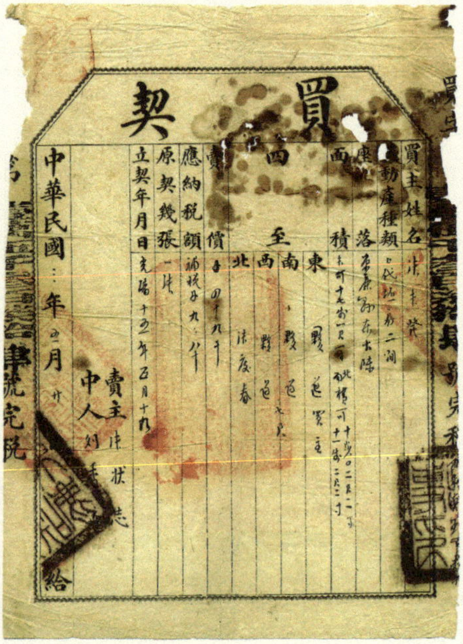
買契
買主姓名
不動産種類
坐落
面積
東至
西至
南至
北至
價值
應納稅額
原契幾張
立契年月日
賣主
中人
中華民國 年 月 日給

○八七 清光緒十五年（一八八九年）正月十九日張狀志賣莊基契（附民國三年五月二十日買契）

立賣契人張狀志，因爲不便，今將自己村内莊基一段，上代【帶】坯房貳間，東至買主，西至夥道七尺，南至夥道七尺，北至張慶春，四至明白，今憑中人張麟趾、劉香遠說合，賣於張長發爲業，言明共賣價京錢肆拾玖吊文，其錢當日交足，恐口無憑，立賣契爲證。

南横可壹拾壹步貳尺貳寸
北横可拾步〇貳尺貳寸
長可壹拾壹步一尺壹寸

尺丈 張合莊
甲地 王佑民
張雅奏

光緒拾五年正月十九日立

東大陳張六合

（騎縫『東鹿縣知事印』方印兩枚；騎縫『驗訖』印一枚；『照章投税訖』小長形印一枚；大長形印三枚不清）

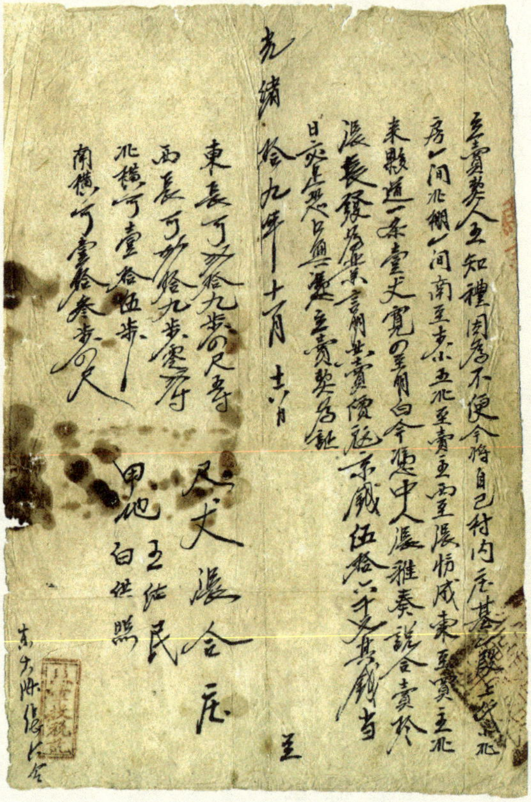

立賣契人王知禮因為不便今將自己村內庄基一段上有北
房一間北棚一間南至李小五北至賣主西至張協成東至賣主北
來顯道一條壹丈寬四至俱明白今憑中人張雅奏說合賣於
張長發名下永遠為業言明共賣價錢京錢伍拾六千文其錢當
日交足恐口無憑立賣契為証

光緒拾九年十月 十八日 立

東長弓叁拾九步四尺寸
西長弓叁拾九步零寸
北橫弓壹拾伍步
南橫弓壹拾叁步叁尺

丈尺 張合庄
甲地 王化民
白供照

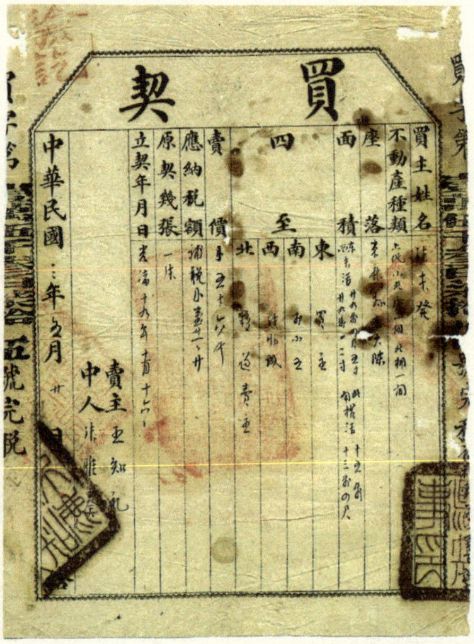

買契

買主姓名	不動產種類	座落	面積	四至 東	南	西	北	賣價	應納稅額	原契幾張	立契年月日
張長發	北房一間 北棚一間	東鹿縣大陳	[illegible]	賣主	李小五	張協成	官道 賣主	京錢五十六千	補稅	一張	光緒十九年十月十八日

賣主 王知禮
中人 張雅奏

中華民國三年五月 廿 日

○八八

清光緒十九年（一八九三年）十一月十六日
王知禮賣莊基契（附民國三年五月二十日買契）

立賣契人王知禮，因爲不便，今將自己村内莊基一段，上代【帶】小北房一間、北棚一間，南至李小五，北至賣主，西至張協成，東至買主，北來夥道一條壹丈寬，四至明白，今憑中人張雅奏説合，賣於張長發爲業，言明共賣價九九京錢伍拾六千文，其錢當日交足，恐口無憑，立賣契爲證。

光緒拾九年十一月十六日立

東長可貳拾九步四尺五寸

西長可貳拾九步零貳寸

北橫可壹拾伍步

南橫可壹拾叁步四尺　　尺丈　張合莊

王佑民

甲地

白供照

東大陳張六合

（騎縫『東鹿縣知事印』方印兩枚；騎縫『驗訖』印一枚；『照章投税訖』小長形印一枚；大長形印三枚不清）

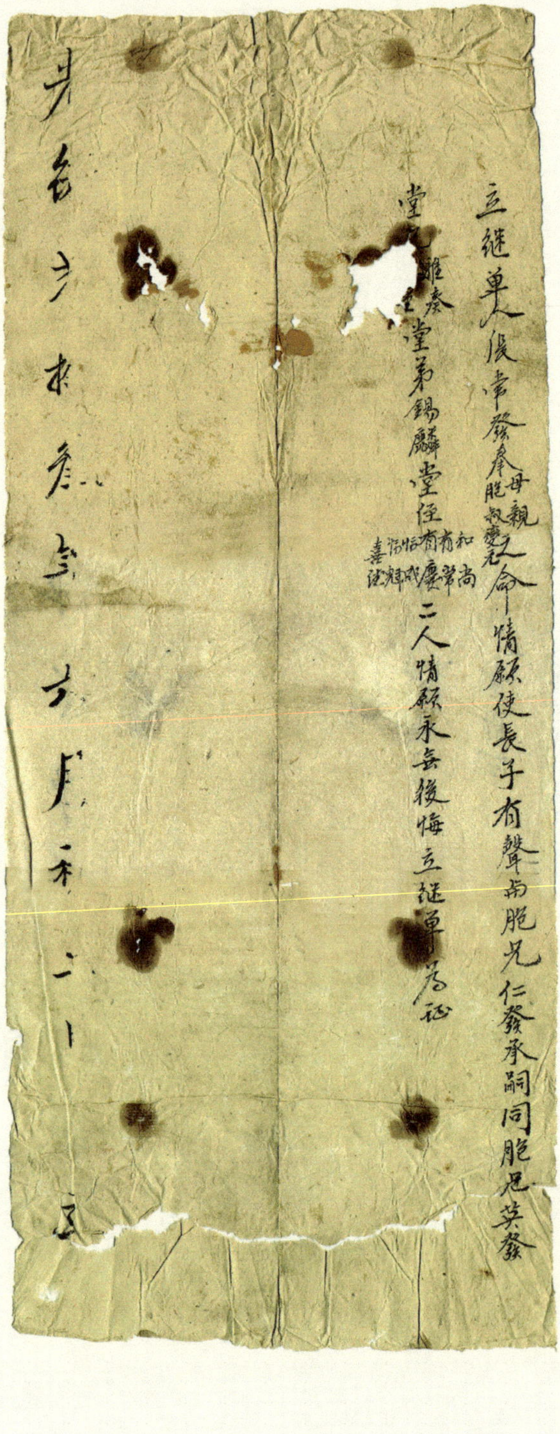

立繼單人張常發奉母親、胞叔慶元之命，情願使長子有聲爲胞兄仁發承嗣，同胞兄英發

堂□雅泰、堂弟錫麟、堂侄有慶（和尚、有常、有慶、恬成、治輝、嘉謀）二人情願永無後悔，立繼單爲証。

光緒弍拾叁年十月初二十日立

〇八九
清光緒二十三年（一八九七年）六月初二張氏繼單

立繼單人張常發奉 母親 胞叔燮元 之命，情願使長子有聲與胞兄仁發承嗣，同胞兄英發、
堂兄 雅奏、堂弟錫麟、堂侄 有慶 協成 協魁 喜德 □□ 和尚 有常 ，二人情願，永無後悔，立繼單爲證。

（騎縫字）光緒貳拾叁年六月初二日　立

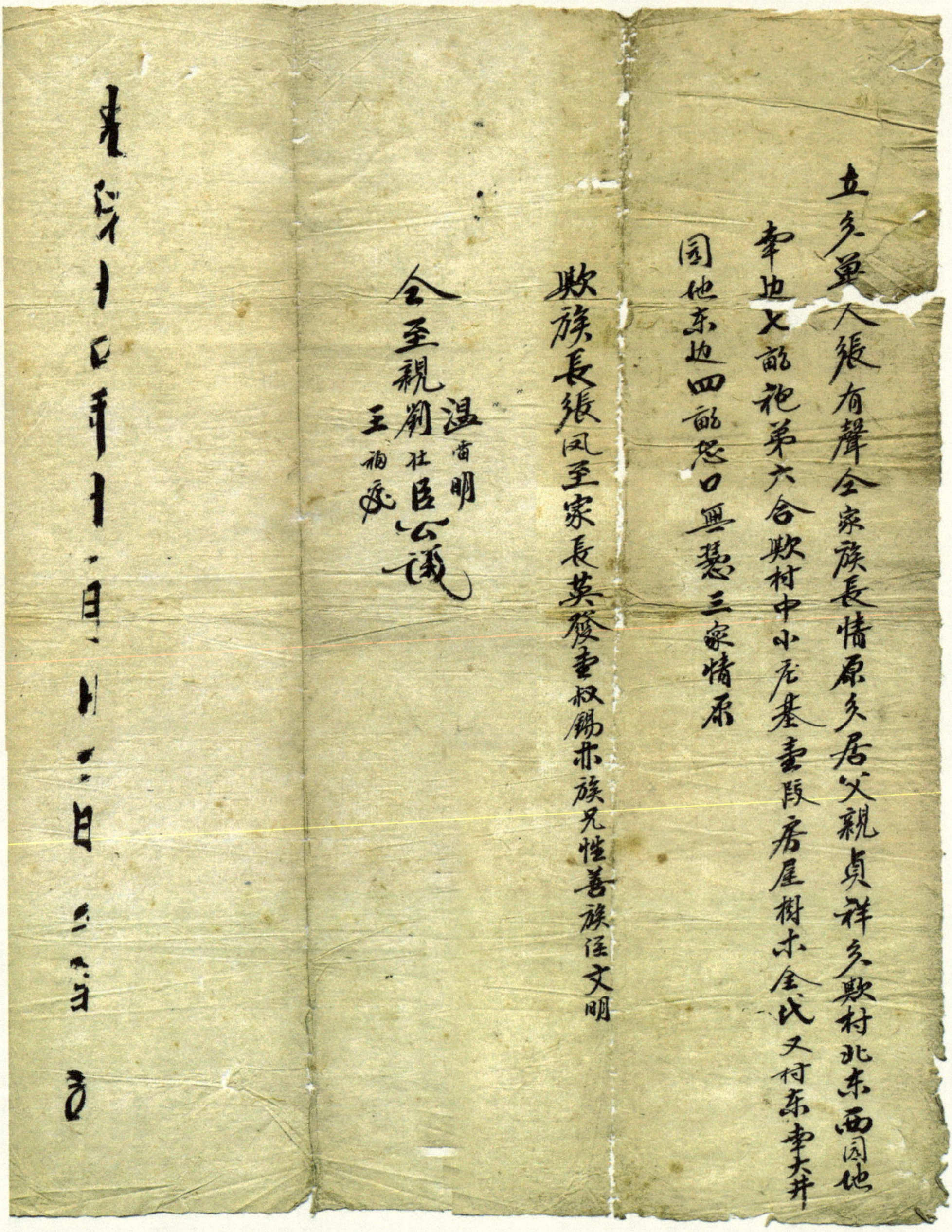
立分單人張有聲仝家族長情原分居父親貞祥分歟村北东西园地壹边七畝袍弟六合歟村中小茌基壹段房屋樹木全代 又村东壹大井园地东边四畝恐口無憑三家情原
歟族長張凤至家長英發壹叔錫朮族兄性善族侄文明
仝至親温甫明 劉壮臣 王福來 公議
光緒十四年十一月廿二日 立分單 吉

〇九〇 清光緒二十四年（一八九八年）十一月二十二日分單

立分單人張有聲，同家族長情原【願】分居，父親貞祥分與村北東西園地南邊七畝，袍【胞】弟六合與村中小莊基壹段，房屋、樹木全代【帶】；又村東南大井園地東邊四畝，恐口無憑，三家情原【願】。

與族長張鳳至、家長英發、堂叔錫林、族兄性善、族侄文明

溫雷明

同至親　劉壯臣　公議

王福慶

（騎縫字）光緒廿四年十一月廿二日　公議立

立分单人貞祥歎袍侄六合仝家族長情原分居張六合分東院庄基壹段房屋樹仝氏又分東長院房屋棡子樹赤豬巷仝氏 又分村東仗地北边地叁畝又分村東北園地东边三畝又东北东边四畝半又分村东東北樹地壹畝半又分村北仗地东边四畝又分道西东西地北边七畝道东东西地北边七畝又村北东西地北边地弍畝又村北東北地东边地弍畝半别無可分立字為憑歎袍兄有聲東南小庄基壹段上代北房三间樹木仝氏村东東園地四畝仝族長張凤至家長英發壹叔錫赤族兄性善族侄文明

仝至親 温雷明 劉壮臣 王福慶 公議

宣統十四年[illegible]

〇九一 清光緒二十四年（一八九八年）十一月二十二日分單

立分單人貞祥與袍【胞】侄六合，同家族長情原【願】分居，張六合分東院莊基壹段，房屋、樹全代【帶】；又分東長院房屋，棚子、樹木、猪卷【圈】全代【帶】；又分村南墳地北邊地叁畝；又分村東北園地東邊三畝；又東北東邊四畝半；又分村東南北樹地壹畝半；又分村北墳地東邊四畝；又分道西東西地北邊七畝，道東東西地北邊七畝；又村北東西地北邊地貳畝；又村北南北地東邊地貳畝半，别無可分，立字爲憑。與袍【胞】兄有聲東南小莊基壹段，上代【帶】北房三間，樹木全代【帶】，村東南園地四畝。

同族長張鳳至、家長英發、堂叔錫林、族兄性善、族侄文明。

同至親　温雷明
劉壯臣　公議
王福慶

（騎縫字）光緒廿四年十一月廿二日　公議立

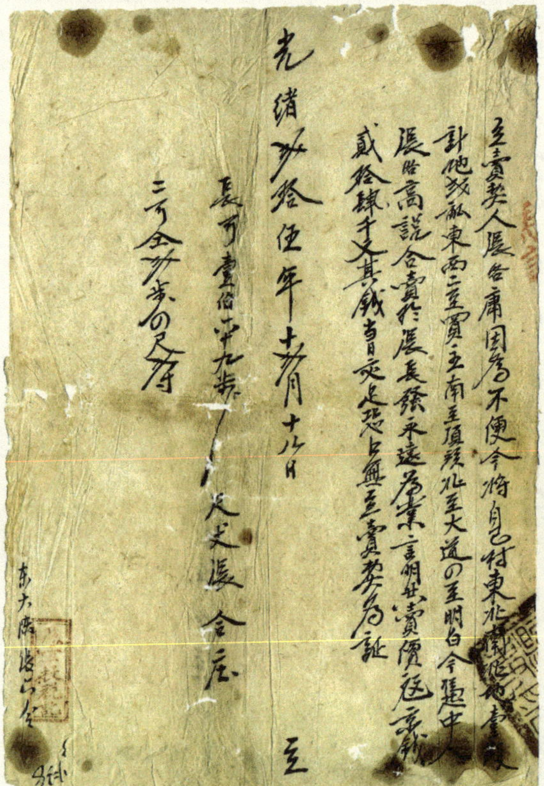
立賣契人張啓庸因爲不便今將自己村東北[illegible]地壹段
計地叁畝 東西二至買主 南至頂頭 北至大道 四至明白 今憑中人
張啓高説合賣於張長發永遠爲業 言明共賣價錢
貳拾肆千文 其錢當日交足 恐口無憑 立賣契爲證
光緒叁拾伍年十二月十八日 立
[illegible]
東大陳 [illegible]

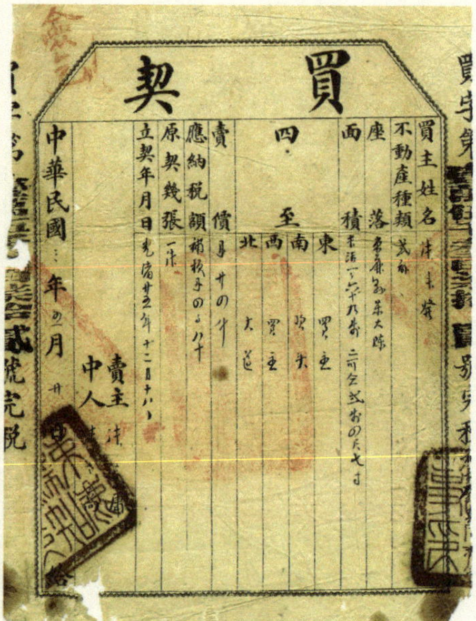
買契

買主姓名	張長發
不動產種類	地
坐落	[illegible]
面積	[illegible]
四至	東 買主 南 頂頭 西 買主 北 大道
賣價	廿四千
應納稅額	[illegible]
原契幾張	一張
立契年月日	光緒卅五年十二月十八日

中華民國 年 月 日

賣主 張

中人

〇九二

清光緒二十五年十二月十八日（一九〇〇年一月十八日）張洛庸賣地契（附民國三年五月二十日買契）

立賣契人張洛庸，因爲不便，今將自己村東北南北地壹段，計地貳畝，東西二至買主，南至頂頭，北至大道，四至明白，今憑中人張洛高説合，賣於張長發永遠爲業，言明共賣價九九京錢貳拾肆千文，其錢當日交足，恐口無［憑］，立賣契爲證。

光緒貳拾伍年十貳月十八日立

長可壹佰六十九步

二可同貳步四尺貳寸

尺丈 張合莊

東大陳張六合

（騎縫『東鹿縣知事印』方印兩枚；騎縫『驗訖』印一枚；『照章投税訖』小長形印一枚；大長形印三枚不清）

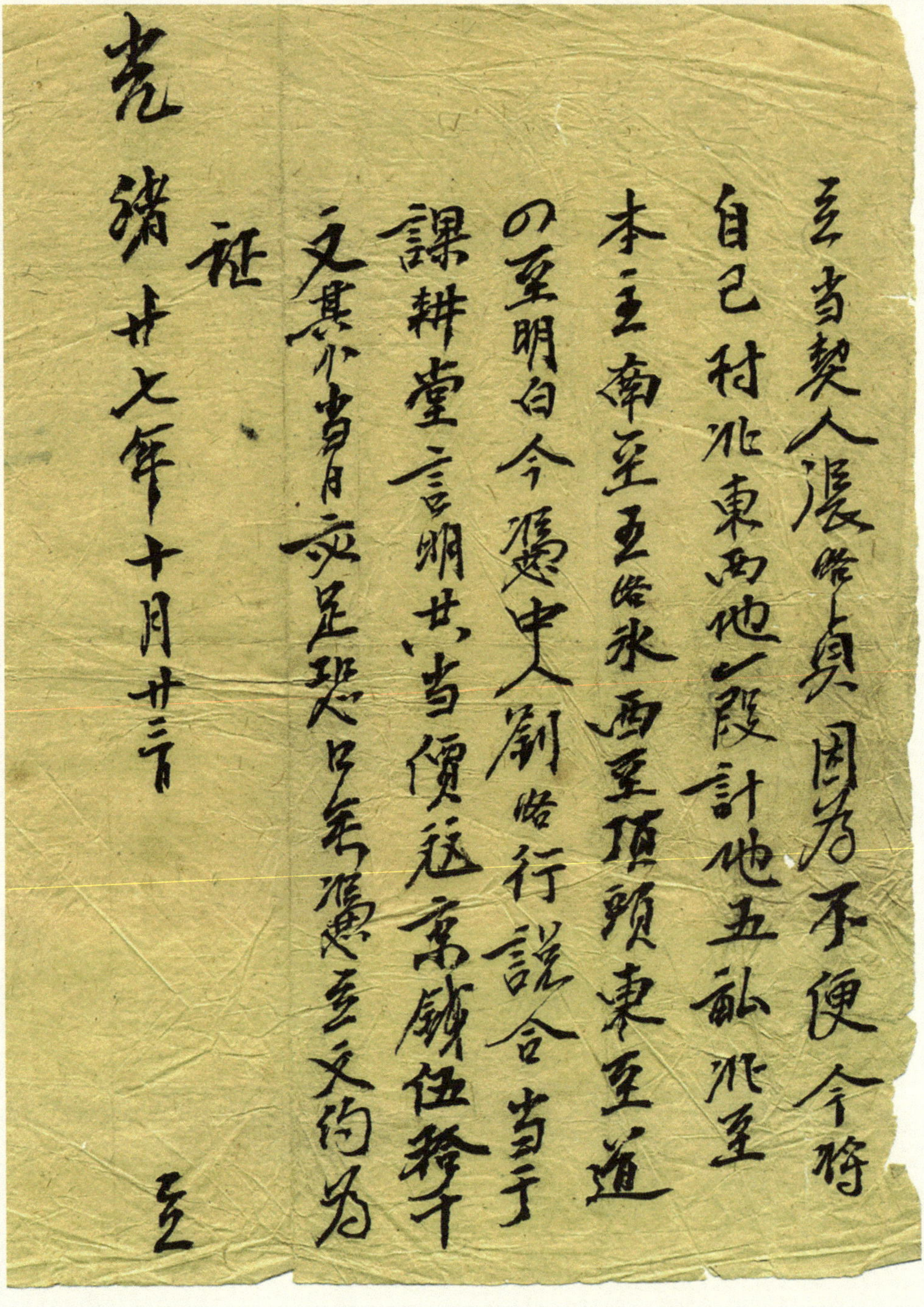

立當契人張路貞因為不便今將
自己村北東西地一段計地五畝北至
本主南至王路永西至頂頭東至道
四至明白今憑中人劉路行說合當于
課耕堂言明共當價錢京錢伍拾千
文其錢當日交足恐口無憑立文約為
証
光緒廿七年十月廿三日　立

〇九三

清光緒二十七年（一九〇一年）十月二十三日張洛貞當契

立當契人張洛貞，因爲不便，今將自己村北東西地一段，計地五畝，北至本主，南至王洛水，西至頂頭，東至道，四至明白，今憑中人劉洛行説合，當於課耕堂，言明共當價九九京錢伍拾千文，其錢當日交足，恐口無憑，立文約爲證。

光緒廿七年十月廿三日立

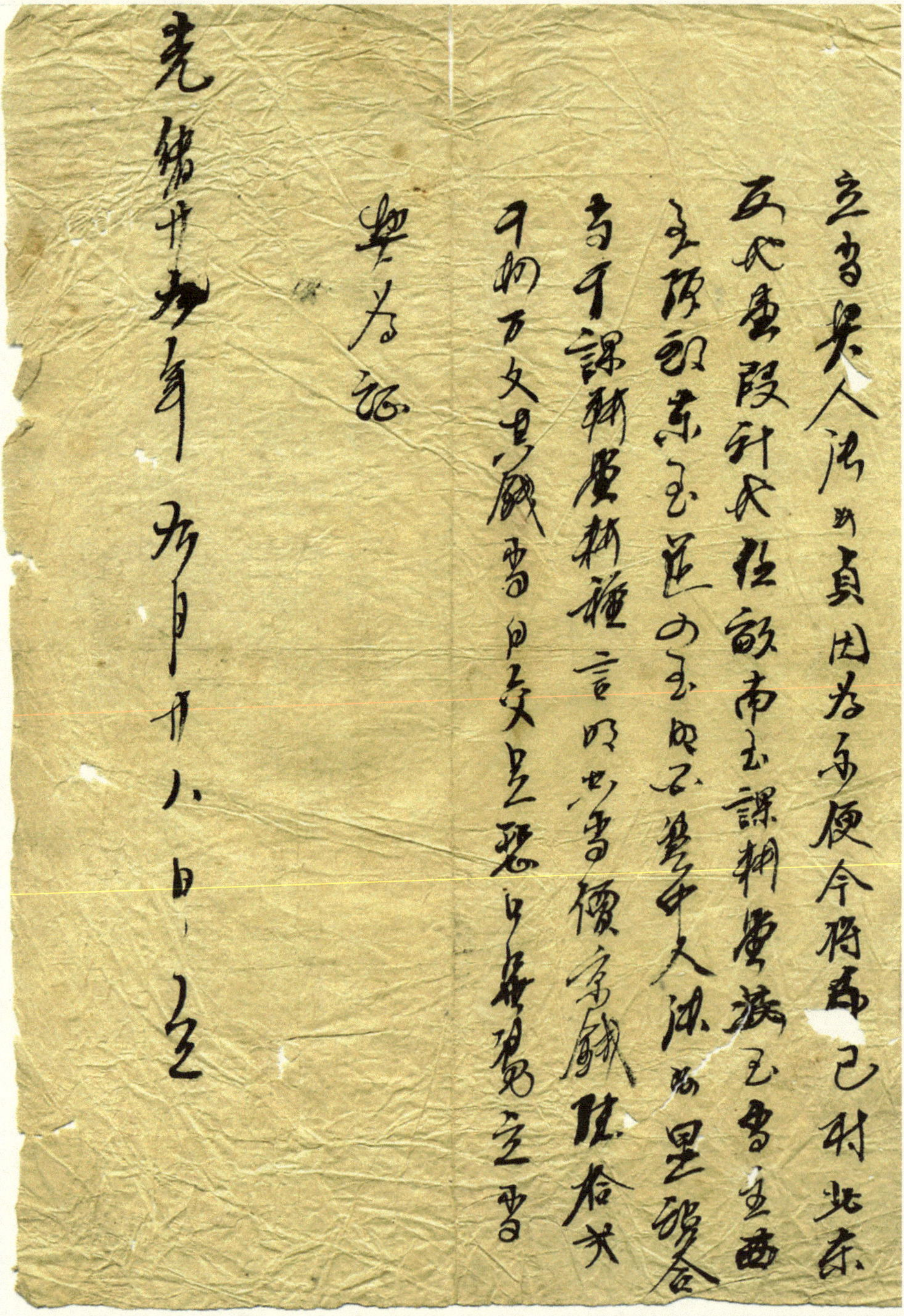

立當契人張如真因為手便今將西已村北东
地式壹段計式伍畝南至課耕黨族至當主西
至張敬东至道西至路至邊中人張如星說合
當于課耕黨耕種言明出當價京錢陸拾弔
千柄万文其錢當日交足恐口無憑立當
契為証
光緒廿五年六月廿八日立

〇九四 清光緒二十九年（一九〇三年）九月二十八日張老貞當契

立當契人張老貞，因爲不便，今將自己村北東西地壹段，計地伍畝，南至課耕堂，北至當主，西至頂頭，東至道，四至明白，憑中人張洛顯説合，當於課耕堂耕種，言明共當價京錢陸拾貳千肆百文，其錢當日交足，恐口無憑，立當契爲證。

光緒廿九年九月廿八日立

立当契人休明堂因爲不便今將自己村北東西
地乙段計地壹拾四畝北至張姓顯南至王姓永西
至張頭東至大道四至開白今憑中人張利行姓顯說
合当于課耕堂耕種言明共当價[illegible]京錢弍伯
卅吊文其錢当日交足恐口無憑立字爲證
每年粮差小數千八佰文
宣統元年十[illegible]月十八日　立

〇九五 清宣統元年十二月十八日（一九一〇年一月二十八日）休明堂當契

立當契人休明堂，因爲不便，今將自己村北東西地一段，計地壹拾四畝，北至張洛顯，南至王洛水，西至頂頭，東至大道，四至明白，今憑中人劉洛行 張洛顯說合，當於課耕堂耕種，言明共當價九九京錢貳伯【佰】卅吊文，其錢當日交足，恐口無憑，立字爲證。

每年粮差錢貳千八百文

宣統元年十貳月十八日　　立

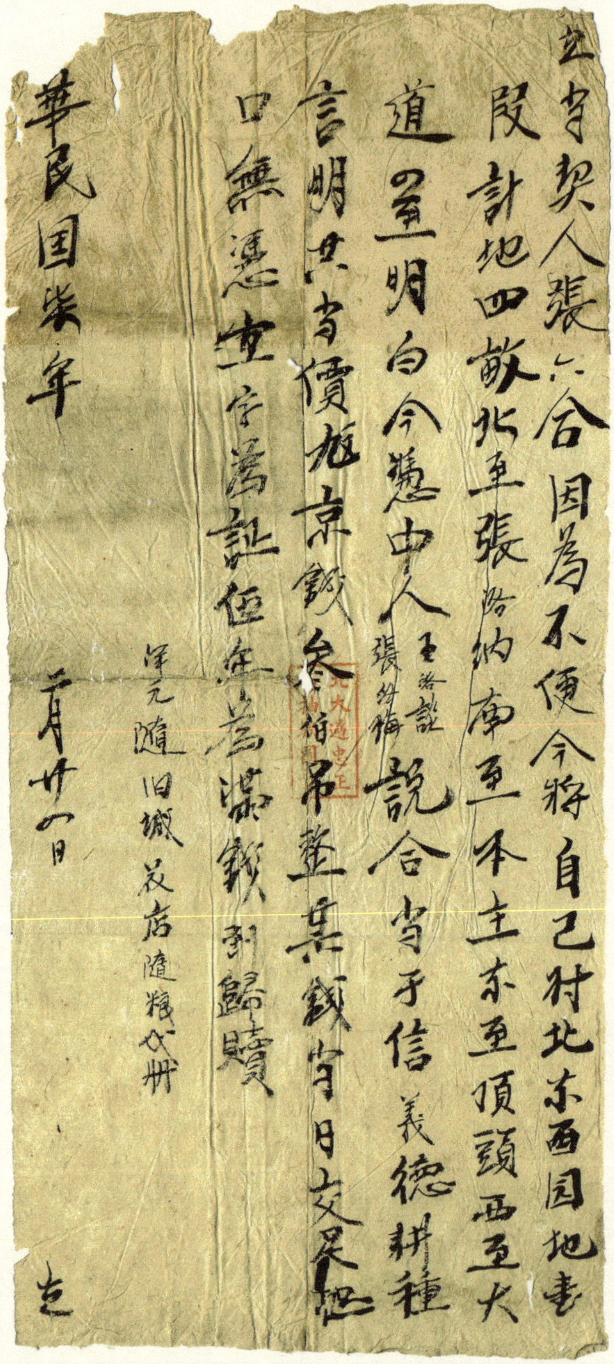

立當契人張六合因為不便今將自己村北东西园地壹
段計地四畝北至張路納南至本主东至頂頭西至大
道四至明白今憑中人王路註 張兆福 說合當于信義德耕種
言明共當價龍京錢叁佰吊整其錢當日交足恐
口無憑立當字為証 恆年為滿錢到歸贖
洋元隨旧撤 衣店隨粮文册
中華民国柒年 二月廿四日 立

〇九六 民國七年（一九一八年）二月二十四日張六合當契

立當契人張六合，因爲不便，今將自己村北東西園地壹段，計地四畝，北至張洛納，南至本主，東至頂頭，西至大道，四至明白，今憑中人王洛談 張洛梅說合，當於信義德耕種，言明共當價九九京錢叁佰吊整，其錢當日交足，恐口無憑，立字爲證。伍年爲滿，錢到歸贖。

洋元隨舊城花店隨粮代册【帶差】

［中］華民國柒年二月廿四日立

（『北大過忠正口抽款圖章』長形印一枚）

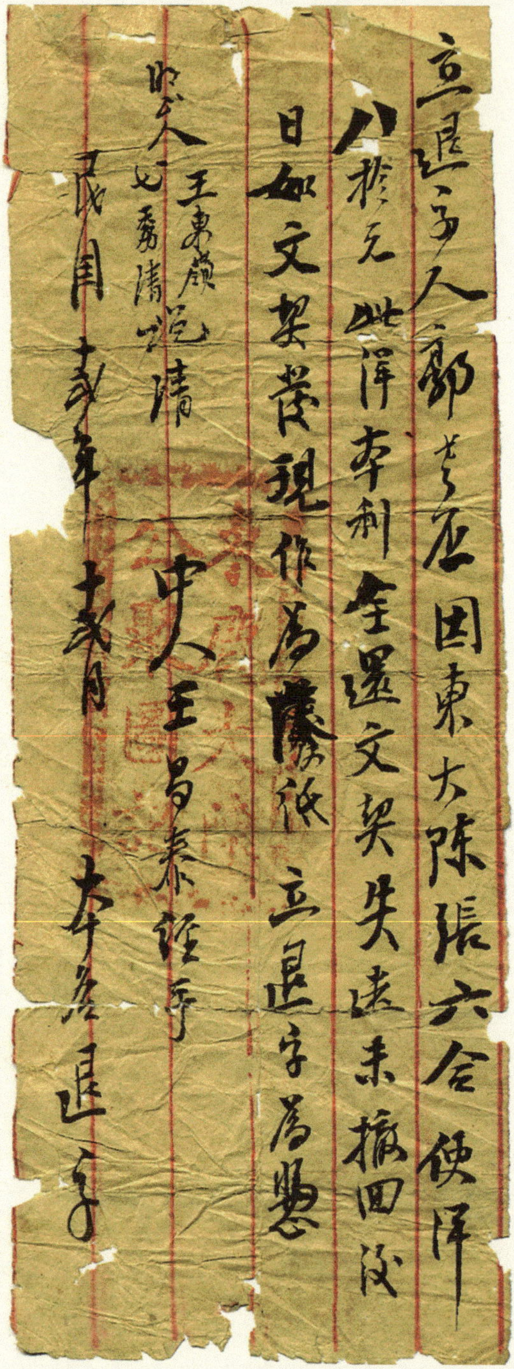
立退字人鄭芳庄 因東大陳張六合使洋
八拾元 此洋本利全還 文契失遺未檢回 後
日如文契發現作為廢紙 立退字為照
中人 王昌泰 經手
收人 王東嶺 見
務清 [illegible]
民國十貳年十貳月 大[illegible]立退字

〇九七

民國十二年十二月（一九二四年一月）
郭老應退字

立退字人郭老應，因東大陳張六合使洋八拾元，此洋本利全還，文契失迷未撤回，後日如文契發現作爲廢紙，立退字爲憑。

明書人　王東嶺　說清　　中人　王昌泰　經手
　　　　戈秀清

民國十貳年十貳月　　本店退字

（『東鹿大陳公聚圖記』長形印一枚）

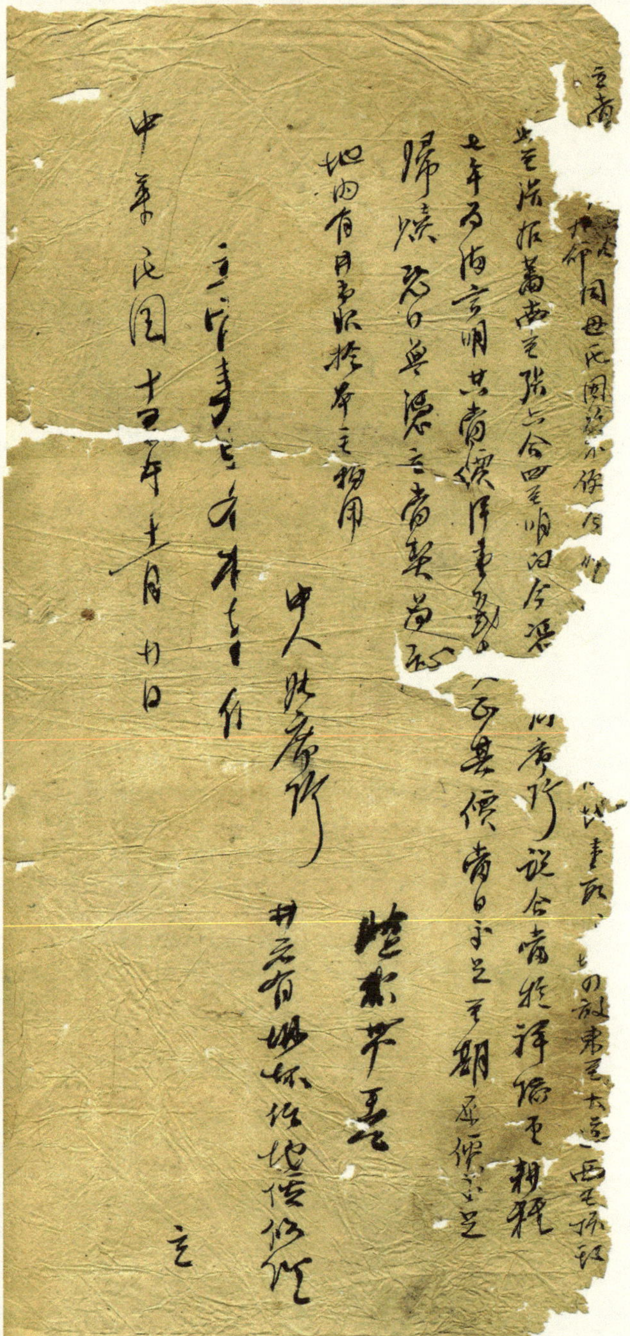
立當……
……因母氏開[illegible]不便，……
……東至……，南至……，西至……
出當與張萬[illegible]名下[illegible]，四至明白，今憑
同中人説合，當價洋錢[illegible]
七年為滿，言明其當價洋錢[illegible]，兩無異[illegible]，當日交足[illegible]
歸贖，恐口無憑，立當契為証。
地內有[illegible]
中人[illegible]
[illegible]
立當契人[illegible]作
中華民國十七年十一月廿日 立

〇九八 民國十五年（一九二六年）十一月二十日張六合、張九命當契①

立當契張六合、九命同母氏，因爲不便，今將□…… 地壹段，□□四畝，東至大道，西至頂頭，北至張振蕃，南至張六合，四至明白，今憑□□張席珍説合，當於祥瑞堂耕種，七年爲滿，言明共當價洋壹百貳拾元正【整】，其價當日交足，至期原價交足歸贖，恐口無憑，立當契爲證。

地内有井壹眼於【與】本主夥用　　隨粮帶差

中人　張席珍

井若有坍壞作地價修理

（騎縫字）立當契皆各存壹紙

中華民國十五年十一月廿日　立

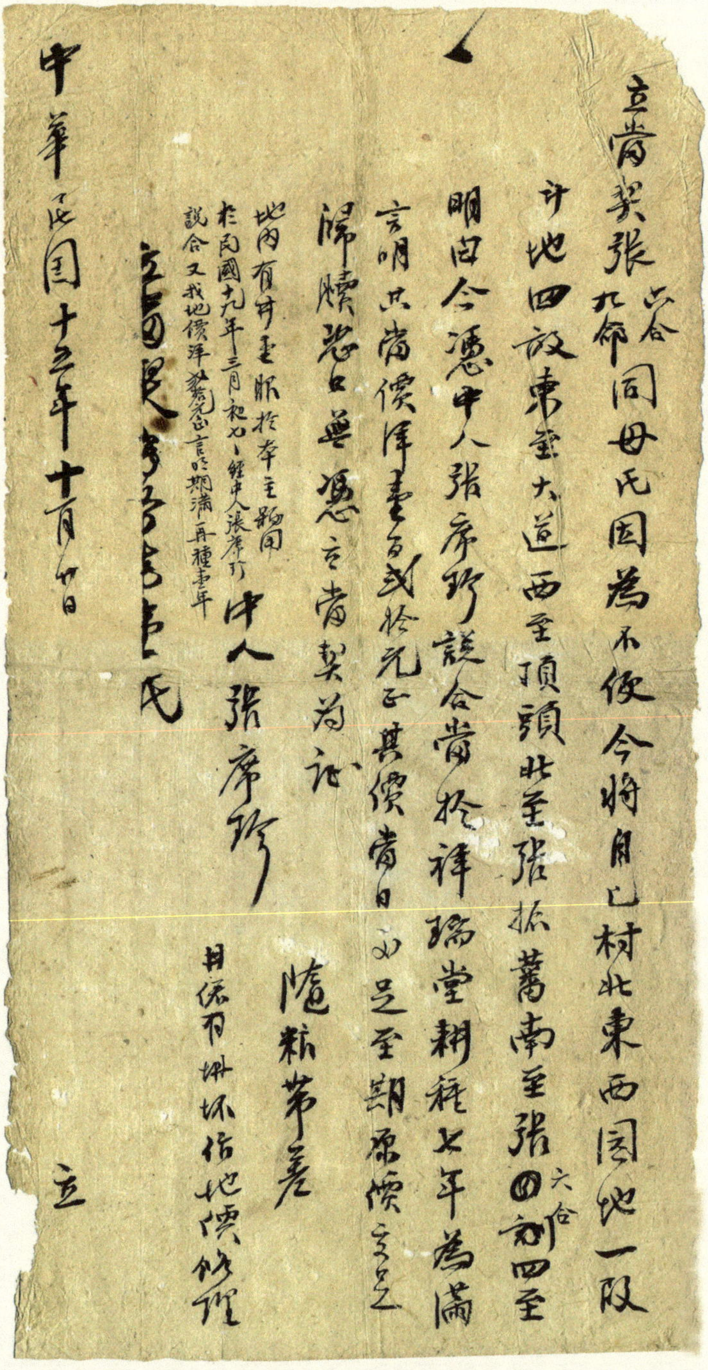

立當契張九命（六合）同母氏因為不便今將自己村北東西園地一段
計地四畝東至大道西至頂頭北至張振舊南至張四（六合）四至
明白今憑中人張席珍説合當於祥瑞堂耕種七年為滿
言明共當價洋壹百五拾元正其價當日交足至期原價交足
歸贖恐口無憑立當契為証
地內有井壹眼於本主翻用
於民國十九年三月初九日經中人張席珍
説合又找地價洋叁拾元言明期滿再種壹年
中人張席珍
隨粘茅屋
日後不堋坏估地價修理
立當契張九命母氏
中華民國十六年十月廿日　立

〇九九 民國十五年（一九二六年）十一月二十日張六合、張九命當契②

立當契張六合、九命同母氏，因爲不便，今將自己村北東西園地一段，計地四畝，東至大道，西至頂頭，北至張振蕃，南至張六合，四至明白，今憑中人張席珍説合，當於祥瑞堂耕種，七年爲滿，言明共當價洋壹百貳拾元正【整】，其價當日交足，至期原價交足歸贖，恐口無憑，立當契爲證。

隨粮帶差

中人　張席珍

地内有井壹眼於【與】本主夥用，於民國十九年三月初七日經中人張席珍説合，又找地價洋貳拾元正【整】，言明期滿再種壹年。

井若有坍壞作地價修理

（騎縫字）立當契皆各存壹紙

中華民國十五年十一月廿日立

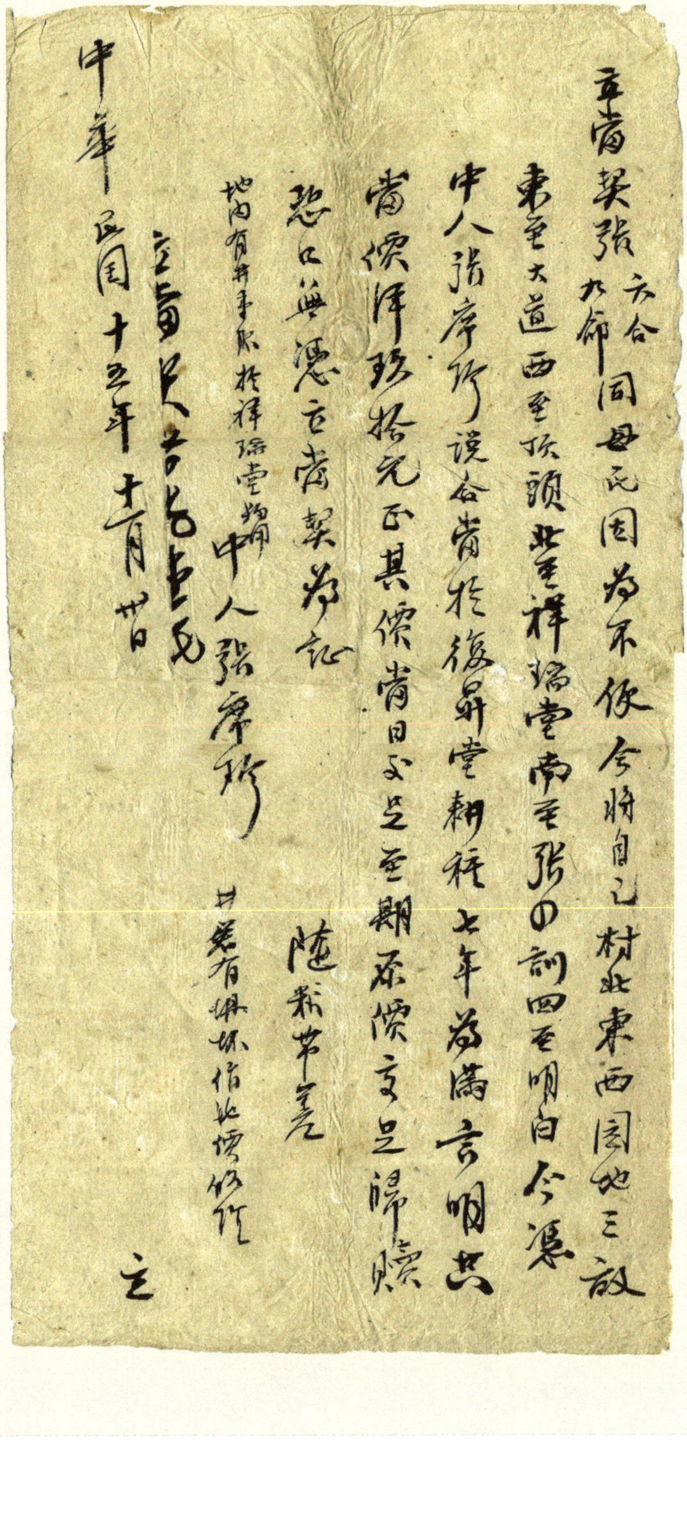

立當契張文合九命同母氏因為不便今將自己村北東西園地三畝
東至大道西至坟頭北至祥瑞堂南至張四訓四至明白今憑
中人張彥珍說合當於復昇堂耕種七年為滿言明共
當價洋拾元正其價當日交足至期原價交足歸贖
恐口無憑立當契為証　隨新帶老
地內有井壹眼於祥瑞堂均用　井邊有楸樹[illegible]
中人張彥珍
立當契人文合[illegible]
中華民國十三年十月廿日　立

一〇〇　民國十五年十一月三十日（一九二七年一月三日）張六合、張九命當契①

立當契人張六合九命同母氏，因爲不便，今將自己村北東西園地三畝，東至大道，西至頂頭，北至祥瑞堂，南至張四訓，四至明白，今憑中人張席珍説合，當於複升堂耕種，七年爲滿，言明共當價洋玖拾元正【整】，其價當日交足，至期原價交足歸贖，恐口無憑，立當契爲證。

隨粮帶差

地内有井壹眼於【與】祥瑞堂夥用　井若有坍壞作地價修理

中人　張席珍

（騎縫字）立當契各存壹紙

中華民國十五年十一月卅日　立

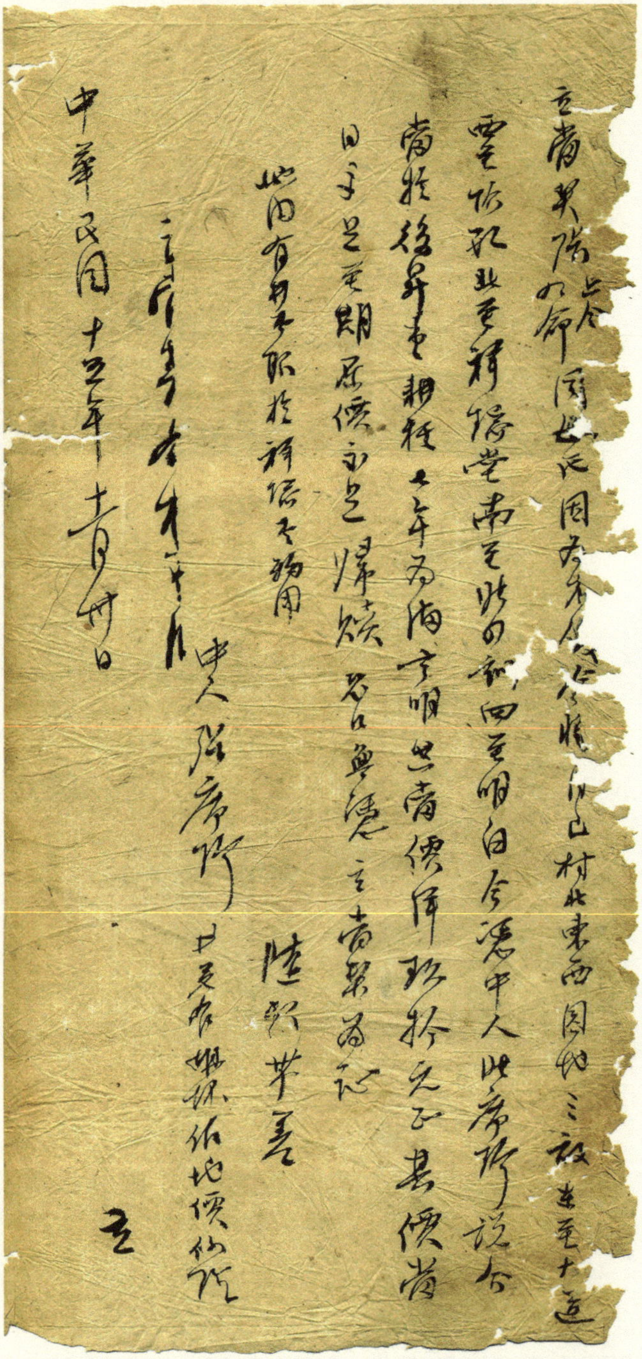

一〇一 民國十五年十一月三十日（一九二七年一月三日）張六合、張九命當契②

立當契人張六合九命同母氏，因爲不便，今將自己村北東西園地三畝，東至大道，西至頂頭，北至祥瑞堂，南至張四訓，四至明白，今憑中人張席珍説合，當於後升堂耕種，七年爲滿，言明共當價洋玖拾元正【整】，其價當日交足，至期原價交足歸贖，恐口無憑，立當契爲證。

地內有井壹眼於【與】祥瑞堂夥用　　隨粮帶差

井若有坍壞作地價修理

中人　張席珍

（騎縫字）立當契各存壹紙

中華民國十五年十一月卅日　立

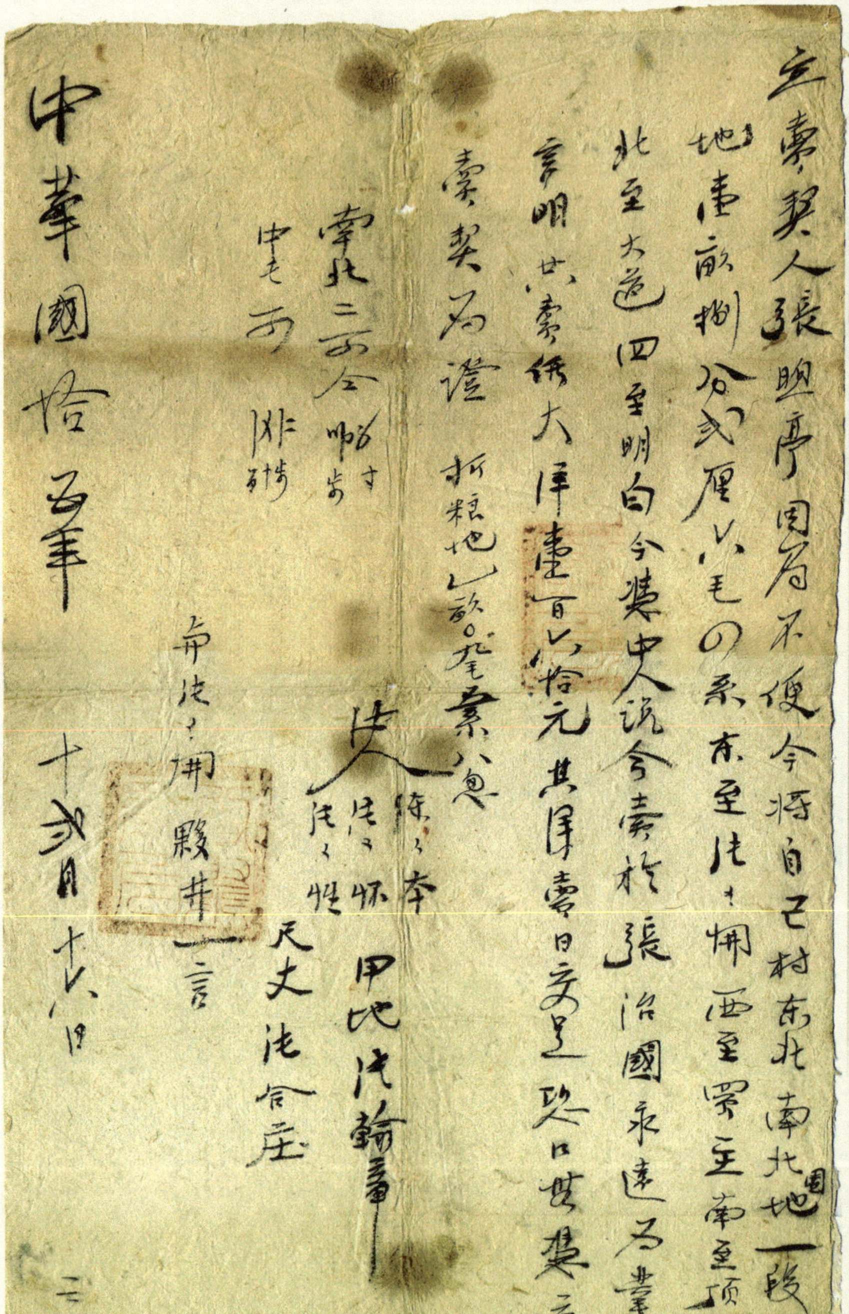

立賣契人張照亭因為不便今將自己村東北南北地一段計
地壹畝捌分弍厘六毛四系 東至張〻佣 西至罗王 南至頂頭
北至大道 四至明白 今憑中人說合賣於張治國永遠為業
言明共賣價大洋壹百六拾元 其洋當日交足 恐口無憑 立
賣契為證 折粮地六畝〇九毛[illegible]六息

南北二丈[illegible]尺幅 寸
中毛 [illegible]

中人 陳〻李
張〻怀
張〻性
甲地 沈翰章
天丈 沈合座
南張〻佣 殿井 一言

中華民國拾五年 十弍月 十八日

三

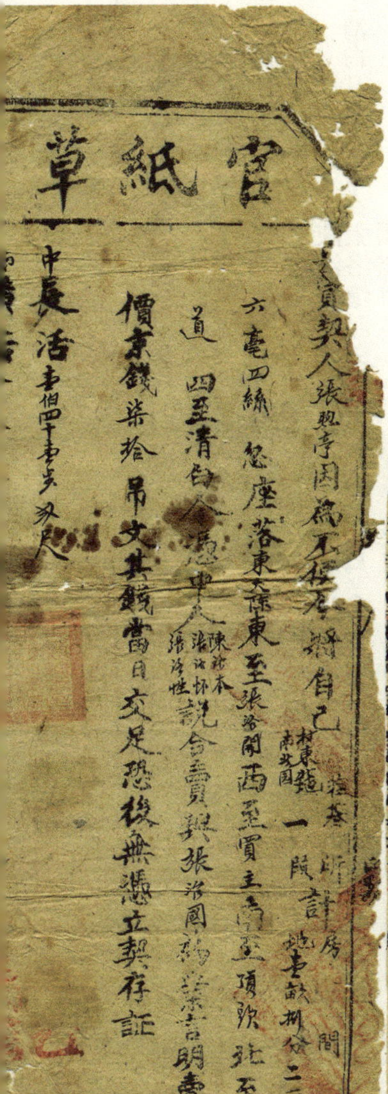

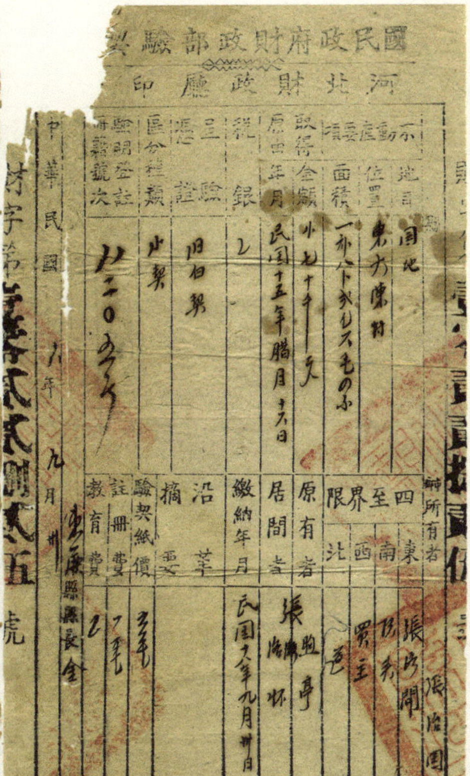

官紙草契

立賣契人張煦亭，因爲不便，願將自己　莊　基　所，計

村東北南北園地一段

房　間

地一畝八分二厘六毫四絲　忽　，座落東大陳，東至張洛開，西至買主，南至頂頭，北至道，

四至清白。今憑中人陳洛本、張洛懷、張洛性説合，賣與張治國爲業，言明賣價京錢柒拾吊文，其錢當日

交足，恐後無憑，立契存證。

中長闊　壹伯【佰】四十壹步貳尺

南北横闊同三步零五寸

尺丈　張合莊

中華民國□……立

（騎縫『河北財政廳印』大方印兩枚；『東鹿縣印』方印兩枚；『公聚□訖』小方印兩枚）

一〇二 民國十五年十二月十六日（一九二七年一月十九日）張煦亭賣地契（附官紙草契、民國十八年九月三十日驗契）

立賣契人張煦亭，因爲不便，今將自己村東北南北園地一段，計地壹畝捌分貳厘六毫四絲，東至張老開，西至買主，南至頂頭，北至大道，四至明白，今憑中人説合，賣於張治國永遠爲業，言明共賣價大洋壹百六拾元，其洋當日交足，恐口無憑，立賣契爲證。

折粮地一畝〇九毫五絲八忽

南北二可同三步零五寸

中長可一百四十一步二尺

中人 陳老本
張老懷
張老性

甲地 張翰章

尺丈 張合莊

與張老開夥井一言【眼】

中華〔民〕國拾五年十貳月十六日立

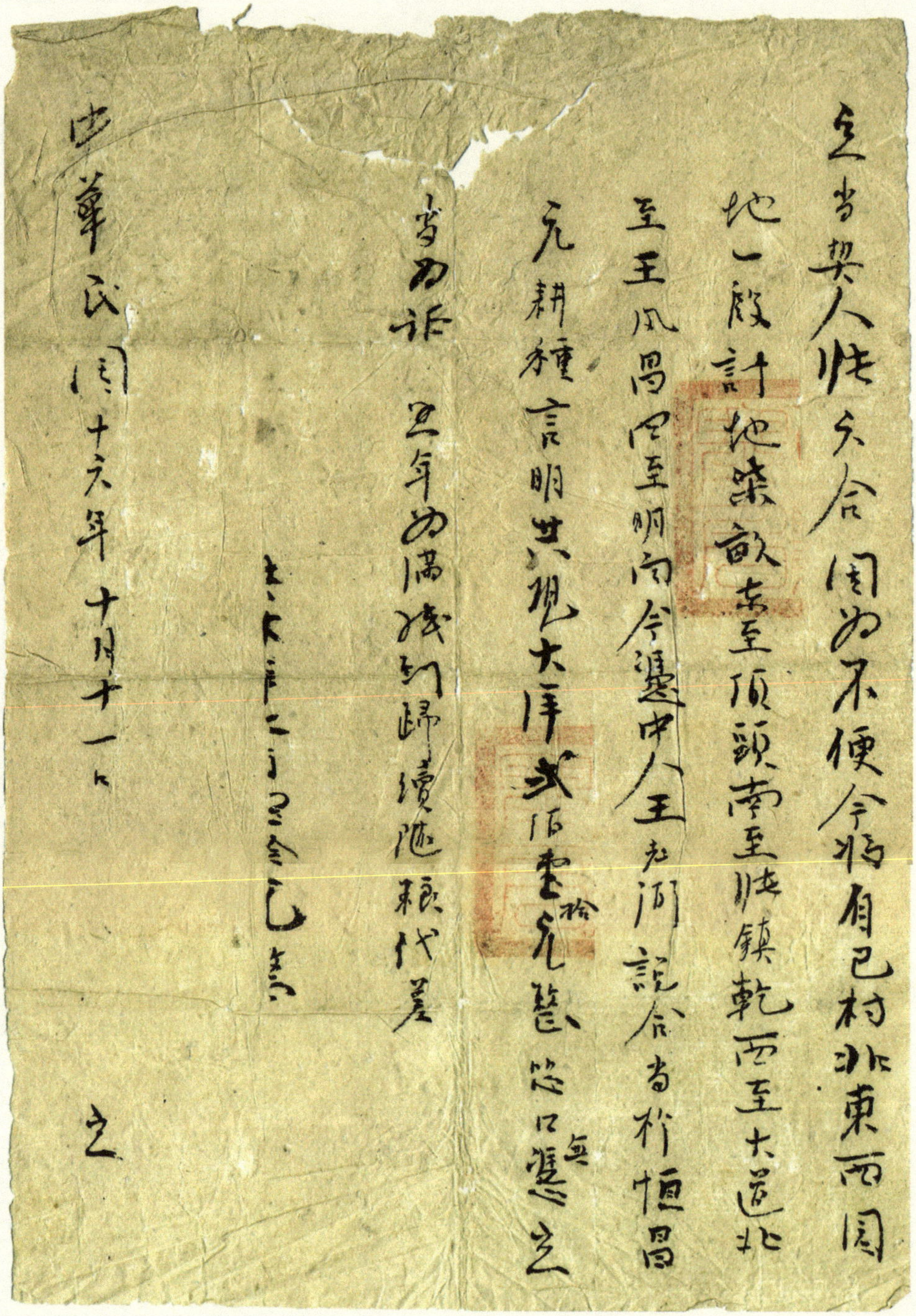

立當契人張文合因為不便今將自己村北東西[illegible]
地一段計地柒畝東至頂頭南至張鎮乾西至大道北
至王鳳昌四至明白今憑中人王九洲說合當于張恒昌
名耕種言明共現大洋貳佰壹拾元整恐口無憑立之
當約為証 五年為滿錢到歸續隨粮代差
[illegible]
中華民國十六年十月十一日 立

一〇三 民國十六年（一九二七年）十月十一日張六合當契

立當契人張六合，因爲不便，今將自己村北東西園地一段，計地柒畝，東至頂頭，南至張鎮乾，西至大道，北至王鳳昌，四至明白，今憑中人王老弼説合，當於恒昌元耕種，言明共現大洋貳佰壹拾元整，恐口無憑，立當爲證，五年爲滿，錢到歸贖，隨粮代【帶】差。

（騎縫字）共大洋貳佰壹拾元整

中華民國十六年十月十一日　　立

（『公聚□啟』方印兩枚）

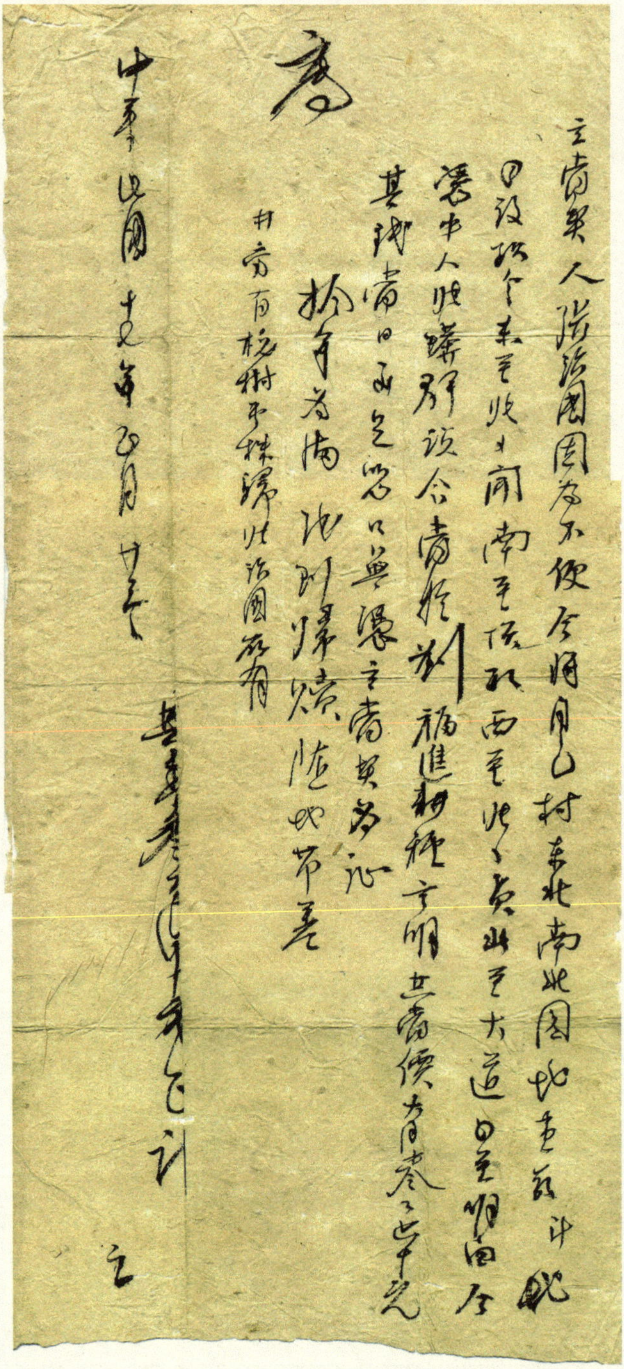

立賣契人張洛園因為不便今將自己村東北南北園地壹段計地

四段計東至張小閘南至張耿西至張小貴北至大道四至明白今

憑中人張曉祥說合賣於劉福進耕種言明共賣價大洋叁十五元

其地當日交足以無退言賣契為証

拾年為滿地到歸贖隨地節差

井旁有柳樹平株歸張洛園所有

廣

中華民國十九年五月廿八日

書契人張[illegible]計

立

一〇四 民國十七年（一九二八年）正月二十三日張治國當契①

立當契人張治國，因爲不便，今將自己村東北南北園地壹段，計地四畝玖分，東至張老開，南至頂頭，西至張老貞，北至大道，四至明白，今憑中人張蟒群説合，當於劉福進耕種，言明共當價大洋叁百六十元，其錢當日交足，恐口無憑，立當契爲證。
拾年爲滿，錢到歸贖，隨地帶差。

（廢）

井旁有槐樹壹株歸張治國所有

（騎縫字）其錢叁百陸拾正【整】計

中華民國十七年正月廿三日立

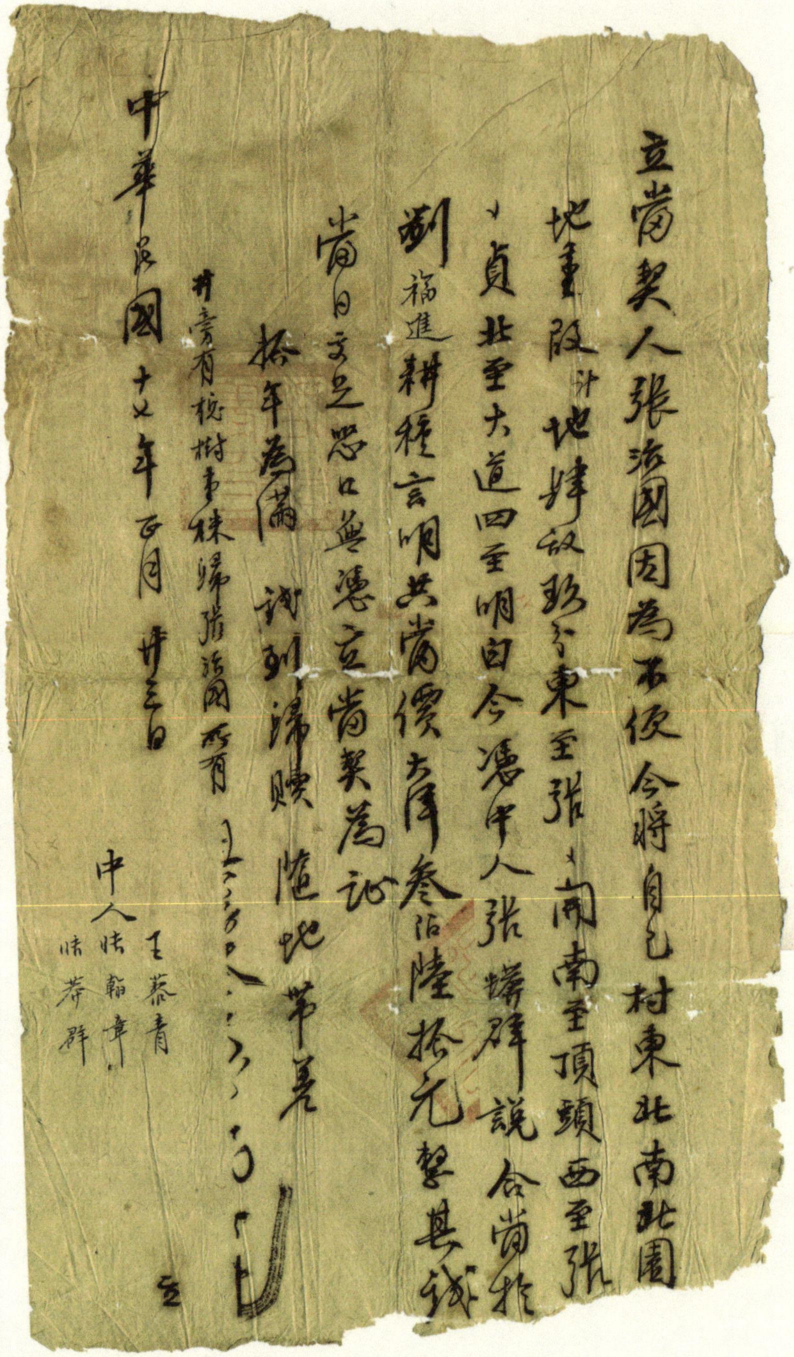

立當契人張治國因為不便今將自己村東北南北園
地壹段計地肆畝玖分東至張〻南至頂頭西至張
〻貞北至大道四至明白今憑中人張蟠群說合當於
劉福進耕種言明共當價大洋叁佰陸拾元整其錢
當日交足恐口無憑立當契為証
拾年為滿 錢到歸贖 隨地草差
井旁有梭樹壹株歸張治國所有
中華民國十七年正月廿三日 立
中人 王蔭青 張翰章 張蓉群

一〇五 民國十七年（一九二八年）正月二十三日張治國當契②

立當契人張治國，因爲不便，今將自己村東北南北園地壹段，計地肆畝玖分，東至張老開，南至頂頭，西至張老貞，北至大道，四至明白，今憑中人張蟒群説合，當於劉福進耕種，言明共當價大洋叁佰陸拾元整，其錢當日交足，恐口無憑，立當契爲證。

拾年爲滿，錢到歸贖，隨地帶差。

井旁有槐樹壹株歸張治國所有

（騎縫字）其錢叁百六十元正【整】計

中人 王藜青 張翰章 張莽群

中華民國十七年正月廿三日立

（『公聚□啟』方印兩枚）

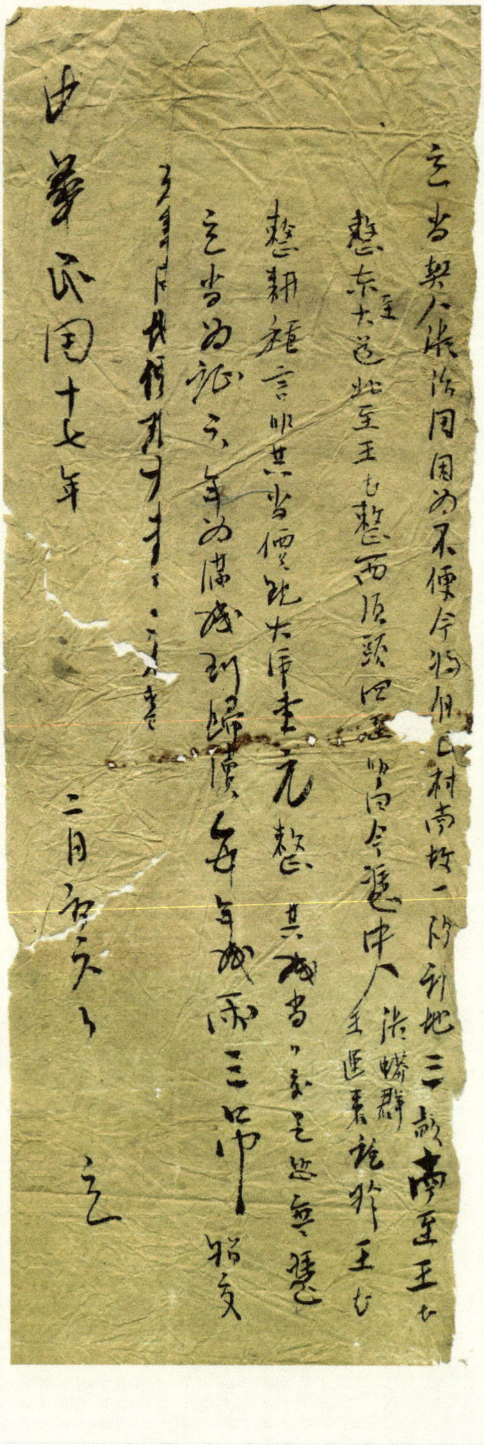

立當契人張治同因為不便今將自己村南坡一段秋地三畝 南至王姓
整 東至大道 北至王姓整 西至頂頭 四至明白 今憑中人 張麟群 王進春 說於王姓
整耕種 言明其當價錢大洋壹元整 其地當々恐后無憑
立當字為記 三年為滿 地到歸價 每年地兩三吊 按交
三年后找價地十年[illegible]
中華民國十七年 二月六日 立

一〇六 民國十七年（一九二八年）二月初六張治國當契①

立當契人張治國，因爲不便，今將自己村南墳一段，計地三畝，南至王老整，東至大道，北至王老整，西頂頭，四至明白，今憑中人張蟒群 王運來 說於王老整耕種，言明共當價現大洋壹元整，其錢當日交足，恐無憑，立當爲證。六年爲滿，錢到歸贖，每年錢兩三吊招【照】交。

（騎縫字）六年滿地價現大壹百元整

中華民國十七年二月初六日　立

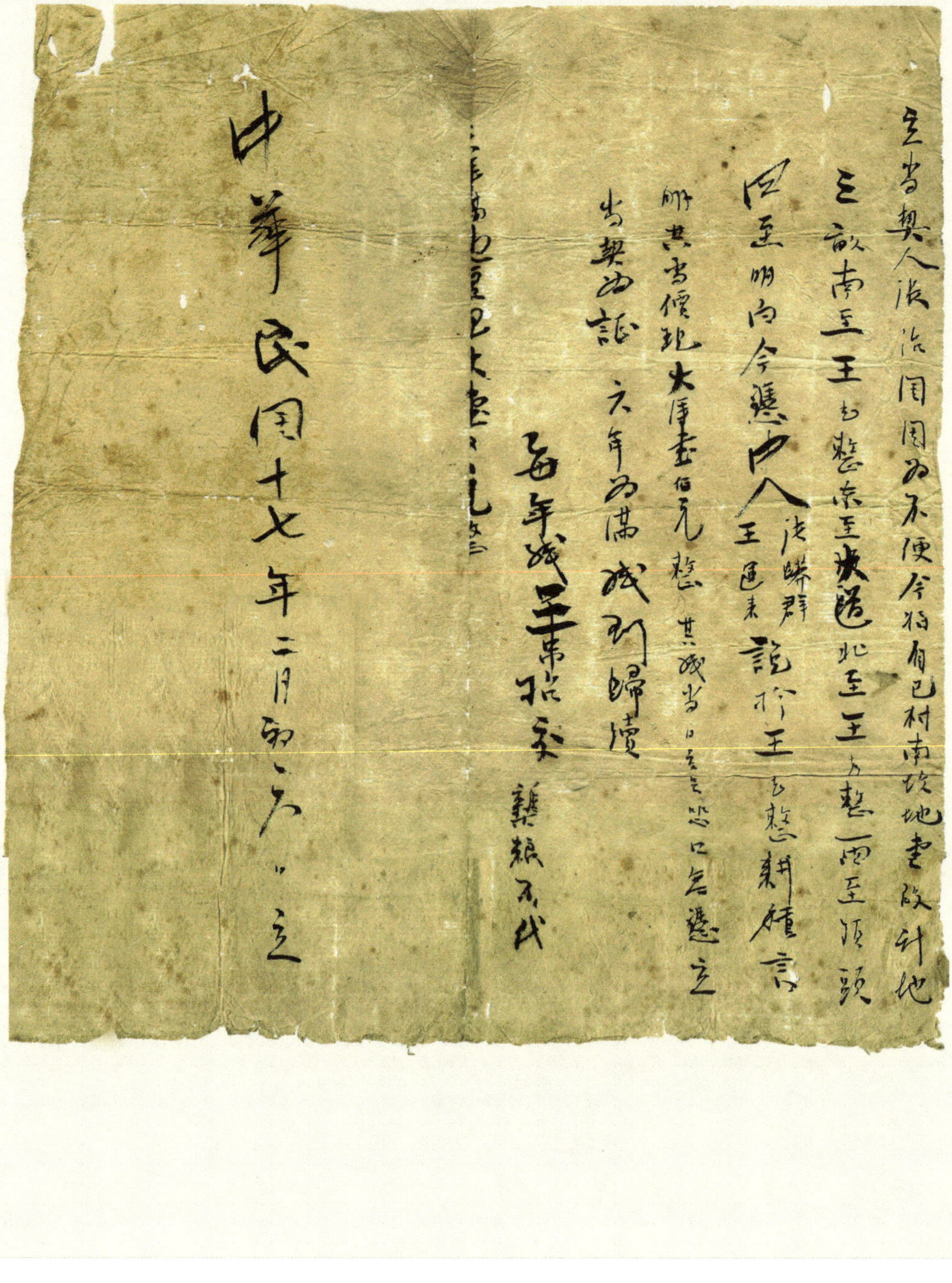
立當契人張治周因為不便今將自己村南坡地壹段計地
三畝 南至王○整 東至大路 北至王○整 西至頂頭
四至明白 今憑中人 張勝群 王廷来 說於王○整耕種言
明共當價地大洋壹佰元整 其錢當日交足 恐口無憑立
當契為證 六年為滿 錢到歸續
每年錢王常拾叁 雜粮不代
當地三畝大洋…元
中華民國十七年二月初六日 立

一〇七 民國十七年（一九二八年）二月初六張治國當契②

立當契人張治國，因爲不便，今將自己村南墳地壹段，計地三畝，南至王老整，東至大道，北至王老整，西至頂頭，四至明白，今憑中人張蟒群、王運來説於王老整耕種，言明共當價現大洋壹佰元整，其錢當日交足，恐口無憑，立當契爲證。六年爲滿，錢到歸贖。

每年錢三吊招【照】交，雜粮不代【帶】。

（騎縫字）六年滿地價現大壹佰元整

中華民國十七年二月初六日立

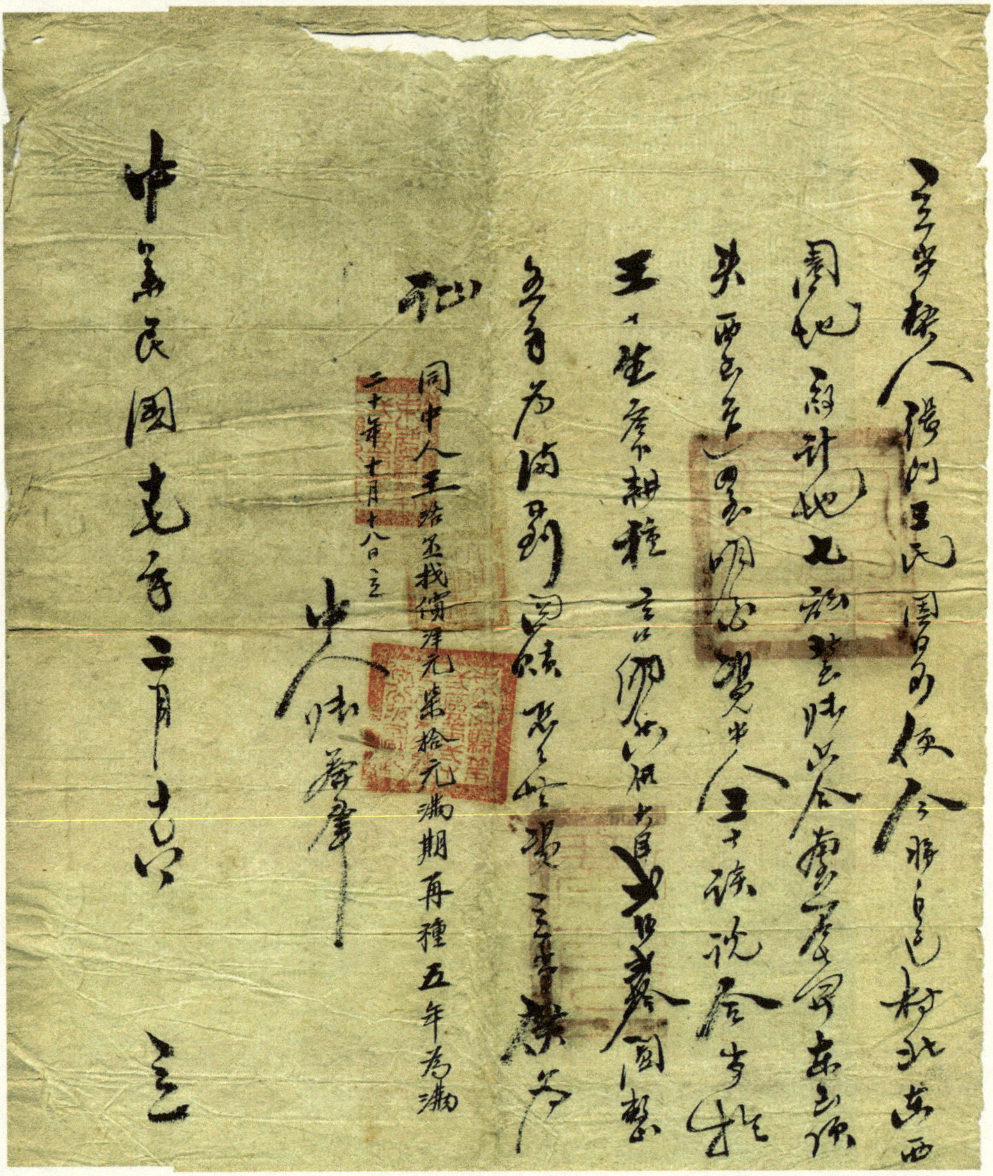
立出租字人張門王氏 [illegible]

[illegible]

同中人王[illegible]並找價洋元柒拾元滿期再種五年為滿

二十年七月十八日立

中人 [illegible]

中華民國[illegible]年二月十七日立

一〇八 民國十七年（一九二八年）二月十六日張門王氏當契

立當契人張門王氏，因爲不便，今將自己村北東西園地一段，計地七畝，北至張六合，南至石老升，東至頂頭，西至道，四至明白，憑中人王老談説合，當於王老生名下耕種，言明共價大洋貳佰貳拾圓整，五年爲滿，錢到回贖，恐口無憑，立當契爲證。

同中人王洛丕找價洋元柒拾元，滿期再種五年爲滿。二十年十月十八日立

中人　張莽群

中華民國十七年二月十六日立

（『公聚□啟』方印兩枚，『東鹿縣第貳區第貳十七鄉東大陳鄉公所圖記』小方印兩枚；最小方印不清）

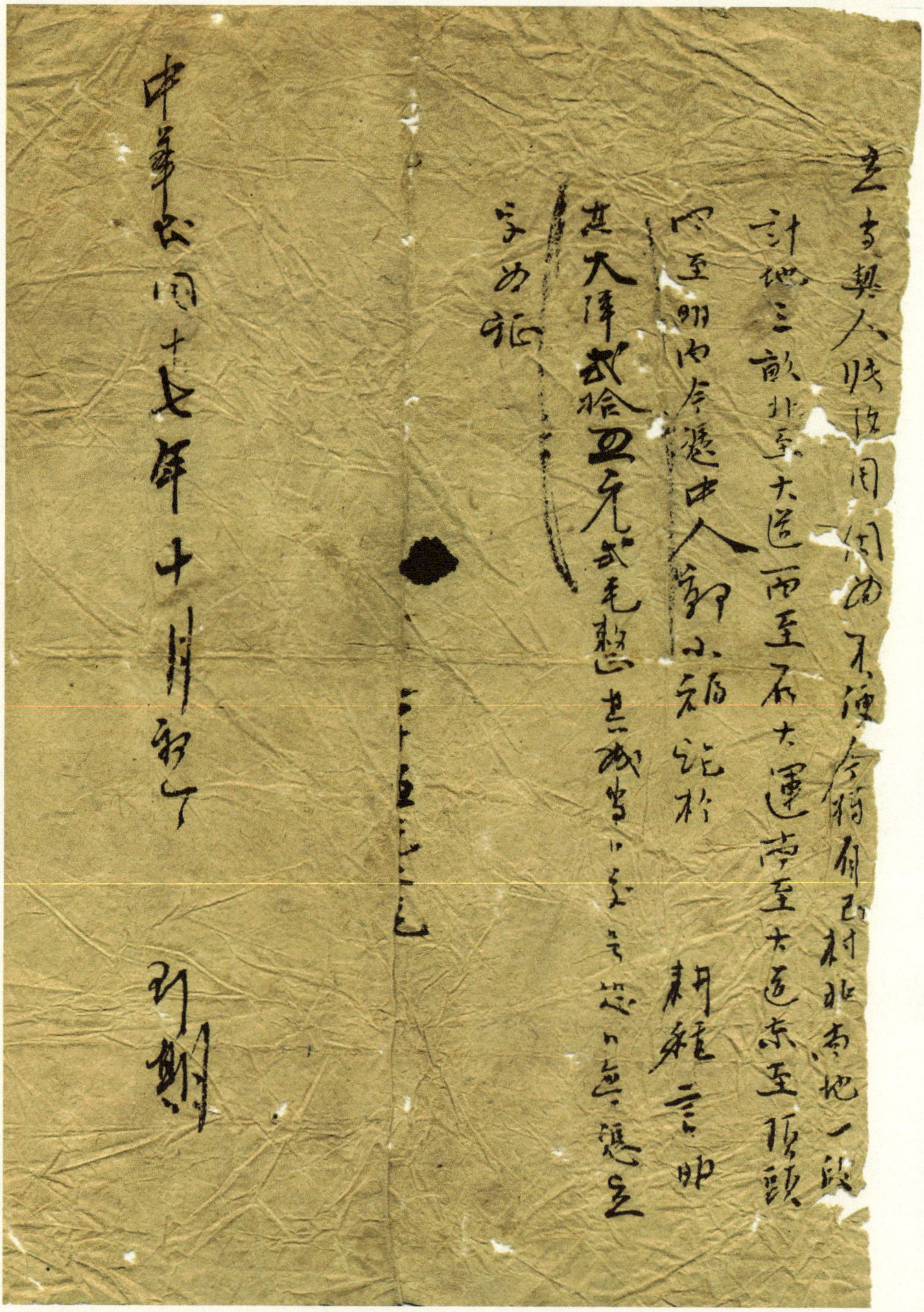

立當契人張玖周因為不便今將自己村北南地一段
計地三畝北至大道西至石大運南至大道東至頂頭
四至明白今憑中人郭小福說合當於 耕種言明
其大洋貳拾四元貳毛整 其錢當日交足並無懸欠 立
字為証

二十四元二毛

中華民國十七年十月初七 [illegible]

一〇九 民國十七年（一九二八年）十月初一張治國當契

立當契人張治國，因爲不便，今將自己村北南［北］地一段，計地三畝，北至大道，西至石大運，南至大道，東至頂頭，四至明白，今憑中人郭小福説於　耕種，言明共大洋貳拾五元貳毛整，其錢當日交足，恐口無憑，立字爲證。

（騎縫字）二十五元二毛

中華民國十七年十月初一日　　到期

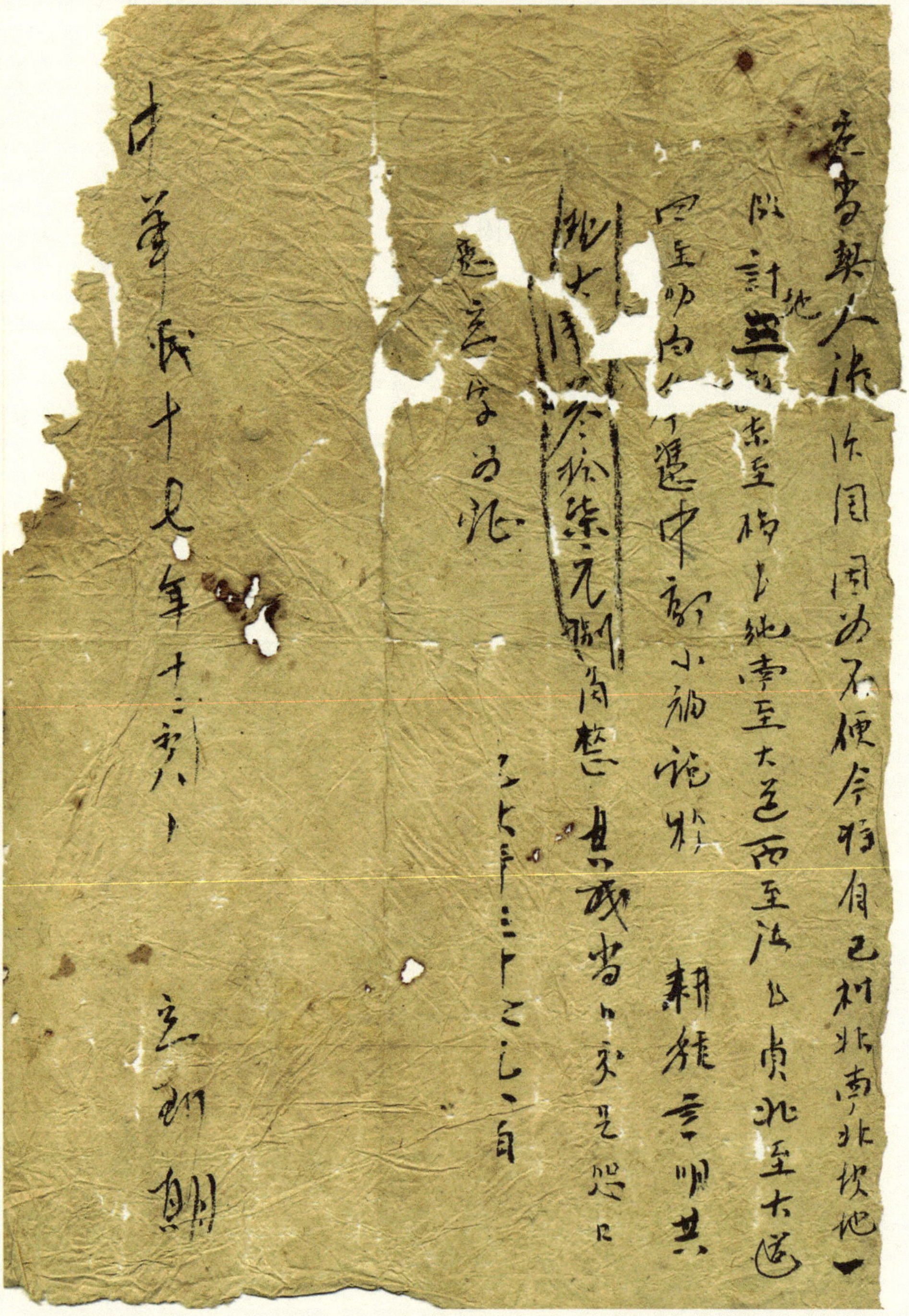
立當契人張□□因為不便今將自己村北南北坎地一
段 計地三畝 東至楊玉純 南至大道 西至張玉貴 北至大道
四至明白今同中說合小補說妥 耕種言明其
地大洋參拾柒元捌角整 其錢當日交足 恐口
無憑 立當字為証
[illegible]
中華民國十九年十二月初八日 立□□

一一〇 民國十七年十二月初八（一九二九年一月十八日）張治國當契

立當契人張治國，因爲不便，今將自己村北南北墳地一段，計地三畝，東至楊老純，南至大道，西至張老貞，北至大道，四至明白，今憑中郭小福説於　耕種，言明共現大洋叁拾柒元捌角整，其錢當日交足，恐口［無］憑，立字爲證。

（騎縫字）現大洋三十七元八角

中華民［国］十七年十二月初八日立　　到期

立当契人张治国因为不便今将自己村东树地一段
计地壹亩半东至本家 南至张迹 西至张门张氏
北至大道 四至明白 今凭中人王文河说合当于
北大街刘银海名下言明现大洋贰十六元整
其钱当日交足 恐口无凭 立字为证
大洋二十六元 整
十五年为满树死地今随地代差
城训谆读
中华民国十九年十二月十日 立

一一一 民國十九年十二月十四日（一九三一年二月一日）張治國當契

立當契人張治國，因爲不便，今將自己村東樹地一段，計地壹畝半，東至石貳子，南至頂頭，西至張門張氏，北至大道，四至明白，今憑中人王老河説合，當於北大過劉銀海明【名】下，言明現大洋貳十六元整，其錢當日交足，恐口無憑，立字爲證。

（騎縫字）大洋貳十六元整

十五年爲滿，樹死地合，隨地代【帶】差。

錢到歸贖

中華民國十九年十二月十四日立

立字人昧洽國今指自己村南东西坟地三畝找價洋
壹拾捌元自今年再種六年為滿恐口無憑立字
為証

中人 石小慶
王英春
王立剛

中華二十年七月廿四日 立

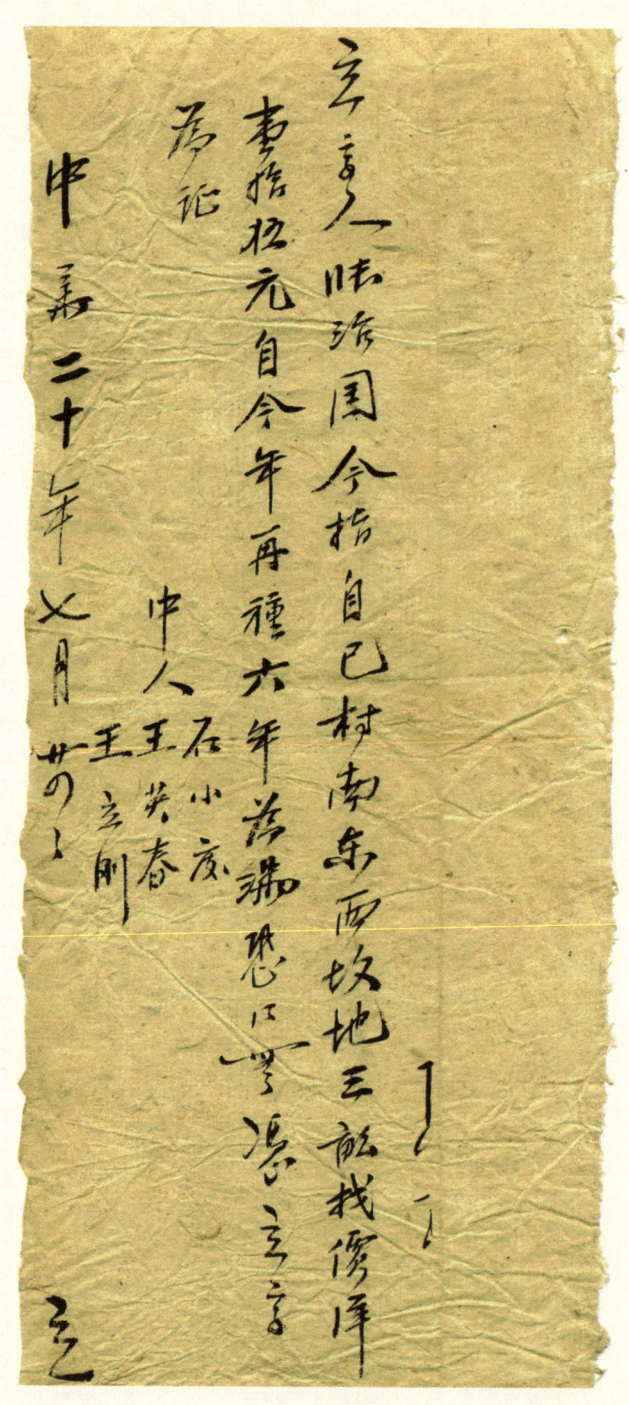

一一二 民國二十年（一九三一年）七月二十四日張治國找契

立字人張治國，今指自己村南東西墳地三畝，找價洋壹拾伍元，自今年再種六年爲滿，恐口無憑，立字爲證。

中人 石小慶 王英春 王立剛

中華二十年七月廿四日立

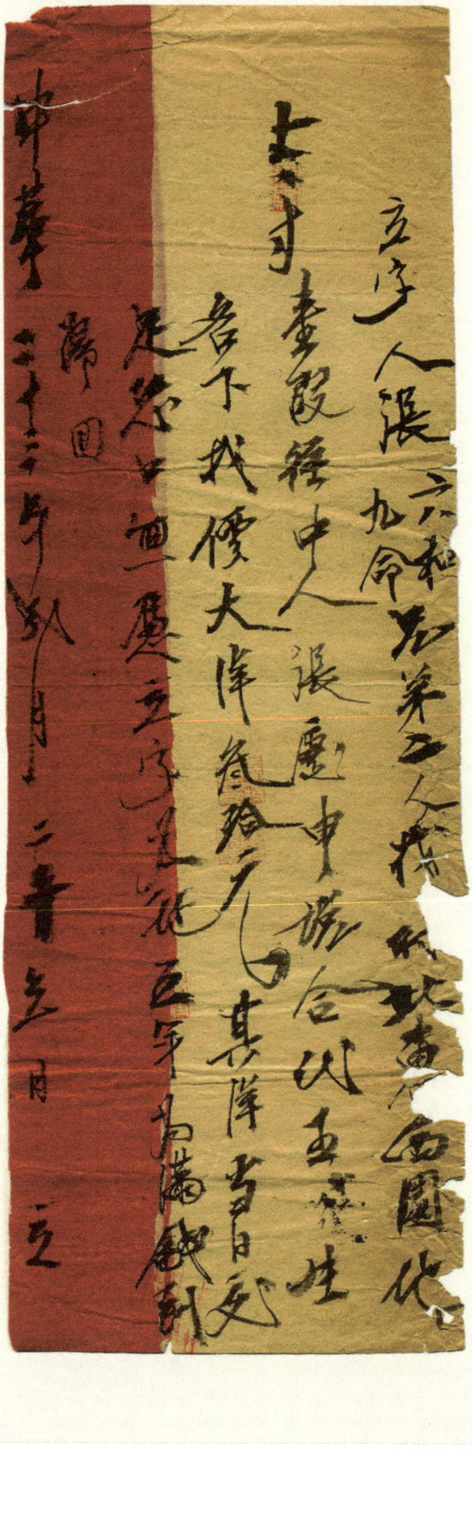
立字人張六和、九命兄弟二人，將[illegible]西園[illegible]
土寸壹段，經中人張慶申說合，[illegible]
名下，找價大洋拾元，其洋當日交
足，恐口無憑，立字[illegible]為據
[illegible]
中華民國二十[illegible]年[illegible]月二十五日立

一一三 民國二十三年（一九三四年）二月二十三日張六合、張九命找契

立字人張六合
九命兄弟二人，找村北東西園地壹段，經中人張慶申説合，代【在】王老生名下找價大洋叁拾元，其洋當日交足，恐口無憑，立字爲證。五年爲滿，錢到歸回。

中華二十三年貳月二十三日　立

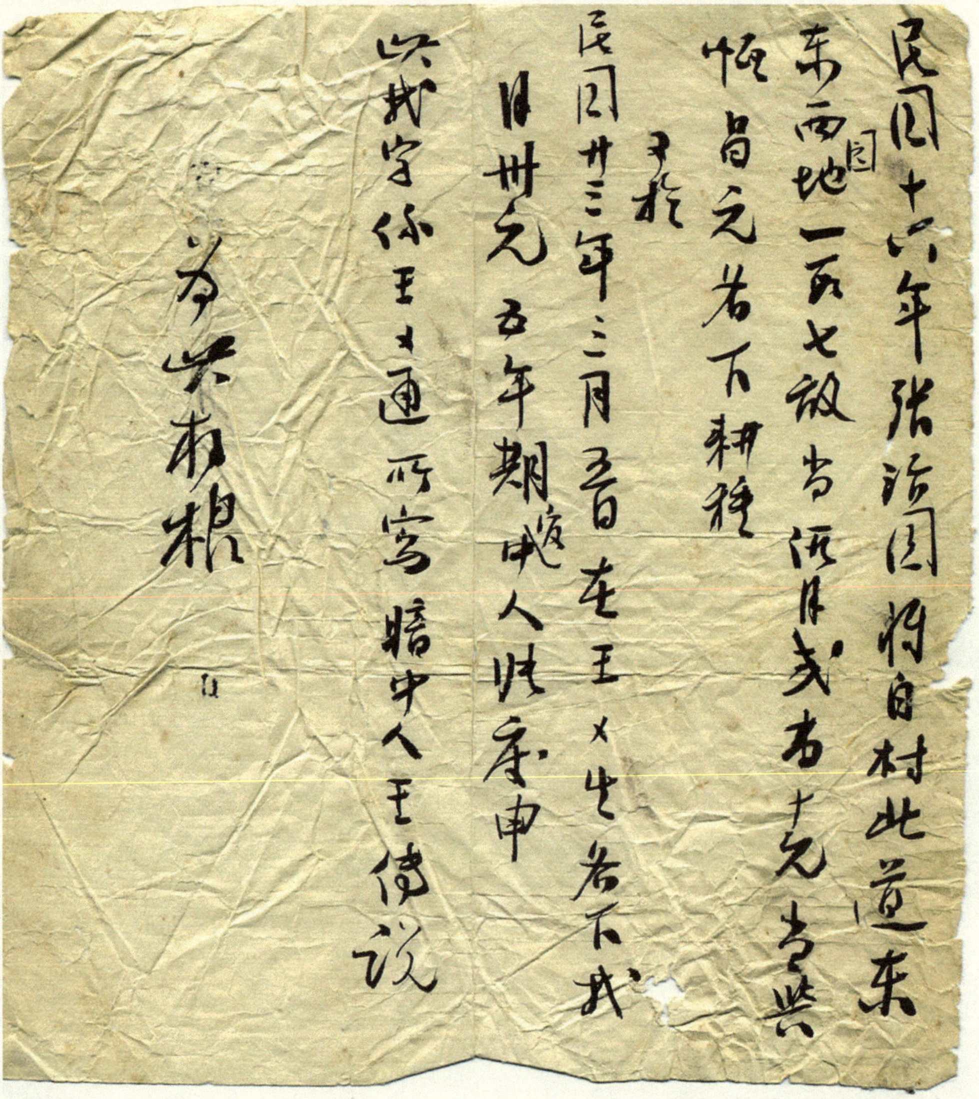

民国十六年张治国将自村北道东
东西地一亩七级当洋戎拾元当与
恒昌元名下耕种
民国卅三年三月晋在王×先名下戎
日卅元 五年期 中人张×申
此据字係王×通所写 瞎中人王俊说
当共有粮

一一四 民國二十三年（一九三四年）三月五日張治國找契存根

民國十六年張治國將自村北道東東西園地一段七畝，當價洋貳百十元，當與恒昌元名下耕種。

又於

民國廿三年三月五日在王老生名下找洋卅元，五年期。官中人張慶申

此找字係王老通所寫，暗中人王傳説。

爲此存根

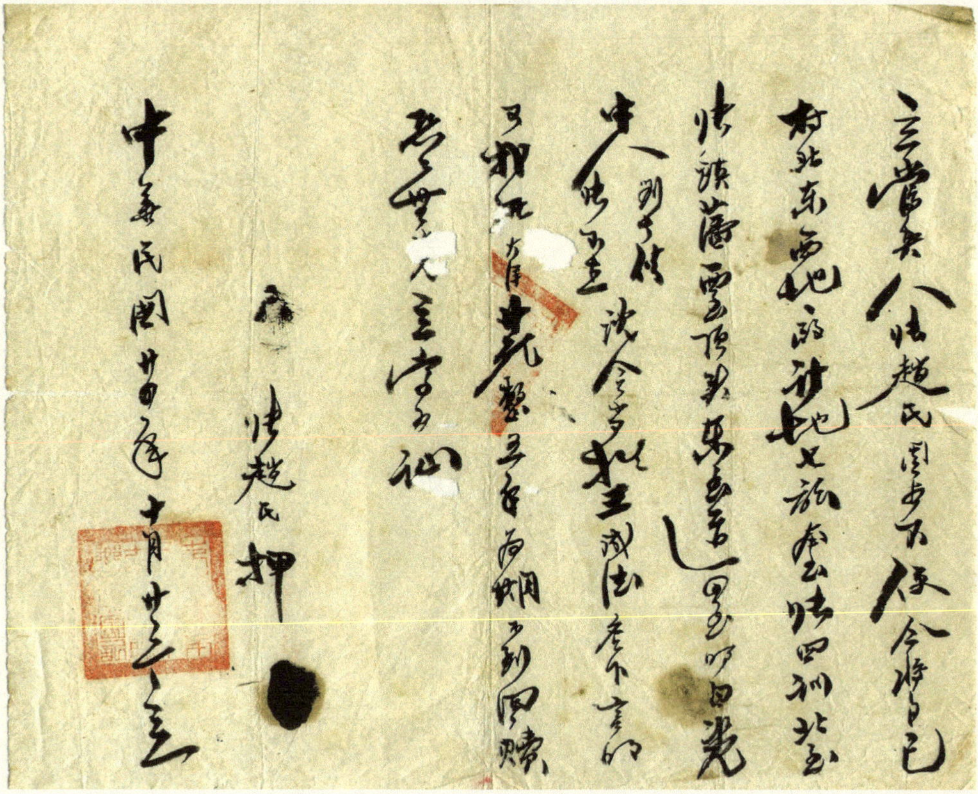
立當契人張趙氏，因當不便，今將自己
村北東西地一段，計地七畝，東至張四，北至
張振江，西至張某，南至道，四至明白，憑
中人 劉書林 說合，情願當與 名下承當，言明
又批 當價大洋叁拾元整，三年為期，不到期不准贖，
恐後無憑，立當字為証。
張趙氏 押
中華民國廿四年十一月廿二日

一一五　民國二十四年（一九三五年）十月二十三日張趙氏當契

立當契人張趙氏，因爲不便，今將自己村北東西地一段，計地七畝，南至張四訓，北至張振藩，西至頂頭，東至道，四至明白，憑中人劉長修、張可杰說合，當於王成德名下，言明可找價大洋廿元整，五年爲期，錢到回贖，恐口無憑，立字爲證。

張趙氏押

中華民國廿四年十月廿三日立

（『東鹿縣第五區第貳十七鄉東大陳鄉公所圖記』方印兩枚）

立當契人張鎮南因為不便今將自己村東北南

北園地壹段計地陸畝東至楊治瑞西至張福田

南至頂頭北至道四至清今憑中人説合當

於張振福名下言明共作當價洋伍拾伍元整

其洋當日交足耕種三年為滿恐口無憑立

當契為証

通行國幣

中人 張孝山 王恩群 張康申

中華民國貳拾捌年拾月十五日 立

一一六 民國二十八年（一九三九年）十月十五日張鎮南當契

立當契人張鎮南，因爲不便，今將自己村東北南北園地壹段，計地陸畝，東至楊洛瑞，西至張福田，南至頂頭，北至道，四至清，今憑中人説合，當於張振福名下，言明共作當價洋伍拾伍元整，其洋當日交足，耕種三年爲滿，恐口無憑，立當契爲證。

通行國幣

中人　張考山
　　　王皂群
　　　張慶申

中華民國貳拾捌年拾月十五日立

（『東鹿縣第五區第貳十七鄉東大陳鄉公所圖記』方印兩枚）

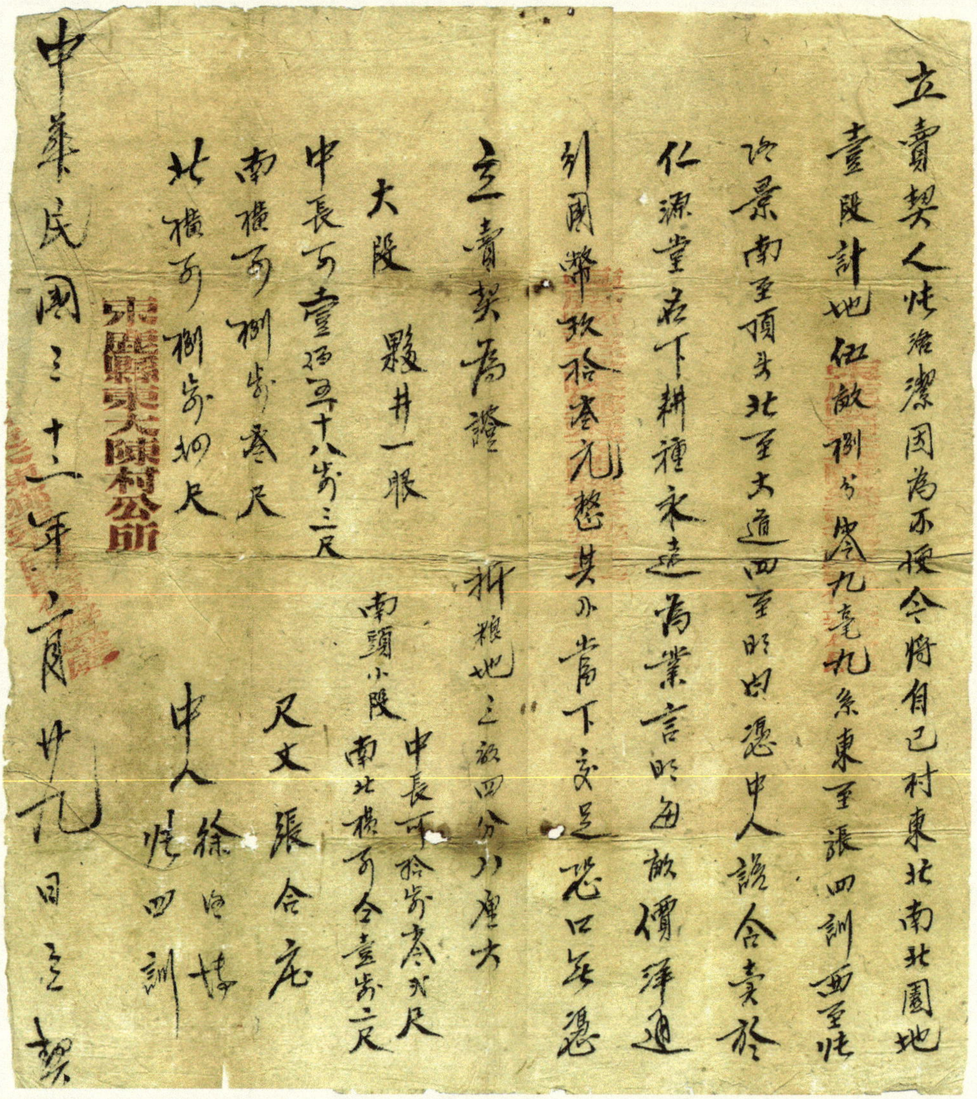

立賣契人張滄潔因為不便今將自己村東北南北園地
壹段計地伍畝捌分零九毫九系東至張四訓西至張
鴻景南至頂头北至大道四至明白憑中人說合賣於
仁源堂名下耕種永遠為業言明每畝價洋通
用國幣玖拾叁元整其洋當下交足空口無憑
立賣契為證　折粮地三畝四分八厘六
大段　殺井一眼
中長弓壹佰五十八步三尺
南横弓捌步叁尺
北横弓捌步捌尺
南頭小段　中長弓拾步叁弍尺
南北横弓各壹步二尺
尺文　張合庭
中人　徐滄博
張四訓
中華民國三十二年二月廿九日立契

束鹿縣東大陳村公所

一一七 民國三十二年（一九四三年）二月二十九日張洛潔賣地契

立賣契人張洛潔，因爲不便，今將自己村東北南北園地壹段，計地伍畝捌分零九毫九絲，東至張四訓，西至張洛景，南至頂頭，北至大道，四至明白，憑中人説合，賣於仁源堂名下耕種，永遠爲業，言明每畝價洋通行國幣玖拾叁元整，其錢當下交足，恐口無憑，立賣契爲證。　折粮地三畝四分八厘六

大段　夥井一眼

中長可壹佰五十八步三尺

南横可捌步叁尺

北横可捌步肆尺

南頭小段　中長可拾步零貳尺

南北横可同壹步二尺

尺丈　張合莊

中人　徐洛博

張四訓

中華民國三十二年二月廿九日立契

（『東鹿縣東大陳鄉東大陳聯保辦公處』長形印三枚；『東鹿縣東大陳村公所』長形印一枚）

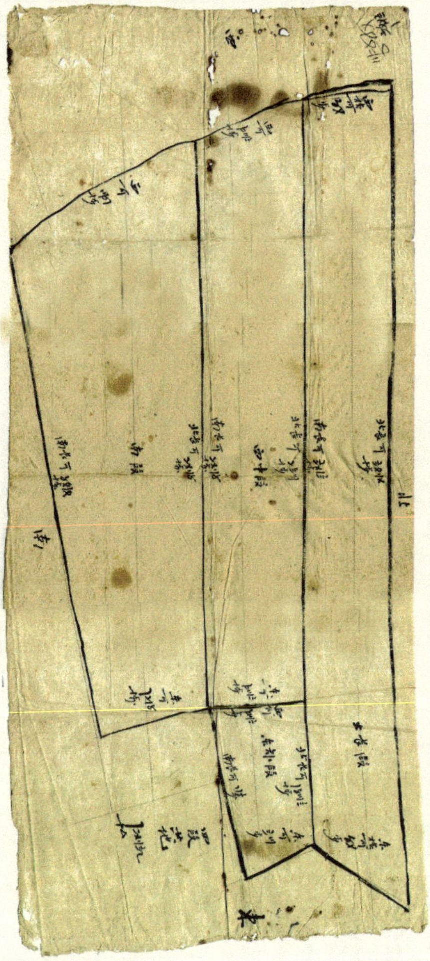

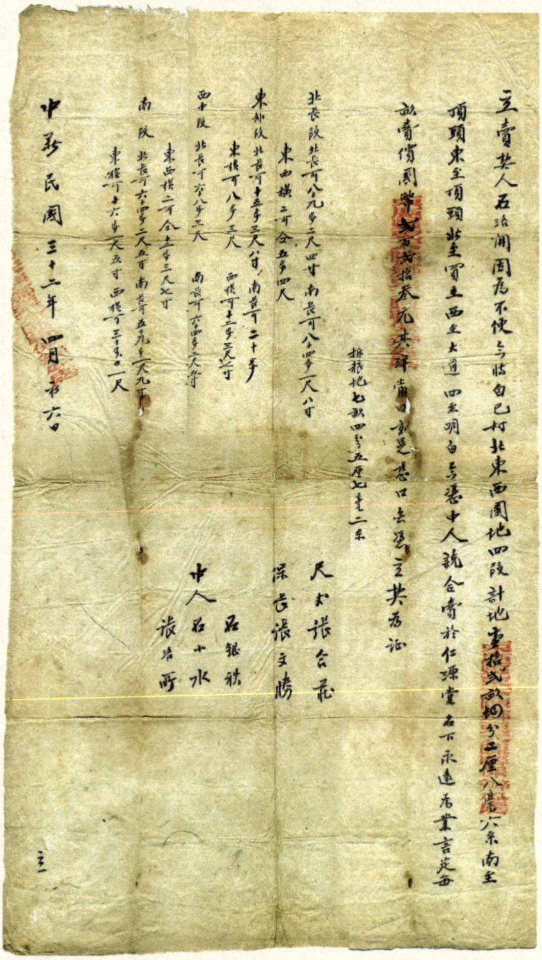

立賣契人石治潤因為不便今將自己村北東西園地四段計地壹拾貳畝捌分二厘八毫六系南至頂頭東至頂頭北至買主西至大道四至明白今憑中人說合賣於仁源堂名下永遠為業言定每畝賣價國幣[illegible]元共[illegible]元其洋當日交足恐口無憑立契為證

按粮地七畝四分五厘七毫二系

北長段 北長[illegible] 南長[illegible]
東西橫[illegible]
東外段 北長[illegible] 南長[illegible]
東橫[illegible] 西橫[illegible]
西中段 北長[illegible] 南長[illegible]
東西橫[illegible]
南段 北長[illegible] 南長[illegible]
東橫[illegible] 西橫[illegible]

尺丈 張合花
保書 張文勝
中人 石銀秋 石十水 張若町

中華民國三十二年四月初六日

一一八 民國三十二年（一九四三年）四月初六石洛開賣地契（附四段地形尺寸圖）

立賣契人石洛開，因爲不便，今將自己村北東西園地四段，計地壹拾貳畝肆分二厘八毫六絲，南至頂頭，東至頂頭，北至買主，西至大道，四至明白，今憑中人説合，賣於仁源堂名下永遠爲業，言定每畝賣價國幣貳百貳拾叁元，其洋當日交足，恐口無憑，立契爲證。

折粮地七畝四分五厘七毫二絲

北長段　北長可八十九步二尺四寸　南長可八十四步一尺八寸

東西横二可同五步四尺

東短段　北長可十五步三尺八寸　南長可二十步

東横可八步三尺　西横可十二步三尺七寸

西中段　北長可六十八步三尺　南長可六十四步二尺五寸

東西横二可同十二步三尺七寸

南　段　北長可六十四步二尺五寸　南長可五十九步一尺九寸

東横可十六步一尺五寸　西横可三十步〇一尺

中人　石銀秋

尺丈　張合莊　　保長　張文勝　　石小水

張洛所

中華民國三十二年四月初六日立

（『東鹿縣東大陳鄉東大陳聯保辦公處』長形印三枚）

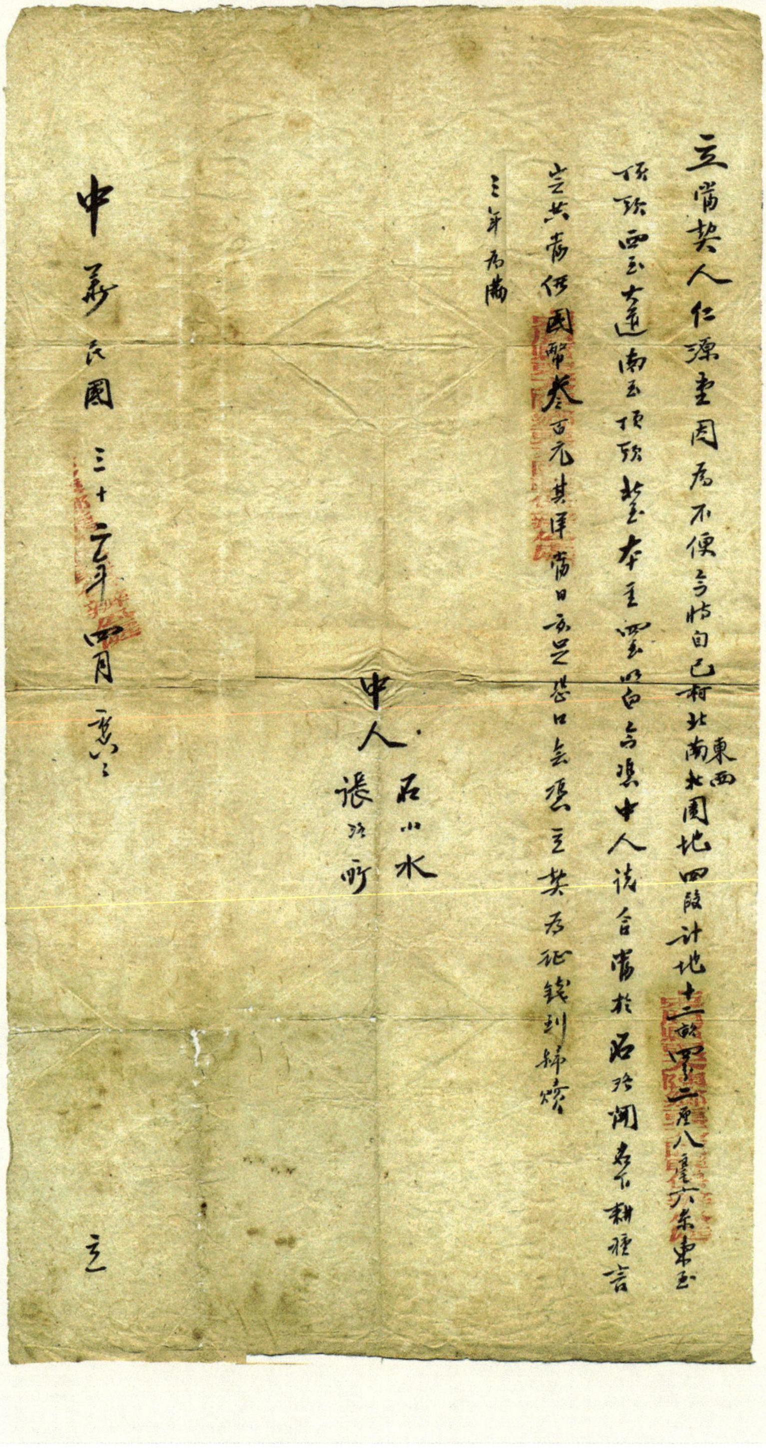

立當契人仁源堂因為不便今將自己村北南北東西園地四段計地十二畝零二厘八毫六絲東至頂頭西至大道南至頂頭北至本主四至分明今憑中人説合當於呂珍聞名下耕種言定共當價國幣叁百元其洋當日交足恐口無憑立契為証錢到歸贖

三年為滿

中人 呂小水 張珍所

中華民國三十六年四月念六日 立

一一九 民國三十二年（一九四三年）四月初六仁源堂當契

立當契人仁源堂，因爲不便，今將自己村北東西南北園地四段，計地十二畝四分二厘八毫六絲，東至頂頭，西至大道，南至頂頭，北至本主，四至明白，今憑中人説合，當於石洛開名下耕種，言定共當價國幣叁百元，其洋當日交足，恐口無憑，立契爲證，錢到歸贖。三年爲滿

中人 石小水 張洛所

中華民國三十二年四月初六日立

（『東鹿縣東大陳鄉東大陳聯保辦公處』長形印三枚）

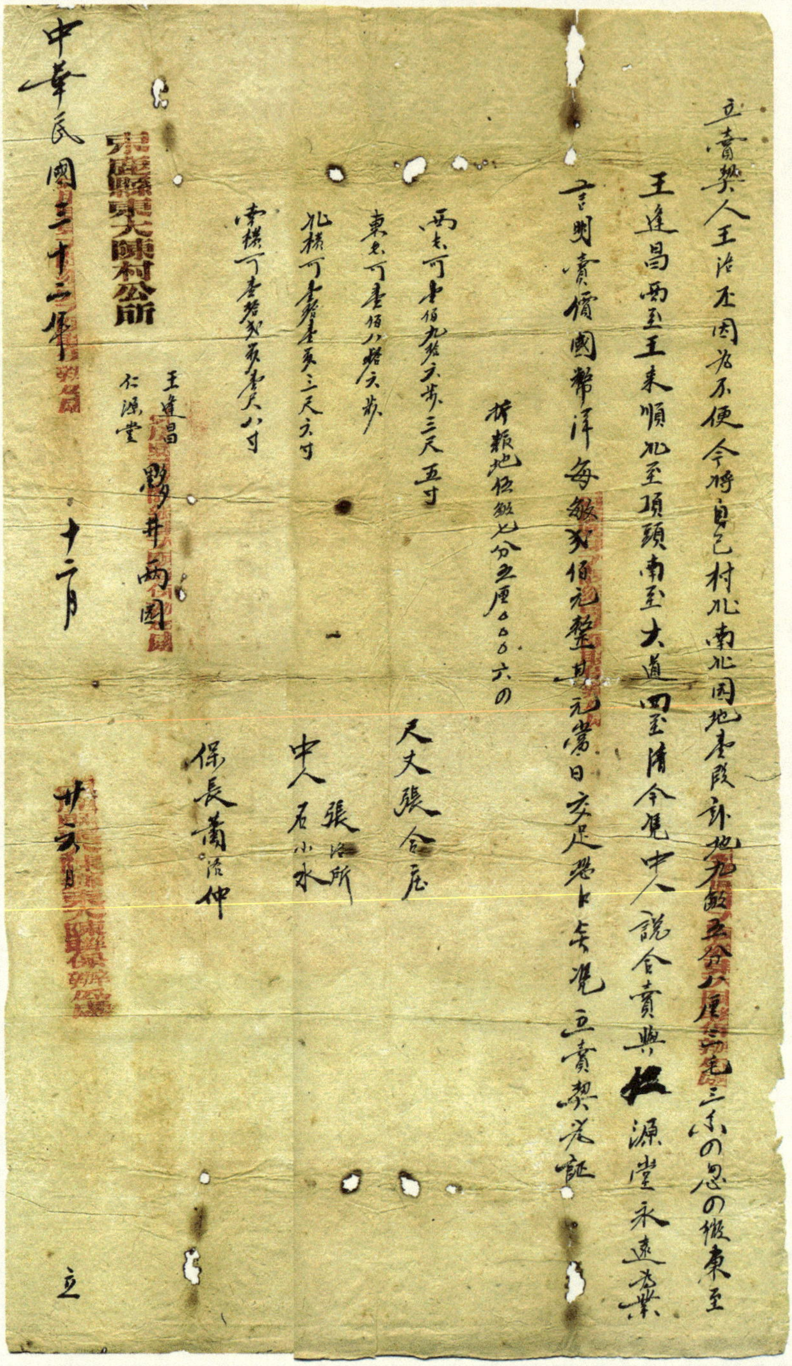

立賣契人王治丕因為不便今將自己村北南北园地壹段計地九畝五分六厘〇毛三系〇忽〇微東至
王逢昌西至王來順北至頂頭南至大道四至清令憑中人說合賣與仁源堂永遠為業
言明賣價國幣洋每畝弍佰元整共元當日交足恐口無憑立賣契為証

折粮地伍畝七分五厘〇〇〇六〇

西长可弍佰九拾六步三尺五寸
東长可壹佰八拾六步
北横可壹拾壹丈三尺六寸
南横可壹拾弍丈壹尺八寸

東鹿縣東大陳村公所

王逢昌
仁源堂
[illegible]

天文張合屁
中人 張治所 石小水
保長蕭治仲

中華民國三十二年十二月廿六日立

一二〇 民國三十二年十二月二十六日（一九四四年一月二十一日）王洛丕賣地契

立賣契人王洛丕，因爲不便，今將自己村北南北園地壹段，計地九畝五分八厘三毫三絲四忽四微，東至王逢昌，西至王來順，北至頂頭，南至大道，四至清，今憑中人説合，賣與仁源堂永遠爲業，言明賣價國幣洋每畝貳佰元整，其元當日交足，恐口無憑，立賣契爲證。

折粮地伍畝七分五厘〇〇〇六四

西長可壹佰九拾六步三尺五寸
東長可壹佰八拾六步
北横可壹拾壹步三尺六寸
南横可壹拾貳步壹尺八寸

尺丈 張合莊
中人 張洛所
石小水
保長 蕭洛仲

王逢昌
仁源堂 夥井兩園【眼】

中華民國三十二年十二月廿六日立

（『東鹿縣東大陳鄉東大陳聯保辦公處』長形印五枚；『東鹿縣東大陳村公所』長形印一枚）

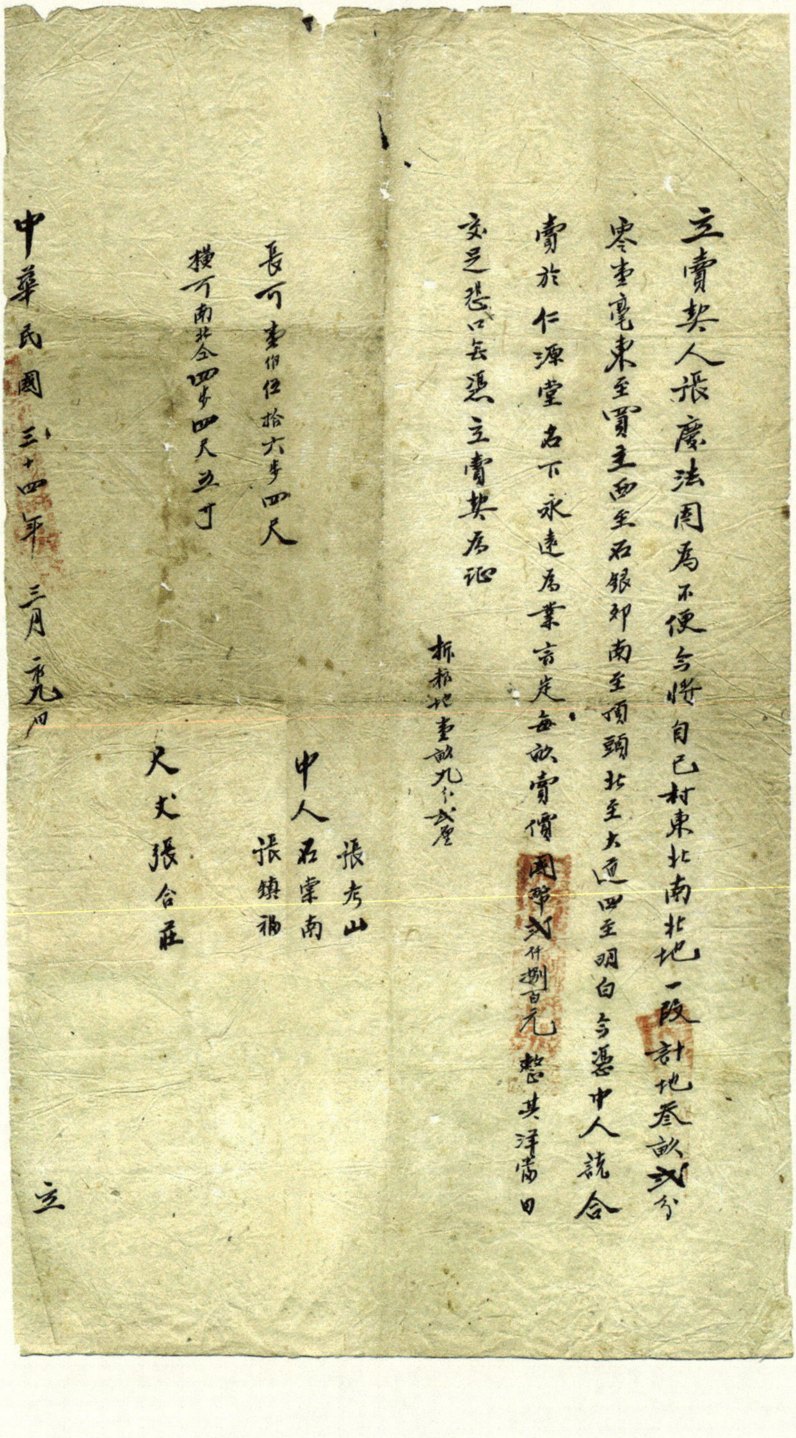

立賣契人張慶法因爲不便今將自己村東北南北地一段計地叁畝弍分
零壹毫東至買主西至石銀卯南至頂頭北至大道四至明白今憑中人説合
賣於仁源堂名下永遠爲業言定每畝賣價國幣弍仟捌百元整其洋當日
交足恐口無憑立賣契爲証

折糧地壹畝九分弍厘

長丁壹佰伍拾六步四尺
横丁南北合四步四尺五寸

中人 石棠南 張鎮福 張秀山

代字張合莊

中華民國三十四年三月廿九日 立

一二一 民國三十四年（一九四五年）三月初九張慶法賣地契

立賣契人張慶法，因爲不便，今將自己村東北南北地一段，計地叁畝貳分零壹毫，東至買主，西至石銀卯，南至頂頭，北至大道，四至明白，今憑中人説合，賣於仁源堂名下永遠爲業，言定每畝賣價國幣貳仟捌百元整，其洋當日交足，恐口無憑，立賣契爲證。

折粮地壹畝九分貳厘

長可壹佰伍拾六步四尺

橫可南北同四步四尺五寸

中人 張考山

石棠南

張鎮福

尺丈 張合莊

中華民國三十四年三月初九日立

（『東鹿縣東大陳鄉東大陳聯保辦公處』長形印三枚）

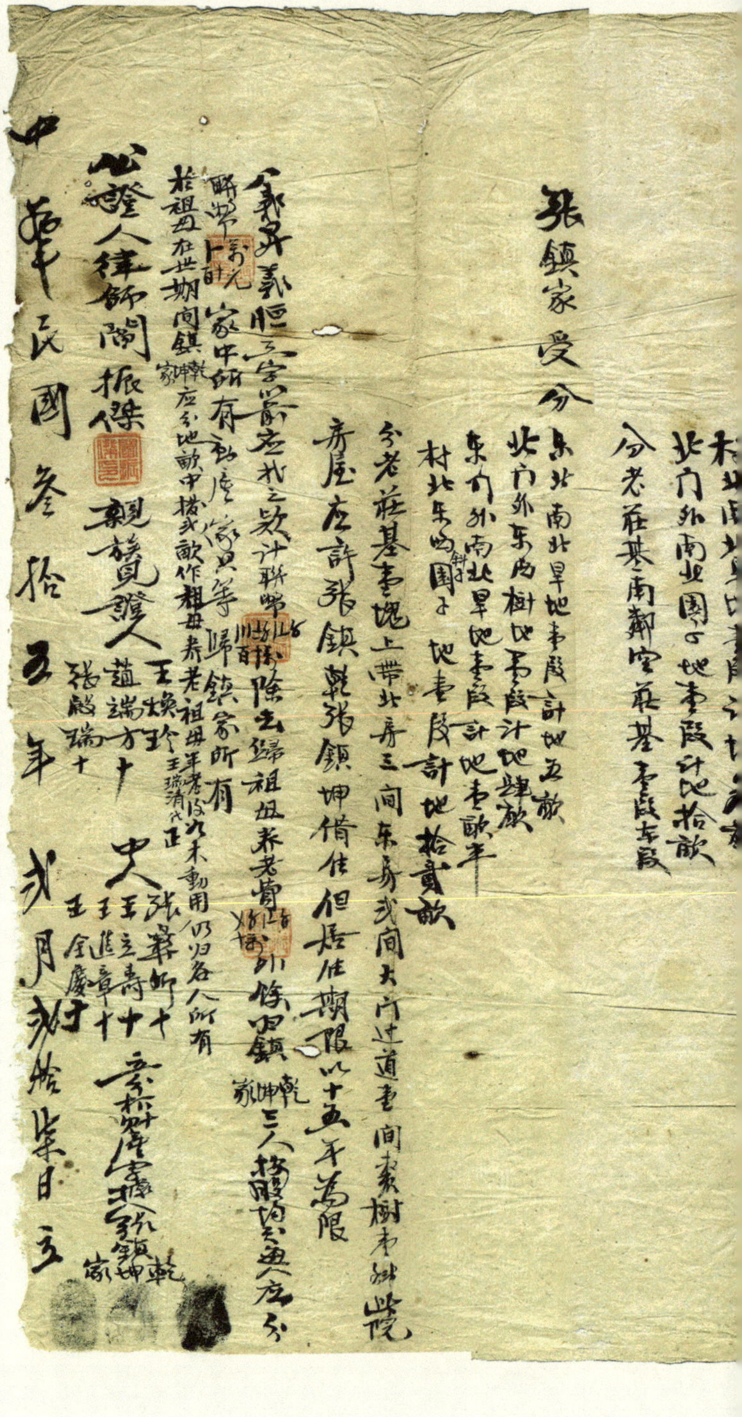
北門外南北園子地壹段，計地拾畝
分老莊基南鄰宅莊基壹段本段
張鎮家受分
東北南北旱地壹段，計地五畝
北門外東西樹地壹段，計地肆畝
東門外南北旱地壹段，計地壹畝半
村北東西園子斜地壹段，計地拾貳畝
分老莊基壹塊，上帶北房三間，東房貳間，大門過道壹間，裘樹壹株，□院
房屋應許張鎮乾、張鎮坤借住，但借住期限以十五年為限
另義興義恆二字號應存老號之款，計聯幣肆佰捌拾元，除去歸祖母養老費外，餘歸鎮乾、鎮坤、鎮家三人按股均分，每人應分
聯幣壹佰□元。家中所有動產，係鎮乾等歸鎮家所有
於祖母在世期間，鎮乾、鎮坤、鎮家應分地畝中撥貳畝作祖母養老，祖母年老後此未動用，仍歸各人所有
公證人律師閻振傑
親族見證人 王煥玲十 王瑞清代正 趙端方十 張殿瑞十
中人 張彝卿十 王立壽十 王進章十 王全慶十
立分約字據人 張鎮乾、鎮坤、鎮家
中華民國叁拾五年貳月貳拾柒日 立

立分析財產字據人張鎮乾坤家茲因鎮乾等兄弟共已成年現經鎮乾坤家兄弟三人

協議情願將東鹿原籍家中及北平所有全部財產三人平均分劃清楚各

立門户邀同親族友人等將祖遺及自置全部房產田地財產等項作

三股均分各立門户拈鬮為定自分析後各自承受永遠管業各自獨

立門户自分立後各守本分照據管業永無異言恐口無憑書立分析財產

字據為證

茲將張鎮乾坤家三人各自受分財產開列於下

張鎮乾受分

村東南東西坎地一段計地叁畝

村北南北旱地壹段計地玖畝

村七東西斜子園子地壹段計地柒畝

東門外南北旱地壹段，計地壹畝半。

村北東西斜子園子地壹段，計地拾貳畝。

分老莊基壹塊，上帶北房三間，東房貳間，大門過道壹間，棗樹壹科【棵】，

此院房屋應許張鎮乾、張鎮坤借住，但居住期限以十五年爲限。

義昇、義恒立字以前，應找之款計聯幣三百七十五萬一百六十五元，除去歸祖母養老費四十五萬一百六十五元外，餘歸鎮乾 坤 家三人按股均分，每人應分聯幣一百一十萬，家中所有動產、傢俱等歸鎮家所有。

於祖母在世期間，鎮乾 坤 家應分地畝中撥貳畝作祖母養老，祖母年老後，如未動用，仍歸各人所有。

公證人律師　閆振傑　親族見證人　王煥珍　王瑞清代　張彝卿

趙端方　中人　王立壽

張殿瑞　王進章

王全慶

立分析財產字據人　張鎮乾 坤 家

中華民國叁拾五年貳月貳拾柒日立

（『閆振傑』私章五枚）

一二二　民國三十五年（一九四六年）二月二十七日張鎮乾、張鎮坤、張鎮家分單

立分析財産字據人張鎮乾坤家，茲因鎮乾等兄弟具各成年，現經鎮乾坤家兄弟三人協議，情願將東鹿原籍家中及北平所有全部財産二【三】人平均分割清楚，各立門户。邀同親族友人等，將祖遺及自置全部房産田地財産等項，作三股均分，各立門户，拈鬮爲定。自分析後，各自承受，永遠管業，各自獨立門户。自分之後，各守本分，照據管業，永無異言，恐口無憑，書立分析財産字據爲證。

茲將張鎮乾坤家三人各自受分財産開列於下：

張鎮乾受分　村東南東西墳地一段，計地叁畝。
村東北南北旱地壹段，計地玖畝。
村北東西斜子園子地壹段，計地柒畝。
分老莊基南鄰空莊基壹塊西段。

張鎮坤受分　村北東西墳地壹段，計地柒畝。
村北南北旱地壹段，計地叁畝。
北門外南北園子地壹段，計地拾畝。
分老莊基南鄰空莊基壹段東段。

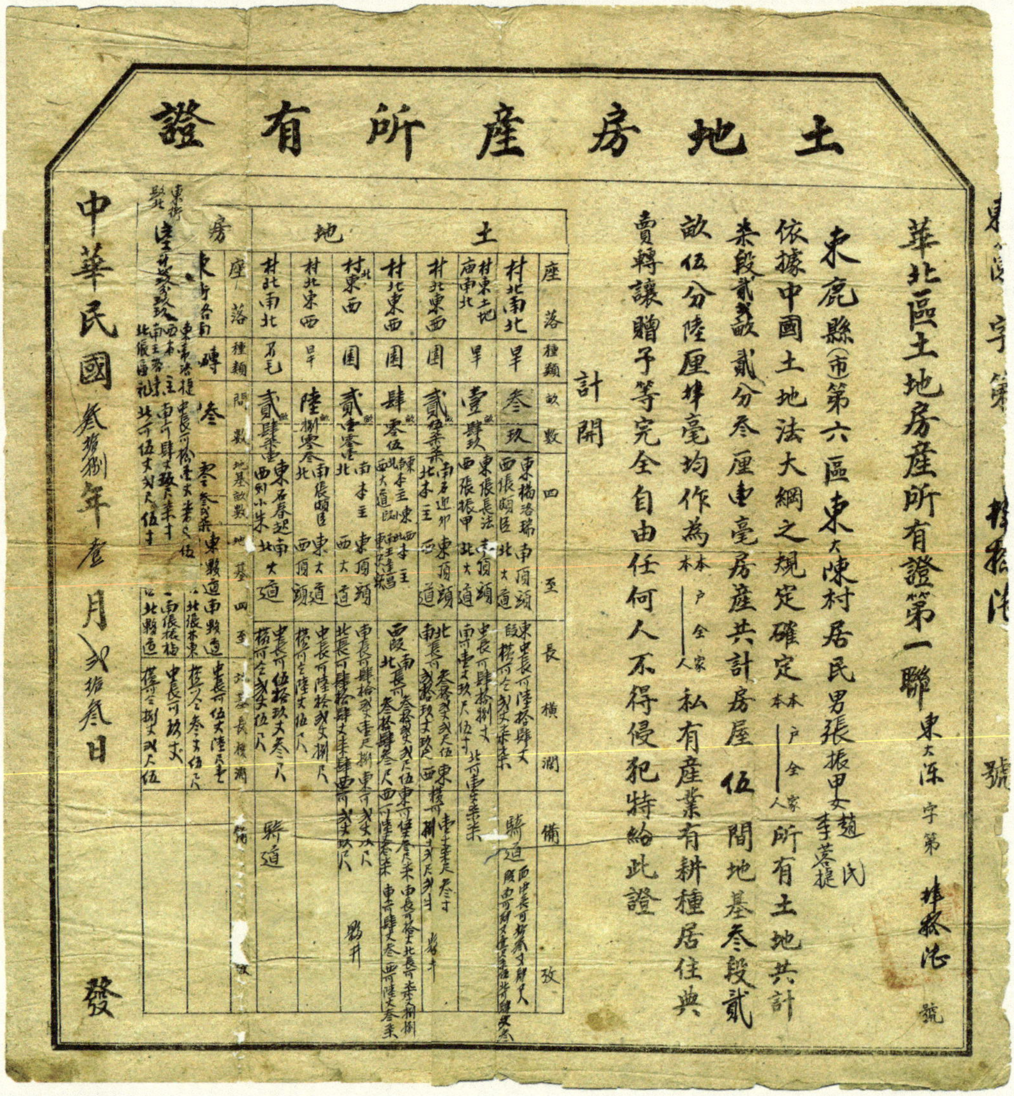

土地房産所有證

華北區土地房産所有證第一聯　東大陳字第　[illegible]　號

東鹿縣(市)第六區東大陳村居民男張振甲女趙氏李蓉提

依據中國土地法大綱之規定確定本戶全家所有土地共計

叁段貳畝貳分叁厘肆毫房産共計房屋伍間地基叁段貳

畝伍分陸厘肆毫均作為本戶全家人私有産業有耕種居住典

賣轉讓贈予等完全自由任何人不得侵犯特給此證

計開

土地 座落	種類	畝數	四至	長橫闊	備致
村北南北	旱	叁玖	東楊洛瑞 南項頭 西張顧臣 北大道	[illegible]	騎道 [illegible]
村東土地廟南北	旱	壹肆玖	東張長法 南項頭 西張振甲 北大道	[illegible]	
村北東西	園	貳[illegible]	東項頭 南石迎卯 西道 北李王	[illegible]	[illegible]
村北東西	園	肆零伍	[illegible]	[illegible]	
村北東西	園	貳[illegible]	東項頭 南李王 西大道 北	[illegible]	[illegible]
村北東西	旱	陸[illegible]	東大道 南張顧臣 西項頭 北	[illegible]	
村北南北	[illegible]	貳[illegible]	東石春起 南大道 西劉小朱 北	[illegible]	騎道

房 座落	種類	間數	地基畝數	地基四至	地基長橫闊	備致
東[illegible]	磚	叁	[illegible]	東數道 南數道 [illegible]	[illegible]	
[illegible]			[illegible]	[illegible]	[illegible]	

中華民國叁拾[illegible]年叁月[illegible]日　發

一二三 民國三十八年（一九四九年）一月二十三日土地房産所有證

華北區土地房産所有證第一聯東大陳字第肆拾陸號

東鹿縣（市）第六區東大陳村居民 男 張振甲 女 赵氏 李蓉捷

依據中國土地法大綱之規定，確定 本户全家 本 人 所有土地共計柒段，貳貳畝貳分叁厘壹毫，房産共計房屋伍間，地基叁段，貳畝伍分陸厘肆毫，均作爲 本户全家 本 人 私有産業，有耕種、居住、典賣、轉讓、贈予等完全自由，任何人不得侵犯。

特給此證。

計開：

中華民國叁拾捌年壹月貳拾叁日發

（『東鹿縣政府印』方印一枚；『東鹿縣東大陳村公所圖記』小方印一枚）

類別	座落	種類	畝數／間數	四至／地基畝數	四至／地基四至	長横闊／地基長横闊	備考
土地	村北南北	旱	叁畝玖	東楊洛瑞 南頂頭 西張頫臣 北大道		東段中長可陸拾肆丈 横可同貳丈柒柒 騎道西段 中長可拾叁丈肆尺 南可肆丈壹尺柒伍 北可肆丈叁	
土地	村東土地廟南北	旱	壹畝肆玖	東張長法 南頂頭 西張振甲 北大道		中長可肆拾捌丈 南可壹丈玖尺伍寸 北可壹丈柒柒	
土地	村北東西	園	貳畝伍柒柒	南石迎卯 東頂頭 北本主 西道		北長可叁拾貳丈貳尺伍 南長可貳拾玖丈玖尺 東横可壹丈柒尺叁寸 西横可捌丈貳尺貳寸	夥井
土地	村北東西	園	肆畝零伍	東南本主 北西大道	東小段 西北本主 南王逢昌 東頂頭	西段南長可叁拾貳丈貳尺伍 北長可叁拾肆叁尺 東可伍丈叁尺柒 西可陸丈叁柒 南長可拾丈 北長可柒丈捌捌 東可肆丈叁 西可陸丈叁柒	
土地	村北東西	園	貳畝壹零陸、	南本主 東頂頭 北 西大道		南長可肆拾貳丈壹尺捌 北長可肆拾肆丈柒肆 東可貳丈玖尺 西可貳丈玖尺	夥井
土地	村北東西	旱	陸畝捌零叁	南張頫臣 東大道 北 西頂頭		中長可陸拾貳丈捌尺 横可同陸丈伍尺	
土地	村北南北	不毛	貳畝肆柒壹	東石春起 西劉小朱 南北大道		中長可伍拾玖丈叁尺 横可同貳丈伍尺	騎道
房屋	東街路南	磚	叁	零亩叁貳柒	東夥道 南夥道 西張頫臣 北張林東	中長可伍丈陸尺壹 横可同叁丈伍尺	
房屋	東街路南	空	無	壹亩貳叁柒	東夥道 南張振福 西張頫臣 北夥道	中長可玖丈 横可同捌丈貳尺伍	
房屋	東街路北【南】	空	無	計地玖分玖	東常洛捷 西本主 南王洛素 北張區禮	中長可拾壹丈柒尺伍 南可肆丈玖尺柒寸 北可伍丈貳尺伍寸	

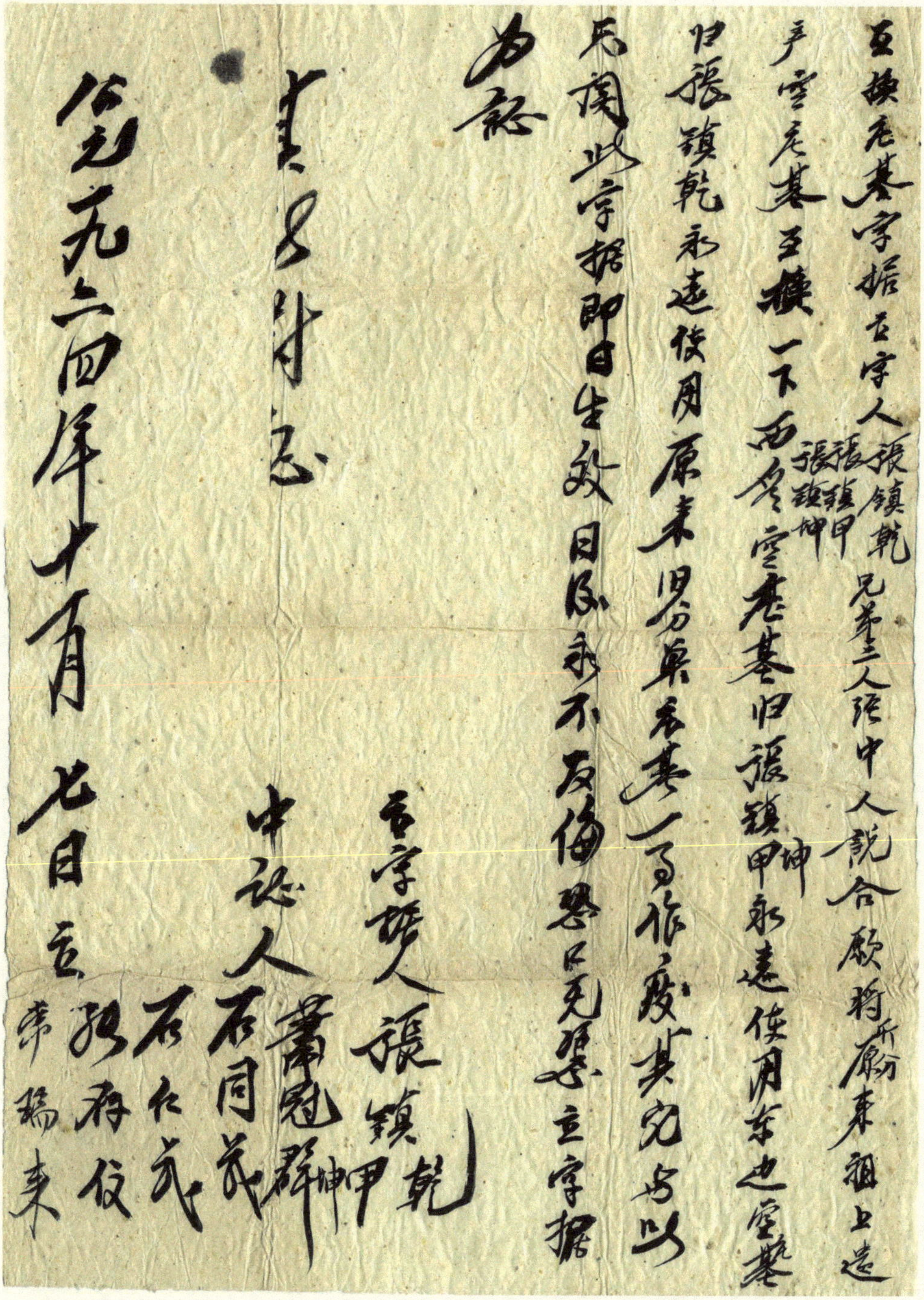

立換老基字据立字人張鎮乾、張鎮甲、張鎮坤兄弟三人經中人說合願將所分原本祖上遺產空老基互換一下西邊空老基归張鎮甲、坤永遠使用東边空基归張鎮乾永遠使用原來所分集老基一處作廢其宅無以後閱此字据即日生效日後永不反悔恐口無憑立字据為証

其各付憑

公元一九六四年十一月七日立

立字据人 張鎮乾 甲 坤

中証人 蕭冠群 石同義 石仁義 張存役 蕭瑞來

一二四 一九六四年十一月七日互换莊基契

互換莊基字據立字人 張鎮乾
張鎮甲
張鎮坤 兄弟三人，經中人説合，願將所分原來祖上遺産空莊基互換一下，西段空莊基歸張鎮坤甲永遠使用，東邊空莊基歸張鎮乾永遠使用，原來舊分單莊基一事作廢，其它與此無關。此字據即日生效，日後永不反悔，恐口無憑，立字據爲證。

立字據人 張鎮乾
甲
坤

（騎縫字）其此封證

中證人 蕭冠群
石同茂
石仁茂
張存信
常瑞來

公元一九六四年十一月七日立

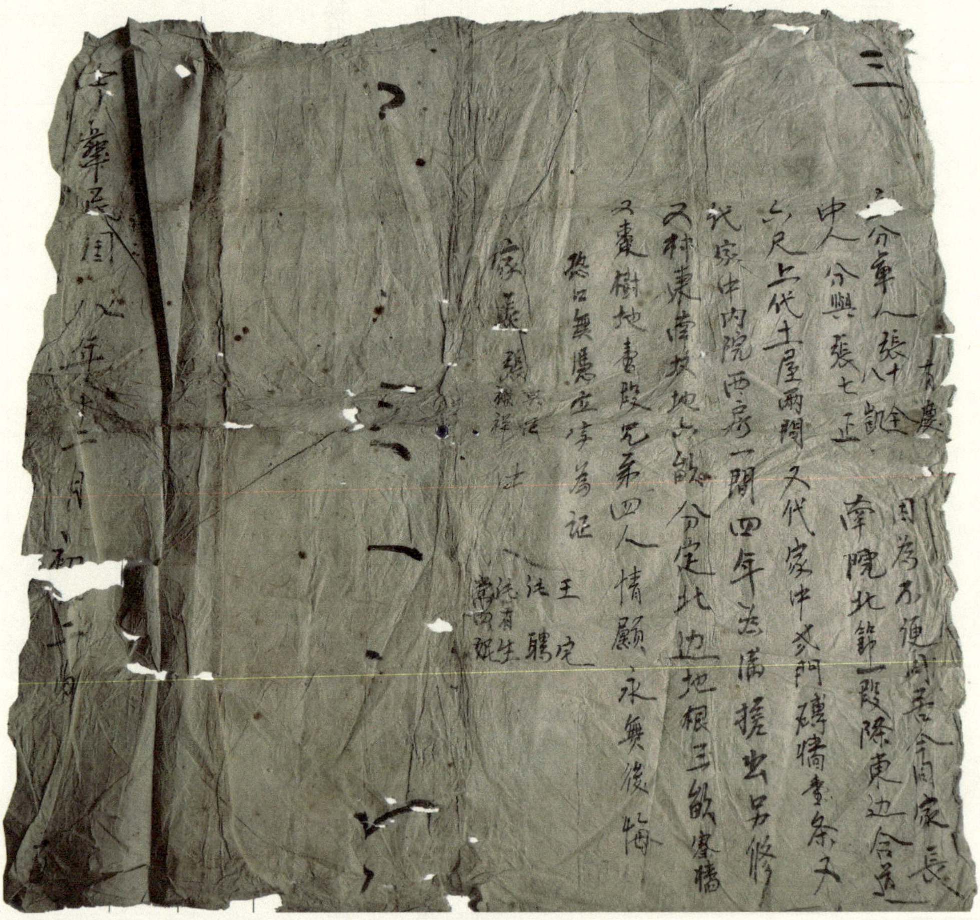
三

有慶

立分單人張十全、張八凱因為不便，同眾合同家長
中人分與張七正南院北節一段，除東边合道
六尺，上代土屋兩間，又代家中岺門磚墻壹條，又
代家中內院西房一間，四年為滿，撓出另修，
又村東南坟地六畝，分定北边地根三畝塚墻，
又棗樹地壹段，兄弟四人情願，永無後悔。
恐口無憑，立字為記。

家長 張祿祥 仝注

王聽完 仝注

張有生 仝注

常四娃

中華民國八年十二月初十日

附：民國八年十二月初二（一九二〇年一月二十二日）張七正分單（張建彪提供）

立分單人張有慶、十全、八凱、七正，因爲不便同居，今同家長中人分與張七正南院北節一段，除東邊合道六尺，上代【帶】土屋兩間，又代【帶】家中貳門、磚牆壹條；又代【帶】家中內院西房一間，四年爲滿，搓【搬】出另修；又村東南墳地六畝，分定北邊地根三畝；寨牆又棗樹地壹段。兄弟四人情願，永無後悔。恐口無憑，立字爲證。

家長　張英發　張貞祥

中人　王宅　張聘　張有生　常四妮

中華民國八年十二月初二日立

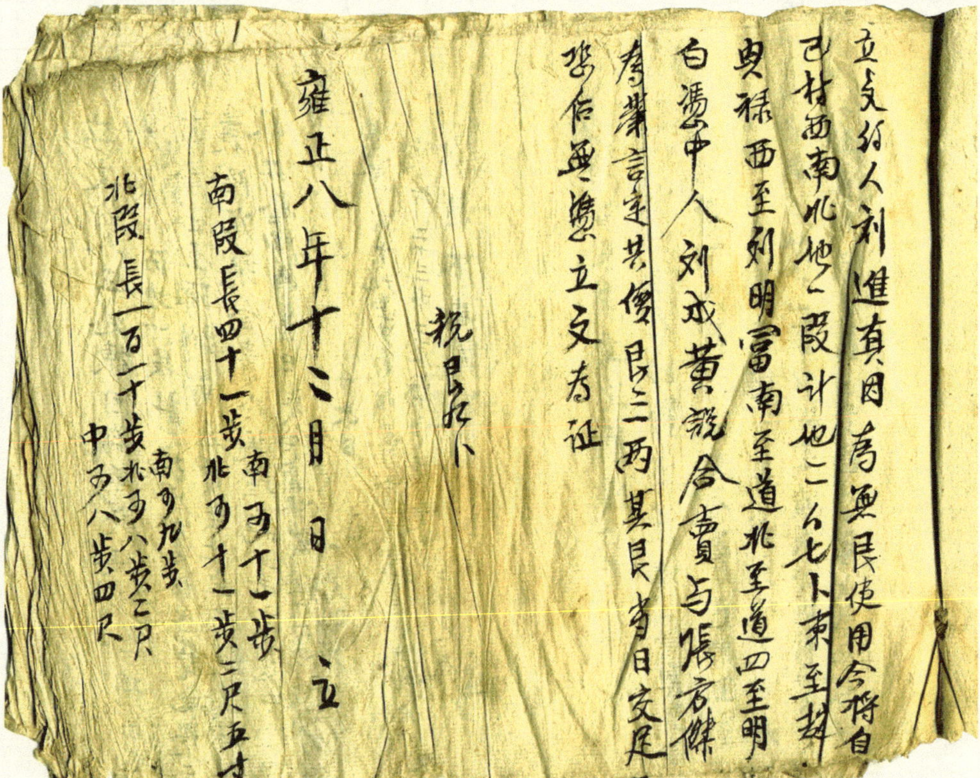

立文约人刘進真因爲無艮使用今将自
己村西南北地一段計地二ム七卜東至楊
典禄西至刘明富南至道北至道四至明
白憑中人刘成黄說合賣与張方傑
爲業言定共價艮二两其艮當日交足
恐后無憑立文存証

税艮[illegible]卜

雍正八年十二月　日　立

南段長四十一步　南頭十一步　北頭十一步二尺五寸

北段長一百一十步　南頭九步　北頭八步二尺　中頭八步四尺

抄契簿

一二五 清雍正八年十二月（一七三一年一月）劉進真賣地契

立文約人劉進真，因爲無銀使用，今將自己村西南北地一段，計地二畝七分，東至趙興祿，西至劉明富，南至道，北至道，四至明白。憑中人劉成黄説合，賣與張方傑爲業，言定共價銀三兩，其銀當日交足，恐後無憑，立文爲證。

税銀九分

雍正八年十二月日立

南段長四十一步　南可十一步　北可十一步二尺五寸

北段長一百一十步　南可九步　北可八步二尺　中可八步四尺

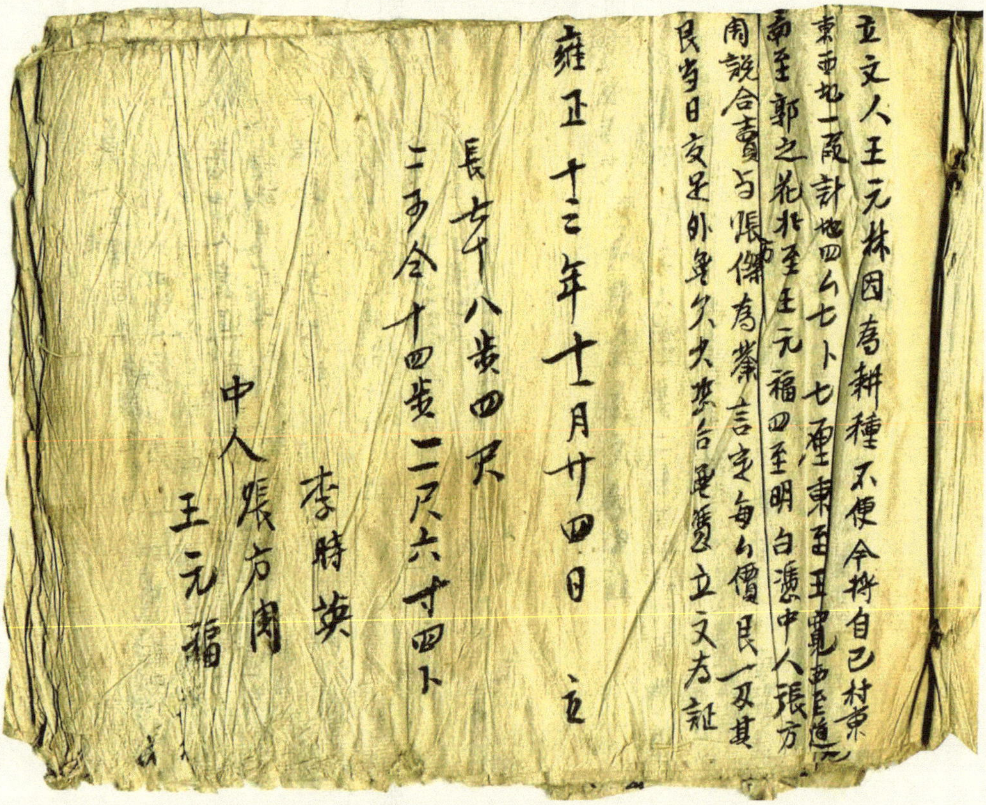
立文人王元林因爲耕種不便，今將自己村東
東西地一叚，計地四畝七分七厘，東至王寬，西至道，
南至郭之花，北至王元福，四至明白，憑中人張方
周説合，賣与張傑爲業，言定每畝價銀一兩，其
銀當日交足，外無欠少，恐後無憑，立文爲証。

雍正十二年十一月廿四日　立

長六十八步四尺
二頭合十四步二尺六寸四分

中人　張方周
　　　李時英
　　　王元福

一二六

*清雍正十三年十一月二十四日（一七三六年一月六日）王元林賣地契

立文人王元林，因爲耕種不便，今將自己村東東西地一段，計地四畝七分七厘，東至王寬，西至道，南至郭之花，北至王元福，四至明白，憑中人張方周説合，賣與張方傑爲業，言定每畝價銀一兩，其銀當日交足，外無欠少，恐後無憑，立文爲證。

雍正十三年十一月廿四日立

長七十八步四尺

二可同　十四步二尺六寸四分

中人　李時英

張方周

王元福

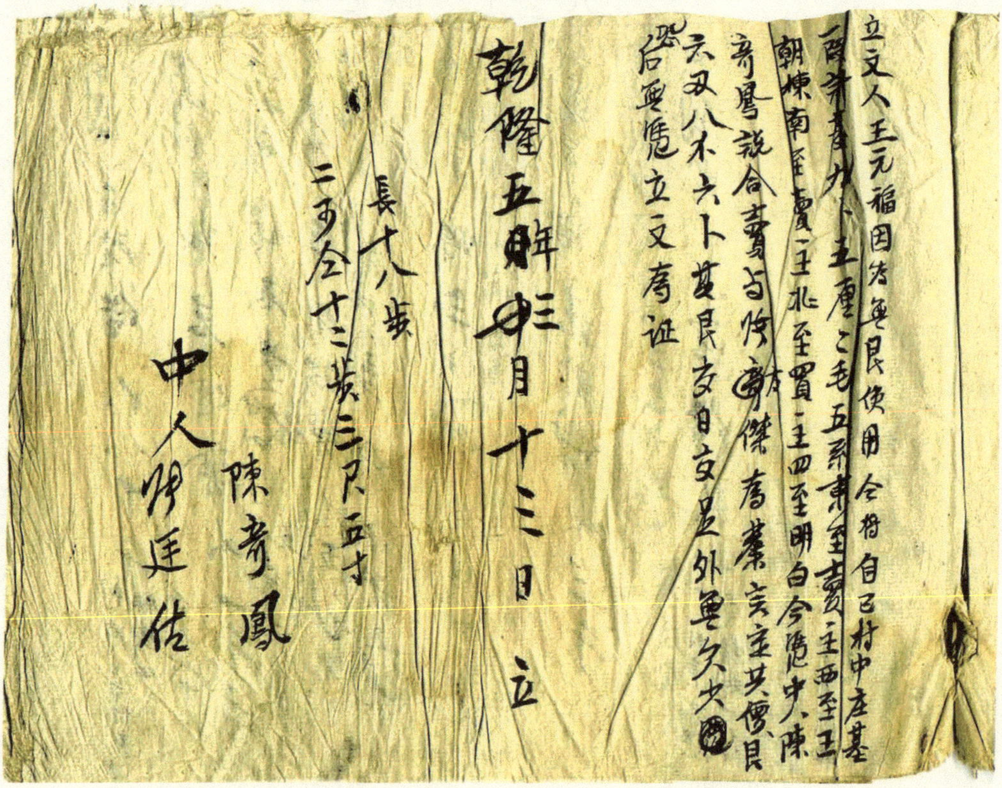
立文人王元福因为無艮使用今將自己村中庄基
一所并基地五厘二毛五系東至賣主西至王
朝楝南至賣主北至買主四至明白今憑中人陳
奇鳳説合賣与張傑為業言定其價艮
六兩八木六卜其艮當日交足外無欠少（押）
恐后無憑立文為證
乾隆五拾年十二月十三日　立
長十八步
二方合十二步三尺五寸
中人　陳奇鳳
胡廷佐

一二七 *清乾隆五年（一七四〇年）三月十三日王元福賣莊基契

立文人王元福，因爲無銀使用，今將自己村中莊基一段，計基九分五厘二毫五絲，東至賣主，西至王朝棟，南至賣主，北至買主，四至明白，今憑中人陳奇鳳説合，賣與張方傑爲業，言定共價銀六兩八錢六分，其銀交【當】日交足，外無欠少，恐後無憑，立文爲證。

乾隆五年三月十三日立

長十八步
二可同十二步三尺五寸

中人 陳奇鳳
張廷佐

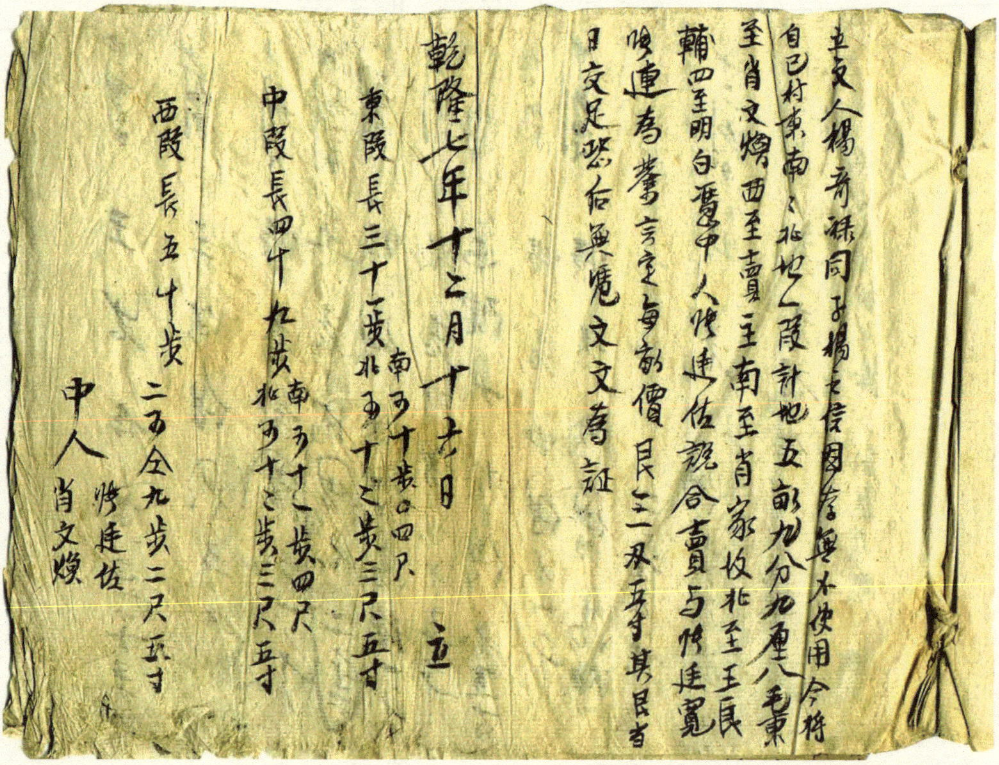
立文人楊齊祿同子楊之信因為無木使用今將
自己村東南之北地一段計地五畝九分九厘八毛東
至肖文煥西至賣主南至肖家坟北至王艮
輔四至明白憑中人張廷佐說合賣与張廷寬
張連為業言定每畝價艮三兩五錢其艮當
日交足恐後無憑文文為証

乾隆七年十二月十六日　立

東段長三十一步　南頭十步四尺　北頭十七步三尺五寸

中段長四十九步　南頭十一步四尺　北頭十七步三尺五寸

西段長五十步　二頭全九步二尺五寸

中人　張廷佐　肖文煥

一二八 *清乾隆七年十二月十六日（一七四三年一月十一日）楊奇禄同子楊之信賣地契

立文人楊奇禄同子楊之信，因爲無錢使用，今將自己村東南南北地一段，計地五畝九分九厘八毫，東至肖文焕，西至賣主，南至肖家墳，北至王良輔，四至明白，憑中人張廷佐説合，賣與張廷寬、張連爲業，言定每畝價銀三兩五寸【錢】，其銀當日交足，恐後無憑，文【立】文爲證。

乾隆七年十二月十六日立

東段長三十一步　　南可十步〇四尺
　　　　　　　　　北可十二步三尺五寸

中段長四十九步　　南可十一步四尺
　　　　　　　　　北可十二步三尺五寸

西段長五十步　　　二可同九步二尺五寸

中人　張廷佐
　　　肖文焕

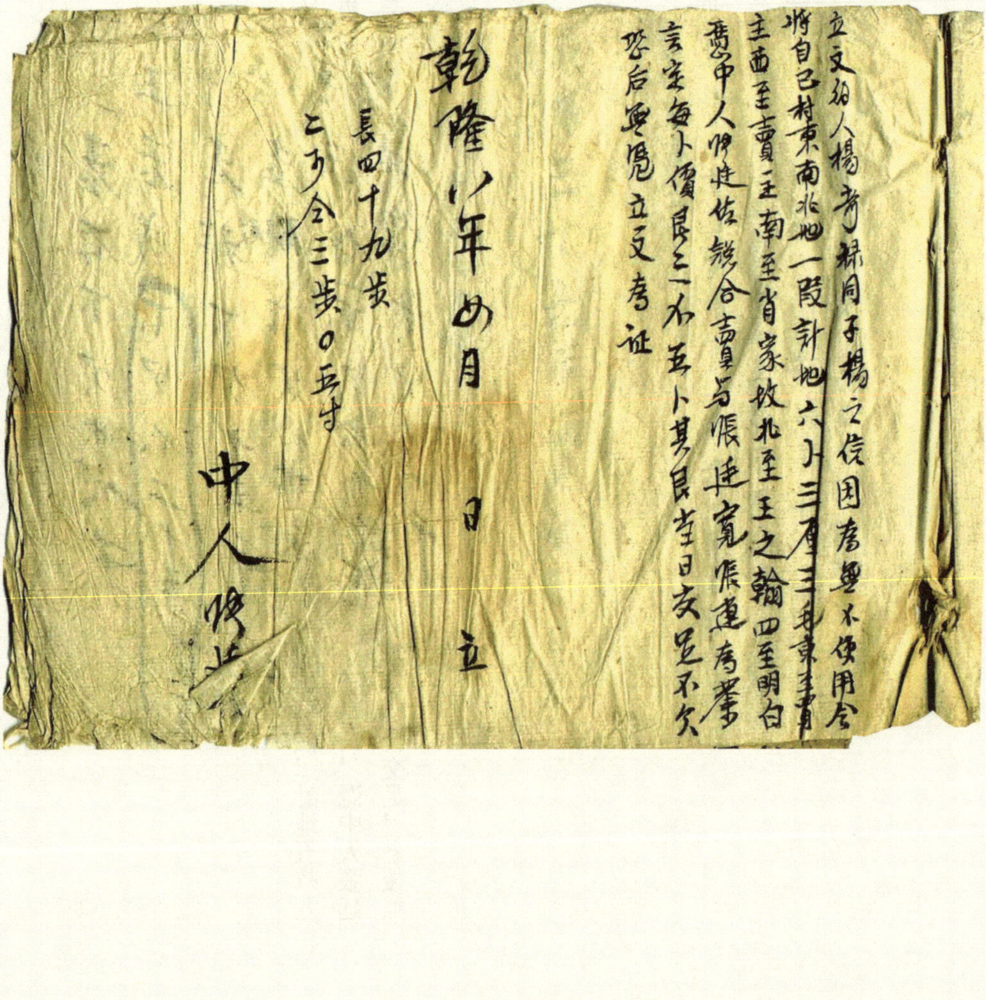

立文約人楊青祿同子楊之信因為無錢使用今
將自己村東南北地一段計地六分三厘三毛東至賣
主西至賣主南至肖家攷北至王之翰四至明白
憑中人呼廷佐説合賣与張廷寬張建秀業
言定每分價銀二兩五錢其銀當日交足不欠
恐后無憑立文為証

乾隆八年四月　日　立

長四十九步

二頭各三步〇五寸

中人呼廷佐

一二九 *清乾隆八年（一七四三年）四月楊奇禄同子楊之信賣地契

立文約人楊奇禄同子楊之信，因爲無錢使用，今將自己村東南北地一段，計地六分三厘三毫，東至買主，西至賣主，南至肖家墳，北至王之翰，四至明白，憑中人張廷佐説合，賣與張廷寬、張連爲業，言定每分價銀三錢五分，其銀當日交足不欠，恐後無憑，立文爲證。

中人　張廷佐

乾隆八年四月　日立

長四十九步
二可同三步〇五寸

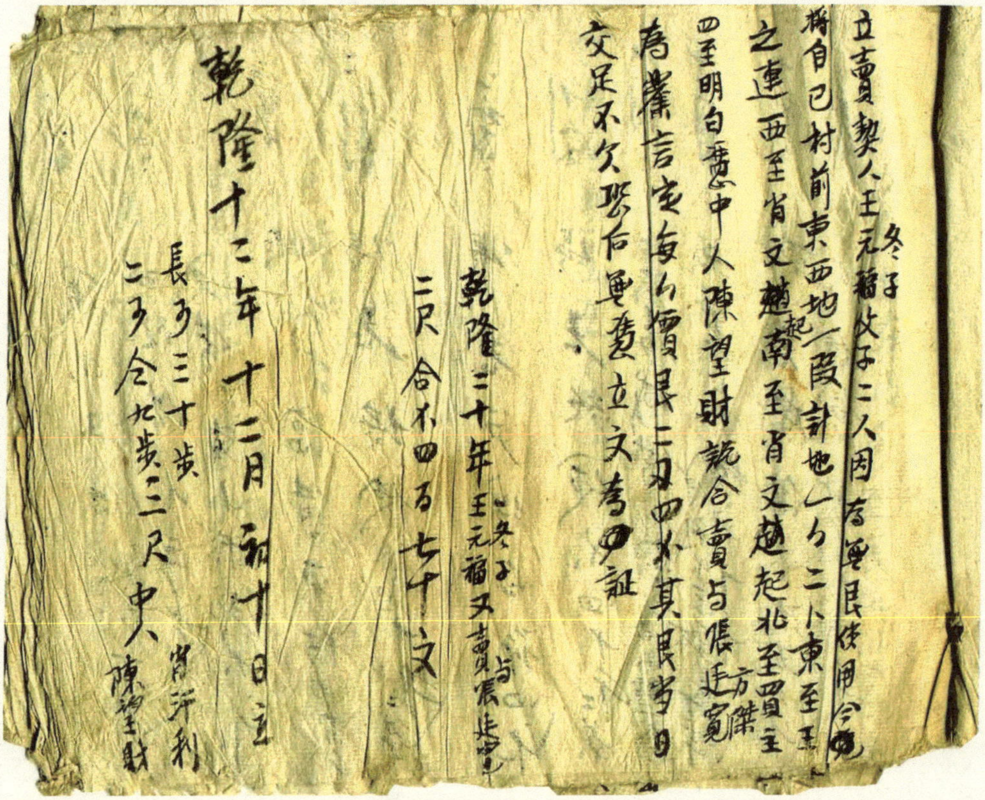
立賣契人王元福父子冬子二人因為無銀使用今
將自己村前東西地一段計地一分二厘東至王
之連西至肖文起南至肖文起北至買主
四至明白憑中人陳望財說合賣與張廷寬方傑
為業言定每分價銀二兩四錢其銀當日
交足不欠恐後無憑立文為證
乾隆二十年王元福冬子又賣與張廷寬
二尺合不四分七十文
乾隆十二年十二月初十日立
長弓三十步
二弓合七步二尺　中人　肖汗利　陳望財

一三〇 清乾隆十二年十二月初十（一七四八年一月十日）王元福父子賣地契

立賣契人王冬子元福父子二人，因爲無銀使用，今將自己村前東西地一段，計地一畝二分，東至王之連，西至肖文起，南至肖文起，北至買主，四至明白，憑中人陳望財説合，賣與張廷寬、方傑爲業，言定每畝價銀二兩四錢，其銀當日交足不欠，恐後無憑，立文爲證。

乾隆二十年王冬子元福又賣與張廷寬二尺，合錢四百七十文。

長可三十步

二可同九步三尺

中人 肖汗利 陳望財

乾隆十二年十二月初十日立

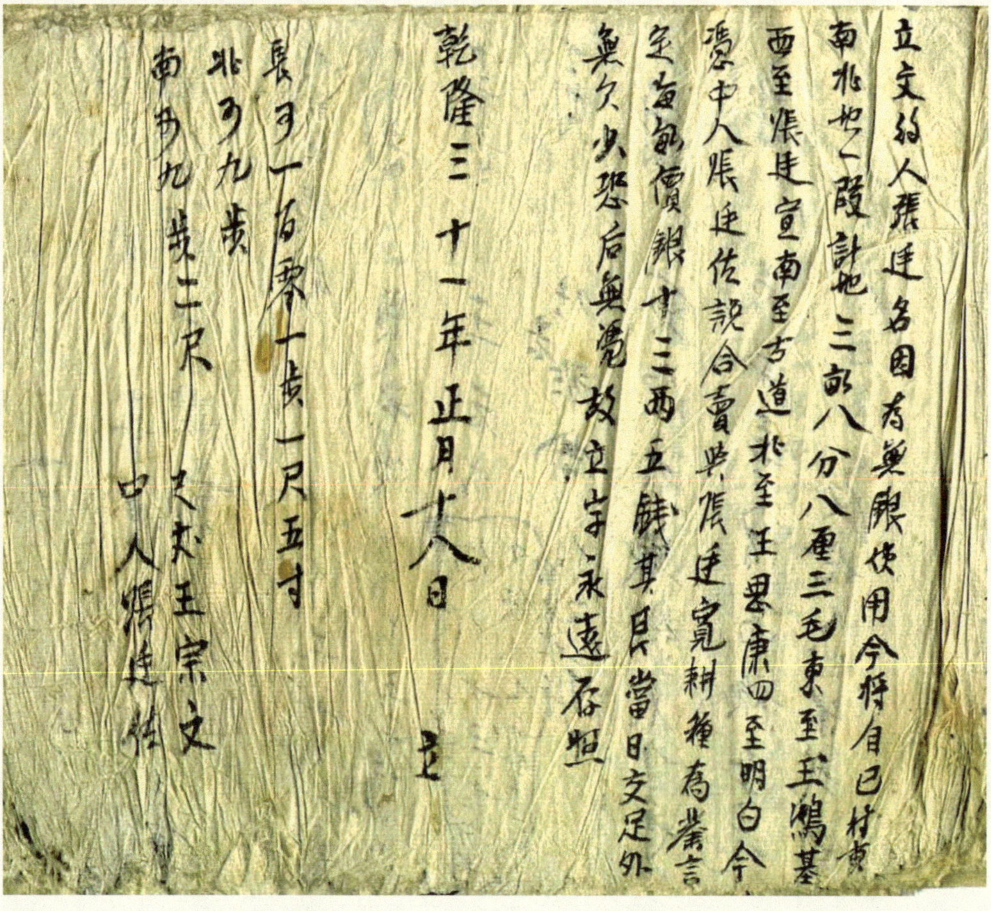
立文約人張廷名因有無糧使用今將自己村東
南北地一段計地三畝八分八厘三毛東至王鴻基
西至張廷宣南至古道北至王思康四至明白今
憑中人張廷佐說合賣與張廷寬耕種爲業言
定每畝價銀廿二兩五錢其銀當日交足外
無欠少恐后無憑故立字永遠存照
乾隆三十一年正月十八日 立
長弓一百零一步一尺五寸
北弓九步
南弓九步二尺
丈夫王宗文
中人張廷佐

一三一 *清乾隆三十一年（一七六六年）正月十八日張廷名賣地契

立文約人張廷名，因爲無銀使用，今將自己村東南北地一段，計地三畝八分八厘三毫，東至王鴻基，西至張廷宣，南至古道，北至王思康，四至明白，今憑中人張廷佐説合，賣與張廷寬耕種爲業，言定每畝價銀十三兩五錢，其銀當日交足，外無欠少，恐後無憑，故立字永遠存照。

乾隆三十一年正月十八日　立

長可一百零一步一尺五寸
北可九步
南可九步二尺

尺丈　王宗文
中人　張廷佐

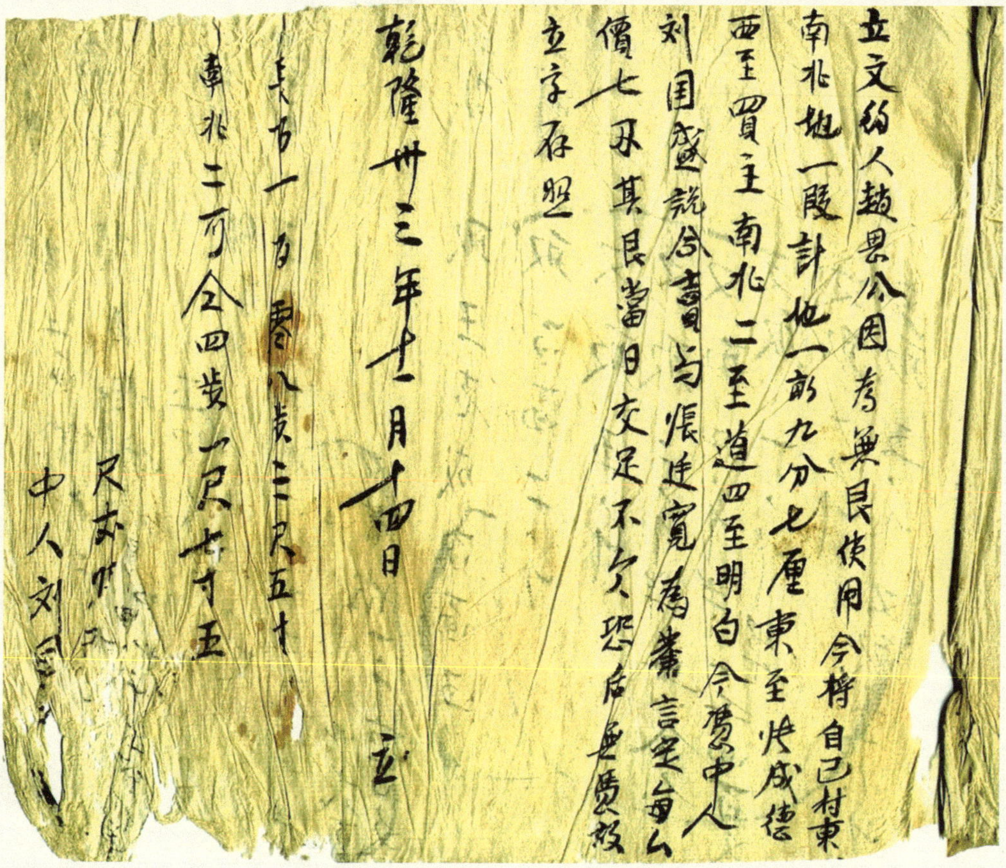

立文約人趙思公因爲無艮使用今將自己村東
南北地一段計地一畝九分七厘東至張成德
西至買主南北二至道四至明白今憑中人
刘国盛説合賣与張廷寬爲業言定每畝
價七千其艮當日交足不欠恐后無憑故
立字存照
乾隆卅三年十一月十四日　立
長弓一百零八步二尺五寸
南北二頭仝四步一尺七寸五
尺丈州
中人刘国

一三二 *清乾隆三十三年（一七六八年）十一月十四日趙思公賣地契

立文約人趙思公，因爲無銀使用，今將自己村東南北地一段，計地一畝九分七厘，東至張成德，西至買主，南北二至道，四至明白，今憑中人劉國盛説合，賣與張廷寬爲業，言定每畝價七兩，其銀當日交足不欠，恐後無憑，故立字存照。

乾隆卅三年十一月十四日立

長可一百零八步三尺五寸
南北二可同四步一尺七寸五

尺丈　張□□
中人　劉國盛

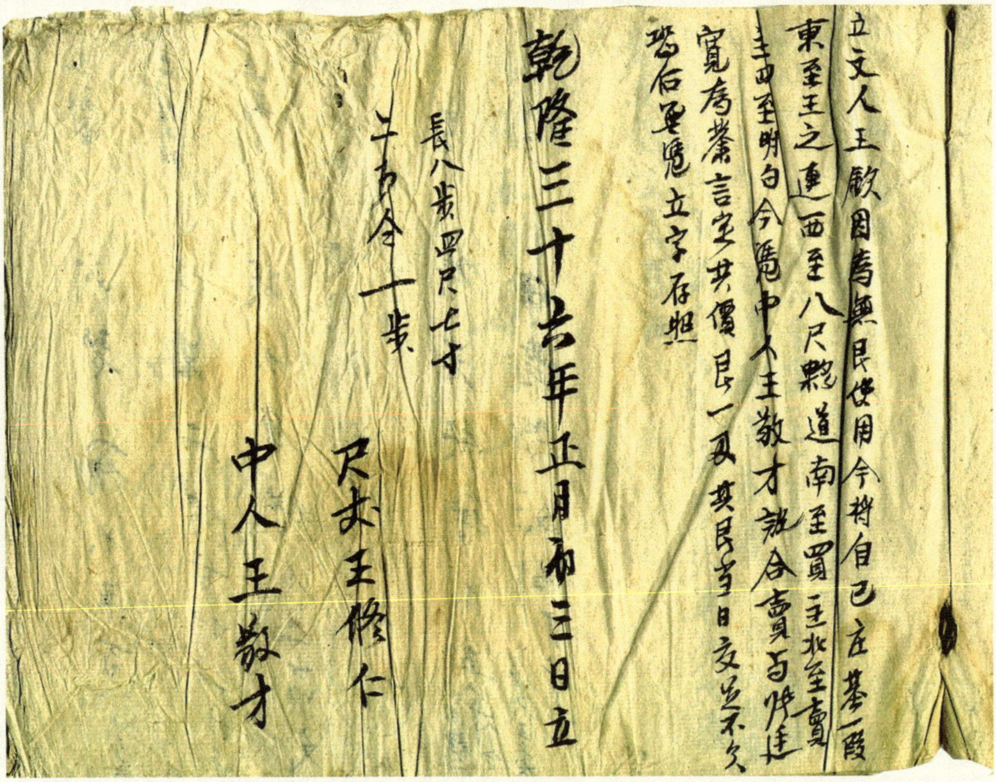
立文人王歆因爲無艮使用今將自己庄基一段
東至王之連西至八尺□道南至買主北至賣
主西至明白今憑中人王敬才說合賣與張廷
寬爲業言定共價艮一兩其艮當日交足不欠
恐后無憑立字存照
乾隆三十六年正月初三日立
長八步四尺七寸
二方今一步
尺丈王修仁
中人王敬才

一三三 清乾隆三十六年（一七七一年）正月初三王欽賣莊基契

立文人王欽，因爲無銀使用，今將自己莊基一段，東至王之連，西至八尺夥道，南至買主，北至賣主，四至明白，今憑中人王敬才説合，賣與張廷寬爲業，言定共價銀一兩，其銀當日交足不欠，恐後無憑，立字存照。

乾隆三十六年正月初三日立

長八步四尺七寸

二可同一步

尺丈 王修仁

中人 王敬才

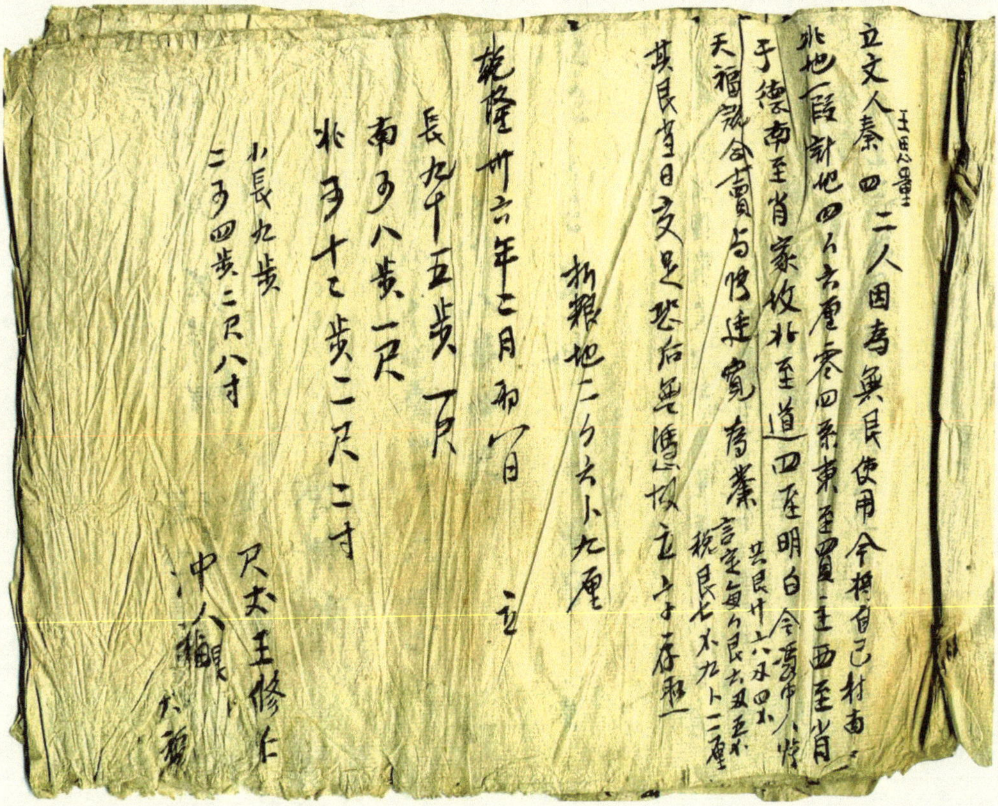
王田八畝十二
立文人秦四 二人因為無艮使用，今將自己村南
北地一段，計地四分六厘零四系，東至賣主，西至肖
于德，南至肖家坟，北至道，四至明白，今憑中人情
天福說合，賣与陽述寬為業，言定每分艮六兩五錢，共艮廿六兩四錢，稅艮七錢九分二厘
其艮当日交足，恐后無憑，故立文字存照。
折粮地二分六卜九厘
乾隆卅六年二月初四日 立
長九十五步一尺
南頭八步一尺
北頭十二步二尺二寸
小長九步
二頭四步二尺八寸
尺丈 王修仁
中人 楊 天福

一三四 *清乾隆三十六年（一七七一年）二月初八王思量、秦四賣地契

立文人 王思量 秦 四 二人，因爲無銀使用，今將自己村南南北地一段，計地四畝六厘零四絲，東至買主，西至肖於德，南至肖家墳，北至道，四至明白，今憑中人張天福説合，賣與張廷寬爲業，言定每畝銀六兩五錢 共銀廿六兩四錢，其銀當日交足，恐後無憑，故立字存照。

税銀七錢九分二厘

折粮地二畝六分九厘

乾隆卅六年二月初八日 立

長九十五步一尺

南可八步一尺

北可十二步二尺二寸

小長九步

二可四步二尺八寸

尺丈 王修仁

中人 張天福

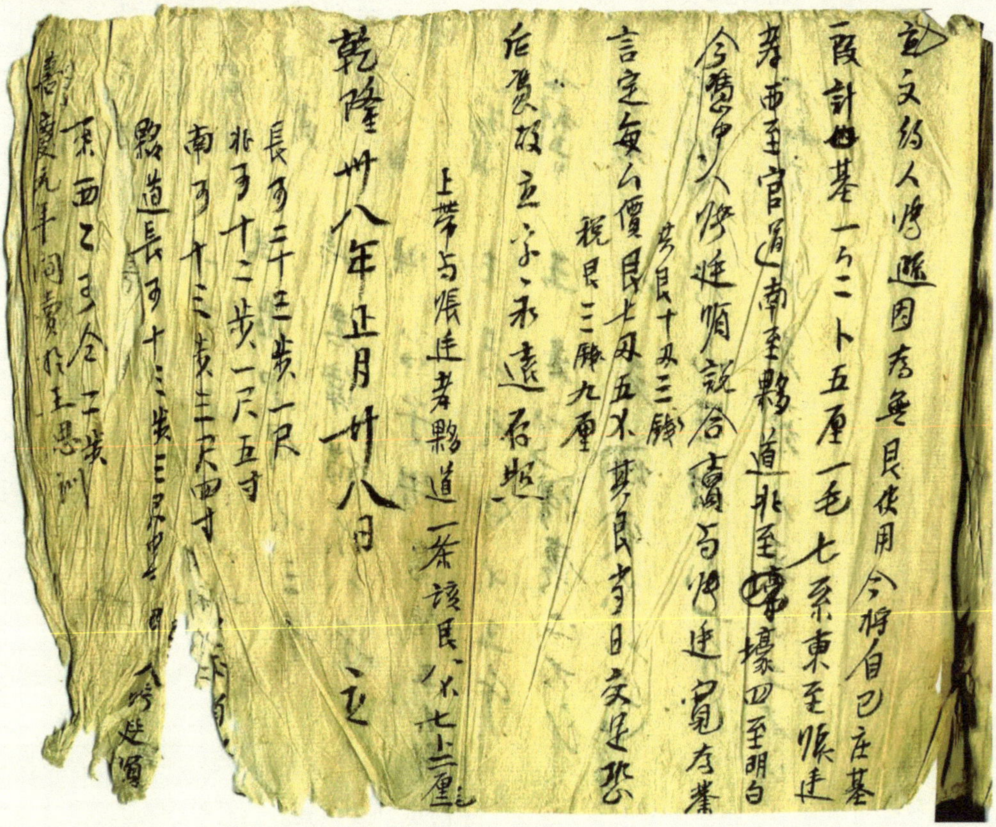

立文約人張璉，因為無銀使用，今將自己庄基一段，計地基一分二卜五厘一毛七系，東至張廷孝，西至官道，南至夥道，北至張壕，四至明白。今憑中人張廷順說合，賣與張廷寬為業，言定每分價銀七兩五錢，其銀當日交足。恐後無故，立字永遠存照。

共銀十兩三錢

稅銀三錢九厘

上帶與張廷孝夥道一條，該銀[illegible]二厘

乾隆卅八年正月廿八日　立

長有二十三步一尺

北有十二步一尺五寸

南有十三步三尺四寸

夥道長有十三步三尺[illegible]人張廷順

東西二丈全二步

嘉慶元年間賣與王思訓

一三五 *清乾隆三十八年（一七七三年）正月二十八日張遜賣莊基契

立文約人張遜，因爲無銀使用，今將自己莊基一段，計基一畝二分五厘一毫七絲，東至張廷孝，西至官道，南至夥道，北至壕，四至明白，今憑中人張廷順説合，賣與張廷寬爲業，言定每畝價銀七兩五錢　共銀十兩三錢　稅銀三錢九厘，其銀當日交足，恐後［無］憑，故立字永遠存照。

上帶與張廷孝夥道一條，該銀八錢七分二厘一毫

乾隆卅八年正月廿八日立　憑中人　張廷順

長可二十三步一尺

北可十二步一尺五寸

南可十三步三尺四寸

夥道長可十三步三尺四寸

東西二可同二步

嘉慶元年間賣於王思訓

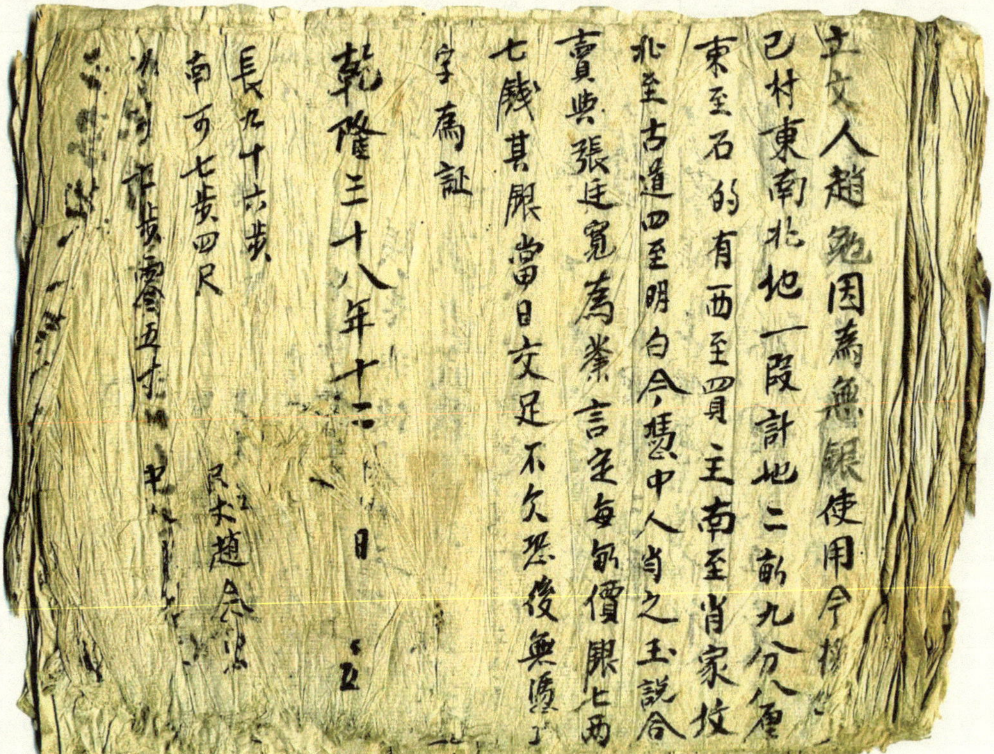

立文人趙兔因為無銀使用今将自
己村東南北地一段計地二畝九分八厘
東至石的有西至買主南至肖家技
北至古道四至明白今憑中人肖之玉說合
賣典張廷寬為業言定每畝價銀七兩
七錢其銀當日交足不欠恐後無憑立
字為証
乾隆三十八年十二月　日　立
長九十六步
南可七步四尺
立字人趙兔

一三六 清乾隆三十八年十二月（一七七四年一月）趙勉賣地契

立文人趙勉，因爲無銀使用，今將自己村東南北地一段，計地二畝九分八厘，東至石的有，西至買主，南至肖家墳，北至古道，四至明白，今憑中人肖之玉説合，賣與張廷寬爲業，言定每畝價銀七兩七錢，其銀當日交足不欠，恐後無憑，立字爲證。

乾隆三十八年十二月日　立

長九十六步

南可七步四尺

北可七步零五寸

尺丈　趙念忠

中人　肖之玉

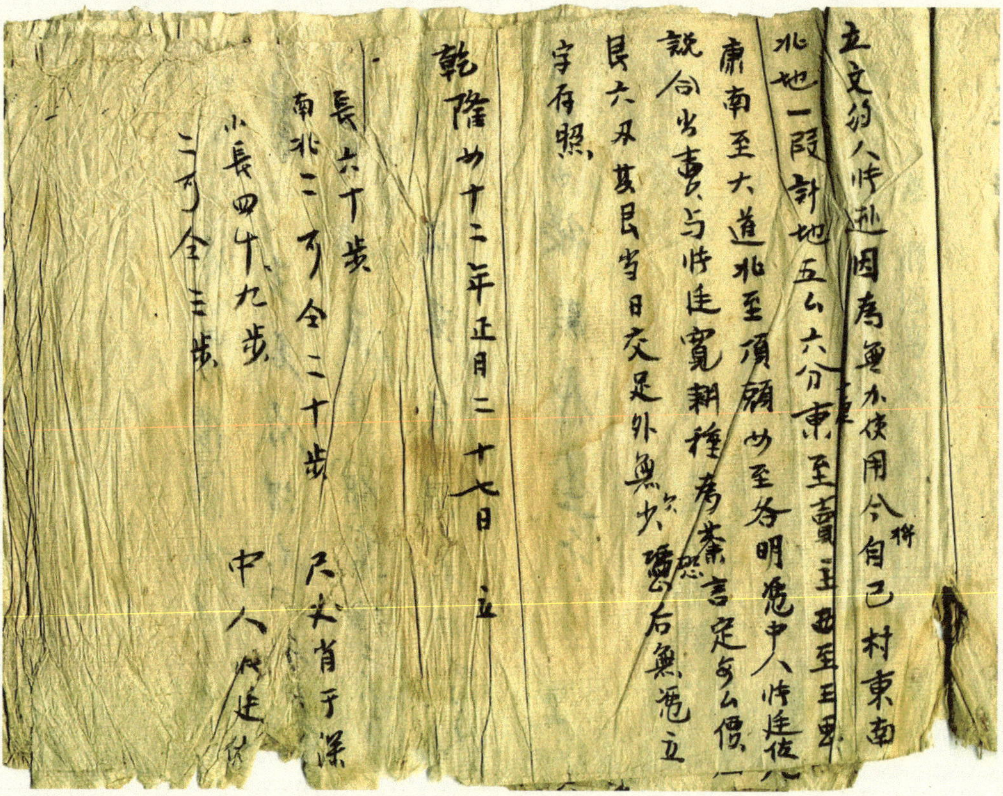
立文約人侍廷因為無錢使用，今自己村東南
北地一段，計地五畝六分，東至賣主，西至王[illegible]，
廉南至大道，北至須頭，西至各明，憑中人侍廷佐八
說合，出賣與侍廷寬耕種為業，言定每畝價一
艮六兩，其艮當日交足，外無少。恐後無憑，立
字存照。
乾隆四十二年正月二十七日 立
長六十步
南北二頭全二十步 尺丈首于深
小長四十九步
二頭全三步 中人侍廷佐

一三七 *清乾隆四十二年（一七七七年）正月二十七日張遜賣地契

立文約人張遜，因爲無錢使用，今將自己村東南北地一段，計地五畝六分，東至賣主，西至王思康，南至大道，北至頂頭，四至各明，憑中人張廷佐説合，出賣與張廷寬耕種爲業，言定每畝價銀六兩，其銀當日交足，外無欠少，恐後無憑，立字存照。

乾隆四十二年正月二十七日立

長六十步
南北二可同二十步
小長四十九步
二可同三步

尺丈　肖于深
中人　張廷佐

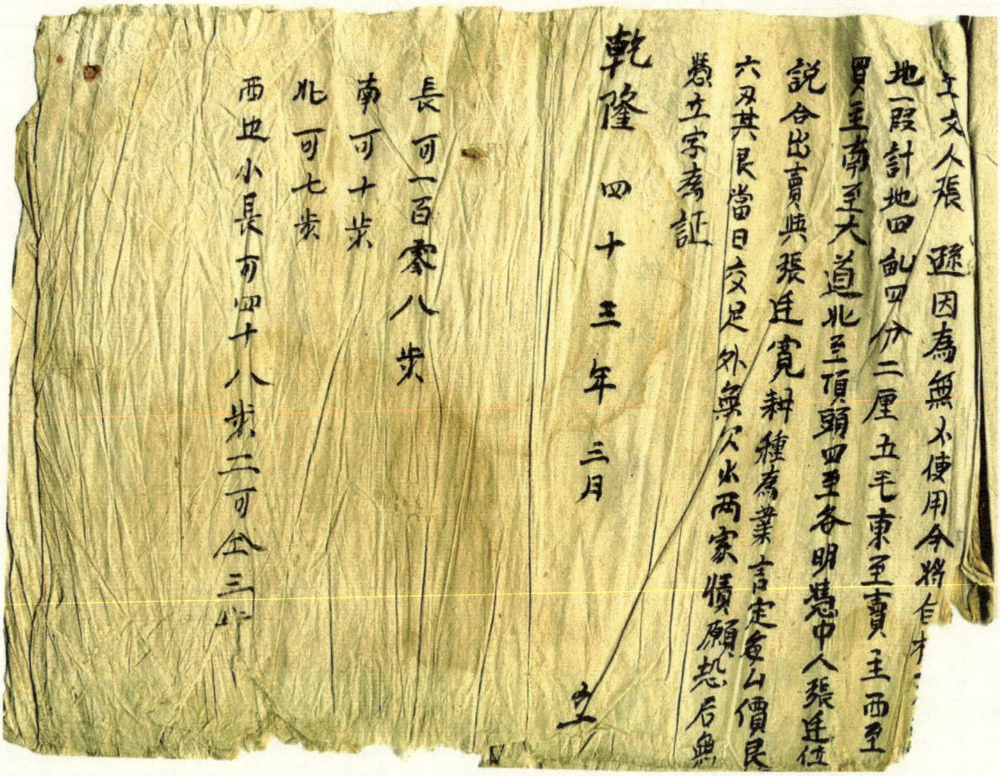
立文人張　遜因為無錢使用今將自有
地一段計地四畝四分二厘五毛東至賣主西至
買主南至大道北至頂頭四至各明憑中人張廷位
說合出賣與張廷寬耕種為業言定每畝價艮
六兩其艮當日交足外無欠少兩家情願恐后無
憑立字為証
乾隆四十三年三月　立
長可一百零八步
南可十步
北可七步
西地小長可四十八步二可分三分

一三八　＊清乾隆四十三年（一七七八年）三月張遜賣地契

立文人張遜，因爲無錢使用，今將自己村東□□地一段，計地四畝四分二厘五毫，東至賣主，西至買主，南至大道，北至頂頭，四至各明，憑中人張廷佐説合，出賣與張廷寬耕種爲業，言定每畝價銀六兩，其銀當日交足，外無欠少，兩家情願，恐後無憑，立字爲證。

乾隆四十三年三月立

長可一百零八步

南可十步

北可七步

西邊小長可四十八步　　二可同三步

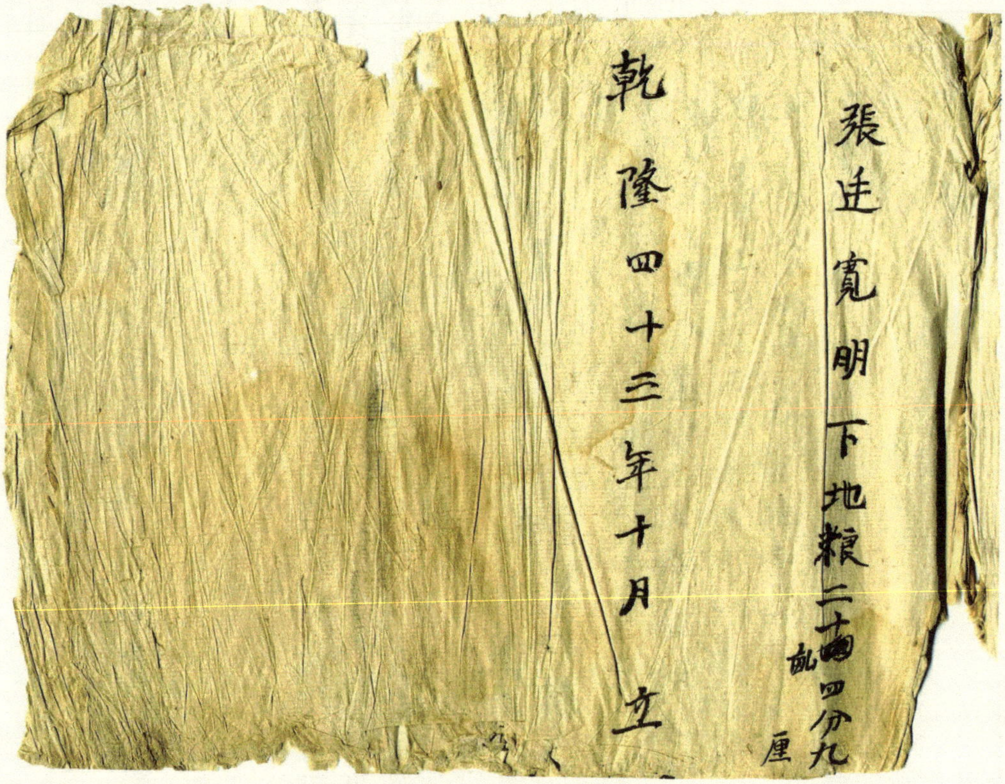
張廷寬明下地粮二十畝四分九厘

乾隆四十三年十月　立

一三九　清乾隆四十三年（一七七八年）十月張廷寬地糧備忘

張廷寬明【名】下地糧二十畝四分九厘

乾隆四十三年十月立

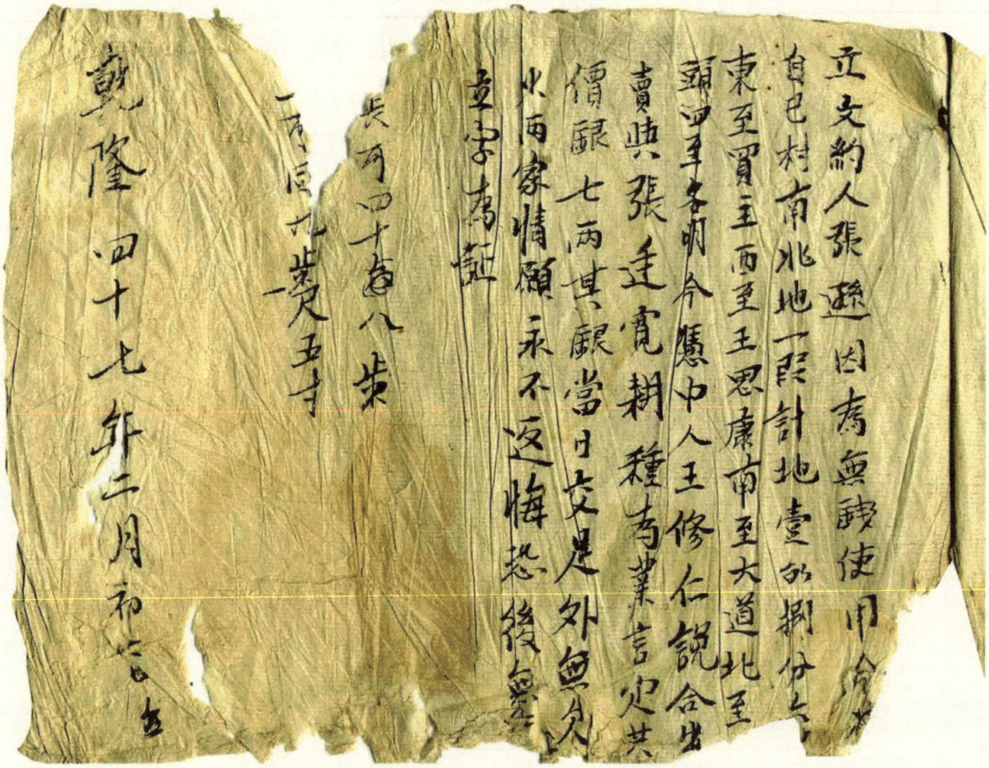

立文約人張遜因爲無錢使用今將
自己村南兆地一段計地壹分捌分六
東至買主西至王思康南至大道北至
頭四至分明今憑中人王修仁說合出
賣與張廷寬耕種爲業言定共
價銀七兩其銀當日交足外無欠
少兩家情願永不返悔恐後無憑
立字爲証
長兩四十[illegible]八 步
一兩頭九 一丈五寸
乾隆四十七年二月初六日 立

一四〇 *清乾隆四十七年（一七八二年）二月初六張遜賣地契

立文約人張遜，因爲無錢使用，今將自己村南北地一段，計地壹畝捌分六厘，東至買主，西至王思康，南至大道，北至頂頭，四至各明，今憑中人王修仁説合，出賣與張廷寬耕種爲業，言定共價銀七兩，其銀當日交足，外無欠少，兩家情願，永不反悔，恐後無憑，立字爲證。

長可四十八步

二可同九步一尺五寸

乾隆四十七年二月初六日立

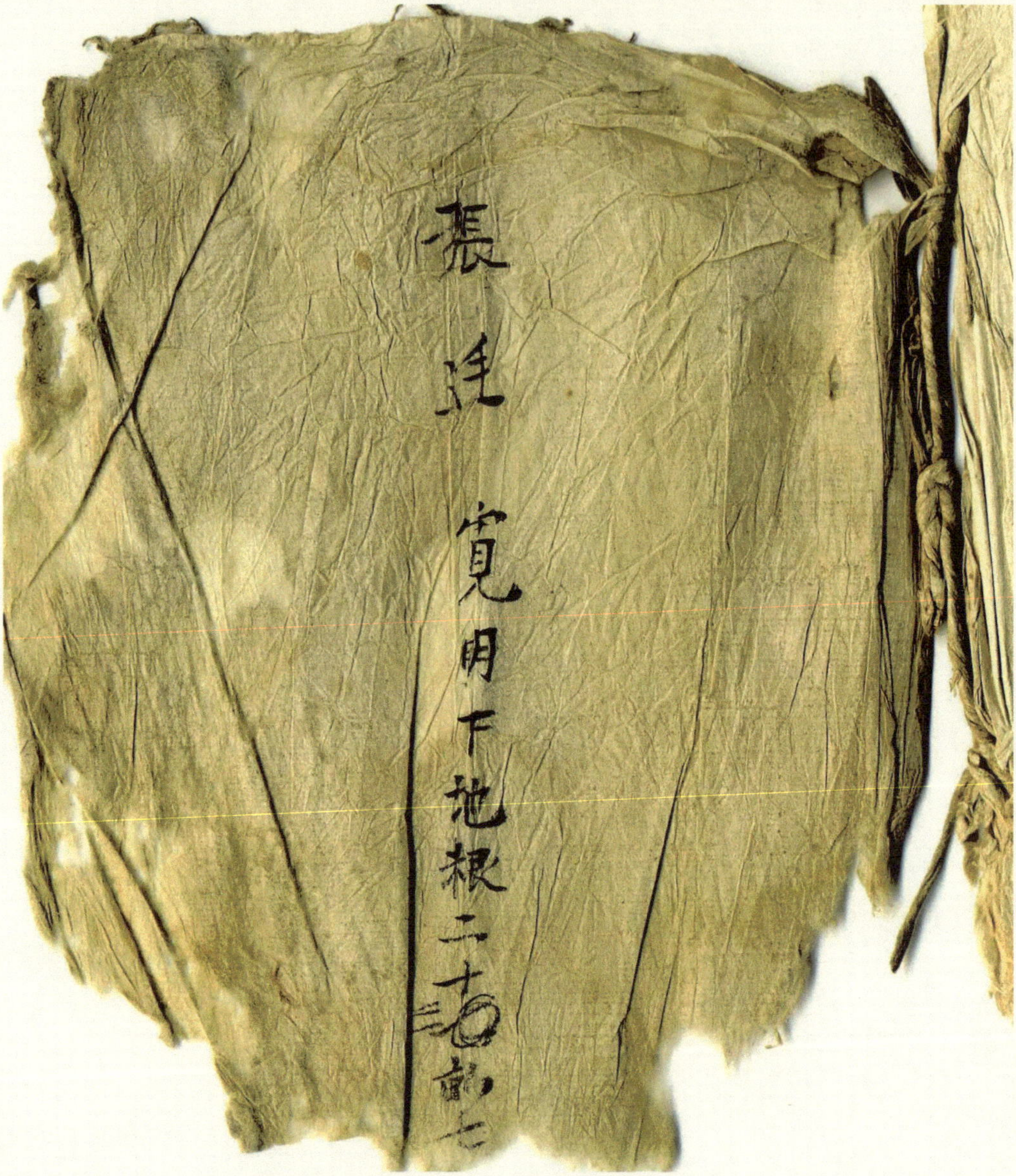

張廷

寬明下地根二十七畝七

一四一 張廷寬地糧備忘

張廷寬明【名】下地糧二十三畝七

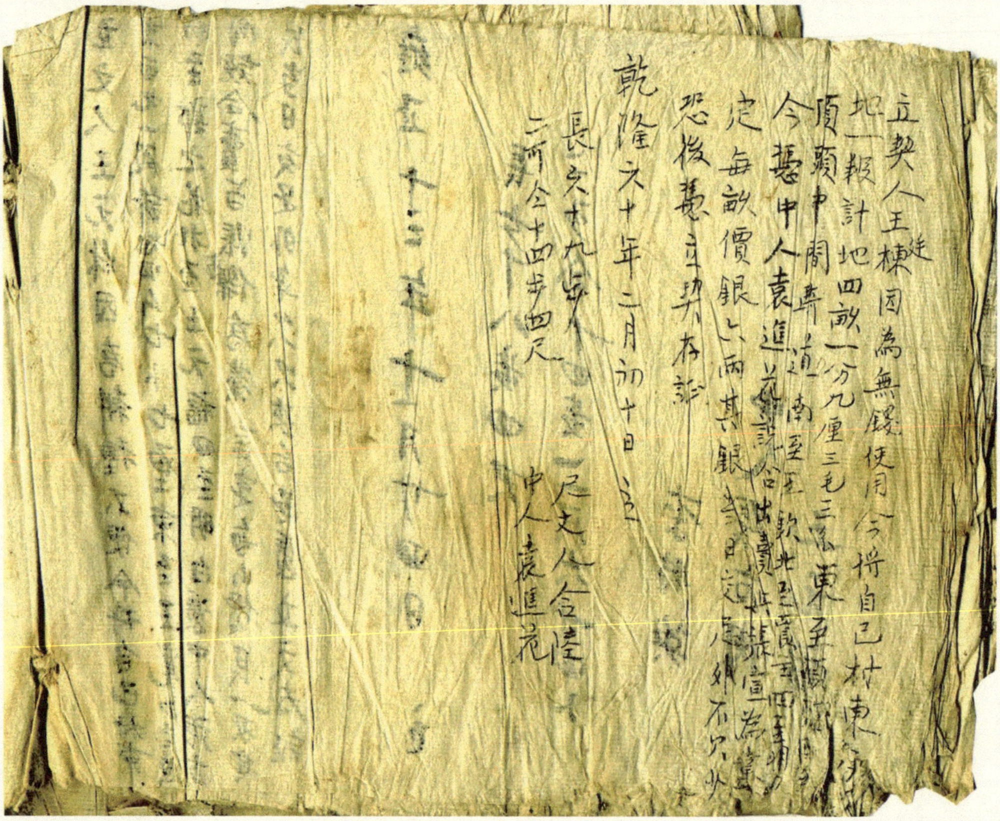

立契人王棟廷因為無錢使用，今將自己村東[illegible]
地一段，計地四畝一分九厘三毛三絲，東至[illegible]
頂頭中間壽道，南至王歆，北至袁[illegible]
今憑中人袁進花說合，出賣與[illegible]為業
定每畝價銀七兩，其銀當日交足，外不欠少
恐後無憑，立契存證

乾隆五十年二月初十日　立

長五十九步　一尺　丈人　合陸
二行公十四步四尺
中人　袁進花

一四二 清乾隆六十年（一七九五年）二月初十王廷棟賣地契

立契人王廷棟，因爲無錢使用，今將自己村東東西地一段，計地四畝一分九厘三毫三絲，東至頂頭，西至頂頭，中間騎道，南至王欽，北至買主，四至明白，今憑中人袁進花説合，出賣與張宣爲業，言定每畝價銀六兩，其銀當日交足，外不欠少，恐後［無］憑，立契存證。

乾隆六十年二月初十日　　立

長六十九步
二可同　十四步四尺

尺丈人　合【何】陸
中人　袁進花

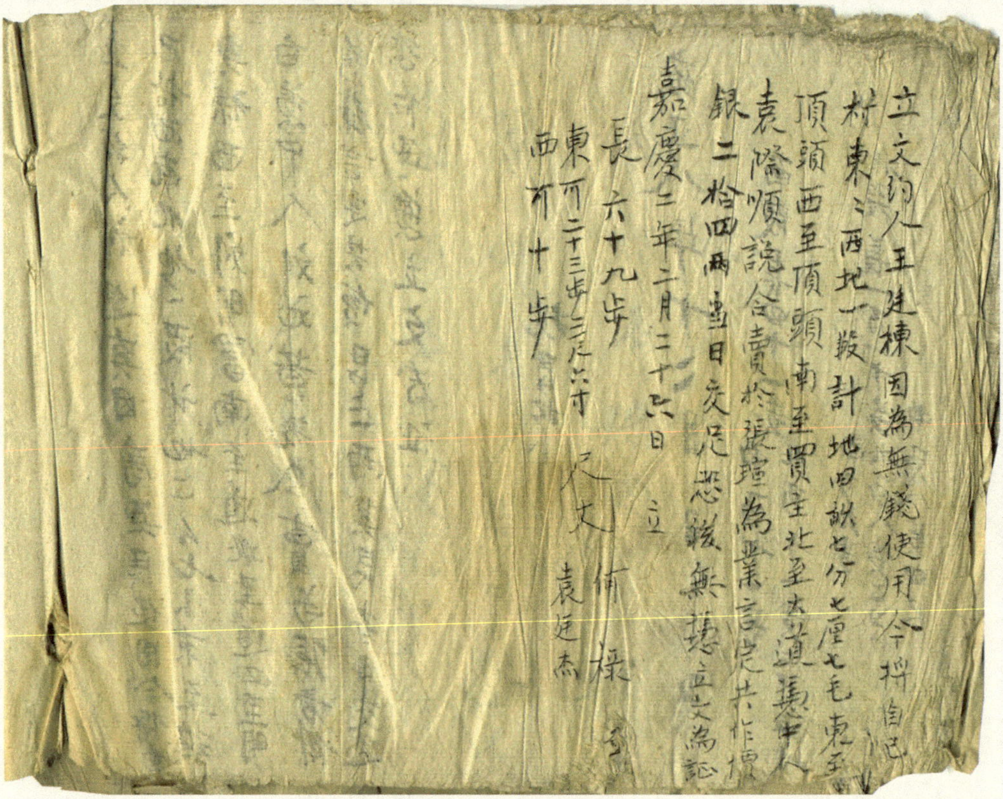

立文約人王廷棟因為無錢使用今將自己
村東東西地一段計地四畝七分七厘七毛東至
頂頭西至頂頭南至買主北至大道憑中人
袁隆順說合賣於張瑄為業言定共作價
銀二拾四兩當日交足恐後無憑立文為記

嘉慶二年二月二十六日　立

長六十九步
東闊二十三步三尺六寸
西闊十步

人丈 侑祿
袁廷杰

一四三 清嘉慶二年（一七九七年）二月二十六日王廷棟賣地契

立文約人王廷棟，因爲無錢使用，今將自己村東東西地一段，計地四畝七分七厘七毫，東至頂頭，西至頂頭，南至買主，北至大道，憑中人袁際順説合，賣於張瑄爲業，言定共作價銀二拾四兩，當日交足。恐後無憑，立文爲證。

嘉慶二年二月二十六日立

長六十九步
東可二十三步三尺六寸
西可十步

尺丈 何 禄
袁廷杰

一四四　抄契簿上的賬單十張

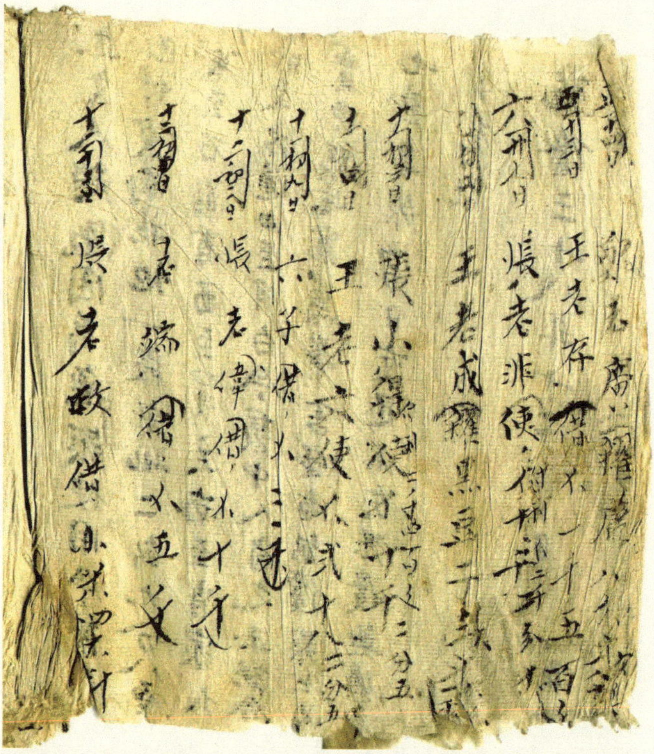

賬單①

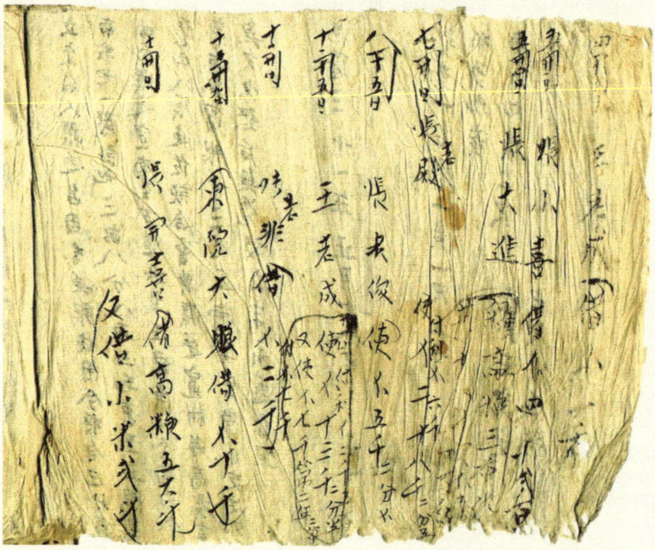

賬單②

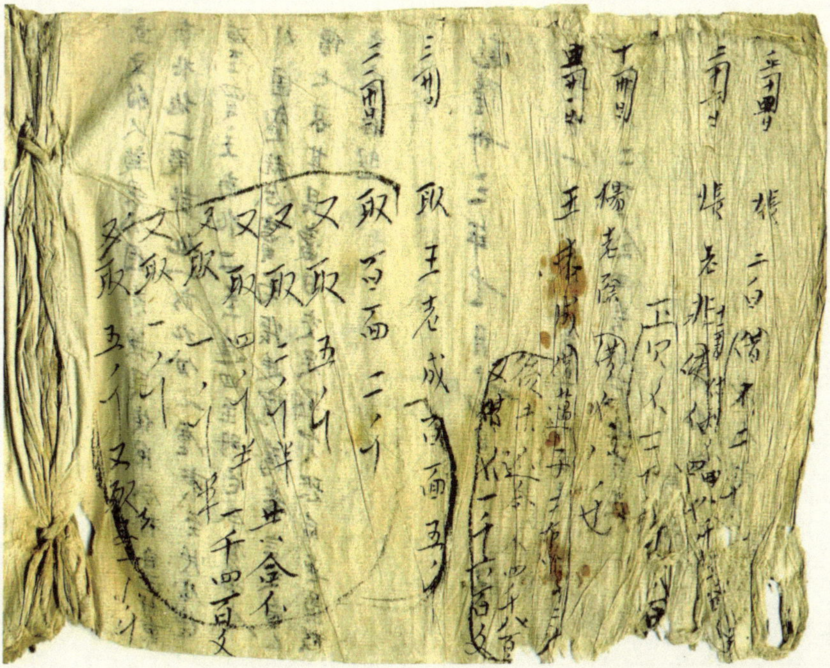

賬單③

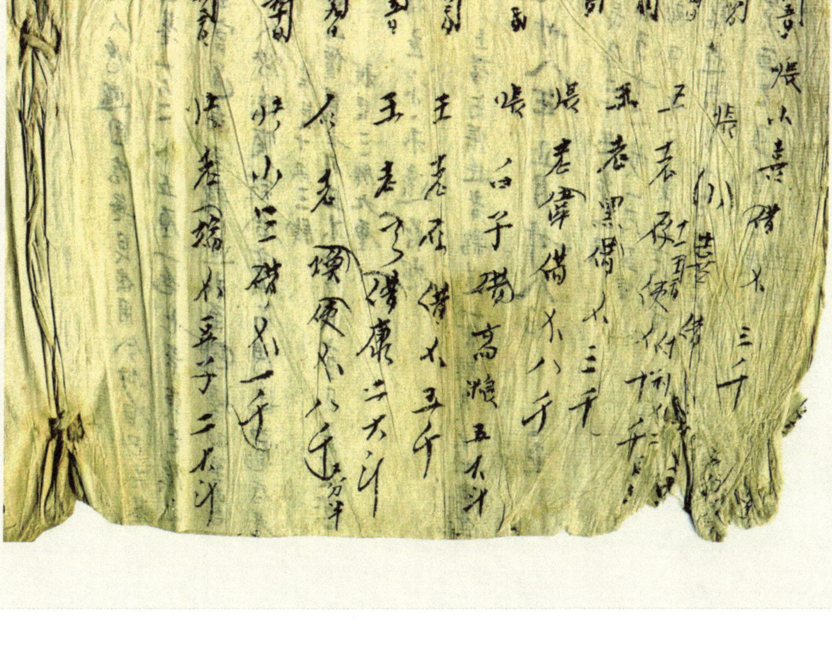

賬單④

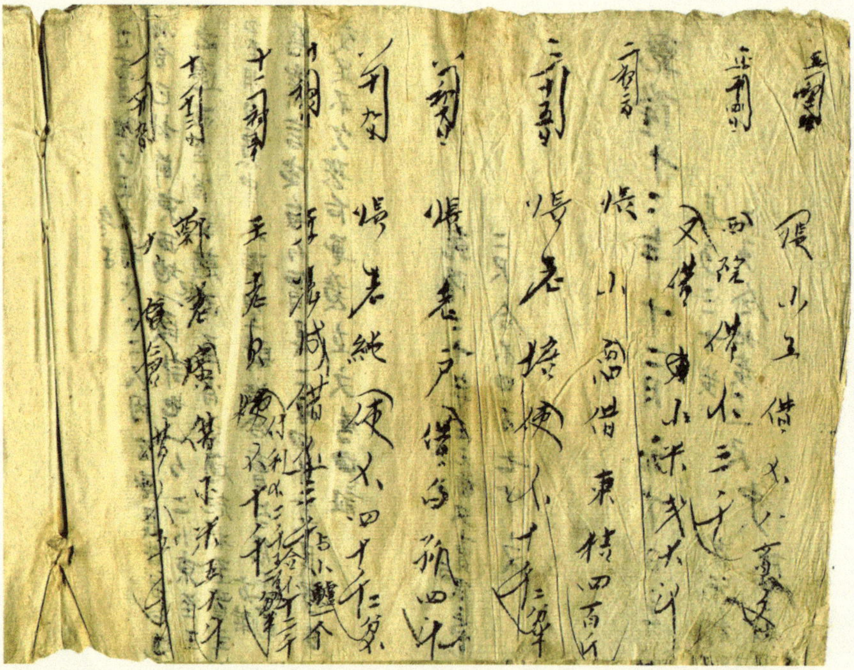

賬單⑤

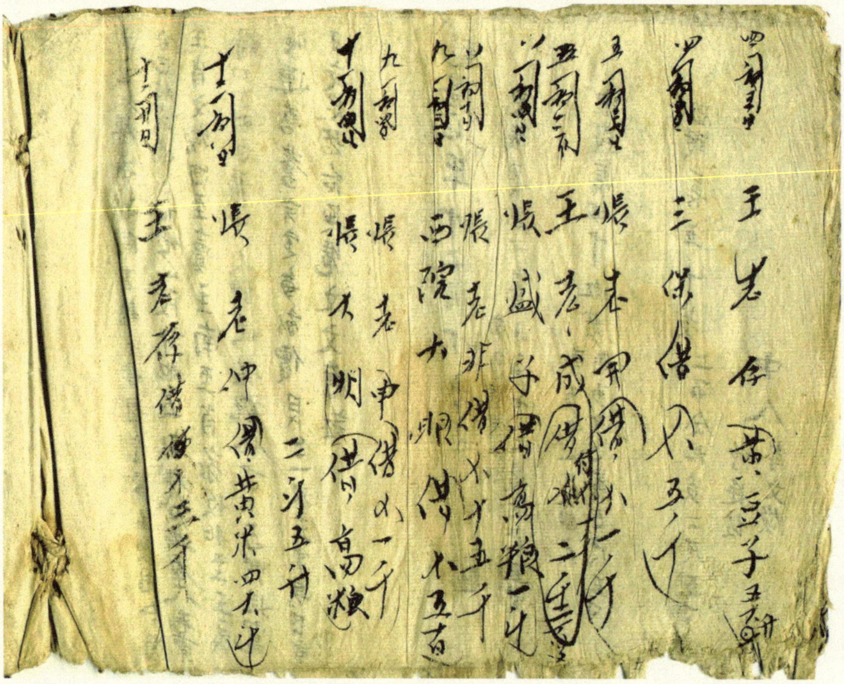

賬單⑥

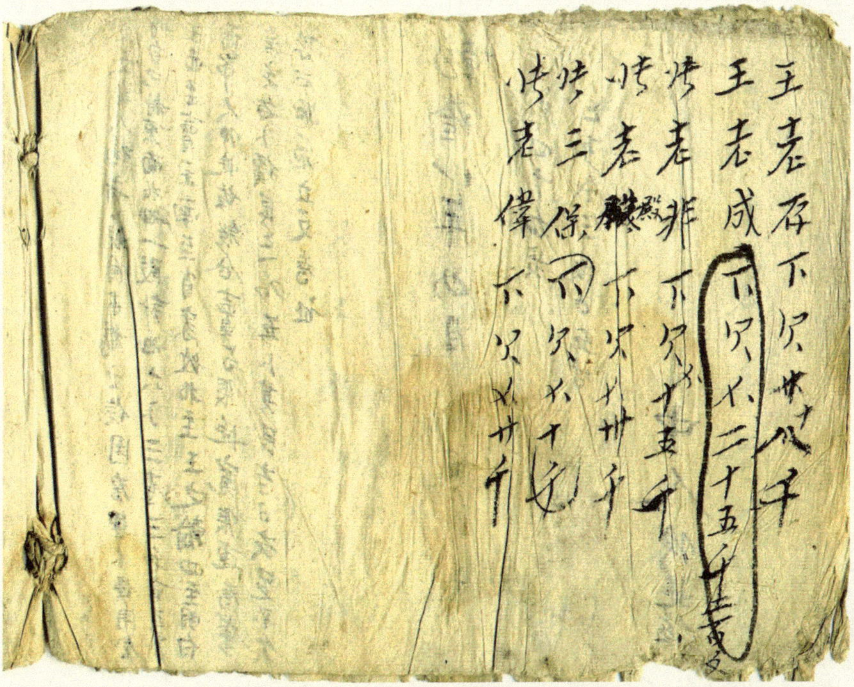

賬單⑦

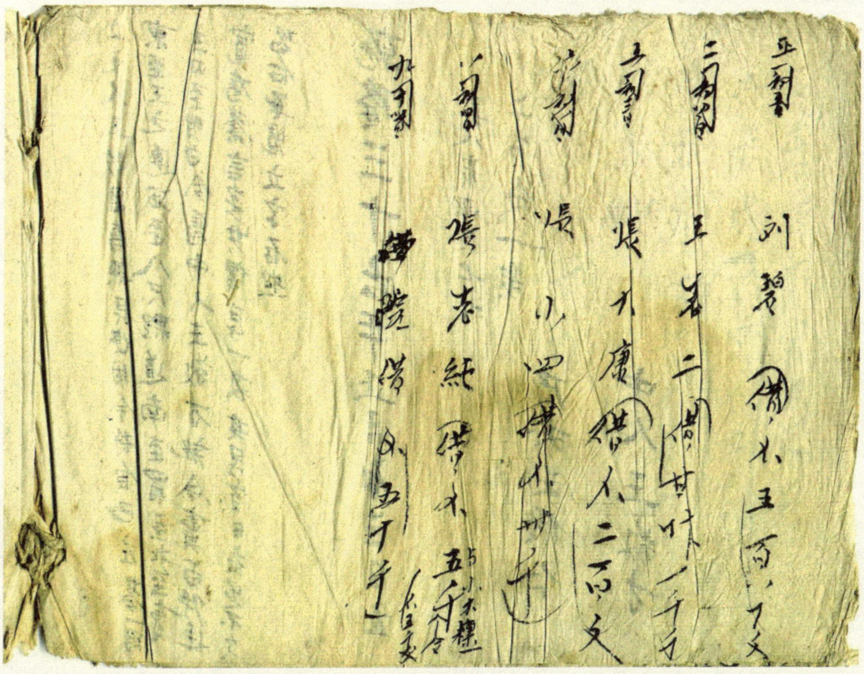

賬單⑧

賬單⑨

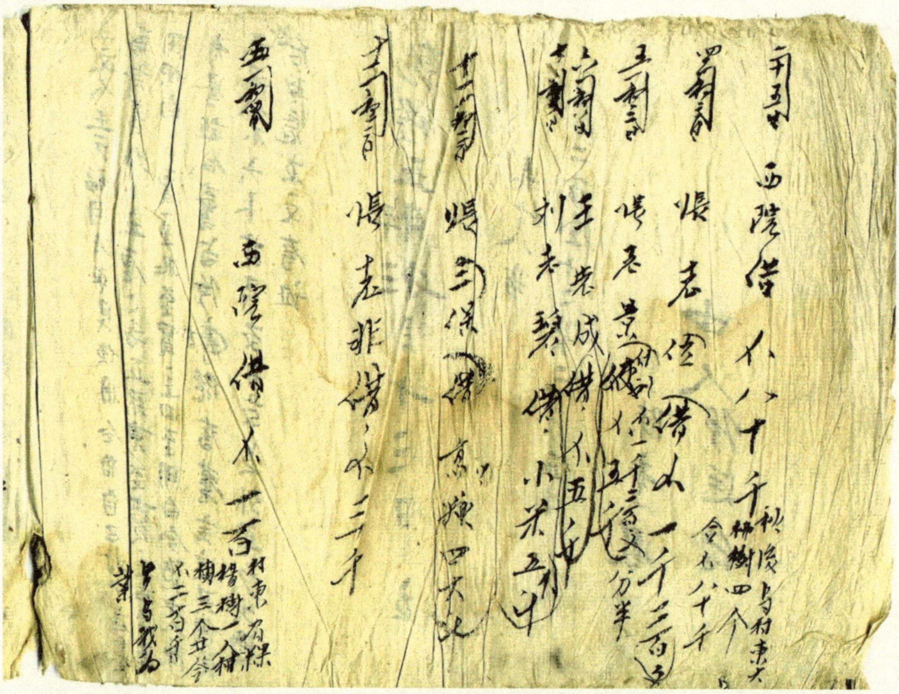

賬單⑩

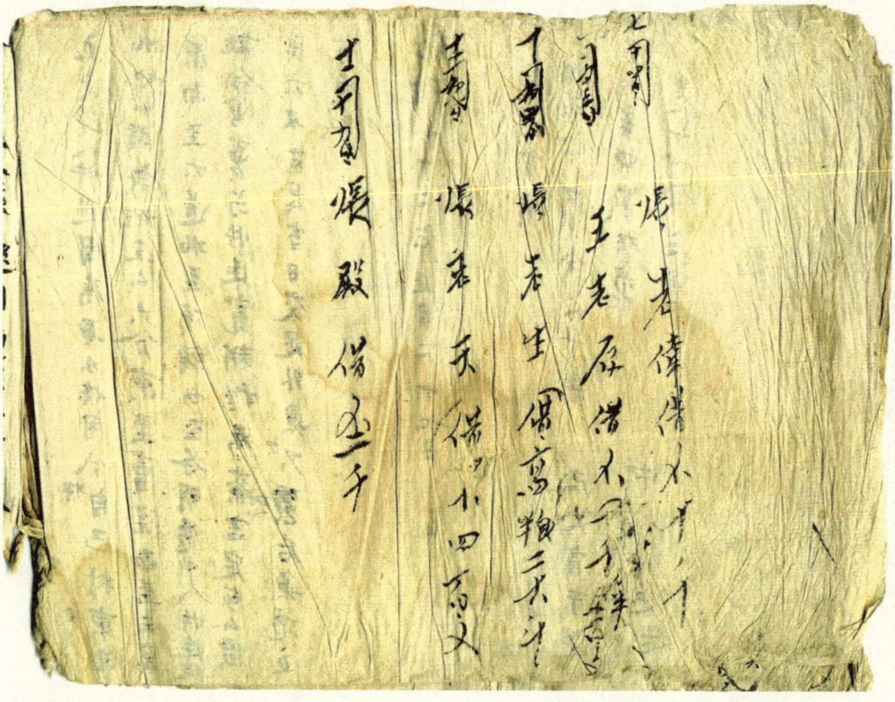

一四五 記賬單五份

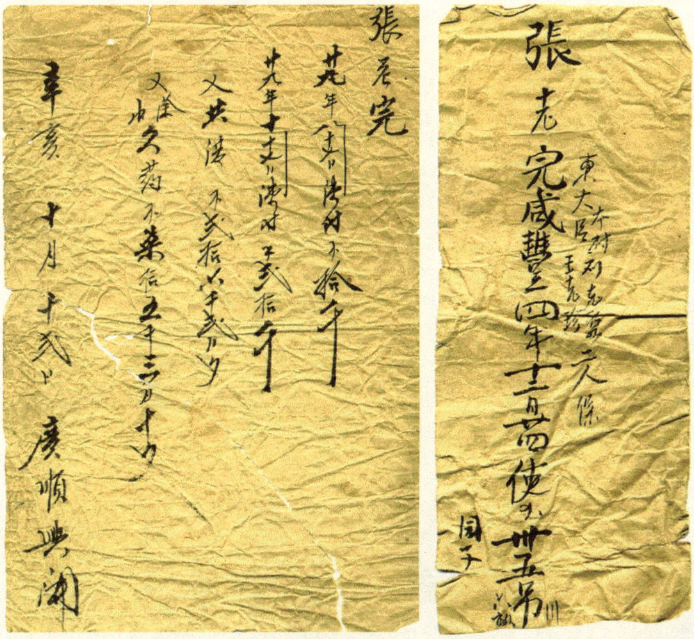

① 張老完賬單兩張

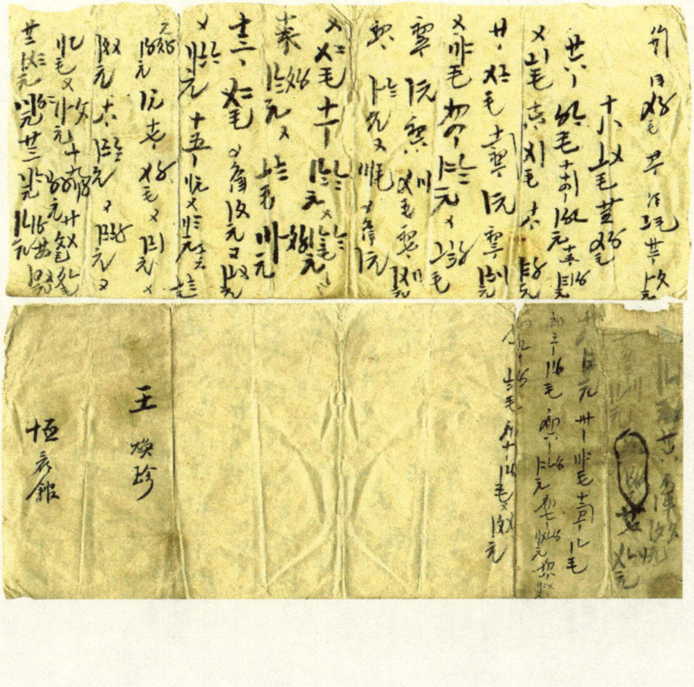

② 王煥珍記賬單（折疊两面）

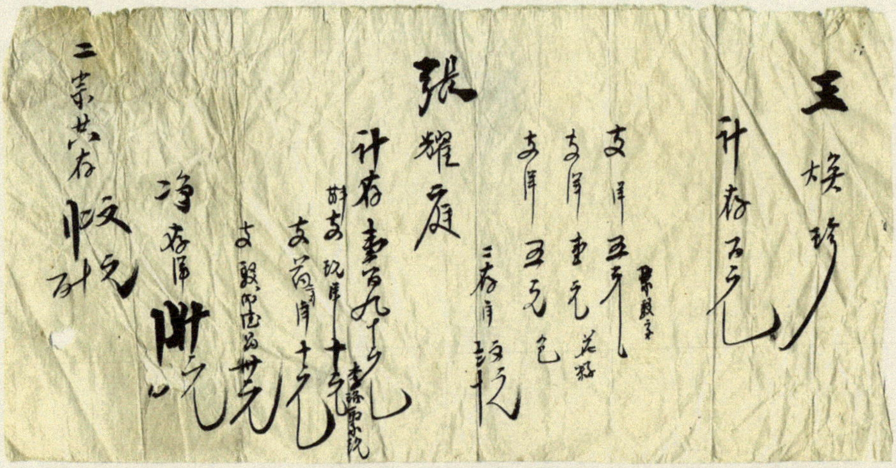

③ 王焕珍、張耀庭存文款賬單

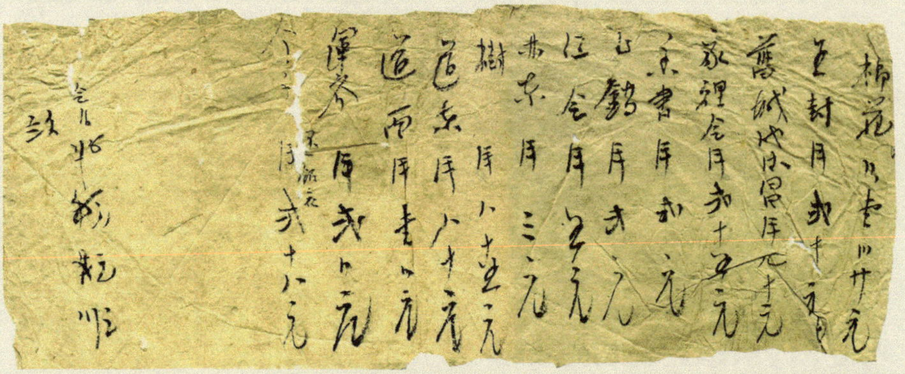

④ 賬单

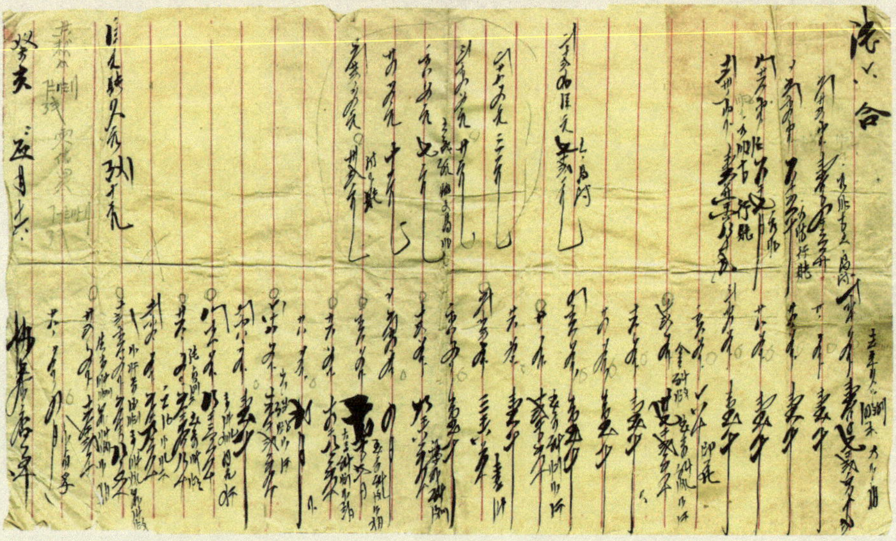

⑤ 張六合記賬單

第二编

張藏言家藏契約文書

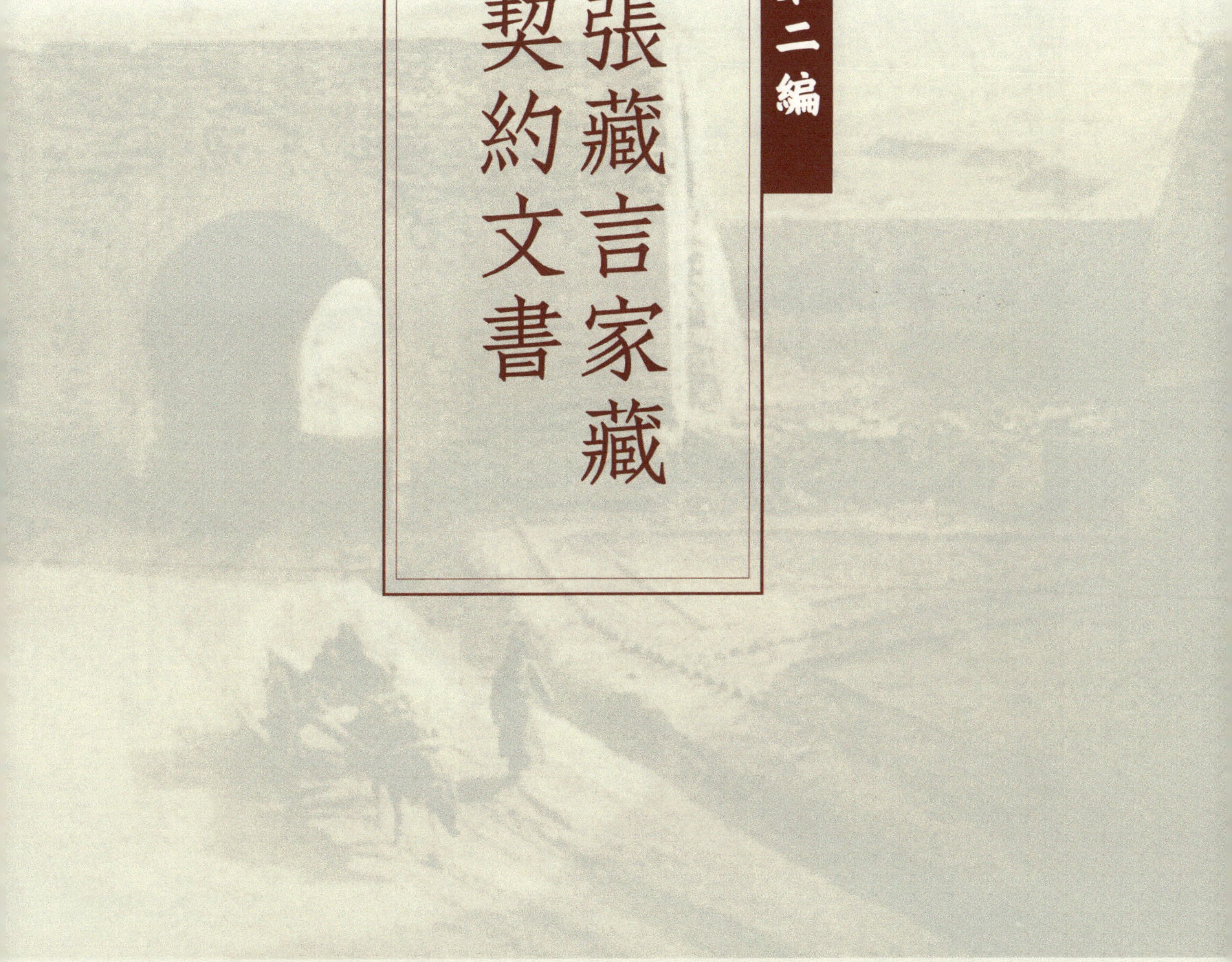

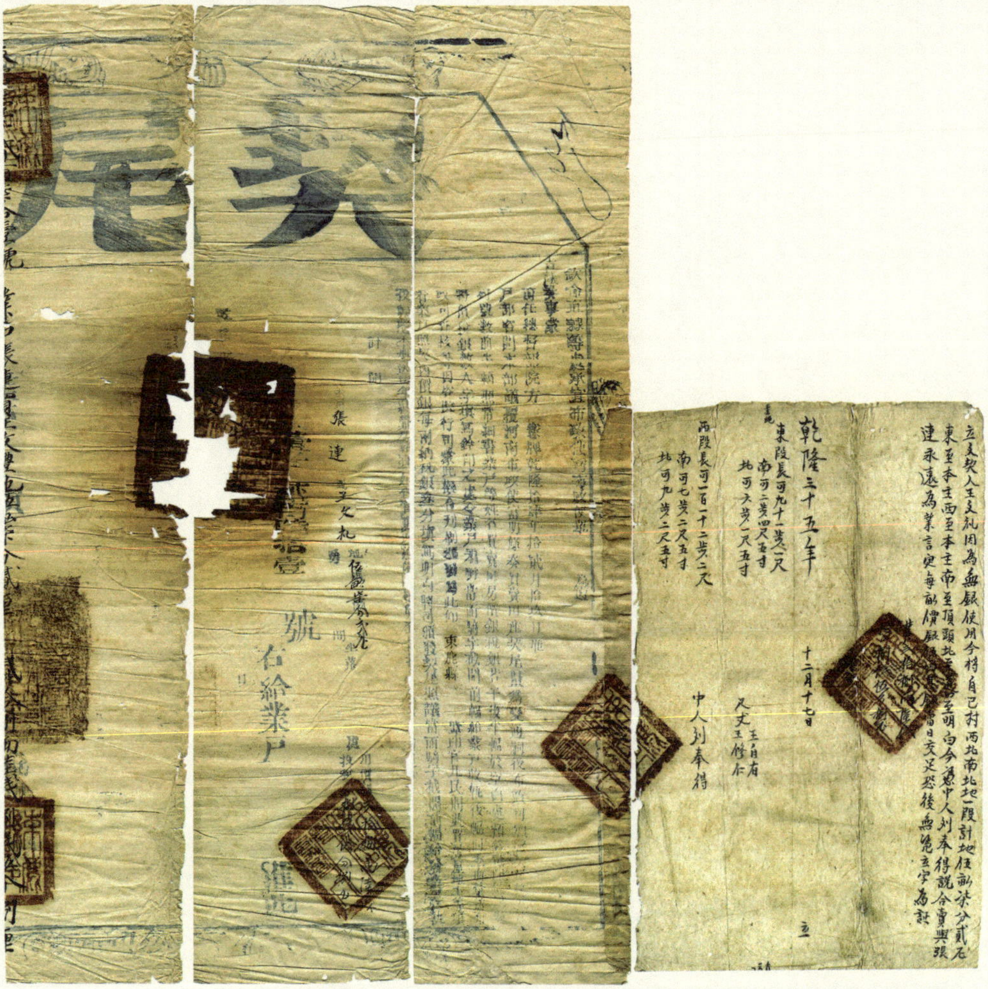
立文契人王文礼因為無錢使用今將自己村西北南北地一段計地伍畝柒分貳厘
東至本主西至本主南至頂頭北至[illegible]至明白今憑中人刘奉得説合賣與張
連永遠為業言定每畝價錢[illegible]當日交足恐後無憑立字為証
乾隆三十五年　十二月十七日　立
東段長弓九十一步又一尺
南弓二步四尺五寸
北弓六步一尺五寸
西段長弓一百一十二步二尺
南弓七步二尺五寸
北弓九步二尺五寸
又丈王自有
王修仁
中人刘奉得
右給業戶

〇〇一

清乾隆三十五年十二月十七日（一七七一年二月一日）王文禮賣地契（附契尾）

立文契人王文禮，因爲無銀使用，今將自己村西北南北地一段，計地伍畝柒分貳厘，東至本主，西至本主，南至頂頭，北至道，四至明白。今憑中人劉奉得説合，賣與張連永遠爲業，言定每畝價銀伍兩，其銀當日交足，恐後無憑，立字爲證。

共銀貳拾捌兩陸錢

税銀捌錢伍分捌厘

中人 劉奉得

王自有

王修仁

尺丈

東段長可九十一步一尺

南可二步四尺五寸 北可六步一尺五寸

西段長可一百一十二步二尺

南可七步二尺五寸 北可九步二尺五寸

乾隆三十五年十二月十七日立

（篆體滿漢文『束鹿縣印』方印五枚；篆體滿漢文『直隸等處承宣布政使司之印』大方印兩枚）

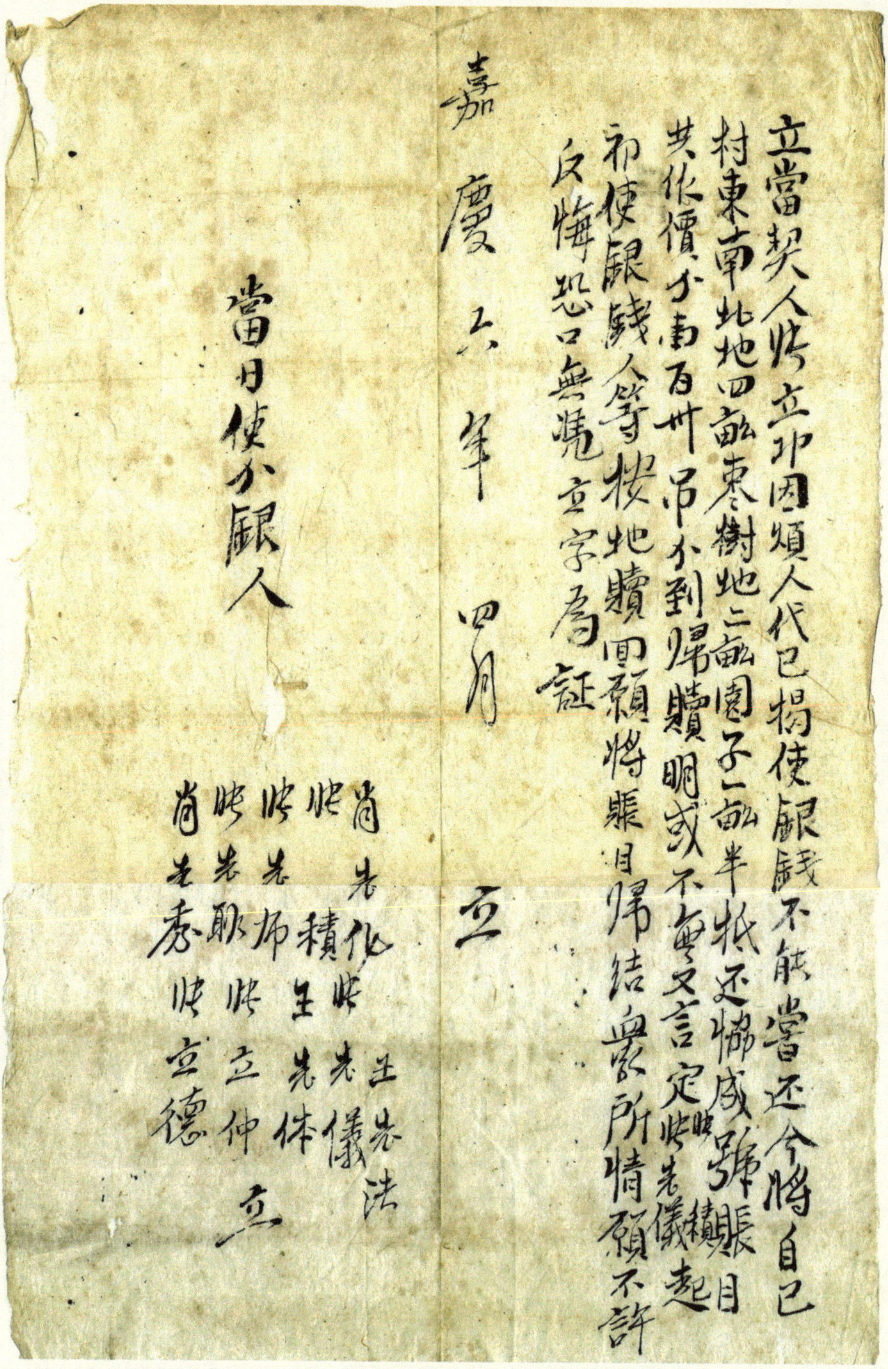

立當契人胡立功因短人代巳揭使銀錢不能當还今將自巳
村東南北地四畝枣樹地二畝園子一畝半抵还胡成號帳目
共作價大錢百卅吊大錢到帰贖明或不要又言定胡先儀積起
初使銀錢人等按地贖回願將賬目帰結兩家所情願不許
反悔恐口無憑立字為証

嘉慶六年四月　立

當日使大錢人

肖先化　胡先儀　生先法
胡積生先体
胡先師
胡先耿　胡立仲　立
肖先秀　胡立德

〇〇二 清嘉慶六年（一八〇一年）四月張立功當契

立當契人張立功，因煩人代巳【己】揭使銀錢不能償還，今將自己村東南北地四畝、棗樹地二畝、園子一畝半，抵還協成號賬目，共作價錢壹百卅吊，錢到歸贖，明或不無。又言定 張積 張老儀 起初使銀錢人等，按地贖回，願將賬目歸結，衆所情願，不許反悔，恐口無憑，立字爲證。

嘉慶六年四月　立

當日使錢銀人　肖老化　王老法　張積　張老儀　張老師　王老體　張老耿　張立仲　肖老秀　張立德　立

立賣契人張思成因爲不便今將自己莊基一段東
至彰道西至張馬北至張思訓南至道四至明白
憑中人張思和說合賣與張思睿居住言定共
價京錢七千伍伯文其錢当日交足恐後無憑
立賣契爲証

道光二十五年三月初四日　立

中人張思和
尺杖王浚霄

東西長可捌步
南北二可仝四步△四寸

〇〇三 清道光二十五年（一八四五年）三月初四張思成賣莊基契

立賣契人張思成，因爲不便，今將自己莊基一段，東至夥道，西至張馬，北至張思訓，南至道，四至明白。憑中人張思和説合，賣與張思濬居住，言定共價京錢七千伍伯【佰】文，其錢當日交足，恐後無憑，立賣契爲證。

道光二十五年三月初四日立

中人　張思和

長可捌步

東西二可同四步〇四寸

尺杖【丈】　王浚霄

立賣契人張鳳来因為不便今將自己村東南北地壹段計地叁畝零壹厘東至賣主西至張思賢南至頂頭北至道四至明白憑中人張恭謹說合賣于張鳳翥為業言定每畝價京錢拾捌千共錢當日交足恐後無憑立賣契為證　折糧壹畝捌分

咸豐叁年十弍月初九日　立

中長五十步

弍可全十四步弍尺弍寸四卜

尺丈張恭謹

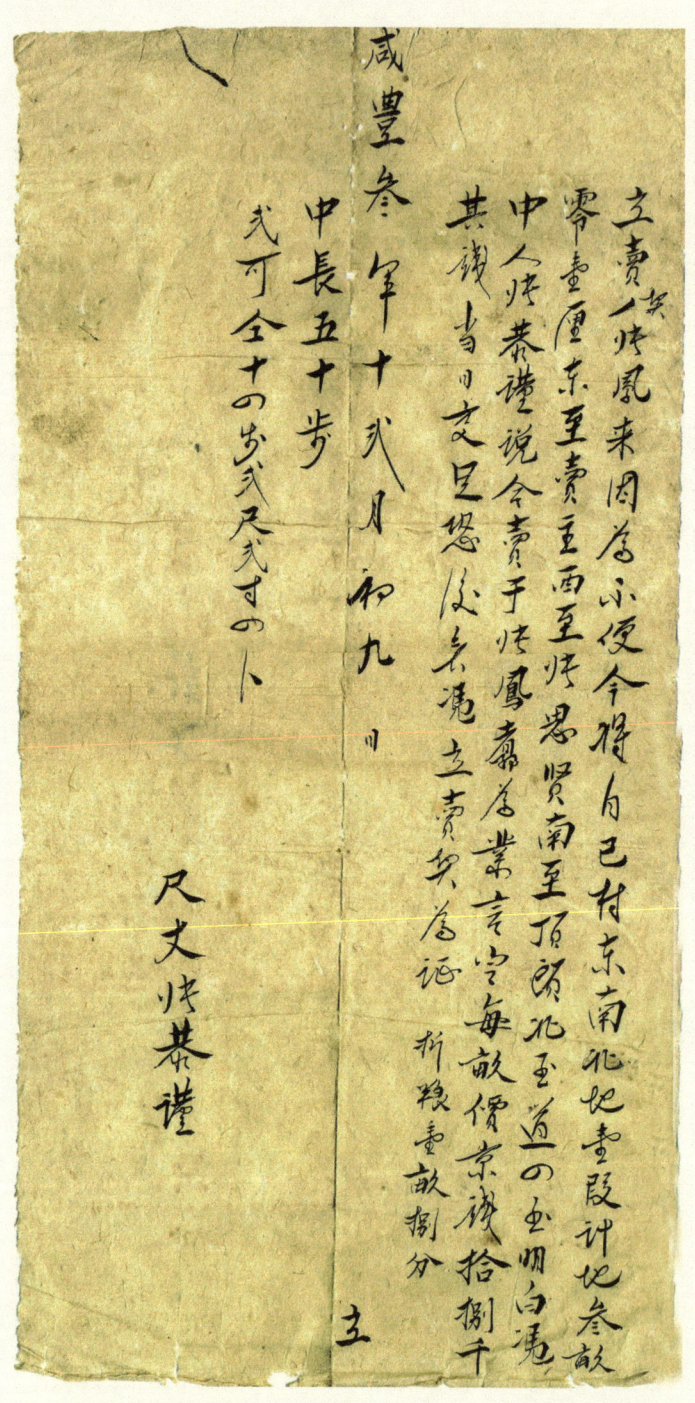

○○四 清咸豐三年十二月初九（一八五四年一月七日）張鳳來賣地契①

立賣契人張鳳來，因爲不便，今將自己村東南北地壹段，計地叁畝零壹厘，東至賣主，西至張思賢，南至頂頭，北至道，四至明白。憑中人張恭謹説合，賣於張鳳翥爲業，言定每畝價京錢拾捌千，其錢當日交足，恐後無憑，立賣契爲證。折粮壹畝捌分

咸豐叁年十貳月初九日立

中長五十步

貳可同十四步貳尺貳寸四分

尺丈　張恭謹

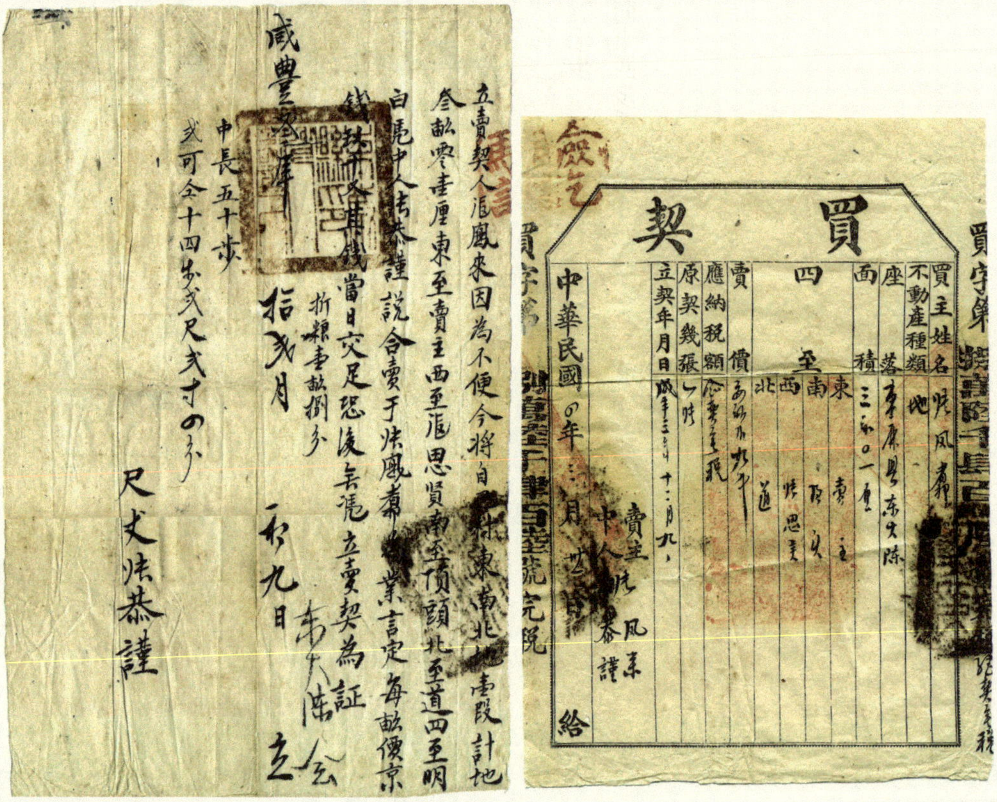

立賣契人張鳳來因為不便今將自[illegible]東南北[illegible]地壹段計地叁畝零壹厘東至賣主西至張思賢南至頂頭北至道四至明白憑中人張恭謹說合賣于張鳳彝[illegible]業言定每畝價京錢[illegible]當日交足恐後無憑立賣契為證

折糧壹畝捌分

咸豐三年拾貳月初九日 [illegible] 立

中長五十步

貳可合十四步貳尺貳寸の分

尺丈張恭謹

買契

買主姓名	張鳳彝
不動產種類	地
坐落	東鹿縣東大陳
面積	三畝○一厘
四至	東 賣主 南 張[illegible] 西 張思賢 北 道
賣價	[illegible]
應納稅額	[illegible]
原契幾張	一張
立契年月日	咸豐三年十二月九日

賣主 張鳳來

中人 張恭謹

中華民國 四年 三 月 廿二 日 給

〇〇五

清咸豐三年十二月初九（一八五四年一月七日）張鳳來賣地契②（附民國四年三月三十一日買契）

立賣契人張鳳來，因爲不便，今將自己村東南北地壹段，計地叁畝零壹厘，東至賣主，西至張思賢，南至頂頭，北至道，四至明白。憑中人張恭謹説合，賣於張鳳翥爲業，言定每畝價京錢玖千文，其錢當日交足，恐後無憑，立賣契爲證。

折粮壹畝捌分

咸豐叁年拾貳月初九日立

東大陳 會

中長五十步

貳可同十四步貳尺貳寸四分

尺丈 張恭謹

（篆體滿漢文『東鹿縣印』方印一枚；騎縫『東鹿縣知事印』方印兩枚；騎縫『驗訖』印一枚；長形印三枚不清）

立賣契人張元明因為不便今將自己村南東西地壹段計地三畝捌分南至
張自盛北至王運通東至頂頭西至大道四至明白今憑中人尺丈説合
賣于張鳳翥為業言明每畝價[illegible]錢廿五千文其錢當日交足
恐口無憑立賣契為証　折粮地二畝二分八厘
同治四年二月初四日立
長可壹百步
二丌仝九步零六寸
里長王作綿　尺丈佐合庄　中人張文焕　張文魁
甲地刘明德　文德

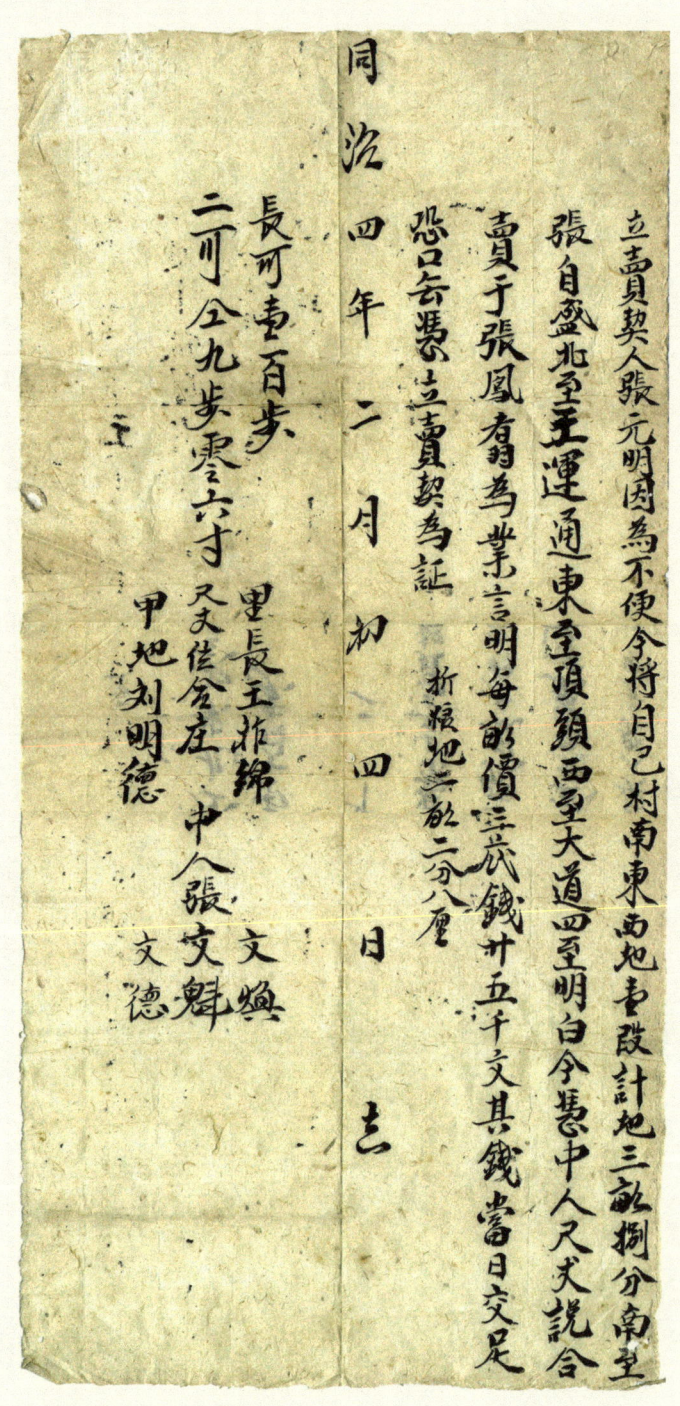

〇〇六 清同治四年（一八六五年）二月初四張元明賣地契

立賣契人張元明，因爲不便，今將自己村南東西地壹段，計地三畝捌分，南至張自盛，北至王運通，東至頂頭，西至大道，四至明白。今憑中人尺丈説合，賣於張鳳翥爲業，言明每畝價三底【帝】錢廿五千文，其錢當日交足，恐口無憑，立賣契爲證。

折粮地二畝二分八厘

同治四年二月初四日立

長可壹百步
二可同九步零六寸

里長 王祚綿
尺丈 位合莊
甲地 劉明德

中人 張文煥
張文魁
文德

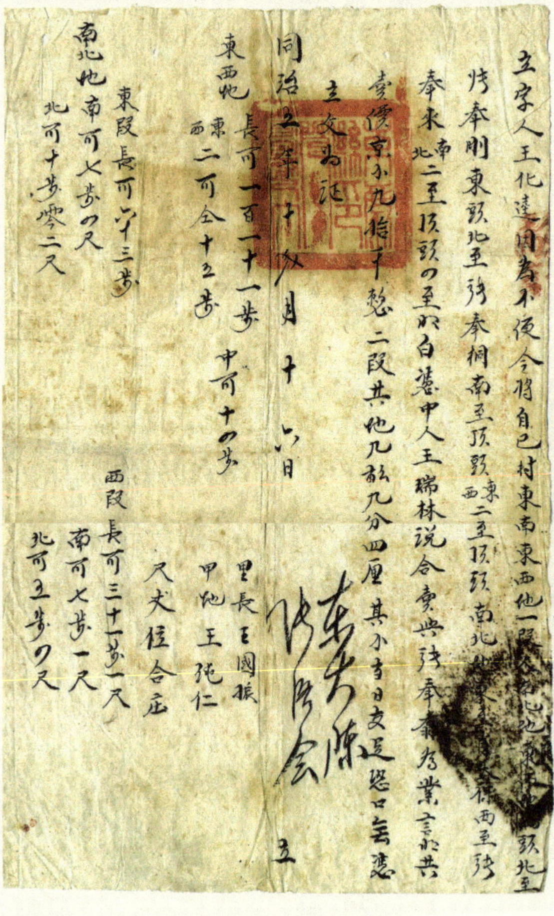

立字人王化達因為不便，今將自己村東南東西地一段[illegible]頭北至
張奉剛，東頭北至張奉桐，南至頂頭，東西二至頂頭，南北[illegible]西至張
奉來，南北二至頂頭，四至[illegible]中人王瑞林說合賣與張奉[illegible]為業，言明共
賣價京錢九拾千整。二段共地九畝九分四厘。其錢當日交足，恐口無憑，
立文為証。
同治五年十一月十六日 立
東西地 長可一百一十一步 東二可仝十五步 中可十四步
南北地 東段 長可[illegible]三步 南可七步四尺 北可十步零二尺
西段 長可三十一步一尺 南可七步一尺 北可五步四尺
里長 王國振
甲地 王張仁
尺丈 任合庄

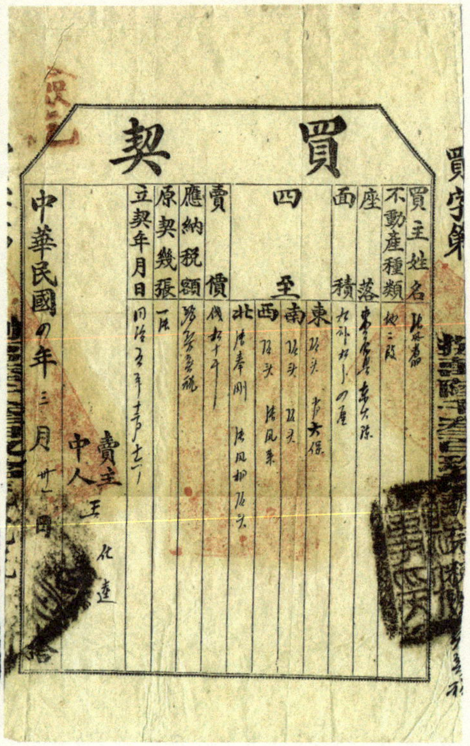

買契

買主姓名：張[illegible]
不動産種類：地二段
座落：村東南東西[illegible]
面積：九畝九分四厘
四至：東 頂頭 張大保；南 頂頭 頂頭；西 頂頭 張鳳果；北 張奉剛 張鳳桐 頂頭
賣價：錢九十千
應納稅額：[illegible]
原契幾張：一張
立契年月日：同治五年十一月十六
中華民國四年三月廿一日
賣主 王化達
中人

〇〇七 清同治五年十二月十六日（一八六七年一月二十一日）王化逵賣地契（附民國四年三月三十一日買契）

立字人王化逵，因爲不便，今將自己村東南東西地一段，又南北地東西兩頭，北至張奉剛，東頭北至張奉桐，南至頂頭，東西二至頂頭，南北地東至肖大保，西至張奉來，南北二至頂頭，四至明白。憑中人王瑞林說合，賣與張奉翥爲業，言明共賣價京錢九拾千整，二段共地九畝九分四厘，其錢當日交足，恐口無憑，立文爲證。

東大陳
張洛會

同治五年十貳月十六日立

東西地　長可一百一十一步　中可十四步
東西二可同十五步

南北地東段　長可六十三步　南可七步四尺　北可十步零二尺
西段　長可三十一步一尺　南可七步一尺　北可五步四尺

里長　王國振
甲地　王純仁
尺丈　位合莊

（篆體滿漢文『東鹿縣印』方印一枚；騎縫『東鹿縣知事印』方印兩枚；騎縫『驗訖』印一枚；長形印三枚不清）

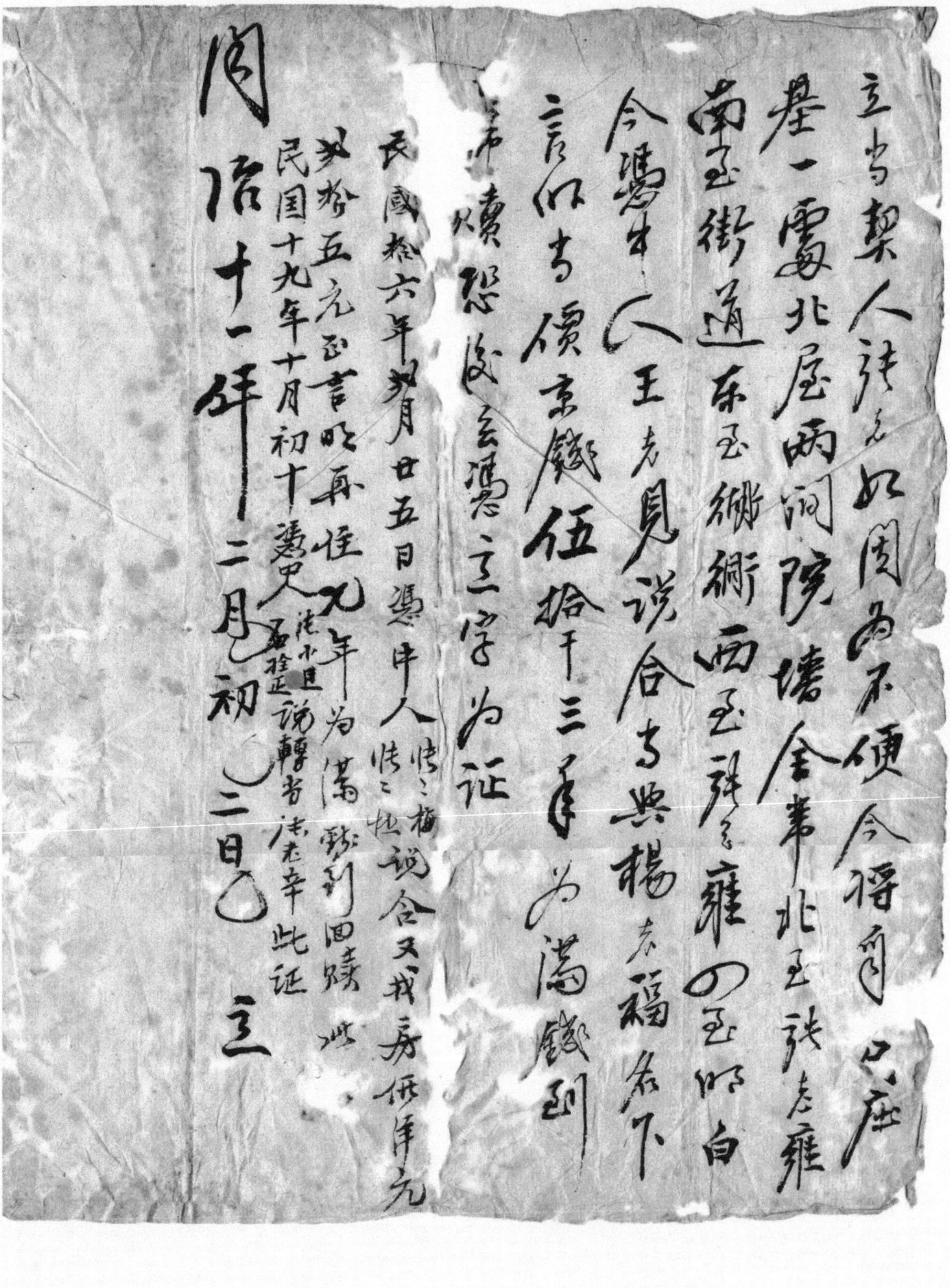
立当契人張老如因為不便今將自己座
落一處北屋兩间院墻全帯北至張老雍
南至街道东至衚衕西至張老雍四至明白
今憑中人王老見说合当與楊老福名下
言明当價京錢伍拾千三百为满錢到
[illegible]贖恐後無憑立字為证
民國拾六年叁月廿五日憑中人張之梅 張之桂 说合又找房價洋元
叁拾五元正言明再往九年为满錢到回贖 此
民国十九年十月初十憑中人張小旦 孟栓正 说轉当張老辛 此证
同治十一年二月初二日 立

〇〇八　清同治十一年（一八七二年）二月初二張老好當契（上手契）

立當契人張老好，因爲不便，今將自己莊基一處，北屋兩間，院牆全帶，北至張老雍，南至街道，東至胡同，西至張老雍，四至明白。今憑中人王老見説合，當與楊老福名下，言明當價京錢伍拾千，三年爲滿，錢到歸贖，恐後無憑，立字爲證。

民國拾六年貳月廿五日，憑中人張老梅、張老怌説合，又找房價洋元貳拾五元正【整】，言明再住七年爲滿，錢到回贖，此□。

民國十九年十月初十，憑中人張小旦、石拴正説，轉當張老辛，此證。

同治十一年二月初二日立

立賣契人張喜陸，因爲不便，今將自己村東南北地壹段，計地壹畝七分四厘捌毫，東至劉姓，西至賣主，南至張瑞，北至道，四至分明。白憑中人張雅參說合，賣於張國爲爲業，言明其賣價京錢陸拾貳千文，其錢當日交足。恐後無憑，立賣契爲証。

東段長弓九十一步五尺

南弓寬七步五尺五寸

北弓六步五尺五寸

光緒八年正月廿六日　立

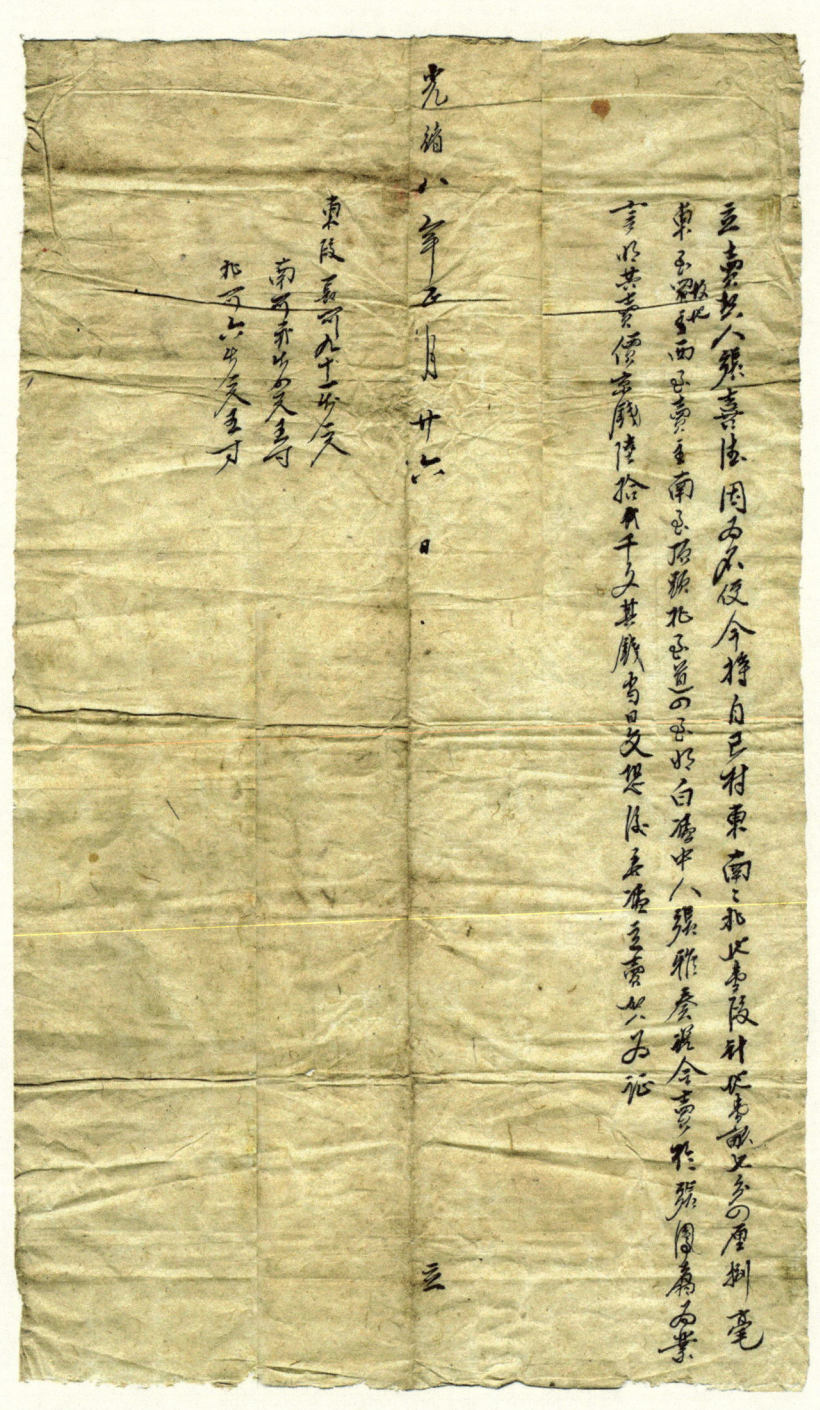

〇〇九 清光緒八年（一八八二年）正月二十六日張喜德賣地契

立賣契人張喜德，因爲不便，今將自己村東南南北地壹段，計地壹畝七分四厘捌毫，東至買主墳地，西至賣主，南至頂頭，北至道，四至明白。憑中人張雅奏説合，賣於張鳳翥爲業，言明共賣價京錢陸拾千文，其錢當日交，恐後無憑，立賣契爲證。

光緒八年正月廿六日立

東段長可九十一步一尺

南可貳步四尺五寸

北可六步一尺五寸

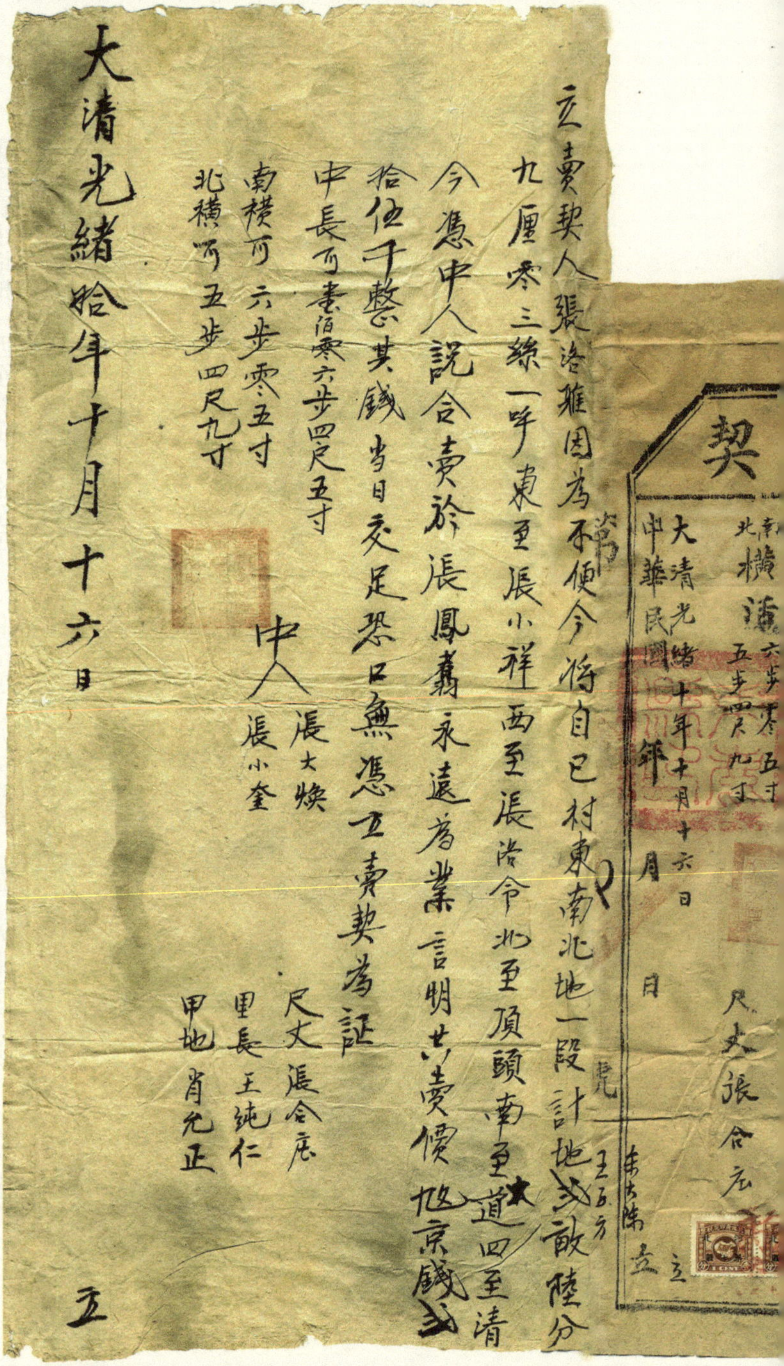
立賣契人張洛雅因為不便今將自己村東南北地一段計地弍畝陸分
九厘零三絲一竿東至張小祥西至張洛令北至頂頭南至道四至清
今憑中人説合賣於張鳳翥永遠為業言明共賣價北京錢弍
拾伍千整其錢當日交足恐口無憑立賣契為証
中長丙壹佰零六步四尺五寸
南横丙六步零五寸
北横丙五步四尺九寸
中人 張大煥 張小奎
尺丈 張合辰
里長 王純仁
甲地 肖允正
大清光緒拾年十月十六日 立

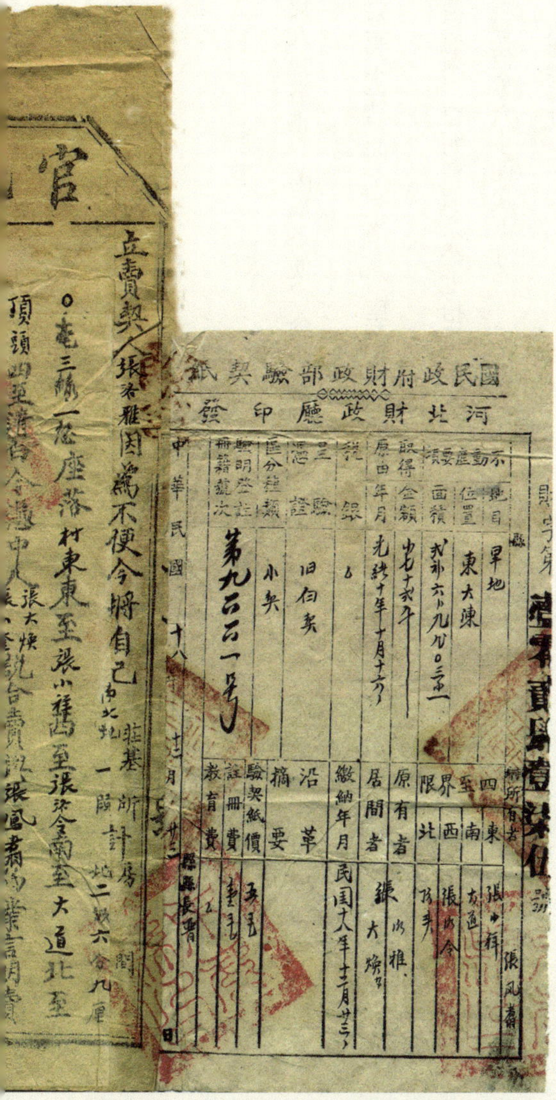
官
立賣契人張洛雅因爲不便今將自己
國民政府財政部驗契紙
河北財政廳印發
中華民國十八年十二月廿三日

官紙草契

立賣契人張洛雅，因爲不便，今將自己莊基所，南北地一段，計房間，地二畝六分九厘〇毫三絲一忽，座落村東，東至張小祥，西至張洛令，南至大道，北至頂頭，四至清白。今憑中人張大煥、張小奎説合，賣與張鳳翥爲業，言明賣價京錢七拾伍吊文，其錢當日交足，恐後無憑，立賣存證。

中長闊壹佰零六步四尺五寸

南横闊六步零五寸

北横闊五步四尺九寸

尺丈 張合莊

大清光緒十年十月十六日立

中華民國　年　月　日　立　東大陳

（騎縫字）第　號　王子芳

（騎縫『河北省財政廳印』大方印兩枚；『東鹿縣印』方印兩枚；『東鹿縣第貳区第貳十七鄉東大陳鄉公所圖記』小方印兩枚）

〇一〇 清光緒十年（一八八四年）十月十六日張洛雅賣地契（附官紙草契、民國十八年十二月二十三日驗契）

立賣契人張洛雅，因爲不便，今將自己村東南北地一段，計地貳畝陸分九厘零三絲一呼【忽】，東至張小祥，西至張洛令，北至頂頭，南至大道，四至清。今憑中人説合，賣於張鳳翥永遠爲業，言明共賣價九九京錢貳拾伍千整，其錢當日交足，恐口無憑，立賣契爲證。

中長可壹佰零六步四尺五寸
南横可六步零五寸
北横可五步四尺九寸

中人 張大焕
張小奎

尺丈 張合莊
甲長 王純仁
甲地 肖允正

大清光緒拾年十月十六日立

立賣契人首德書因為不便今將自己村北南北地一段計地四畝南截東至
頂頭北截東至王儀梁西至王勤恭南至頂頭北至道四至明白今憑中人
張大楼小祥說合賣與張鳳翥為業言明共賣價京錢九拾弍千文其錢當
日交足恐口無憑立賣契為証

光緒十年十二月十六日 立

長可壹百五十步
二可合六弓二尺

代丈張合庄
里長王純仁
甲總肖元正

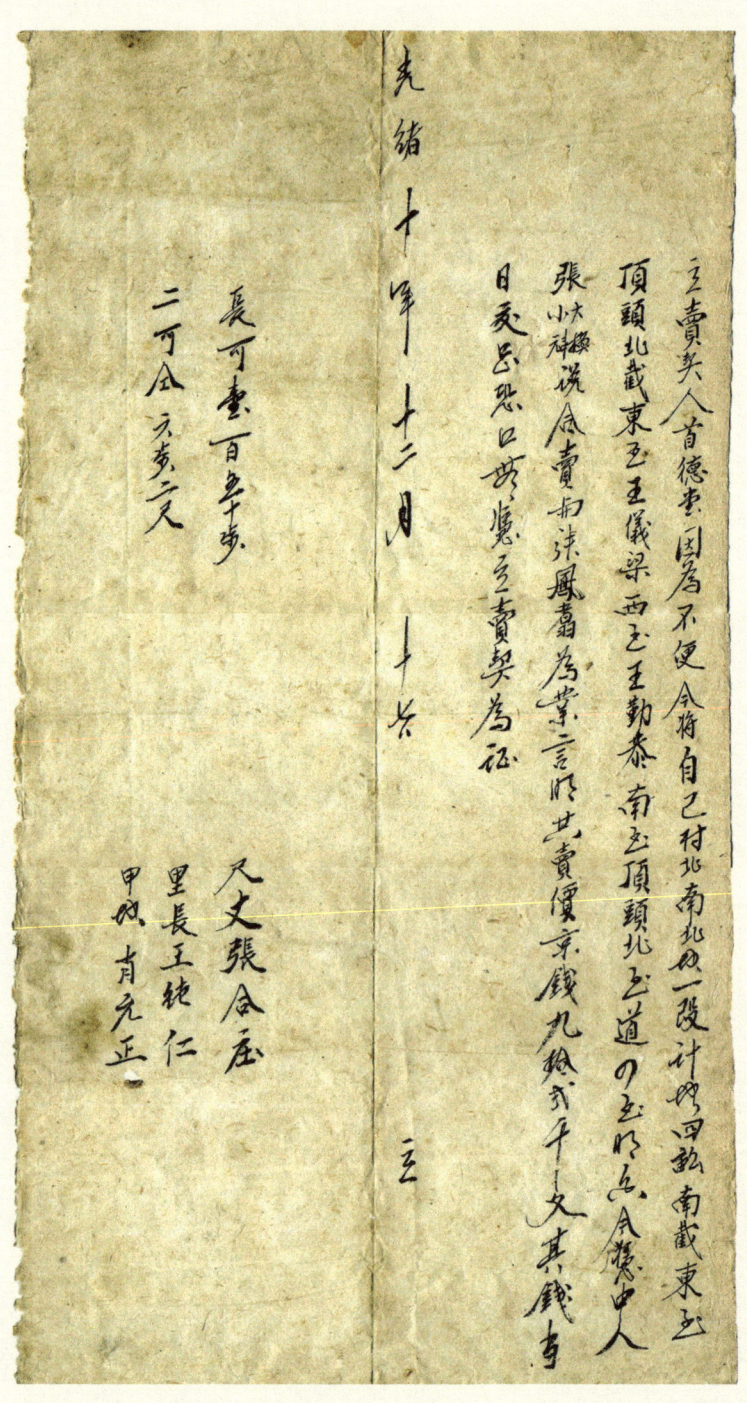

〇一一 清光緒十年十二月十七日（一八八五年二月一日）首德堂賣地契①

立賣契人首德堂，因爲不便，今將自己村北南北地一段，計地四畝，南截東至頂頭，北截東至王儀粱，西至王勤恭，南至頂頭，北至道，四至明白。今憑中人張大焕、小祥説合，賣與張鳳翥爲業，言明共賣價京錢九拾貳千文，其錢當日交足，恐口無憑，立賣契爲證。

光緒十年十二月十七日立

長可壹佰五十步
二可同六步二尺

尺丈 張合莊
里長 王純仁
甲地 肖允正

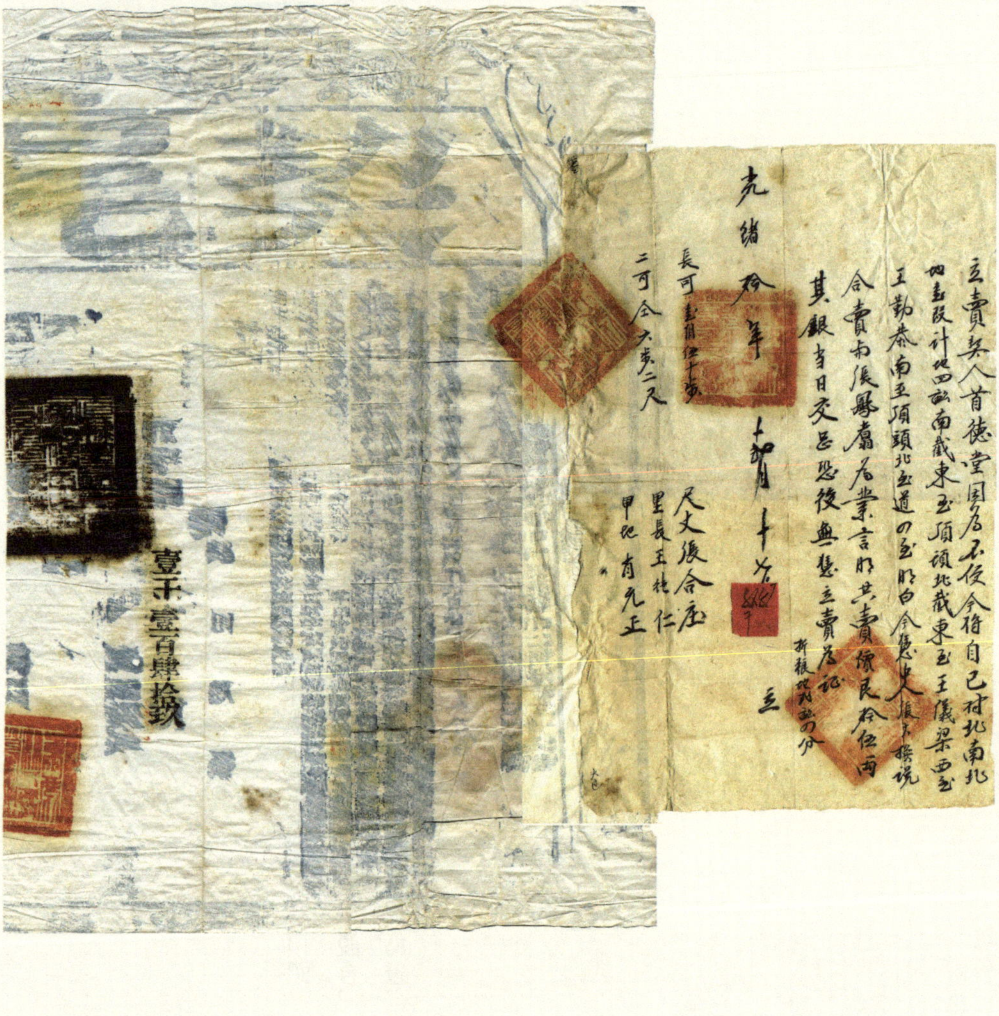
立賣契人首德堂因爲不便今將自己村北南北
地壹段計地四畝南截東至項頭北截東至王儀渠西至
王勤恭南至項頭北至道四至明白今憑中人張木撰說
合賣與張縣齋名業言明共賣價良拾伍兩
其銀當日交足恐後無憑立賣契記
折糧地四畝四分
光緒拾年十二月十一日 立
長可壹佰伍十步
二可仝 大步二尺
尺丈張合座
里長王桂仁
甲地 有元正
壹千壹百肆拾玖

〇一二 清光緒十年十二月十七日（一八八五年二月一日）首德堂賣地契②（附契尾）

立賣契人首德堂，因爲不便，今將自己村北南北地壹段，計地四畝，南截東至頂頭，北截東至王儀粱，西至王勤恭，南至頂頭，北至道，四至明白。今憑中人張大換説合，賣與張鳳翥爲業，言明共賣價銀拾伍兩，其銀當日交足，恐後無憑，立賣［契］爲證。

折粮地貳畝四分

光緒拾年十貳月十七日　立　（數字：五四五六）

長可壹佰伍十步
二可同六步二尺

尺丈　張合莊
里長　王純仁
甲地　肖允正

（篆體滿漢文『東鹿縣印』方印四枚；篆體滿漢文『直隸等處承宣布政使司之印』大方印一枚）

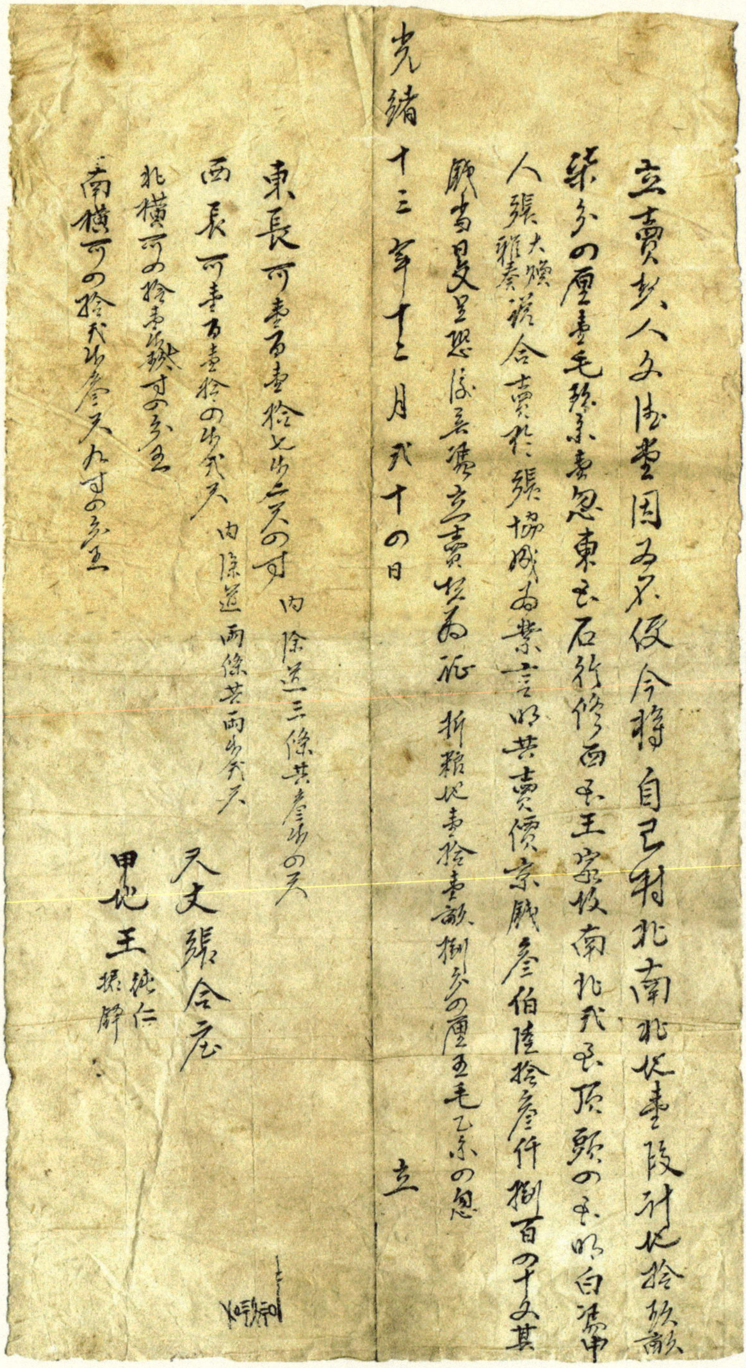

立賣地人文德堂因為不便，今將自己村北南北地壹段，計地拾玖畝柒分〤厘壹毛玖絲壹忽，東至石行修，西至王家坟，南北弍至頂頭，〤至明白，憑中人張大煥、張雅泰説合，賣於張協成名業，言明共賣價京錢叁伯陸拾叁仟捌百〤十文，其錢當日交足，恐後無憑，立賣地為証。折粮地壹拾壹畝捌分〤厘五毛乙絲〤忽

光緒十三年十二月弍十〤日　立

東長〤百壹拾七步二尺〤寸　内除道三條共叁步〤尺
西長〤百壹拾〤步弍尺　内除道兩條共兩步弍尺
北横〤拾壹步玖寸〤分五
南横〤拾弍步叁尺九寸〤分五

代字張合庄
甲地王振仁
振靜

〇一三 清光緒十三年十二月二十四日（一八八八年二月五日）文德堂賣地契①

立賣契人文德堂，因爲不便，今將自己村北南北地壹段，計地拾玖畝柒分四厘壹毫玖絲壹忽，東至石行修，西至王家墳，南北貳至頂頭，四至明白。憑中人張大焕 雅奏 説合，賣於張協成爲業，言明共賣價京錢叁伯【佰】陸拾叁仟捌百四十文，其錢當日交足，恐後無憑，立賣契爲證。

折粮地壹拾壹畝捌分四厘五毫乙【一】絲四忽

光緒十三年十二月貳十四日立 （数字：四〇八九八〇一）

東長可壹百壹拾七步二尺四寸 内除道三條共叁步四尺 尺丈 張合莊

西長可壹百壹拾四步貳尺 内除道兩條共兩步貳尺

北橫可四拾壹步〇玖寸四分五 甲地 王純仁 振鐸

南橫可四拾貳步叁尺九寸四分五

立賣契人文德堂因為不便今將自己村北南北地壹段計地拾玖畝柒分四厘壹毫玖系壹忽東至石行修西至王家坟南北二至頂頭四至明白憑中人張雅泰、張大煥說合賣於張恀成為業言明共賣價銀叁拾兩其艮當日交足恐口無憑立賣契為証

折粮地拾壹畝捌分四厘五毛壹系四忽

光緒十三年十二月二十四日 立

東長可壹百一十柒步二尺四寸 内除道三除共三步四尺

西長可壹百零二步二尺 内除道二除廿二步二尺

北横可四拾壹步零玖寸四分五

南横可四拾二步二尺九寸四分五

尺丈張合座

甲地王純仁

王振鐸

○一四 清光緒十三年十二月二十四日（一八八八年二月五日）文德堂賣地契②

立賣契人文德堂，因爲不便，今將自己村北南北地壹段，計地拾玖畝柒分四厘壹毫玖絲壹忽，東至石行修，西至王家墳，南北貳至頂頭，四至明白。憑中人張雅奏 大焕 説合，賣於張協成爲業，言明共賣價銀叁拾兩，其銀當日交足，恐口無憑，立賣契爲證。

折粮地拾壹畝捌分四厘五毫壹絲四忽

光緒十三年十貳月貳十四日立

東長可壹百一十柒步貳尺四寸　內除道三條共三步四尺。
西長可壹佰一十四步貳尺　內除道貳條共貳步二尺。
北横可四拾壹步零玖寸四分五
南横可四拾貳步三尺九寸四分五

尺丈　張合莊
甲地　王純仁
王振鐸

立賣契人張洛才因為不便今將
自己村东南南北长一段計长二畝东
至張小亭西至張黑洒南至張頭
北至大道四至明白今憑中人張洛寬　宣
說合賣與張小鍋耕種為業　尚洛命
言明共賣價京錢八拾千文
其錢當日交足恐口無憑立
賣為証

光緒廿五年十二月　立

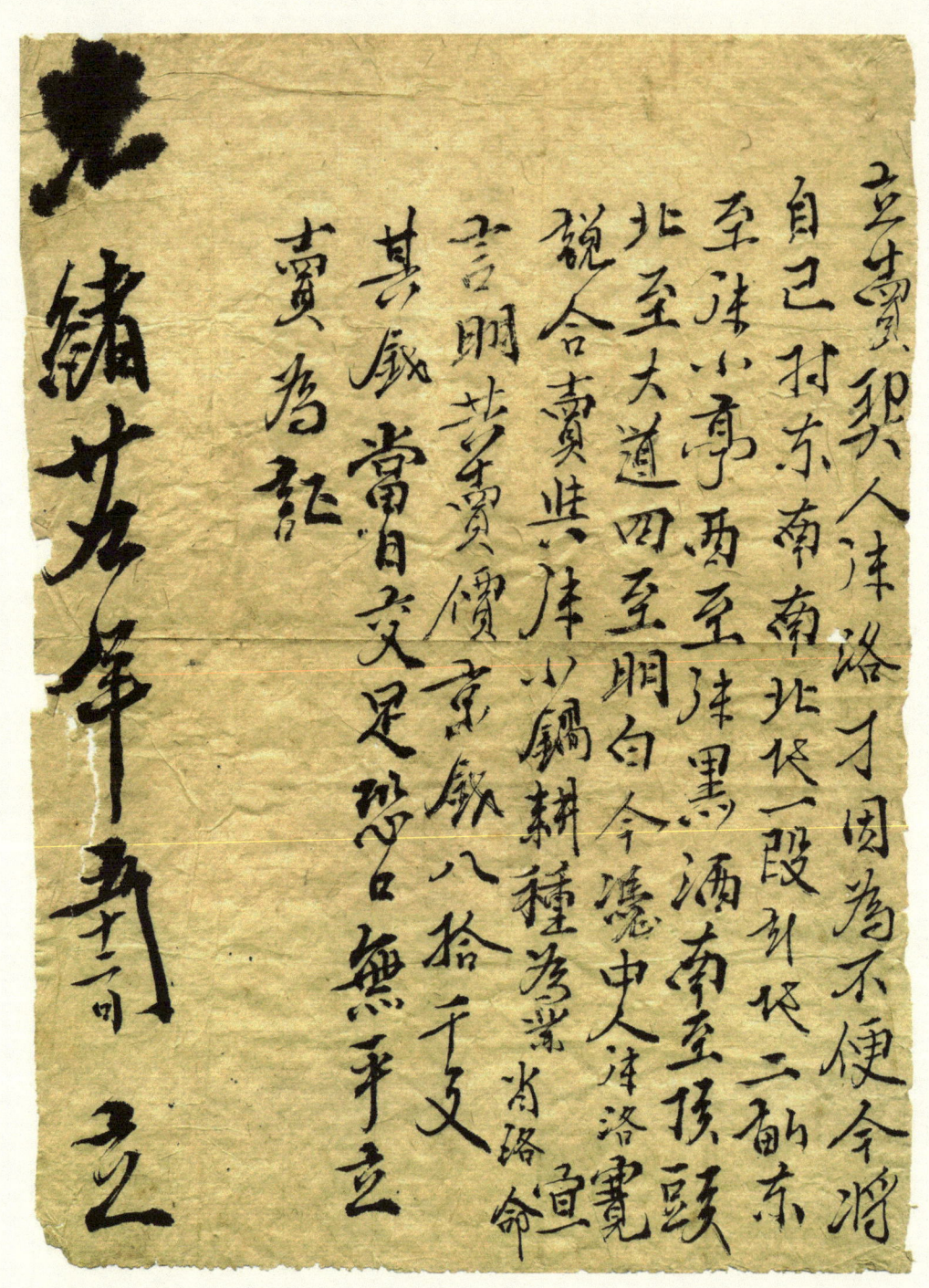

〇一五

清光緒二十九年（一九〇三年）五月十二日張洛才賣地契①

立賣契人張洛才，因爲不便，今將自己村東南南北地一段，計地二畝，東至張小亭，西至張黑灑，南至頂頭，北至大道，四至明白。今憑中人張洛寬 ［張］宣 肖洛命 説合，賣與張小鍋耕種爲業，言明共賣價京錢八拾千文，其錢當日交足，恐口無平【憑】，立賣［契］爲證

光緒廿九年五月十二日立

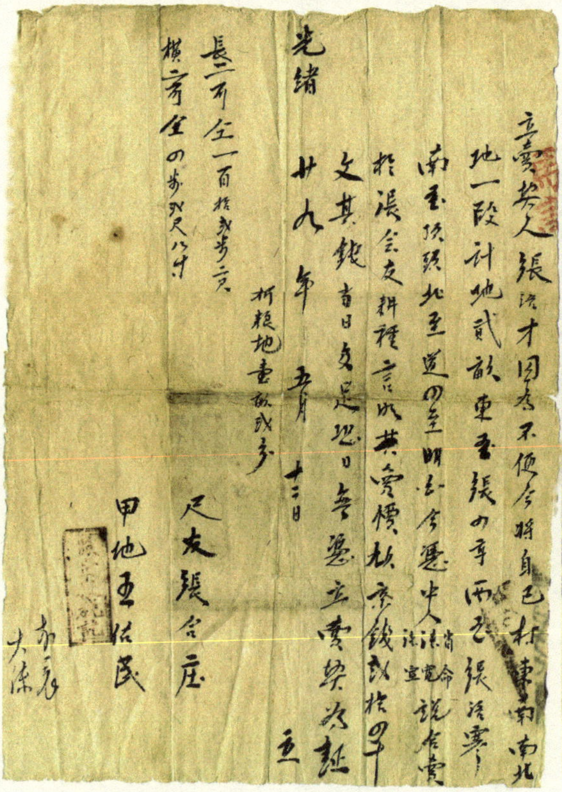

立賣契人張汝才因為不便，今將自己村東南南北地一段，計地貳畝，東至張四章，西至張汝霖，南至坑頭，北至道，四至明白。今憑中人張肖命、張寬、張汝宣說合，賣於張會友耕種，言明共賣價大錢捌拾四千文，其錢當日交足，恐口無憑，立賣契為証。

光緒廿九年五月十三日 立

折糧地壹畝貳分

長二百全一百捌貳步六

横二寸全四步玖尺八寸

足友張合庄

甲地王佑民

大陳 郝彥

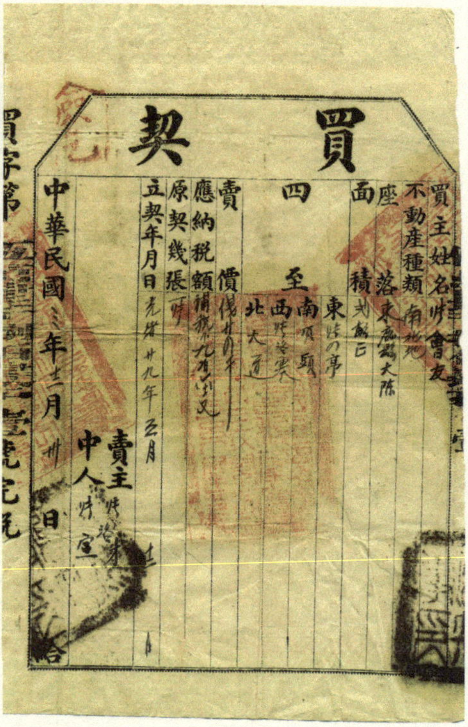

買契

買主姓名 張會友

不動產種類 南北地

坐落 東鹿縣大陳

面積 弍畝

四至 東張四章 南坑頭 西張汝霖 北大道

賣價 錢廿四千

應納稅額 補稅九百六十文

原契幾張 一張

立契年月日 光緒廿九年五月

中華民國三年十二月卅日

賣主 張汝才

中人 張汝宣

〇一六

清光緒二十九年（一九〇三年）五月十二日張洛才賣地契②（附民國三年十二月三十日買契）

立賣契人張洛才，因爲不便，今將自己村東南南北地一段，計地貳畝，東至張四亭，西至張洛寒，南至頂頭，北至道，四至明白。今憑中人肖命 張寬 張宣 說合，賣於張會友耕種，言明共賣價九九京錢貳拾四千文，其錢當日交足，恐口無憑，立賣契爲證。

光緒廿九年五月十二日立

折粮地壹畝貳分

長二可同一百拾貳步二尺

橫二可同四步貳尺八寸

尺丈 張合莊

甲地 王佑民

（騎縫『東鹿縣知事印』方印兩枚；騎縫『驗訖』印一枚；『照章投稅訖』小長形印一枚；大長形印三枚不清）

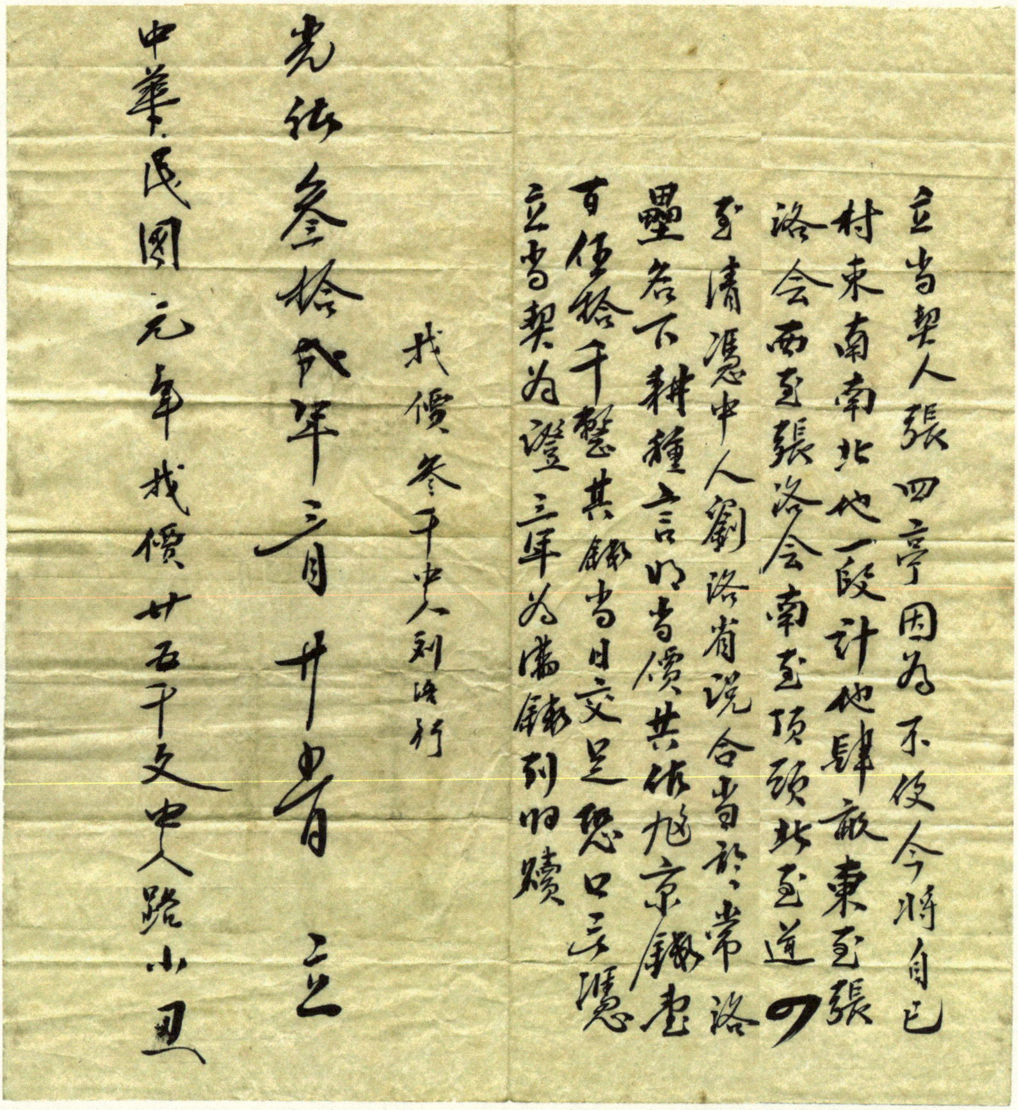

立當契人張四亭因為不便今將自己
村東南南北地一段計地肆畝東至張
洛合西至張洛合南至頂頭北至道口
出清憑中人劉洛肖説合當於常洛
壘名下耕種言明當價共作九京錢壹
百伍拾千整其錢當日交足恐口無憑
立當契為證 三年為滿錢到回贖

找價叁千中人劉洛行

光緒叁拾貳年三月廿四日 立

中華民國元年找價廿五千文中人路小旦

〇一七 清光緒三十二年（一九〇六年）三月二十五日張四亭當契（上手契）

立當契人張四亭，因爲不便，今將自己村東南南北地一段，計地肆畝，東至張洛會，西至張洛會，南至頂頭，北至道，四至清。憑中人劉洛省説合，當於常洛壘名下耕種，言明當價共作九九京錢壹百伍拾千整，其錢當日交足，恐口無憑，立當契为證。三年为滿，錢到歸贖。

找價叁千　中人　劉洛行

光緒叁拾貳年三月廿五日立

中華民國元年找價廿五千文　　中人　路小丑

立賣契人张〇廷因為不便今將自己村東南南
北地壹段計地四畝東西二至张志会南至頂
頭北至大道四至明白今憑中人石老坦说合
賣与张志会耕種言明共賣價捌京錢伍
佰吊整其錢賣日交足恐口無憑立賣契
為証

光緒叁拾四年十二月初六日　立

尺式張合庇

〇一八 清光緒三十四年（一九〇八年）十二月初六張四廷賣地契

立賣契人張四廷，因爲不便，今將自己村東南南北地壹段，計地四畝，東西二至張老會，南至頂頭，北至大道，四至明。今憑中人石老坦説合，賣與張老會耕種，言明共賣價九九京錢伍佰吊整，其錢賣日交足，恐口無憑，立賣契爲證。

尺丈　張合莊

光緒叁拾四年十二月初六日立

立賣契人張先会，因爲不便，今將自己村東南北
地壹段，計地弍畝七分，東至張四廷，西至常四娘，
北至頂頭，南至大道，四至明白。今憑中人石先組
説合賣與張四廷耕種，言明每畝價錢京
錢壹佰分叁吊整，其錢當日交足，現白無虞。
立賣契爲証

光緒叁拾年十二月初六日　立

三年爲滿，錢到爲回

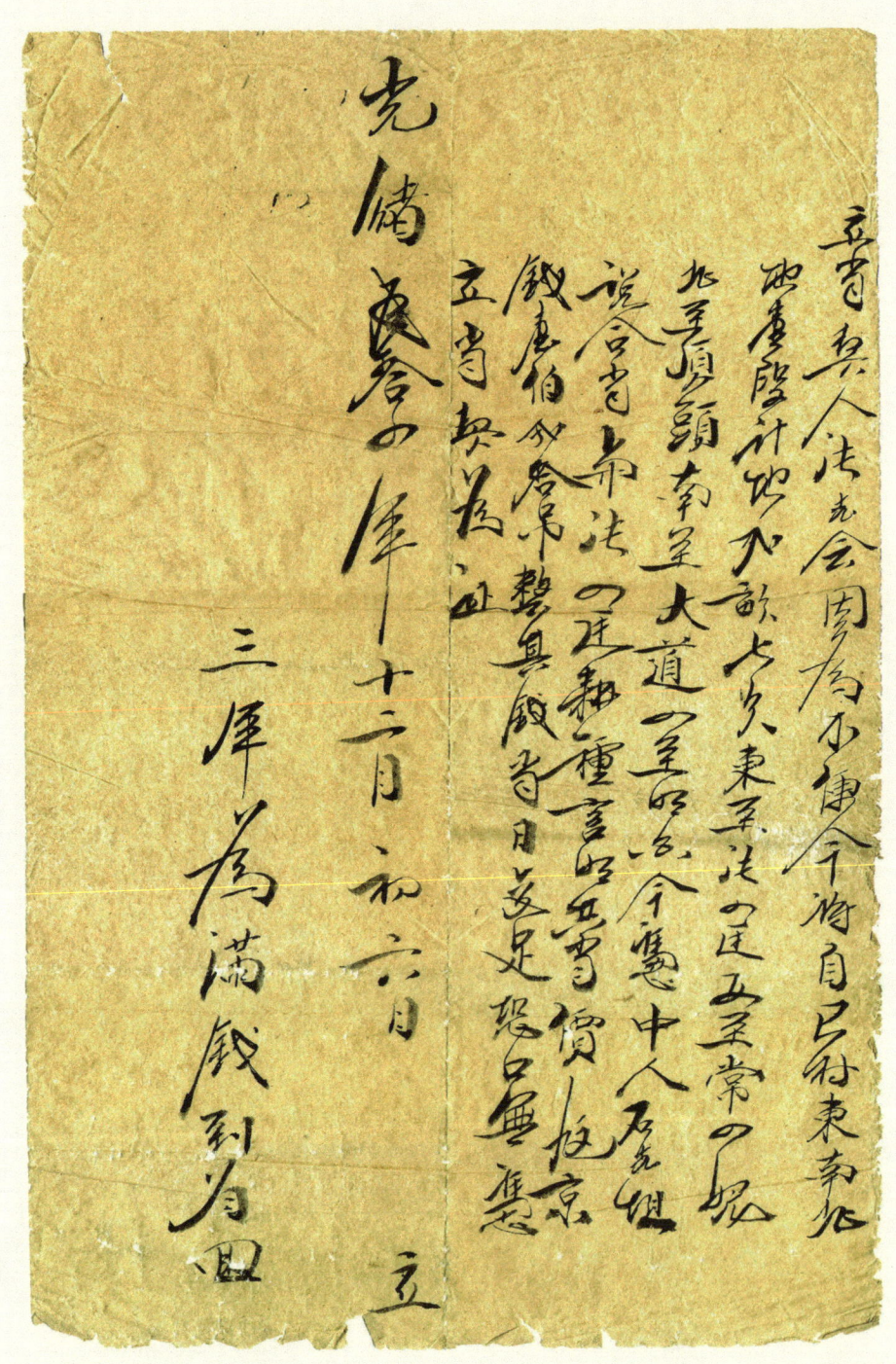

〇一九 清光緒三十四年（一九〇八年）十二月初六張老會當契

立當契人張老會，因爲不便，今將自己村東南北地壹段，計地貳畝七分，東至張四廷，西至常四妮，北至頂頭，南至大道，四至明白。今憑中人石老坦説合，當與張四廷耕種，言明共當價九九京錢壹佰貳拾吊整，其錢當日交足，恐口無憑，立當契爲證。

三年爲滿錢到歸回

光緒叁拾四年十二月初六日立

立當契人張金平，因為不便，今將自己村東南北園地壹段，計地壹畝，
東至石堯，西至王堯，北至頂頭，南至大道，四至分明，憑中人張
九合說合，當與張星河耕種，言明當價大錢柒吊整，其錢
當日交足，恐口無憑，立當契為証。
中華民國二十年二月廿四日 立

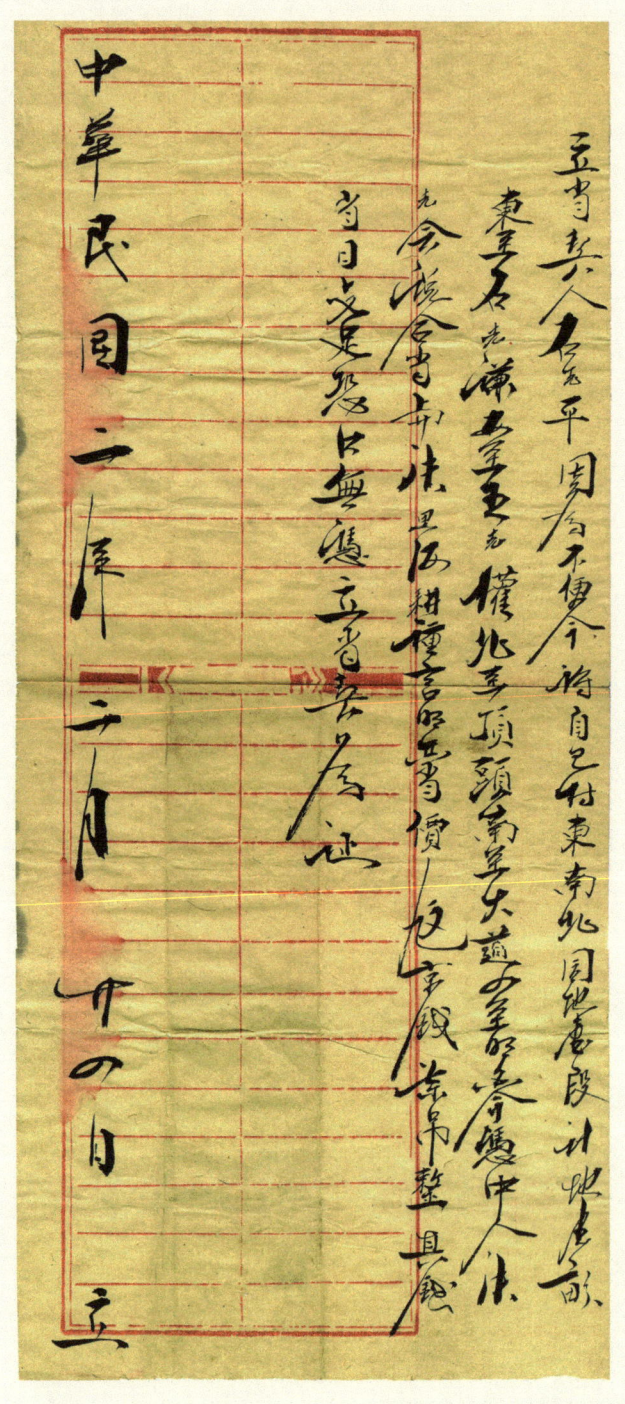

〇二〇 民國二年（一九一三年）二月二十四日石老平當契

立當契人石老平，因爲不便，今將自己村東南北園地壹段，計地壹畝，東至石老謙，西至王老權，北至頂頭，南至大道，四至明白。今憑中人張老會説合，當與張黑灑耕種，言明共當價九九京錢柒吊整，其錢當日交足，恐口無憑，立當契爲證。

中華民國二年二月廿四日立

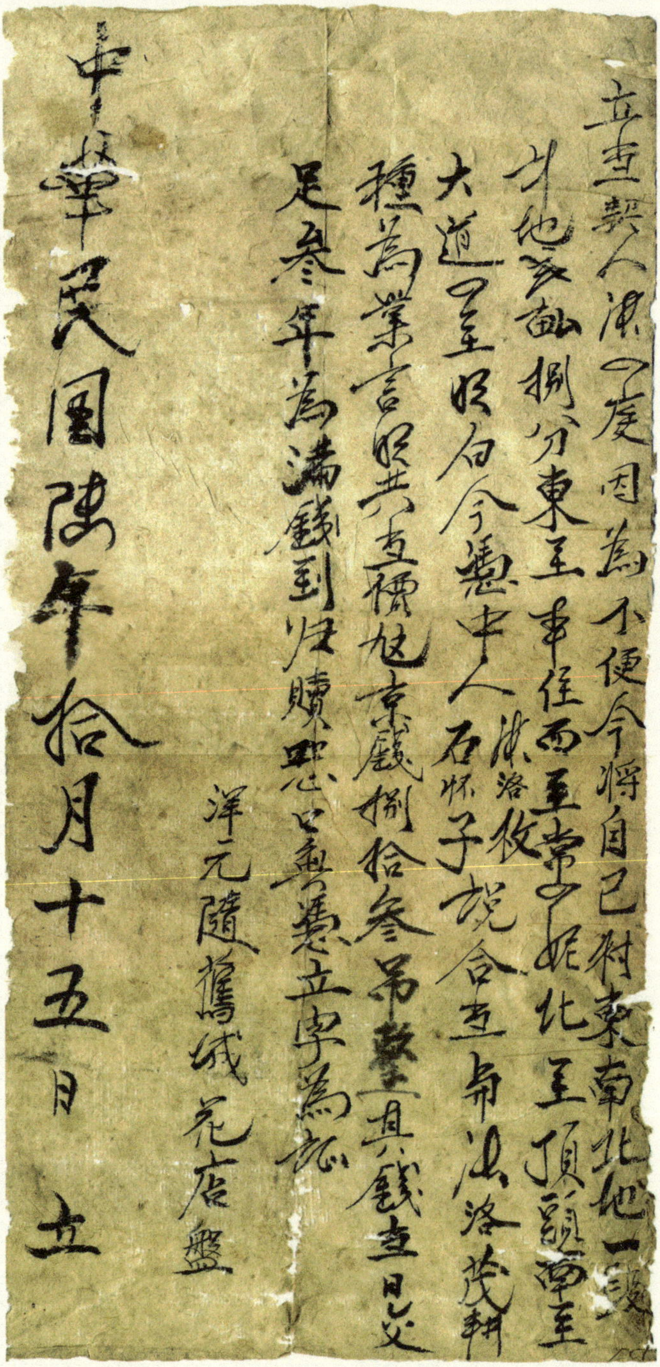
立典契人張□旋因為不便今將自己村東南北地一段
計地五畝捌分東至車任西至常□妃北至頂頭南至
大道至明白今憑中人石怀子張洛收説合典與張洛茂耕
種為業言明共典價地京錢捌拾叁吊整其錢當日交
足叁年為滿錢到归贖恐口無憑立字為証
洋元隨舊紙 花店盤
中華民國陸年拾月十五日 立

○二一 民國六年（一九一七年）十月十五日張四庭當契

立當契人張四庭，因爲不便，今將自己村東南北地一段，計地貳畝捌分，東至本住【主】，西至常四妮，北至頂頭，南至大道，四至明白。今憑中人張洛枚、石懷子說合，當與張洛茂耕種為業，言明共當價九九京錢捌拾叁吊整，其錢當日交足，叁年为滿，錢到歸贖，恐口無憑，立字为證。

洋元隨舊城花店盤

中華民國陸年拾月十五日立

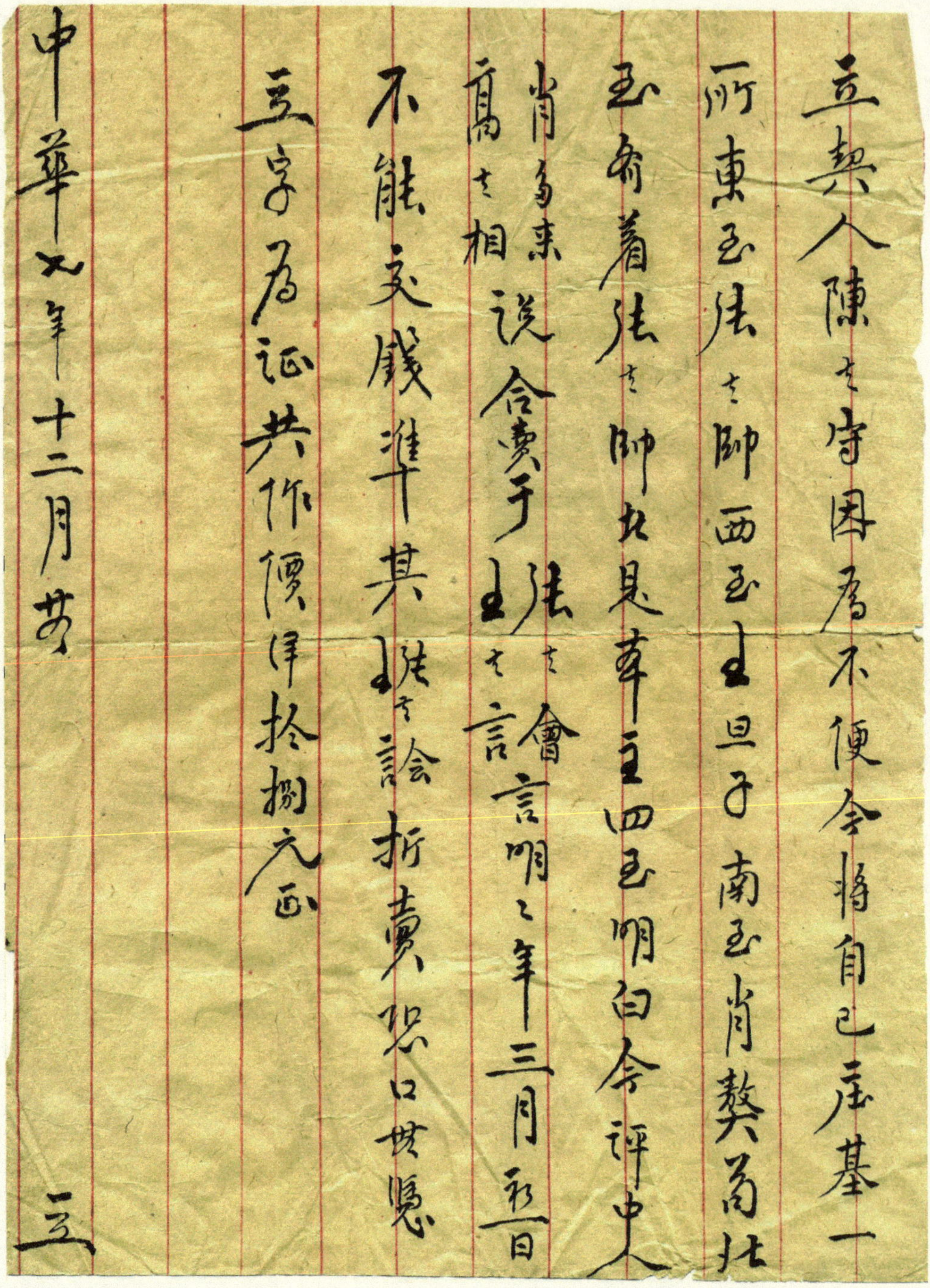

立契人陳之守因爲不便今將自己庄基一
所東至法之師西至土旦子南至肖藝爲北
至爲着法之師北是本主四至明白今評中人
肖爲來說合賣于法之會言明之年三月初一日
爲之相土之言
不能交錢準其土法之論会折賣恐口無憑
立字爲証共作價洋拾捌元正
中華九年十二月廿五　立

○二二 民國七年十二月二十四日（一九一九年一月二十五日）陳老守賣莊基契

立契人陳老守，因爲不便，今將自己莊基一所，東至張老帥，西至王旦子，南至肖嫯首，北至齊着張老帥，北是本主，四至明白。今評【憑】中人肖多來 高老相說合，賣於張老會 王老言，言明明年三月初一日不能交錢，准其張老會 王老言折賣。恐口無憑，立字爲證。共作價洋拾捌元正【整】。

中華七年十二月廿四立

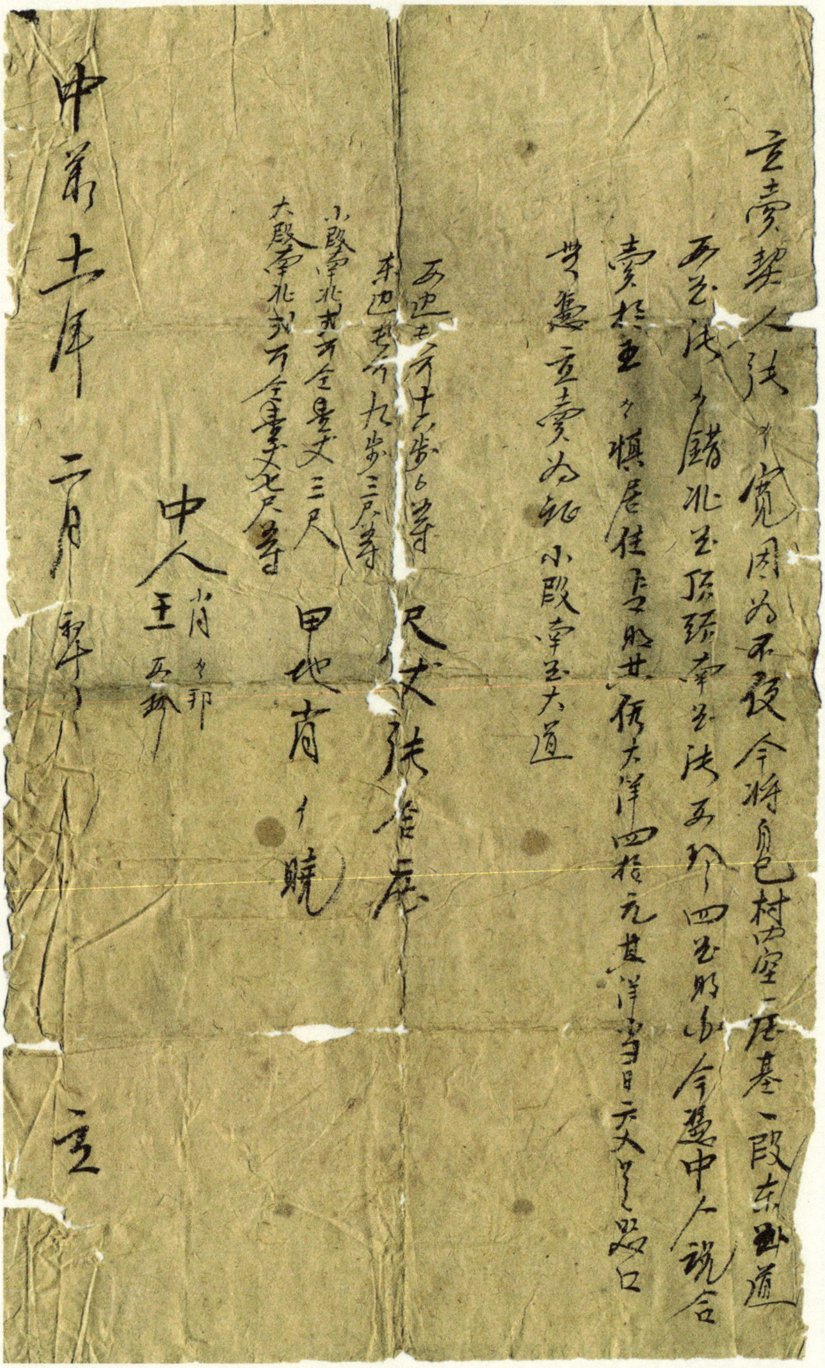

立賣契人張々寬因為不便今將自己村內室一座基一段东至道
西至張々鍇北至孫琛南至張丕珎々四至明白今憑中人説合
賣於王々慎居住言明共作價大洋四拾元其洋當日交足恐口
無憑立賣為証　小段南至大道
西边長六十六步六等
東边長六九步三尺等
小段南北弍丈全長丈三尺
大段南北弍丈全長丈七尺等
尺丈張合庵
甲地肖々曉
中人　肖々邦
　　　王丕珎
中華十一年二月初一日　立

○二三 民國十一年（一九二二年）二月初十張老寬賣地契（上手契）

立賣契人張老寬，因爲不便，今將自己村内空莊基一段，東至道，西至張老錯，北至頂頭，南至張西珍，四至明白。今憑中人説合，賣於王老慎居住，言明共價大洋四拾元，其洋當日交足。恐口無憑，立賣［契］爲證。小段南至大道

西邊長可十六步〇五寸

東邊長可九步三尺五寸

小段南北貳可同壹丈三尺

大段南北貳可同壹丈七尺五寸

尺丈 張合莊

甲地 肖老曉

中人 肖老邦

王西珍

中華十一年二月初十日立

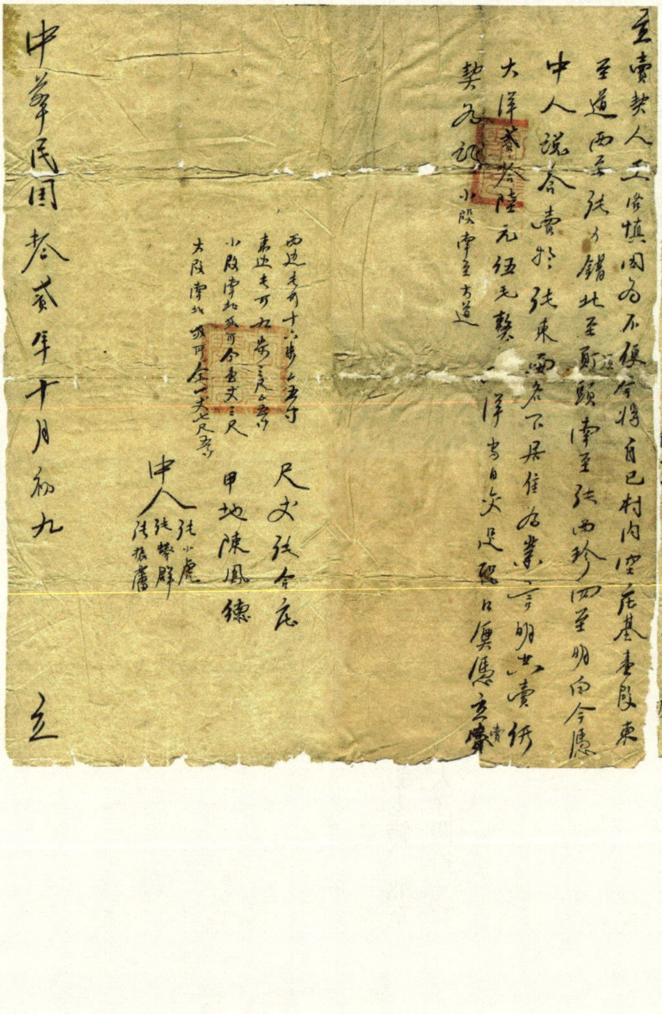

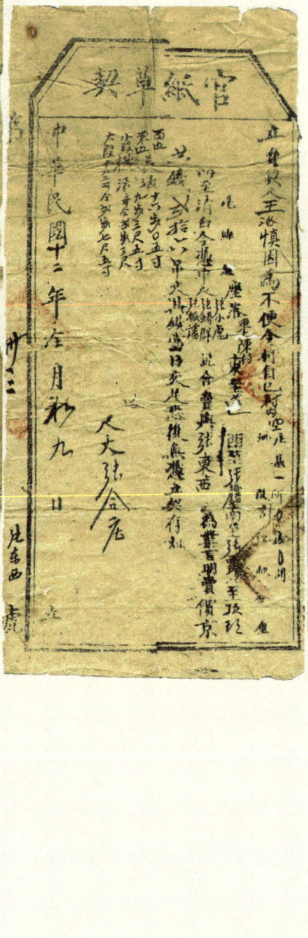

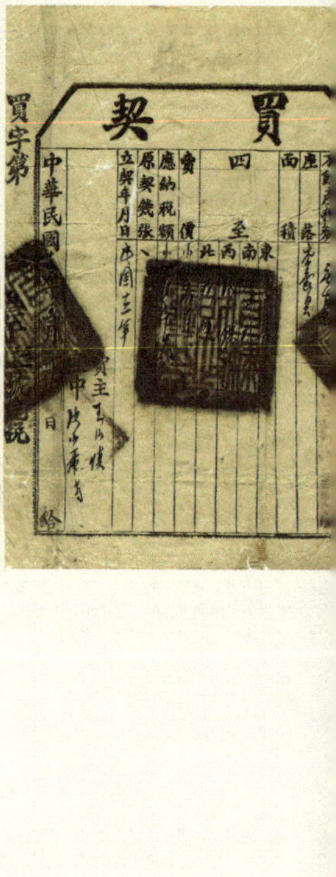

〇二四

民國十二年（一九二三年）十月初九 王洛慎賣地契（附官紙草契、民國十二年十一月三十日買契）

立賣契人王洛慎，因爲不便，今將自己村内空莊基壹段，東至道，西至張老錯，北至頂頭，南至張西珍，四至明白。今憑中人説合，賣於張東西名下居住爲業，言明共賣價大洋貳拾陸元伍毛整，其洋當日交足。恐口無憑，立賣契爲證。小段南至大道

西邊長可十六步〇五寸

東邊長可九步三尺〇五寸

小段南北貳可同壹丈三尺

大段南北貳可同一丈七尺五寸

尺丈　張合莊

甲地　陳鳳德

　　張小虎

中人　張蟒群

　　張振藩

中華民國拾貳年十月初九立

（『直隸財政廳印』方印三枚；騎縫『東鹿縣印』方印三枚；『公聚□啟』小方印兩枚）

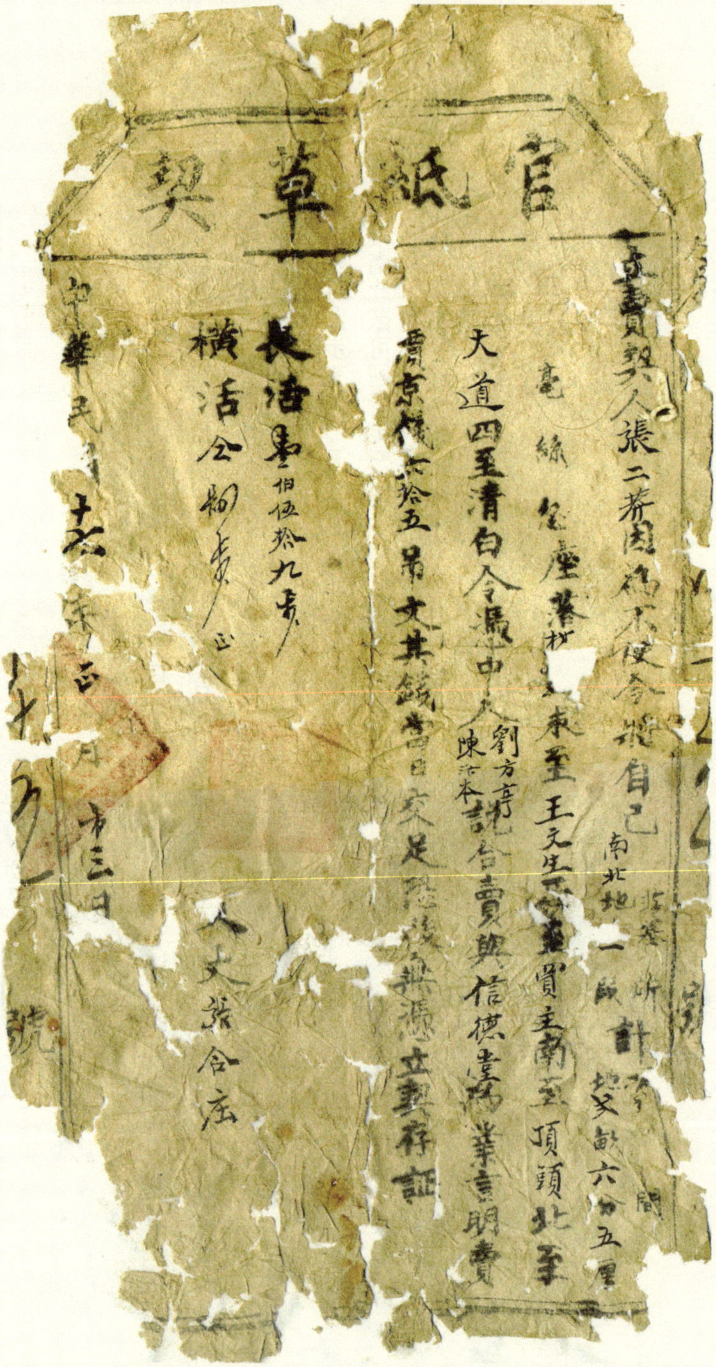

官紙草契

立賣契人張二壽因為不便今將自己南北地一畝 計地叁畝六分五厘

坐落 東至王文生 西至買主 南至頂頭 北至

大道 四至清白 今憑中人劉方亭 陳治本 說合賣與信德堂名下 言明賣

價京錢六拾五吊文 其錢當日交足 恐後無憑 立契存證

長活壹伯伍拾九步

横活公捌步

中人 文岩 合庄

中華民國十六年 正月 十三日

○二五　民國十七年（一九二八年）正月初三張二莽官紙草契

官紙草契

立賣契人張二莽，因为不便，今將自己莊基所，計房間，座落村南北地一段，地貳畝六分五厘毫絲忽□□，東至王文生，西至買主，南至頂頭，北至大道，四至清白。令【今】憑中人劉方亭、陳洛本說合，賣與信德堂爲業，言明賣價京錢六拾五吊文，其錢當日交足，恐後無憑，立契存證。

長闊壹佰伍拾九步

橫闊同肆步正【整】　尺丈　張合莊

中華民國十七年正月初三日

（騎縫『東鹿縣印』方印一枚；小方印不清）

立當契人張螮章，因為不便，今將自己村東南南北地壹畛，計地壹畝四分。東至張二螮，西至張洛寒，南至頂頭，北至大道，四至明白。今憑中人張慶祥、陳洛守說合，當與張洛翰名下耕種為業。言明共當價大洋伍拾伍元整，其洋當日交足。恐口無憑，四年為滿，元到回贖，立字為証。

按園地耕種

中華民國貳拾年十壹月初五日　立

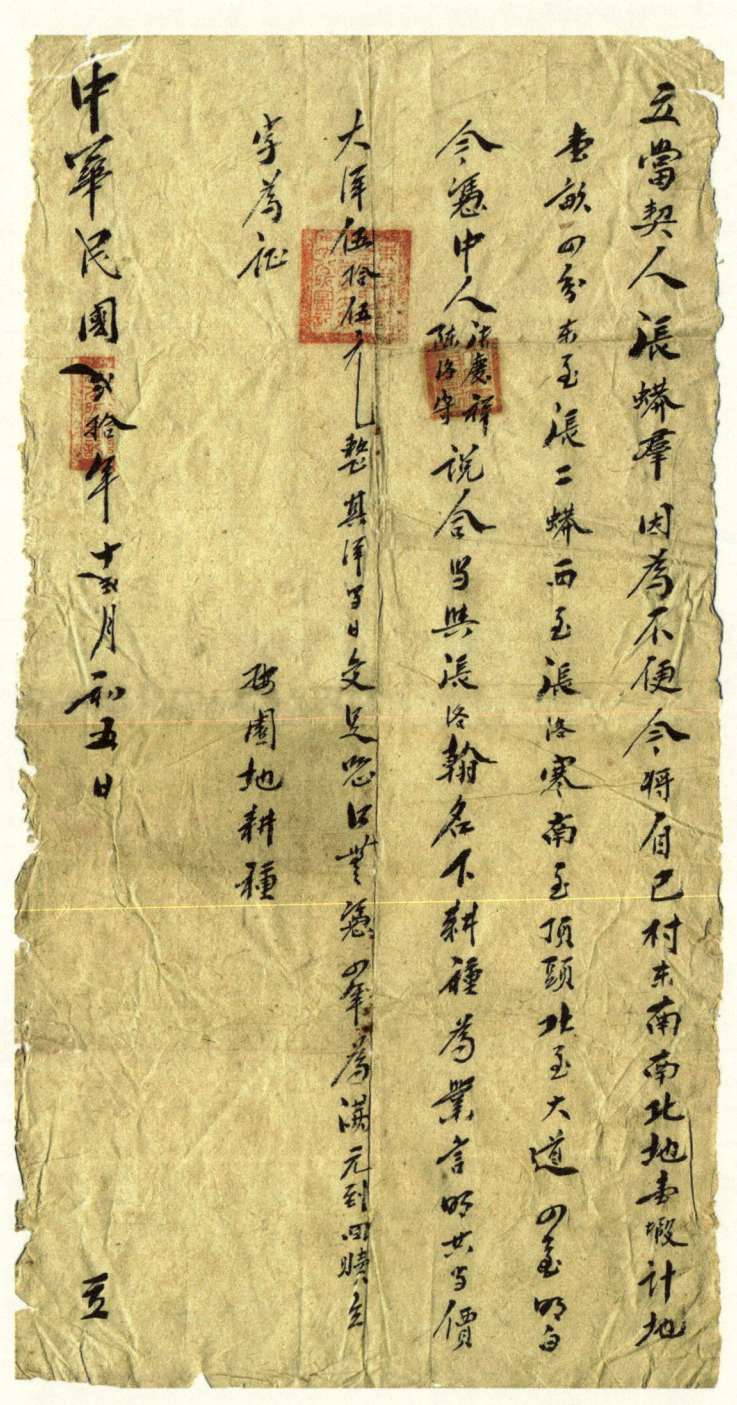

○二六 民國二十年十二月初五（一九三二年一月十二日）張蟒群當契

立當契人張蟒群，因爲不便，今將自己村東南南北地壹段，計地壹畝四分，東至張二莽，西至張洛寒，南至頂頭，北至大道，四至明白。今憑中人張慶祥、陳洛守說合，當與張洛翰名下耕種爲業，言明共當價大洋伍拾伍元整，其洋當日交足，恐口無憑，四年爲滿，元到回贖，立字爲證。按園地耕種

中華民國貳拾年十貳月初五日立

（『東鹿縣第貳區第貳十七鄉東大陳鄉公所圖記』方印兩枚；『大陳官牙圖記』小方印一枚）

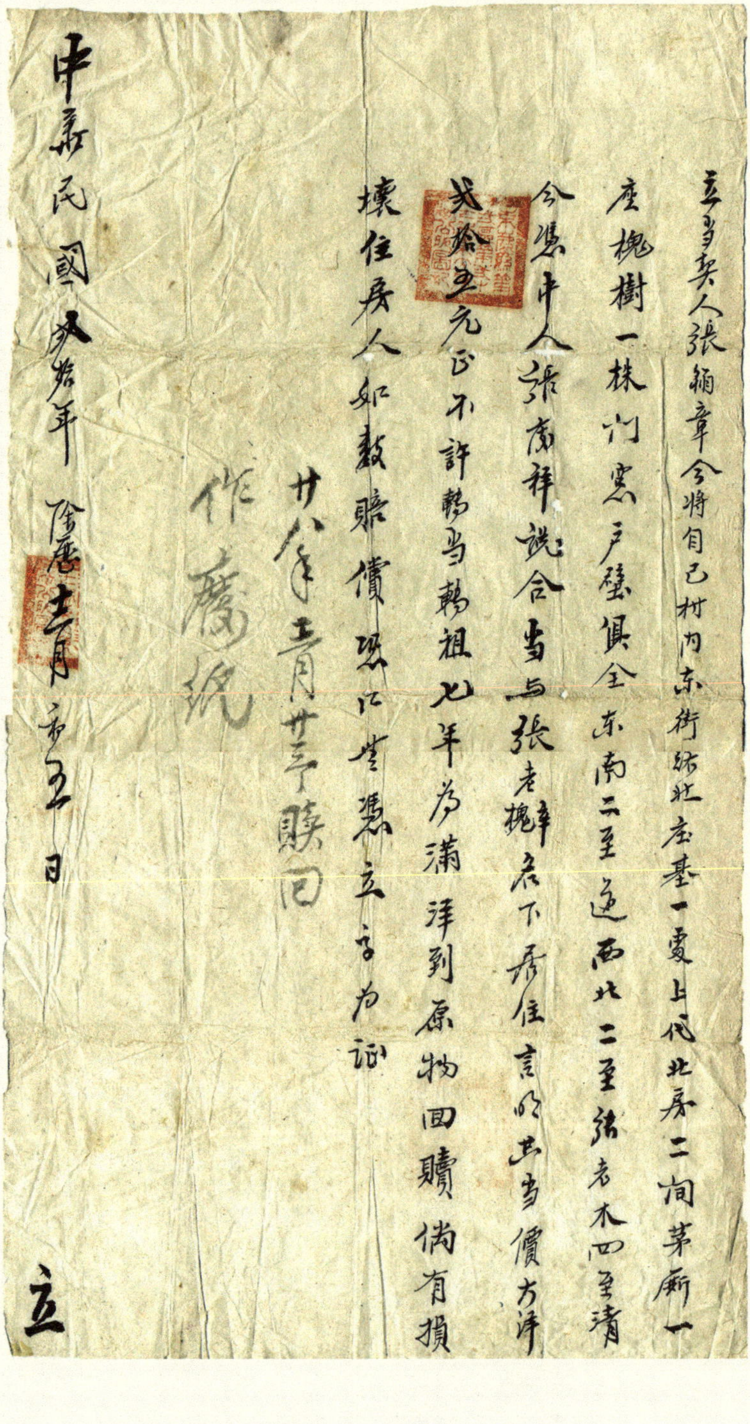

立当契人張緬章今將自己村内东街路北座基一處上代北房二间茅厕一座槐樹一株門窗户壁俱全东南二至道西北二至張老木四至清分憑中人張老祥説合当与張老槐名下房住言明当價大洋弍拾五元正不許轉当轉租七年为满洋到原物回贖倘有損壞住房人如數賠償恐口無憑立字为証

廿八年十二月廿三日 賬已

作廢紙

中華民國廿五年 陰曆十二月廿五日 立

○二七
民國二十年十二月初五（一九三二年一月十二日）張翰章當契

立當契人張翰章，今將自己村内東街路北莊基一處，上代【帶】北房二間，茅厮【廁】一座，槐樹一株，門窗、户壁俱全，東南二至道，西北二至張老木，四至清。今憑中人張慶祥説和，當與張老辛槐名下居住，言明共當價大洋貳拾五元正【整】。不許轉當轉租，七年为滿，洋到原物回贖。倘有損壞，住房人如數賠償，恐口無憑，立字爲證。

（廿八年十二月廿三日贖回作廢紙）

中華民國貳拾年陰曆十二月初五日立

（『東鹿縣第貳區第貳十七鄉東大陳鄉公所圖記』方印兩枚）

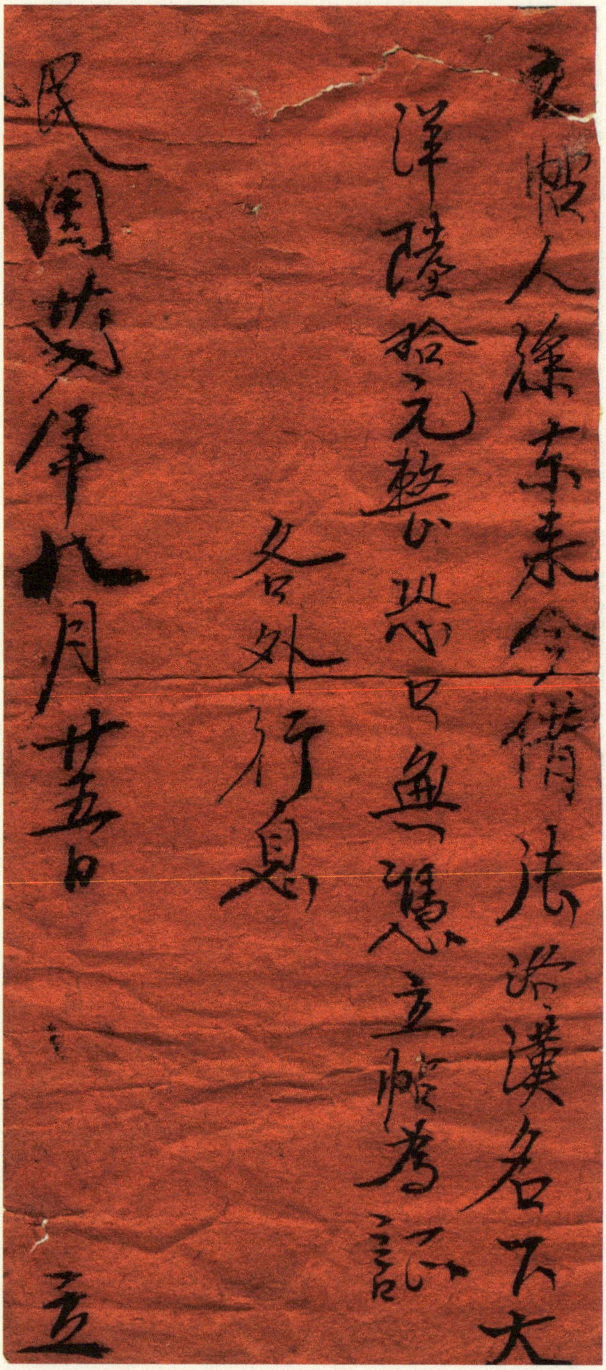

立借人係東來今借法濚漢名下大洋陸拾元整，恐口無憑，立帳為記。

另外行息

民國卅八年九月廿五日 立

〇二八 民國二十二年（一九三三年）八月二十五日孫東來借條

立帖人孫東來，今借張洛漢名下大洋陸拾元整。恐口無憑，立帖爲證。

各外行息

民國廿貳年八月廿五日立

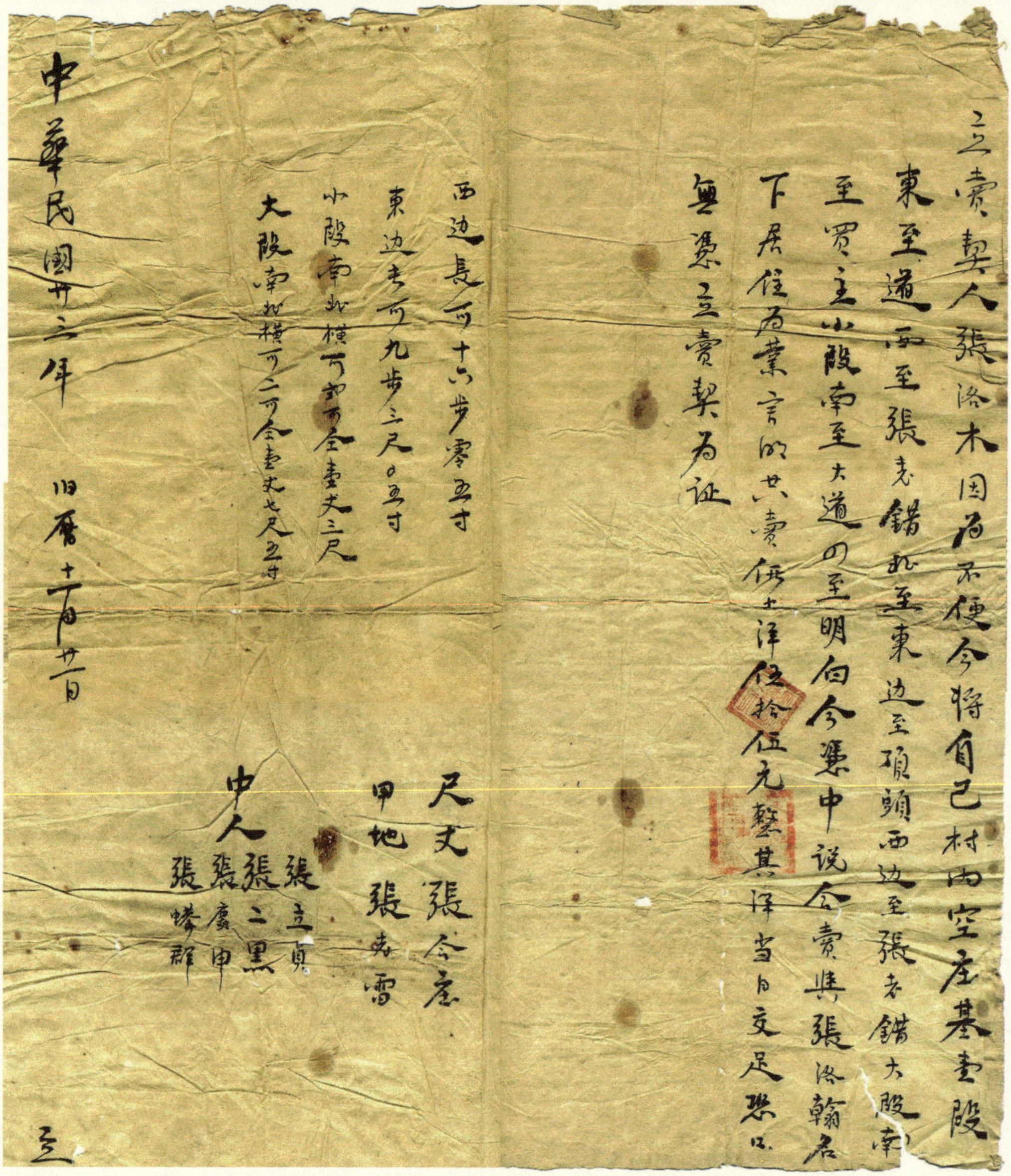
立賣契人張洛木因為不便今將自己村內空庄基壹段
東至道西至張老錯北至東边至頂頭西边至張老錯大段南
至買主小段南至大道四至明白今憑中説合賣與張洛翰名
下居住為業言明共賣價大洋伍拾伍元整其洋當日交足恐口
無憑立賣契為証

西边長百十六步零五寸
東边長百九步三尺〇五寸
小段南北横百扣百仝壹丈三尺
大段南北横百二百仝壹丈七尺五寸

尺丈 張今庄
甲地 張老雷
中人 張立貞 張二黑 張廣申 張蟠群

中華民國卅三年 旧曆十一月廿日 立

○二九 民國二十三年（一九三四年）十一月二十一日張洛木賣莊基契①

立賣契人張洛木，因爲不便，今將自己村内空莊基壹段，東至道，西至張老錯，北至東邊至頂頭，西邊至張老錯，大段南至買主，小段南至大道，四至明白。今憑中説合，賣與張洛翰名下居住爲業，言明共賣價大洋伍拾伍元整，其洋當日交足。恐口無憑，立賣契爲證。

西邊長可十六步零五寸
東邊長可九步三尺〇五寸
小段南北横可貳可同壹丈三尺
大段南北横可二可同壹丈七尺五寸

尺丈 張合莊
甲地 張老雷
中人 張立貞
張二黑
張慶申
張蟒群

中華民國廿三年舊曆十一月廿一日立

（『東鹿縣第貳區第貳十七鄉東大陳鄉公所圖記』方印一枚；『大陳官牙圖記』小方印一枚）

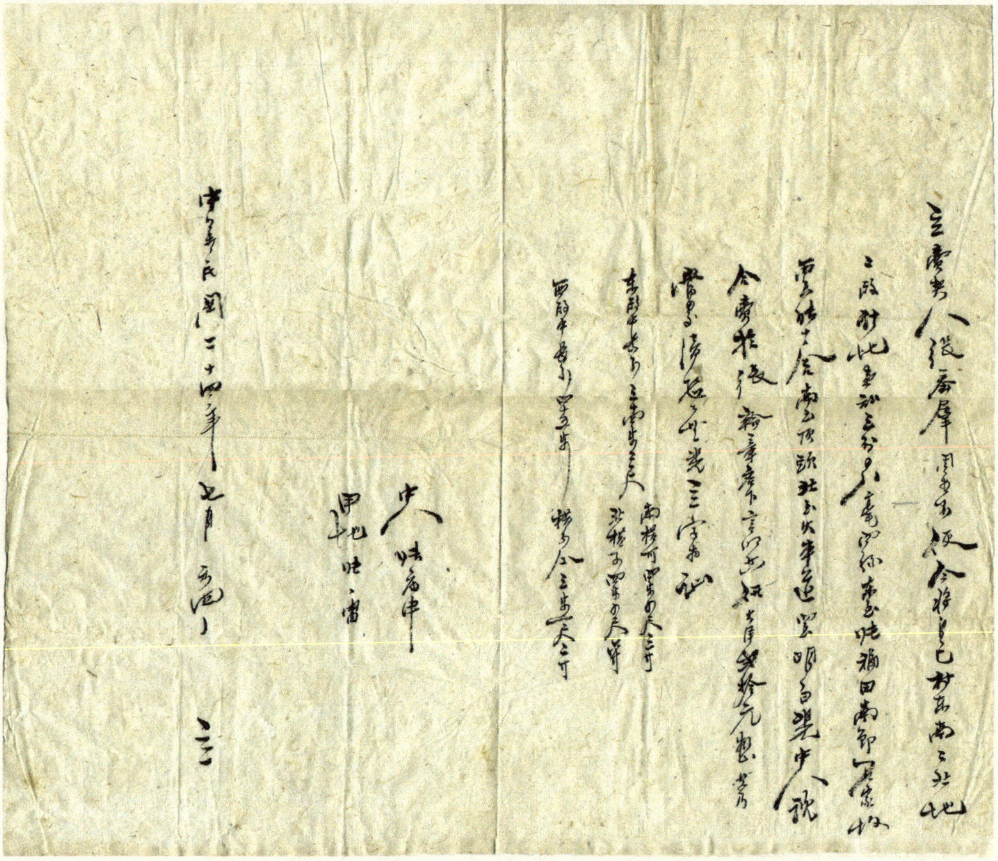

立賣契人張喬岸，因無錢使用，今將自己村東南之北地
二段，計地二畝三分八釐，四至 東至姚福田，南至鄧[illegible]，
西至姚士全，南北頭至水渠道，四至明白，央中人說
合，賣於張[illegible]名下，言明地價洋貳拾元整，當
面言[illegible]，恐後無憑，立字為証。
東頭中長[illegible]三丈[illegible]　南移[illegible]四丈三寸
[illegible]　北移[illegible]四丈[illegible]
西頭中長[illegible]　移[illegible]三丈[illegible]
中人　姚喬申
同地　姚[illegible]當
中華民國二十四年七月五日　立
二

〇三〇 民國二十四年（一九三五年）七月初四張莽群賣地契①

立賣契人張莽群，因爲不便，今將自己村東南南北地二段，計地壹畝三分〇八毫四絲，東至張福田南節石家墳，西至張老含，南至頂頭，北至火車道，四至明白。憑中人説合，賣於張翰章名下，言明共價大洋貳拾元整，其錢當日交清，恐口無憑，立字爲證。

東段中長可三十四步三尺　南横可四步四尺三寸
北横可四步四尺六寸

西段中長可四十五步　横可同　三步一尺二寸

中人　張慶申
甲地　張老雷

中華民國二十四年七月初四日立

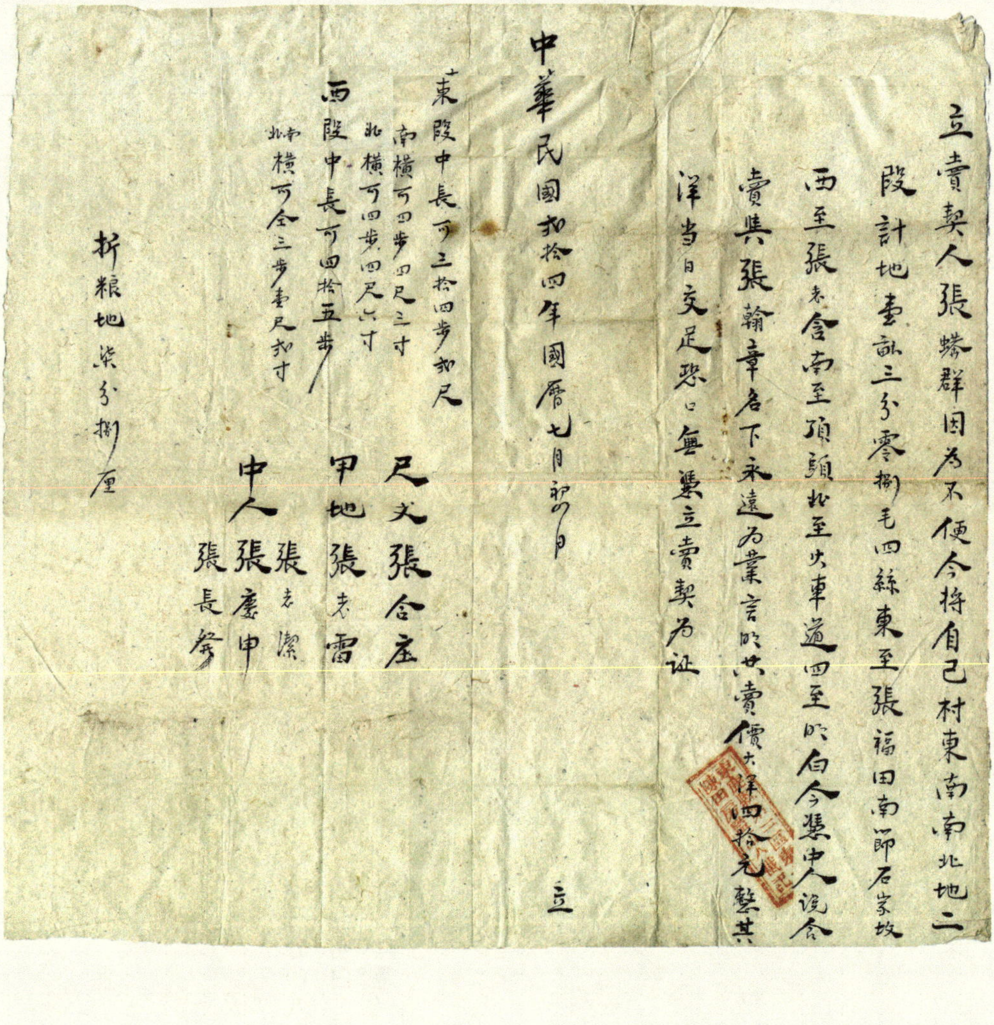

立賣契人張蟠群因為不便今將自己村東南南北地二
段計地壹畝三分零捌毛四絲東至張福田南節石家故
西至張老含南至頂頭北至大車道四至明白今憑中人說合
賣與張翰章名下永遠為業言明共賣價大洋四拾元整其
洋當日交足恐口無憑立賣契為証

中華民國貳拾四年國曆七月初四日　立

十東段中長可三拾四步貳尺
南橫可四步四尺三寸
北橫可四步四尺六寸
西段中長可四拾五步
南北橫可全三步壹尺貳寸

尺丈　張合庄
甲地　張老雷
中人　張老潔
張慶申
張長發

折粮地柒分捌厘

〇三一　民國二十四年（一九三五年）七月初四張蟒群賣地契②

立賣契人張蟒群，因爲不便，今將自己村東南南北地二段，計地壹畝三分零捌毫四絲，東至張福田南節石家墳，西至張老含，南至頂頭，北至火車道，四至明白。今憑中人説合，賣與張翰章名下永遠爲業，言明共賣價大洋四拾元整，其洋當日交足。恐口無憑，立賣契爲證。

尺丈　張合莊
甲地　張老雷
中人　張老潔
張慶申
張長發

中華民國貳拾四年國曆七月初四日立

東段中長可三拾四步貳尺
南横可四步四尺三寸
北横可四步四尺六寸
西段中長可四拾五步
南北横可同三步壹尺貳寸

折粮地柒分捌厘

（『東鹿縣第二區東大陳田房監證人戳記』長形印一枚）

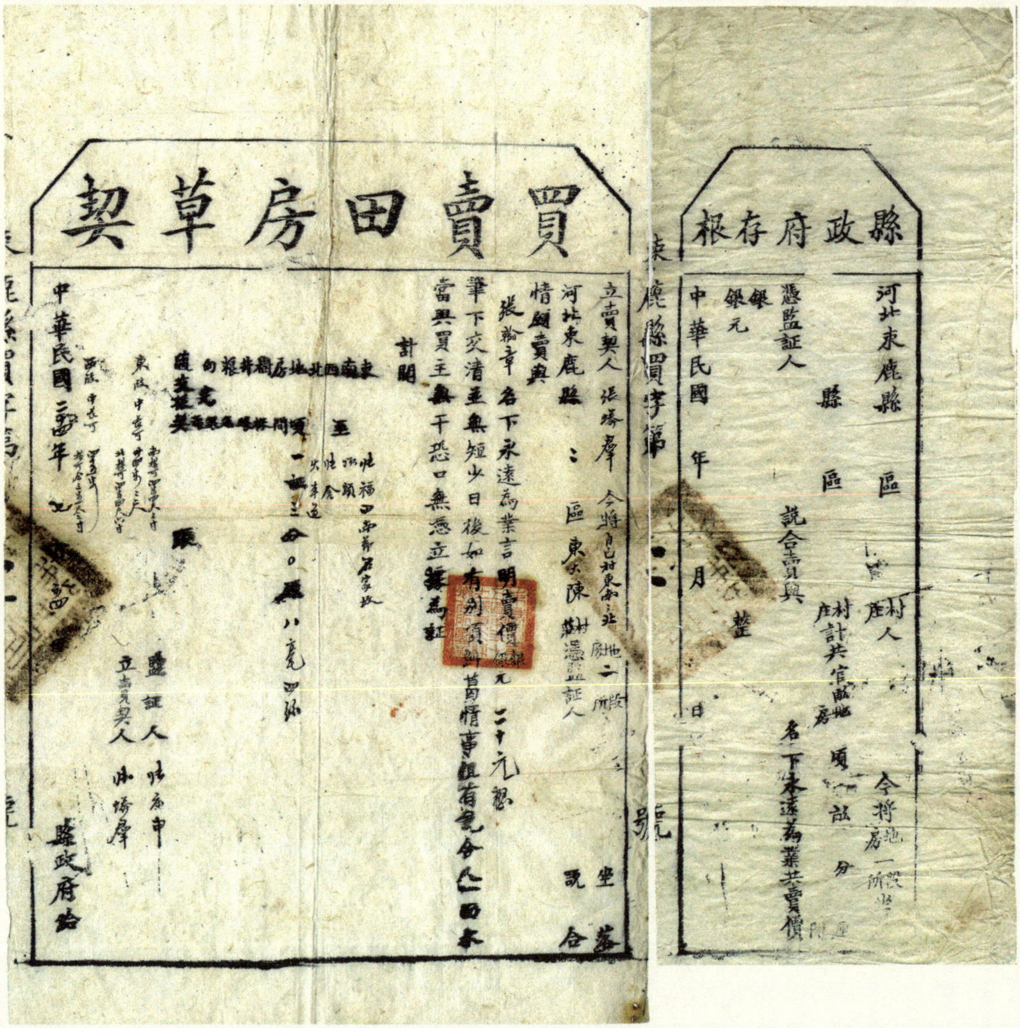

買賣田房草契

立賣契人張烯厚今將自己村東南之北房地二段坐落
河北東鹿縣二區東大陳村憑監証人說合
情願賣與
張翰章名下永遠為業言明賣價銀元二十元整
筆下交清並無短少日後如有別項糾葛情事俱有賣令人一面承
當與買主無干恐口無憑立契為証

計開

東南西北地房間數四至

北張福田南至若家坡

一畝三分○厘八毫四絲

監証人張原申
立賣契人張烯厚

中華民國二十四年

縣政府給

縣政府存根

河北東鹿縣　區　村庄人　今將地房一段所坐
縣　區　村庄計共官畝地房　頃　畝　分　厘
憑監証人　說合賣與　名下永遠為業共賣價
銀元
銀　整
中華民國　年　月　日

東鹿縣買字第　號

○三二 民國二十四年（一九三五年）七月初四張蟒群買賣田房草契及存根③

立賣契人張莽群，今將自己村東南南北地段/房所二，坐落河北東鹿縣二區東大陳村/莊，憑監證人說合，情願賣與張翰章名下永遠爲業。言明賣價銀/銀元二十元整，筆下交清，並無短少。日後如有別項糾葛情事，俱有說合人一面承當，與買主無干。恐口無憑，立據爲證。

計開

東　張福田南節石家墳

南　至　頂頭

西　張含

北　火車道

地頃：一畝三分〇厘八毫四絲（略）

隨交根契　張

監證人　張慶申

東段中長可三十四步二尺　南横可四步四尺三寸　北横可四步四尺六寸

西段中長可四十五步　横可同三步一尺三寸

立賣契人　張蟒群

中華民國二十四年七月初四日　縣政府給

（騎縫『東鹿縣政府印』方印兩枚；『東鹿縣第五區第貳十七鄉東大陳鄉公所圖記』小方印一枚）

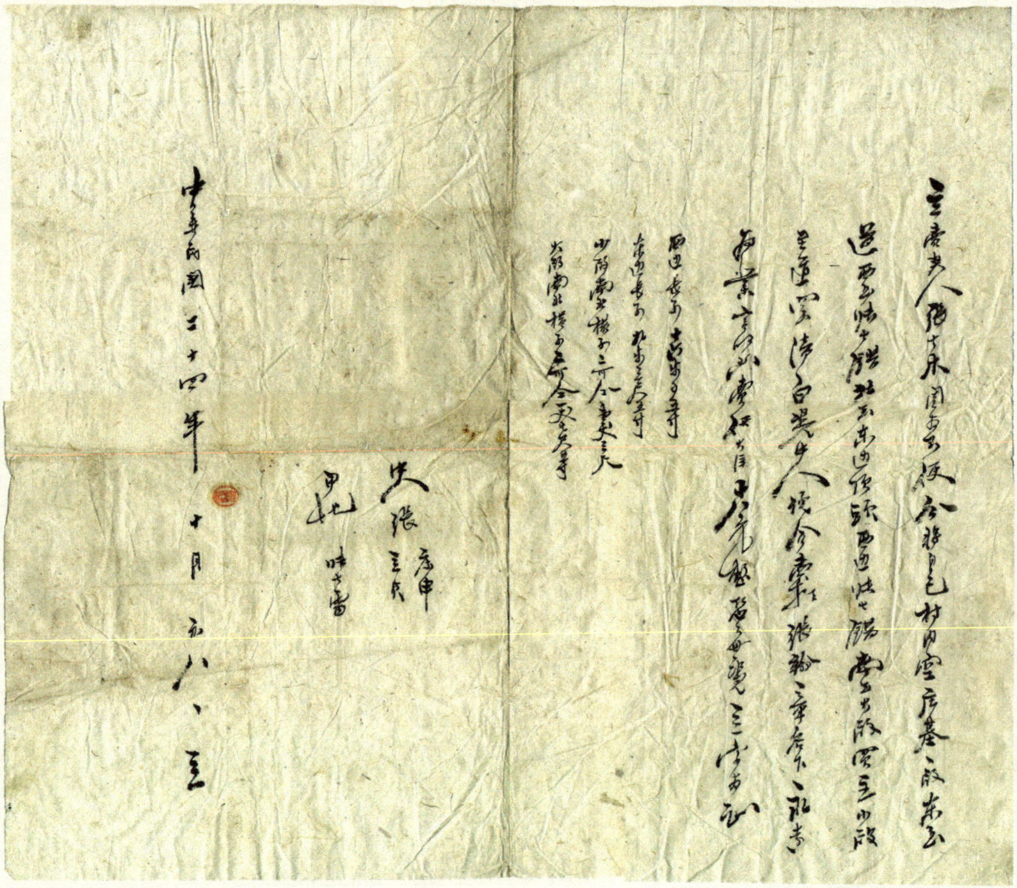
立賣契人張[illegible]

中華民國二十四年十月八日 立

〇三三 民國二十四年（一九三五年）十月初八張老木賣莊基契②

立賣契人張老木，因爲不便，今將自己村内空莊基一段，東至道，西至張老錯，北至東邊頂頭，西邊張老錯，南至大段買主，小段至道，四至清白。憑中人説合，賣於張翰章名下永遠爲業，言明共賣價大洋十八元整，恐口無憑，立字爲證。

西邊長可十六步〇五寸
東邊長可九步三尺五寸
小段南北横可二可同壹丈三尺
大段南北横可二可同一丈七尺五寸

中人 張慶申
張立貞

甲地 張老雷

中華民國二十四年十月初八日立

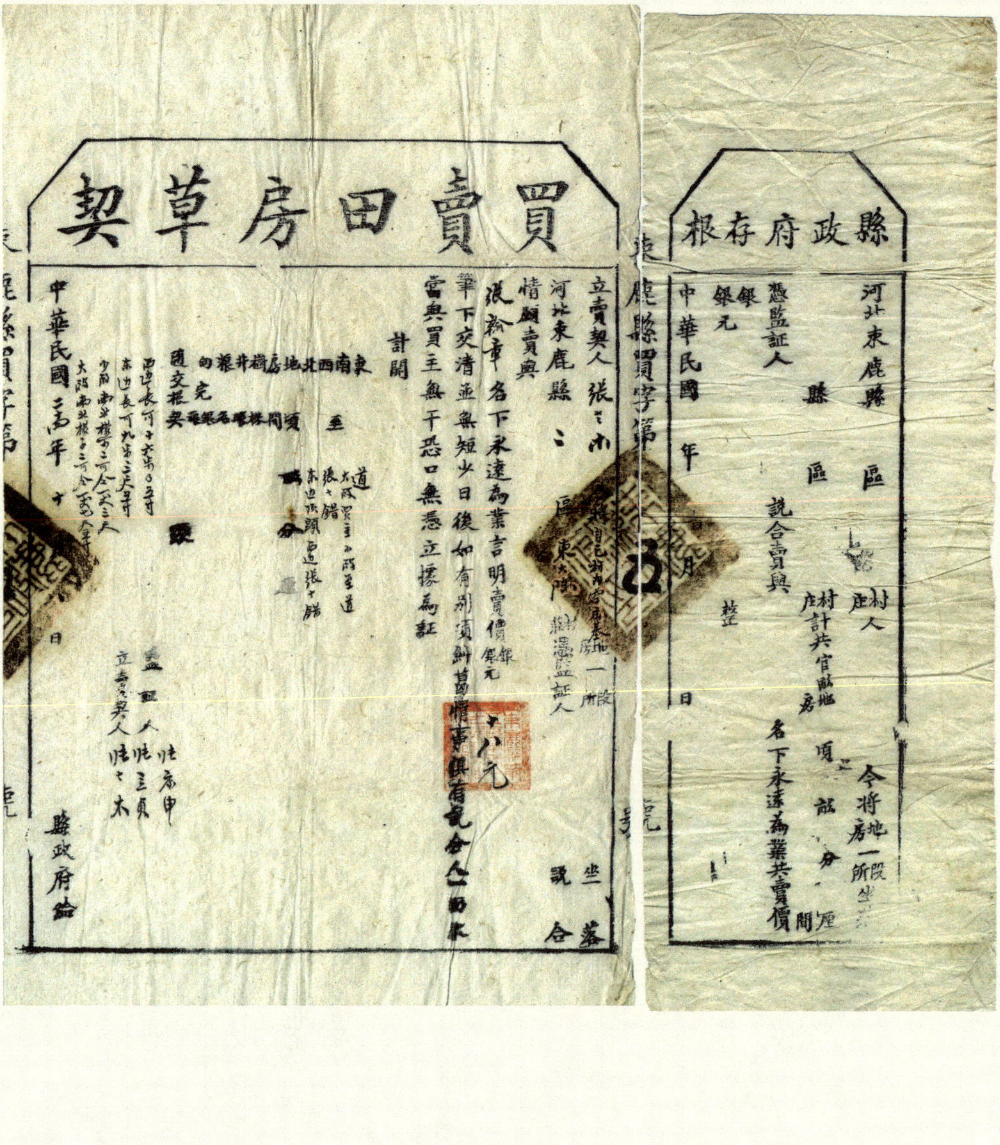

買賣田房草契

立賣契人張さ木

河北東鹿縣 區 村 今將 地一段 房一所 坐落

情願賣與

張裕東 名下永遠為業言明賣價銀 元

筆下交清並無短少日後如有別項糾葛情事俱有説合人一面承當

與買主無干恐口無憑立據為証

計開

東 南 西 北 地 房 樹 井 根 的

完

隨交根契

中華民國 年 月 日

縣政府給

東鹿縣買字第 號

縣政府存根

河北東鹿縣 區 村 人 今將 地一段 房一所 坐落

縣 區 村 計共官畝 地 房 頃 畝 分 厘 間

憑監証人 説合賣與 名下永遠為業共賣價

銀 元

中華民國 年 月 日

東鹿縣買字第 號

〇三四 民國二十四年（一九三五年）十月初八張老木買賣田房草契及存根③

立賣契人張老木，今將自己村内空莊基 地一段 房 所，坐落河北東鹿縣二區東大陳 村 莊，憑監證人説合，情願賣與張翰章名下永遠爲業。言明賣價 銀 銀元 十八元，筆下交清，並無短少。日後如有別項糾葛情事，俱有説合人一面承當，與買主無干。恐口無憑，立據爲證。

計開

東　道

南　至　大段買主小段至道

西　張老錯

北　東邊頂頭西邊張老錯

地頃　畝　分

（略）

隨交根契　張

西邊長可十六步〇五寸

東邊長可九步三尺五寸

小段南北横可二可同一丈三尺

大段南北横可二可同一丈七尺五寸

監證人　張慶申　張立貞

立賣契人　張老木

中華民國二十四年十月八日　縣政府給

（騎縫『東鹿縣政府印』方印兩枚；『東鹿縣第五區第貳十七鄉東大陳鄉公所圖記』小方印一枚）

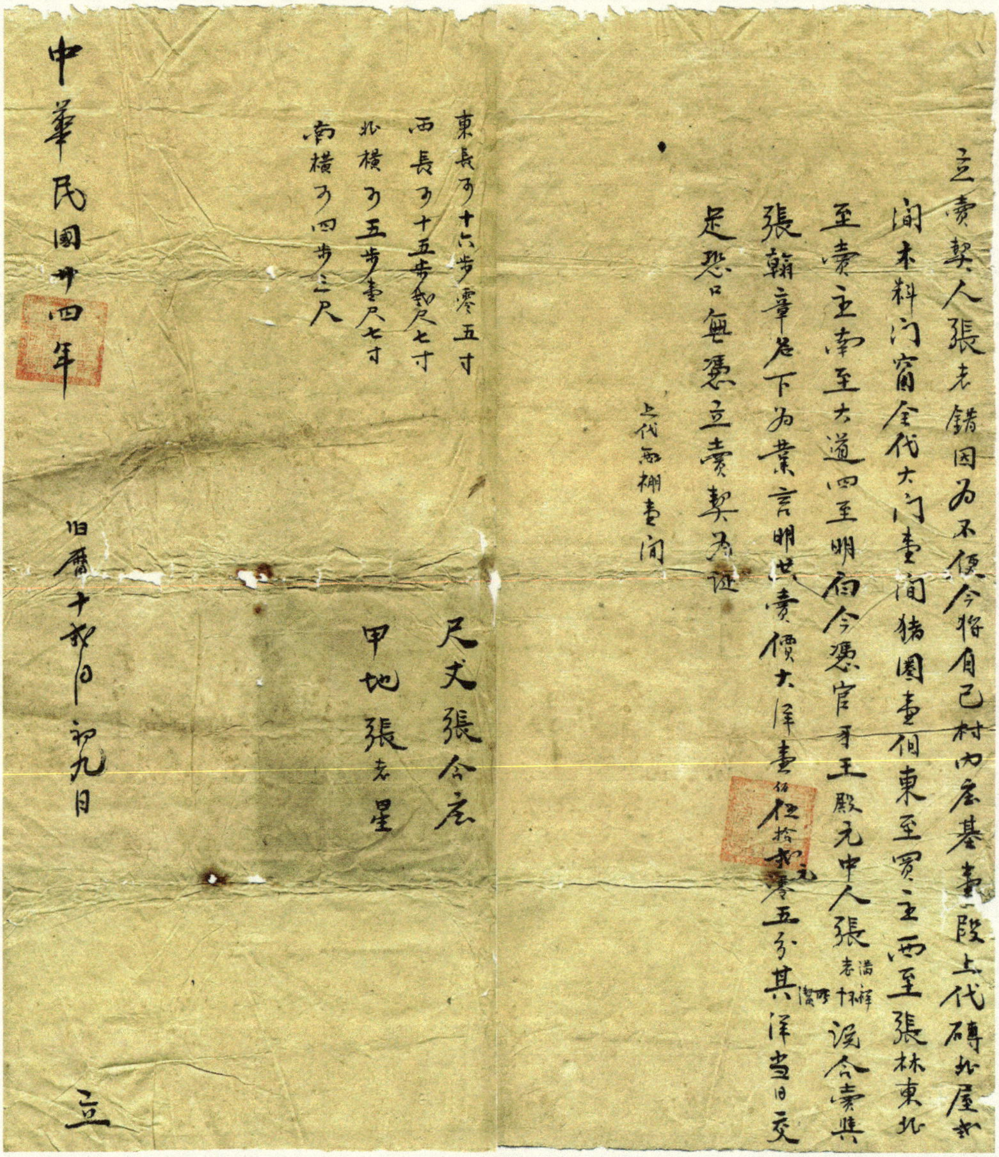

立賣契人張老錯因為不便今將自己村內房基壹段上代磚北屋貳
間木料門窗全代大門壹間豬圈壹個東至買主西至張林東北
至賣主南至大道四至明白今憑官牙王殿元中人張老滿林祥說合賣與
張翰章名下為業言明世賣價大洋壹佰伍拾貳元零五分其洋當日交
足恐口無憑立賣契為證

上代西棚壹間

東長弓十六步零五寸
西長弓十五步貳尺七寸
北橫弓五步壹尺七寸
南橫弓四步三尺

尺丈 張合居
甲地 張老星

中華民國卅四年
舊曆十月初九日
立

〇三五 民國二十四年十二月初九（一九三六年一月三日）張老錯賣莊基契

立賣契人張老錯，因爲不便，今將自己村内莊基壹段，上代【帶】磚北屋貳間，木料門窗全代【帶】，大門壹間，豬圈壹個，東至買主，西至張林東，北至賣主，南至大道，四至明白。今憑官牙王殿元、中人張滿祥 老懷 老所 老潔說合，賣與張翰章名下爲業，言明共賣價大洋壹佰伍拾貳元零五分，其洋當日交足。恐口無憑，立賣契爲證。

上代【帶】西棚壹間

東長可十六步零五寸

西長可十五步貳尺七寸

北横可五步壹尺七寸

南横可四步三尺

尺丈 張合莊

甲地 張老星

中華民國廿四年舊曆十貳月初九日立

（『東鹿縣第五區第貳十七鄉東大陳鄉公所圖記』方印兩枚）

立當契人張翰章因爲不便今將自己村東南南北園地一段計地伍畝東至本主
西至張治倉南至頂頭北至道四至明白今憑中人王殿元 王亞林說合當與德記號名
下耕種言明共當價通用國幣壹伯元整按月壹分捌厘行息期至拾箇月本
利歸還倘至期不歸即以此地做押恐口無憑立契存證

中人 王殿元
王亞林

中華民國二十五年夏曆拾月十九日 立

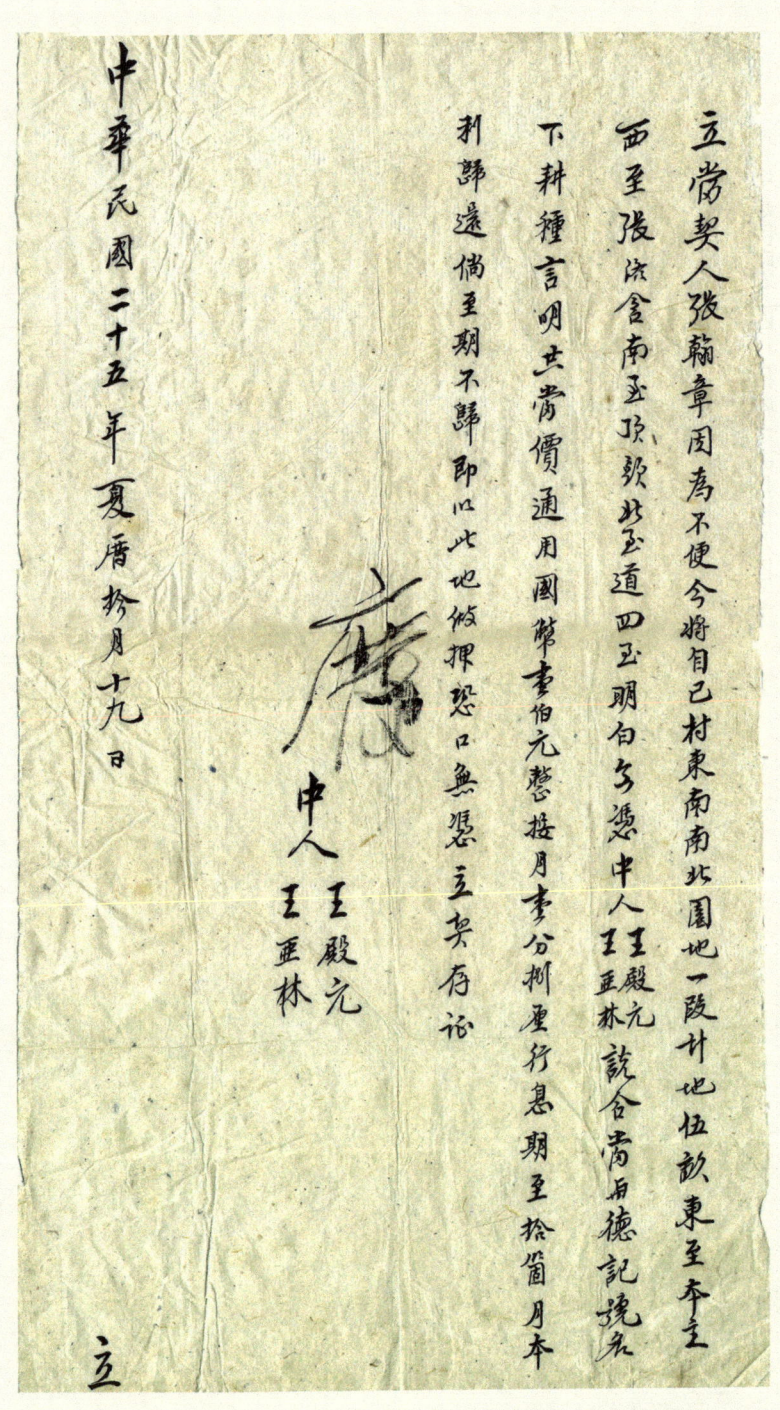

〇三六 民國二十五年（一九三六年）十月十九日張翰章當契

立當契人張翰章，因爲不便，今將自己村東南南北園地一段，計地伍畝，東至本主，西至張洛含，南至頂頭，北至道，四至明白。今憑中人王殿元、王亞林說合，當與德記號名下耕種，言明共當價通用國幣壹佰元整，按月壹分捌厘行息，期至拾個月，本利歸還，倘至期不歸，即以此地做押，恐口無憑，立契存證。

中人 王殿元 王亞林

（廢）

中華民國二十五年夏曆拾月十九日立

立當契人張翰章因為不便今將自己村東南北園地壹段計地叁畝五分東西二至張二恭南至頂頭北至大道四至明白今憑中人說合指此地借到

德記寶號名下通用國幣伍拾元整言明按月壹分捌厘行息期限拾個月歸還至期不歸即以此地作抵空口無憑立此當契為証

廣

中人 王亞林 王殿元

中華民國二十五年旧歷十二月十一日　立

〇三七 民國二十五年十二月十一日（一九三七年一月二十三日）張翰章當契

立當契人張翰章，因爲不便，今將自己村東南北園地壹段，計地叁畝五分，東西二至張二莽，南至頂頭，北至大道，四至明白。今憑中人説合，指此地借到德記寶號名下，通用國幣伍拾元整，言明按月壹分捌厘行息，期限拾個月歸還，至期不歸，即以此地做抵，空口無憑，立此當契爲證。

中人 王亞林 王殿元

（廢）

中華民國二十五年舊曆十二月十一日立

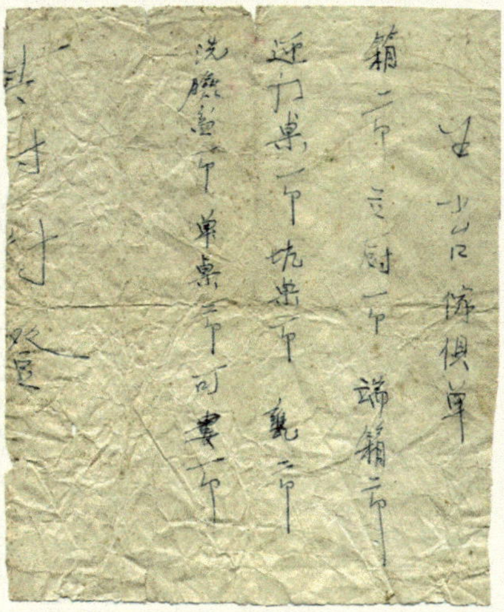

出山口傢俱單

箱二个　立櫃一个　端箱二个

迎門桌一个　炕桌一个　甕二个

洗臉盆一个　單桌二个　可囊一个

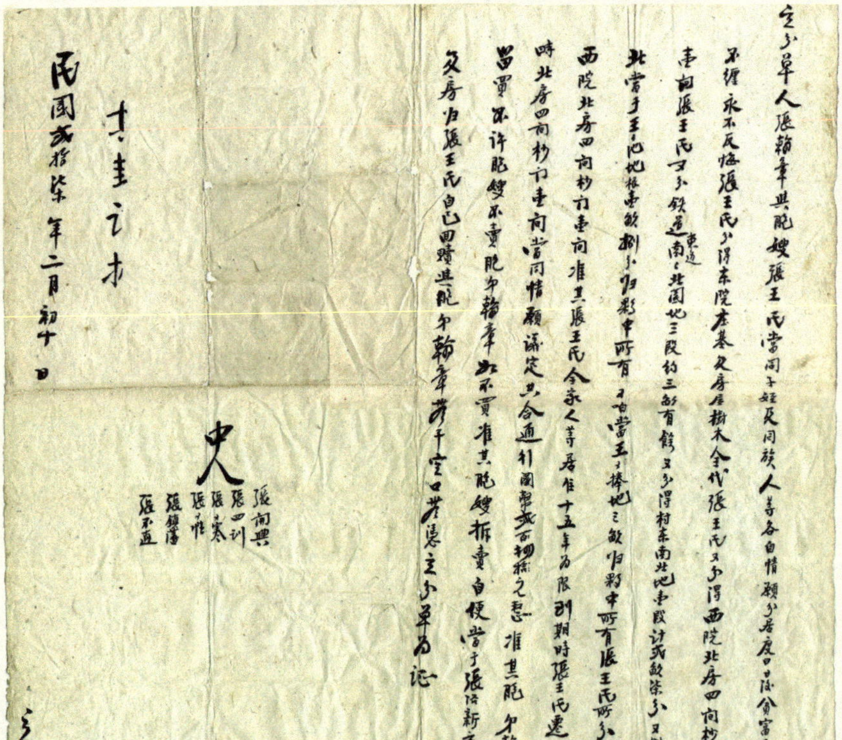

立分單人張翰章與胞嫂張王氏當同子姪及同族人等各自情願分居度日日後貧富不攬

不纏永不反悔張王氏分得本院基址及房屋樹木全代張王氏又分得西院北房四間杪門

東向張王氏又分鐵道東邊南北園地三段約三畝有餘又分得村東南北地東段計弍畝柒分又鐵道

北當子王氏地根東畝捌分歸影中所有又伯當王氏捧地三畝歸影中所有張王氏所分得

西院北房四間杪門東向准其張王氏合家人等居住十五年為限到期時張王氏遷移

時北房四間杪門東向當同情願議定其合通行園幫弍百捌拾元之整准其胞嫂翰章

當賣不許胞嫂不賣胞弟翰章如不賣准其胞嫂拆賣自便當子張佔新本基

及房歸張王氏自己回贖與胞弟翰章無干空口無憑立分單為記

中人　張向興　張四則　張泰　張椎　張鎮海　張不逆

其書立本

民國貳拾柒年二月初十日　立

〇三八　民國二十七年（一九三八年）二月初十分單（附王小台傢具單）

立分單人張翰章與胞嫂張王氏，當同子侄及同族人等，各自情願分居度日，日後貧富，不攪不纏，永不反悔。張王氏分得東院莊基及房屋樹木全代【帶】；張王氏又分得西院北房四間，杪【梢】門壹間；張王氏又分鐵道南東邊南北園地三段，約三畝有餘；又分得村東南北地壹段，計貳畝柒分；又鐵道北當於王老池地根壹畝捌分，歸夥中所有；又咱當王老捧地三畝歸夥中所有。張王氏所分得西院北房四間、杪【梢】門壹間，准其張王氏全家人等居住十五年爲限，到期時張王氏遷移時北房四間、杪【梢】門壹間，當同情願議定，共合通行國幣貳佰肆拾元整，准其胞弟翰章留買，不許胞嫂不賣。胞弟翰章如不買，准其胞嫂拆賣自便。當於張洛新莊基及房歸張王氏自己回贖，與胞弟翰章無干。空口無憑，立分單爲證。

中人　張開興
　　　張四訓
　　　張老寒
　　　張老性
　　　張振藩
　　　張不直

（騎縫字）其封證據

民國貳拾柒年二月初十日立

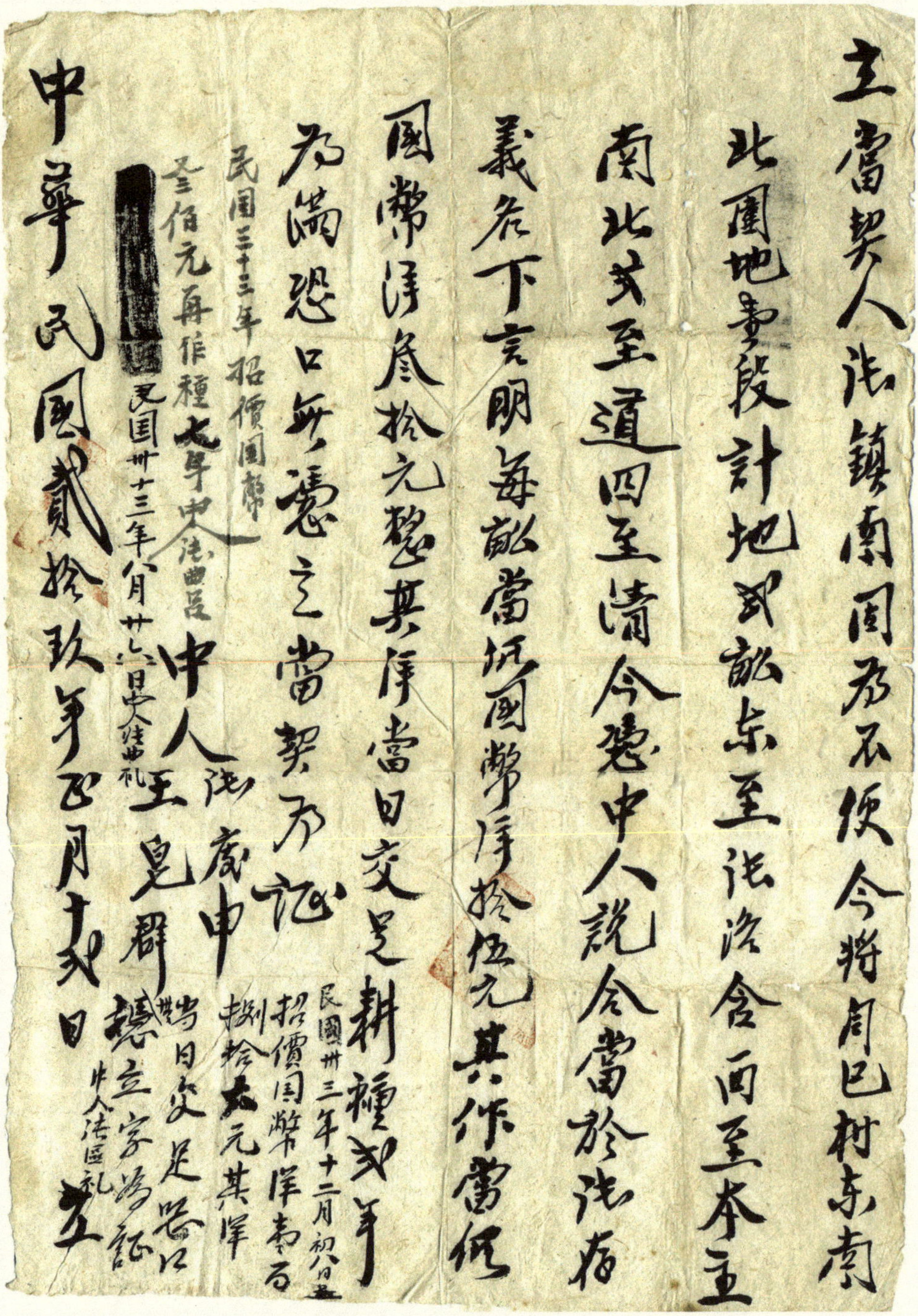
立當契人張鎮南因為不便今將自己村東南
北園地壹段計地弍畝東至張洛合西至本主
南北弍至道四至清今憑中人說合當於張存
義名下言明每畝當價國幣洋拾伍元共作當價
國幣洋叁拾元整其洋當日交足耕種弍年
為滿恐口無憑立當契為証
中人 張處中 王皇群
中華民國貳拾玖年四月十五日 立

民國卅三年十二月初八日 招價国幣洋壹百捌拾太元其洋當日交足恐口無憑立字為証 中人張恆礼

民国三十三年招價國幣[redacted]叁佰元再作種七年中人張曲昆

民国卅十三年八月廿八日中人張曲礼

〇三九 民國二十九年（一九四〇年）正月十二日張振南當契

立當契人張鎮南，因爲不便，今將自己村東南北園地壹段，計地貳畝，東至張洛含，西至本主，南北貳至道，四至清。今憑中人説合，當於張存義名下，言明每畝當價國幣洋拾伍元，其作當價國幣洋叁拾元整，其洋當日交足，耕種貳年为滿，恐口無憑，立當契为證。

中人 張慶申 王皂群

民國三十三年，招【找】價國幣叁佰元，再作種七年。中人張曲吕。

民國卅〔十〕三年八月廿六日　中人張曲禮

民國卅三年十二月初八日，招【找】價國幣洋壹百捌拾六元，其洋當日交足，恐口無憑，立字爲證。　中人張區禮

中華民國貳拾玖年正月十貳日立

（兩方印不清）

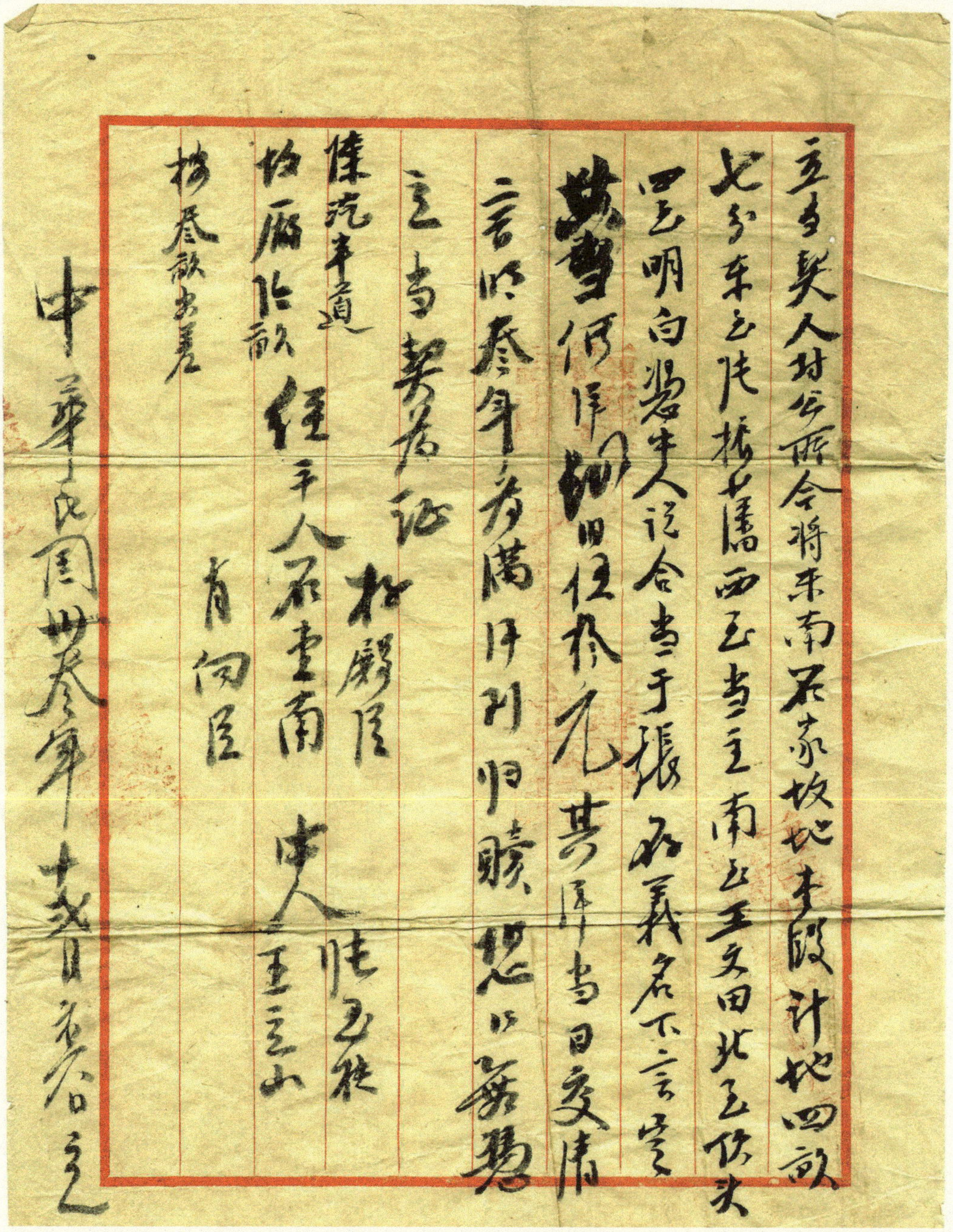
立出契人村公所今將東南莊家坡地壹段計地四畝
七分東至陳樹堂西至尚主南至王文田北至伏决
四至明白憑中人說合出于張爾義名下言賣
典當價洋四仟元其洋當日交清
言明叁年為滿許到期贖恐口無憑
立出契為證
村長張殿臣
陳洗本道
始麻作敵　經手人張重南　中人陳玉林　王三山
村委敵書　書同臣
中華民國卅叁年十二月　吉日　立

〇四〇　民國三十三年十二月初六（一九四五年一月十九日）村公所當契

立當契人村公所，今將東南石家墳地壹段，計地四畝七分，東至張振藩，西至當主，南至王文田，北至頂頭，四至明白。憑中人説合，當於張存義名下，言定共當價洋肆佰伍拾元，其洋當日交清，言明叁年爲滿，洋到歸贖。恐口無憑，立當契爲證。

傺汽車道、墳廠【場】十七畝，按叁畝出差

經手人　楊殿臣　石堂南　肖向臣

中人　張玉袂　王立山

中華民國卅叁年十貳月初六日立

（『東鹿縣東大陳鄉東大陳聯保辦公處』長形印三枚）

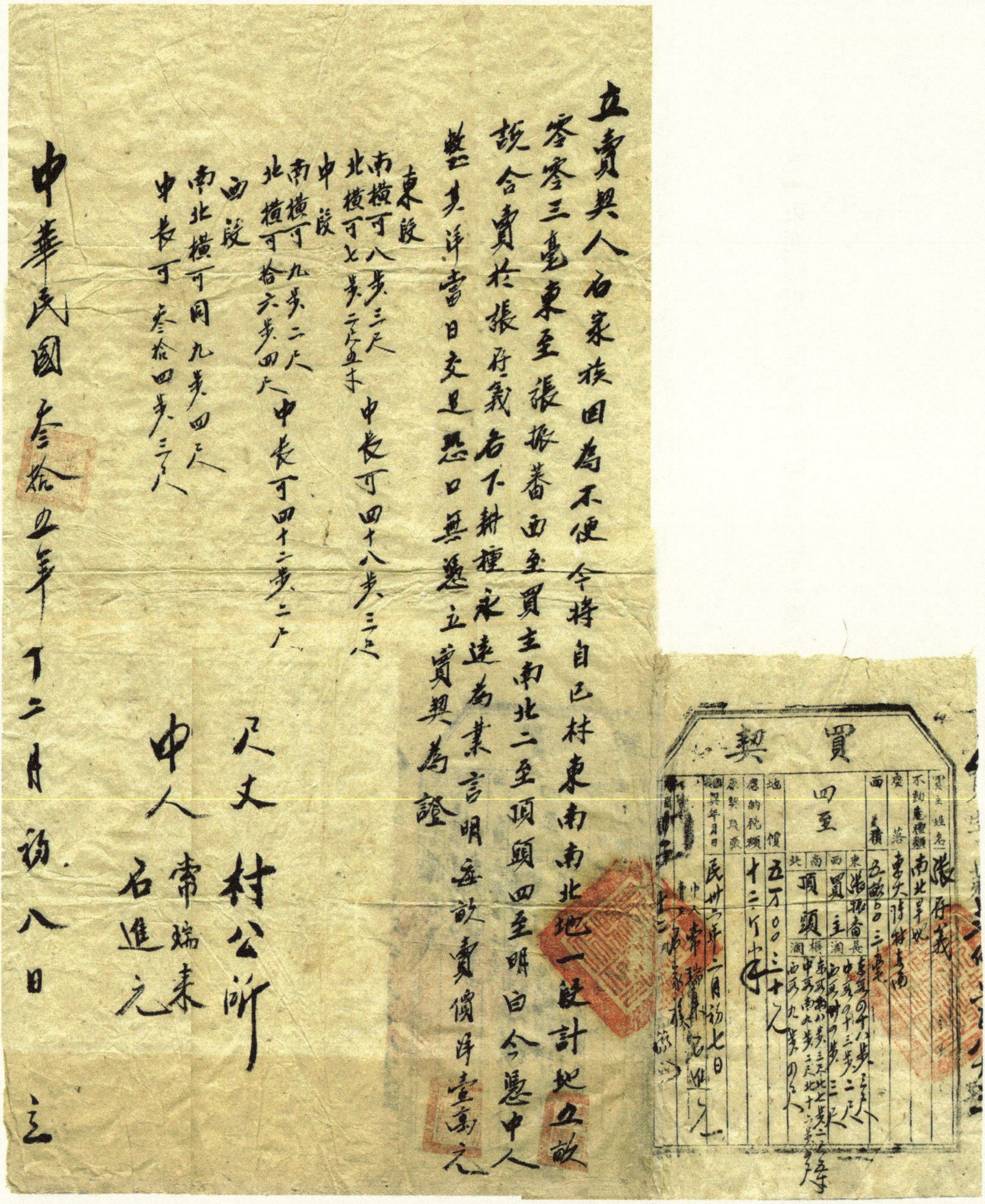

立賣契人石家族因爲不便今將自已村東南南北地一段計地五畝
零零三毫東至張振蕃西至買主南北二至頂頭四至明白今憑中人
説合賣於張存義名下耕種永遠爲業言明每畝賣價洋壹萬元
整其洋當日交足恐口無憑立賣契爲證

東段
南横丁八步三尺
北横丁七步二尺五寸　中長丁四十八步三尺

中段
南横丁九步二尺
北横丁拾六步四尺　中長丁四十二步二尺

西段
南北横丁同九步四尺
中長丁叁拾四步三尺

人丈　村公所

中人　常瑞来　石進元

中華民國叁拾五年十二月初八日　立

買契

○四一

民國三十五年（一九四六年）十二月初八石家族賣契（附民國三十六年二月初七買契）

立賣契人石家族，因爲不便，今將自己村東南南北地一段，計地五畝零零三毫，東至張振蕃，西至買主，南北二至頂頭，四至明白。今憑中人説合，賣於張存義名下耕種，永遠爲業。言明每畝賣價洋壹萬元整，其洋當日交足，恐口無憑，立賣契爲證。

東段　南横可八步三尺
　　　北横可七步二尺五寸　　中長可四十八步三尺
中段　南横可九步二尺
　　　北横可拾六步四尺　　中長可四十二步二尺
西段　南北横可同九步四尺
　　　中長可叁拾四步三尺

尺丈　村公所

中人　常瑞來
　　　石進元

中華民國叁拾五年十二月初八日立

（騎縫『東鹿縣政府印』方印兩枚；『東鹿縣東大陳村公所圖記』小方印三枚）

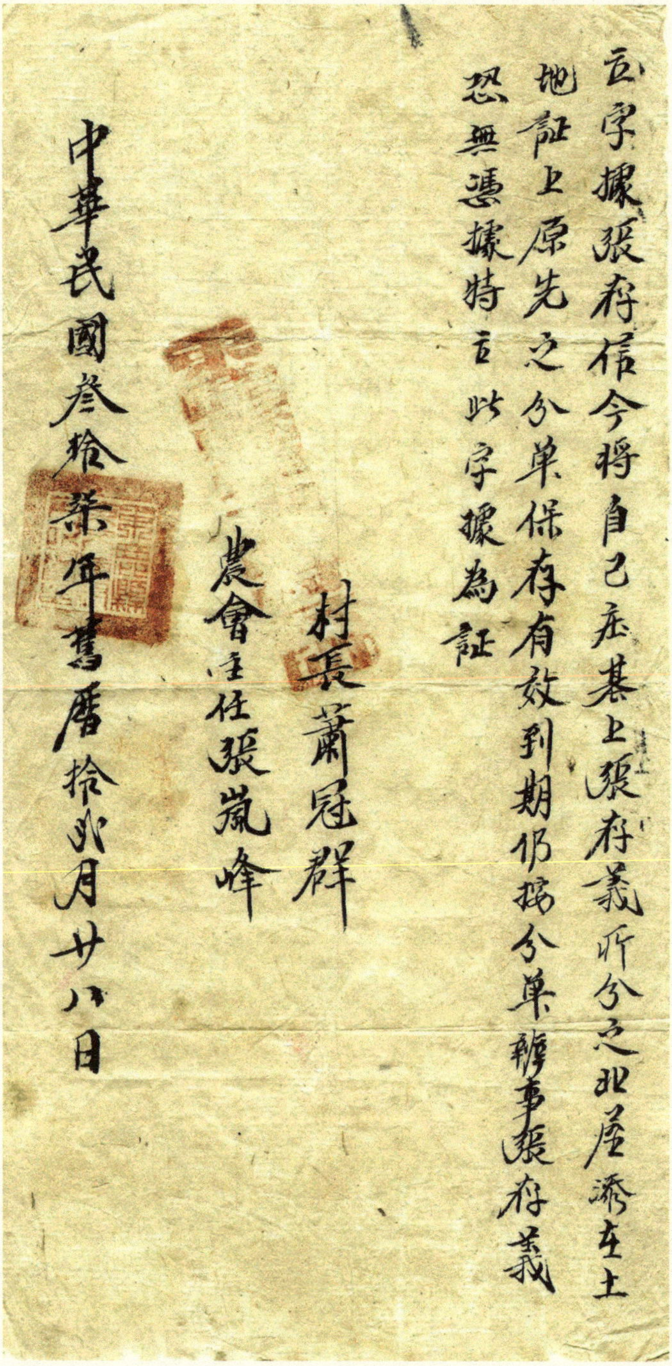
立字據張存信今將自己庄基上張存義所分之北屋添在土地証上原先之分單保存有效到期仍摘分單辦事張存義恐無憑據特立此字據為証

村長蕭冠群

農會主任張嵐峰

中華民國叁拾柒年舊曆拾貳月廿八日

〇四二 民國三十七年十二月二十八日（一九四九年一月二十六日）張存信、張存義字據

立字據張存信，今將自己莊基上張存義所分之北屋，添在土地證上，原先之分單保存有效，到期仍按分單辦事，張存義恐無憑據，特立此字據爲證。

村　長　肖冠群

農會主任　張嵐峰

中華民國叁拾柒年舊曆拾貳月廿八日

（『東鹿縣東大陳村公所圖記』方印一枚；『東鹿縣東大陳村公所』長形印一枚）

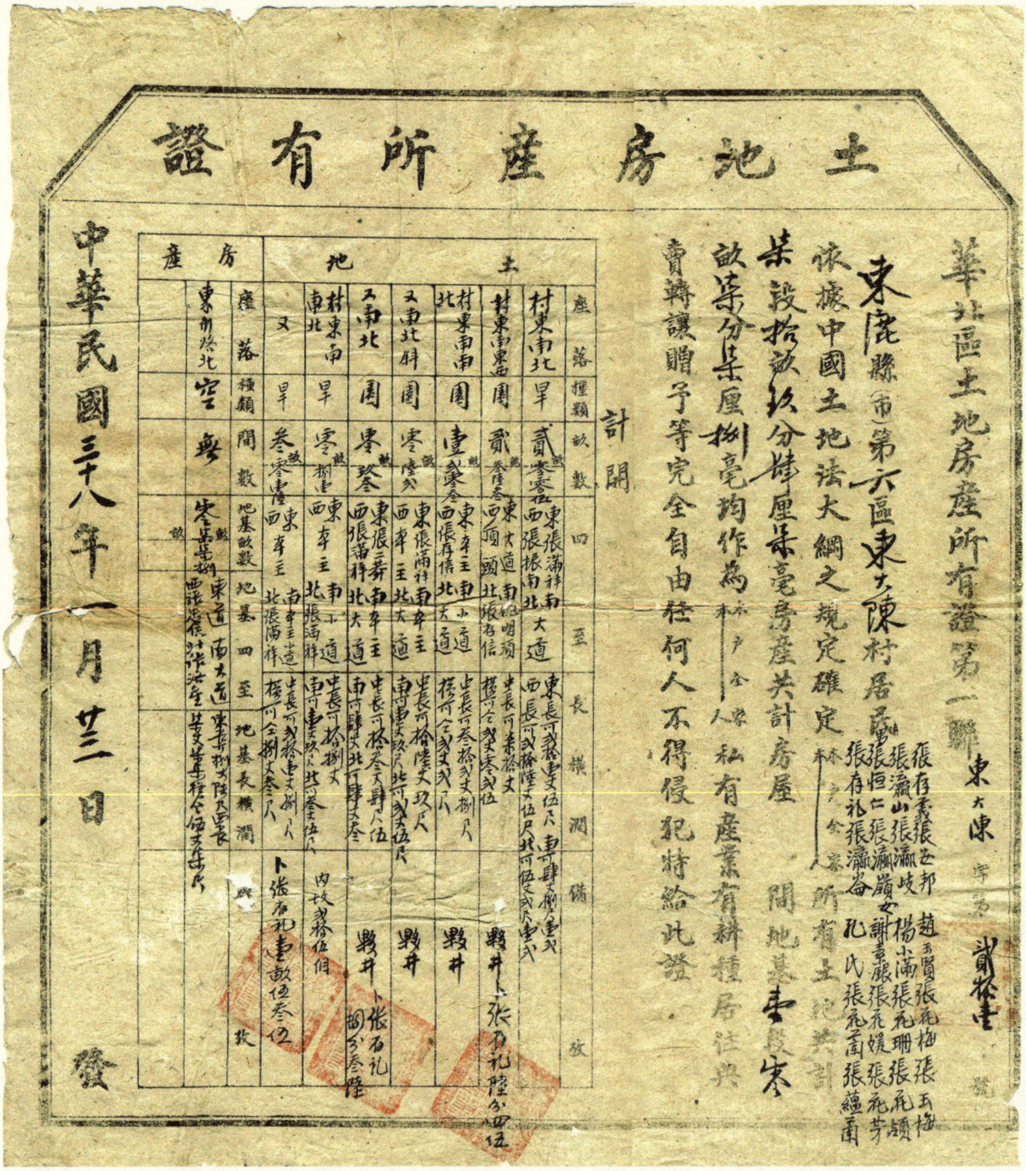

土地房產所有證

華北區土地房產所有證第一聯 東大陳 字第 貳拾壹 號

東鹿縣(市)第六區東大陳村居民 張存義 張安邦 趙玉賢 張飛梅 張玉梅 張瀛山 張瀛岐 楊小滿 張飛珊 張飛頎 張恒仁 張瀛嶺 女謝素屣 張飛媛 張飛芽 張存礼 張瀛崙 孔氏 張飛蘭 張蘊蘭

依據中國土地法大綱之規定確定本戶全家人所有土地共計

柒段拾畝玖分肆厘柒毫 房產共計房屋 間 地基壹段叁

畝柒分柒厘捌毫均作為本戶全家人私有產業有耕種居住典

賣轉讓贈予等完全自由任何人不得侵犯特給此證

計開

坐落	種類	畝數	四至	長橫闊	備攷
村東南北	旱	貳畝零零伍	東張滿祥 西張振 南北大道	東長可貳拾壹丈伍尺 東寬肆丈捌尺壹寸 西長可貳拾陸丈伍尺 北寬伍丈貳尺壹寸	戰井 卜張丙礼陸分四伍
村東南東西	園	貳畝叁厘叁	東大道 南明顯 西頂頭 北張存信	中長可柒拾丈 樣寬今貳丈叁尺伍	
北村東南南	園	壹畝貳叁叁	東李王 西張存信 南小道 北大道	中長可叁拾貳丈捌尺 樣寬今貳丈貳尺	戰井
又東北斜	園	零畝壹叁	東張滿祥 西李王 南李王 北大道	中長可拾陸丈玖尺 南寬東玖尺 北寬貳丈伍尺	戰井
又南北	園	零畝玖叁	東張三寿 西張滿祥 南李王 北大道	中長可拾叁丈肆尺伍 南寬肆丈 北寬肆丈叁	戰井 卜張丙礼捌分叁陸
村東南東北	旱	零畝捌壹	東李王 西李王 南小道 北張滿祥	中長可拾捌丈 東寬壹丈玖尺 北寬叁丈伍尺	内收貳拾伍伯
又	旱	叁畝[illegible]	東李王 西 南李王小道 北張滿祥	中長可貳拾壹丈捌尺 樣寬今捌丈叁尺	卜張丙礼壹畝伍叁伍

房產坐落	種類	間數	地基畝數	地基四至	地基長橫闊	備攷
東前後北	空		零畝柒柒捌	東道 西張忠 南大道		

中華民國三十八年一月廿三日 發

○四三　民國三十八年（一九四九年）一月二十三日土地房產所有證①

華北區土地房産所有證第一聯　東大陳字第貳拾壹號

東鹿縣（市）第六區東大陳村居民男 張存義 張安邦 張瀛山 張瀛岐 張恒仁 張瀛嶺 張存禮 张瀛崙

女 趙玉賢 張花梅 張玉梅 楊小滿 張花珊 張花領 謝素銀 張花媛 張花芳 孔 氏 張花蘭 張蘊蘭

依據中國土地法大綱之規定，確定 本户全家／本　人 所有土地共計柒段，拾畝玖分肆厘柒毫，房産共計房屋　間，地基壹段，零畝柒分柒厘捌毫，均作爲 本户全家／本　人 私有産業，有耕種、居住、典賣、轉讓、贈予等完全自由，任何人不得侵犯。特給此證。　計開：

土地					
座落	種類	畝數	四至	長横闊	備考
村東南北	旱	貳畝零零伍	東張滿祥 南 西張振南 北 大道	東長可貳拾壹丈伍尺 西長可貳拾陸丈伍尺 南可肆丈捌尺壹貳 北可伍丈貳尺壹貳	
村東南東西	園	貳畝叁陸叁	東大道 南姚明須 西頂頭 北張存信	中長可柒拾丈 横可同貳丈零貳伍	夥井 卜【补】張存禮 陸分肆伍
村東南南北	園	壹畝貳零叁	東本主 南小道 西张存信 北大道	中長可叁拾貳丈捌尺 横可同貳丈貳尺	夥井
又南北斜	園	零畝陸貳	東張滿祥 南本主 西本主 北大道	中長可拾陸丈玖尺 南可壹丈玖尺 北可貳丈伍尺	夥井
又南北	園	零畝玖叁	東張二莽 南本主 西張滿祥 北大道	中長可拾叁丈肆尺伍 南可肆丈 北可肆丈叁	夥井 卜【补】張存禮 肆分叁陸
村東南南北	旱	零畝捌壹	东 南小道 本主 西 北張滿祥	中長可拾捌丈 南可壹丈玖尺 北可叁丈伍尺	內墳貳拾伍個
又	旱	叁畝零壹陸	东 南本主 小道 本主 西 北張滿祥	中長可貳拾壹丈捌尺 横可同捌丈叁尺	卜【补】張存禮 壹畝伍叁伍

房産						
座落	種類	間數	地基畝數	地基四至	地基長横闊	備考
東街路北	空	無	零畝柒柒捌	東道南大道 西張忠信 北張洛星	東長可捌丈陸尺 西長柒丈柒柒 横同伍丈柒尺	

中華民國三十八年一月廿三日　發

（『東鹿縣政府印』方印一枚；『東鹿縣東大陳村公所圖記』小方印三枚）

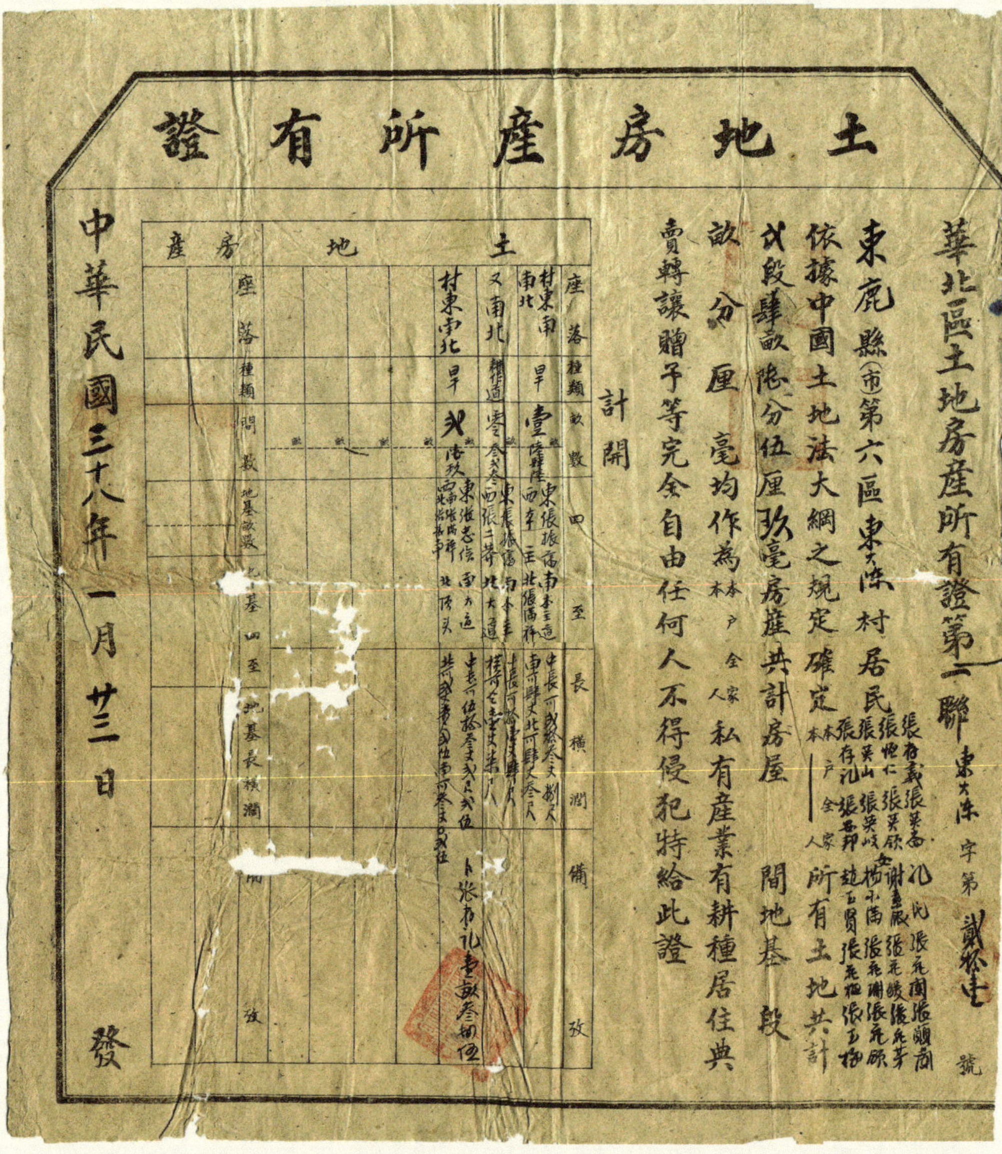

土地房産所有證

華北區土地房産所有證第一聯　東大陈字第貳[illegible]號

東鹿縣(市)第六區東大陈村居民張有義 張英岙 張惟仁 張英欣 張英山 張英岐 張存汎 張书翔 張謝氏 楊小滿 趙玉賢 張兆蘭 張顯商 張兆峻 張兆芽 張兆瑚 張兆原 張兆福 張玉梅

依據中國土地法大綱之規定確定本戶全家人所有土地共計貳段肆畝陸分伍厘玖毫 房産共計房屋　間 地基　段

畝　分　厘　毫均作為本戶全家人私有産業有耕種居住典

賣轉讓贈予等完全自由任何人不得侵犯特給此證

計開

土地						房産						
座落	種類	畝數	四至	長橫闊	備攷	座落	種類	間數	地基畝數	地基四至	地基長橫闊	備攷
村東南南北	旱	壹[illegible]畝	東張振福 南本主道 西辛[illegible] 北張満祥	[illegible]								
又南北	耕作道	零[illegible]畝	東張振福 南本主 西張三琴 北大道	[illegible]								
村東南北	旱	弍[illegible]畝	東張志信 南大道 [illegible]	[illegible]	卜張有汎壹畝叁[illegible]							

中華民國三十八年一月廿三日　發

○四四　民國三十八年（一九四九年）一月二十三日土地房産所有證②

華北區土地房産所有證第一聯　東大陳字第貳拾壹號

東鹿縣（市）第六區東大陳村居民男　張存義　張英崙　張恒仁　張英領　張英山　張英岐　張存禮　張安邦

女　孔氏　張花蘭　張韻蘭　謝素銀　張花媛　張花芳　楊小滿　張花珊　張花領　趙玉賢　張花梅　張玉梅

依據中國土地法大綱之規定，確定本户全家本人所有土地共計貳段，肆畝陸分伍厘玖毫，房産共計房屋　間，地基　段，　畝　分　厘　毫，均作爲本户全家本人私有産業，有耕種、居住、典賣、轉讓、贈予等完全自由，任何人不得侵犯。特給此證。　計開：

中華民國三十八年一月廿三日　發

（『東鹿縣政府印』方印一枚；『東鹿縣東大陳村公所圖記』小方印四枚）

土地

座落	種類	畝數	四至	長横闊	備考
村東南北	旱	壹畝陸肆陸	東張振蕃　南本主道　西本主　北張滿祥	中長可貳拾叁丈捌尺　南可肆丈北可肆丈叁尺	
又南北道	耕作	零畝叁貳叁	東張振蕃　南本主　西張二莽　北大道	中長可拾壹丈肆尺　横可同壹丈柒尺	
村東南北	旱	貳畝陸玖	東張忠信　南大道　西　南張滿祥　北張振南　北頂頭	中長可伍拾叁丈貳尺貳伍　北可貳丈柒尺貳伍　南可叁丈〇貳伍	卜【补】張存禮壹畝叁肆伍

房屋

座落	種類	間數	地基畝數	地基四至	地基長横闊	備考

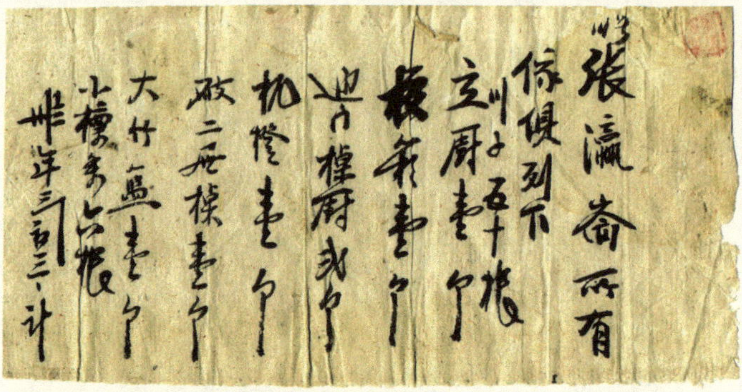

張瀛崙所有
傢俱列下
立厨壹分　凳子五十張
…衣壹分
過門樣厨貳分
抽屜壹分
敞二屜樣壹分
大竹籃壹分
小櫈叁張
卅年三月初三日計

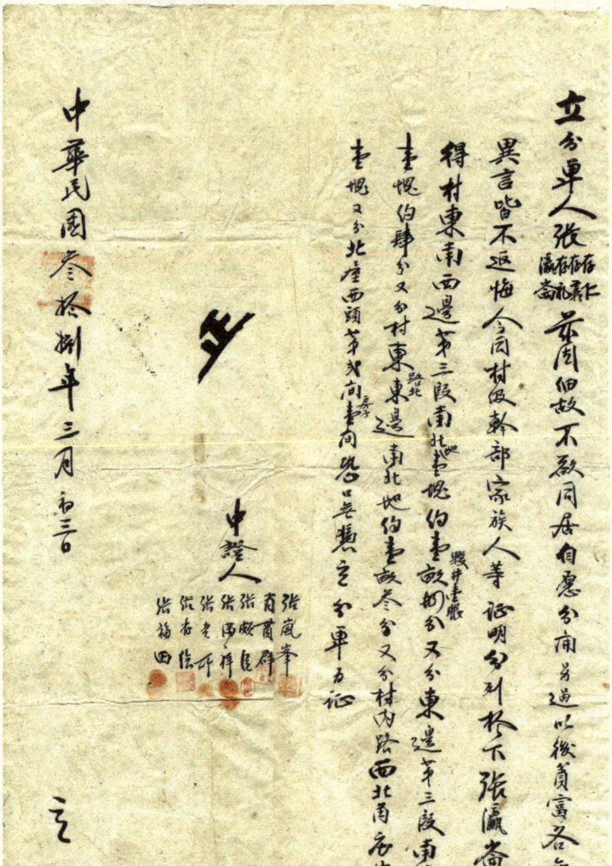

立分單人張瀛崙、存禮、存義、存仁，茲因細故不欲同居，自愿分開另過，以後貧富各無異言，皆不返悔。今同村級幹部、家族人等説明，分列於下：張瀛崙分得村東南西邊之第三段南北地壹塊，約壹畝（附井壹眼），又分東邊之第三段南北地壹塊，約肆分；又分村東路北東邊之南北地，約壹畝叁分；又分村內路西北首房基壹塊；又分北座西頭第弍間房子壹間，恐口無憑，立分單為証。

中證人　張嵐峯　張貴群　張敏良　張雨祥　張老升　張杏徐　張福田

中華民國叁拾捌年三月初三日　立

〇四五 民國三十八年（一九四九年）三月初三張瀛崙分單（附张瀛崙傢具單）

立分單人張存仁、存義、存禮、瀛崙，茲因細故，不欲同居，自願分開另過，以後貧富各無異言，皆不反悔。今同村級幹部、家族人等證明，分列於下：張瀛侖分得村東南西邊第三段南北地壹塊約壹畝肆分，夥井壹眼；又分東邊第三段南北地壹塊約肆分；又分村東路北東邊南北地約壹畝叁分；又分村内路西北角莊基壹塊；又分北屋西頭第貳間房子壹間。恐口無憑，立分單爲證。

（騎縫字）［公］正

中證人 張嵐峰 肖貫群 張頗臣 張滿祥 張老所 張存信 張福田

中華民國叁拾捌年三月初三日立

（『東鹿縣東大陳村公所圖記』方印一枚；『張嵐峰章』『蕭冠群章』『頗臣』『張存信印』私章四枚）

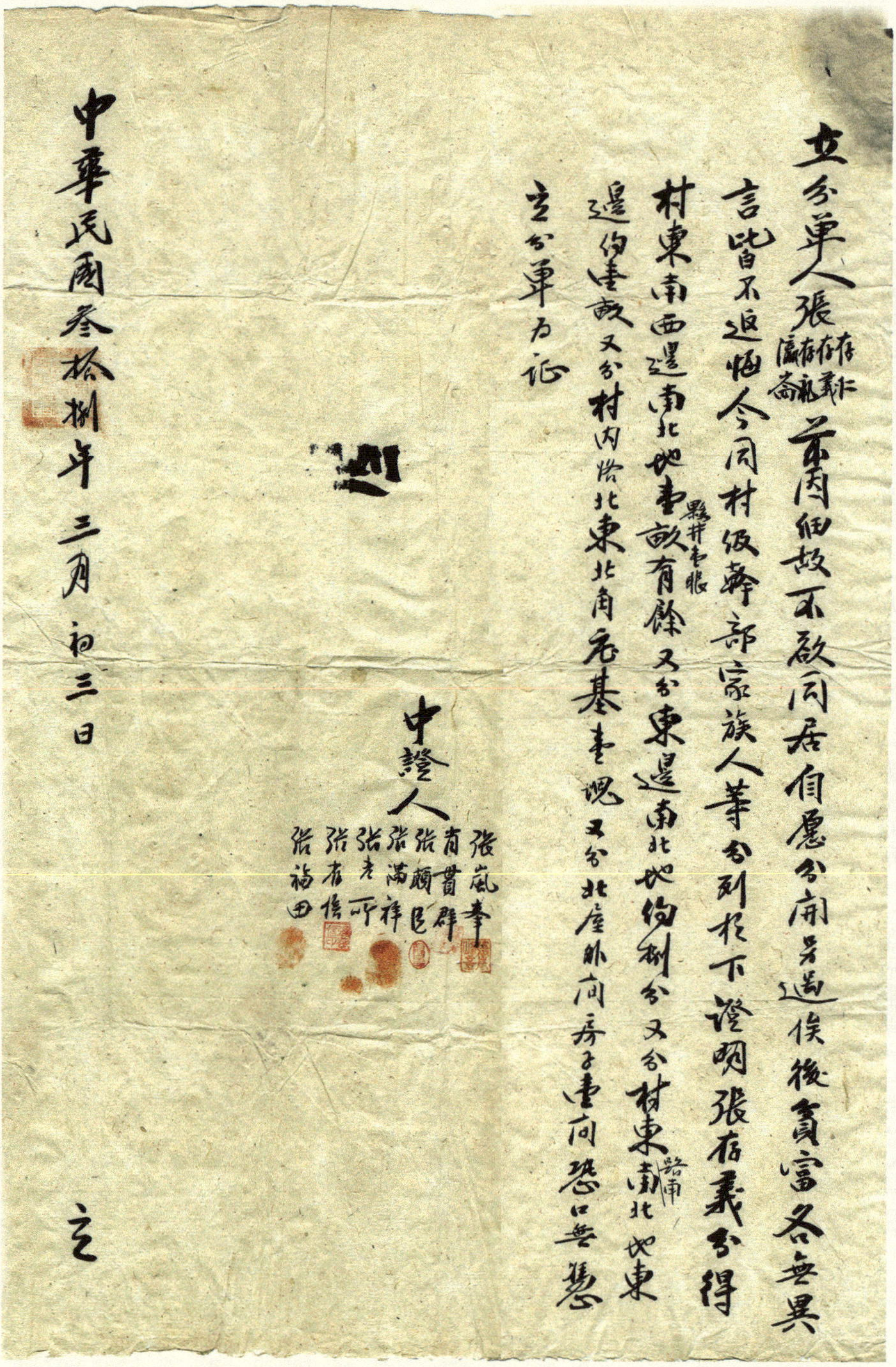

立分單人張存仁、存義、存龍、瀛斎等因細故不能同居，自愿分開另過，俟後貧富各無異言，皆不追悔。今同村級鄰、本家族人等分列於下，證明。張存義分得村東南西邊南北地壹畝（夥井壹眼）有餘，又分東邊南北地陸捌分，又分村東（路南）南北地東邊約壹畝，又分村內路北東北角宅基壹塊，又分北屋外间房子壹间。恐口無憑，立分單為証。

中證人 張嵐峯 肖曹群 張顯臣 張滿祥 張老歌 張存信 張福田

中華民國叁拾捌年三月初三日 立

○四六 民國三十八年（一九四九年）三月初三張存義分單

立分單人張存仁、存義、存禮、瀛侖，茲因細故，不欲同居，自願分開另過，俟後貧富各無異言，皆不反悔。今同村級幹部、家族人等，分列於下證明：張存義分得村東南西邊南北地壹畝有餘，夥井壹眼；又分東邊南北地約捌分；又分村東路南南北地東邊約壹畝；又分村内路北東北角莊基壹塊；又分北屋外間房子壹間。恐口無憑，立分單爲證。

（騎縫字）公正

中證人 張嵐峰
肖貫群
張頗臣
張滿祥
張老所
張存信
張福田

中華民國叁拾捌年三月初三日立

（『東鹿縣東大陳村公所圖記』方印一枚；『張嵐峰章』『蕭冠群章』『頗臣』『張存信印』私章四枚）

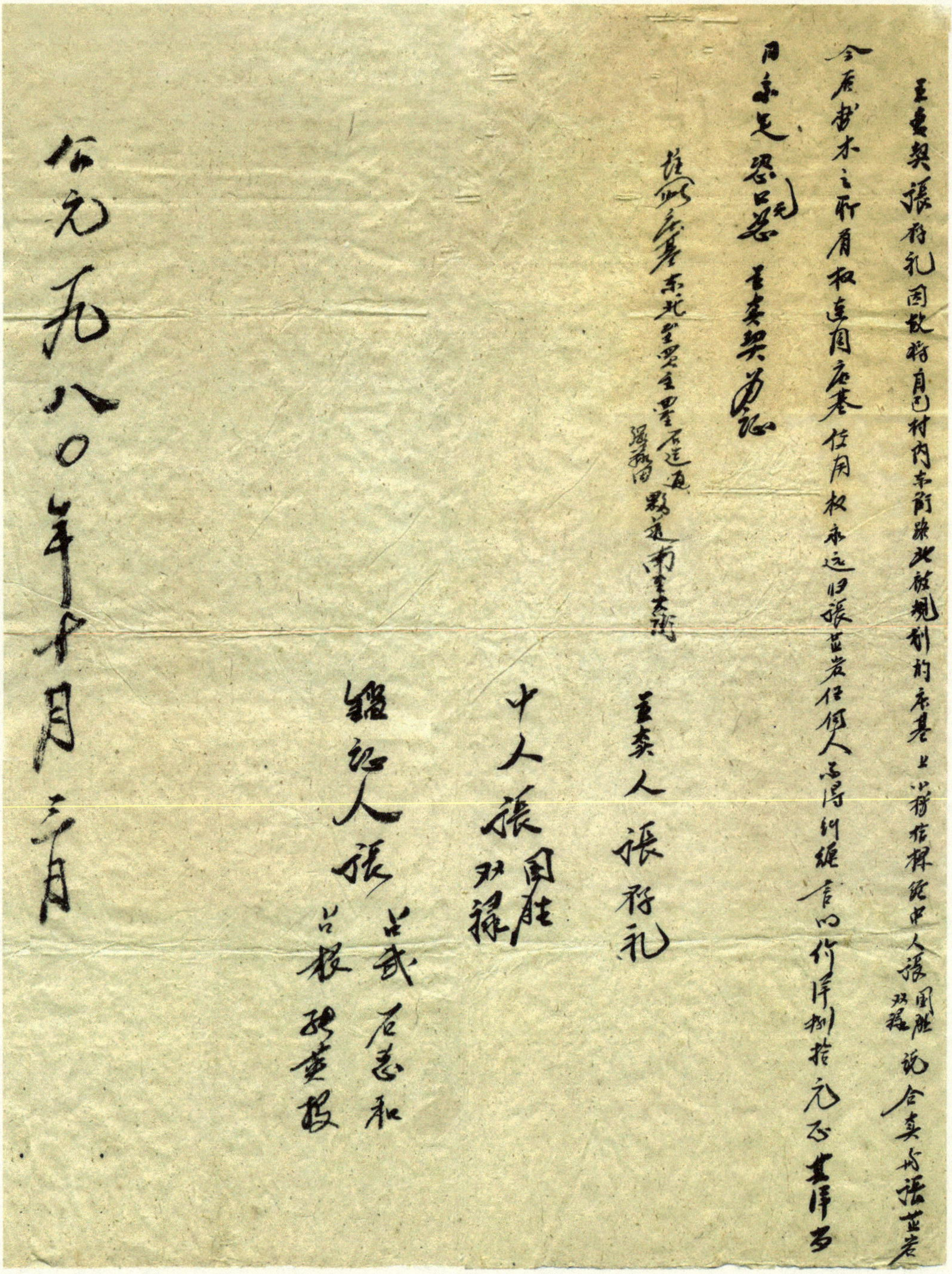

立賣契張存礼因故將自己村内東街路北故規划约房基上小樹經中人張国胜双禄說合賣与張芷岩
今后此木之所有权连同房基使用权永远归張芷岩任何人不得纠缠　言明作价捌拾元正　其價當
日交足。恐口無憑　立賣契為証
註明房基东北至四至墨石连通　張雙國　路道　南至大街
立賣人　張存礼
中人　張国胜　双禄
經紀人　張呂武　石志和　呂根　張英根
公元九八〇年十月二日

〇四七 一九八〇年十月三日 張存禮賣契

立賣契張存礼，因故將自己村内東街路北被規劃的莊基上小樹拾棵，經中人張国胜 双禄説合，賣與張藏岩，今後樹木之所有權連同莊基使用權，永遠歸張藏岩，任何人不得糾纏。言明價洋捌拾元正【整】，其洋當日交足，恐口無憑，立賣契爲證。

注：此莊基東北至買主，西至石連通、張祿田，夥道南至大街。

立賣人 張存礼

中　人 張国胜 張双禄

鑑【監】證人 張占武 張占根 石志和 張英报

公元一九八〇年十月三日

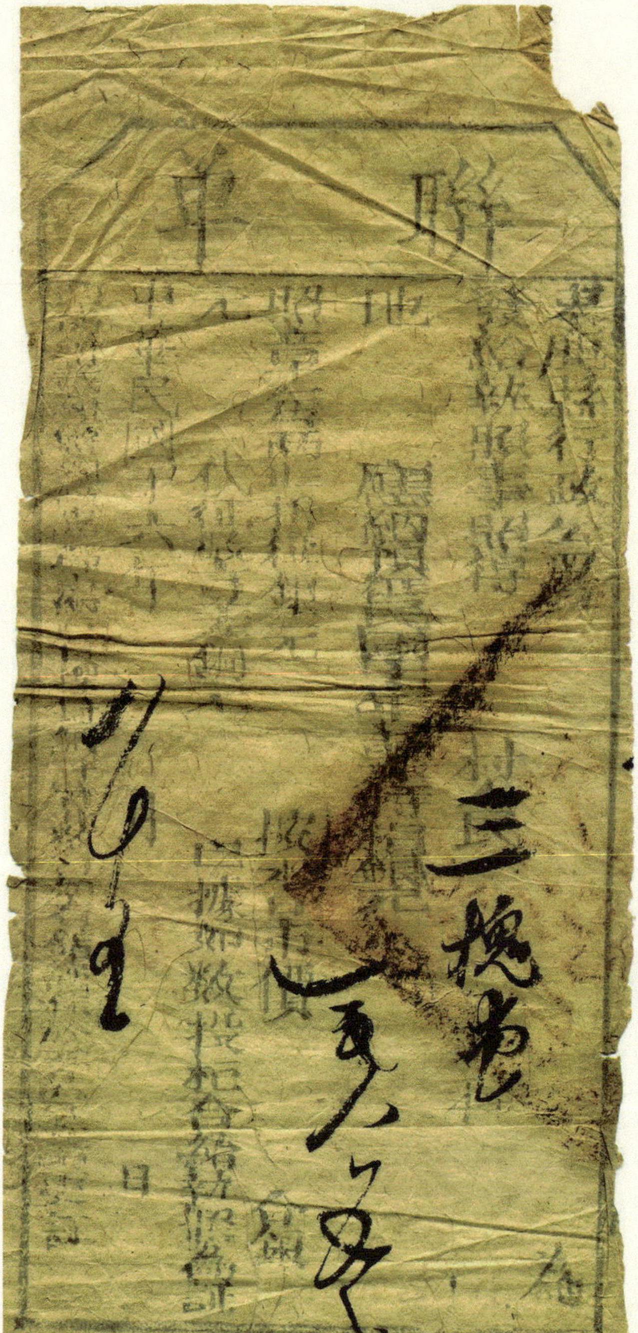

○四八 民國十六年（一九二七年）八月十五日聯單

東鹿縣行政公署　爲發給執照事，照得　村人民三槐堂　承種　粮地，應納預徵民國十七年　特捐銀元　一毫八分七厘。照章每兩二八扸徵銀元　，按本日市價　合銀元　，代徵警差銅元　，已據如數投櫃合，給執照爲證。

中華民國十六年八月十五日

票内所載銀幣銅幣兩種□□納□□□□納計算數目如有錯誤，准於五日□□請驗證

（騎縫『東鹿縣印』方印一枚）

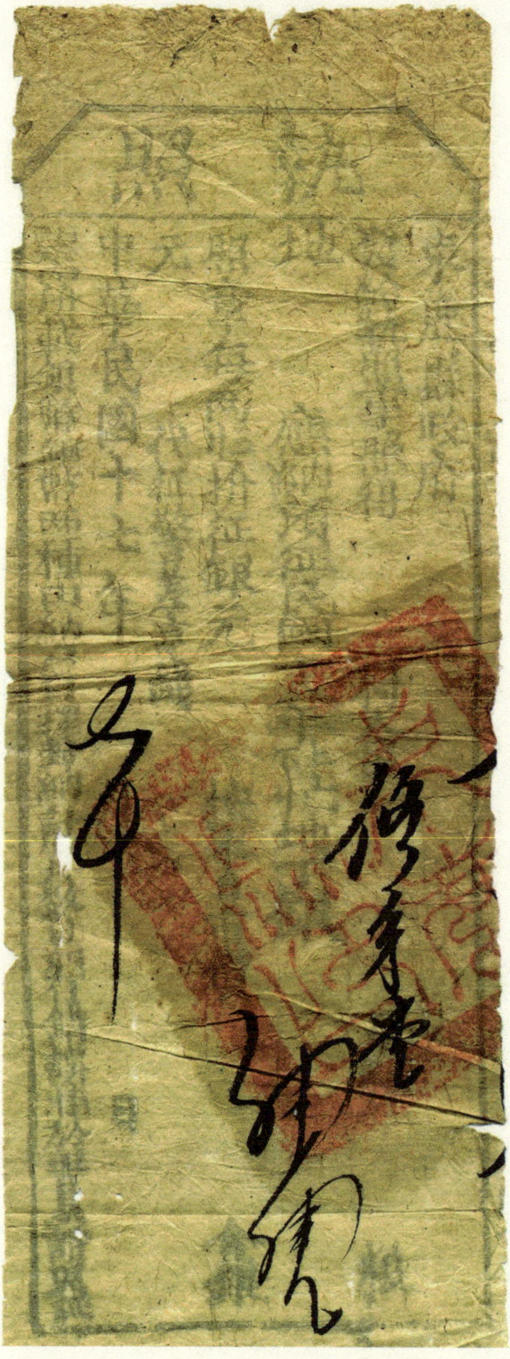
中華民國十七年

〇四九 民國十七年（一九二八年）七月十日執照

東鹿縣政府

發給執照事，照得　村人民修身堂 承種　粮地，應納預徵民國十八年上下忙地丁銀肆分肆厘。

照章每兩二八扴徵銀元　，按本日市價　合銀元　，代徵警差京錢　。

中華民國十七年七月十日

票内所載銀幣銅幣兩種□□納□□□□納計算數目如有錯誤，准於五日□□請驗證

（騎縫『東鹿縣印』方印一枚）

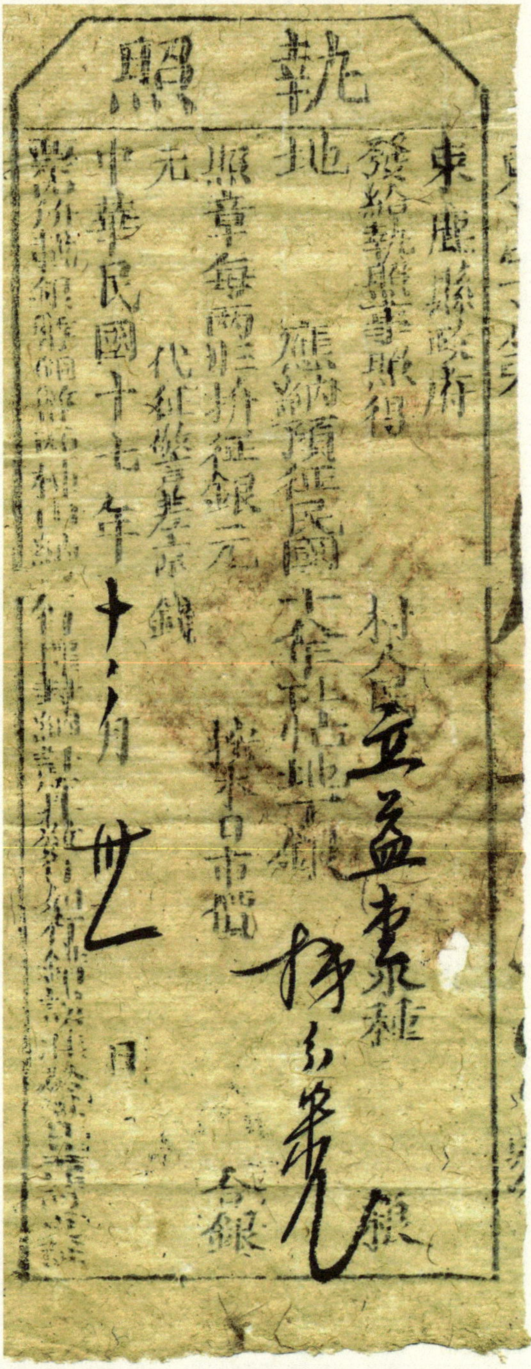

執照

東鹿縣政府

發給執照事照得 村

應納預徵民國十七年上忙地丁銀

地

照章每兩照三折征銀元 元

代征警學各費 錢

按本口市價 合銀

中華民國十七年十二月廿七日

○五○ 民國十七年（一九二八年）十二月三十一日執照九張

東鹿縣政府

發給執照事，照得 村人民立益堂 承種 粮地，應納預徵民國十八年上下忙地丁銀肆分柒厘。

照章每兩二八扴徵銀元 ，按本日市價 合銀元 ，代徵警差京錢。

中華民國十七年十二月卅一日

票内所載銀幣銅幣兩種□□納□□□□納計算數目如有錯誤，准於五日□□請驗證

（騎縫『東鹿縣印』方印一枚）

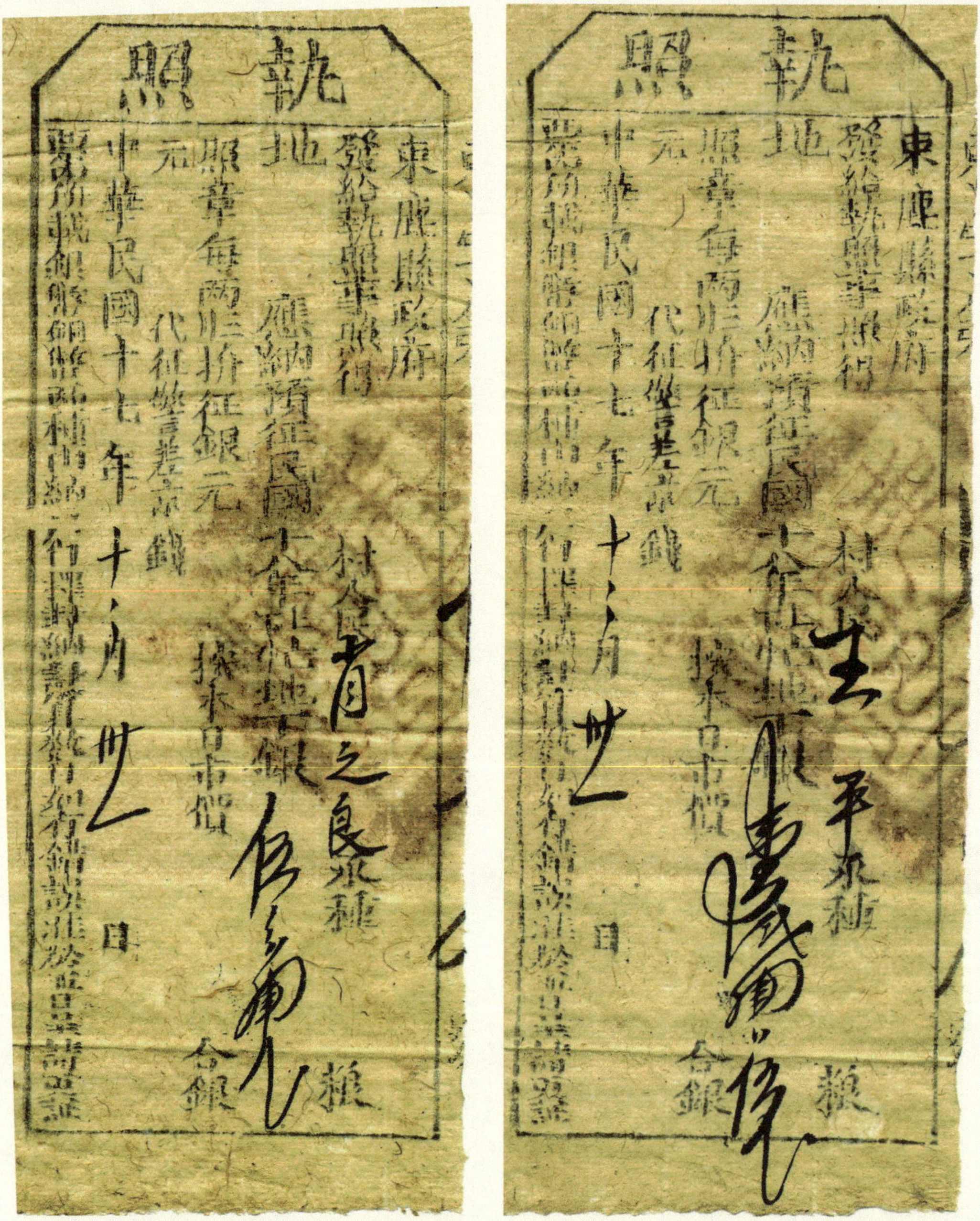

執照

東鹿縣政府　發給執照事照得
地　應納預征民國十七年上忙地丁銀　村名肖之良承種
元　照章每兩正折征銀元　按本日市價
代征警捐差徭錢
中華民國十七年十二月廿七日
[illegible]
張盛　糧　合錄

執照

東鹿縣政府　發給執照事照得
地　應納預征民國十七年上忙地丁銀　村名生平承種
元　照章每兩正折征銀元　按本日市價
代征警捐差徭錢
中華民國十七年十二月廿七日
[illegible]
張盛　糧　合錄

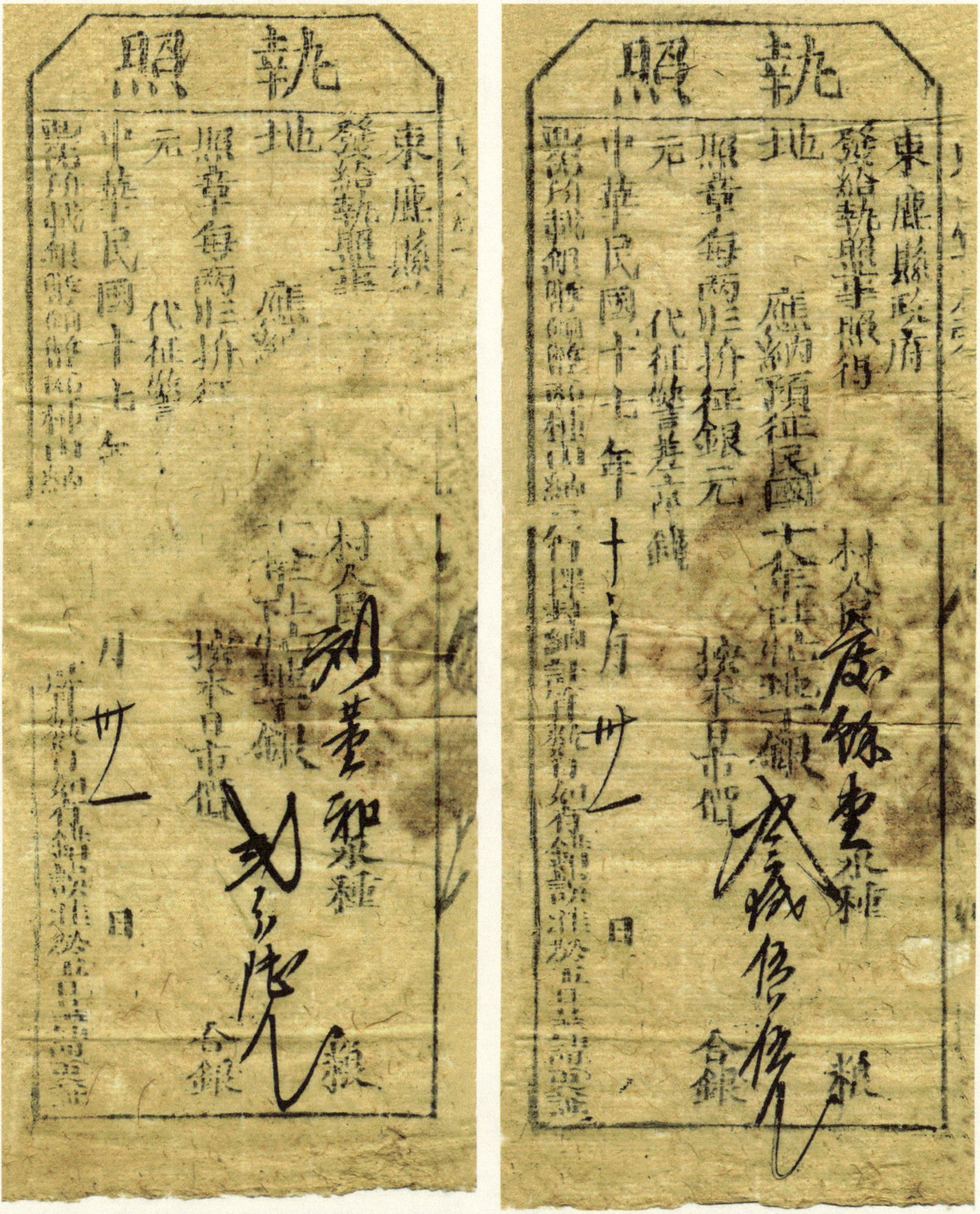
執照

東鹿縣政府
發給執照事照得
地 應納預征民國十七年
照章每兩折征銀元
元 代征警
中華民國十七年十二月廿七日
村

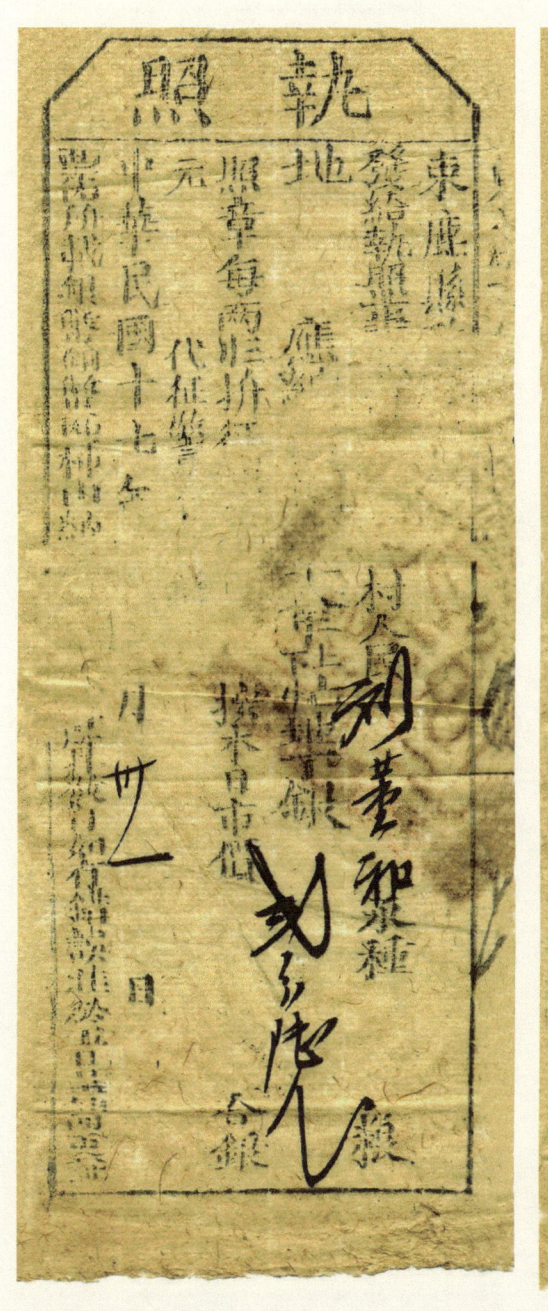

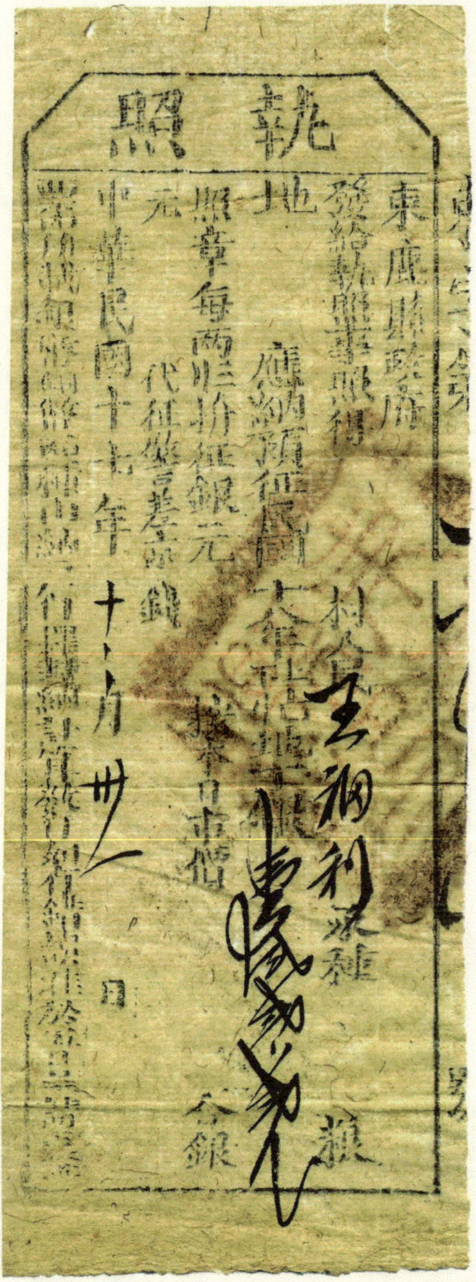

執照

東鹿縣政府
發給執照事照得 村人王福利承種
地 應納民國十七年上忙地丁銀
照章每兩正折征銀 元
元 代征經費差錢 按市價 合銀
中華民國十七年十二月廿八日

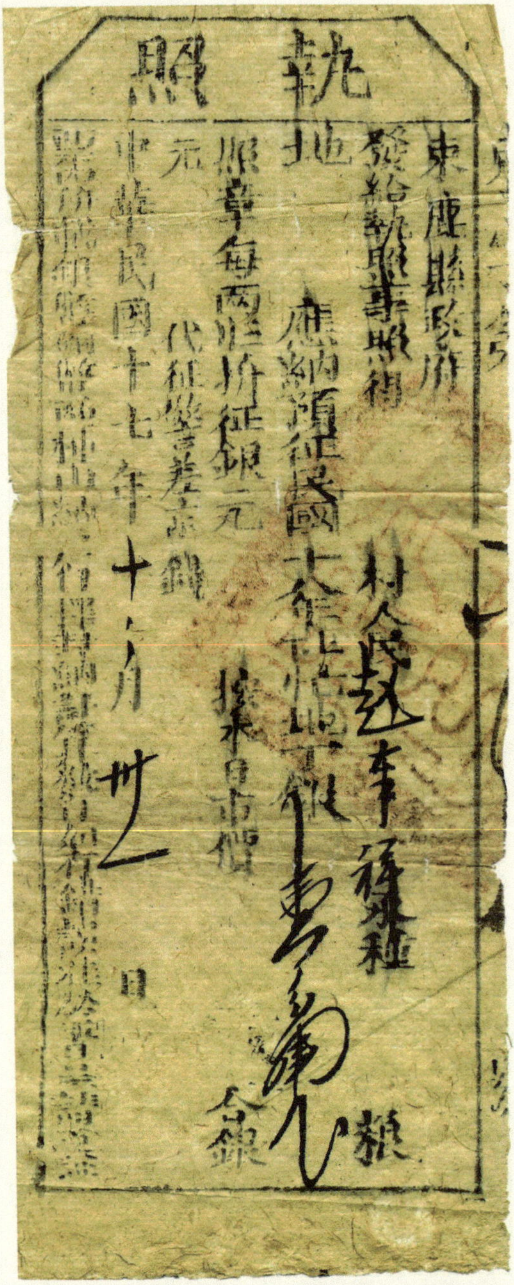

執照

東鹿縣政府
發給執照事照得 村人趙奉祥承種
地 應納民國十七年上忙地丁銀
照章每兩正折征銀 元
元 代征經費差錢 按市價 合銀
中華民國十七年十二月廿八日

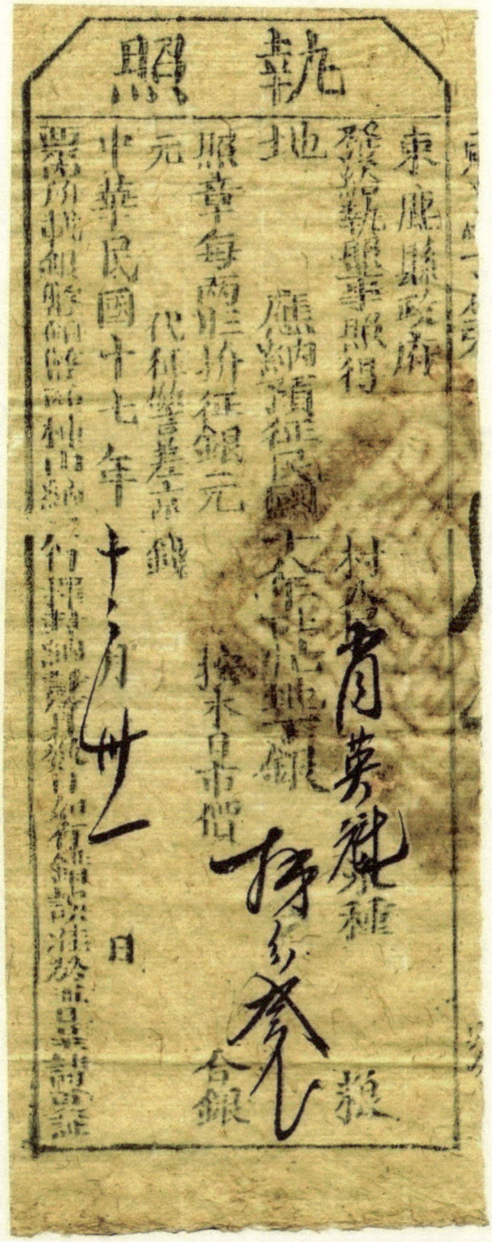
執照
東鹿縣政府
發給執照事照得
地
照章每兩隨折征銀元
元 代征警察費 錢
中華民國十七年十二月廿七日

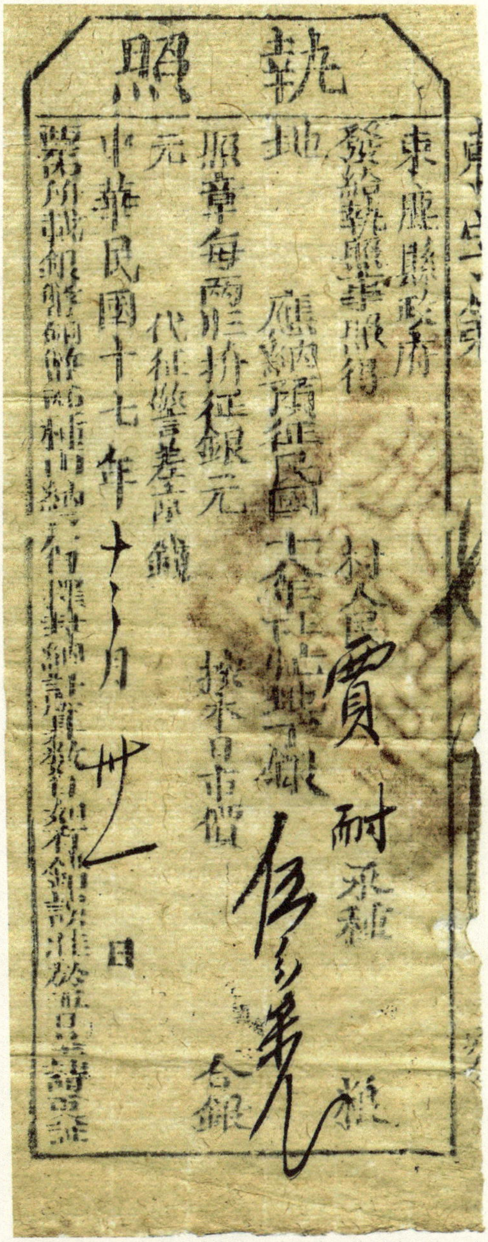
執照
東鹿縣政府
發給執照事照得
地
照章每兩隨折征銀元
元 代征警察費 錢
中華民國十七年十二月廿七日

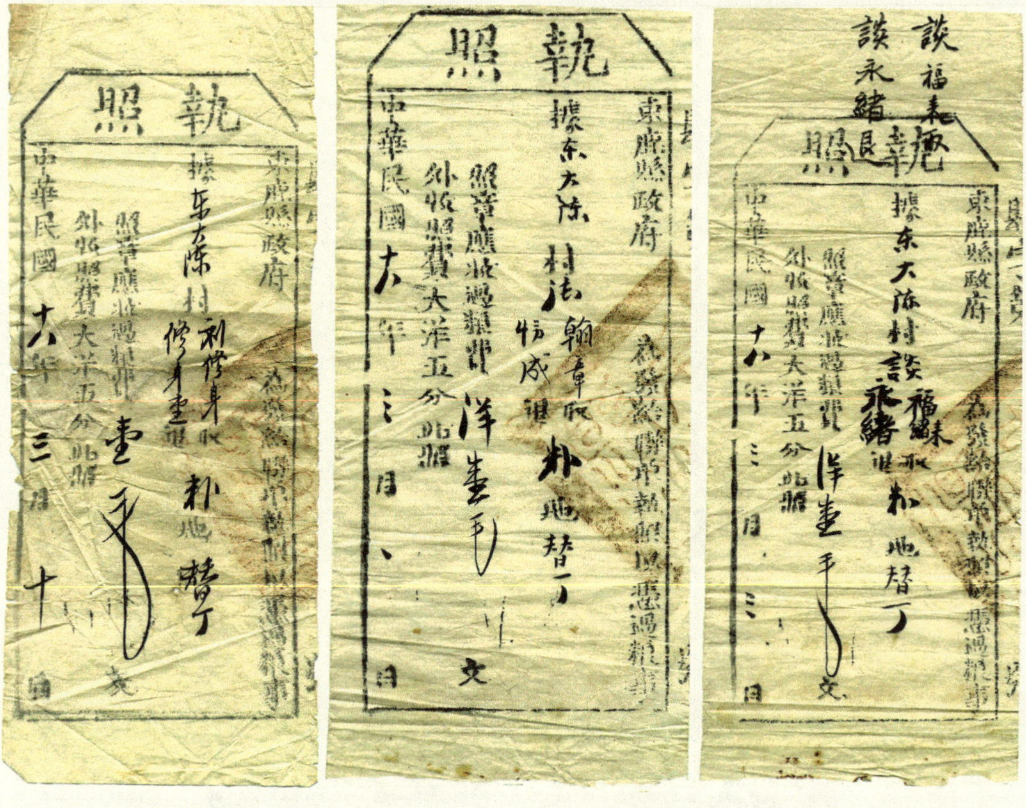
執照
東鹿縣政府　為發給執照以憑過糧事
據东大陈村刘修身收　修身堂退
朴地　替丁
照章應繳過糧費　壹
外收照費大洋五分此據
中華民國十六年三月十　日

執照
東鹿縣政府　為發給執照以憑過糧事
據东大陈村张翰章收　怡成退
朴地替丁
照章應繳過糧費　洋壹毛
外收照費大洋五分此據　文
中華民國十六年三月　日

談福來
談永緒退
執照
東鹿縣政府　為發給執照以憑過糧事
據东大陈村談福來收　談永緒退
朴地替丁
照章應繳過糧費　洋壹毛
外收照費大洋五分此據　文
中華民國十六年三月三　日

○五一 民國十八年（一九二九年）三月 執照三張

東鹿縣政府　爲發給聯單執照以憑過粮事，據東大陳村談福來取 永緒退粮地替丁，

照章應收過粮費　洋壹毛　文。

外收照費大洋五分，此據。

中華民國十八年三月三日

（騎縫『東鹿縣印』方印一枚）

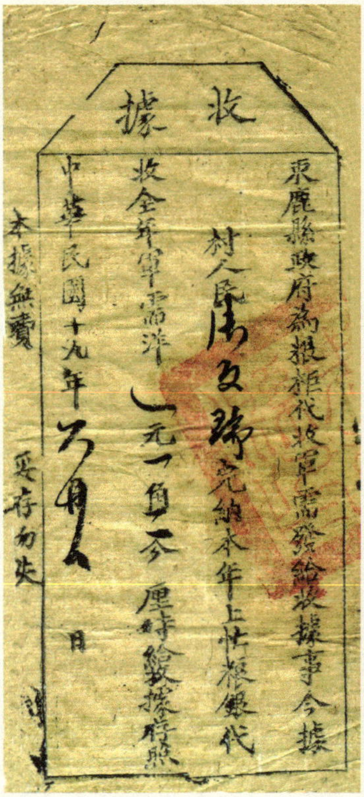

收據

東鹿縣政府為粮柜代收軍需發給收據事今據
村人民周文瑞完納本年上忙粮銀代
收全年軍需洋一元一角一分 厘特給收據存照
中華民國十九年六月八日
本據無費
妥存勿失

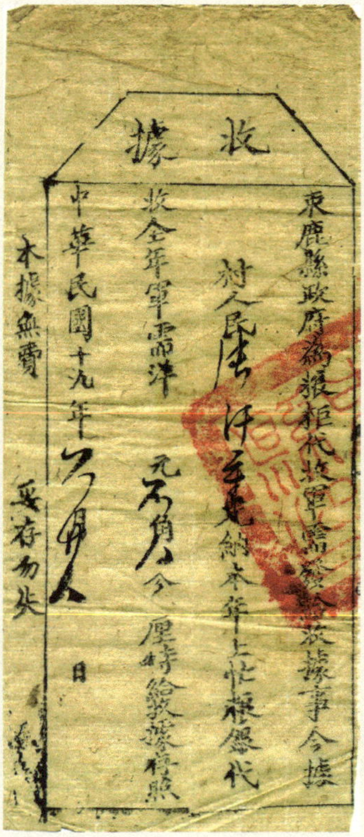

收據

東鹿縣政府為粮柜代收軍需發給收據事今據
村人民周汗年完納本年上忙粮銀代
收全年軍需洋 元六角八分 厘特給收據存照
中華民國十九年六月八日
本據無費
妥存勿失

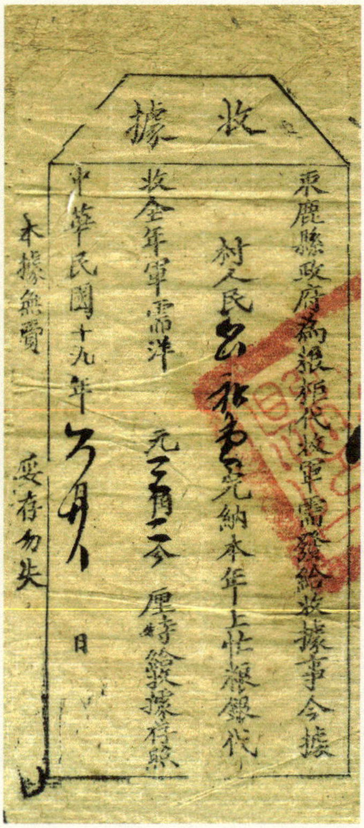

收據

東鹿縣政府為粮柜代收軍需發給收據事今據
村人民張永秀完納本年上忙粮銀代
收全年軍需洋 元二角一分 厘特給收據存照
中華民國十九年六月八日
本據無費
妥存勿失

○五二 民國十九年（一九三〇年）六月二十八日收據三張

東鹿縣政府爲粮櫃代收軍需發給收據事，今據　村人民公和堂完納本年上忙粮銀，代收全年軍需洋　元三角二分　厘，特給收據存照。

中華民國十九年八月廿八日

本據無費，妥存勿失

（騎縫『東鹿縣印』方印一枚）

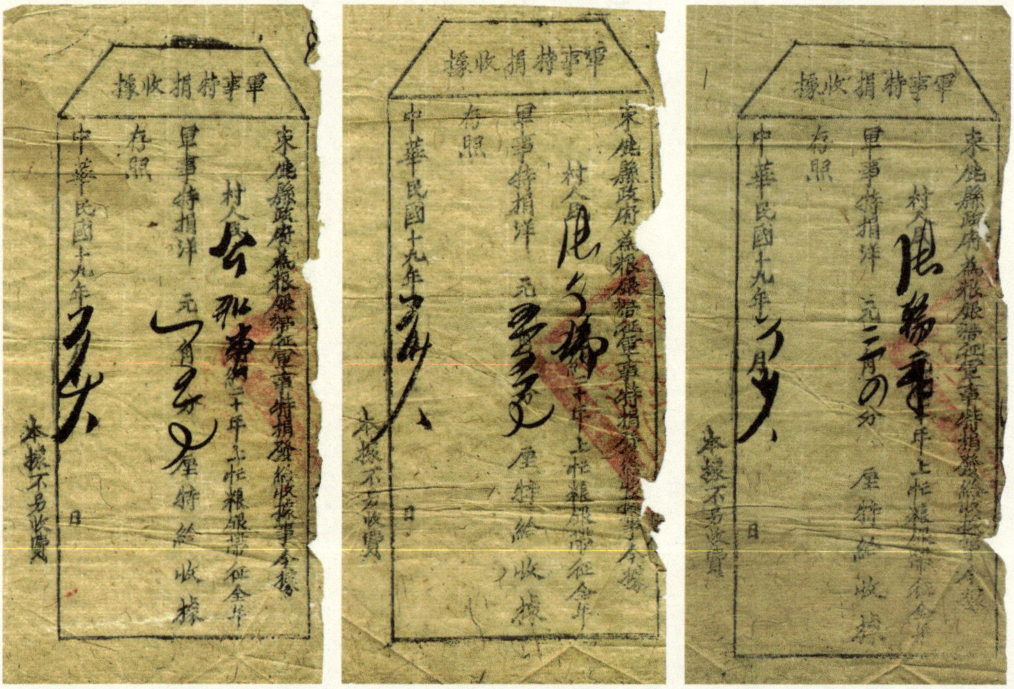
軍事特捐收據
軍事特捐收據
軍事特捐收據

〇五三 民國十九年（一九三〇年）六月二十八日軍事特捐收據三張

東鹿縣政府爲粮銀帶徵軍事特捐，發給收據事，今據　村人民张翰章完納二十年上忙粮銀，帶徵全年軍事特捐洋　元三角四分　厘，特給收據存照。

中華民國十九年八月廿八日

本據不另收費

（騎縫『東鹿縣印』方印一枚）

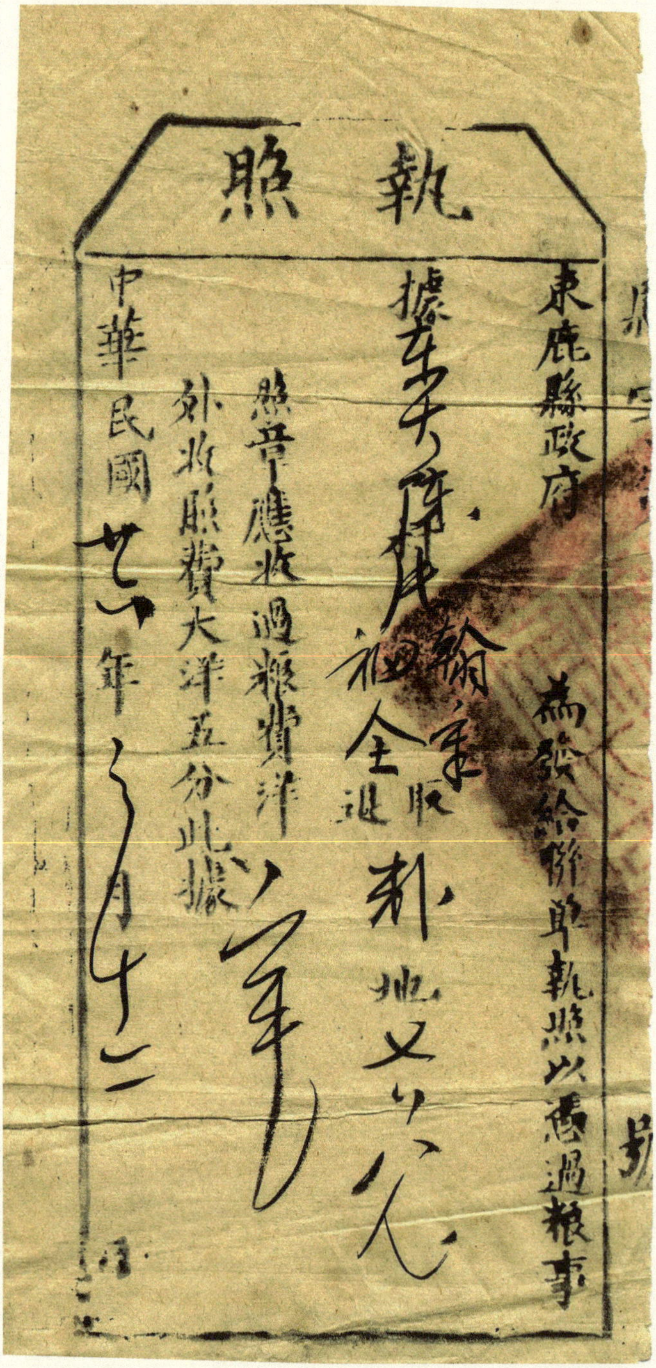

執照

東鹿縣政府　為發給聯單執照以憑過糧事

據[illegible]村民翰章收 福全退 科地又八分

照章應收過糧費洋[illegible]

外收縣費大洋五分此據

中華民國廿[illegible]年三月十二日

○五四 民國二十二年（一九三三年）三月十二日 執照

東鹿縣政府　爲發給聯單執照以憑過粮事，據東大陳村張翰章取
福全退粮地七分八厘。

照章應收過粮費洋二毛

外收照費大洋五分，此據。

中華民國廿二年三月十二日

（騎縫『東鹿縣政府印』方印一枚）

附録

東大陳石氏契約文書

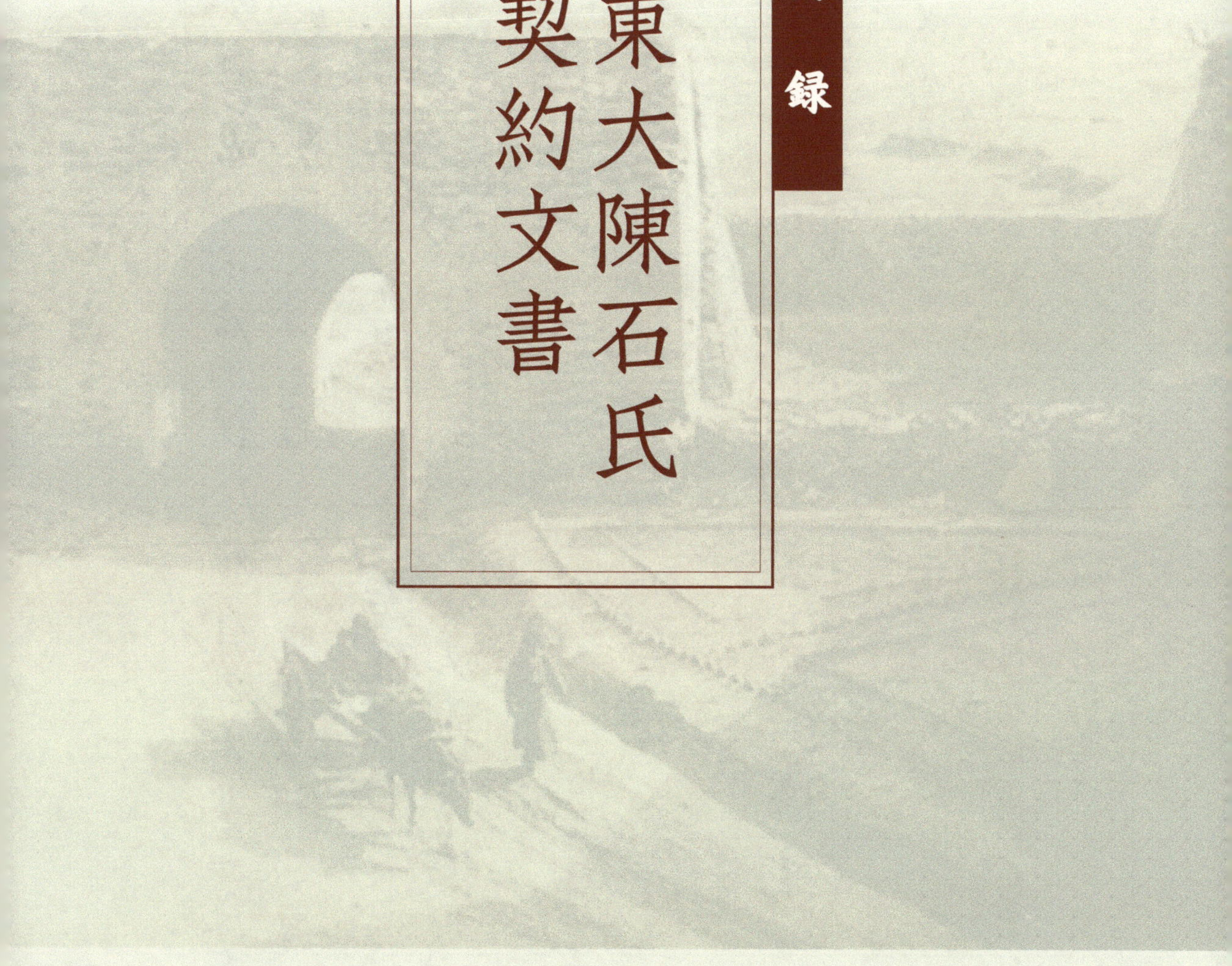

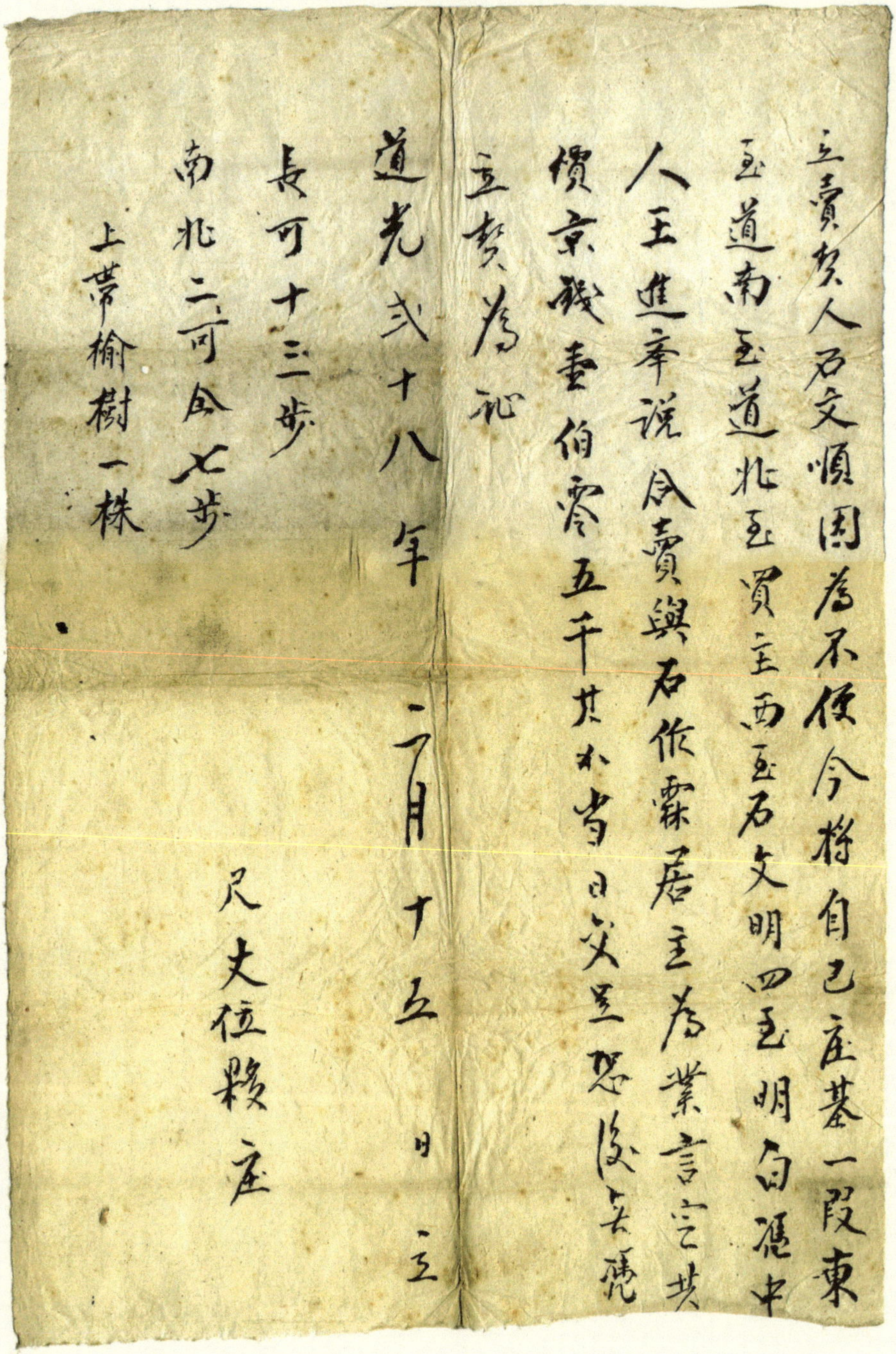

立賣契人石文順因為不便今將自己庄基一段東至道南至道北至買主西至石文明四至明白憑中人王進奎説合賣與石依霖居主為業言定共價京錢壹伯零五千其錢當日交足恐後無憑立契為証

道光弍十八年 二月十五 日 立

長可十三步

南北二可合七步

上帶榆樹一株

尺大位糧庄

○○一　清道光二十八年（一八四八年）二月十五日　石文順賣地契

立賣契人石文順，因爲不便，今將自己莊基一段，東至道，南至道，北至買主，西至石文明，四至明白，憑中人王進舉説合，賣與石作霖居主【住】爲業，言定共價京錢壹伯【佰】零五千，其錢當日交足，恐後無憑，立契爲證。

道光貳十八年二月十五日立

長可十三步

南北二可同七步

上帶榆樹一株　　尺丈　位夥莊

立賣契人石文順因為不便今將自己庄基一段上代西
房二間門樓一座门窗全代東至石文向西至夥道北至
買主南至大道西边南至買主四至明白今憑中人王進
業說合賣與石作霖為業言明共價京錢弍伯千文其
錢当日交足恐口無憑立字為証

咸豐三年十二月廿日立

北长八步一尺
東边南长三步二尺五寸
西边南长四步
東長长十九步
西長长十五步

居

尺丈俱合庄

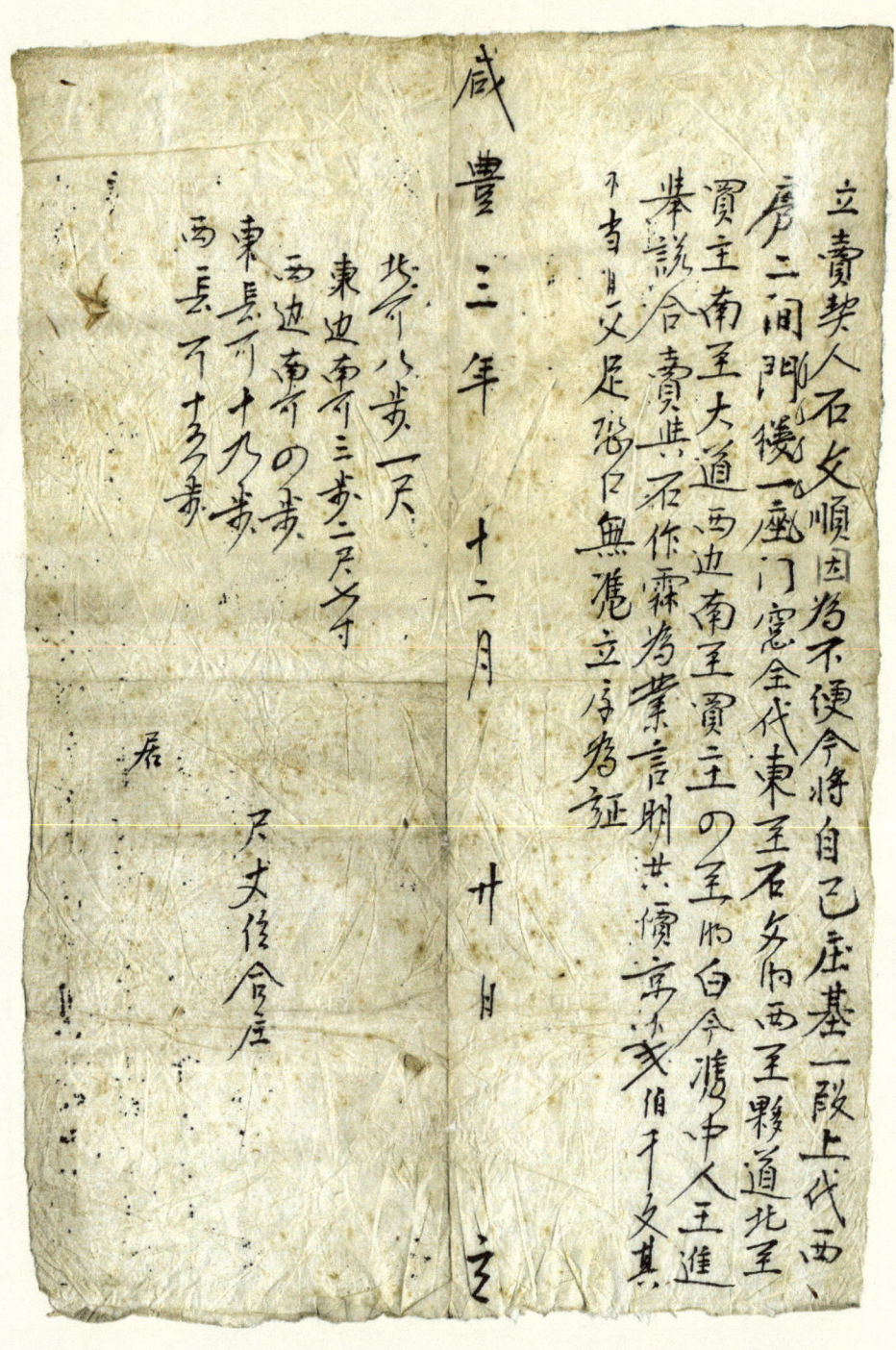

〇〇二　清咸豐三年十二月二十日（一八五四年一月十八日）石文順賣地契

立賣契人石文順，因爲不便，今將自己莊基一段，上代【帶】西房二間、門樓一座，門窗全代【帶】，東至石文明，西至夥道，北至買主，南至大道，西邊南至買主，四至明白，今憑中人王進舉説合，賣與石作霖爲業，言明共價京錢貳佰千文，其錢當日交足，恐口無憑，立字爲證。

咸豐三年十二月廿日立

北可八步一尺
東邊南可三步二尺七寸
西邊南可四步
東長可十九步
西長可十五步

尺丈　位合莊

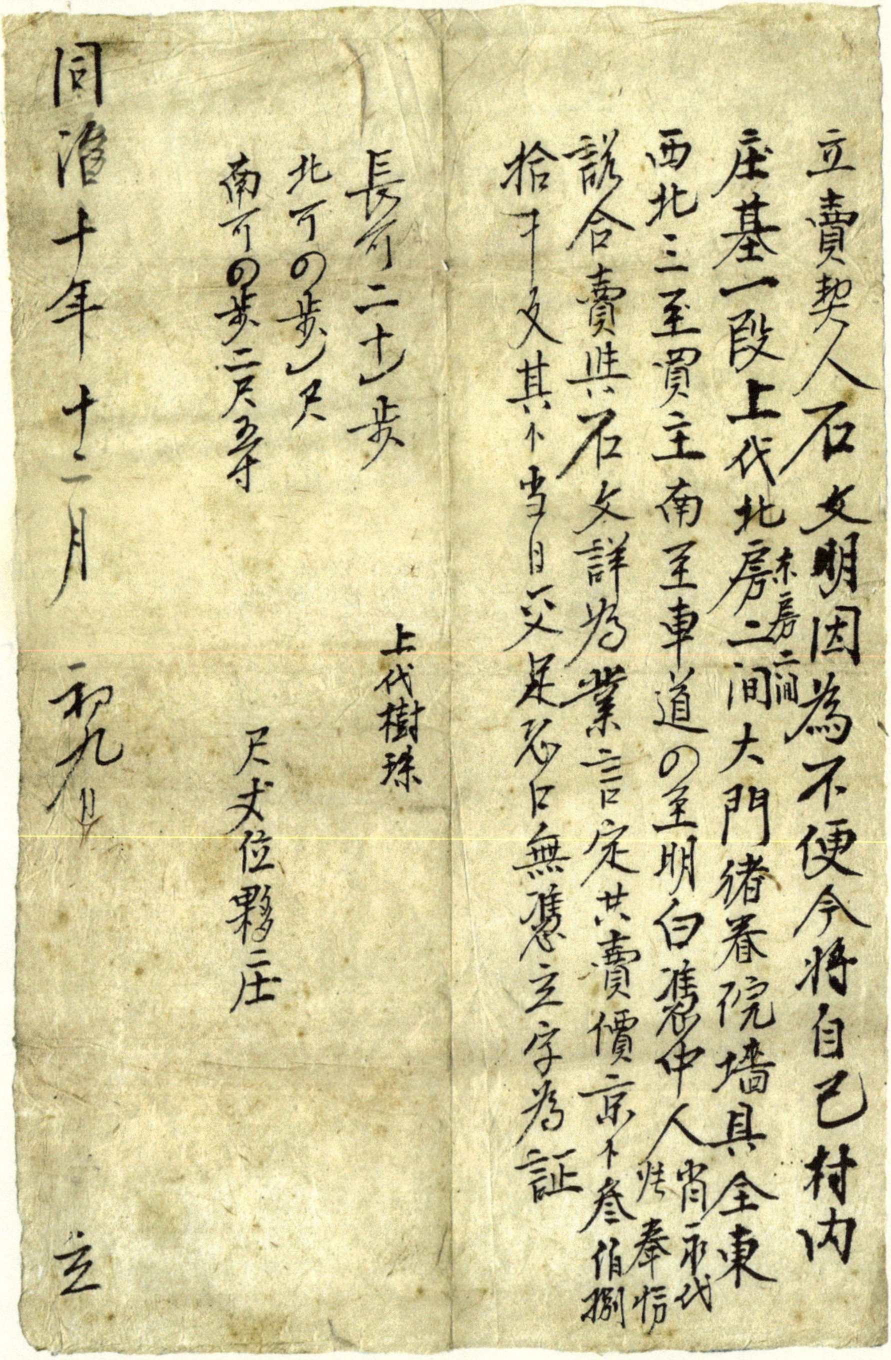

立賣契人石文明因為不便今將自己村内
庄基一段上代北房二间東房二间大門绪春院墙具全東
西北三至買主南至車道〇至明白憑中人肖雨代
姓奉恬
説合賣與石文詳為業言定共賣價京卜叁佰捌
拾千文其卜当日交足不欠無憑立字為証

上代樹株

長丁二十步
北丁〇步〻尺
南丁〇步二尺五寸

尺丈位彩二庄

同治十年十二月初九日　立

〇〇三

清同治十年十二月初九（一八七二年一月十八日）石文明賣地契

立賣契人石文明，因爲不便，今將自己村内莊基一段，上代【帶】北房二間、東房二間，大門、豬眷【圈】、院牆具全，東西北三至買主，南至車道，四至明白，憑中人肖永代、張奉憐説合，賣與石文詳爲業，言定共賣價京錢叁佰捌拾千文，其錢當日交足，恐口無憑，立字爲證。

上代【帶】樹珠【株】

長可二十一步

北可四步一尺

南可四步二尺五寸

尺丈　位夥莊

同治十年十二月初九日立

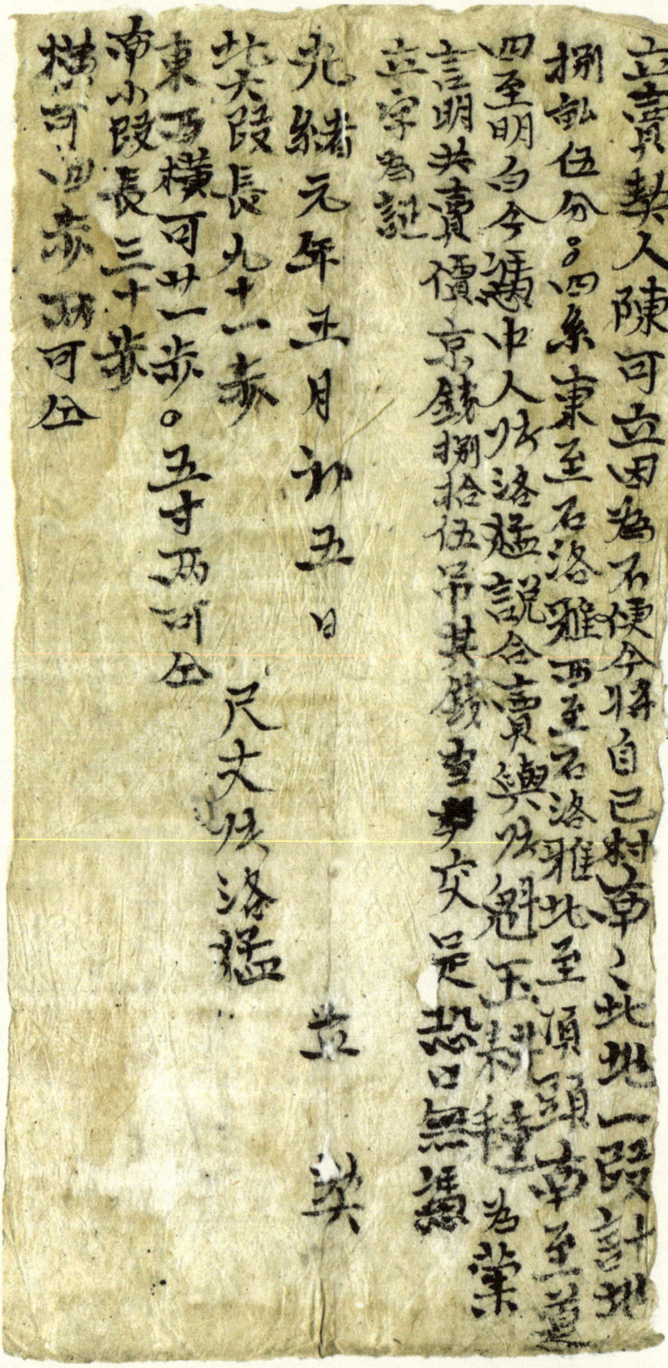
立賣契人陳司立田為不便今將自己村南之北地一段計地
捌畝伍分，四系東至石洛雅西至石洛雅北至頂頭南至道
四至明白今憑中人陳洛福說合賣與陳魁玉耕種為業
言明共賣價京錢捌拾伍吊其錢當日交足恐口無憑
立字為証
光緒元年五月初五日　立契
尺丈陳洛福
北頭段長九十一步
東西橫司廿一步，五寸兩司分
南小段長三十步
橫司四步　兩司分

〇〇四　清光緒元年（一八七五年）正月初五陳可立賣地契

立賣契人陳可立，因爲不便，今將自己村南南北地一段，計地捌畝伍分〇四絲，東至石洛雅，西至石洛雅，北至頂頭，南至道，四至明白，今憑中人張洛猛説合，賣與張魁玉耕種爲業，言明共賣價京錢捌拾伍吊，其錢當日交足，恐口無憑，立字爲證。

光緒元年正月初五日立契

北大段長九十一步
東西横可廿一步〇五寸兩可同
南小段長三十步
横可四步兩可同
尺丈　張洛猛

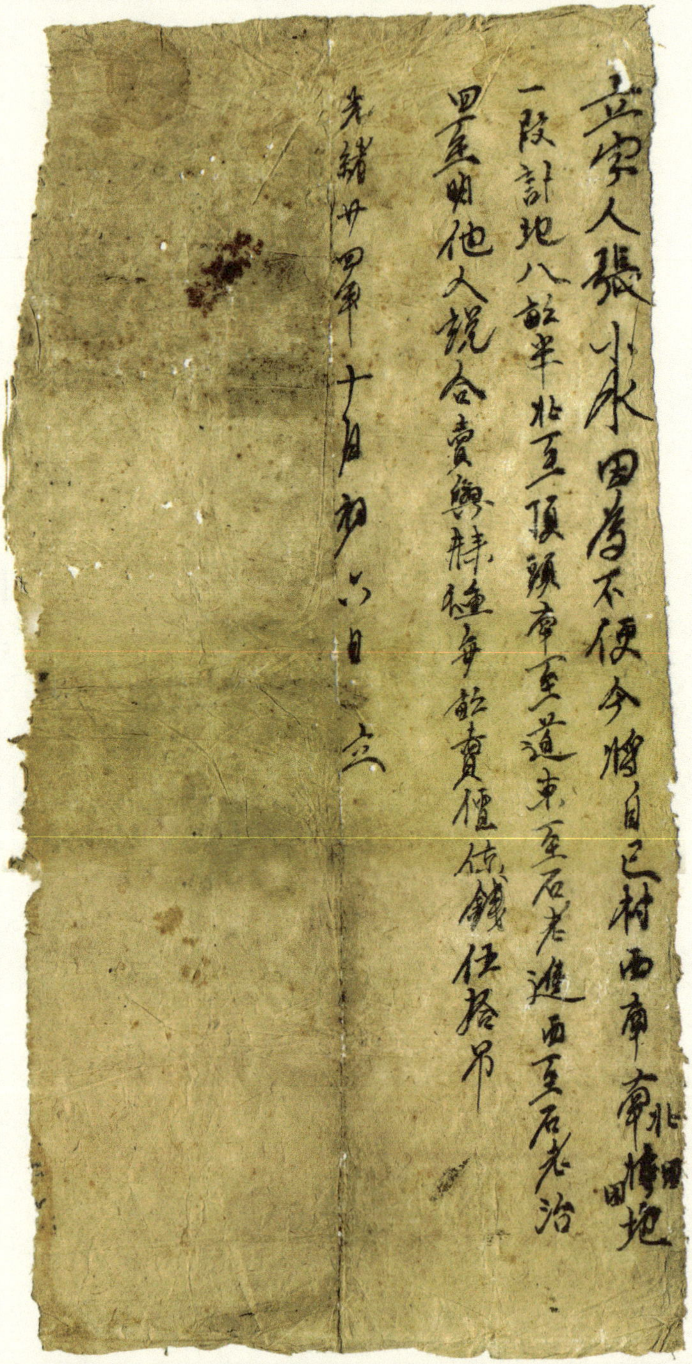

立字人張小來因為不便今將自己村西南南北畛地
一段計地八畝半北至頂頭南至道東至石老進西至石老治
四至明他人說合賣與耕種每畝賣價依錢伍拾吊
光緒卅四年十月初六日　立

〇〇五　清光緒二十四年（一八九八年）十月初六張小水賣地契

立字人張小水，因爲不便，今將自己村西南南北園地一段，計地八畝半，北至頂頭，南至道，東至石老進，西至石老治，四至明，他人説合賣與耕種，每畝賣價倞【京】錢伍拾吊。

光緒廿四年十月初六日立

立賣契人張從名因為不便今將自己尖村之南之北園地
二段計園地捌畝伍分〇〇四系東至石老遜西至石老志北至頂
頭石老輝南至頂頭合聚成西南角南北車道東至合聚成西至
石老志北至頂頭南至大道四至明白今憑中人張洛介 肖正 說合賣與石
春一耕種為業言明每畝九京錢伍拾吊文其錢当日交足恐口
無憑立文契為証

折粮地伍畝一分〇〇二四

北大段中長弓九十一步兩弓仝
橫弓廿一步〇伍寸兩弓仝
西南角車道小段中長弓卅步兩弓仝
橫弓四步整兩弓仝

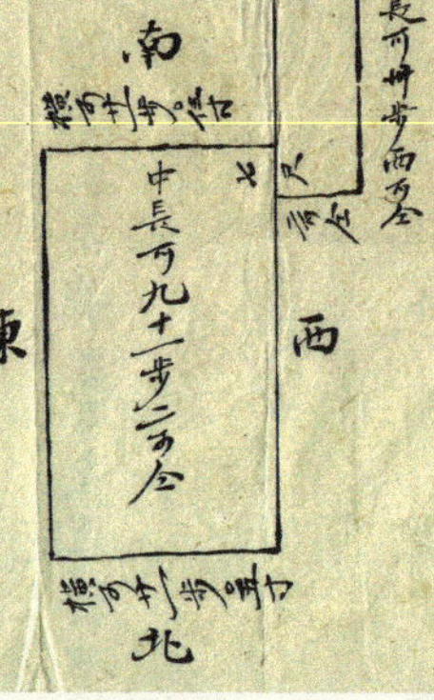

光緒弍拾四年 十月廿三日 立

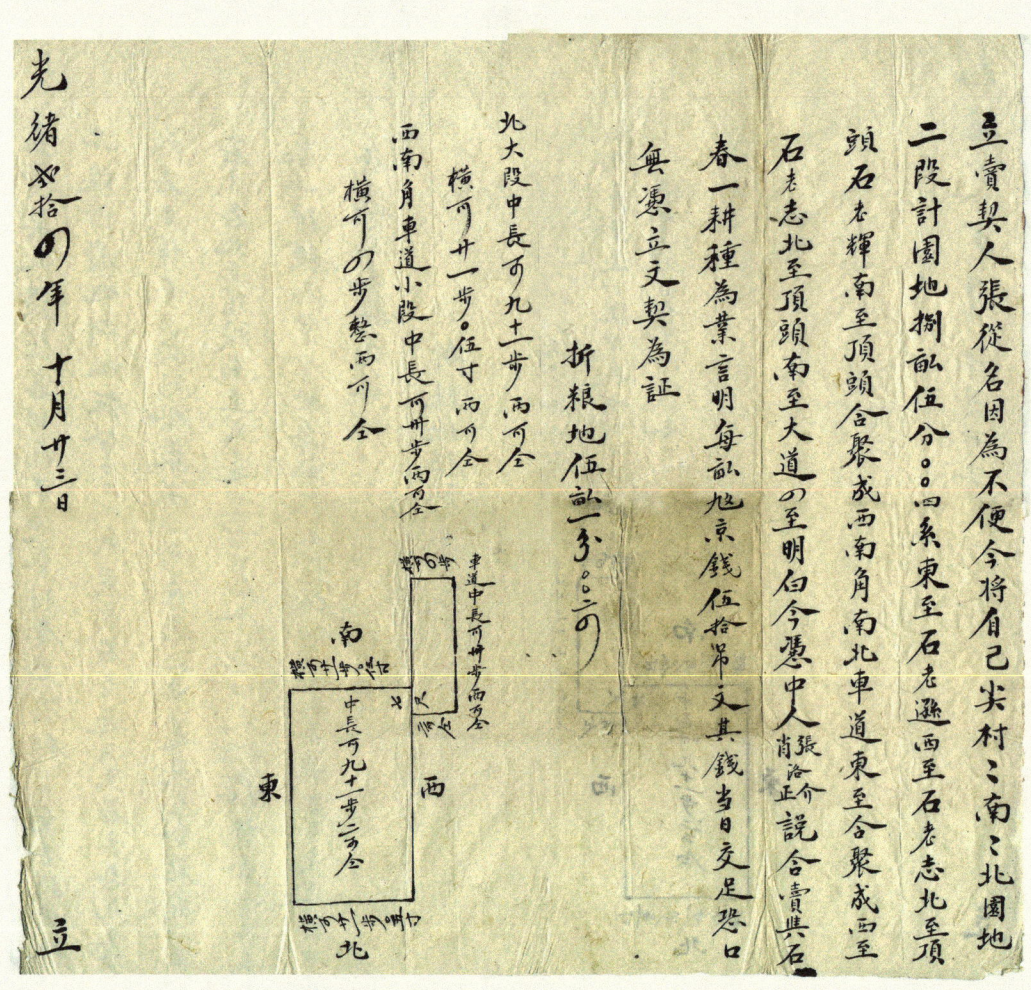

〇〇六　清光緒二十四年（一八九八年）十月二十三日張從名賣地契①

立賣契人張從名，因爲不便，今將自己尖村村南南北園地二段，計園地捌畝伍分〇〇四絲，東至石老遜，西至石老志，北至頂頭石老輝，南至頂頭合聚成，西南角南北車道，東至合聚成，西至石老志，北至頂頭，南至大道，四至明白，今憑中人張洛介、肖洛正說合，賣與石春一耕種爲業，言明每畝九九京錢伍拾吊文，其錢當日交足，恐口無憑，立文契爲證。

折粮地伍畝一分〇〇二四

北大段中長可九十一步　兩可同

橫可廿一步〇伍寸　兩可同

西南角車道小段中長可卅步　兩可同

橫可四步整　兩可同

光緒貳拾四年十月廿三日立

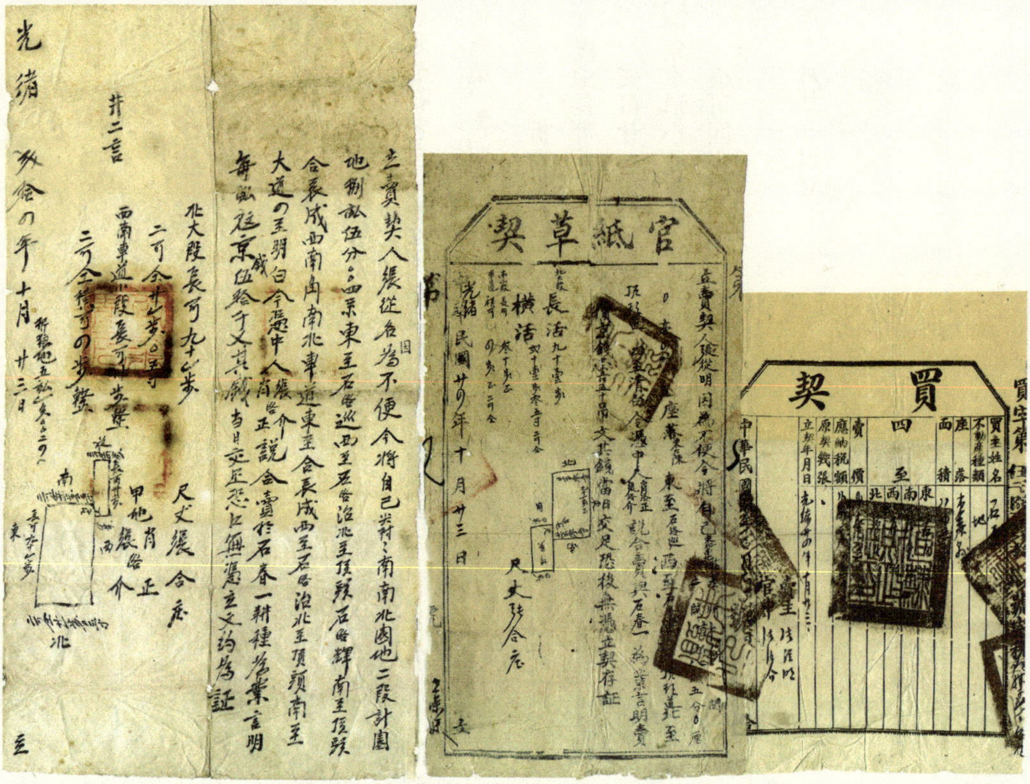
官紙草契
買契

〇〇七　清光緒二十四年（一八九八年）十月二十三日張從名賣地契②（附官紙草契、民國十四年三月十日買契）

立賣契人張從名，因爲不便，今將自己尖村村南南北園地二段，計園地捌畝伍分〇〇四絲，東至石洛巡，西至石洛治，北至頂頭石洛輝，南至頂頭合聚成，西南角南北車道，東至合聚成，西至石洛治，北至頂頭，南至大道，四至明白，今憑中人張洛介 肖洛正 説合，賣於石春一耕種爲業，言明每畝九九京錢伍拾千文，其錢當日交足，恐口無憑，立文約爲證。

井二言【眼】　北大段長可九十一步　二可同廿一步〇五寸　尺丈　張合莊
西南車道小段　長可卅步整　二可同横可四步整　肖洛正
折粮地五畝一分〇〇二四　甲地　張洛介

光緒貳拾四年十月廿三日立

（『直隸財政廳印』大方印三枚；騎縫『東鹿縣印』方印三枚；『公聚□啟』小方印三枚）

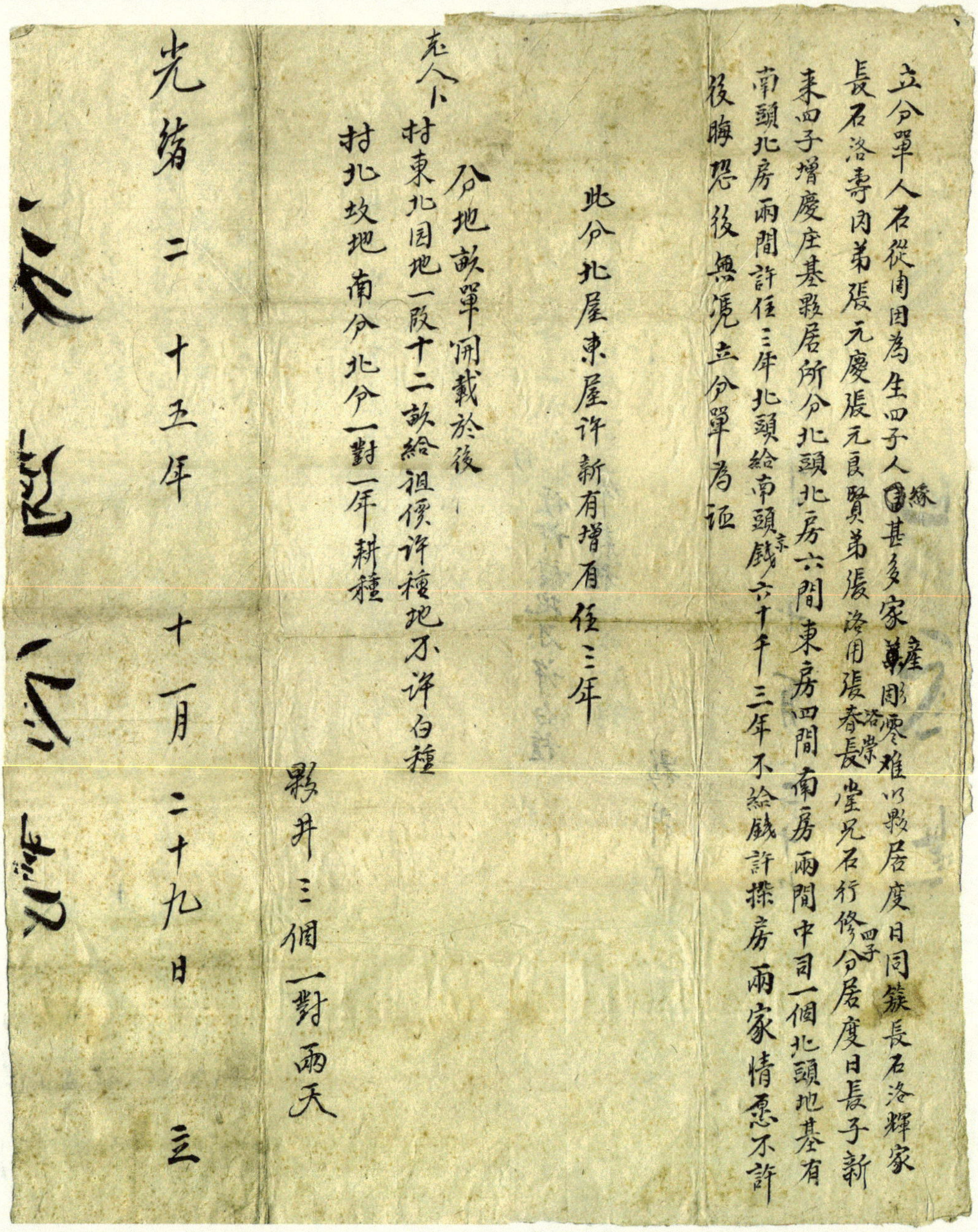
立分單人石從周因為生四子人緣甚多家產彫零難以夥居度日同族長石洛輝家
長石洛壽內弟張元慶張元良賢弟張洛用張春長洛崇堂兄石行修四子分居度日長子新
來四子增慶庄基夥居所分北頭北房六間東房四間南房兩間中司一個北頭地基有
南頭北房兩間許住三年北頭給南頭京錢六十千三年不給錢許拆房兩家情愿不許
後悔恐後無憑立分單為証

此分北屋東屋許新有增有住三年

分地畝單開載於後

左人卜

村東北园地一段十二畝給祖價許種地不許白種

村北坟地南分北分一對一年耕種

夥井三個一對兩天

光緒二十五年十一月二十九日 立

〇〇八　清光緒二十五年（一八九九年）十一月二十九日石從周分單

立分單人石從周，因爲生四子，人緣【員】甚多，家産凋零，難以夥居度日，同簇【族】長石洛輝、家長石洛壽、内弟張元慶、張元良、賢弟張洛用、張春長（洛崇）、堂兄石行修，四子分居度日，長子新來、四子增慶莊基夥居，所分北頭北房六間、東房四間、南房兩間，中司【斯】一個，北頭地基有南頭北房兩間，許住三年，北頭給南頭京錢六十千，三年不給錢，許拆房，兩家情願，不許後悔，恐後無憑，立分單爲證。

此分北屋東屋許新有、增有住三年。

分地畝單開載於後

老人分：村東北園地一段十二畝，給租價許種地不許白種。

村北墳地南分北分一對一年耕種

夥井三個一對兩天

光緒二十五年十一月二十九日立

（騎縫字）永遠爲業

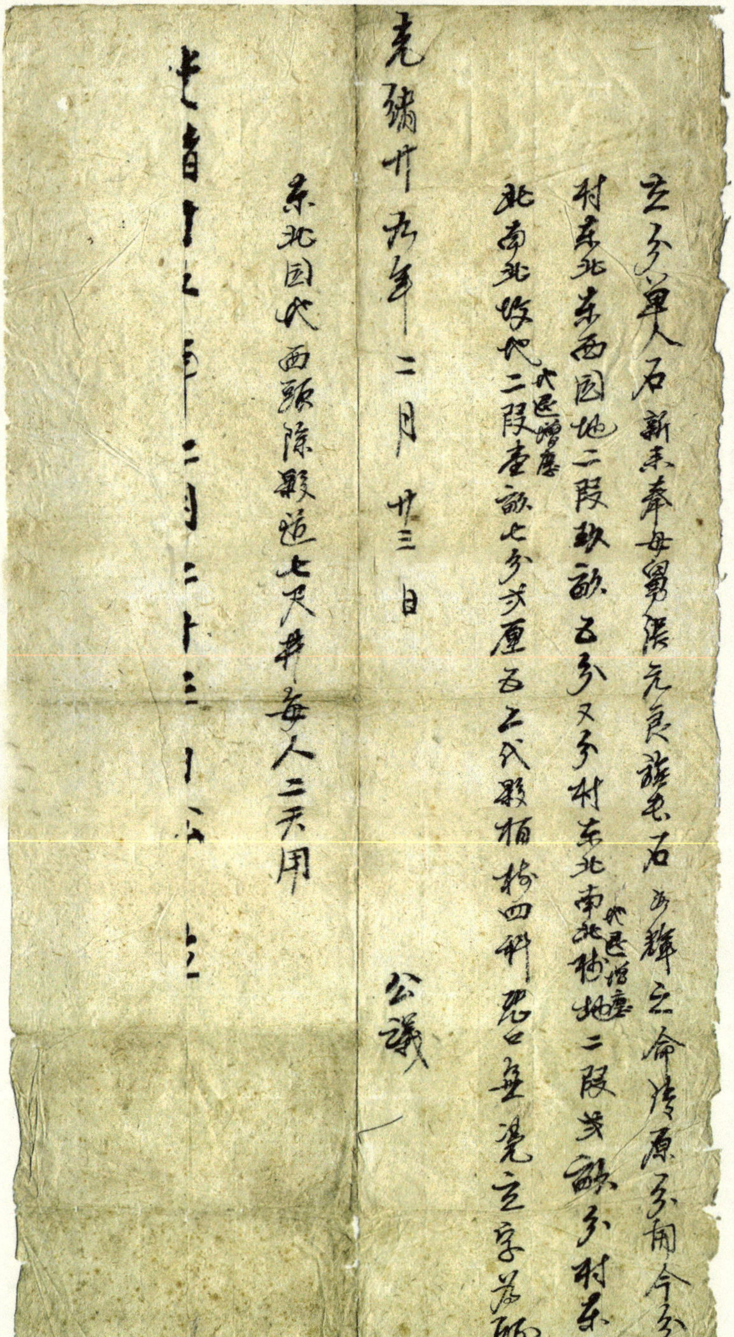

立分单人石新来，奉母舅張元良、族兄石〇輝之命，将原分開今分
村东北东西园地二段，數畝五分；又分村东北南北代瓦增塵桃地二段，弍畝分，村东
北南北墳地二段，代瓦增塵壹畝七分弍厘五毛，代穀楂株四科，恐口無憑，立字為証。

光緒廿五年　二月　廿三日　公議

东北园地西頭除穀道七尺，井每人二天用

光緒[illegible]二月二十三[illegible]

〇〇九　清光緒二十九年（一九〇三年）二月二十三日石新來分單

立分單人石新來，奉母舅張元良、族長石洛輝之命，清原【情願】分開，今分村東北東西園地二段玖畝五分；又分村東北南北樹地（地退增慶）二段貳畝；分村東北南北墳地（地退增慶）二段壹畝七分貳厘五，上代【帶】夥柏樹四科【棵】，恐口無憑，立字爲證。

東北園地西頭除夥道七尺，并每人二天用。

光緒二十九年二月廿三日公議

（騎縫字）光緒廿九年二月廿三日公立

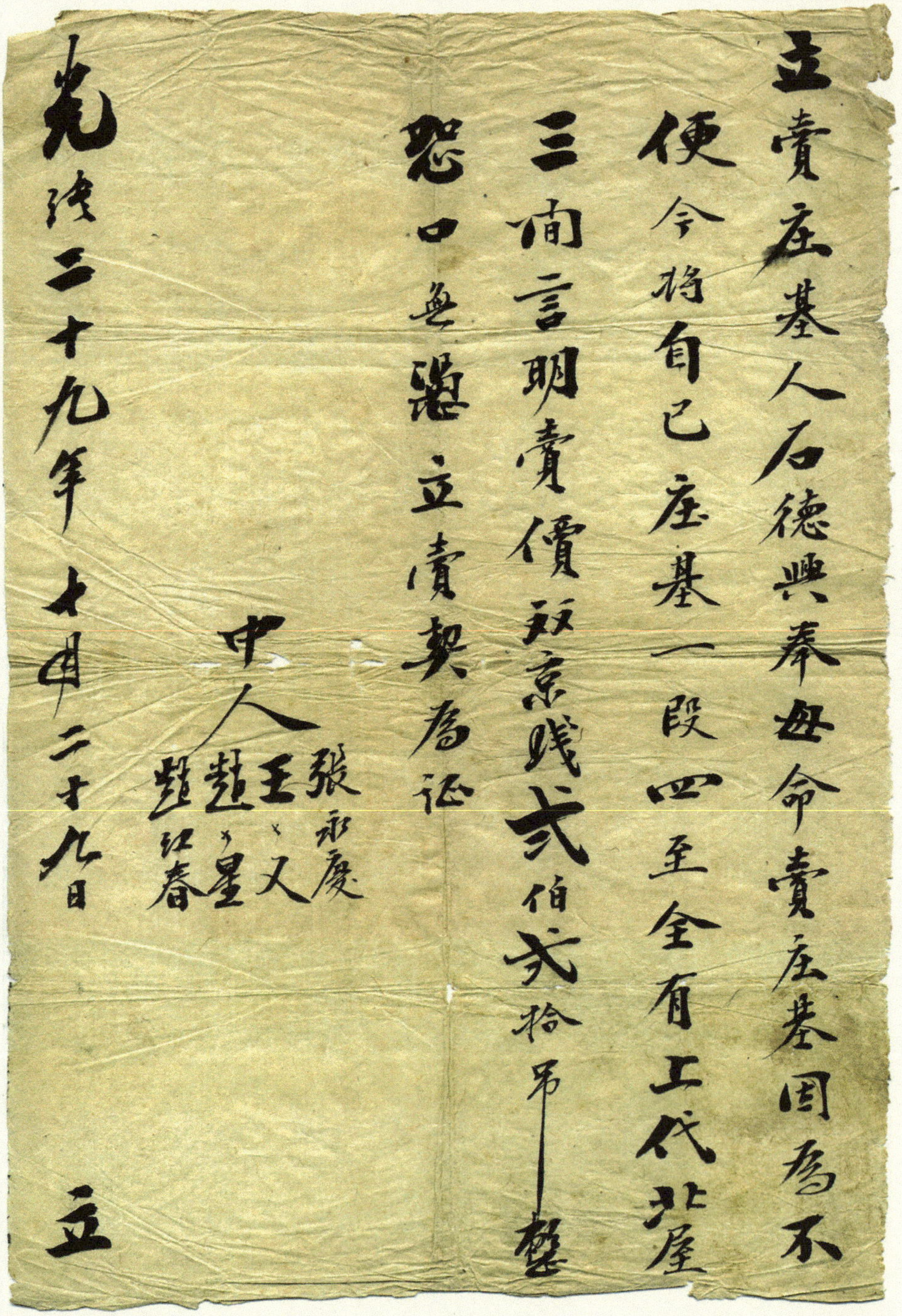

立賣庄基人石德興奉母命賣庄基因為不
便今將自己庄基一段四至全有工代北屋
三間言明賣價雙京錢弍伯弍拾吊整
恐口無憑立賣契為証

中人 張永慶 王×文 趙×星 趙紅春

光緒二十九年七月二十九日　立

〇一〇　清光緒二十九年（一九〇三年）十月二十九日石德興賣地契①

立賣莊基人石德興，奉母命賣莊基，因爲不便，今將自己莊基一段，四至全有，上代【帶】北屋三間，言明賣價九九京錢貳佰貳拾吊整，恐口無憑，立賣契爲證。

中人　張永慶
　　　王老又
　　　趙老星
　　　趙紅春

光緒二十九年十月二十九日立

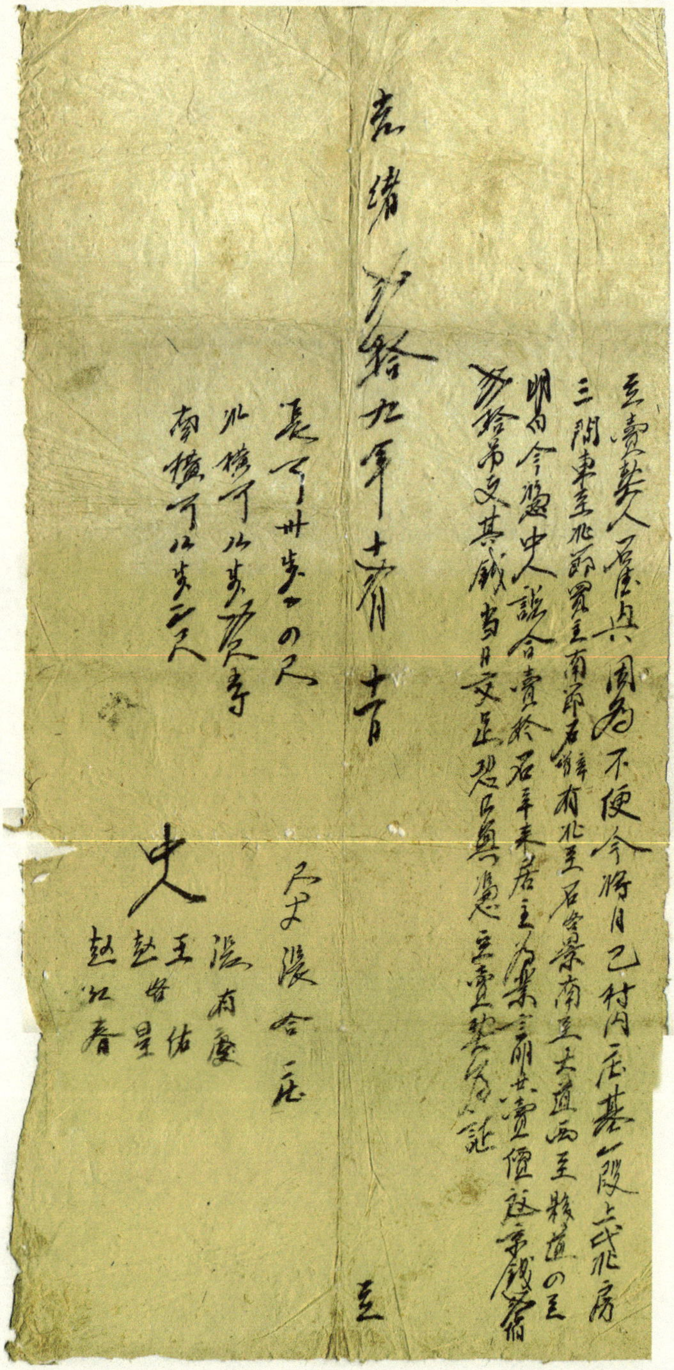
立賣契人呂廣興，因為不便，今將自己村內莊基一段，上代北房
三間，東至北節，買主南節呂錦章有，北至呂景，南至大道，西至牲道，四至
明白。今憑中人說合，賣於呂年來居主為業。言明共賣價錢叁
拾吊文，其錢當日交足。恐口無憑，立賣契為證。

長計卅步四尺
北橫計八步五寸
南橫計八步二尺

光緒叁拾九年十二月十二日　立

同中　張合莊
中人　張有慶　王佑　趙安星　趙江春

〇一一　清光緒二十九年十二月十一日（一九〇四年一月二十七日）石德興賣地契②

立賣契人石德興，因爲不便，今將自己村内莊基一段，上代【帶】北房三間，東至北節買主、南節石辛增有，北至石洛景，南至大道，西至夥道，四至明白，今憑中人説合，賣於石辛來居主【住】爲業，言明共賣價九九京錢貳百貳拾吊文，其錢當日交足，恐口無憑，立賣契爲證。

光緒貳拾九年十貳月十一日立

長可卅步四尺

北横可八步貳尺五寸

南横可八步二尺

尺丈　張合莊

中人　張有慶　王洛佑　趙洛星　趙紅春

立

賣契人石小興因為不便今將自己庄基一段

上坐北房三間庄基有至東至石必有來西至道

北至石志景南至道四至明白今憑中人說賣

與石純一為業言明賣價錢京錢貳百貳千

整其當日交不壹佰七十五千文除收下欠小四

十五千文言明清明交清恐口無憑立賣契

為証

中人 王志佑 張有慶 趙志星

光緒二十九年十二月十七日 立

〇一二　清光緒二十九年十二月十一日（一九〇四年一月二十七日）石小興賣地契③

立賣契人石小興，因为不便，今將自己莊基一段，上黛【帶】北房三間，莊基有至，

東至石心來有，西至道，北至石老景，南至道，四至明白，今憑中人説，賣與石純一爲業，

言明賣價九九京錢貳百貳千整，其錢當日交錢壹佰七十五千文，除收下，欠錢四十五千文，

言明清明交清，恐口無憑，立賣契爲證。

中人　王老佑　張有慶　趙老星

光緒二十九年十二月十一日立

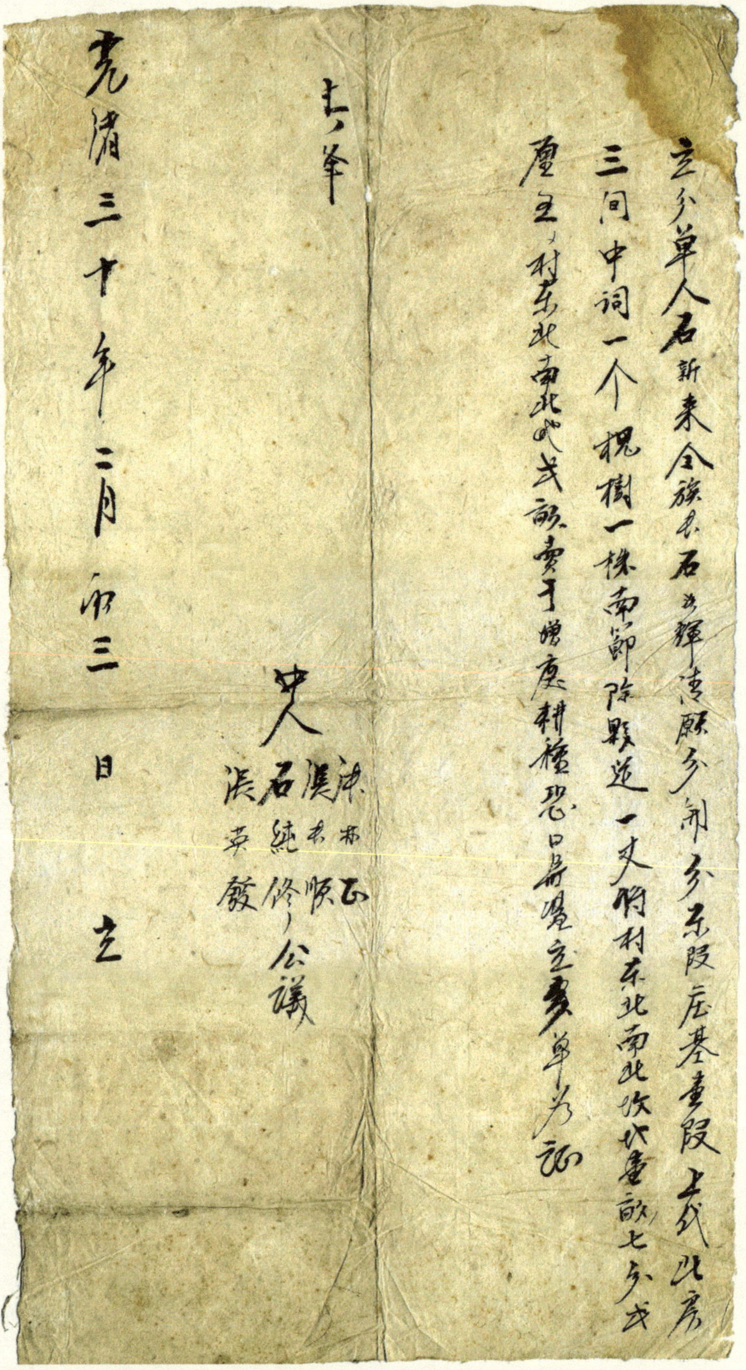

立分单人石新来仝族弟石光辉德顺分到分东段庄基壹段，土式北房
三间，中间一个，槐树一株，南节除路道一丈，附村东北南北次式壹亩七分式
厘，坐落村东北南北式式亩，卖于塄庚耕种。恐口无凭，立分单为证。
土人筆
中人 洪林正 渼太顺 石纯修 公议 張英發
光绪三十年二月初三日立

〇一三　清光緒三十年（一九〇四年）二月初三石新來分單

立分單人石新來，同族長石洛輝，情願分開，分東段莊基壹段，上代【帶】北房三間，中詞【廝】一個，槐樹一株，南節除夥道一丈，將村東北南北墳地壹畝七分貳厘五，村東北南北地貳畝，賣於增慶耕種，恐口無憑，立分單爲證。

（騎縫字）其縫

中人　張林正
張長順
石純修　公議
張英發

光緒三十年二月初三日　立

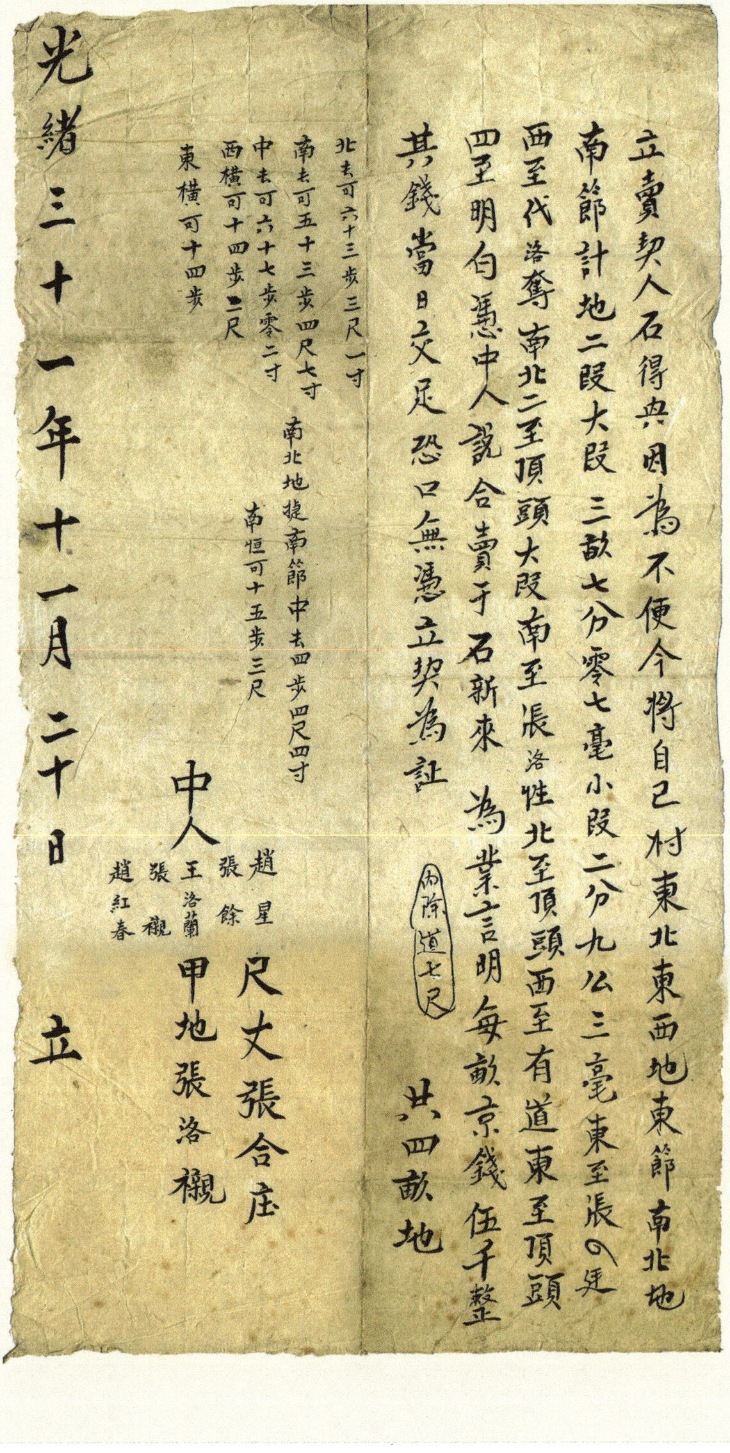
立賣契人石得典因為不便今將自己村東北東西地東節南北地
南節計地二段大段三畝七分零七毫小段二分九厶三毫東至張〇廷
西至代洛奪南北二至項頭大段南至張洛性北至項頭西至有道東至項頭
四至明白憑中人說合賣于石新來 為業言明每畝京錢伍千整
共錢當日交足恐口無憑立契為証 共四畝地
内除道七尺

北去可六十三步三尺一寸
南去可五十三步四尺七寸
中去可六十七步零二寸
西横可十四步二尺
東横可十四步

南北地捷南節中去四步四尺四寸
南恒可十五步三尺

中人 趙星 張餘 王洛蘭 張襯 趙紅春
尺文張合庄
甲地張洛襯

光緒三十一年十一月二十日 立

〇一四　清光緒三十一年（一九〇五年）十一月二十日石得興賣地契

立賣契人石得興，因爲不便，今將自己村東北東西地東節、南北地南節，計地二段，大段三畝七分零七毫，小段二分九厘三毫，東至張四廷，西至代洛奪，南北二至頂頭，大段南至張洛性，北至頂頭，西至有道，東至頂頭，四至明白，憑中人説合，賣於石新來爲業，言明每畝京錢伍千整，其錢當日交足，恐口無憑，立契爲證。　　共四畝地

北長可六十三步三尺一寸
南長可五十三步四尺七寸　　南北地捷【截】南節中長四步四尺四寸
中長可六十七步零二寸　　南恒【横】可十五步三尺
西横可十四步一尺
東横可十四步

中人　趙　星
張　餘
王洛蘭　　尺丈　張合莊
張　襯
趙紅春　　甲地　張洛襯

光緒三十一年十一月廿日立

立賣契人石得興因為不便今將自己村東北南北
地一段計地四畝二分九厶三毫东至張四廷西至
代老奪南至北至頂頭四至明白今憑中人說合
賣于石辛来 石辛友 石增慶 為業言明每畝京錢五千整其小当
日交足恐口無憑立賣契為証 內除道七尺

中去可七十四步
南横可十五步三尺
北横可十二步三尺五寸

立賣契人石德興因為不便今將自己村東北東西地
壹段計地伍畝七分零八毫六糸五忽北至頂頭南至
張老性東至頂頭西至道四至明白憑中人說合賣
于石增慶 石辛来 石辛友 石增友 為業言每畝京錢伍千整其錢當日交
足恐口無憑立賣契為証 內除道七尺

東可十四步
西可十四步三尺
北去可九十七步四尺六寸
南去可八十八步一尺二寸
中去可一百〇一步一尺七寸

立賣契人石得興因為不便今將自己村東北南北地
壹段計地六畝三分東至代老奪西至道南至頂頭
北至頂頭四至明白憑中人說合賣于石增慶 石辛来 石辛友 石增友 為業言
明每畝京錢伍千整其錢當日交足恐口無憑立
賣契為証 內除道七尺

中去可二十一步一尺五寸
二可合三十七步
南边東西去可四十八步三尺五寸
東可三十二步一尺
西边去可二十一步一尺五寸
南可四步三尺五寸

中人 趙星 張餘 王洛兰 張襯 赵鸿春

尺丈張合庄
甲地張洛襯

光绪三十一年十一月廿日 立

〇一五
清光緒三十一年（一九〇五年）十一月二十日石得興賣地契（另附二契）

立賣契人石得興，因爲不便，今將自己村東北南北地一段，計地四畝二分九厘三毫，東至張四廷，西至代老奪，南至北至頂頭，四至明白，今憑中人説合，賣於石辛來 石辛友 石增慶 石增友爲業，言明每畝京錢五千整，其錢當日交足，恐口無憑，立賣契爲證。內除道七尺

中長可七十四步
南横可十五步三尺
北横可十二步三尺五寸

立賣契人石得興，因爲不便，今將自己村東北南北地壹段，計地六畝三分，東至代老奪，

西至道，南至頂頭，北至頂頭，四至明白，憑中人說合，賣於石增慶 石辛來 石辛友 石增友爲業，言明每畝京錢

五千整，其錢當日交足，恐口無憑，立賣契爲證。　內除道七尺

中長可二十一步一尺五寸

二可同三十七步

南邊東西長可四十一步三尺五寸

東可三十二步一尺

西邊長可二十一步一尺五寸

南可四步三尺五寸

立賣契人石德興，因爲不便，今將自己村東北東西地壹段，計地伍畝七分零八毫六絲五忽，北至頂頭，南至張老性，東至頂頭，西至道，四至明白，憑中人説合，賣於石增慶、石辛來、石辛友、石增友爲業，言每畝京錢伍千整，其錢當日交足，恐口無憑，立賣契爲證。内除道七尺

東可十四步

西可十四步三尺

北長可九十七步四尺六寸

南長可八十八步一尺二寸

中長可一百〇一步一尺七寸

中人　趙星　張餘　王洛蘭　張襯　趙鴻春

尺丈　張合莊

甲地　張洛襯

光緒三十一年十一月廿日立

立賣契人石增慶因為不便今將自己村東北東西園
地壹段計地壹畝南至賣主北至買主西至頂頭東至
道四至明白憑中人說合賣於石洛養柳種為業言明
共賣價九京錢拾千整其錢當日交足恐口無憑
立賣契為証

推粮地六分

東西長兩仝壹伯弍拾五步零五寸　甲長王壽同
南北横兩仝壹步四尺四寸三分九

中人石洛嵘峯
石二占
肖岱民
史文洛合庭

中華四年正月廿十日　立

〇一六　民國四年（一九一五年）正月初十石增慶賣地契

立賣契人石增慶，因爲不便，今將自己村東北東西園地壹段，計地壹畝，南至賣主，北至買主，西至頂頭，東至道，四至明白，憑中人説合，賣於石洛養耕種爲業，言明共賣價九九京錢伍拾千整，其錢當日交足，恐口無憑，立賣契爲證。　折粮地六分

東西長可同壹佰貳拾七步零五寸

南北横可同壹步四尺四寸三分九

甲地　王尊周

張莽群

中人　石二子

肖代民

尺丈　張合莊

中華四年正月初十日立

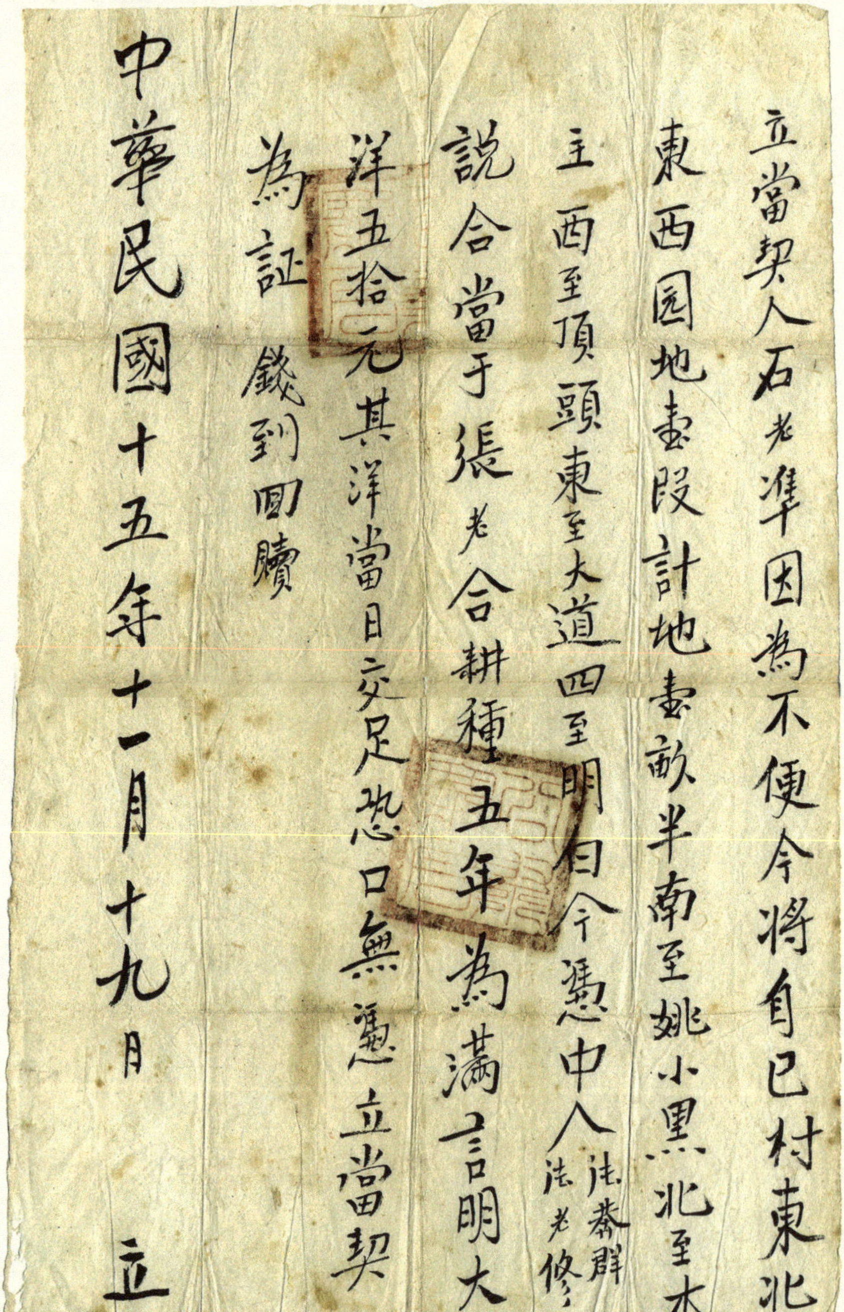

立當契人石老準因為不便今將自己村東北
東西園地壹段計地壹畝半南至姚小黑北至本
主西至頂頭東至大道四至明白今憑中人張蔡群 張老修
說合當于張老合耕種五年為滿言明大
洋五拾元其洋當日交足恐口無憑立當契
為証 錢到回贖
中華民國十五年十一月十九日 立

〇一七　民國十五年（一九二六年）十一月十九日石老准當契

立當契人石老准，因爲不便，今將自己村東北東西園地壹段，計地壹畝半，南至姚小黑，北至本主，西至頂頭，東至大道，四至明白，今憑中人張莽群、張老修說合，當於張老合耕種，五年爲滿，言明大洋五拾元，其洋當日交足，恐口無憑，立當契爲證，錢到回贖。

中華民國十五年十一月十九日立

（『公聚□啟』方印兩枚）

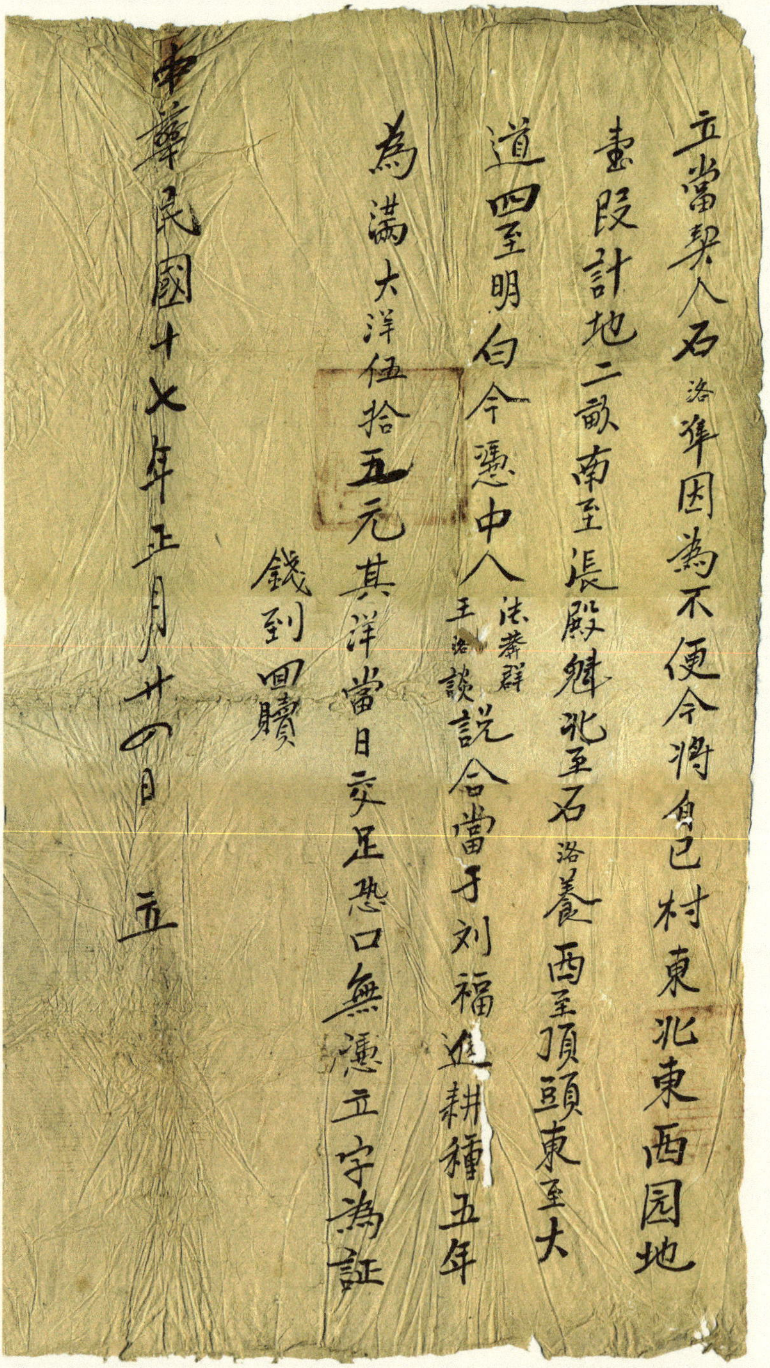

立當契人石洛準因為不便今將自己村東北東西园地壹段計地二畝南至張殿魁北至石洛養西至頂頭東至大道四至明白今憑中人法齊群王洛談説合當于刘福進耕種五年為滿大洋伍拾五元其洋當日交足恐口無憑立字為証

錢到回贖

中華民國十七年五月廿四日　立

〇一八 民國十七年（一九二八年）正月二十四日石洛准當契（上手契）

立當契人石洛准，因爲不便，今將自己村東北東西園地壹段，計地二畝，南至張殿魁，北至石洛養，西至頂頭，東至大道，四至明白，今憑中人張莽群 王洛談說合，當於劉福進耕種，五年爲滿，大洋伍拾五元，其洋當日交足，恐口無憑，立字爲證。

錢到回贖。

中華民國十七年正月廿四日立

（『公聚□啟』方印一枚）

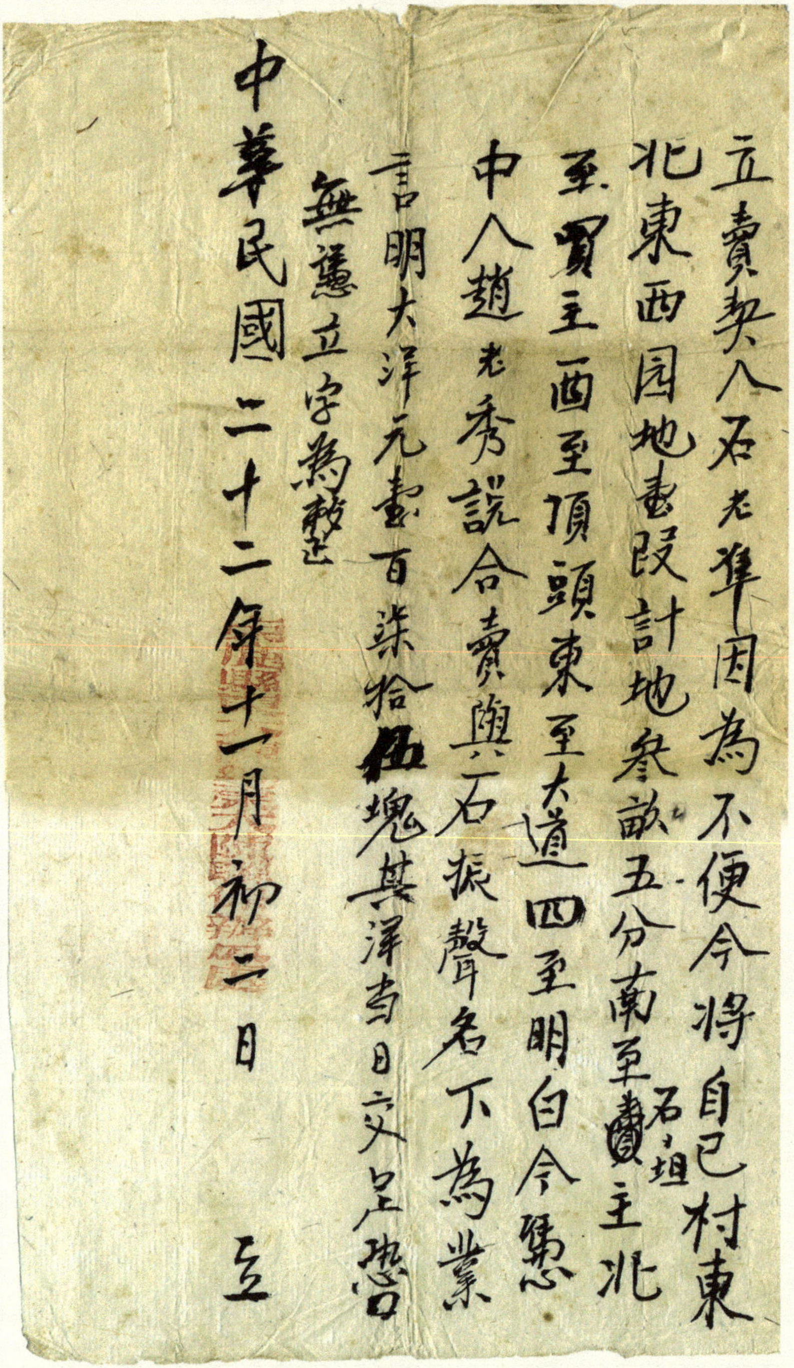

立賣契人石老年因為不便今將自己村東
北東西園地壹段計地叁畝五分南至石坦賣主北
至買主西至頂頭東至大道四至明白今憑
中人趙老秀說合賣與石振聲名下為業
言明大洋元壹百柒拾伍塊其洋當日交足恐口
無憑立字為証
中華民國二十二年十一月初二日　立

〇一九
民國二十二年（一九三三年）十一月初二石老准賣地契

立賣契人石老准，因爲不便，今將自已【己】村東北東西園地壹段，計地叁畝五分，南至石老坦，〖主〗北至買主，西至頂頭，東至大道，四至明白，今憑中人趙老秀説合，賣與石振聲名下爲業，言明大洋元壹佰柒拾伍塊，其洋當日交足，恐口無憑，立字爲整【證】。

中華民國二十二年十一月初二日立

（『東鹿縣東大陳鄉東大陳聯保辦公處』長形印一枚）

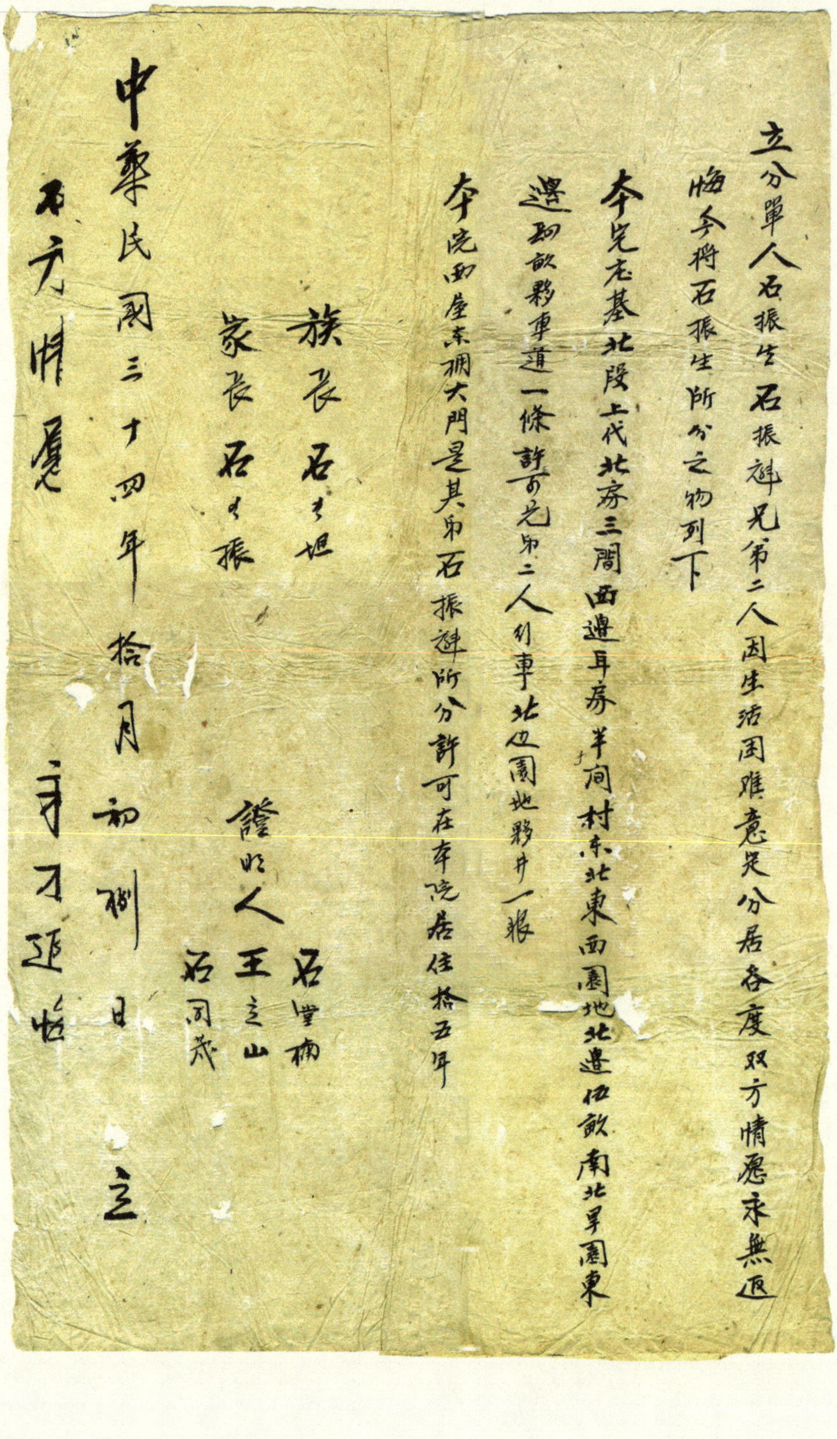

立分單人石振生、石振雄兄弟二人因生活困難意見分居各度双方情愿永無返悔今將石振生所分之物列下

本宅老基北段上代北房三間西邊耳房半間村东北東西園地北邊伍畝南北旱園東邊肆畝夥車道一條許可兄弟二人行車北邊園地夥井一眼

本院西屋东棚大門是其弟石振雄所分許可在本院居住拾五年

族長 石玉坦

家長 石玉振

證明人 石聖楠 王立山 石同茂

中華民國三十四年拾月初捌日 立

本人情愿

手書丕照

〇二〇　民國三十四年（一九四五年）十月初八石振生分單

立分單人石振生、石振魁兄弟二人，因生活困難，意定分居各度，雙方情願，永無反悔，今將石振生所分之物列下：

本宅莊基北段，上代【帶】北房三間，西邊耳房半間，村東北東西園地北邊伍畝，南北旱園東邊肆畝，夥車道一條，許可兄弟二人行車，北邊園地夥井一眼。

本宅西屋、東棚、大門，是其弟石振魁所分，許可在本院居住拾五年。

族長　石老坦　　證明人　石堂楠

家長　石老振　　　　　　王立山

　　　　　　　　　　　　石同茂

中華民國三十四年拾月初捌日立

（騎縫字『雙方情願　永不反悔』）

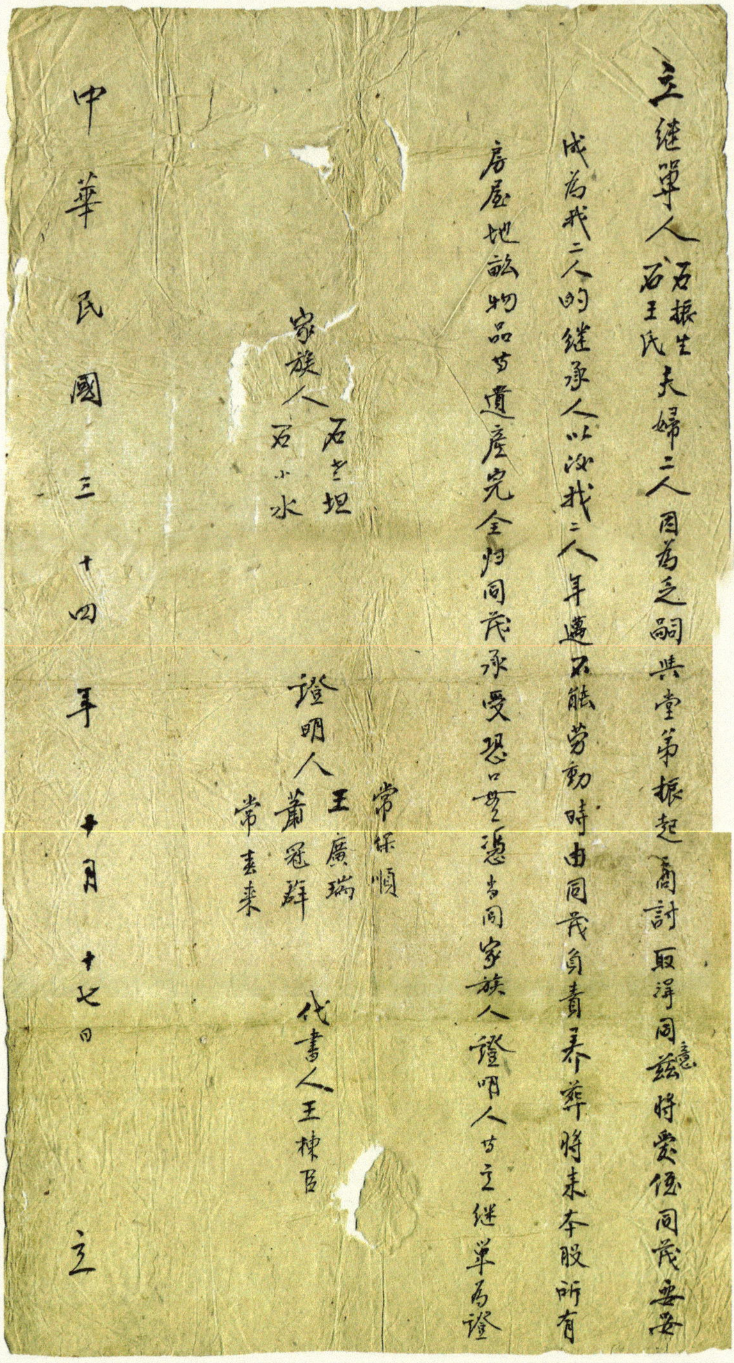

立繼單人石振生 石王氏夫婦二人因為乏嗣與堂弟振起商討取得同意將愛侄同茂要安

成為我二人的繼承人以後我二人年邁不能勞動時由同茂負責養葬將來本股所有

房屋地畝物品等遺產完全歸同茂承受恐口無憑當同家族人證明人等立繼單為證

家族人 石之坦 石小水

證明人 常保順 王廣瑞 蕭冠群 常奎來

代書人王棟臣

中華民國三十四年十月十七日 立

○二一　民國三十四年（一九四五年）十月十七日繼單

立繼單人　石振生
　　　　　石王氏　夫婦二人因爲乏嗣，與堂弟振起商討取得同意，茲將愛侄同茂要妥，成爲我二人的繼承人，以後我二人年邁不能勞動時，由同茂負責養葬，將來本股所有房屋地畝物品等遺産，完全歸同茂承受，恐口無憑，當同家族人證明人等立繼單爲證。

家族人　石老坦
　　　　石小水

證明人　常保順
　　　　王廣瑞
　　　　肖冠群
　　　　常春來

代書人　王棟臣

中華民國三十四年十月十七日立

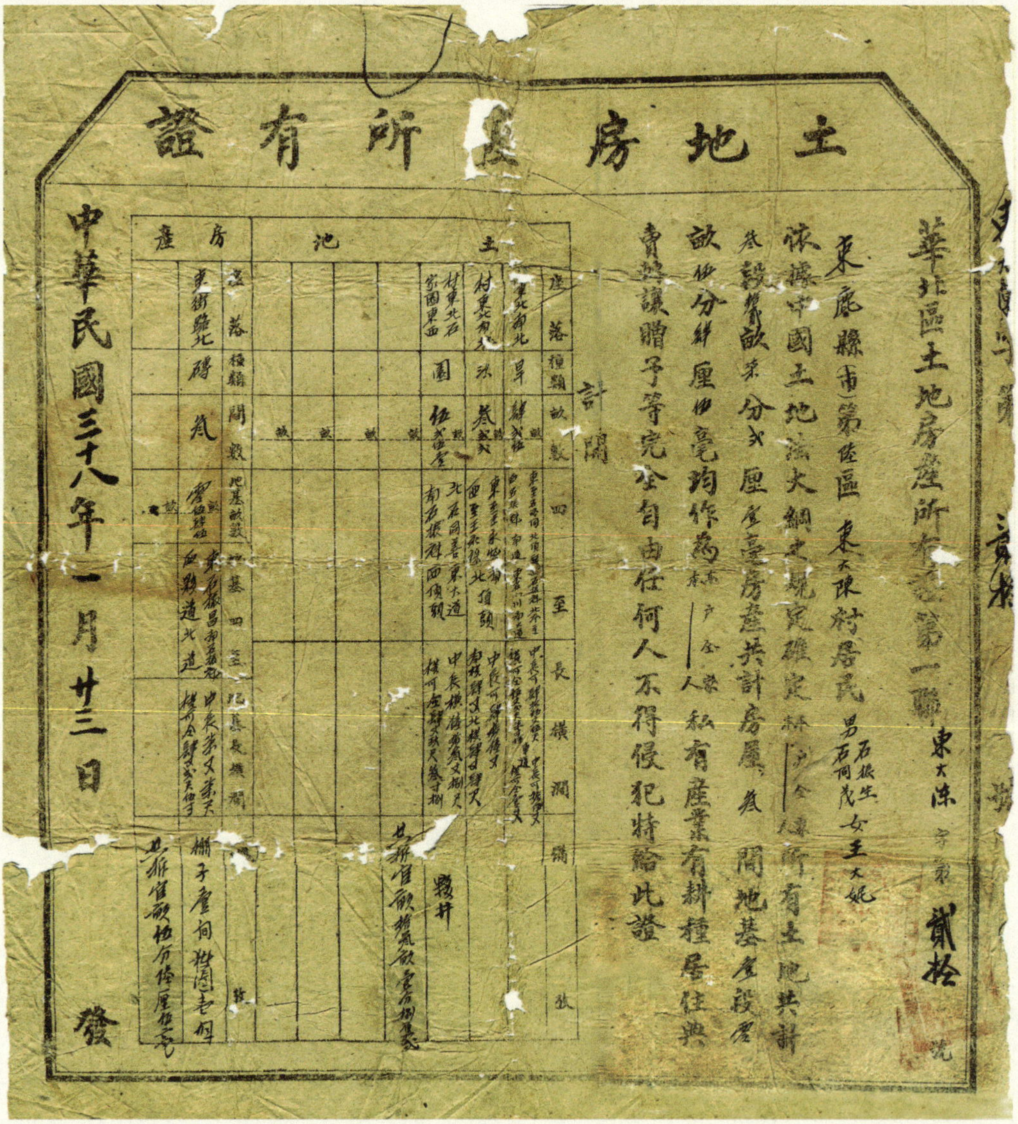

土地房產所有證

華北區土地房產所有證第一聯 東大陳 字第 貳拾 號

東鹿縣（市）第陸區 東大陳村居民 男 石振生 石同茂 女 王大妮 依據中國土地法大綱之規定確定[illegible]全家所有土地共計叁段貳畝柒分弍厘[illegible]房產共計房屋叁間地基[illegible]段[illegible]畝[illegible]分[illegible]厘[illegible]毫均作為[illegible]私有產業有耕種居住典賣轉讓贈予等完全自由任何人不得侵犯特給此證

計開

土地				房產	
坐落	村東北南北	村東北南北	村東北石家園東西	坐落	東街路北
種類	旱	沐	園	種類	磚
畝數	肆畝貳分伍	叁畝[illegible]	伍分伍厘	間數	叁
四至	[illegible]	東至王永[illegible] 西至王永祿 北頂頭	北石同善 東大道 南石振科 西傍頭	地基畝數	零畝伍分肆厘伍
長橫闊	[illegible]	中長[illegible] 南橫[illegible] 北橫[illegible]	中長[illegible] 橫[illegible]	地基四至	東石振昌 南石振[illegible] 西夥道 北道
備攷		廿排官畝[illegible]	轆井	地基長橫闊	中長[illegible] 橫[illegible]
				備攷	棚子屋[illegible] 廿排官畝[illegible]

中華民國三十八年一月廿三日 發

○二二 民國三十八年（一九四九年）一月二十三日土地房産所有證

華北區土地房産所有證第一聯東大陳字第貳拾號

東鹿縣（市）第陸區東大陳村居民男 石振生
石同茂 女 王大妮

依據中國土地法大綱之規定，確定 本户全家
本 人 所有土地共計叁段，拾貳畝柒分貳厘壹毫，房産共計房屋叁間，地基壹段，零畝伍分肆厘伍毫，均作爲 本户全家
本 人 私有産業，有耕種、居住、典賣、轉讓、贈予等完全自由，任何人不得侵犯。特給此證。

計開：

土地

座落	種類	畝數	四至	長横闊	備考
村東北 南北	旱	肆畝貳 伍	東至石怀周北頂頭 西石振魁 南道 西石振魁 北本主 東石小川 南大道	中長可肆拾伍丈伍尺 横可同伍丈貳尺柒伍 車道 中長可拾伍丈 横可同拾壹丈	
村東北 南北	沙	叁畝貳 貳	東至王永恒 南 西至王永禄 北 頂頭	中長可肆拾陸丈 南横肆丈 北横肆丈肆尺	
村東北 石家园 東西	園	伍畝貳 伍 壹	北石同善 東大道 南石振魁 西頂頭	中長横陸拾叁丈捌尺 横可同肆丈玖尺叁寸捌	夥井
					共折官畝拾叁 畝壹分捌厘貳

房屋

座落	種類	間數	地基畝數	地基四至	地基長横闊	備考
東街路 北	磚	叁	零畝伍肆 伍	東石振昌 南石振魁 西夥道 北道	中長柒丈柒尺 横可同肆丈貳尺伍寸	棚子壹間 猪圈一個 共折官畝伍分 陸厘伍毫

中華民國三十八年一月廿三日 發

（『東鹿縣政府印』方印兩枚；『東鹿縣東大陳村公所圖記』小方印兩枚）

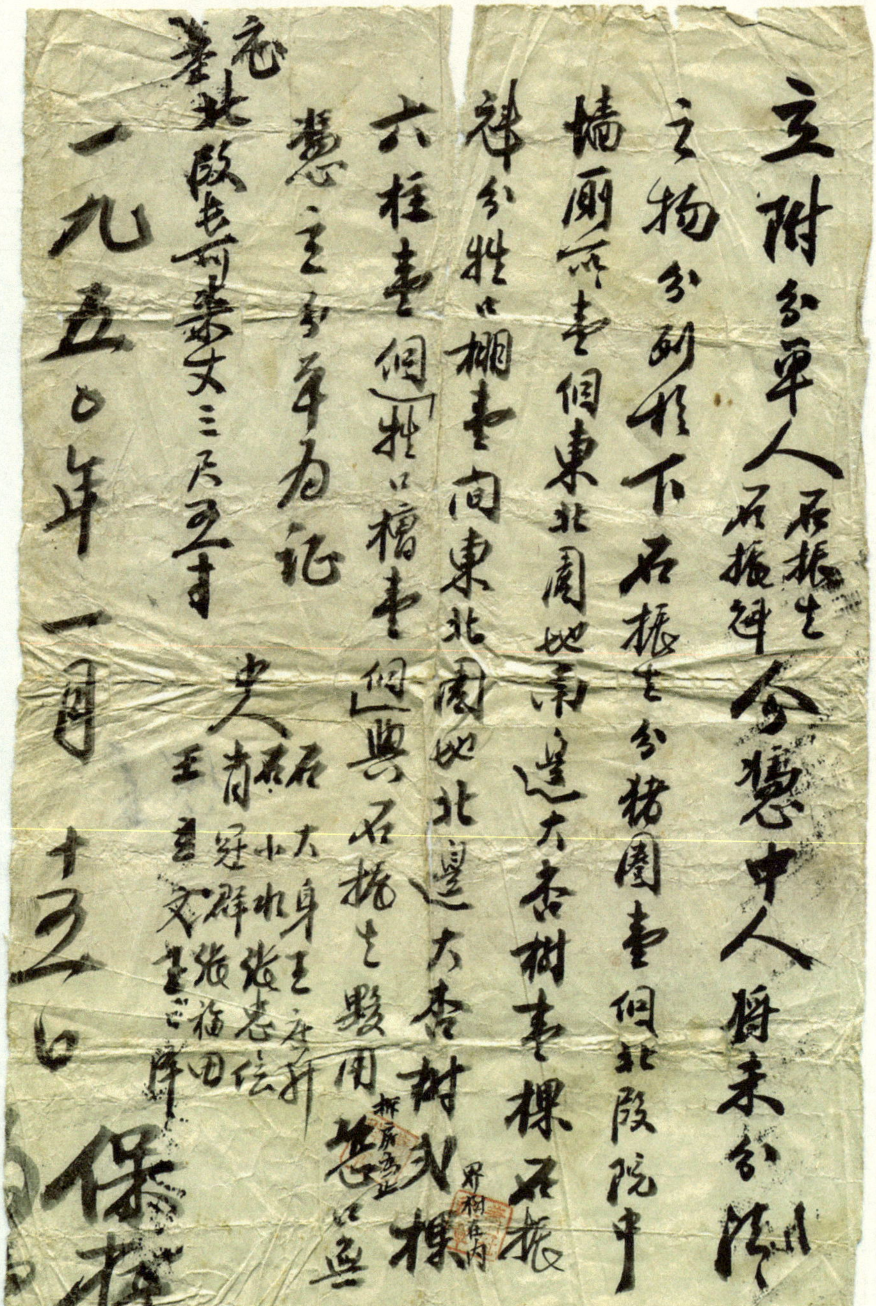
立附分單人石振生、石振祥，今憑中人將來分到
之物分列於下：石振生分豬圈壹個、北段院中
墻厠所壹個、東北角地南邊大杏樹壹棵。石振
祥分牲口棚壹間、東北角地北邊大杏樹弍棵（界樹在内）、
六柱壹個、牲口槽壹個，與石振生夥用 [illegible]
憑立分單為記
花墻北段長叁丈三尺五寸
中人 石大身 王存新 石小孔 張志信 [illegible] 青疑 群 張福田 王文
一九五〇年一月十五日
保存

〇二三　一九五〇年一月十五日 石振生、石振魁附分單

立附分單人 石振生 石振魁，今憑中人將未分清之物分列於下：石振生分豬圈壹個，北段院中牆、厠所壹個，東北園地南邊大杏樹壹棵。石振魁分牲口棚壹間，東北園地北邊大杏樹貳棵（界樹在内），六柱【碌碡】壹個，牲口槽壹個，與石振生夥用（拆房爲止），恐口無憑，立分單爲證。

莊基北段長可柒丈三尺五寸

中人
石大身　王慶升
石小水　張忠信
肖冠群　張福田
王立文　王　澤

一九五〇年一月十五日保存

（『蕭冠群章』私章两枚）

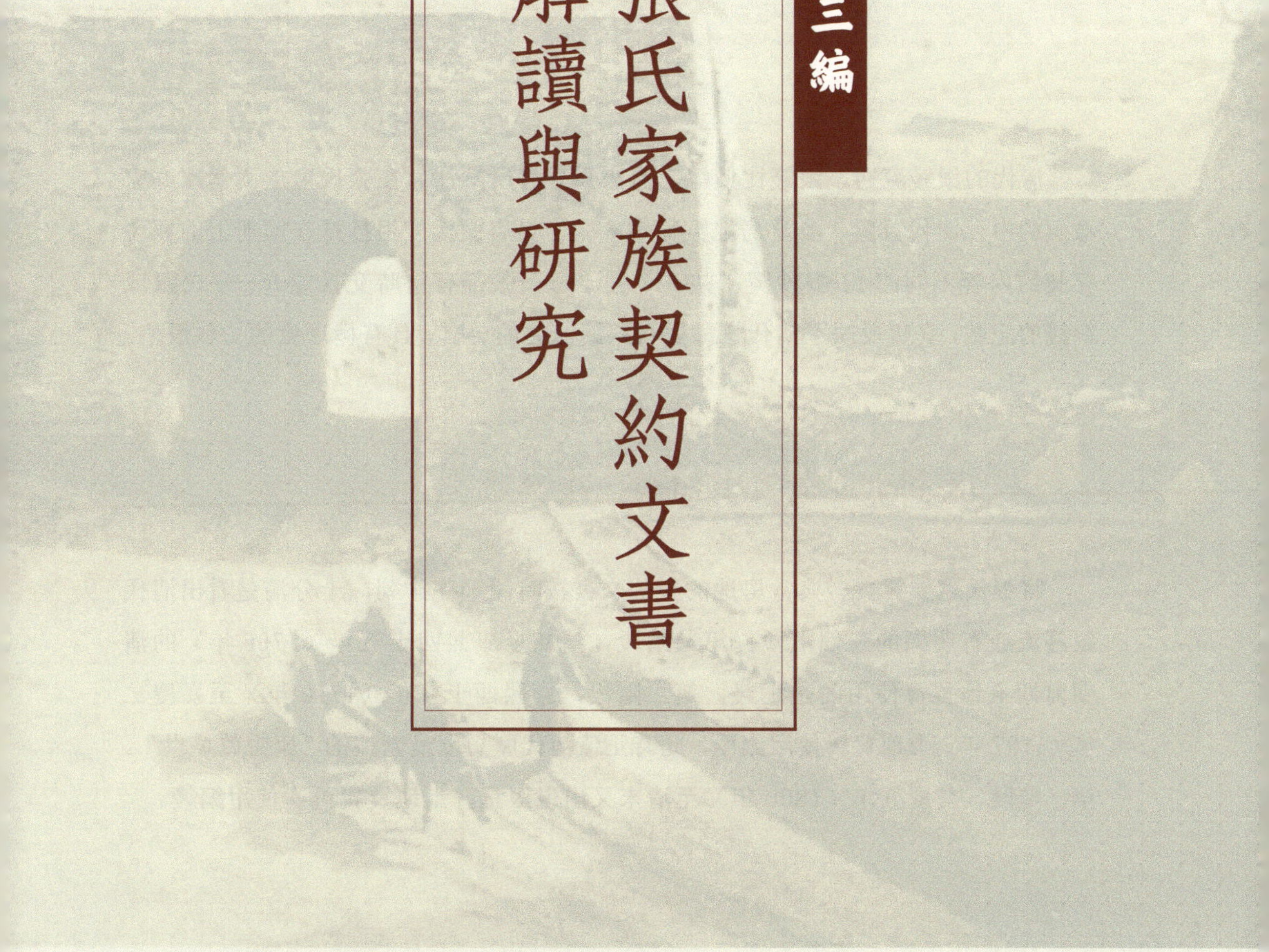

第三編

張氏家族契約文書解讀與研究

從束鹿張氏契約文書
看清代直隸農村的銀錢流通

清代的銀錢流通、銀錢比價等，歷來爲學者所關注。在張氏家族兩個家庭家藏契約中，清代買賣、典當房地契約 106 張，另有張氏先祖抄録在簿册上的與現存契約内容不同的 11 張抄契，共 117 張。每一張都有當時交换媒介——白銀或銅錢的記載，真實反映了清代直隸農村銀錢流通的史實，具有極珍貴的史料價值。

一、民間土地買賣中的銀、錢流通

將張氏家族買賣、典當房地的契約文書按時間順序排列，十分清楚看出清代銀錢流通有明顯的三個階段：第一階段，清初至康熙四十五年（1706 年）的清朝前期土地買賣使用的是銅錢。第二階段，康熙四十九年（1710 年）至嘉慶二年（1797 年）土地買賣使用銀兩，此時正值清代歷史上最繁盛的“康雍乾盛世”。第三階段，嘉慶五年（1800 年）至清末又出現銀荒，土地買賣再次使用銅錢。

（一）見於契約文書中的清代銀兩

康熙四十九年（1710 年）至嘉慶二年（1797 年）的八十八年間，土地房屋買賣契約以及抄契共 49 張，發生實際交易 40 次，除雍正五年（1727 年）十月張方秋、張魁山賣鏤子契、乾隆五十六年（1791 年）正月十三日上手契和乾隆五十九年（1794 年）正月十七日王欽賣地契記載以銅錢交易外，其餘的 37 次，全部記載以銀兩交易。

關於銀兩稱謂，在以“銀”交易的契約中，或“每畝價銀 ×× 兩”、或“共價銀 ×× 兩”，乾隆六十年（1795 年）正月十二日王欽賣地契“言定共價文銀貳兩”。“文銀”應爲“紋銀”之誤，“所謂紋銀，它是習慣上對白銀的泛指名稱”[1]。可見，清代在直隸束鹿縣農村，對白銀的稱呼爲“銀”。在束鹿東部饒陽縣[2]、滄州地區[3]，以及京師、京畿地區，無論寺院地契[4]、旗人滿文房契[5]、固安農村房地契[6]，亦與束鹿縣同，直呼一“銀”字，不像一些地區白銀有“元絲”“水絲”“元鏪”“方鏪”“鹽撤”等複雜繁多的别稱。[7]

清代承襲明朝的貨幣制度，實行銀錢並行，“銀與錢相爲表里，以錢輔銀，亦以銀權錢，二者不容畸重。凡一切行使，大抵數少則用錢，數多則用銀”[8]。有學者指出，“這兩種貨幣有各自不同的使用範圍，一般情況下，國家財政收入、官員俸禄、兵餉、商人大筆交易多使用白銀，而民間零星交易則使用銅錢”[9]。張氏家族契約文書反映的情況並非完全如此。（見附表）

附表 清康熙四十九年（1710 年）至清嘉慶二年（1797 年）交易用銀情況表

交易銀兩數	地契件數	占百分比（%）	交易銀兩數	地契件數	占百分比
1—5 兩	14	29.2	40.1—50 兩	2	4.2
5.1—10 兩	10	20.8	50.1—60 兩	1	2.1
10.1—20 兩	6	12.5	60.1—90 兩	0	0
20.1—30 兩	10	20.8	90.1—100 兩	1	2.1
30.1—40 兩	3	6.3	100.1—110 兩	1	2.1

1 蕭清：《中國古代貨幣史》，人民出版社，1984 年，第 297 頁。
2 張玉、李秀榮：《饒陽縣韓村李氏地契輯録及考釋》，《文物春秋》2007 年第 2 期。
3 童廣俊、張玉編著：《滄州民間契約文書輯録》，團結出版社，2014 年。
4 孫榮芬、張蘊芬：《大覺寺館藏契約文書述略》，《北京文博》2002 年第 4 期。
5 劉小萌：《清前期北京旗人滿文房契研究》，《民族研究》2001 年第 4 期。
6 張蘭普：《1837—1957 年的一組土地、房產、租税契據》，《歷史檔案》2001 年第 4 期。
7 彭信威：《中國貨幣史》，上海人民出版社，1958 年，第 537 頁。
8 《清朝文獻通考》，浙江古籍出版社，1988 年，考 5001 頁。
9 鄧亦兵：《清代前期政府的貨幣政策——以京師爲中心》，《北京社會科學》2001 年第 2 期。

表中可看出，1—5兩白銀交易次數占全部土地買賣的29.2%，5.1—10兩白銀交易次數占20.8%，兩項小額交易次數占全部土地買賣的50%。若把30兩以下作爲小額土地交易，則占到了全部土地買賣次數的83.3%。交易額最高的是乾隆三十二年腊月（1768年2月）上手契，超過百兩。另一交易額較高的是乾隆五十五年（1790年）地契，交易額達90兩。較高的還有乾隆三十一年（1766年）一例，爲50兩。這三次土地交易只占全部土地買賣次數的6.3%。

這些數字説明：第一，清代直隸束鹿縣農村的銀錢流通，完全受着市場經濟杠杆的支配。隨着社會上白銀流通量的增加，在土地交易中，無論數額大小，全以白銀爲交易媒介。只有流通領域中，白銀減少出現銀荒時，民間土地交易才使用銅錢。這與“凡一切行使，大抵數少則用錢，數多則用銀”之説似不完全相符。第二，康熙四十九年（1710年）至嘉慶二年（1797年）的土地買賣使用銀兩的八十八年間，正是清代歷史上最繁盛的“康雍乾盛世”。此時大規模的國内戰争已經結束，社會穩定，經濟發展。同時海禁解除，國外白銀不斷流入中國，白銀數量增加，恢復了其流通領域主要貨幣的地位，即使在廣大農村，白銀也普遍流行。這符合清朝統治者“用銀爲本、用錢爲末”的貨幣政策，反映了康雍乾時期經濟良性發展的狀況。

白銀作爲交易媒介，最後出現在張氏家族契約文書中，是張藏言家藏清光緒十三年十二月二十四日（1888年2月5日）文德堂賣契，這一天的文德堂賣契有白契、紅契各一張，白契内容如下：

> 立賣契人文德堂，因爲不便，今將自己村北南北地壹段，計地拾玖畝柒分四厘壹毫玖絲壹忽，東至石行修，西至王家墳，南北貳至頂頭，四至明白。憑中人張雅奏張大焕説合，賣於張協成爲業，言明共賣價京錢叁佰陸拾叁仟捌百四十文……

紅契與白契内容基本相同，只是白契賣價爲“京錢”，而紅契則是“價銀”。這是因爲按官府規定繳納契税必須用銀兩，故將白契中的賣價京錢三百六十三千八百四十文折合爲銀三十兩，再按契税比率繳納契税。此後直到民國年間，“白銀”“銀”在地契中再没有出現。雖然，張氏家族契約文書反映的是直隸束鹿縣農村貨幣流通現象，但窺斑見豹，從明代確定的白銀成爲普遍流通貨幣的制度，在延續了四五百年後壽終正寢，完成了其歷史使命。

（二）見於契約文書中的清代銅錢

張氏家族契約文書記載用銅錢交易的時間，分别爲清初至康熙四十五年（1706 年）的清朝前期，以及嘉慶五年（1800 年）至清末的清朝後期。在這些契約中，對清代銅錢有“康熙錢”“清錢”“大錢”“京錢”等不同的稱呼。

“康熙錢”只見於張氏家族康熙八年（1669 年）三月八日張瑚將土地出買與張名顯的地契中，“言定康熙錢二千”。清朝銅錢，“無代不有鼓鑄”[1]。“順治元年，置户部寶泉局、工部寶源局，鑄造‘順治通寶’錢。”[2]以後各代沿襲，皆以當時年號爲名，如“聖祖仁皇帝康熙元年錢文曰‘康熙通寶’”，“乾隆元年錢文曰‘乾隆通寶’”[3]。清初，明朝制錢還很多，順治“三年，禁用前代舊錢。户部議定：制錢漸廣，舊錢應概禁不用，惟崇禎錢暫許行使。其餘舊錢，有願送部者，每斤給值八分，以資鼓鑄。八年以明季舊錢流行日久，未能遽革，復申其禁，以三月爲限，過三月仍行使者罪之”[4]。雖政府一再禁止使用明代制錢，但在商品經濟不甚發達的農村，流通的大多仍是明代制錢，尤其是崇禎錢。到了康熙前期，民間對剛剛流通的“康熙通寶”還有一些陌生新鮮感，故特指“康熙錢”，如康熙八年（1669 年）三月八日張瑚賣地契中的“康熙錢二千”，即指“康熙通寶”。在同年十二月另一張地契以及康熙九年十二月、康熙十三年十月的三張地契中，則直書“價錢××”，人們從心理上已認可了清朝制錢。據《錢幣考》記載，順治“十四年改重一錢四分，康熙二十三年改重一錢”[5]。此“康熙錢”重量仍爲順治十四年（1657 年）的一錢四分。

“清錢”在張氏契約中，共出現了三次，一是在康熙二十三年（1684 年）

---

1 黄鵬霄纂輯、于萍海點校：《故宫清錢譜》，中央民族大學出版社，1994 年，第 1 頁。
2 《清朝文獻通考》，浙江古籍出版社，1988 年，考 4965 頁。
3 黄鵬霄纂輯、于萍海點校：《故宫清錢譜》，中央民族大學出版社，1994 年，第 45 頁。
4 《清朝文獻通考》，浙江古籍出版社，1988 年，考 4966 頁。
5 彭信威：《中國貨幣史》，上海人民出版社，1958 年，第 46 頁。

地契中，“每分價清錢一百五十文”，另在康熙二十五年（1686年）兩張地契中，“每畝價清錢一千”，“共價清錢五百”。“清錢”，指大清制錢，也即净錢，指質好量足的制錢，如《故宫清錢譜》中之“清錢”。三張地契中的“清錢”應是“順治通寶”或“康熙通寶”錢。其重量“順治元年每文鑄重一錢，二年改鑄一錢二分，十四年加至一錢四分，康熙二十三年因銷毁弊多，仍改一錢，嗣因私鑄競起，於四十一年仍復一錢四分之制”[1]。康熙二十三年（1684年）地契中出現的“清錢”，若是“順治通寶”錢，從鑄造時間來推斷，重一錢二分、一錢四分制錢的可能性比較大；若是“康熙通寶”錢，從順治“十四年加至一錢四分，康熙二十三年因銷毁弊多，仍改一錢”來分析，康熙二十三年（1684年）流通的不可能是當年新鑄錢，其重量應爲一錢四分，與上述康熙八年（1669年）地契中的“康熙錢”同。“康熙通寶”鑄造數量大，品質精美，類型却很少，重量只有一錢四分、一錢兩種。從鑄造兩種錢的時間看，一錢四分制錢占到了全部“康熙通寶”錢的三分之二還多，反映了當時社會穩定、國泰民安的史實。

“清錢”也是相對於質次量輕的私錢而言。清代制錢出現不久，民間就出現了盗鑄私錢，並廣泛流通。史料記載，早在順治年間“户部議言：天下初定，草竊未靖，雜出僞錢，且至奸民乘便盗鑄，應下令禁戢”，故上諭“今各省開爐太多，鑄造不精，以致奸民乘機盗鑄，錢愈多而愈賤。私錢公行，官錢壅滯，官民兩受其病，欲使錢法無弊，莫若鼓鑄歸一，其各省鑄爐一概停止，獨令京局鼓鑄，務比舊錢體質更加闊厚，每文重一錢四分”[2]。康熙二十三年（1684年）“因銷毁弊多，仍改一錢，嗣因私鑄競起，於四十一年仍復一錢四分之制”[3]。可見，爲防盗鑄私錢，清政府不得不多次變换錢幣重量。

“大錢”只見於嘉慶五年（1800年）三月十四日張勇出賣土地與張宣的地契中，“言定每畝大錢拾千”。此前地契中房地買賣用白銀，此後地契中房地買賣用“京錢”。“大錢”在清代一般指面值大的貨幣。據史料記載，清朝只有咸豐一朝“以軍務繁興，國用日絀，始鑄大錢，以裕國用”[4]，面額爲“當五”“當

1 《清朝文獻通考》，浙江古籍出版社，1988年，考4990頁。
2 《清朝文獻通考》，浙江古籍出版社，1988年，考4968頁。
3 《清朝文獻通考》，浙江古籍出版社，1988年，考4990頁。
4 黄鵬霄纂輯、于萍海點校：《故宫清錢譜》，中央民族大學出版社，1994年，第36頁。

十”“當百”甚至“當千”。嘉慶五年較咸豐朝早五十餘年，故此時的“大錢”絶不是咸豐大錢，它應與“清錢”意義相同，指質好量足、鑄造精美的制錢。

此契約中“大錢”的出現，與當時小錢泛濫有直接關係。小錢又稱私錢，是個人或錢局私鑄的含銅不足、重量減輕的錢，因其體小質輕，稱爲輕錢或小錢。如前所述，早在順治年間就已出現私鑄小錢，並制定了十分嚴格的錢法，如順治十四年“凡奸民私鑄，爲首及匠人擬斬監候，爲從及知情買使者擬絞監候”[1]。以後的康熙、雍正、乾隆各朝均多次重申或加重刑罰，修改錢法。但乾隆以來，私鑄猖獗，“咸同以後，更是厲害。私錢比重很大，而私錢總是不夠分量的，光緒錢有輕到三分以下的”[2]。清朝對私鑄的處分“不爲不嚴且密，而終未能禁絶者，蓋緣私鑄之利厚，奸民畏法之心不勝其趨利之心故也”[3]。

當時，即使是官府制錢，品質也在下降。康熙四十一年（1702 年）恢復一錢四分制錢的同時，“另外鑄造一種七分重的輕錢，大制錢每千文作銀一兩，小制錢千文作銀七錢。但由於制錢輕重不一，購買力也有大小不同，使錢的名稱也繁多，有新錢，有老錢，有大錢，有小錢”[4]。正因爲小錢泛濫，嘉慶五年（1800 年）張勇的這張賣契中相對於“小錢”特别標明爲“大錢”。當時“京師以小錢爲主，外省以大錢爲主”[5]。地處京師之南四五百里的直隸省東鹿縣流通的應是“大錢”，但京師小錢流通到此地也是很自然的事。

“京錢”出現於嘉慶六年（1801 年）到清末百餘年間張氏家族的 54 張買賣典當房地契約中，有“京錢 ×× 千”“京錢 ×× 吊”等。另外三張地契中爲“錢××”，没有“京”字。此間，中國發生了許多變故，從一個獨立的封建大帝國一步步淪爲半殖民地半封建社會，但反映在地契中的貨幣依然故我，或銅錢、或銀兩，只有嘉慶二十年（1815 年）、同治十一年（1872 年）以及光緒十年（1884 年）、十三年（1887 年）的四張紅契記載爲銀兩，以執行清政府納税用銀兩的命令。彭信威先生認爲“清末京錢只是一種價格標準，支付時用普通制錢，京錢

1 《清朝文獻通考》，浙江古籍出版社，1988 年，考 4969 頁。
2 彭信威：《中國貨幣史》，上海人民出版社，1958 年，第 589 頁。
3 《清朝文獻通考》，浙江古籍出版社，1988 年，考 4983 頁。
4 彭信威：《中國貨幣史》，上海人民出版社，1958 年，第 567 頁。
5 彭信威：《中國貨幣史》，上海人民出版社，1958 年，第 567 頁。

二文合制錢一文”[1]。戴建兵先生也認爲，在北京、天津、山東等一些地方的制錢被稱爲京錢或津錢，這種制錢一般都是清代早期鑄造的制錢。束鹿縣地處京師之南四五百里，應屬京津一帶或京津邊緣地區，因此可知，張氏家族地契中“京錢”，即民間流通的清代早期鑄錢。

張藏言家藏同治四年（1865年）二月初四張元明賣地契“言明每畝價三帝錢廿五千文”，“三帝錢”指清朝乾隆、嘉慶、道光三個皇帝在位時鑄造的品質較好的“乾隆通寶”“嘉慶通寶”“道光通寶”三種銅錢。乾隆、嘉慶、道光尤其是道光前期是清朝比較興盛、平穩的三個朝代，民間盛傳將此“三帝錢”編好佩戴可辟邪聚財保平安，其寓意取自乾隆、道光、嘉慶三朝前三字的“乾、道、嘉”諧音“錢到家”。看來早在清朝同治初年，“三帝錢”的説法已很普遍，特别是經歷鴉片戰争、外敵入侵後的中國百姓，對戰前安定平穩的社會更加留戀懷念。

以上情况説明：第一，清朝前期鑄造的制錢數量是很大的，故在民間仍有大量的早期制錢流通，這從同治年間政府鑄錢減少也可看出，“那時流通的多是戰前所鑄造的舊錢”[2]。第二，直隸農村自給自足的自然經濟仍占主導地位。商品經濟的不發達，使得貨幣周轉過程緩慢，周期過長，積存的“京錢”足以滿足本地的貨幣流通。

其實，光緒二十六年（1900年），廣東已正式用機器鑄造銅元，其製作整齊精巧，深受人民歡迎，各省先後仿行，且“沿江沿海均已通行”[3]。到光緒三十一年（1905年），已有包括直隸在内的十二省用機器鑄造銅元。但地處華北平原的直隸束鹿縣農村，流通的仍是原有“京錢”，到了“清末，鄉村中基本上都只用銅錢，不用銅元”[4]。新鑄銅元要替代“京錢”的地位，還需要一定時間。

即使民國初年，民間仍在使用“京錢”。如張藏言家藏民國二年（1913年）二月二十四日石老平當契“言明共當價京錢柒吊整”。民國六年（1917年）十月十五日張四廷當契“言明共當價京錢捌拾叁吊整”，同時注明“洋元隨舊城花

1 彭信威：《中國貨幣史》，上海人民出版社，1958年，第584頁。
2 彭信威：《中國貨幣史》，上海人民出版社，1958年，第583頁。
3 《清朝續文獻通考》，浙江古籍出版社，1988年，考7714頁。
4 彭信威：《中國貨幣史》，上海人民出版社，1958年，第596頁。

店盤”。張樹平家藏民國七年（1918 年）二月二十四日張六合當契，也是“言明共當價京錢叁佰吊整”，“洋元隨舊城花店”。“洋元”“京錢”同書一紙，恰恰表明新舊貨幣並存於世、同時充當交換媒介的事實。此後的地契中，只有“大洋”“洋元”，再也不見“京錢”踪影了。

二、關於清代的銀荒

銀荒是我國封建社會貨幣經濟發展過程中，因流通中的白銀相對不足而引起的一種貨幣危機現象。白銀在流通中充當貨幣的主要原因，在於白銀數量增加到與社會經濟發展相適應的程度。一旦流通中白銀數量減少，與社會需求發生矛盾，就會出現銀荒。在張氏家族契約文書中，如前所述，清初至康熙四十五年（1706 年）的清朝前期，以及嘉慶五年（1800 年）至清末的清朝後期，土地買賣支付的是銅錢。大體説來，使用銅錢的清代前期、後期這兩個時段應是清代銀荒出現的時間。

（一）明末清初的銀荒

現存張氏家族第一張契約文書，是明朝崇禎六年（1633 年）肖丙德賣與張孟奇一畝九分土地的賣契，“言定每畝價錢二千文”，第二、三張地契爲清朝順治四年（1647 年）的兩張，到康熙四十五年（1706 年）共 14 張地契，皆爲張氏家族買進房地的契約文書，涉及 12 件土地買賣和 2 件莊基買賣事宜，全部是銅錢交易。在這之後康熙四十九年（1710 年）的一張上手契中，已經使用銀兩交易了。這表明，从明末清初、最晚至康熙四十年代前期，在京師以南的直隸束鹿縣農村確實出現了銀荒。這與一些學者關於銀荒“在康熙中葉以後才逐漸好轉”[1]的觀點是吻合的。

明末清初銀荒的原因，主要是明朝末年統治者的奢侈腐敗，內亂外患頻繁而至，以及“遼餉”“剿餉”“練餉”的加派，使物價上漲，銀價隨之上昂，到崇

1 蕭清：《中國古代貨幣史》，人民出版社，1984 年，第 296 頁。

禎皇帝即位後，銀荒出現了。清初，長達十幾年的明末農民戰争剛剛結束，各地的抗清鬥争又風起云湧。康熙初年，抗清鬥争基本結束，又發生了“三藩之亂”。接連不斷的戰亂破壞了社會經濟，軍費增加，加重了人民負擔，銀荒問題更加突出。爲緩解銀荒，順治十四年（1657 年）不得不下令各地錢糧的徵收，採取“銀七錢三”的銀錢兼收之法[1]。

康熙後期，銀荒已得到有效控制。張氏家族地契中，自康熙四十九年（1710 年）房地買賣開始使用白銀，一直到嘉慶二年（1797 年）的八十八年間，除乾隆五十六年（1791 年）的上手契和乾隆五十九年（1794 年）地契記載使用銅錢外，其餘的 48 張地契、涉及 40 件房地買賣事宜，全部使用銀兩交易。扭轉銀荒的主要原因有三。一是大規模的國内戰争已經結束。康熙二十年（1681 年）平定三藩之亂，康熙二十二年（1683 年）統一臺灣，社會穩定，爲經濟的發展創造了條件；同時戰争的結束，也意味着白銀的消費更多的轉向生産、生活領域。二是康熙二十三年（1684 年）下令解除海禁，對外貿易開始，尤其是康熙五十六年（1717 年）廣州商人組織公行以後，西方國家的來華商船逐漸增加，采買大量的絲、茶等中國特産，國外白銀源源不斷地流入中國，扭轉了明末以來的銀荒。三是康熙時期開始的爲官兵發放生息銀兩的政策。從京城八旗到各地駐防的滿洲、蒙古、漢軍等官兵，都得到生息銀兩之利息作爲補貼。國家投放的這些生息銀兩，也多少增加了國内流通中的白銀數量[2]，加快了康熙後期經濟復蘇的速度，銀荒問題得以解决。

（二）嘉慶前期到清末的銀荒

從張氏家族契約文書看，自嘉慶五年（1800 年）一直到宣統元年十二月（1910 年 1 月）百餘年間，契約文書共 54 張，涉及 46 件房地買賣、典當事宜，實際交易全部使用銅錢。

只有嘉慶二十年（1815 年）二月初二張文蔚賣地契、同治十一年（1872 年）

1　《清朝文獻通考》，浙江古籍出版社，1988 年，考 4968 頁。
2　鄧亦兵：《清代前期政府的貨幣政策——以京師爲中心》，《北京社會科學》2001 年第 2 期。

正月二十一日張李氏賣地契、光緒十年十二月十七日（1885年2月1日）首德堂賣地契、光緒十三年十二月二十四日（1888年2月5日）文德堂賣地契，四張白契土地交易皆用“京錢”，與之對應的四張紅契，標注爲銀兩，這是按照官府繳納契稅用銀的規定而將錢折合成銀兩，再按照規定税率向官府繳納契稅銀，一般爲一兩以下的碎銀。這種實際交易用錢、繳納契稅用銀的情況，表明自嘉慶前期到清末再次出現了銀荒。

此時銀荒的主要原因，衆所周知，首先，是鴉片的非法輸入導致白銀大量外流。其次，乾隆時期全國人口的迅速增長，是白銀短缺第二個客觀因素。“據官方的統計，乾隆二十七年（1762年）人口數突破二億大關，乾隆五十五年（1790年）突破三億大關。”[1]二十多年間，全國人口增加三分之一。束鹿縣清代前期人口，據《光緒束鹿縣志》，順治年間爲“七萬零三百有奇”，據《康熙束鹿縣志》，康熙年間“束鹿地……人丁七萬一千八百一十五丁”。清初至康熙年間，人口增長無幾。《乾隆束鹿縣志》載：“乾隆二十六年……除紳衿婦女外實在行差人丁八萬二千六百八十九丁。”康熙年間到乾隆二十六年（1761年），至少四十年間，人丁增長萬餘。“嘉慶元年共實在牌民五萬四百七十一户，共計男婦大小二十四萬二百八十口。”[2]此爲包括“男婦大小”的全縣人口，按照梁方仲先生《中國歷代户口、田地、田賦統計》[3]直隸人口增長趨勢保守計算，束鹿縣此間人口驟然增加三分之一，人均白銀數量必然減少。再次，外國銀元的衝擊，也是白銀短缺不可忽視的一個原因。外國銀元精美整齊，便於流通，且成色低於中國紋銀，於是出現洋商用銀元套購紋銀及“鎔化紋銀，仿造洋銀……攙雜銅鉛……有利可牟”[4]的現象，致使白銀人爲的減少、外流。作爲自身價值較高的貴金屬之一的白銀流失、短缺，使晚清社會更加貧弱交加，積重難返，再也無法重現往日的輝煌。

---

1 葉顯恩：《略論雍乾時期社會經濟的結構性變遷及其歷史地位》，《中國社會經濟史研究》1991年第4期。

2 〔清〕李中桂：《光緒束鹿縣志》卷五“人口”，見〔民國〕謝道安：《束鹿縣五志合刊》民國二十六年鉛印本，臺北成文出版社影印，1968年，第1311頁。

3 梁方仲編著：《中國歷代户口、田地、田賦統計》，上海人民出版社，1980年，第258頁。

4 彭信威：《中國貨幣史》，上海人民出版社，1958年，第455頁。

關於清代銀荒，學者一般認爲有兩個階段，前期出現於明末清初[1]，後期出現於鴉片戰争前的嘉道年間[2]。張氏家族契約文書反映出來的兩次銀荒時間，與學者們的意見基本相符。第二次銀荒出現的時間，從地契反映的情况看，嘉慶二年（1797 年）用銀兩交易，嘉慶五年（1800 年）已使用銅錢交易了，嘉慶三、四年爲銀荒出現的時間。實際上，銀荒出現的時間，還應提前幾年，在乾隆末年較爲準確，這主要是由於種種時間上與空間上的因素，使得在商品經濟並不發達的農村反映出來的銀荒現象是滯後於現實的。

三、銀錢比價的變化

在房地買賣契約文書中，反映銀錢比價史實的材料較少，主要原因是，只有交易用錢订立的契約在向官府納税時，官府將土地買賣的總錢數折合成銀兩，再按一定比例繳納契税。而事實上，許多民間的土地交易，是私下進行的，並且多方規避向國家納税。這樣，白契數量遠遠超出紅契數量。張氏家族契約文書也是如此，房地買賣契共 107 張，其中白契 68 張，占契約總數的 63.5%；紅契 39 張，占總數 36.5%，有的红契還未標明折合銀兩數額。如此，現存紅契中保留的銀錢比價信息，更顯得稀缺。現分述如下：

（一）康熙中期銀錢比價

張氏家族第一張紅契爲康熙二十五年（1686 年）十月張名樓出賣土地與張名顯的地契，“共價清錢五百”，官府在收税時標明“五百、一分五厘”幾個字，上鈐“束鹿縣印”滿漢文官印一方。按順治四年（1647 年）“覆准凡買田地房屋，必用契尾，每兩輸銀三分”[3]的規定，按 3% 的税率計算，“一分五厘”的契

1　蕭清：《中國古代貨幣史》，人民出版社，1984 年，第 295 頁。
2　彭信威：《中國貨幣史》，上海人民出版社，1958 年，第 577 頁。
3　席裕福、沈師徐：《皇朝政典類纂》徵榷十二“雜税”，臺北文海出版社，1982 年，第 307 頁。

稅，土地交易額應爲半兩白銀，也就是 500 文銅錢折合白銀半兩，1 兩白銀折合 1000 文銅錢。同年另一張張聖如賣地紅契中，“計地一畝九分二厘”，“言定每畝價清錢一千”，官府標注共價“一千九百廿”、契稅“五分七厘六毫”，銀錢比價亦爲 1:1000。這是官府長期以來極力維持的銀錢比價。而當時的市場價格，彭信威先生據史料統計，康熙二十三年（1684 年）白銀 1 兩合制錢 800 至 900，全國每年鑄錢數目，趕不上人口的增加，制錢對白銀的價格是很高的。[1]

（二）雍正年間銀錢比價

雍正九年十二月十九日（1732 年 1 月 16 日）上手契“立文約人王元福，因爲無銀使用，將孤莊村北東西地一段，計地六畝〇八厘五毫”，“賣與徐中禄爲業，言定每畝價銀一兩五錢，其銀當日交足，外無欠少”。在地契最後，有不同筆迹的一行字“每畝價錢十七吊”。應是買主在交付貨幣時，用的是銅錢，而不是白銀，故特別標明。這爲我們提供了當時的銀錢比價，即 11333 文兑换 1 兩白銀。從康熙二十五年（1686 年）至此時不到半個世紀，制錢對白銀的比價下降十倍多，顯示了銀貴錢賤趨勢。

（三）乾隆後期銀錢比價

乾隆五十六年（1791 年）的上手契，王成功將“莊基一段”計“六分七厘三毫”，“賣與王欽爲業，言定共價錢三十千”。四年後，乾隆六十年（1795 年）正月王欽又將同一塊莊基地“賣於張廷寬爲業，言定共價銀二兩”。兩次地權變動的簽約皆爲有中人見證的民間行爲，所簽契約是没向官府納稅的白契。應該説，其交易銀錢數額是没有官府干預、真實、具體、可信的。但兩次地權變動相隔四年，而且還會有影響價格的其他因素存在。若略去這些不考慮，銀錢比價爲 1 ∶ 15 千，這是當時民間一般流行的、實實在在的比價，較雍正時制錢對白銀的價格仍在下

1　彭信威：《中國貨幣史》，上海人民出版社，1958 年，第 567 頁。

降，銀貴錢賤趨勢進一步發展。

（四）嘉慶前期銀錢比價

嘉慶六年（1801年）三月十四日粘有契尾的張勇賣地紅契，交易土地“共六畝四分二毫”，“賣與張宣爲業，言定每畝京錢拾伍千”，共京錢96.3千，繳納契税時官府折合銀兩四十八兩一錢，即一兩白銀合京錢两千。這與康熙二十五年（1686年）張名樓、張聖如兩張紅契一樣，是徵税官吏按官府維持定價填寫，與實際比價相差很大。

（五）同治後期銀錢比價

同治十一年（1872年）正月二十一日張李氏將上帶房屋樹木的莊基一段賣與張仁發爲業的紅、白地契兩張，白契言明共賣價京錢一百八十千文，紅契言明共賣價銀十五兩整，如果不考慮民間爲規避契税少報賣價之因素，即一兩白銀折合京錢12千文。此比價與七十一年前嘉慶六年（1801年）銀錢比價相差懸殊。正如彭信威先生指出的，“銀錢的關係，嘉慶年間是一個轉捩點。以前是錢貴銀賤，嘉慶以後，變爲銀貴錢賤了”[1]。此變化説明了以下不争的事實：鴉片的大量輸入以及兩次鴉片戰争的軍費，尤其是不平等條約的簽訂、巨額戰争賠款，致使白銀外流，銀更貴錢更賤，進一步加劇了銀荒，國家更加衰弱，人民更加窮困。

（六）光緒前期銀錢比價

張氏家族另一支張藏言家藏光緒年間四張地契展示了光緒前期銀錢比價狀況，光緒十年十二月十七日（1885年2月1日）首德堂同一塊土地的兩張賣契，白契云：“今將自己村北南北地一段，計地四畝……賣與張鳳翥爲業，言明共賣

1　彭信威：《中國貨幣史》，上海人民出版社，1958年，第577頁。

價京錢九十二千文。”紅契云：“立賣契人首德堂因爲不便，今將自己村北南北地壹段，計地四畝……賣與張鳳翥爲業，言明共賣價銀拾伍兩。”如前所述，若不考慮民間爲規避契税少報賣價之因素，即“京錢九十二千文”等於“銀拾伍兩”，一兩白銀折合京錢 6133 文，較同治後期銀錢比價相差近一倍，銀貴錢賤的發展趨勢有所遏制。但三年過後，光緒十三年十二月二十四日（1888 年 2 月 5 日）文德堂兩張賣契，同一塊十九畝七分四厘一毫九絲一忽的地塊，白契共賣價京錢三百六十三千八百四十文，紅契共賣價銀三十兩，一兩白銀折合京錢 12.128 千文，又回到了同治後期銀貴錢賤的高位。

當然，清代的銀錢比價是個非常複雜的問題：有不同時間的差别，也有不同地區的差異；有銀錢本身的體制問題，也有外在的因素；有朝廷政策的干預，也有民間的實際行情，更有民間將遞交官府鈐印的地契上故意降低賣價以規避、少繳契税的操作。因此，張氏家族契約文書所反映的清代直隸東鹿縣農村的銀錢比價，個别信息不一定準確，但作爲個案，爲研究者提供了一些素材。

綜上所述，筆者以張氏家族契約文書爲例，論述了清代直隸東鹿縣農村的銀錢流通諸問題。清朝社會“在康熙中葉以前的近半個世紀里，全社會的主要精力都用於醫治戰争創傷，恢復被嚴重破壞的經濟生産”。自明朝末年出現的銀荒一直延續至清朝康熙中葉，社會上多流通銅錢。“康熙中葉到乾隆末年的所謂‘康乾盛世’時期，社會經濟全面、持續發展，形成高潮。”經濟發展，社會富足，白銀在農村廣泛流通，商品交换包括土地買賣，無論數額大小，皆用白銀支付。“嘉道以後，由於落後的封建生産關係的束縛，以及政治上的腐朽等多種因素的影響，導致經濟的停滯、倒退，社會各種矛盾尖鋭化。”[1]更嚴重的是對外戰争的失敗及戰争賠款，致使白銀流失、短缺，銀貴錢賤，銅錢重新代替白銀的主貨幣地位在民間流通，作爲普遍流通貨幣的白銀最終退出了流通領域。張氏家族契約文書中保存的清代直隸東鹿縣農村的銀錢流通、銀荒以及銀錢比價史料，不僅反映了清代區域經濟的發展變化，而且反映了清朝國力、社會發展變化的一般趨勢，契約文書珍貴的史料價值可見一斑。

（本文原載於《中國農史》2005 年第 1 期，已做修改）

1　陳樺：《清代區域社會經濟研究》，中國人民大學出版社，1996 年，第 1 頁。

試論清代、民國時期冀中農村土地買賣中的契約精神

—— 以東鹿張氏家族土地買賣契約爲例

日本的中國法律史專家滋賀秀三認爲，在世界各主要文明中，中國是距離法治最爲遥遠的一種，甚至與歐洲形成了兩極相對的反差，“言之有據地討論中國法學史却近乎不可能”[1]。具體到中國古代契約制度，一些學者也認爲，“儘管契約在中國古代很早就出現了，且在古代社會、家事、商事、行政和司法等各個領域廣泛使用，但中國古代契約制度並不發達，契約僅具形式而已，且與身份緊密相連，因而缺乏現代契約精神”[2]。从一定角度而言，這些説法不無道理，因爲，中國古代契約制度産生於幾千年傳統文化與專制主義並存的古代社會，必然受其影響不甚發達，與現代契約精神有一定距離，尤其是租佃契約、人身買賣契約等，更多體現的是超經濟强制。但是應該而且必須看到，中國古代的土地買賣契約則是最接近現代契約精神且保存最多的一類。此觀點基本上爲一些學者所認同，但是將土地買賣契約與契約法結合起來進行具體論述的文章却不多見。張氏家族兩個家庭從明末到中華人民共和國成立前三百多年間房地買賣契約文書，連同抄録在簿册中的与现存地契不同的 11 張契約録文，共 117 張。清代幾乎每一位皇帝在位期間，都有土地買賣契約留存下來，民國年間有 17 張土地買賣地契。如此完整、連貫、系統的土地買賣契約，對於探討清代、民國時期冀中農村土地買賣

1 ［日］滋賀秀三：《中國法文化的考察——以訴訟的形態爲素材》，［日］滋賀秀三等著，王亚新、梁治平编，王亚新等译：《明清時期的民事審判與民間契約》，法律出版社，1998 年，第 2 頁。

2 肖傳林：《略論中國古代契約的特點》，《湖北大學成人教育學院學報》2001 年第 6 期。

諸問題，具有一定代表性，以此爲例，就其所體現的現代契約精神作粗淺論述，以就教於大家。

一、土地買賣契約的訂立符合現代合同成立的基本要素

契約是雙方當事人基於相互對立的意思表示一致而成立的民事法律行爲。我國現行法律中，契約與合同不再區分，把二者統稱合同。指當事人之間設立、變更或者終止權利義務的協議。[1] 合同的成立需要三個要素：當事人；標的；意思表示。張氏家族的土地買賣契約基本符合以上三要素。

（一） 當事人，即合同的主體

買賣合同的主體是出賣人和買受人，他們分別享有對應的權利和義務。

1. 各方當事人可以是一人或多人

張氏家族土地買賣契約中出卖人大多爲一人，如清順治四年（1647 年）張奉奇賣地契，立文約人（即出卖人）爲張奉奇一人。个别的是二人或三人，如康熙八年十二月十八日（1670 年 1 月 9 日）賣地契“立文約人劉氏同男趙一秋”爲母子二人；康熙四十三年（1704 年）六月二十一日地契“立賣契人王光魁、王光先、侄鑒”，爲王光魁、王光先兄弟與侄子王鑒三人。絶大多數契約中的買主（即買受人）也爲一人。

2. 出賣人與買受人構成了合同的主體，分屬於對立的雙方。他們之間的關係是一種平等主體間的民事法律關係，分別享有對應的權利和義務。

所謂對立，是指雙方的利益和行爲目的是對立的。上述地契中出賣人張奉奇的目的是賣出土地而獲取價金，買受人張後艾的目的是付出價金而獲取對方的土地。雙方當事人皆爲普通民衆，張氏家族土地買賣契約中的出賣人或因“無銀使用”“無錢使用”或“因爲不便”“耕種不便”出賣自己小塊土地，是貧窮的“民

1 謝懷栻等：《合同法原理》，法律出版社，2000 年，第 20 頁。

人”或自耕農。張氏家族也是冀中農村普通自耕農，這從張氏家族所保存的契約文書中没有一張租佃土地契約以及購買土地數量多是幾畝甚至幾分的小塊土地就可看出。在法律地位上雙方是平等的，在處分自己財産方面是各自獨立的權利主體。在專制主義的中國古代社會，農民不是完全自由人，“絶對的私有權和私人自治原則從未作爲一種明確的原理而得到確立。土地的私有除了自井田制衰落以來漫長歲月中逐漸形成的既成事實之外並無任何有利的思想基礎支持”[1]。這個既成事實就是，早在秦始皇時代就承認土地私有，允許土地買賣。“在傳統中國社會，人們在轉移土地及其附屬物時，習慣上訂立契約，以契約文本爲依據。”[2]從居延漢簡中的契約、敦煌文書中的唐宋契約、徽州宋元契約到各地明清民國契約等，民間保存下來的數以萬計的土地買賣契約都證明了這一點。“在土地買賣中，他們所處的地位是獨立的，有權處理自己的産業。”[3]可見，我國古代土地買賣契約當事人已具備了現代契約中當事人所有的基本權利與義務，即土地所有者事實上享有對自己土地占有、使用、收益和處分的完整權利。買受人同樣作爲獨立的個體，有自由選擇購買或不購買這塊土地的權利。一旦契約成立，他們分别享有相應的權利、承擔相應的義務。

（二） 標的

標的，即雙方當事人通過訂立合同所要完成的行爲，也就是合同權利義務所指向的對象。訂立合同必須有一定的標的，土地買賣合同的標的爲土地或土地及附着物。如張氏家族清順治四年（1647 年）五月張奉奇賣地契的標的物是“村東南北地一段，計地二畝”，位置在“村東”，畝數“二畝”，四至“東至石積家，西至肖文學，南至肖順高，北至道”，土地面積“地長八十五步，南可五步三尺，北可五步三尺，三可同”，土地上的附屬物爲“上大有柳土木相連”，各

1 ［日］岸本美緒：《明清契約文書》，［日］滋賀秀三等著，王亞新、梁治平編，王亞新等譯：《明清時期的民事審判與民間契約》，法律出版社，1998 年，第 301 頁。

2 馬學强：《“民間執業全以契券爲憑”——從契約層面考察清代江南土地産權狀況》，《史林》2001 年第 1 期。

3 方行等主編：《中國經濟通史·清代經濟卷》，經濟日報出版社，2000 年，第 1603 頁。

項内容，一目了然。確定標的物的目的是爲了使産權更加明確，日後減少糾紛。標的物確定後，還要確定土地價格，“言定每畝價錢二千文”，這體現了交易對等原則。

爲了使標的物更加明確無誤，人們非常重視土地交易中的上手契，在訂立契約時，出賣人若有相應的上手契要隨同新契一併交付買受人，以作爲土地絶賣的證明之一。在張氏家族契約文書中，共有10張上手契。如乾隆三十五年（1770年）與三十六年（1771年）2張上手契是袁義分兩次從袁克忠、袁克孝手中購買相鄰兩塊土地（一爲6畝、一爲4.099畝）的憑證。二十年後，乾隆五十五年（1790年）正月，袁義後人袁永誠將此地計“十畝〇九厘八毫六絲”，“憑中人袁進花説合，賣於張瑞耕種爲業”，在訂立新契約的同時，將兩份上手契交給新業主張瑞，以使標的物更加明確。同時表示舊業主對此塊土地所有權喪失、新業主對此塊土地所有權占有的權利變更。

（三） 意思表示

意思表示是把旨在産生一定效果的内心意思發表出來的行爲。合同的成立，不僅要雙方當事人都有意思表示，而且雙方的意思表示要“一致”，雙方達成一個“合意”，即雙方當事人意思表示在内容上的一致。如上述順治四年（1647年）五月地契，出賣人張奉奇，“因爲無錢使用”，願意向買受人張後艾交付“村東南北地一段，計地二畝”，而取得“每畝價錢二千文”的價金，買受人張後艾也願意向出賣人張奉奇支付這“每畝價錢二千文”，而取得“村東南北地一段，計地二畝”的財産。在兩種意願中，財産與價金在雙方之間的移動是一致的。

在意思表示過程中，雙方當事人可以自由地決定他們之間的權利義務關係，不受任何他人意志的干預。通過中人“説和”，當事人雙方討價還價，在各取所需的自主意識下，買賣雙方的意向統一在土地所有權的轉移及價金上，形成合意。張氏家族117張土地買賣文書，每張都是雙方當事人意思表示的真實反映，體現了“當事人意思自治”的契約自由精神。

在當事人、標的、意思表示三項中，雙方意思表示一致是土地買賣契約成立的最重要標志，“契約爲一種合意”，瑞士債務法第一條規定“契約之締結以當事人雙方意思表示之一致爲必要”。没有雙方的意思表示，土地買賣契約就無從談起。對張氏家族土地買賣契約的分析不難看出，契約的訂立完全符合現代合同成立的三要素。

二、土地買賣契約的條款符合現代合同格式條款的基本特徵

我國古代土地買賣契約的條款一般包括：賣主姓名、買主姓名、賣地原因、土地坐落、四至、畝數、土地價格、立契時間、土地長寬數據、中人簽名等。有的地契中有地上附屬物及計價，大多紅契中有賦税轉移和契税，這些條款具有現代契約的基本特徵。

（一）土地買賣契約先由出賣人擬定

如上述順治四年（1647 年）五月張奉奇賣地契，買主“張後艾”及每畝價錢“二千文”六個字，筆體與全文不同，明顯看出是後來填寫上的，在“二千文”下面，還有劃掉的“百文”字樣。這説明，此契由出賣人托中人預先將土地位置、四至畝數、中人姓名等條款寫成草契，待中人覓到買主，經雙方反復協商達成合意後，再把買主姓名、雙方都認可的價錢填寫上去，表明了土地買賣契約先由出賣人擬定的特點。

（二）土地交易由中人辦理

契約關係是建立在一系列規約基礎上的，即契約按照一定的規範原則辦事。按當時習慣，出賣人要出賣土地，首先需找中人言明事由，中人再尋覓買主，撮合交易，即使買賣雙方當事人已定，也必須找中人辦理。在訂立契約的整個過程中，中人是穿梭於雙方當事人之間，瞭解當事人意向、尋求合意、形成契約、執行契約的具體操作者、監督者和見證者。不僅如此，在發生土地糾紛時，中人還

往往出面調解，甚至出庭作證參與訴訟。這正如一些學者指出，“没有中人的契約，我們到今天，在傳統民間契約中没有發現過，中人的參與成了中國民間契約得以成立的先决條件或者必要條件”[1]。“中人”也就成了民間傳統契約中特有的主要内容，即使在今天，土地使用權的轉移活動中，也普遍有中人或中介機構參與。

（三）土地買賣契約條款與現代合同格式條款的一致性

將張氏家族民國時期最後一張賣契，即民國三十五年（1946年）十二月初八日石家族賣契與清順治四年（1647年）五月張奉奇賣地契互相對照，可以看出，在清初至民國這三百年間，土地買賣契約的條款、格式、行文用語約定俗成，基本没有變化。張氏同村的石氏家族從道光二十八年（1848年）到民國二十二年（1933年）間14張土地買賣契約，同屬冀中平原的饒陽韓村李氏從乾隆三十六年（1771年）到道光二十年（1840年）間5張土地買賣契約[2]的條款、格式、行文用語與張氏家族地契幾乎完全一樣。即使官府統一印製的制式地契，與民間手書買契格式、内容也基本相同，如張氏粘貼在民國十五年（1926年）十二月十六日張煦亭賣地契上的“官紙草契”。

正如一些學者所指出，無論是紅契還是白契，到明清時期都已經是制度化的東西，且具有很强的慣性，至今天仍未消失。在中國今天的農村中，我們還可以見到建立這樣的契約。這些約定俗成的契約條款與現代合同的格式條款一樣，具有反復利用性、穩定性、公開性以及書面明示性等特點。

三、土地買賣契約具有法律效力

關於合同的生效條件，《民法通則》第五十五條規定“民事法律行爲應具備

1 田濤：《本土民法的素材》，北京大學法學院编：《程序的正統性》，法律出版社，2003年，第204頁。
2 張玉、李秀榮：《饒陽縣韓村李氏地契輯録及考釋》，《文物春秋》2007年第2期。

下列條件：行爲人具有相應的民事行爲能力；意思表示真實；不違反法律或者社會公共利益”[1]。那麼，張氏家族土地文書的法律效力如何呢？

（一）行爲人具有相應的民事行爲能力即主體適格

對於土地買賣，訂立契約的出賣人必須是標的物的處分權人。張氏家族土地買賣契約中的“立文約人”“立賣契人”“立契人”，都是自己土地的處分權人，具有同訂立的合同相應的民事權利能力及民事行爲能力。

（二）意思表示真實

張氏家族現存117張土地買賣契約都是當事人自覺自願訂立的契約，其意思表示是發自内心的、真實的。爲使這種發自内心的、真實的意願貫徹到底，在張氏家族清代早期契約中，有“其錢當日交足，外無欠少，兩家情願，不許反悔，如悔者罰米三斗公用”（順治四年五月張奉奇賣地契），“如有悔者，執字到官究治”（康熙二十五年地契），“各人情願，並無反悔”（康熙四十三年地契）等約束條款。此後一直到民國三十四年（1945年）的二百四十年間，所有地契已没有類似上述約束條款。這與同時期的南方地契中一田多主[2]、“上問房親、下問四鄰，無人承交”[3]等複雜内容相比，清代、民國時期冀中農村土地買賣契約簡單明瞭，就是較同一時期冀東滄縣[4]及京師地區[5]的土地買賣契約也簡單得多，没有諸如“如有争差者，有賣主承管，不與買主相干”等内容。這些説明：第一，雙方當事人意思表示真實，訂立契約後反悔之事較少發生。第二，隨着商品經濟發展、土地買賣日益增多，自覺訂立契約、自覺履行契約的意識越來越深入人心，無須在契約中對違約責任再作約定。

---

1 謝懷栻等：《合同法原理》，法律出版社，2000年，第83頁。
2 唐立等主編：《貴州苗族林業契約文書匯編（1736—1950年）》第二卷史料篇，東京外國語大學，2002年。
3 卞利：《清代江西安遠縣土地買賣契約文書的發現與研究》，《農業考古》2004年第3期。
4 童廣俊、張玉編著：《滄州民間契約文書輯録》，團結出版社，2014年。
5 孫榮芬、張蘊芬：《大覺寺館藏契約文書述略》，《北京文博》2002年第4期。

（三）土地買賣契約不違反法律和社會公共利益

清代、民國時期冀中農村的土地買賣契約不僅没違反法律和社會公共利益，而且積極作用於兩者，對社會穩定起了一定的作用。

首先，土地契約雖不是法，但具有法律效力。從横向角度看，不論紅契、白契，都具有一定的法律效力。“清代和民國的立法對於私有土地——民田，都是允許繼承、轉讓和自由買賣的。”[1] 當時政府對民間土地買賣的承認表現在徵收契税上，清朝規定“民間買賣田房，例應買主輸税交官”[2]，即買受人要向官府統一繳納契税，這樣就産生了鈐蓋官府印章的紅契。國家在收税蓋章的同時，承認了買受人對土地的所有權，蓋章紅契也就具有了法律效力。若發生土地糾紛、訴訟，在没有紅契的情况下，民間與官府同樣重視白契的作用。從張氏家族保存下來的白契多於紅契的現象看，民間對白契的保存意識並不亞於紅契。從縱向角度看，土地買賣契約具有一定的穩定性和延續性。如張氏家族乾隆六十年（1795年）正月十二日、前二月二十二日、二月初十日三張地契，分别粘有咸豐元年（1851年）和嘉慶八年（1803年）、九年（1804年）三張契尾，清光緒十一年、十五年、十九年、二十五年四張白契，分别粘貼北洋政府的驗契，鈐蓋“束鹿縣知事印”，時間是民國三年（1914年）五月二十日。這些足以表明，即使經歷改朝换代，土地契約的法律效力依然得到了新政權的承認。

其次，在簽訂土地契約時，當事人都自覺地履行法律義務。如在賦税轉移上，出賣人必須將附着土地上的賦税義務轉移給買受人。張氏乾隆四年十二月初十（1740年1月8日）上手紅契有賦税轉移内容，“計地二畝六分”，“折糧一畝六分四厘”，即按照“一畝六分四厘”的數額向政府繳納賦税，表明出賣人讓出土地所有權的同時，附着土地上的賦税義務也隨之轉移；買受方在獲得土地所有權的同時，也承擔了向國家繳納賦税的義務。此時起至民國三十五年（1946年）共30張賣地契中有“折糧地”，其中紅契18張，白契12張。如道光六年（1826

---

1 史建雲：《近代華北土地買賣的幾個問題》，《華北鄉村史學術研討會論文集》，2001年9月，第80—91頁。

2 《清朝文獻通考》卷三十一，浙江古籍出版社，1988年，考5136頁。

年）正月十九日白契就明確規定："立賣契人張立命，因爲不便，今將自己村東北南北地一段，計地三畝六分七厘八毫一絲八忽……憑中人王存義説合，賣於張謙德耕種……折糧二畝二分一厘……"。

顯而易見，隨同地權的轉移，賦税轉移已成爲民間約定俗成的自覺行爲。對於契約文書所規範的内容，民衆與官府賦予其法律尊嚴，自覺地予以遵守與維護，所以，"體現一定産權關係與産權形式的契約文書"成了"正常、有序社會運行中的不可或缺的有機組成部分"[1]，對社會穩定起了一定的作用。

以上從張氏家族土地買賣契約的基本要素、基本特徵、法律效力等方面論述了清代、民國時期冀中農村土地買賣契約與現代合同相同或相似之處，這些相同或相似之處的本質就是契約精神，即"當事人自治"與"契約自由"精神。"雖然是由風俗習慣長期演變而來，却可以在不同程度上被我們視爲法律"[2]，這些被視爲法律的土地買賣契約完全體現了雙方當事人的意願，爲當事人自覺地遵守和維護，爲國家承認與保護。"契約爲當時法律所承認，事實上就是一種民法形式。"[3]這也是學者們把中國古代户婚田土錢債習慣法"視爲現代民法的對應物"[4]的主要原因。那種"言之有據地討論中國法學史却近乎不可能"，中國古代契約"僅具形式而已""缺乏現代契約精神"的籠統結論，似顯偏頗，值得商榷。

（本文原載於《河北法學》2006年第6期，已做修改）

1　馬學强：《"民間執業全以契券爲憑"——從契約層面考察清代江南土地産權狀況》，《史林》2001年第1期。

2　梁治平：《中國法律史上的民間法——兼論中國古代法律的多元格局》，《中國文化》1997年第Z1期。

3　馬學强：《"民間執業全以契券爲憑"——從契約層面考察清代江南土地産權狀況》，《史林》2001年第1期。

4　梁治平：《清代習慣法：社會與國家》，中國政法大學出版社，1996年，第42頁。

清代直隸農村地價的變動因素
——以東鹿張氏家族地契爲例

在以農業爲主導的中國封建社會，土地價格是國民經濟的一項重要指標，它不僅反映了農業經濟的變化，更折射出整個社會經濟的發展情况。歷史上保存下來的土地契約是我們今天研究古代土地買賣及土地價格的最直接史料。束鹿張氏契約文書中數量衆多的清代地契，詳細記載了當時土地所有權轉移時的價格，清楚勾勒出了張氏家族在清代土地買賣的實際狀况，作爲個案窺斑見豹，爲瞭解直隸乃至華北地區的土地買賣狀况提供了最原始的系統的材料。筆者將其整理列表並試加分析，探討土地價格變動的原因。

一、張氏家族清代地契土地價格

張氏家族的地契中大部分是立契約人將土地、房屋賣與張氏的賣契。賣契又分民間私下簽定的白契、加蓋官印的紅契。下表中未注明的是白契，有參考價值的 11 份抄契，注明“抄”。標注①②的爲同一樁交易的白契、紅契。典當房地的當契標注爲“當”，上手原契標注爲“上手”。表中所注“莊基”即今天所説的宅基地或房基地，一般只標明賣價，無面積、畝數，但標注長寬具體數字。地契中土地畝數用阿拉伯數字表示，如“八畝一分七厘八毫七絲”，寫成 8.1787 畝。每畝地的平均價格（或千文或吊或銀兩）也標示或計算出來，有餘數的小數點後一般保留二至三位小數，同時抄録地契所載地價原文（見附表）。

附表：張氏家族地契土地價格表

立契時間與立契人	地（畝）	單價		契文內容	備註
		單位	千文（兩）/畝		
（明）崇禎六年二月十八日肖丙德	1.9	錢文	2	每畝價錢二千文	
順治四年五月初十王積壽	1.91	錢文	1.5	每畝一千五百文	
順治四年五月張奉奇	2.00	錢文	2	每畝價錢二千文	
順治十一年八月張明孝	3.40	錢文	7	每畝價錢七千	
順治十七年十二月張明登	0.88	錢文	7	每分值錢七百文	
康熙八年三月初八張瑚	0.33	錢文	6.06	言定康熙錢二千	
康熙八年十二月十八日劉氏同男趙一秋	3.13	錢文	1.45	每畝時值價錢一千四百五十清錢	
康熙九年十二月初一趙邦有		錢文		共價錢二十二千整	莊基
康熙十三年十月二十一日曹自虎、曹自新	1.218	錢文	0.4	每畝價錢四百文	
康熙二十三年四月二十日張明才	0.76	錢文	1.5	每分價清錢一百五十文	
康熙二十五年十月張聖如	1.92	錢文	1	每畝價清錢一千	紅
康熙二十五年十月張名樓	0.73	錢文	0.685	共價清錢五百	紅
康熙四十三年六月二十一日王光魁、王光先、王鑒	5.01	錢文	2.1	每畝價錢二千一百文	
康熙四十五年三月張方名	0.11	錢文	10	共價錢一千一百	莊基
康熙四十九年十月十四日劉成思	5.97	銀兩	2.60	每畝價銀二兩六錢	上手
康熙五十七年十月三十日張胡		銀兩		共作價銀二十九兩六錢	莊基園地①
康熙五十七年張胡	2.43	銀兩	4.06	共價銀玖兩捌錢柒分	莊基園地②紅
康熙五十七年張胡	2.43	銀兩	4.06	共價銀九兩八錢七分	莊基園地③紅
雍正元年四月初五張胡	1.81	銀兩	2.30	每畝價銀二兩三錢	①
雍正元年四月初五張胡	1.3	銀兩	2.30	每畝價銀二兩三錢	②紅
雍正元年十一月二十四日張方有	1.00	銀兩	3.50	價銀三兩五錢	

續表

立契時間與立契人	地（畝）	單價		契文內容	備註
		單位	千文（兩）/畝		
雍正八年十二月十八日劉進真、劉展韜	5.97	銀兩	1.10	每畝價銀一兩一錢	①
雍正八年十二月劉進真、劉展韜	3.70	銀兩	0.80	共價銀三兩	②紅
雍正九年十二月十九日王元福	6.085	銀兩	1.50	每畝價銀一兩五錢	上手
雍正十三年十一月二十四日王元林	4.77	銀兩	1.00	每畝價銀一兩	抄
乾隆四年十二月初十戴興宇	2.60	銀兩	2.40	每畝價銀二兩四錢	上手紅
乾隆五年三月十三日王元福	0.9525	銀兩	7.20	共價銀六兩八錢六分	莊基抄
乾隆七年十二月十六日楊奇禄	5.998	銀兩	3.50	每畝價銀三兩五錢	抄
乾隆八年四月楊奇禄同子楊之信	0.633	銀兩	3.50	每分價銀三錢五分	抄
乾隆九年十二月初八馮氏同子王元福、孫王之信	1.00	銀兩	6.75	共價銀陸兩柒錢五分	莊基
乾隆十一年三月十四日王門馮氏同孫王立冬、王二小	0.50	銀兩	6.75	共價銀三兩三錢七分五厘	
乾隆十一年十二月二十二日馮氏同子王元福、孫王之信	1.50	銀兩	3.00	共價銀四兩五錢	紅
乾隆十二年十二月初十王元福、王之信	1.20	銀兩	6.75	每畝價銀陸兩柒錢五分	①
乾隆十二年十二月初十王元福、王之信	1.20	銀兩	2.40	每畝價銀貳兩肆錢	②紅
乾隆三十一年正月十八日張廷名	3.883	銀兩	13.50	每畝價銀十三兩五錢	抄
乾隆三十二年十二月二十三日郝氏（王思康）同男王修文	7.064	銀兩	16.00	每畝價銀拾陸兩	上手
乾隆三十三年十一月十四日趙思公	1.97	銀兩	7.00	每畝價七兩	抄
乾隆三十五年正月二十六日袁克孝、袁克忠	6.00	銀兩	6.00	每價銀六兩	上手紅
*乾隆三十五年十二月十七日王文禮	5.72	銀兩	5.00	每畝價銀伍兩	紅
乾隆三十六年正月初三王欽、王元福	長八步四尺七寸、二可同一步	銀兩		共價銀壹兩	莊基
乾隆三十六年正月二十六日袁克忠	4.99	銀兩	5.00	每畝價銀五兩	上手紅
乾隆三十六年二月初八王思量、秦四	4.0604	銀兩	6.50	每畝銀六兩五錢	抄
乾隆三十八年正月二十八日張遜	1.2517	銀兩	7.50	每畝價銀七兩五錢	莊基抄
乾隆三十八年十二月趙勉	2.98	銀兩	7.70	每畝價銀柒兩柒錢	白紅同

續表

立契時間與立契人	地（畝）	單價		契文内容	備註
		單位	千文（兩）／畝		
乾隆四十二年正月二十七日張遜	5.60	銀兩	6.00	每畝價銀六兩	抄
乾隆四十三年三月張遜	4.425	銀兩	6.00	每畝價銀六兩	抄
乾隆四十五年正月十一日張昌裔	6.402	銀兩	7.50	每畝價錢柒兩伍錢	上手紅
乾隆四十七年二月初六張遜	1.86	銀兩	3.76	共價銀七兩	抄
乾隆五十五年正月十二日袁永誠	10.0986	銀兩	9.00	每畝價銀九兩	
乾隆五十六年正月十三日王成功	0.673	錢文	44.57	共價錢三十千	莊基 上手
乾隆五十九年正月十七日王欽	0.70	錢文	78.57	共價錢伍拾伍千	莊基
乾隆六十年正月十二日王欽	0.673	銀兩	2.97	共價銀二兩	莊基 白紅契同
乾隆六十年前二月二十二日王天相	4.869	銀兩	4.00	每畝價銀肆兩	紅
乾隆六十年二月初十王廷棟	4.025	銀兩	6.00	每畝價銀六兩	白紅契同
乾隆六十年十一月初五王名世	5.60	銀兩	6.50	每畝價銀六兩五錢	①上手紅
乾隆六十年十一月二十九日王天相	5.60	銀兩	3.50	每畝價銀三兩五錢	②
嘉慶二年二月二十六日王廷棟	4.3125	銀兩	5.565	共作價銀貳拾四兩	白紅契同
嘉慶五年三月十四日張勇	6.42	大錢	10	每畝大錢拾千	①
嘉慶六年三月十四日張勇	6.42	京錢	15	每畝京錢拾伍千	②紅
*嘉慶六年四月張立功	7.5	京錢	17.33 吊	共作價錢壹百卅吊	當
嘉慶六年十二月二十六日焦思聰	3.6785	京錢	28	每畝價京錢二十八千整	
嘉慶十一年正月二十八日張立寬	2.00	錢	34	共當價錢陸拾捌千	當
嘉慶十九年十二月王修敬	10.00	京錢	31	共價京錢叁百壹十千	當
嘉慶二十年正月初十王宦成	8.1574	京錢	19	共價京錢一百五十五千	
嘉慶二十年二月初二張文蔚		京錢		共價京錢貳拾千	莊基
嘉慶二十年二月初二張文蔚		京錢		共價京錢五十九千	①莊基
嘉慶二十年二月初二張文蔚		銀兩		共價銀肆兩	②莊基 紅
嘉慶二十年十二月初十王煥成	8.1574	京錢	10	每畝價京錢拾千	紅契
嘉慶二十一年二月初二張立功	0.395	京錢	177.215	共價錢七十千	①莊基
嘉慶二十一年二月初二張立功	0.395	京錢	88.608	共價錢三十五千文	②莊基
嘉慶二十一年十二月二十四日徐□□	8.688	京錢	15.785	共價京錢一百卅七千一百四十四文	

續表

立契時間與立契人	地（畝）	單價		契文内容	備註
		單位	千文（兩）/畝		
嘉慶二十一年十二月二十四日劉印成同母魏氏	7.0632	京錢	23	每畝價京錢二十三千	
嘉慶二十五年正月十四日張立功	0.355	京錢	112.67	共價京錢四十千整	莊基上手
道光五年正月二十六日王繼業	9.43746	京錢	30 吊	每畝京錢叁拾吊	
道光六年正月十九日張立命	3.67818	京錢	24 吊	每畝京錢二十四吊	
* 道光二十五年三月初四張思成		京錢		共價京錢七千伍佰文	莊基
道光二十九年二月七日張行益	4.00	京錢	9	共價京錢叁拾陸千	當
道光三十年十一月初四張玉潤	7.00	京錢	11.4	共當價京錢七拾玖千八百文	當
道光三十年張玉潤	20.00	京錢	11.4	共當價京錢貳佰貳拾捌吊整	當
咸豐元年三月十二日張玉潤、張玉蔭	7.00	京錢	19.543	共當價京錢壹百三十六千八百文	當
咸豐二年十二月初七張老完	7.00	京錢	11.143	共價京錢七十八千	當
咸豐三年二月初十張落完	3.00	京錢	10.4	共當價京錢叁拾壹千貳百文	當
咸豐三年二月十一日張玉印	1.50	京錢	18	共賣價京錢貳拾柒千整	
* 咸豐三年十二月初九張鳳來	3.01	京錢	18	每畝價京錢拾捌千	①莊基
* 咸豐三年十二月初九張鳳來	3.01	京錢	9	每畝價京錢玖千文	②莊基紅
咸豐四年十二月二十四日張老完	6.00	京錢	7.583	共價京錢四十五千五百文	
* 同治四年二月初四張元明	3.8	三帝錢	25	每畝價三帝錢廿五千文	
* 同治五年十二月十六日王化逵	9.94	京錢	9.054	共賣價京錢九拾千整	紅
同治十一年正月二十一日張李氏		京錢		共賣價京錢一佰八拾千文	①莊基
同治十一年正月二十一日張李氏		銀兩		共賣價銀拾伍兩整	②莊基紅
* 同治十一年二月初二張老好		京錢		當價京錢伍拾千，三年爲滿	莊基當
光緒八年正月初九張小祥	0.355	京錢	100	共賣價京錢叁拾五千	莊基
* 光緒八年正月二十六日張喜德	1.748	京錢	34.324	共賣價京錢陸拾千文	
* 光緒十年十月十六日張洛雅	2.69031	京錢	9.292	共賣價京錢二十五千整	紅

續表

立契時間與立契人	地（畝）	單價		契文内容	備註
		單位	千文（兩）/畝		
＊光緒十年十二月十七日首德堂	4.0	京錢	23	共賣價京錢九拾貳千文	①
＊光緒十年十二月十七日首德堂	4.0	銀兩	3.75	共賣價銀拾伍兩	②紅
光緒十一年六月二十八日王翠條	8.1787	京錢	12.044	共賣價京錢玖拾捌千五百文	紅
光緒十一年十一月十六日王節祥	13.56175	京錢	37	每畝京錢叁拾柒千整	
＊光緒十三年十二月二十四日文德堂	19.74191	京錢	18.43	共賣價京錢叁百陸拾三仟捌百四十文	①
＊光緒十三年十二月二十四日文德堂	19.74191	銀兩	1.52	共賣價銀叁拾兩	②
光緒十五年正月十九日張狀志		京錢		共賣價京錢肆拾玖吊文	莊基 紅
光緒十九年十月十六日王知禮		京錢		共賣價京錢伍拾六千文	莊基 紅
光緒二十五年十二月十八日張洛庸	2.00	京錢	12	共賣價京錢貳拾肆千文	紅
光緒二十七年十月二十三日張洛貞	5.00	京錢	10	共當價京錢伍拾千文	當
＊光緒二十九年五月十二日張洛才	2.0	京錢	40	共賣價京錢八拾千文	①
＊光緒二十九年五月十二日張洛才	2.0	京錢	12	共賣價京錢貳拾四千文	②紅
光緒二十九年九月廿八日張老貞	5.00	京錢	12.48	共當價京錢陸拾貳千肆百文	當
＊光緒三十二年三月廿五日張四亭	4.0	京錢	37.5	當價共作京錢壹百伍拾千整……三年爲滿	當
＊光緒三十四年十二月初六張四廷	4.0	京錢	125 吊	共賣價京錢伍佰吊整	
＊光緒三十四年十二月初六張老會	2.7	京錢	44.44 吊	共當價京錢壹佰貳拾吊整……三年爲滿	當
宣統元年十二月十八日休明堂	14.00	京錢	16.43	共當價京錢貳佰卅吊文	當

注：表中加＊號的爲張藏言家藏地契

二、影響清代直隸農村土地價格變動的因素

表面看來，决定土地價格的是買賣雙方當事人，雙方當事人可以自由确立他們之間的權利義務關係，通過中人“説和”，在各取所需的自主意識下達成協議。

但实际上，真正影響土地價格的是市場，賣方和買方是在市場價格的基礎上互相協商、彼此情願確定的。也就是説，土地價格的波動受自然、社會、土地品質、區位用途等諸多市場因素的影響，在實際交易中，也與買賣雙方家庭變故等不可控風險相關。

（一）自然因素：災荒

影響土地價格的自然因素是災荒。束鹿縣農村常遭遇的自然災害主要是旱、澇與蝗災。旱災與蝗災是緊密相連的，“逢災必起蝗”，即使周邊有旱災、蝗災，也會影響本地。如順治三年（1646 年），“七月初一日，飛蝗自南來……望之黑黃如烟”。順治六年（1649 年）八月間，蝗蝻“皆黑色，自北而南，東西可十餘裡，緣屋過壁，有如水流”[1]，給農作物收成造成很大損失。此間順治四年（1647 年）王積壽賣地契的土地價格爲每畝 1500 文，張奉奇賣地契的土地價格爲每畝 2000 文，與十四年前明崇禎六年（1633 年）肖丙德賣地契“言定每畝價錢二千文”的價格基本持平，却與豐年如順治十一年（1654 年）張明孝賣地契每畝錢七千的價格相差甚遠。

而在澇災中，當屬滹沱河帶來的災害最大。“束鹿無山但有川耳，川者何，則滹沱河也，邑之大患也。”[2]“自漢以來治此水者從無良策，只有修堤浚流，隨時補築而已。束鹿爲古大陸之地，曠野平原，無高山大谷爲障納以殺其怒悍之勢，其出没無定，或彼或此，不由故道。”[3]明代天啟二年（1622 年），滹沱河在“晉州涅槃村入境内，由南位伯村東注，衝破南堤……淹没城池衙署廬舍一空，舊治一帶皆淤沙土。”[4]（“舊治”即今天辛集市的舊城鎮，位於東大陳村正東 7.5

1 〔清〕劉昆：《康熙束鹿縣志》卷九“通紀志·災祥”，見〔民國〕謝道安：《束鹿縣五志合刊》民國二十六年鉛印本，臺北成文出版社影印，1968 年，第 250 頁。

2 〔清〕劉昆：《康熙束鹿縣志》卷一“地理·山川”，見〔民國〕謝道安：《束鹿縣五志合刊》民國二十六年鉛印本，臺北成文出版社影印，1968 年，第 76 頁。

3 〔清〕宋陳壽：《同治束鹿縣志》卷一“河道”，見〔民國〕謝道安：《束鹿縣五志合刊》民國二十六年鉛印本，臺北成文出版社影印，1968 年，第 1105—1106 頁。

4 〔清〕李中桂：《光緒束鹿縣志》卷十“河渠”，見〔民國〕謝道安：《束鹿縣五志合刊》民國二十六年鉛印本，臺北成文出版社影印，1968 年，第 1349 頁。

公里）於是不得不另選城址，“邑人謂之新城”（今天仍稱“新城”，即辛集市新城鎮，位於東大陳村南15公里）。水患頻發，是明清時期束鹿縣農村的一大災禍，它直接威脅着社會經濟和人們的生存，影響着農民的收成，間接影響了土地價格。在正常的年景中，特别是豐收之年，農民的生活有了保證，辛勤勞作轉化成糧食，土地價值也呈現出來，購買土地的人多，土地價格也會相應抬高。災荒之年，農民的辛勤勞作轉眼間化爲烏有，顆粒無收不能裹腹，没有能力出錢買地擴大再生産，爲了糊口甚至出賣土地以換取糧食，此時賣地的多，買地的少，土地供大於求，土地價格會驟然降落。

清朝初年束鹿縣無甚水災，除志書記載順治三年（1646年）、順治六年（1649年）兩次蝗災外，基本上是風調雨順，連續的好年景使地價成倍提高。如順治十一年（1654年）張明孝“將村東南北地一段，計地三畝四分……賣與張厚愛爲業，言定每畝錢七千”，是順治四年（1647年）王積壽、張奉奇賣地契土地價格的3.5—4.5倍。

張氏家族所有地契中地價最高的，是乾隆三十二年十二月二十三日（1768年2月11日）郝氏同男王修文出賣土地與劉永和的上手白契，“言定每畝價銀拾陸兩”。但到了第二年，地價急轉直下，乾隆三十三年（1768年）十一月十四日抄契中趙思公因爲無銀使用，將自己村東南北地一段，計地一畝九分七厘賣與張廷寬爲業，“言定每畝價七兩”，不足前一年地價的一半，這一年滹沱河水患[1]當是其主要原因。

（二）社會因素：戰亂

以鴉片戰争爲界，觀察張樹平家藏清代地契的變化，就會發現，戰前的近二百年間，張氏平均不到四年半就購進一塊房地。鴉片戰争後到清朝滅亡的六十二年間，將近八年才買進一塊房地，置買土地的頻率明显降低。非但如此，鴉片戰争後的道光二十九年（1849年）到咸豐四年（1854年）的六年間，張氏

1 〔清〕沈樂善：《嘉慶束鹿縣志》卷二“河道・滹沱河”，見〔民國〕謝道安：《束鹿縣五志合刊》民國二十六年鉛印本，臺北成文出版社影印，1968年，第711頁。

連續七次出當土地，凸顯了戰亂對家族生活的影響。東鹿縣志中記載，“張謙德，字行益，庠生，東大陳村人，事繼母以孝聞”[1]。張謙德在鴉片戰争前的道光五年（1825年）、道光六年（1826年）曾兩次買入土地13畝，戰後道光二十九年（1849年）二月七日却爲生活所迫，不得不低價典當土地。曾在縣學讀書的“庠生”尚且如此，貧窮農民境況會更慘。

不只是鴉片戰争，戰後農民起义军入東鹿縣境，另有流匪頻出，亦帶来兵燹戰亂，往來衝突。據《同治東鹿縣志》記載，先是太平天國北伐軍于咸豐三年（1853年）“九月由趙州、藁城折而東入東境，至位伯、舊城一帶，東陷深州，沿途焚廟宇”。“是歲，衡水逆首王洛越招聚匪徒孽僧長泰等，竄擾邑北諸村莊，東大陳村練長廪貢生王化逵，會合各村鄉勇，禦諸郭家莊以北，接仗移時，身受重傷，益奮力前進，賊遂披靡，退出邑境”[2]（注：張藏言家藏契約中有同治五年十二月十六日王化逵賣地契）。咸豐九年（1859年）“邑之劫匪郭勝得、李洛塞等乘機竊發，聚黨數百人擾張古莊、郭家莊等村，擄掠北去”[3]。

同治年間仍戰亂不斷，同治七年（1868年）正月，“張綜愚由秦晉犯畿輔……凡往來縣境四十餘日，男婦死者約三萬人”。光緒二十六年（1900年），在與義和團接戰中，八國“聯軍入都保定蹂躪，外兵至舊城一帶炮擊，焚廬舍二千餘間，火焰竟月不絶，傷四千餘人”[4]。爲避戰亂，人們四處逃難，土地撂荒，辛苦播種的莊稼頃刻間就會被一場戰亂糟蹋的顆粒無收，土地價格自然一落千丈。從表中看出，鴉片戰争後，只有光緒八年（1882年）正月二十六日張喜德賣地契與光緒十一年（1885年）十一月十六日王節祥賣地契的地價超過了戰前，其中，王節祥賣地價格高的主要原因是有“夥井二眼”，即水澆地。除此之外，其餘地契中的土地價格都因受到戰亂影響而下降。

---

1 〔清〕宋陳壽：《同治東鹿縣志》卷七“人物類·孝友”，見〔民國〕謝道安：《東鹿縣五志合刊》民國二十六年鉛印本，臺北成文出版社影印，1968年，第1182頁。

2 〔清〕宋陳壽：《同治東鹿縣志》卷六“武事類·團練”，見〔民國〕謝道安：《東鹿縣五志合刊》民國二十六年鉛印本，臺北成文出版社影印，1968年，第1160頁。

3 〔清〕李中桂：《光緒東鹿縣志》卷三“歷代兵事”，見〔民國〕謝道安：《東鹿縣五志合刊》民國二十六年鉛印本，臺北成文出版社影印，1968年，第1280頁。

4 〔清〕李中桂：《光緒東鹿縣志》卷三“歷代兵事”，見〔民國〕謝道安：《東鹿縣五志合刊》民國二十六年鉛印本，臺北成文出版社影印，1968年，第1284頁。

（三） 土地因素

土地因素對土地買賣價格的影響是最直接的。

1. 土地品質决定着土地價格。

無論何種物品的價格都根據品質的優劣來决定，土地作爲特殊的商品也不例外，不同品質的土地有着不同的價格。束鹿縣地處河北省中部，屬暖温帶大陸性季風氣候，方志稱“束邑土白壤宜稼穡”[1]，適宜小麥、玉米、棉花、花生、蔬菜、花卉及果木生長。只要勤奮管理、有足夠的水分就能保證豐收，因此旱地與水澆地的價格差别很大。

康熙八年（1669年）三月八日張瑚“將自己家東井三分三厘，賣與民人張明顯，中人劉孟懷，言定康熙錢二千”。“東井”應是習慣稱呼，或“村東面的水井”，或與“西井”對應稱呼。“東井三分三厘”即上有水井的三分三厘土地，其價格爲“康熙錢二千”，折合成每畝價6.06千。同年十二月十八日劉氏同男趙一秋賣地契中，“莊北南北地一段，計地三畝一分三厘……言定每畝時值價錢一千四百五十清錢”，不到張瑚賣地價格的四分之一，主要區别在於地上是否有水井。有水井的水澆地，可以旱澇保豐産；否則，豐産無保證，只能靠天吃飯。

另如光緒十一年（1885年）的兩張地契，其中六月二十八日王翠條賣地契，“村北南北地一段，計地捌畝壹分七厘八毫七絲……言明共賣價京錢玖拾捌千五百文”，平均每畝京錢12千。當年十一月十六日王節祥賣地契“村北東西園地一段……言明每畝京錢叁拾柒千”，是前契土地價格的三倍多。兩塊地皆在村北，王翠條所賣土地没有特别標注，爲一般旱地，而王節祥賣地契明確標明“村北東西園地”，地契正文後標明“夥井二眼”，即與地鄰夥用的兩口水井。園地即水澆地，直到今天河北省辛集市一帶農村，有的仍稱澆地爲“澆園”。園地有水井能適時澆灌，天旱之年能保證豐收，故“園地”價格遠遠高於旱地價格。

另外，同一類土地，地力肥瘠不同地價也有差别，如張藏言家藏光緒十年（1884

1 〔清〕李中桂：《光緒束鹿縣志》卷十二“物産”，見〔民國〕謝道安：《束鹿縣五志合刊》民國二十六年鉛印本，臺北成文出版社影印，1968年，第1261頁。

年）兩張地契，十月十六日張洛雅賣契“村東南北地一段，計地貳畝陸分九厘零三絲一忽……言明共賣價京錢貳拾伍千整”，平均每畝京錢 8.36 千。十二月十六日首德堂賣契“村北南北地一段，計地四畝……言明共賣價京錢九拾貳千文”，平均每畝 23 千，是張洛雅賣地價格的 2.75 倍。地價差距之所以如此之大，其主要原因是土地的肥瘠：村北是熟種多年的好地，土壤肥沃，地力足，有利於農作物的生長；村東是滹沱河故道沙灘地，土壤貧瘠，含水量低，種植作物困難（直到 20 世紀 70 年代初，全村出動，將村東沙地改造成良田）。可見土地的肥瘠决定着土地價格。

2.“土木相連”影響着土地價格。

在張氏順治至雍正年間的地契中常有“土木相連”之語，指耕地上種有樹木或莊稼，是否“土木相連”直接影響了土地的價格。

如順治四年（1647 年）五月的兩張地契，張奉奇出賣的“村東南北地一段……每畝價錢二千文”，五月初十王積壽出賣的“村北東西地一段”每畝一千五百文。前述村北土地墒情遠遠好於村東，理應土地價格高於村東土地。但張奉奇出賣的“村東南北地一段”，反而比王積壽出賣的“村北東西地一段”每畝多了 500 文，真正原因是張奉奇出賣的土地“上大有柳，土木相連”。

尤其是一些即將成材的樹木價格是比較高的，如康熙四十三年（1704 年）六月二十一日王光魁、王光先賣地契“一段五畝一厘……言定每畝價錢二千一百文”，並且“上帶界樹共作錢六千五百文，三分，王分兩分，張分一分”。“界樹”即指與地鄰土地銜接的地界上所植樹木。此契中“界樹”應在與買主相鄰的西邊地界上，從土地“西至買主”以及買賣的實際情況推知，這裏的“張分一分”的“張”應爲買主張方傑。賣主出賣土地的同時，“界樹”的全部所有權也隨之轉移給買主。此地塊東西短南北長，“界樹”多，價格自然也高，此樹木價格“六千五百文”已抵得上當時三畝地了。在自然經濟占主導的社會裏，農民有了幾棵樹木，既可以打制傢俱、農具，還可以蓋房搭屋，樹木同樣是農民的重要生活資料，故“土木相連”是影響土地價格的直接因素。

還有的土地“上帶麥苗”，即地上已有莊稼，其價格也較空白地爲高。如雍正年間的三張地契，雍正八年十二月十八日（1731 年 1 月 25 日）劉進真、劉展韜賣地契“每畝價銀一兩一錢”，雍正十三年十一月二十四日（1736 年 1 月 6

日）王元林賣地契“每畝價銀一兩”，兩者地價差别不大。但其間雍正九年十二月十九日（1732 年 1 月 16 日）王元福賣地契“言定每畝價銀一兩五錢”，明顯高於兩契地價，原因是“上帶麥苗，土木相連”。

冬季土地“上帶麥苗”，即秋後土地上播種了小麥。土地易主之後，就預示着買主在來年夏季能收穫了，然後夏播秋收，一年收穫兩季。如果不帶青苗，是閑地，就只能等到來年春暖花開時種植春季作物，待秋後再收穫，一年只有一季的收成。是否“上帶麥苗”，其經濟價值是不一樣的。“上帶麥苗”的地契很少，畢竟莊稼種下了，只等收穫，不到萬不得已此時是不會出賣土地的，這也是絶大多數賣地契簽訂時間在秋後、冬季或春節後正月、二月的主要原因。

3. 土地區位與用途，制約着土地價格。

張氏家族地契中凡是出賣“莊基地”的，其價格都比同時期的耕地價格要高。如可比性較强、同在嘉慶二十一年（1816 年）三張地契，二月二日張立功出賣莊基地契，“莊基一段，計地三分九厘五毫……言定共價錢三十五千文”，平均每畝約 88 千文。十二月二十四日徐□□賣地契，“村北東西二段，計地共八畝六分八厘八毫……言定共價京錢一百卌七千一百四十文”，每畝約 15 千文，幾乎是張立功莊基地價格的六分之一。同一天的劉印成賣地契，“村西北南北地一段……言定每畝價京錢二十三千”，約張立功莊基地價格的四分之一强。顯而易見，兩塊耕地與莊基地價格相差懸殊，主要原因是耕地比較普遍、數量多，而用於居住的莊基地一般地處村中央或靠近村中央，適宜蓋房居住，生活方便，且有四鄰，有一定的安全性，這樣的莊基地數量並不多，有時很難買到。

有的莊基地原本就是住宅，帶有房屋，賣價會更高。如石氏家藏光緒二十九年（1903 年）十月二十九日石德興賣契，“莊基一段，四至全有，上帶北屋三間，言明賣價京錢貳佰貳拾吊整”，“上帶北屋三間”的莊基一般不足五分地，均價超過 400 千文。同年張藏言家藏五月十二日張洛才賣地契“村東南南北地一段，計地二畝……言明共賣價京錢八拾千文”，平均每畝價格 40 千文，是石小興上帶房屋莊基地的十分之一。

以上看出，莊基地相較於農地，上帶房屋的莊基地相較於空莊基，其價格皆高於後者，所以土地的區位與用途制約着土地的價格。

（四）家庭變故

農民最主要的生產資料是土地，土地是農民的命根子，一般情況下，農民是不會輕易出賣土地的。只有在家庭發生變故，生活逼迫、萬般無奈情況下，農民才出賣土地。

現存賣契看出，王元福曾在乾隆五年（1740年）三月因“無銀使用”出賣“村中莊基一段”。此後乾隆九年（1744年）到乾隆十二年十二月間，王氏四次賣房賣地，其中，“王門馮氏”在乾隆九年十二月和乾隆十一年三月、十二月前後三次因“無錢使用”或“年荒無措”，“同子王元福、孫王之信”與“孫王立冬、王二小”以及“同子王元福（旁注：東子）、孫王之信”訂立三張賣契，分別將“莊基一所”“祖遺民田半畝”“計地壹畝五分”出賣與張氏。最後一張賣契乾隆十二年十二月初十（1748年1月10日）“立賣契人王元福、王之信二人因爲無銀使用，今將自己村前東西地一段，計地壹畝貳分”又一次出賣與張氏。一個家庭短期内多次出賣莊基與土地，極大可能是户主生病、家庭發生變故使然。

家庭變故，往往影響着土地的成交價格，如乾隆六十年（1795年）十一月初五上手契，王天相以“每畝價銀六兩五錢”的價格買下了王名世“五畝六分”土地，當月二十九日，王天相又將此地以“每畝價銀三兩五錢”轉賣給張瑄，並將上手契轉交買主。兩張地契雖在土地四至説法上略有區别，但無庸質疑涉及的是同一地塊，王天相的買地與賣地相隔只有二十四天，賣地價格却低於原買地價格近二分之一，這只能以家庭變故、不得已而爲之來解釋了。

衆多土地買賣契約中，在叙述賣地原因時，很少看到具體原因，大多用“因爲不便”“無銀使用”“無錢使用”之語，畢竟，以土地爲生的農民對於出賣自己的土地還是有所忌諱的。

由此可見，清代直隸農村土地價格的波動受着自然災害、社會動蕩、土地肥瘠、土木相連、區位用途、家庭變故等諸多因素的影響。

（本文原載於《滄州師範專科學校學報》2010年第3期，已做修改）

東鹿張氏契約文書中的“中人”及“尺丈”探析

“中人”是古代契約文書中不可缺少的組成部分，正如學者指出的“無論是在乾隆朝刑科檔案題本中，還是在明清以來各種土地交易契式中，從尋覓買主、撮合交易、畫字成交，乃至典後復賣、找價取贖，我們都可以看到中人的活躍身影。這種現象甚至給人一個印象，即中國的土地交易在某種程度上似乎是一個‘買—賣—中’三方的契約”[1]。覆蓋時間三百多年的東鹿張氏家族買賣房地契約文書，每份契約文書中都有“中人”參與，其“中人”角色多由買賣雙方親族、地鄰及當地鄉村有“面子”之人擔任，以完成並見證交易過程，保證雙方履行責任義務等工作。不僅如此，至乾隆中期還從“中人”中脱穎而出了專門推步丈量土地的“尺丈”，“尺丈”與“中人”協同完成土地買賣交割的整個過程，表明契約文書的操作日趨規範化。張氏契約文書中的“中人”及“尺丈”爲研究中國北方鄉村社會提供了第一手原始資料。

一、“中人”參與訂立契約的原因

以“中人”參與成爲訂立契約之要素，是古代中國普遍存在的現象。“在歷

1　趙曉力：《中國近代農村土地交易中的契約、習慣與國家法》，《北大法律評論》第1卷第2輯，法律出版社，1998年，第427—504頁。

代書面契約中中人作爲第三方參與契約的簽訂貫穿於始終。”[1]周代的《五祀衛鼎》裘衛與邦君厲交换土地，就有官員證人參與訂立交换契約的記載。漢唐時期中人參與訂立契約的記載更是比比皆是。到了宋元以後，隨着契約制度的進一步完善，“中人”不僅參與訂立契約，而且在其間的作用也日益明確，即通過在當事雙方的多次“説合”，完成居間介紹、評議交易價格、促成交易成功、見證交易過程，並保證雙方履行責任義務等必不可少的工作。“中人”即成爲契約的一個基本構成元素。

古代鄉村社會在訂立契約中，之所以有“中人”的參與，有其深刻的社會原因：

（一）古代中國是小農經濟的汪洋大海，一個個相對獨立的家庭，其交易信息是不暢通的。因此，不論是買方還是賣方，都難得尋覓到合適的另一方，即使尋覓到另一方後，交易的價格、契約的詳細條款如何訂立，契約的履行如何得到保證，買賣雙方是很難圓滿完成的。這就需要“中人”幫助尋覓介紹交易的另一方，與雙方商議評價交易價格，在買賣雙方之間起到溝通信息、評議均衡的作用。

（二）古代中國統治者基本採取重農抑商國策，商品買賣只是作爲自然經濟的補充而存在，備受壓抑、艱難曲折。在人們的潛意識中，商品買賣不是正業，而支撑家庭主要財産的土地，更是不能輕易出賣的。在這種普世的價值觀中，出賣土地並不是光彩的事，作爲土地的出賣方更需要“中人”的出面、撮合、調解、監督，來最終完成土地的交易。契約中“憑中人説合”等字眼，表明“中人”在其中的傳遞信息、調解斡旋的作用。

（三）中國人固有的要“面子”、含蓄心態也是産生“中人”的因素之一。自古以來，中國人不喜歡直接表白自己的真實意思，特别是受儒家“君子喻於義，小人喻於利”的千年薰陶，如果直接談論交易價格，讓人感覺是貪利小人，是很丢面子的。因此在典當、出賣土地房産中，往往要找“中人”來做中介，從中溝通、斡旋，以達到交易之目的。

可見，“中人”産生於古代中國特定的社會生活環境，是智慧的先人適應社會生活的創造，也是統治者間接統治社會、利用社會習慣法穩定社會秩序的手段之一。“中人”大都是以證人的身份，參與契約文書的簽訂，在古代契約中起着

1 李祝環：《中國傳統民事契約中的中人現象》，《法學研究》1997 年第 6 期。

平衡雙方關係、見證締約過程以及調解契約糾紛等重要功能，是契約成立過程中最直接的見證者。

二、張氏契約“中人”的身份

對“中人”的身份，學界有諸多論述，仁者見仁，智者見智。日本學者滋賀秀三認爲：“中人”這種社會所需要的某種公證的功能“並不集中在特定的專家或制度化了的機關的手里，而是以極爲分散的方式由具體場合下受到邀請委託來作爲中介的一般人們所承擔”。因此，“這是一種任何人都有可能受邀或邀請别人來承擔公證功能的機制”[1]。國内學者也對此研究頗多，梁治平認爲：“民間交易等活動總是在鄉土社會既有的‘關係’網路中發生，這些‘關係’靠人情來維繫，‘面子’觀念在其中可以最大限度地發揮效力……中人面子越大 ，交易成功的可能性也越大，契約的穩定性也越强。”[2]李金錚認爲：“中人”一般是由 “與交易者有親友同族關係或者比較熟識者”“有一定經濟基礎的人”“鄉村領袖”“城居地主的代理人” [3]這四種類型的人所擔任。吴欣認爲“中人”是由“族長及族衆”“地方基層組織的領袖人物”“立契人的親戚”“婦女”“主人”及“佃僕”[4]等充任。而郭睿君通過對清代徽州641份歸户契約文書的分類、統計、分析，則提出一般親族在文書中大量擔任“中人”，而有“面子”的人則不占多數，得出“‘面子’的大小並不是選擇中人的絶對標準”[5]，並且認爲女性與佃人作“中人”占一定比例。

綜觀張氏契約文書中的“中人”主要由親族、近鄰與有“面子”之人擔任，與多數學者普遍論述的觀點相近，但不見有女性、佃人擔任“中人”之職。這大

1 ［日］岸本美緒：《明清契約文書》，［日］滋賀秀三等著，王亞新、梁治平編，王亞新等譯：《明清時期的民事審判與民間契約》，法律出版社，1998年，第312頁。

2 梁治平：《清代習慣法：社會與國家》，中國政法大學出版社，1996年，第161頁。

3 李金錚：《20世紀上半期中國鄉村經濟交易的中保人》，《近代史研究》2003年第6期。

4 吴欣：《明清時期的“中人”及其法律作用與意義——以明清徽州地方契約爲例》，《南京大學法律評論》2004年第1期。

5 郭睿君：《清代徽州契約文書所見“中人”身份探討》，《檔案學通訊》2017年第4期。

概與中國地域遼闊、風俗不同、土地性質不同有直接關係。對張氏家族地契的“中人”做歸類分析可得出三點結論：

（一）雙方親族主要是賣方親族作“中人”

明代崇禎六年（1633 年）肖丙德賣地契的中人是張應全、肖丙官、肖丙全、張奉堂四人，其中的肖丙官、肖丙全二人爲賣方肖丙德同輩親族，從賣契内容可知，張應全爲所售地塊之東鄰。

康熙五十七年（1718 年）十月三十日張胡賣契，“今憑中人張榮吾説合，出賣與堂弟張方傑、張方貴、張方英三人爲業”，可見賣主張胡與買主張方傑等爲堂兄弟。在康熙八年（1669 年）到雍正元年（1723 年）的五十四年間，張胡五次將自己莊基、園地出賣與張明顯、張方傑等人，其“中人”張名量、張名才、張方景顯然是買賣雙方的親族。

上手契乾隆三十二年十二月二十三日（1768 年 2 月 11 日）郝氏（王思康）同男王修文賣地契，男户主王思康已去世，生活所迫，女主人郝氏不得不携子王修文出賣自家土地。此契文中有七位“中人：王修孝、王思训、王思治、張天福、王思道、王修身、王修己”，其中六人爲王姓親族，或爲王修文長輩，或爲王修文同輩；另一“中人”張天福同時兼做“尺丈”。

乾隆五十五年（1790 年）正月十二日袁永誠賣地契，“尺丈袁義”“中人袁進花”皆爲袁氏族人。

民國三十二年（1943 年）四月初六石洛開賣地契，除了專業“尺丈”張合莊、保長張文勝外，三位中人石銀秋、石小水、張洛所，有兩位是賣主石洛開本族。

以上案例説明雙方親族主要是賣方親族作“中人”的現實。在買賣當事人雙方，賣主由於貧困、生活無着，只得出賣田産，走到不可選擇的地步，是作爲弱勢一方出現的。賣方親族作“中人”，可以站在賣方的立場，爲賣方争取更多的利益。一般情况下，賣方首先找自家親族作“中人”，一方面告知親族出賣土地的無奈，求得親族的理解；一方面由親族幫忙尋覓買方，或由親族聯繫其他第三方中人，並從中斡旋，與買方溝通，評定地價、丈量土地、監督雙方履行契約條款。即使賣方親族做中人，方便爲賣方争取更大利益，成交價格也是由各種因素綜合决定的，如賣方急於將土地出手，一時很難找到買方，或買方意願不强，都會影響標的物的價格。

賣方親族作“中人”是田産買賣中常見的現象，但從張氏家族全部地契來看，並不是一貫的現象。明末到清代前期的地契“中人”，顯示出更多的親族身份，特别是賣方的親族。而在道光年間及以後的地契“中人”，其親族身份越來越少，而讓步於有“面子”之人來擔任。特别是與張氏家族同村的石氏家族從道光二十八年（1848年）到民國二十二年（1933年）八十五年间、14張土地買賣典當契約的“中人”，没有一位石姓族人。這種變化説明千百年來鄉土社會所形成的宗族觀念、血緣關係正在悄然發生着變化。親族作“中人”現象的逐漸減少是一種從血緣到地緣的轉化，表明北方農村受商品經濟的衝擊，宗族觀念逐步淡化，是反映社會發展變化的一個縮影。

（二）地鄰作“中人”

葉顯恩認爲土地房屋買賣過程必須有“中人”，而“中人”大“多數都是賣主的族人、姻親、近鄰或地保”[1]等人，也就是説賣方所賣地塊、宅基的近鄰可作爲“中人”，見證、監督買賣交易。縱觀張氏房地買賣契約文書，地鄰作爲“中人”最具有代表性的是康熙八年（1669年）十二月十八日劉氏同男趙一秋賣地契，“中人”多達八人。其中趙邦有是趙氏親族，李應毛是所售地塊西鄰，王連進是南鄰，張名才、張名亮是買主張後艾親族，兩人還參與了同年三月初八張胡的賣地，顯然，二人不僅是張氏親族，也是張氏家族的有“面子”之人。另有肖文學、石天有、劉俊作爲村中他姓家族代表見證了此交易過程。康熙九年十二月初一（1671年1月11日）趙邦有賣宅基契有五位“中人”，其中，趙喜進爲賣主趙邦有親族，張名孫、張名佐爲買主張後愛親族，此外張名佐作爲此宅基地的東鄰和北鄰，“言莊基事張名佐”，是“中人”説合的主角，體現了地鄰在買賣地契中的作用。

1　葉顯恩：《明清徽州農村社會與佃僕制》，安徽人民出版社，1983年，第64頁。

地鄰作“中人”的情形也不是完全一樣的，有的是一般的中人，參與其中並不起主要作用，有的如上述張名佐是“説合”的主角，在土地買賣中起主要作用。這往往由地鄰的個人素質決定的，有的靦腆寡言，不善言辭，則作一般中人，有的思想靈活，善於表達，誠實可信，就擔任了中人的主要角色。

地鄰作爲“中人”的作用不可小覷：第一，由於地鄰對所售土地房屋的瞭解程度較旁人更清晰，有助於買賣雙方更順暢的溝通。第二，地鄰參與其中，等於承認了土地房屋買賣的合理性，有助於堅定買方的購買意願。第三，地鄰的參與，承認了買賣的合理性，同時承認了土地房屋的邊界，杜絶了日後買方與地鄰的糾紛。第四，一旦個别地鄰與買方發生糾紛，由參與其中的其他地鄰出面，有助於問題的解决。

（三）有“面子”之人作“中人”

清代早期地契，如順治年間有 4 張地契，其中 3 張地契的“中人”有張的山。順治十七年（1660 年）至康熙二十五年（1686 年）的二十七年間，8 次土地買賣交易中，張名亮參與了 6 次。從康熙四十三年（1704 年）至乾隆九年（1744 年）的四十一年間，地契中出現最多的“中人”是陳奇奉。其間，買賣土地 17 次，雙方當事人中没有陳姓族人，但 5 張地契中皆言“今憑中人陳奇奉説合”，説明陳奇奉作爲“中人”主角，參與了 5 次土地買賣。從乾隆五年（1740 年）至乾隆四十三年（1778 年）的三十九年間，共有 18 次土地交易，“中人”張廷佐參與了 9 次。

清代前期的一百多年間，“中人”張的山、張名亮、陳奇奉、張廷佐活躍於村中土地交易的舞臺上。他們不一定有多高的文化水準，甚至可能不識字，但一定是在生産生活中，爲人誠實厚道，辦事公平利索，善於協調各種關係，漸爲大家所尊重，成爲鄉民公認的有威望有“面子”的人物。他們熟悉鄉村社會的宗族與裙帶關係，熟悉丈量土地的規則及交易流程。從成年到老年的幾十年間，他們不僅作爲第三方參與鄉村社會的土地交易，也被鄉民邀請參與或主持婚喪嫁娶以及鄉村社會的祭神廟會等各種活動。

在這些有面子的“中人”中，不乏一些鄉官，如甲長、里正等人。如光緒八年（1882 年）張小祥賣地契“今將自己莊基一段……憑中人張生財説合，賣與張仁發爲業”，最後簽字有“尺丈張合莊、甲地石理明”。其後的光緒十一年（1885 年）兩份、十五年（1889 年）、十九年（1893 年）四張地契及民國十五年（1926 年）張煦亭賣地契皆有“甲地”作中人。據村中老文書石同茂（1921—2006）稱：“甲地負責村里完錢糧，春天收洋，秋天收糧，主要收一些大户、中等户的錢糧，每隔三五天向位伯或縣城運送繳納。同時還負責一些社會治安方面事宜，若發生人命案子，縣里來人調查，都要陪同伺候。”《辭源》有“地保”一詞，“即古里正、亭長之職。也稱地甲、保正”。《現代漢語詞典》“地保”一词則解釋爲“清代及民國初年地方上替官府辦差的人”。大概束鹿縣將“地甲”稱爲“甲地”了。

張氏家族張藏言一支十一世張翰章曾任“甲地”（見張樹平家藏民國十五年十二月十六日張煦亭賣地契，中人有“甲地張翰章”），故張藏言家藏契約文書中，在“歷年錢糧票”信封内，裝有民國年間各種執照、收據、聯單等票據 21 張，有張翰章自家的，也有村上其他人的。據九十多歲的張氏族人張雙紀回憶：翰章叔讀過私塾，穿戴整齊，文質彬彬，屬於村上的“頭面人物”。

石氏家族光緒二十四年（1898 年）、光緒三十一年（1907 年）、民國四年（1915 年）的三張地契的“中人”也有“甲地”，符合“清代及民國初年地方上替官府辦差的人”之意。

抗戰勝利後地契上的“中人”，許多有“面子”之人大多擔任村幹部，如蕭冠群、石同茂、張存信等。

三、張氏家族契約中的“尺丈”

（一）“尺丈”的出現

在買賣土地、訂立契約的實際操作中，不僅有中人，還有“尺丈”，即丈量土地的專人。現存張氏契約中從明末到乾隆前期的土地賣契中没有“尺丈”，正式出現“尺丈”專人，應該始於乾隆中期，簿册中抄録的乾隆三十一年（1766年）正月十八日張廷名賣地契，在“中人張廷佐”前並列有“尺丈王宗文”。乾隆三十二年十二月二十三日（1768年2月11日）郝氏賣地契，除列出七位中人外，還有“尺丈張天福”。張藏言家藏最早的乾隆三十五年十二月十七日（1771年2月1日）王文禮賣地契，在“中人劉奉得”前面有“尺丈王自有、王修仁”，此後直到民國時期所有出賣土地的契約皆有“尺丈”（見附表）。

事實上，不論哪個朝代的土地買賣都要實地推步測量，所以一般土地買賣契中都有土地長寬的具體數據。

張氏家族早期的土地買賣契約中，不見“尺丈”，並不是没有丈量土地，而是丈量土地的工作由“中人”具體操作了，“中人”與“尺丈”没有明確分工。隨着社會的發展進步，民間土地買賣的頻率增加，推步丈量土地不僅工作量大，要求的技術含量也越來越高。反映到地契上一些土地面積的“畝”“分”“厘”“毫”甚至精確到“絲”，從中可以看出買賣雙方的較真程度以及尺丈工作的嚴謹程度，因爲推步測量土地的準確與否直接涉及買賣雙方的利益。不僅如此，推步測量土地的準確也與土地四鄰關係密切，所以丈量土地、勘測地界時往往有土地四鄰在場。因此，負責丈量土地責任重大且公正誠信的“尺丈”也就在多個中人中脱離出來，成爲專職，成爲在土地買賣中與“中人”並列、不可缺少的要素之一。

附表 乾隆三十一年（1766年）至民國時期賣契中“中人”及“尺丈”信息

時間	賣主	中人與尺丈
（抄）乾隆三十一年正月十八日	張廷名	尺丈 王宗文 中人 張廷佐
乾隆三十二年十二月二十三日	郝氏同男王修文	中人 王修孝、王思訓、王思治、張天福、王思道、王修身、王修己 尺丈 張天福
（抄）乾隆三十三年十一月十四日	趙思公	尺丈 張□□ 中人 劉國盛
乾隆三十五年正月二十六日	袁克孝、袁克忠	尺丈 王進香 中人 袁進花
*乾隆三十五年十二月十七日	王文禮	尺丈 王自有、王修仁 中人 劉奉得

續表

時間	賣主	中人與尺丈
乾隆三十六年正月初三	王欽、 王元福	尺丈 王修仁 中人 王敬材
乾隆三十六年正月二十六日	袁克忠	尺丈 袁士英 中人 袁進化
（抄）乾隆三十六年二月初八	王思量、秦四	尺丈 王修仁 中人 張天福
（抄）乾隆三十八年正月二十八日	張遜	中人 張廷順
乾隆三十八年十二月	趙勉	尺丈 趙念忠 中人 肖之玉
（抄）乾隆四十二年正月二十七日	張遜	尺丈 肖于深 中人 張廷佐
（抄）乾隆四十三年三月	張遜	中人 張廷佐
乾隆四十五年正月十一日	張昌裔	中人 于永儀 尺丈 張文志、蕭于申
（抄）乾隆四十七年二月初六	張遜	中人 王修仁
乾隆五十五年正月十二日	袁永誠	尺丈 袁義 中人 袁進花
乾隆五十六年正月十三日	王成功	尺丈 何禄 説合 王敬才
乾隆五十九年正月十七日	王欽	尺丈 張立功 中人 鄭有福、王善
乾隆六十正月十二日	王欽	中人 王義公、王敬才 尺丈 何禄
乾隆六十年前二月二十二日	王天相	中人 袁進花 丈尺 袁化文、張立功
乾隆六十年二月初十	王廷棟	尺丈 何禄 中人 袁進花
乾隆六十年十一月初五	王名世	尺丈 王國祥 中人 袁士弘、袁思貞、袁永至
乾隆六十年十一月二十九日	王天相	尺丈 何禄 説合 袁永志
嘉慶二年二月二十六日	王廷棟	尺丈 何禄、袁廷杰 中人 袁際順

續表

時間	賣主	中人與尺丈
嘉慶五年三月十四日	張勇	中人 張文治、張立功 尺丈 李廷芳、張立功
嘉慶六年十二月二十六日	焦思聰	中人 劉洪亮 尺丈人 張立功、焦蘭香
嘉慶二十年正月初十	王宦成	中人 王修正 尺丈 張立重
嘉慶二十年二月初二	張文蔚	中人 張殿臣 尺丈 張立仲
嘉慶二十年十二月初十	王煥成	中人 王修正 尺丈 張立仲
嘉慶二十一年二月初二	張立功	中人 石作舟、張立德 尺丈 張殿臣
嘉慶二十一年十二月二十四日	徐□□	中人 徐進有、王存義 尺丈 常永、王達天
嘉慶二十一年十二月二十四日	劉印成	中人 王達天 尺丈 王達天
嘉慶二十五年正月十四日	張立功	中人 張文蔚 尺丈 王達天
道光五年正月二十六日	王繼業	中人 鄭令聞 尺丈 王達天
道光五年正月二十九日	張立命	中人 王存義 尺丈 王達天
* 道光二十五年三月初四	張思成	中人 張思和 尺丈 王浚霄
咸豐三年二月十一日	張玉印	中人 張落義
* 咸豐三年十二月初九	張鳳來	中人 張恭謹 尺丈 張恭謹
* 同治四年二月初四	張元明	里長 王祚綿 甲地 劉明德 尺丈 位合莊 中人 張文煥、張文魁、張文德
* 同治五年十二月十六日	王化逵	中人 王瑞林 里長 王國振 甲地 王純仁 尺丈 位合莊
同治十一年正月二十一日	張李氏	中人 張雅祚 尺丈 位合莊

續表

時間	賣主	中人與尺丈
光緒八年正月初九	張小祥	中人 張生財 尺丈 張合莊 甲地 石理明
*光緒八年正月二十六日	張喜德	中人 張雅奏
*光緒十年十月十六日	張洛雅	中人 張大焕、張小奎 尺丈 張合莊 甲長 王純仁 甲地 肖允正
*光緒十年十二月十七日	首德堂	尺丈 張合莊 里長 王純仁 甲地 肖允正
光緒十一年六月二十八日	王翠條	中人 王洛多、王洛安 尺丈 張合莊 甲地 王洛純、張洛雅
光緒十一年十一月十六日	王節祥	中人 張雅奏 尺丈 張合莊 甲地 王純仁、王誘民
*光緒十三年十二月二十四日	文德堂	中人 張雅奏、張大焕 尺丈 張合莊 甲地 王純仁、王振鐸
光緒十五年正月十九日	張狀志	中人 張麟趾、劉香遠 尺丈 張合莊 甲地 王佑民、張雅奏
光緒十九年十一月十六日	王知禮	中人 張雅奏 尺丈 張合莊 甲地 王佑民、白供照
光緒二十五年十二月十八日	張洛庸	中人 張洛高 尺丈 張合莊
*光緒二十九年五月十二日	張洛才	中人 張洛寬、張宣、肖洛命
*光緒三十四年十二月初六	張四廷	中人 石老坦 尺丈 張合莊
*民國十一年二月初十	張老寬	尺丈 張合莊 甲地 肖老曉 中人 肖老邦、王西珍
*民國十二年十月初九	王洛慎	尺丈 張合莊 甲地 陳鳳德 中人 張小虎、張蟒群、張振藩
民國十五年十二月十六日	張煦亭	中人 陳老本、張老懷、張老性 甲地 張翰章 尺丈 張合莊

續表

時間	賣主	中人與尺丈
*民國十七年正月初三	張二莽	中人 劉方亭、陳洛本 尺丈 張合莊
*民國二十三年十一月二十一日	張洛木	尺丈 張合莊 甲地 張老雷 中人 張立貞、張二黑、張慶申、張蟒群
*民國二十四年七月初四	張莽群	中人 張慶申 甲地 張老雷
*民國二十四年十月初八	張老木	監證人 張慶申、張立貞
*民國二十四年十二月初九	張老錯	中人 張滿祥、張老懷、張老所、張老潔 尺丈 張合莊 甲地 張老星
民國三十二年二月二十九日	張洛潔	尺丈 張合莊 中人 徐洛博、張四訓
民國三十二年四月初六	石洛開	尺丈 張合莊 保長 張文勝 中人 石銀秋、石小水、張洛所
民國三十二年十二月二十六日	王洛丕	尺丈 張合莊 中人 張洛所、石小水 保長 蕭洛仲
民國三十四年三月初九	張慶法	中人 張考山、石棠南、張鎮福 尺丈 張合莊
*民國三十五年十二月初八	石家族	尺丈 村公所 中人 常瑞來、石進元

注：表中帶*的爲張藏言家藏買賣房地契約文書。

（二）“尺丈”的專業化

這種“尺丈”專業化的發展趨勢從上表也可尋其踪迹：

1. 前期契約中的“尺丈”人名分散

在乾隆三十一年（1766年）到乾隆五十五年（1790年），先後有10人專任“尺丈”，其中只有王修仁作爲“尺丈”三次、作爲“中人”一次出現在四宗土地買賣中，肖于深則涉及兩宗土地買賣。

2. 乾隆五十六年（1791年）後，“尺丈”專人及專業性日益凸顯

乾隆五十六年（1791年）到嘉慶二年（1797年）七年間，“尺丈”何禄參與了五宗土地交易。乾隆五十九年（1794年）到嘉慶六年（1801年）八年間，張立功作爲“尺丈”專人參與了四宗。嘉慶二十年（1815年）到嘉慶二十一年（1816年）的两年間，張立仲參與了張氏家族的三宗買地事宜。此時直到道光五年（1826年），王達天參與了張氏家族全部的五次買地事宜。作爲丈量土地的“尺丈”專人及專業化趨勢日益凸顯。

3. 道光後期開始，有了專職的“尺丈”

綜合張氏家族及同村石氏家族契約發現，從道光二十八年（1848年）直到同治十一年（1872年），一名“位合莊”擔任了專業的“尺丈”。此後直到民國三十五年（1946年）的買賣房地契約中的“尺丈”，皆爲另一人“張合莊”。其間，張樹平家藏嘉慶二十年（1815年）二月初二張文蔚賣莊基契，於咸豐元年（1851年）交契税時，在地契契尾鈐蓋官府紅印的同時，還在地契“尺丈張立仲”旁鈐蓋“南小陳位合莊”黑色長形章。當時的東大陳村仍屬南小陳疃的北小陳莊所轄。也就是説，從清代道光後期到民國三十五年（1946年）的近百年間，“位合莊”和“張合莊”作爲專業“尺丈”人，承攬了近乎全村的土地買賣丈量工作。這里值得注意的是兩任“合莊”與各自任職時間，尤其是“張合莊”任職時間長達六十多年，這在現實生活中是不可能的。爲此，筆者曾詢問出生於1928年的張氏族人張静波，他家地契上也有“尺丈張合莊”，但不知具體是誰。據他判斷，“合莊”是“核實莊基”之意，是丈量土地、莊基專業人士的代稱。這種説法是有道理的。正因如此，張姓“尺丈”接替了位姓“尺丈”的工作，出於一種習慣，鄉民稱張姓“尺丈”爲“張合莊”，而“張合莊”不只一人。

一些契約文書正文有“今憑中人某某某説合”的“中人”，在契文後没有像“尺丈”一樣特别標注畫押。這一現象從另一側面説明，“尺丈”在土地買賣中愈來愈受到人們的重視，不但從“中人”中脱穎而出與“中人”並駕齊驅，甚至有超越“中人”之趨勢。當然，無論“尺丈”怎樣受到重視，都代替不了“中人”居間調解、監督履行契約規定條款的作用。其實“尺丈”仍然是“中人”的一分子，與“中人”協同完成土地買賣交割的整個過程。

正如大家看到的，張氏簿册中的抄契有三張没有“尺丈”，這並不代表原契中没有“尺丈”，應該是抄録者圖省事，省略了“尺丈”，他所看重的是契約内容，是自己擁有的對土地的所有權。另外，咸豐三年（1853 年）張玉印將土地出賣於胞兄張玉潤的賣地契，除了有“中人”以及土地畝數、土地四至外，既無“尺丈”專人署名，也未標註丈量土地的尺寸。因爲這是基於同胞兄弟之間的親情和信任的買賣，所以省却了“尺丈”及推步丈量的工作，最後簽訂的是簡化契約，此爲一種特例。在其他家族契約中也時常能看到親族之間簡化的買賣契約。

省却“尺丈”的契約，還有一些是出典土地的當契。在張氏現存地契中，所有當契只有土地畝數、“中人”和當價，一般有土地四至，没有“尺丈”，更没有土地的丈量尺寸。這是因爲，不同於出賣土地的賣地契約將土地所有權、使用權統統轉移到買主手中，典當土地只是土地使用權的改變，土地所有權仍歸出典人原主。一旦典當期滿，若無特殊情况出典人會將土地及時贖回，因此没必要那麼較真。據筆者所見各地當契也大多有中人無“尺丈”。

從乾隆中期開始，東鹿張氏契約文書中絕大多數有“尺丈”，表明契約文書的操作日趨規範。通常是在寫完契約正文後，寫立契時間，最後寫土地長寬數據以及中人、尺丈等。民國年間的契約文書，用紙形制與以前相同，但把立約時間寫在所有内容的最後，這種變化已日趨符合今天的合同文書形式。契約文書的日趨規範表明，隨着社會的發展，人們的思想觀念也在發生着變化，潛意識中的法理觀念逐漸産生、增長，並日益規範着人們的行爲，使之更趨理性化。

（本文原載於《滄州師範學院學報》2019 年第 4 期，已做修改）

東鹿張氏地契與滄縣王氏地契之比較

東鹿縣（今辛集市）位於河北省中部，滄縣在河北省東部，同在華北衝積平原。張氏所在的東大陳村緊傍 307 國道（亦稱滄石公路），國道一直向東 150 公里便是滄州市，滄州市向東 20 公里，就是王氏所在的滄縣軍馬站村，軍馬站位於滄縣最東部，與黄驊市交界。在清代，張氏所在的東鹿縣與王氏所在的滄州同屬於直隸。“滄縣”一名始見於民國二年（1913 年），這年二月改滄州爲滄縣。1928 年國民政府成立後，東鹿縣、滄縣同屬於河北省。

在新中國成立後的土改運動中，張氏被定爲中農，王氏被定爲上中農，兩家同爲自耕農。東鹿縣張氏家族兩個分支的契約文書從明末到民國共計 171 張，其中，房地買賣契約 106 張，另有價值的抄寫地契 11 張。滄縣軍馬站王氏家藏契約文書從清代乾隆四十七年（1782 年）到民國共 49 張，其中房地買賣契約 35 張。這些房地買賣契約包含着十分豐富的歷史信息，反映了當時當地的人文生態、鄉約民俗的原始風貌。

張氏與王氏地契正文基本包括以下幾項内容：地契稱謂、賣主姓名、賣地原因、地塊數量及四至、委托中人、買主姓名、土地價格，結尾是立契時間、土地長寬數據、中人姓名。從表面上粗略地看，張氏與王氏地契在格式、契文内容所包含的要素等方面基本相同。但將兩個家族契約文書進行仔細分析，特别是將買賣房屋土地契約做一比較，會發現它們有着各自鮮明的特色，對其進行解讀研究，有助於加深對東鹿張氏契約文書的認識。

東鹿張氏地契與滄縣王氏地契的區别主要體現在以下幾個方面：

一、地契稱謂

（一）張氏地契稱謂從“文約”“文契”到“賣契”

關於契約的稱謂，有學者認爲，我國古人嚴格區分“契”“約”“書”“字”和“合同”等，並適用於各類不同的文書。如“契”一般用於土地、房屋、山林、院落等不動産的交易；“約”“字”等適用於動産交易、約定、保證和其他一些文書的稱謂。[1]其實，鄉村社會對“契”“約”“文”“字”等字眼並沒有嚴格的區別，從張氏家藏房地買賣契約看也是如此，主要稱謂是“文約”“文契”“賣契”，並且有一個逐漸從“文約”到“賣契”的發展過程。

第一階段：明末至清代雍正末年百餘年間，主要稱“文約”。此間28張房地買賣契（包括兩張抄契），25張稱“立文約人”，只有康熙四十三年（1704年）王光魁、王光先賣地契稱“立賣契人”，雍正十一年（1733年）王元福賣地契稱“立契人”，雍正十三年十一月二十四日（1736年1月6日）王元林賣地契稱“立文人”。

第二階段：清代乾嘉八十多年間，“文約”與“賣契”“文契”之稱共存。39張買賣契約，連同9張抄契共48張。除嘉慶二十一年（1816年）賣地契紙張破損、字迹不清外，21張稱“立文約人”，13張稱“立賣契人”，5張稱“立文人”，3張稱“立契人”，3張稱“立文契人”，2張稱“立字人”，1張稱“立賣地人”。可見，44%的契約仍然沿襲前期稱謂爲“文約”，27%的契約已改稱“賣契”，還有29%的契約稱謂介於兩者之間爲“文契”“契”“字”“文”，顯示了契約從“文約”到“賣契”稱謂的轉變。

第三階段：清代道光初年至抗戰勝利一百二十多年間，房地買賣契約共41張，除同治五年1張爲“立字人”、民國七年1張爲“立契人”外，其餘39張地契皆爲“立賣契人”。

---

1 王云紅：《傳統契約文書與中國人的契約觀念》，《學術探索》2017年第5期。

以上看出張氏房地買賣契約稱謂的發展變化，前期主要稱“文約”，中期爲契約稱謂的轉折，後期幾乎全部稱“賣契”。

房地買賣契約稱謂的變化，其實是社會發展變化以及鄉村社會人們意識形態思想觀念隨之變化的現實反映。在農村，土地是農民的命根子，是農民最重要的資産，土地上種出的莊稼供給人們吃穿用度，任何一位農民都把擁有一份自己的土地作爲奮鬥的目標。因此，人們不會輕易出賣自家的土地，尤其是出賣祖上遺留下的土地、房屋，否則會被認爲是“敗家子”行爲，此觀念在民間是普遍流行且根深蒂固的。如山東棗莊紅山峪村到了民國時期，仍不稱出賣地契之人爲“賣地契人”，而稱“賣約人”，反映了賣主避諱“賣地”，生怕戴上“敗壞頭”帽子的心理[1]。出賣土地是人們忌諱、有時又很無奈的事情，生活在鄉間的代寫文書之人瞭解當時的風俗，很能體諒賣主的苦衷，故書“文約”，以免觸動鄉民敏感的神經。

隨着土地買賣在人們的生活中越來越普遍，傳統觀念也在悄悄發生着變化。特别是當時的束鹿縣辛集鎮，在清朝的方輿圖上被明確標出爲“中國皮毛雜貨集散中心”，號稱“河北一集”，與“山東一村，河南一鎮”齊名，辛集專營皮毛轉運批發業務的皮莊、皮店以及外國皮貨商在辛集設的洋莊越來越多，商品經濟已十分發達。東大陳村距辛集鎮十多公里，受商品經濟的影響，到清朝後期，一些村民已開始隨着皮貨商的脚步走出去，到京津開始了前店後坊的經營模式，民國年間張鎮乾兄弟在北平開設了義昇皮件廠、義恒皮箱店。同時，鴉片戰争後，西方“合同”觀念的傳入也在潛移默化地影響着鄉村社會，影響着鄉民的觀念，人們對“賣地”已漸漸接受，不再諱莫如深。因此，從“文約”到“文契”，再到“賣契”，最終取代“文約”而成爲房地買賣契約名副其實的稱謂。

（二）王氏所有手寫地契均稱爲“賣契”

王氏家藏乾隆四十七年（1782 年）至民國時期的手書房地買賣契約共 35 張，

1　刁統菊：《對紅山峪村 16 張地契的民俗學解讀》，《民俗研究》2005 年第 3 期。

皆稱“立賣契人”。如最早的乾隆四十七年(1782年)十一月十五日孫益三賣地契:

> 立賣契人孫益三因乏手，同中人劉士俊、宋國棟、張祥説合，情願將劉氏家地南北一段，計小灶地肆畝陸分陸厘壹毫賣於王名下永遠爲業，言明價銀捌兩伍錢整，其錢當日交足無欠，如有族人違礙争差，由賣主一面承管，恐後無憑，立契存照……

此契所處的清代乾嘉年間，張氏房地買賣契約的稱謂正是從“文約”“文契”向“賣契”轉折時期。如與孫益三賣契同期的張氏乾隆四十五年（1780年）正月十一日上手紅契:

> 立文約人張昌裔，因爲無銀使用，今將自己村西南南北地一段，計地陸畝肆分零貳毫，東至張芬，西至買主，南至頂頭，北至古道，四至明白，今憑中人于永儀説合，賣與張廷孝爲業……

此爲“立文約人”。此後，乾隆五十五年（1790年）正月十二日袁永誠賣地契稱“立賣契人袁永誠”，乾隆五十六年（1791年）正月十三日王成功賣莊基契又稱“立文約人王成功”。

王氏家藏契約文書，從乾隆四十七年(1782年)孫益三賣地契稱“立賣契人”，至民國前期長達一百五六十年间，仍然稱作“立賣契人”。如民國二十四年(1935年）二月初六日戴複保賣地契:

> 立賣契人戴複保因正用，煩中人王春林等説合，情願將自己宅基南北壹段，草房貳間門壹合、榆樹壹根、豬圈壹個，又南邊空基東西壹段，共計地基玖分捌厘三毫玖絲壹忽，賣與王龍三名下永遠爲業……

王氏家藏契約文書中從清乾隆至民國所有手寫地契均稱“賣契”的現象，證明了處在大運河沿岸的滄州，自古以來由于交通便利，商業較爲發達，使得人們更易接受新的觀念。

二、 地塊稱謂

東鹿張氏地契與滄縣王氏地契對交易地塊的稱謂有着明顯的差别。

（一）張氏地契以地塊方位和走向來指稱

張氏買賣土地契約，對交易地塊的稱謂如“村東東西地”“村東南南北地”“村北南北地”“村西北東西地”等，是以村莊爲中心、以地塊在村莊的方位和地塊走向來指稱某塊土地。如順治四年（1647 年）五月張奉奇買地契：

> 立文約人張奉奇，因爲無錢使用，今將自己村東南北地一段，計地二畝，東至石積家，西至肖文學，南至肖順高，北至道，四至明白，憑中人肖孟龍説，賣與張後艾耕種爲業……

又如道光六年（1826 年）正月十九張立命賣地契：

> 立賣契人張立命，因爲不便，今將自己村東北南北地一段，計地三畝六分七厘八毫一絲八忽……憑中人王存義説合，賣於張謙德耕種……

張氏以村莊爲中心、以地塊方位和走向來指稱交易土地的習俗，與所在東鹿縣地理位置有關。東鹿縣地處華北平原腹地，耕作歷史悠久，各類自然土壤已熟化爲農業土壤，基本没什麼區别。且村莊密集、人口衆多，“地頗膏腴，夙號人滿，家有丁壯而恒無可耕之地”[1]，各村之間不過三五里，甚至一二里，最遠的也只有十里八里，故村民耕地皆在村邊不遠，言方位“村東”“村西”等，加

1 〔清〕劉昆：《康熙東鹿縣志》卷五“食貨・田賦”，見〔民國〕謝道安：《東鹿五志合刊》民國二十六年鉛印本，臺北成文出版社影印，1968 年，第 141 頁。

上地塊走向“南北地”“東西地”，再標明土地四至，很容易分辨所指稱的土地。

（二）王氏地契中地塊有特定名稱

滄縣王氏地契對每一塊交易土地都是特指，都有特定的名稱。 如咸豐二年（1852 年）十月十七日戴松如賣地契：

> 立賣契人戴松如因手乏無湊，今同中人劉安泰等說合，情願將自己族遺地庫桶地一段，四闊共計地拾肆畝捌分肆厘，小民灶地行糧，賣於王永芬名下永遠過割爲業……

此契交易地塊名稱爲“庫桶地”。又如咸豐元年（1851 年）“立賣契人代寶田因手乏無湊，今同中人劉安太說合，情願將自己祖遺地東道溝子地一段，三闊共捌畝柒分肆厘（小民灶地行糧），賣與劉天民……”此契交易地塊名爲“東道溝子”。王氏地契上還有“東嶺子”“王殿坑”“刀把子地”“朱家地”“韓家墳”“蔡家嶺子”“南場”等稱謂，即使前述乾隆四十七年孫益三賣地契“劉氏家地南北一段”，有地塊走向“南北一段”，但其俗稱“劉氏家地”仍是特指，與張氏地契指稱方式有區別。

王氏所在滄縣與張氏所在東鹿縣，同在華北平原，兩地相距只有一百五十餘公里，但土壤、地貌等自然條件與東鹿縣差異很大。王氏所在滄縣軍馬站村，在今滄州市東，距渤海邊五十多公里，直到二十世紀八十年代前，這里還有大片鹽鹼地。而且窪大村稀，各個村莊一般相距不近，百姓辛勤開墾出的土地，有的距村莊較遠，又由於鹽鹼地的分隔而星羅棋布，且不規整。爲了分辨清楚，久而久之，村民對各個地塊有了約定俗成的名稱，如“庫桶地”，地形象褲筒故名；“刀把子地”形似刀把；“朱家地”最初是朱家的土地；“南場”是在村子南邊最早作爲打麥場地的等等。東鹿、滄縣兩地自然環境的不同，造成了對交易地塊稱謂的不同。

另外張氏地契將交易土地四至寫在契文中，王氏地契將交易土地四至寫在契文後，這應該是習慣使然。但兩者比較而言，寫在契文後面，與土地長寬數據放在一起表述，就更突出更清晰，使人一目了然。

三、民地與灶地

張氏與王氏地契不僅對交易地塊稱謂不同，而且在向官府繳納賦税方面，交易土地的屬性、納税比例都有區别。

（一）張氏地契中交易土地爲民地，按六成比例折成“行糧地”

如前所述，束鹿縣地處華北平原腹地，各類自然土壤已熟化爲農業土壤。除了受滹沱河泛濫影響，有些土壤沙化外，基本没多大區别。所以，在土地買賣契約上，皆爲普通民地。當土地交易、所有權轉移時，連同向官府繳納賦税的義務一併轉移，這就産生了所謂的“行糧地”。行糧地指按照科則向官府繳納賦税的土地。

張氏明末至清雍正初年的土地買賣地契中没有標示“行糧地”，雍正九年十二月十九日（1732 年 1 月 16 日）上手契出現“折糧”字眼，此契云：

> 立文約人王元福，因爲無銀使用，將孤莊村北東西地一段，計地六畝〇八厘五毫……憑中人王上貴説合，賣與徐中禄爲業……六成折糧。

即按交易土地“六畝〇八厘五毫”的六成，折合成“三畝六分五厘一毫”的行糧地向國家交税。此後，除個别地契没標明“行糧地”外，直到民國年間土地買賣契約一般皆注明“行糧地”數目，其比例基本按六成折算。如同治四年（1865 年）二月初四地契：

> 立賣契人張元明，因爲不便，今將自己村南東西地壹段，計地三畝捌分，南至張自盛，北至王運通，東至頂頭，西至大道，四至明白。今憑中人尺丈説合，賣於張鳳翥爲業，言明每畝價三帝錢廿五千文，其錢當日交足，恐口無憑，立賣契爲證。折糧地二畝二分八厘……

“折糧地二畝二分八厘”，也就是交易土地“三畝捌分”的六成。

（二）王氏地契中交易土地爲“灶地”

王氏地契中稱交易土地爲“灶地”“小灶地”“民灶地”等。如上述乾隆四十七年（1782 年）孫益三地契，計小灶地四畝六分六厘一毫。咸豐元年（1851 年）十月十二日代竇田賣地契：“立賣契人代竇田因手乏湊，今同中人劉安太説合，情願將自己祖遺地東道溝子地一段，三闊捌畝柒分四厘，小民灶地，賣於劉天民、張吉太、白永貴、吴勤、王大用、張安太名下，永遠過割爲業……”同治九年十二月十七日（1871 年 2 月 6 日）治安堂董姓賣地契，“立賣契治安堂董姓因手乏無湊，今同中人王金城説合，將自己本分朱家地東西貳段，計地貳拾柒畝肆分，民灶行糧，情願賣於王永成名下永遠爲業……恐後無憑立賣契存照。”

又如光緒十二年十二月二十八日（1887 年 1 月 21 日）張福有賣地契：

> 立賣契人張福有同劉天民等，因置代姓地八畝七分四厘，陸股均分，張福有應分一股，同中人劉金城等説合，情願盡賣於王樹亭名下一股（贊一里行糧半民半灶），言明價錢伍千整……

契文中特别標明“贊一里行糧半民半灶”，即指明在贊一里行糧繳納田賦，並且按一半民地一半灶地的比例納税。

王氏地契中將交易土地稱“灶地”，與滄縣地近渤海有關。明初此地屬長蘆鹽場，有鹽民聚居設灶煮鹽，最初的“灶地”是專爲煮鹽劃撥的生長柴草之地，灶户衹納鹽課。清朝順治年間開始對灶地每畝徵數厘銀兩，到了乾隆年間，灶地與民地一律繳納正賦，但比一般土地納税少。如《滄縣志・賦役》記載：行差民地每畝“正加賦則”爲“五分九絲八忽”，而行差灶地每畝爲“二分二厘二毫”[1]，不足民地徵收賦税的二分之一。在近邻山东如乐陵等县也是如此，“將民地和灶

1 〔民國〕張坪：《滄縣志》卷五“賦役”，民國二十二年鉛印本，臺北成文出版社影印，1968 年，第 341—342 頁。

地统筹計量，只是民灶地的赋税略低于民地”[1]。

王氏地契上的“小灶地”“民灶小地”“小民灶地”中的“小”，應指當時流行的“小畝”。沿海邊地，地薄少産，“脊土之民，數畝得一畝之入，非寬有餘地則不足自給”[2]，故“民灶等地大畝行糧，每小畝二畝七分八厘折大地一畝，軍屯等地小畝行糧不折”[3]，即向國家繳納的錢糧按“大畝”計算。如乾隆四十七年（1782 年）孫益三地契中，計小灶地四畝六分六厘一毫，按照“以小地二畝七分八厘”折合成“大畝”，就只有 1.68 畝了，這個數目只是交易土地的 3.6 成，較張氏“六成折糧”少了二成多。即使這樣的比例，對當時的老百姓來講，也是沉重的負擔，因爲，鹽鹼地的收成是極低的，不要説二百多年前，即使到了現代的改革開放前，滄州東部沿海地區的土地畝産量也遠遠低於内陸地區。

灶地與大畝、小畝，構成了滄縣王氏以及滄州沿海如黄驊、鹽山、海興等地契約文書的特色。在同屬於滄州市的其他内陸各縣如青縣、肅寧、獻縣就没有這樣複雜的稱謂，而是與東鹿張氏地契一樣，以村莊爲中心，以地塊方位和走向指稱，並且皆爲一般民地，簡單且單一。

四、尺丈與官中

無論是張氏地契還是王氏地契，每張契約文書都有中人的參與，中人通過在當事雙方的多次説合，完成居間介紹、評議交易價格、促成交易成功、見證交易過程，並保證雙方履行責任義務等必不可少的工作。中人成爲契約的一個基本構成要素。張氏地契與王氏地契上的中人身份基本相同，大多是賣方尋找的買賣雙方皆熟識的或親族、或地鄰、或有面子之人。張氏地契中除中人外，從清乾隆中期到民國年間，幾乎所有買賣土地契約中都有專司丈量土地的“尺丈”。民國時

1 朱義明：《清代山東耕地地畝種類辨析》，《西華大學學報（哲學社會科學版）》2020 年第 4 期。

2 〔民國〕孫毓琇修、賈恩紱纂：《鹽山新志》卷七“賦役上・田制”，民國五年鉛印本，臺北成文出版社影印，1976 年，第 302 頁。

3 〔清〕莊日榮等纂修：《滄州志》卷之五“賦役・地畝錢糧”，乾隆八年刊本，臺北成文出版社影印，1975 年，第 332 頁。

期，少數地契上出現了“官牙”“田房監證人”。王氏地契中除中人外，從清道光初期直到民國年間，絶大部分地契中出現了“官中”。民國時期的官府制式地契中也出現了“田房監證人”。

（一）張氏地契中的“尺丈”“官牙”“田房監證人”

“尺丈”，即丈量土地的專人。事實上，不論哪個朝代的土地買賣都要實地推步測量，所以一般土地買賣契中都有土地長寬的具體數據。在現存張氏契約的前期地契中不見“尺丈”，並不是没有丈量土地，而是丈量土地的工作由“中人”具體操作了。隨着社會的發展，民間土地買賣的頻率增加，推步丈量土地不僅工作量大，而且要求的技術含量也越來越高，反映到地契上就是一些土地面積不僅用“畝”“分”“厘”表示，甚至精確到“毫”“絲”，從中可以看出買賣雙方的較真程度以及尺丈工作的嚴謹程度。因爲測量土地的準確與否直接涉及買賣雙方及四鄰的利益。因此，負責丈量土地、公正誠信且敢於擔責的“尺丈”，也就在多個“中人”中脱離出來，成爲專職，成爲在土地買賣中與“中人”並列、不可缺少的要素之一。

張氏契約中，首次出現“尺丈”始於乾隆中期，如抄契簿中乾隆三十一年（1766年）正月十八日張廷名賣地契：

> 立文約人張廷名，因爲無銀使用，今將自己村東南北地一段，計地三畝八分八厘三毫……今憑中人張廷佐説合，賣與張廷寬耕種爲業……尺丈王宗文　中人張廷佐

乾隆三十二年十二月二十三日（1768年2月11日）郝氏賣地上手契，除七位中人外，还有“尺丈張天福”。乾隆中期到乾隆末年的三十年間，先後有10人擔任“尺丈”。嘉慶至道光前期，“尺丈”的工作越來越集中在少數幾個人身上，其專業性日益凸顯。道光後期至同治年間，一名“位合莊”的人擔任了專業的“尺丈”。光緒八年（1882年）至民國三十四年（1945年）六十四年間，買賣房地契約中的“尺丈”，皆爲“張合莊”。本村石氏家族地契，道光後期、咸

豐、同治年間“尺丈位夥莊（位合莊）”，光緒、民國年間“尺丈張合莊”。也就是説，從清代道光後期到民國三十四年（1945 年）的百年間 ，“位合莊”和“張合莊”作爲專業“尺丈”人，承攬了幾乎東大陳村全部土地買賣丈量工作。

張氏地契除“中人”“尺丈”外，少數地契有“官牙”“田房監證人”。如民國二十年十二月初五（1932 年 1 月 12 日）張蟒群當契，在“中人張慶祥、陳洛守”處蓋有“大陳官牙圖記”印章，表明其中至少一人爲東大陳村官牙。官牙又稱官中，明清、民國初年，經官府指派的牙商，圖記、戳記由官府頒發。由此印可知，東大陳村亦有民間身份的官牙，從事經紀房屋土地的交易。

四年後的民國二十四年（1935 年）七月初四張蟒群賣地契上鈐印“東鹿縣第二區東大陳田房監證人戳記”。早在 1919 年，省頒佈田房交易監證人規則將官牙、官中等改爲田房監證人，一般由村副、鄉副兼任。“草契之發行。由縣政府制就草契，編列號簿，蓋用縣印，分發各區公所，仍由各區公所編號轉發於各鄉長副，隨時發行之。凡民間買典田房書立草契必須購用此項草契，依式填寫，由田房交易監證人加蓋戳記。否則，遇有訴訟作爲無效。”[1] 此戳記證明，東大陳村亦設立了田房監證人，但民間仍稱“官牙”。如民國二十四年十二月初九（1936 年 1 月 3 日）張老錯賣莊基契有“憑官牙王殿元，中人張滿祥、張老懷、張老所、張老潔説合，賣與張翰章名下爲業……”

官牙與田房監證人的設立，顯示國民政府時期房地買賣管理、契税徵收日趨規範化。

（二）王氏地契中的“官中”

王氏地契與張氏地契明顯不同的是，除了“中人”外，從道光五年（1825 年）到民國年間的絶大多數賣地契還有“官中”參與。

“官中”即官府指派參與民間房地買賣的中間人，其產生與當時的國勢有關。清朝前期，國家收入的大宗是田賦，契税收入很少。中期以後，特別是鴉片戰爭

1 〔民國〕王用舟：《井陘縣志料》第七編“行政”，臺北成文出版社影印，1968 年，第 160 號，第 444—445 頁。

後，國家財政日趨緊張，在此背景下，契稅收入逐漸得到重視。尤其是具體實施整頓契税的地方政府，不可能對民間每一次房地買賣行爲實行監督防其偷漏税，於是在民間經紀人、中人基礎上，産生了由官府指派，圖記、戳記由官府頒發的"官中"，又名官牙，以此加强了對民間房地買賣的管理，並從中徵收契税。

王氏家藏最早的乾隆四十七年、六十年兩張賣契皆無"官中"，道光五年（1825年）十月戴信亭賣地契有"中人王吉升"並畫押，還有一戳記，戳的上方爲梯形，從右至左横書"滄州正堂□"，其下右邊豎書"孔家店□鋪"，左邊豎書"官中戴□□戳記"，中間是花押，帶有符號意味，讓人不易辨認模仿以便防僞。同村孫氏道光二年（1822年）六月二十六日戴信亭賣地契[1]的官中戳記，上方梯形書"滄州正堂潘"，其下右書"孔家店上鋪官中"，左邊書"王玉堂戳記"。此戳爲孔家店上鋪官中王玉堂的戳印，"滄州正堂潘"指姓"潘"的滄州知州；當時"滄州村制沿革，里以後分爲鋪，全縣共五十四鋪"[2]，孔家店又分上下鋪，軍馬站屬孔家店上鋪，故有"孔家店上鋪官中"。地契上的這些官中戳記，表明道光以後，官中一職"頻繁出現於華北地區的田宅交易中"[3]。

王氏咸豐元年（1851年）有關土地股份買賣契約中，有官中代廷謨簽字畫押，有官中戴焕章戳印。從同治九年（1870年）至光緒十四年（1888年）地契，絶大部分地契上都是"官中戴焕章"並畫押，還有專門的"戴焕章戳記"，形制如上述"王玉堂戳記"。若從咸豐元年算起，戴焕章任"官中"長達三十多年，其戳記也至少换了六七個，因爲戳印中間藝術性的花押有六七种不同的形狀，戳印最上邊的"滄州正堂"姓氏，不同時期有"項""戴""楊""商"等。民國初年，"官中"的設置一如既往，如民國二年（1913年）六月二十八日龐玉蘭賣地契，有"官中戴駿聲"簽名畫押，另有戳印，其上邊爲"滄縣知事李"，右邊豎書"孔家店上區官中"，左邊書"戴駿聲戳記"。筆者所見滄縣、鹽山等地的地契中，官中的設置及官中的戳印是普遍存在的。

民國年間的"田房監證人"出現在民國十六年十二月十七日（1928年1月9

---

1 童廣俊、張玉編著：《滄州民間契約文書輯録》，團結出版社，2014年，第15頁。

2 〔民國〕張坪：《滄縣志》卷一"疆域"，民國二十二年鉛印本，臺北成文出版社影印，1968年，第86頁。

3 王正華：《晚清民國華北鄉村田宅交易中的官中現象》，《中國經濟史研究》2018年第1期。

日）孫惠圃賣地契，契中戳印形制如官中，最上邊從右至左横書“署理滄縣知事曹”，右竪書“第六鄉孔家店上區”，左竪書“田房監證人戴複銜戳”。第二年孫惠圃賣地契没有戳印，但有“監證人戴複銜”。這與張氏民國時期地契上戳印“束鹿縣第二區東大陳田房監證人戳記”所顯示的信息是一致的，但出現的時間更早，且更加規範具體。

由上可見，相較於王氏地契上的“官中”，張氏地契出現最多的是“尺丈”，直到民國年間地契上，才出現爲數不多“官牙”的影子。張氏地契上的“尺丈”不僅没有專用的戳印，連簽字畫押也没有，不看重外在的儀式，操作簡單，這是張氏房地買賣契約一貫的風格。“尺丈”强調的是技術性的推步測量，“官中”强調的不僅是職業的專業性，更是官府的參與力。各有側重，目的都是爲了保證房地交易的公平、公正，同時映射出當地官府對民間房地交易的干預程度。

五、擔責與處罰

這里的擔責，指房地交易中對買賣雙方權利義務的認定並約束，直至處罰。不僅保證交易順利進行，而且保證交易後減少糾紛，不再節外生枝。

（一）張氏早期手書地契注重買賣雙方的擔責，民國時制式“買賣田房草契”體現了中人的擔責

張氏明末至康熙前期房地買賣手書契約文書上都有雙方擔責及處罰内容，如明代崇禎六年（1633 年）肖丙德賣地契約定“有先悔之人耳，罰白米一石，入官公用，恐後無憑，故立約……”，再如康熙二十五年（1686 年）十月張聖如賣地契，“……兩家情願，不許憣悔，如有悔者，執字到官依法究治，立字存照”。這些契文注重了買賣雙方毁約所承擔的責任。康熙後期地契有“兩家情願”“不許憣悔”之語。此後，從雍正到民國的二百多年間，所有手書地契就只有“恐後無憑，立契存照”幾個字了。因爲少了擔責和懲罰内容，張氏地契一般爲 150 字左右或更少，少數地契接近 200 字，語言簡潔精煉。

張氏地契中的官府制式地契，從明末至清代只有10張粘貼“契尾”的紅契。民國時期的則有北洋政府的“官紙草契”與暨行表格式的“買契”，“官紙草契”的内容、格式與民間自行簽訂的手書白契並無兩樣，没有具體的擔責與懲罰内容。另有河北財政廳印發的“國民政府財政部驗契紙”，也是簡單的表格。

現存民國二十四年（1935年）七月初四張蟒群、十月初八張老木兩張官府制式買賣田房草契与存根，爲雕版印刷制式地契，地契正文最後印有“筆下交清，並無短少，日後如有别項糾葛情事，俱有説合人一面承當，與買主無干，恐口無憑，立據爲證”，其中“俱有説合人一面承當”，强調的是中人的擔責，這是張氏地契自清代康熙中期以來僅存的有擔責内容的兩張官府制式地契。

（二）王氏手書地契强調賣方擔責，清代同光年間官府制式“田宅賣契”擔責及處罰内容更加具體

王氏26張清代土地買賣地契，其格式、語言較束鹿張氏契約更加規範，主要表現爲每張手書地契强調了賣方擔責内容，如前述乾隆四十七年（1782年）孫益三賣地契，强調“……如有族人違礙争差，由賣主一面承管”。即使到了民國年間，仍然有這樣的内容，如民國二年（1913年）六月二十八日龐玉蘭賣地契：

> 立賣契人龐玉蘭因手乏，煩中人孫文田等説合，情願將族遺宅基南北一段……盡賣於王錫恩名下永遠爲業，言明價錢貳佰伍拾吊整，其錢筆下交足不欠，自賣之後任憑買主照契管業，並無諸色人等争執，如有争執違礙者，有賣主一面承管，此系兩家情願，各無返悔，如有返悔者，罰契内錢一半入官公用，恐後無憑，立賣契存照……

此契不僅强調“有賣主一面承管”，還規定了對毁約者“罰契内錢一半入官公用”，與官府制式地契内容保持了高度一致，表現出嚴謹規範的特點。

王氏家藏官府制式地契，有道光到光緒年間11張粘連契尾的紅契，因同屬於直隸，契尾形制及内容與張氏地契粘連的契尾完全相同。此外，王氏還有同光年間6張官府雕版印製的“田宅賣契”，同樣强調“賣主一面承管”的擔責内容。

如同治九年（1870 年）十月初十顧京和賣地契：

> 立絶賣契人顧京和同官中戴焕章等説和，將本身自置族遺分産名下（中人孫玉譜等）情願賣於王永芬名下永遠爲業，言明時價銀錢壹佰三拾仟（合銀肆拾三兩三錢）整，其價當日交足，並無欠少，自賣之後不准找贖，聽憑買主照契管業，收除過户承糧應差，如有房族伯叔兄弟諸色人等争執者，賣主一面承管，恐後無憑，立此存照……

除地契正文外，最後還羅列了六條關於房地買賣、過割的規定：

> —— 地畝房間數，多將段落、四至、間數另開清單粘於契後，若所買數段非一主之業，須各粘各契，不得朦混，違者重究。
>
> —— 祭善公産義田不得私自出賣，違者治罪。
>
> —— 民人置買旗産，務須立時報明勘丈升科，若將占種無糧官地私相賣買影射糧額者從重治罪。
>
> —— 凡成交立契後即行收除過户，限一月内呈明納税，粘用契尾，倘違定例不税者，追價一半入官，不過割者，撤田宅入官，仍照例治罪。
>
> —— 過割務須查明原額糧數，按畝收除，倘有隱漏飛灑情弊混行過割者，按例治罪。
>
> —— 凡典當者，不得用此契。

這些内容是張氏清代地契中所没有的。

王氏民國時期地契，除北洋政府時期的暨行表格式“買契”若干以及國民政府時河北財政廳印發“國民政府財政部驗契紙”外，没有如張氏同時期的“官紙草契”，也没有其他制式地契。

但同村孫氏民國十三年（1924 年）三月二十五日張春起賣地契[1]，粘有同時期的制式“買賣田房草契”以及民國十四年（1925 年）八月的暨行表格式“買契”。

1 童廣俊、張玉編著：《滄州民間契約文書輯録》，團結出版社，2014 年，第 52 頁。

“買賣田房草契”契文最後有“筆下交清，並無短少，日後如有別項糾葛情事，俱有説合人一面承當，與買主無干，恐口無憑，立據爲證”等語，與前述張氏民國二十四年（1935年）兩張“買賣田房草契”内容完全相同，看来北洋政府时期的直隶对官府制式“買賣田房草契”内容做了统一规范。

但与張氏“買賣田房草契”不同的是，張春起這張“買賣田房草契”的左邊，還有六條“例則摘要”，系摘録直隸省或財政部頒佈的有關契税等内容：

—— 民間買典推當田房，須自成立草契之日起，遵照契税條例第三條於定限六個月内備具税款紙價，連同草契一併呈縣投税粘給官紙。（摘録直省行用草契細則）

—— 草契每張繳納手數料大錢一百文，授受各半。（摘録直省整頓田房官中章程）

—— 民間買典推當田房，以私紙書立契約，不經官中填用草契蓋戳畫押者，以應納税額一倍之罰金。（摘録直省整頓契税辦法）

—— 不動産之買主或承典人逾第三條（税契條例）之期限，不繳納契税者，除納定率之税額外，並罰以應納税額之十倍罰金。（摘録部頒契税條例）

—— 繳納契税時匿報契價者，並處以左列之罰金。匿報契價十分之二以上未滿十分之三者，短納税額之二倍。匿報契價十分之三以上未滿十分之四者，短納税額之四倍。匿報契價十分之四以上未滿十分之五者，短納税額之八倍。匿報契價十分之五以上者 ，短納税額之十六倍或由徵税官署依所報契價以買之。（摘録部頒契税條例）

—— 逾限未税之契訴訟時，無憑證之效力。（摘録部頒補訂契税條例施行細則）

此六條“例則摘要”雖與清代“田宅賣契”的六條房地買賣、過割規定内容不盡相同，但同樣是以規範人們的田宅買賣行爲爲目的。这些条例广泛印制在官府制式地契上，对民众及时缴纳契税起到了督促作用。

王氏制式契約從清代到民國，不僅有賣主擔責和懲罰内容，更是加進了官府管理土地交易的各種條款，完全按照清政府制定的契約格式印製，這也影響了民間手書白契的書寫，其擔責和懲罰内容貫穿於王氏家族所有手書白契，一般在170—200字，少數地契在200字以上，表現出嚴謹規範的特點。

六、 簽字與畫押

一般房地買賣契約，都有立契人、中人等簽字或畫押，但張氏與王氏買賣房地契約中的簽字畫押也有程度不同的區别。

（一）張氏明末到康熙前期地契有立契人簽名並畫押，以後地契大多未見簽名

張氏早期買賣房地契約中，立契人簽名畫押現象比較普遍。從明崇禎六年（1633年）到康熙二十三年（1684年）年間共10張地契，9張地契在立契時間後有立文約人姓名及畫押，畫押用“十”表示。

此後的康熙二十五年（1686年）到康熙末年共8張地契，除了康熙四十九年（1710年）劉成思上手契有立契人以及中人名字與畫押外，其他地契在立契時間後皆没有立契人姓名，中人姓名下面也無畫押。民國年間除兩張官府制式“買賣田房草契”，在立契時間後有立賣契人簽名外，所有地契在立契時間後皆没有立契人姓名、畫押，更遑論中人畫押了。

（二）王氏絶大多數地契有立契人、中人及官中的簽名並畫押

王氏房地買賣契約中，絶大多數地契在立契時間後有立契人姓名及畫押，中人畫押也占了80%以上。如最早的乾隆四十七年（1782年）十一月十五日孫益三賣地契，在立契时间後有“立賣契人孫益三（押），中人劉士俊（押）、宋國棟（押）、張祥（押）”。

爲了增加契税收入，官府將官中納入民間房地買賣後，道光年間地契上不僅有立賣契人、中人簽名畫押，還出現了官府認可的官中或官中戳印。如道光五年

（1825 年）戴信亭賣地契，在立契時間“道光五年十月十九日”後，有“立賣契人戴信亭”，其下畫一“正”字表示畫押。“中人王吉升”名下畫一“十”字表示畫押。最後還有一戳記，上邊從右至左横書“滄州正堂□”，其下右邊豎書“孔家店□鋪”，左邊豎書“官中戴□□戳記”，中間是似草書漢字的花押，這是戴姓官中的戳印。

此後立賣契人、中人、官中在地契上簽名畫押的習慣一直延續至民國年間。如民國十六年（1927 年）孫蕙圃賣地契，在立契時間“中華民國十六年十二月十七日”前有“中人戴捷卿（押）”，後有“立賣契人孫蕙圃（押）”，最後是“田房監證人戴複銜戳”，戳的最上邊從右至左“署理滄縣知事曹”，下右豎書“第六鄉孔家店上區”，原“上鋪”改成了“上區”。

張氏與王氏在地契上簽字畫押的差異，説明滄縣王氏更加自覺遵守傳統習俗，辦事中規中矩，當地官府對地契的管理也更加規範。而東鹿張氏地契的特色是樸素簡約，受官方影響也相對較少。

七、白契與紅契

白契是民間百姓買賣土地房屋，經中人説合擔保自行訂立的、不向官府納税、也没官府鈐印的契約文書。紅契是將已立白契呈送官府登記註册、交納契税，並蓋上紅色官印的契約文書。也就是説，只有紅契才是向官府繳納契税的。

東鹿張氏契約文書中，房地買賣契 107 張，其中白契 68 張，占比 63.5%；紅契 39 張，占比 36.5%；紅契中官府制式契約 24 張，占全部房地買賣契約的 22.4%。若從與王氏家藏最早的乾隆四十七年（1782 年）孫益三賣地契同期的乾隆四十五年（1780 年）張昌裔上手紅契算起，買賣地契共 69 張，其中白契 42 張，占比 61%；紅契 27 張，占比 39%；紅契中官府制式契約 23 張，占全部房地買賣契約的 33.3%。

滄縣王氏契約文書從乾隆四十七年（1782 年）到民國，房地買賣契共 35 張，其中白契 7 張，占全部地契 20%；紅契 28 張，占比 80%；紅契中官府制式契約 17 張，占全部房地買賣契約的 48.6%。

以上比較看出，張氏家族的白契遠遠多於王氏家藏白契，尤其是張氏早期地契大多是白契，直到康熙二十五年（1686年）才出現紅契。原因是清初還没有建立完整的社會秩序，民間匿契漏税現象嚴重，官府對於契税收入也不夠重視，財政收入的大宗是田賦。即使從可比性强的乾隆四十五年（1780年）開始算起，白契占比也遠超王氏，而紅契占比不足王氏紅契二分之一。

張氏與王氏紅白地契數量的反差，説明王氏比張氏向官府繳納了更多的契税。而在靠天吃飯的當時，滄縣東部廣布鹽碱地，論自然條件遠不及東鹿縣。造成這種現象的唯一解釋是，滄州地方官府嚴格按國家規定，對民間買賣房地行爲的干預力度遠超東鹿縣地方政府。

比較東鹿張氏契約文書與滄縣王氏契約文書發現，兩者在格式、契文要素等方面基本相同，但在地契稱謂、交易地塊稱謂、行糧地、擔責及處罰的約定、尺丈與官中、簽字與畫押以及白契與紅契數量等方面差異明顯，體現了兩地的人文生態、鄉約民俗的原始風貌。總之，東鹿縣張氏地契的特點是直白明瞭、樸素簡約，受官方影響相對較少。而滄縣王氏地契遵循傳統，中規中矩，甚至手書地契將購地人姓名另起一行頂格書寫，直到民國年間的手書地契仍然如此，以表示對購地人的尊重，是滄州民間傳統文化深厚積澱的具體體現。同時，王氏地契中具有較完整法律效力的紅契數量多於白契，官府制式地契不僅數量多，而且其上多載官府關於税賦管理等方面的政策條例，起到宣传、督导民众及时缴纳赋税的作用。另外，普遍設立官中一職並制度化、規範化等等，皆顯示了地方政府對民間房地買賣交易的干預程度之深、管理之全面。

這種狀況與滄縣、東鹿縣兩地的地理位置、行政所屬不無關係。如前所述，兩地在明清同屬直隸。清初至雍正時，東鹿縣屬保定府的祁州（州府在今安國）管轄，“屬保定府，隸祁州”[1]，位居保定府最南端，像楔子一樣插進深州、趙州之地界。雍正十二年（1734年）實行新的直隸州制度，直隸省所屬府縣進行了調整，正定府的定州升爲直隸州，將原屬保定府的深澤縣劃歸過去，東鹿縣於

1 〔清〕劉昆：《康熙東鹿縣志》卷一“地理·疆域”，見〔民國〕謝道安：《東鹿五志合刊》民國二十六年鉛印本，臺北成文出版社影印，1968年，第54頁。

“雍正十二年不隸祁州，始統於保定府”[1]。但中間隔着深澤縣，成爲了夾在正定府以及定州、深州、冀州、趙州四個直隸州之間的保定府“飛地”，這體現在清嘉慶二十五年（1820 年）保定府地圖[2]上，直到清末皆如此，長達一百七十多年。雖位於京畿腹地，“北至保定府二百二十里，北至京師五百四十里”[3]。但束鹿又處於獨特的“飛地”位置，這或许正是束鹿地方官府對交易土地的管理力度遠遠不及滄州的主要原因。

王氏所在軍馬站村距滄州府約 20 公里，清代滄州歸河間府管轄，雍正九年（1731 年）改屬直隸天津府。滄州地處運河之濱，交通便利，距河間 75 公里，距京師約 250 公里，距天津 120 公里。州府官員對直屬於滄州的地方各項事務的管理自然要嚴格規範，循規蹈矩。民國二年（1913 年）滄州改滄縣，沿襲下來的各項制度與作風，大體如舊，滄縣地方政府對土地交換的嚴格管理也一仍如舊。

通過與滄縣王氏房地買賣契約的比較分析不難看出，居於華北平原內陸的束鹿張氏家族地契受傳統因素影響較少，無論白契、紅契要素簡單齊備，契約格式、內容、行文用語等沿用約定俗成的程式，從明末到民國，三百多年間基本没有多少變化。這樣的地契明瞭簡約，操作簡單，便於實施，透射出當地民風淳樸、崇尚誠信的社會風尚與現實。

（本文原載於《滄州師範學院學報》2020 年第 4 期，已做修改）

1 〔清〕李中桂：《光緒束鹿縣志》卷一“歷史”，見〔民國〕謝道安：《束鹿五志合刊》民國二十六年鉛印本，臺北成文出版社影印，1968 年，第 1261 頁。
2 《嘉慶重修大清一統志》卷十二“保定府圖”，見《四部叢刊續編・史部》，商務印書館，1934 年。
3 （清）劉昆：《康熙束鹿縣志》卷一“地理・疆域”，見（民國）謝道安：《束鹿五志合刊》民國二十六年鉛印本，臺北成文出版社影印，1968 年，第 57 頁。

東鹿張氏契約文書中的找價
—— 兼與南方找價比較

隨着“中國契約學”[1]這一新興學科的出現與發展，對契約文書各個維度的研究逐步深入，作爲研究成果的文章與專著大量湧現。其中，對土地交易過程中的找價現象，學者們從史學、法學、社會學、經濟學等各個角度進行了卓有成效的探討研究，取得了豐碩成果。但大多研究都是基於南方契約中的找價，而對北方契約文書中的找價鮮有文章作專業介紹與研究。這固然與目前發現的北方契約文書總量少有關，更是因爲北方契約中的找價契約非常少見。爲此，筆者試對地處華北平原的河北東鹿張氏家族契約文書中找價現象做粗淺分析，並與南方找價做一比較，以期學界對北方土地交易中的找價問題予以更多關注。

一、張氏契約文書中的找價現象

找價，是指房地買賣、典當過程中，訂契成交後，原業主仍向對方索取價錢的行爲。找契，是指房地交易後，原業主經中人説合向對方找價簽訂的契約。

東鹿張氏契約文書中，完整的找價契約有 2 張，另有 1 張找價存根，寫在當契空白處的原批找價共 7 條。

1　楊國楨：《〈明清土地契約文書研究〉第三版序》，《中國史研究動態》2020 年第 1 期。

（一）找價、找契及與之關聯的當契

找價、找契及與之關聯的當契按時間先後抄録如下[1]：

（1）當契上原批找價一

立當契人張六合、張九命同母氏因爲不便，今將自己村北東西園地一段，計地四畝，東至大道，西至頂頭，北至張振蕃，南至張六合，四至明白，今憑中人張席珍説合，當與祥瑞堂耕種，七年爲滿，言明共當價洋一百二十元整，其價當日交足，至期原價交足歸贖，恐口無憑，立當契爲證。隨糧帶差

地内有井一眼與本主夥用　　　　井若有坍壞作地價修理

中人　張席珍

（貼條）於民國十九年三月初七日經中人張席珍説合，又找地價洋二十元整，言明期滿再種一年。

（騎縫字）立當契皆各存一紙

中華民國十五年十一月廿日立

（2）找價存根

民國十六年張治國將自村北道東東西園地一段七畝，當價洋貳百十元，當與恒昌元名下耕種。

又於，民國廿三年三月五日在王老生名下找洋卅元，五年期返。中人張慶申。

此找字係王老通所寫，暗中人王傳説。爲此存根。

1　當契上原批找價一、找契存根、找契一、找契二，爲張樹平家藏。當契上原批找價二、三、四，爲張藏言家藏。

與之關聯的當契：

立當契人張六合，因爲不便，今將自己村北東西園地一段，計地柒畝，東至頂頭，南至張鎮乾，西至大道，北至王鳳昌，四至明白，今憑中人王老弼説合，當於恒昌元耕種，言明共現大洋貳佰壹拾元整，恐口無憑，立當爲證，五年爲滿，錢到歸贖，隨糧代【帶】差。

（騎縫字）共大洋貳佰壹拾元整

中華民國十六年十月十一日立

（3）找契一

立字人張治國，今指自己村南東西墳地三畝，找價洋壹拾伍元，自今年再種六年爲滿，恐口無憑，立字爲證。

中人　石小慶、王英春、王立剛

中華二十年七月廿四日立

與之關聯的當契：

立當契人張治國因爲不便，今將自己村南墳一段，計地三畝，南至王老整，東至大道，北至王老整，西頂頭，四至明白。今憑中人張蟒群説於王老整耕種，言明共當價現大洋壹百元整，其錢當日交足，恐無憑，立當契爲證。六年爲滿，錢到歸贖，每年錢兩三吊照交。

（騎縫字）六年滿，地價現大壹佰元整

中華民國十七年二月初六日立

（4）找契二

立字人張六合、張九命兄弟二人，找村北東西園地一段，經中人張慶申説合，在王老生名下找價大洋三拾元，其洋當日交足，恐口無憑，立字爲證，三年爲滿，錢到歸回。

中華民國二十三年二月二十日立

與之關聯的當契：

立當契人張門王氏因爲不便，今將自己村北東西園地一段，計地七畝，北至張六合，南至石老升，東至頂頭，西至道，四至明白。中人王老談説合，當於王老生名下耕種，言明共價大洋貳佰貳拾元整，五年爲滿，錢到回贖，恐口無憑，立當契爲證。

同中人王洛丕找價洋元柒拾元，期滿再種五年爲滿。二十年十月十八日立。

中人張莾群

中華民國十七年二月十六日立

（5）當契上原批找價二

立當契人張老好因爲不便，今將自己莊基一處，北屋兩間，院墻全帶，北至張老雍，南至街道，東至胡同，西至張老雍，四至明白。今憑中人王老見説合，當與楊老福名下，言明當價京錢伍拾千，三年爲滿，錢到歸贖，恐後無憑，立字爲證。

民國十六年二月二十五日，憑中人張老梅、張老怌説合，又找房價洋元貳拾五元整，言明再住七年爲滿，錢到回贖。

民國十九年十月初十，憑中人張小旦、石拴正説，轉當張老辛，此證。

同治十一年二月初二日立

説明：同治十一年（1872 年）立當契，五十五年後的民國十六年（1927 年）找價。民國十九年（1930 年）十月初十，將此宅基房屋轉當與張老辛。第二年張老好後人張翰章與張老辛、張老槐再立當契：

立當契人張翰章，今將自己村内東街路北莊基一處，上帶北房二間，茅厠一座，槐樹一株，門窗户壁俱全，東南二至道，西北二至張老木，四至清。今憑中人張慶祥説和，當與張老辛、張老槐名下居住，言明共當價大洋貳拾五元整。不許轉當轉租，七年爲滿，洋到原物回贖。尚有損壞，住房人如數賠償，恐口無憑，立字爲證。

二十八年十二月二十三日贖回作廢紙

中華民國二十年陰曆十二月初五日立

（6）當契上原批找價三

立當契人張四亭因爲不便，今將自己村東南南北地一段，計地肆畝，東至張洛會，西至張洛會，南至頂頭，北至道，四至清。憑中人劉洛省説合，當於常洛壘名下耕種，言明當價共作京錢壹百伍拾千整，其錢當日交足，恐口無憑，立當契爲證。三年爲滿，錢到歸贖。

找價三千，中人劉洛行。

光緒三十二年三月二十五日立

（中華民國元年找價二十五千文，中人路小丑。）

説明：此爲上手當契。此契規定的當期未滿時，光緒三十四年（1908年）十二月當主張四亭（張四廷）又將此地出賣與張洛會：

立賣契人張四廷因爲不便，今將自己村東南南北地一段，計地四畝，東西二至張洛會，南至頂頭，北至大道，四至明。今憑中人石老坦説合，賣與張老會耕種，言明共賣價京錢伍佰吊整，其錢賣日交足，恐口無憑，立賣契爲證。

光緒三十四年十二月初六日立　　　尺丈　張合莊

立賣契後，土地所有權轉至張洛會手中，張洛會並未收回土地，而是繼續由常氏耕種。當契内的兩次找價應是張老會所爲。

（7）當契上原批找價四

立當契人張鎮南因爲不便，今將自己村東南北園地壹段，計地貳畝，東至張洛含，西至本主，南北二至道，四至清。今憑中人説合，當於張存義名下，言明每畝當價國幣洋拾伍元，其作當價國幣洋三拾元整，其洋當日交足，耕種二年爲滿，恐口無憑，立當契爲證。

中人 張慶申、王皂群

民國三十三年，找價國幣三百元，再作種七年，中人張曲吕。民國三十三年八月二十六日，中人張曲禮。

民國三十三年十二月初八日，找價國幣洋壹佰捌拾六元，其洋當日交足，恐口無憑，立字爲證。中人張曲禮。

中華民國二十九年正月十二日立

從以上所列張氏找契、找價及與之關聯的當契可以看出，張氏契約文書中將房屋土地典當契約不稱“典”，而稱“當”。當契一般爲雙契，即當主與承當人各持一契，訂立當契使當主保留了房地的所有權與回贖權。

回贖房地有兩種情況：一種情況是，當契規定的當期滿後，當主通過中人按當契上規定的當價原數交給承當人，同時收回承當人手中的當契，明確注明是“廢紙”。如現存民國十七年（1928 年）正月二十三日內容相同的兩張當契，兩契對接騎縫字“其錢三佰陸拾元整計”完全吻合，其中一張當契空白處寫一“廢”字，表示已贖回土地。又如上述與“原批找價二”關聯的民國二十年（1931 年）陰曆十二月初五張翰章當契，則更明確批註“二十八年十二月二十三日贖回，作廢紙”。更多當契贖回後没做任何標記，只是將對方當契收回了事。

另一種情況是，有的當主因各種原因不能按時贖回土地，當價又低於土地賣價，當主顯然是吃虧的。在這種情況下，當主往往通過中人向承當人追加價款而産生找價行爲，並承諾延長當期，寫成“找契”，希望有能力時贖回土地所有權。

除了這種單立的找契外，更多的是在原當契空白處批寫找價説明，如上述原批找價一、二、三、四，既方便了出典人保存，也降低了發生糾紛的可能性，可見當契上原批找價的方式更實用。

（二）找價時間、找價數額以及從典當到絶賣

1. 找價時間

一是典當契約所規定的當期未滿时即找價，這往往是因爲當主遇到麻煩或經濟困難無力解决時，不得不在當出的土地上想辦法。其實，當初將土地典當也是爲解燃眉之急。如上述“原批找價一”“找契一”“找契二”，都是在當契規定的“當期”未滿時找價，並再續當期，規定“七年爲滿”，或“再種六年爲滿”“三年爲滿，錢到歸回”。如當主張治國在民國十五年（1926年）惹上官司，此後至民國十九年（1930年）五年間，八次典當土地，至民國二十三年（1934年）五次找價。

另一種情况是當契所規定當期已滿後的找價，如上述“找價存根”“原批找價三”“原批找價四”，當期已滿，本該贖回，但當主無力贖回時，則採取向承當人找價來彌補損失，一般也要再續當期。

2. 找價數額

因爲當主總是希望有能力時贖回土地，故找價數額比較底。如“找契一”與“原批找價一”，找價額相當於原當價的六分之一，兩張當契都按時贖回。有的找價甚至更低，如“找價存根”上的找價是原當價的七分之一，“找契二”的找價不足原當價的七分之一。“原批找價三”中，原當價150千文，第一次找價3千文，只是當價的五十分之一，第二次找價25千文，是當價的六分之一。

3. 找價後往往由典當過渡到絶賣

如上述“原批找價四”，民國二十九年（1940年）當契言定“當價國幣洋三拾元整”、“二年期滿”，期滿兩年後的民國三十三年（1944年）八月第一次找價“國幣三百元，再作種七年”，不到半年，十二月初八再次找價“國幣洋壹佰捌拾六元”，這里不排除法幣貶值的因素，但兩次找價都遠超當價，而且第二次找價没有當期，顯然當主張鎮南已没有回贖意願，找價等於絶賣，所以當契保存在承當人張存義（地契收藏者張藏言之父——筆者注）手中。

4. 即使没有找價，因當主無力贖回，最後也成絶賣

如民國十七年（1928年）十月、十二月張治國兩張當契，没有找價，也未見騎縫字的另一半，都是單契。當契的最後有“到期”兩字，顯然是當主提醒自己，

此地塊已經到期没有贖回。東鹿縣當地有“地根”之説，“地根”在人們的意識里是指土地當出没有回贖、當主名義上擁有所有權的土地（如民国八年十二月初二張七正分单有“地根”一词）。這種當出的土地没有贖回成絶賣的不在少數，史志宏利用民國時期滿鐵調查資料，統計發現保定清苑縣東顧莊、何橋、固上、李羅侯四個村莊，1937 年以前典當之後的絶賣率，高達 70% 到 80%。[1] 張氏契約文書中典當後無力回贖的絶賣率略低於此，爲 66%，是原典當數的三分之二。

二、張氏契約找價的特點

張氏契約文書中的找價現象與南方各地的找價相比，有着明顯特點：

（一）找契稱謂單一，内容簡單，類似當契

張氏兩張找契皆云“立字人 ×××”，在同爲河北省的滄州青縣光緒六年（1880 年）找契亦云“立字人高殿棟”[2]，找價行爲在世人心目中總感覺不是什麼光彩事情，故找價契約不名“找契”而云“立字”。南方地區找契名稱却複雜多樣。如在福建，找價“稱‘盡’‘撮’‘凑’‘添’‘絷’‘洗’‘斷’等等”[3]，徽州地區，“找價契約所涉及的名稱多達數十種”[4]。南方找價出現時間早，且相當普遍，這就産生了名目繁複的找契名稱。

張氏找契内容簡單，要素齊全，與當契相似。當契一般包括：當主、標的物、四至、中人、承當人，當價、當期、立契時間等八項。“找契一”共 71 字，包括了立字人、標的物、找價、再續當期、中人、立契時間，雖没有承當人，但當

1 史志宏：《20 世紀三四十年代華北平原農村的土地分配及其變化——以河北省清苑縣 4 村爲例》，《中國經濟史研究》2020 年第 3 期。
2 朱文通：《滄州土地文書輯存（一）》，《中國社會經濟史研究》1987 年第 4 期。
3 唐文基：《關於明清時期福建土地典賣中的找價問題》，《史學月刊》1992 年第 2 期。
4 春楊：《明清時期田土買賣中的找價回贖糾紛及其解決》，《法學研究》2011 年第 3 期。

契上有此項内容。“找契二”共88個字，包括了立字人、標的物、中人、承當人、找價、再續當期、立契時間等七項内容。找契相較於當契，只是少了標的物的“四至”。尤其是找契中“再續當期”一項，使找契更像是當契的續約，類似當契。

當契上的原批找價更簡單。如“原批找價三”中“找價三千，中人劉洛行”就九個字，雖没有記録找價時間，却是一次實實在在的找價。另一條“中華民國元年找價二十五千文，中人路小丑”18個字，包括了找價時間、找價數額、中人姓名，與當契結合，信息明瞭。

與此形成鮮明對照的是南方找契不僅名目繁複，而且内容詳細，叙述冗長，僅以福建閩北乾隆四十年（1775年）徐秋泉找契爲例[1]：

立找斷契字人徐秋泉同侄朝棟等，情因乾隆貳十四年間，將馬嵐橋頭並里茶園糧田貳號，立契出賣與裴衍祖親邊爲業，當日契價兩明，糧産契清，四至俱在前賣契明白。今因泉、棟要得銀兩使用，托中勸諭，即向裴衍祖親邊找得契價紋銀貳拾三兩正。成找之日，一色現銀交收，無欠分厘，亦無貨帛准折、逼勒、貪吞、車算等情。其田自找之後，任憑買主前去推割過户，納糧當差，不得丢累。向後再不得登門言找言帖等情，此系前言後定，各無反悔，今欲有憑，敬立找斷田契字爲照。

乾隆肆拾年肆月　日立找斷田契字人　徐秋泉　押

同找侄　徐朝棟　押

見找侄　徐朝椿　押

勸諭人　徐紹江　押

見交人　陳文雄　押

在見人　潘國魁　押

棟 的 筆　押

全契286個字，包括了立契人、標的物、買主、找價數額、約束條件、立契時間、中見人7項内容，叙述詳細，“中見人”一項就包括了見找、勸諭、見交、

1　楊國楨輯：《清代閩北土地文書選編（二）》，《中國社會經濟史研究》1982年第2期。

在見、代筆等身份不同的5人。尤其是最後强調“成找之日，一色現銀交收，無欠分厘，亦無貨帛准折、逼勒、貪吞、車算等情。其田自找之後，任憑買主前去推割過户，納糧當差，不得丟累。向後再不得登門言找言帖等情，此系前言後定，各無反悔，今欲有憑，敬立找斷田契字爲照”。南方普遍的找價現象，必定引發許多糾紛，故找契中都要説明原委，規定雙方的行爲、義務與責任。如此内容詳細的找契，在南方各地有關契約文書的輯録、研究等出版物中，皆能看到。

（二）找價基本上發生於民國年間，且找價行爲少，找價次數少

張氏家族清朝前期契約文書中没有當契，最早的是嘉慶六年（1801年）張立功當契，張立功幫人借錢，在10位使錢人不能如期償還情況下，張立功將自己七畝半土地“抵還協成號賬目，共作價錢壹百卅吊，錢到歸贖”，言定10位使銀錢人日後將張立功土地“按地贖回，願將賬目歸結”，是張立功與“使銀錢人”的協議，不是真正意義上的當契。

嘉慶十一年（1806年）、十九年（1814年）兩張當契，是張氏兩次承當他人土地的契約，其當價等同於或高於同期土地賣價，而且没有當期。這應該是兩張以“當契”爲名、實爲土地交易的“賣契”，在世人觀念中，出賣祖産是人們忌諱的。更主要的原因應是爲了規避契税，因爲清代法律規定買賣土地要繳契税，典當土地則不必繳税。

張氏家族道光末年至清末有16張當契，皆没有清代找價記録。“原批找價三”中的“找價三千，中人劉洛行”没有找價時間，根據原當契“光緒三十二年三月二十五日”立契時間及下一次找價時間“民國元年”來推定，大概在當契規定的“三年期滿”後，即宣統元年（1909年）“找價三千”，這是張氏唯一的一次清朝末年找價，其它9次找價皆發生在民國年間。民國時期的買賣、典當地契42張，涉及36次典、賣事宜，7張有找價的當契，占比不及20%，其中，涉及一次找價有4張，兩次找價有3張，未見超過兩次的找價。

北方其它地區找價的時間，因“北方契約中的找價契約非常少見”，很難予以評價。就目前筆者所見，滄州李文通家藏契約中的“地帳”有一張找價記録：

當三官廟北南北地一段三畝，當價四十六吊整。

找價十四吊

立當契王世林　中人丁立坤

光緒十三年十二月初二日當

十九年七月十五日找價

光緒二十七年二月二十四日回贖。

地帳記載了李氏光緒十三年（1887年）將“三官廟北南北地一段三畝”出當、光緒十九年（1893年）“找價十四吊”。清華大學館藏畿輔旗人土地交易中，“三號契書粘連下手契主於嘉慶二十五年五月十六日書寫的土地四至清單，內有‘嘉慶十三年十二月又找價銀一百兩’句”[1]。另外，清華大學館藏山西孝義、介休、汾陽、文水、平遥、太穀六縣典當土地的官契[2]，從1834年至1931年近百年間典契16張，清代找價8次，民國時找價22次，其中各找價5次的2張典契都是在民國年間找價。從以上不多的材料可大致看出，北方地區找價現象出現在清代後期，民國前期找價現象逐漸增多。

南方的找價出現時間早，遍布區域廣，找價次數多，持續時間長。早在明朝中期就已有找價現象，“跨越了封建社會後期和半殖民地半封建時代，延續四個半世紀”[3]。福建師大歷史系收藏典、賣土地契約文書1739張，有找契613張，占比35.3%。這其中福州地區契約文書985張，有找契505張，占比51%。[4]

（三）找價産生於土地典當過程中，與賣契無關

找價與賣契無關，這是張氏找價最鮮明的特點。找價伴隨當契而生，找契是在當契基礎上當主向承當人追找地價、再續當期而訂立的契約。原批在當契上的

1　劉小萌：《乾、嘉年間畿輔旗人的土地交易——根據土地契書進行的考察》，《清史研究》1992年第4期。

2　龍登高、温方方：《論中國傳統典權交易的回贖機制——基於清華館藏山西契約的研究》，《經濟科學》2014年第5期。

3　陳鏗：《中國不動産交易的找價問題》，《福建論壇（文史哲版）》1987年第5期。

4　唐文基：《關於明清時期福建土地典賣中的找價問題》，《史學月刊》1992年第3期。

找價，直接與當契連在一起，凸顯了找價與當契緊密相連的特點，也解决了另立找契易丟失的問題。找價産生於土地典當過程中易於理解，并廣泛存在於北方各地的契約文書中。如上述滄州李文通家藏契約中的“地帳”，清楚記載了李氏將“三官廟北南北地一段三畝”，於光緒十三年十二月初二（1888 年 1 月 14 日）當出、十九年找價、二十七年贖回的全過程。京畿地區的找價行爲，《宛平土地官契五種》中曾提到“另立新契，加價絶賣”[1]。在畿輔旗人的土地交易中，雖然旗地找價因其官地性質而受限制，但“隨着土地買賣關系的發達，特别是受到民間漢人的影響，旗地買賣中‘找價’現象的嶄露頭角，確是嘉慶年間旗人買賣中顯映出的一個變動”[2]。山西省土地交易中的找價，如前所述，清華大學館藏山西六縣涉及找價的 16 張典契，找價一次的 9 張，找價兩次的 4 張，找價三次的 1 張，找價五次的 2 張，其中一次找價的占多數。

以上涉及都是在房地典當交易中的找價，與典當契相關聯，而與賣契無關。張氏家族現存 117 張賣契没有一張稱“絶賣契”，但事實上全部是絶賣，没有一次找價。據現存資料，與張氏同村的石氏家藏地契，饒陽縣李氏地契[3]，元氏縣牛氏地契，唐山部分地契，滄州地區許多縣市地契[4]，皆未見一張找契。正如一些學者評價華北直隸昌黎縣地契時指出的，“這些土地交易契約中，没有發現一件訂立買契後再找贖的契據，附近其他地區的狀况也與此相似”[5]。

北方也有簽訂賣契後找價的特例，如太行山南部涉縣明朝萬曆三十六年十二月初十（1509 年 1 月 15 日）李自友賣地找補文契[6]，找價成功的原因在於“本縣告理”。滄州青縣光緒六年（1880 年）四月十一日高殿棟賣地後找價，其原因如找契所云，“適遇皇恩廣大，有明示，凡賣出者，許回贖，無力回贖者許找錢使用”[7] 這些僅是有特殊原因的極個别案例。

1　柳柯：《宛平土地官契五種——近代農村社會經濟調查劄記之五》，《中國經濟史研究》1994 年第 4 期。
2　劉小萌：《乾、嘉年間畿輔旗人的土地交易——根據土地契書進行的考察》，《清史研究》1992 年第 4 期。
3　張玉、李秀榮：《饒陽縣韓村李氏地契輯録及考釋》，《文物春秋》2007 年第 2 期。
4　童廣俊、張玉編著：《滄州民間契約文書輯録》，團結出版社，2014 年。
5　王志强：《試析晚清至民初房地交易契約的概念——民事習慣地區性差異的初步研究》，《北大法律評論》2001 年第 1 期。
6　邵世臻、劉晨虹：《明代後期太行山南部地區土地交易問題初探——以太行山文書所見明代契約爲中心》，《農業考古》2020 年第 4 期。
7　朱文通：《滄州土地文書輯存（一）》，《中國社會經濟史研究》1987 年第 4 期。

在南方，找價不僅發生在土地典當交易中，更多的是發生在土地絶賣後，“所謂找價，在很大程度上，是與土地的絶賣聯繫在一起的”[1]。雖然清政府曾屢頒命令，禁止絶賣地回贖，但這些命令只是具文，民間在土地權賣斷之後，“注明絶賣，仍可找價；注明找斷，仍可一找再找。所謂‘不得再找’這些用語，形同虛設。且無論經多少人之手，土地權利仍依稀維系於最初權利人——無論在世與否，連綿不斷，難以割絶”[2]。如福建閩北，乾隆十一年（1746 年）羅恭智將祖産名爲“大新源”的土地賣於趙天若，然後多次找價。在原買賣雙方均已過世情况下，羅恭智後人仍向趙天若後人找價。待土地從趙氏手中轉手劉氏後，趙氏又向劉氏找價。從乾隆十一年（1746 年）到乾隆三十九年（1774 年）的二十八年間，土地轉手兩次，共找貼七次。[3]有的土地出賣半個多世紀後，還在找價，以至於一些學者將“找價”定義爲：“找價，是指一樁土地交易完成以後，賣主仍向買主索取加價的經濟行爲。”[4]罔顧典當後的找價現象，顯然此定義是不準確的。

頻繁的找價“這種完全依靠習慣力量支撑的俗例，因無法進行有力的規範，很容易造成糾紛”[5]。二十世紀初安徽全椒、來安兩縣知事以訟案爲例、在民商事習慣調查中描述本地田房的買賣，“契内雖書明價已清楚，而民間仍有找價之風俗，甚至一找再找，糾纏不休。每至年關，拉驢牽牛，或聳令老朽，卧食受業之家，雖經縣署再四示禁，而積習相沿，未能盡絶。窮極無聊者，無論矣，即中等社會，亦有借找價二字，任意需索，往往釀成訟事，實爲不良習慣”[6]。清代乾隆、嘉慶朝刑科題本檔案中因回贖、找價引起的糾紛、訴訟，大多來自於南方各地。[7]

1　曹樹基、潘星輝、闕龍興編：《石倉契約》第一輯第一册，浙江大學出版社，2011 年，第 12 頁。

2　方欽:《傳統中國社會財産權利的性質——以清代閩北土地買賣文書爲例》,《南方經濟》2016 年第 12 期。

3　方欽:《傳統中國社會財産權利的性質——以清代閩北土地買賣文書爲例》,《南方經濟》2016 年第 12 期。

4　胡亮：《“找價”的社會學分析》，《社會》2012 年第 1 期。

5　朱華、馮紹霆:《試論清代上海地區房地産交易中的加嘆》，《近代中國》（第八輯），立信會計出版社，1998 年，第 108—124 頁。

6　趙曉力：《中國近代農村土地交易中的契約、習慣與國家法》，《北大法律評論》第 1 卷第 2 輯，法律出版社，1998 年，第 463—464 頁。

7　楊帆：《清代一田兩主地權關係研究》，南京師範大學碩士學位論文，2011 年。

三、張氏契約中找價現象與南方找價存在差異的原因

自古以來，買賣雙方一手交錢一手交貨，錢貨兩訖後交易結束，雙方關系隨之終止，作爲農民命之所系的房地買賣更是如此，因而張氏契約文書中房地買賣契中没有找價現象。即使在典當交易中存在着不多的找價現象，找價次數也少。因爲人們篤信，典當土地必須按雙方協定的契約執行。無論天災人禍還是家生變故，當主無力回贖而找價，最終導致土地絶賣，也是一種無奈之舉。因爲雙方簽訂的任何約定都是必須遵守的，毁約和失信是最令人不恥的。約定成俗，遵規守約，是道德倫理對人們的一種約束，而社會經濟的發展變化才是形成南北方找價現象差異的主要原因。

黄河流域是中華先民最早開發的地區，是中國古代經濟文化中心，兩宋以後中國經濟重心南移。隨着南方經濟發展和北方戰亂不斷，大量人口繼續南遷。明初的“靖難之役”“燕王掃北”，使北方地區人口鋭減，進一步拉大了南北方的差距。

王志强教授對人口耕地等資料綜合分析後指出，清朝中期南方各省人口大增，人均耕地數普遍低於全國平均數，少於北方地區，即使後來太平天國戰亂中，罹難最深的江浙兩省人口數量大幅度減少，但南方的人均可耕地面積仍然低於全國平均水準，人口與土地的矛盾尖鋭。另外，南方特别是自然條件較好的東南沿海地區，糧食畝産遠遠高於北方地區，産出利益較大，“因此在清代南方，特别是江浙、福建等地區的土地價格呈現不斷上漲的態勢”[1]。另如江西信豐縣，在清康熙三十二年（1693 年）到乾隆六年（1741 年）的近五十年内，“田價比往年貴了幾倍”[2]。地價上漲使得土地出賣者患得患失，以各種藉口要求加價，反復加價，因而出現普遍的、高發的找價盛行現象。

相對於南方，北方土地與人口的矛盾較爲緩和。嘉慶十七年（1812 年）全國人均土地數爲 2.2 畝，直隸爲 2.7 畝，嘉慶二十五年（1820 年）全國人均土

1 王志强:《試析晚清至民初房地交易契約的概念——民事習慣地區性差異的初步研究》,《北大法律評論》2001 年第 1 期。

2 刑科題本：乾隆三十年十二月初二管刑部事務劉統勳題。轉引自春楊《明清時期田土買賣中的找價回贖糾紛及其解决》，《法學研究》2011 年第 3 期。

地數爲 2.1 畝，直隸爲 3.0 畝。[1] 人均耕地數目高於全國平均水準。同時，受自然條件的限制，北方土地産出少，地價上漲空間自然就小。現將張氏契約文書以及同村石氏家藏地契（清光緒至民國八張地契）中反映出來的每畝平均地價（不含宅基地價）列出，以瞭解當時的土地價格狀况。

附表①： 清代土地買賣契約中各時期每畝平均地價

朝代與地契張數	順治 4 張	康熙 7 張	雍正 7 張	乾隆初期 6 張	乾隆中後期 13 張	嘉慶 7 張	道光 2 張 咸豐 3 張 同治 2 張	光緒 15 張
平均地價	3900 文	1885 文	1.62 兩	2.96 兩	7.14 兩	17.3 千文	19 千文	25.2 千文

附表②： 民國時期每張地契地價

時間（民国）	四年正月	十五年十二月	十七年正月	二十二年十一月	二十四年七月	三十二年二月	三十二年四月	三十二年十二月	三十四年三月	三十五年十二月
地價	50 千文	87.6 元（洋）	24.5 千文	50 元（洋）	30.6 元（洋）	93 元（幣）	223 元（幣）	200 元（幣）	2800 元（幣）	10000 元（幣）

注：表中錢币單位：京錢（文）/ 畝，大洋（元）/ 畝，國幣（元）/ 畝。

表①顯示，使用京錢交易的明末、清順治、康熙年間，地價没有上漲，反而有下降趨勢。使用銀兩的雍正、乾隆年間，地價上漲明顯，乾隆中後期地價是乾隆初地價的近兩倍半。使用京錢的嘉慶到清末，地價緩慢上漲，上漲幅度不大。

表②顯示，民國四年（1915 年）、十七年（1928 年）兩張賣契仍使用京錢，地價下降一倍。民國十五年（1926 年）、二十二年（1933 年）、二十四年（1935 年）地契用大洋，地價仍呈下降趨勢。民國三十二年（1943 年）土地交易使用國幣，三張地契上的地價上升趨勢不太明顯。兩年後地價爲 2800 元，民國三十五年（1946 年）升至 10000 元，使用國幣的四年間地價瘋漲 108 倍，國幣貶值使然。表中民国二十四年（1935 年）七月，一樁典當事宜共三張當契，剔除避税之嫌的地價最低的一張紅契，採納 1.3084 畝，共當價大洋 40 元，均價 30.6 元。

表中數字來源於一個村中三個家庭的地契，基本反映了當時當地土地價格的真實情况。若擴大到華北平原甚至北方，能大致看出其發展趨勢。清朝時，除乾

---

1 王志强：《試析晚清至民初房地交易契約的概念——民事習慣地區性差異的初步研究》，《北大法律評論》2001 年第 1 期。

隆盛世人口增長、地價明顯上漲外，清前期與後期，地價呈緩慢增長趨勢。民國前期，地價反而呈下降趨勢。民國後期，法幣貶值。這種情勢與南方地價不斷上漲成明顯反差。地價走勢的高低，不僅與當地人口、土地數量有關，更是與土地產出收益緊密相聯。北方在清代、民國時期土地價格的狀況，使得以趨利爲目的的找價意義不大。因此，買賣土地交易中没有找價，典當土地環節中找價行爲少、找價次數少成爲普遍現象。

綜上所述，束鹿張氏契約文書中的找契、找價，其形式及内容與南方契約文書中的找契、找價相比有着明顯的不同。張氏契約文書中的找契大多相當於當契，不同於南方在絶賣之後的找契。其内容書寫簡單明瞭，要素齊全，便於操作。而且與南方普遍的找價行爲和頻繁的找價次數相比，張氏家族在現存三百多年契約文書中的找價很少。南北方契約中找價現象的不同，是中國漫長歷史長河中南北方經濟發展差異及人口變化趨勢的體現，也反映出南北方文化各自鮮明的地域特色，爲研究中國社會歷史變遷提供了有力的佐證史料。

（本文原載於《滄州師範學院學報》2021 年第 2 期，已做修改）

從束鹿張氏契約文書上的印章看清代以來社會變遷

束鹿縣（今河北省辛集市）東大陳村張氏家族兩個家庭保存了各種契約文書、繳税收據等200餘張。其中鈐蓋各種印章的房地買賣契約、典當契約、字據、分單、房産土地所有證等紅契63張，繳税收據21張。通過鈐蓋在這些契約上印章的變化，可以看出時代發展、社會變遷的脉絡，有助於我們研究當時的社會狀况。

一、清代契約文書上的官印形制變化反映了滿漢融合的加深

張氏家族清代各種契約文書共113張，鈐蓋清代官印的紅契26張（另有光緒年間的6張地契，所附買契、驗契紙上的鈐印爲民國政府時期印章）。除契尾鈐蓋省級官印“直隸等處承宣布政使司之印”外，其餘鈐印皆爲縣級政權“束鹿縣印”。從清前期到後期，“束鹿縣印”的形制字體有顯著變化，乾隆十三年（1748年）是重要的里程碑。

1644年清朝入主中原後，爲適應對廣大漢族區域的統治，在調整各種制度的同時，也對官印進行了改革，改變了入關前印文皆爲滿文狀况，使滿文、漢文同時出現在印面上，漢文沿襲明代仍用九疊篆體，滿文用楷體。這種左爲楷體滿文、右爲九疊篆體漢字的官印使用了一百餘年。張氏從康熙二十五年（1686年）至乾隆十二年（1747年）9張紅契上的“束鹿縣印”爲此種形制，如雍正元年（1723

年）四月初五張胡賣地契，在“每畝價銀二兩三錢”處鈐蓋的“束鹿縣印”。

清前期印章形制篆體漢文空間充盈，楷體滿文周圍却有許多空白，不太協調，並且九疊篆體漢字也不易識别。於是乾隆十三年（1748 年），乾隆皇帝授意並親自參與，參照漢文篆書三十二體，相應創立了滿文篆書三十二體，主要應用於印章與碑額，“初制清篆，改鑄百官印信，清篆左，漢篆右”[1]。這次改革印文，去除了繁複的九疊篆，滿漢字體統一爲普通篆體，印章莊重協調。此形制沿用一百六十多年，直到清朝滅亡。張氏契約共有 17 張紅契上的“束鹿縣印”爲此種形制，時間從乾隆三十五年（1770 年）至光緒十年（1884 年）。如乾隆三十六年（1771 年）正月二十六日袁克忠賣地契，其上鈐蓋滿漢文字皆篆體的“束鹿縣印”。

同時，清代官印的外觀風格從張氏契約的官印上能直觀看到。如乾隆六十年（1795 年）正月十二日王欽賣與張廷寬莊基契粘附了咸豐年間契尾，在手書賣契和契尾連接處鈐蓋篆體滿漢文合璧的“束鹿縣印”，契尾上鈐蓋了“直隸等處承宣布政使司之印”。“束鹿縣印”爲邊長六厘米、邊欄小於 1 厘米的正方形印章，“直隸等處承宣布政使司之印”爲邊長 10 厘米、邊欄寬 1 厘米的正方形印章。從大小不等的兩枚印章可以看出清代官印等級的嚴格劃分，也顯示了“印章特别巨大，而印章的邊欄特别粗、特别寬，以正方形爲主”[2]的中規中矩的官印特點。

滿漢合璧是清代官印的一大特點，其印章前期左爲楷體滿文，右爲九疊篆體漢字，後期依然是左滿右漢，但兩種文字統一爲普通篆體。清代契約文書上官印的變化，反映了官印從初創到成熟的發展過程，是民族交融程度的逐步加深，滿漢文化進一步融合的體現。

二、北洋政府時期契約文書上的印章佐證了地方行政機構名稱變更和社會的變遷

張氏家族在北洋政府時期（1912—1928 年），鈐蓋印章的紅契共 8 張，另

1 《清朝文獻通考》卷一百四十三，浙江古籍出版社，1988 年，考 6095 頁。
2 王本興：《中國歷代印章邊欄演變簡史》，遼寧美術出版社，2002 年，第 193 頁。

有5張光緒年間地契，民國三年（1914年）才在縣府繳納契税，因此粘附其上的民國三年“買契”，所鈐印章爲北洋政府時期的省、縣級政權官印。這些印章隨着時代的變化，賦予了新的内容與意義。

民國十二年（1923年）王洛慎賣地契所附當年十一月三十日買契上有一枚完整的大方章和兩枚騎縫章“直隸財政廳印”。辛亥革命後，中華民國臨時大總統袁世凱於民國元年（1912年）三月十一日（此處爲公曆）“下令改各省督撫爲都督，同時任命張錫鑾爲直隸都督”[1]。“直隸財政廳印”佐證了北洋政府時期今河北省沿襲清代稱爲“直隸”的史實。

民國十六年（1927年）八月十五日三槐堂聯單云：“束鹿縣行政公署爲發給執照事，照得村人民三槐堂承種糧地，應納預徵民國十七年特捐銀元一毫八分七厘……”，聯單鈐蓋騎縫方章“束鹿縣印”已模糊不清。民國二年（1913年）一月八日，北洋政府發布了《統一現行各省地方行政官廳組織令》，據此“束鹿縣衙改爲縣知事公署，知縣改爲知事”[2]。三槐堂聯單上的“束鹿縣行政公署”六字，證實了北洋政府時期縣級行政機構稱“行政公署”。

光緒二十五年十二月十八日（1900年1月18日）張洛庸賣地契粘附民國三年（1914年）五月二十日“買契”，上面鈐蓋騎縫章“束鹿縣知事印”，表明北洋政府時期縣級政府長官已由清朝“知縣”改爲“知事”。始於北宋建隆四年（963年）止於民國初年、長達近千年的“知縣”稱謂，永遠成爲了歷史。

北洋政府時期買賣房地契約、繳納雜税的聯單收據以及鈐蓋的官印，印證了今河北省地方行政機構名稱變更及社會變遷的歷史。

三、南京國民政府時期契約文書上的印章顯示出基層行政機構及社會管理的變化

南京國民政府成立於1927年4月，但其對北方開始行使管轄在1928年以後。

1　河北省地方志編纂委員會編：《河北省志·大事記》，河北大學出版社，1992年，第170頁。

2　河北省辛集市志編纂委員會編：《辛集市志》“歷史大事記”，中國書籍出版社，1996年，第21頁。

張氏家族現存南京國民政府時期鈐蓋印章的紅契共23張，另有光緒十年（1884年）十月十六日張洛雅賣地契在民國十八年（1929年）十二月二十三日才繳納契稅，其上粘附了“官紙草契”與“國民政府財政部驗契紙”。南京國民政府時期房地買賣契約的一個顯著特點是，多鈐印區鄉基層印章。

（一）直隸省改稱河北省

光緒十年（1884年）張洛雅賣地契所附民國十八年（1929年）十二月二十三日“國民政府財政部驗契紙”，下面一行文字是“河北省財政廳印發”，“驗契紙”與“官紙草契”上有騎縫章“束鹿縣印”“河北省財政廳印”。南京國民政府成立後，1928年6月21日，“國民黨中央政治局會議決定：直隸省改名河北省，舊京兆區二十縣劃歸河北省”[1]。這張民國十八年（1929年）“國民政府財政部驗契紙”是直隸省改名河北省的直接證據，而“束鹿縣印”仍然使用北洋政府時期的縣級政權印章。

（二）縣公署改稱縣政府、知事改稱縣長

民國二十四年（1935年）七月初四張蟒群田房買賣草契及存根的騎縫章爲“束鹿縣政府印”。南京國民政府建立後，1928年6月，“北伐軍占領天津、北平之後，束鹿縣公署改稱縣政府，知事改稱縣長”[2]。張蟒群田房買賣草契及存根上的“束鹿縣政府印”，證明南京國民政府時期縣級行政機構名稱已從“行政公署”改爲“縣政府”。鈐蓋“束鹿縣政府印”的契約，還有民國二十四年（1935年）十月初八張老木田房買賣草契及存根。

民國十五年十二月張煦亭賣地契粘附的民國十八年（1929年）九月三十一日“國民政府財政部驗契紙”左下角有“束鹿縣縣長金”六字，表明縣政府長官也從原“知事”改稱“縣長”。查閱《辛集市志》“民國時期知事、縣長花

1 河北省地方志編纂委員會編：《河北省志・大事記》，河北大學出版社，1992年，第195頁。
2 河北省辛集市志編纂委員會編：《辛集市志》“歷史大事記”，中國書籍出版社，1996年，第23頁。

名表”[1]，金姓只有一人，名“金福海”，爲當時的東鹿縣縣長。

需要指出的是，民國十七年（1928 年）七月十日修身堂執照上的騎縫章是北洋政府時期的“束鹿縣印”，此後，直至民國十九年（1930 年）的單據上都是原北洋政府時期的“束鹿縣印”，如民國十九年六月二十八日張文瑞收據。造成此現象的原因有三：其一，國民政府在南京成立後，北方地方政權是隨着北伐軍的進展陸續建立的。其二，在地方政權建立後，“南京國民政府相繼頒布了《縣組織法》《縣長任用條例》《地方行政人員的主要工作和綱領》等一系列關於縣政府建設的法規、法令，使得國民黨統治時期的縣政府逐步趨於規範化”[2]。其三，執行、貫徹這些法令需要時日，有一個循序漸進的“逐步趨於規範化”過程。就目前所見，民國二十二年（1933 年）三月十二日束鹿縣政府徵收過糧費執照上的鈐印已改爲“束鹿縣政府印”。

（三）税收管理權力的下移及區鄉基層政權的建立

民國二十年（1931 年）十二月初五張蟒群當契，在“共當價大洋伍拾元整”上鈐蓋圖章“束鹿縣第貳區第貳十七鄉東大陳鄉公所圖記”。從這枚印章可以看出，原清代地契鈐蓋縣府官印的慣例被改變，不僅表明民國時期税收管理權力的下移，更重要的是區鄉基層政權的建立，打破了歷代封建王朝遵循王權止於縣政、縣下不設治的傳統。1929 年 6 月 5 日南京國民政府公布《縣組織法》，不久又公佈了《鄉鎮自治施行法》和《區自治施行法》，主要劃分縣以下各級行政區域，建立和健全區鄉等各級鄉村行政機構，“各縣按户口及地方情形劃爲若干區，每區以十鄉鎮至五十鄉鎮組織之。凡縣内百户以上之村莊地方爲鄉，百户以上之街市地方爲鎮，鄉鎮均不得超過千户。鄉鎮居民以二十五户爲閭，五户爲鄰”[3]。

1　河北省辛集市志編纂委員會編：《辛集市志》第三编“政治”第七章“政府”，中國書籍出版社，1996 年，第 571 頁。

2　河北省辛集市志編纂委員會編：《辛集市志》第三编“政治”第七章“政府”，中國書籍出版社，1996 年，第 571 頁。

3　中國第二歷史檔案館編：《國民黨政府政治制度檔案史料選編（下）》，安徽教育出版社，1994 年，第 524 頁。

張氏所在東大陳村劃爲第二區第二十七鄉。

鈐蓋"東鹿縣第貳區第貳十七鄉東大陳鄉公所圖記"最早的是民國十七年（1928年）二月十六日張門王氏當契上的一則簡單找契"。在當契"中人張莽群"及"中華民國十七年二月十六日立"文字前，有不同筆體的"同中人王洛丕找價洋元柒拾元，期滿再種五年爲滿。二十年十月十八日立"。在這則简单找契上鈐蓋了一枚"東鹿縣第貳區第貳十七鄉東大陳鄉公所圖記"完整方形章和一枚騎縫章。鈐蓋此印章的契約文書還有三張。

此後，東鹿縣的區鄉規劃又做了一些調整。民國二十四年（1935年）七月初四張蟒群賣地契，在"賣價大洋四拾元整"處鈐印"東鹿縣第二區東大陳田房監證人戳記"，同一天同一內容的張蟒群買賣田房草契及存根上的鈐印则是"東鹿縣第五區第貳十七鄉東大陳鄉公所圖記"，騎縫章爲"東鹿縣政府印"。以此看出，田房監證人用的還是原來第二區戳記，而東大陳鄉公所印章已改爲"東鹿縣第五區第貳十七鄉東大陳鄉公所圖記"，即東大陳"貳十七鄉"未變，但已從"第二區"改爲"第五區"。鈐蓋"東鹿縣第五區第貳十七鄉東大陳鄉公所圖記"的契約文書共五張，其中民國二十四年（1935年）四張，民國二十八年（1939年）一張。

從民國二十三年（1934年）十一月二十一日張洛木買賣田房草契鈐蓋"東鹿縣第貳區第貳十七鄉東大陳鄉公所圖記"考慮，東鹿縣區劃調整時間應在張洛木賣地契之後的民國二十三年（1934年）年底至民國二十四年（1935年）七月初四張蟒群賣地契之前，即民國二十三年（1934年）年底至民國二十四年（1935年）上半年，此期間將東大陳原屬二區調整爲五區。此後，國民政府統治的東鹿縣區鄉再無變化，因爲1937年七七事變後，縣長姚齡九席捲鉅款20萬元，與縣區部分官員逃往河南扶溝縣避難，東鹿縣陷入無政府狀態。[1]日本帝國主義侵入中國後，汪僞政权建設總署水利局曾於民國三十年（1941年）做"東鹿農事調查报告"，其中記載，當時的東大陳仍然屬於"第五區"[2]，區治仍設在舊城。

1 河北省辛集市志編纂委員會編:《辛集市志》第三编"政治"第七章"政府"，中國書籍出版社，1996年，第571頁。

2 參見汪僞政權"建設總署水利局"所作之《華北河渠建設事業關係各縣農事調查報告書（第一卷）》第一〇"東鹿縣農事調查報告"，第298—339頁，見"国家社科基金抗日战争研究专项工程——抗战文献数据平台"。

1938年3月，中國共産黨領導的抗日政權東鹿縣抗日民主政府在縣城（今新城鎮）成立。全縣劃分爲七區，東大陳所在仍被劃爲“二區”[1]，這體現在1996年出版的《辛集市志》所載1938年3月至1940年1月東鹿縣行政區劃圖上。此後中國共産黨領導的政權劃定的東北縣、東晉縣行政區劃圖中，東大陳一直劃歸“二區”。

（四）契税徵收的逐步規範化

民國年間的房地買賣有官牙、田房監證人參與其中。官牙，又稱官中，是明清民國初年經官府指派的牙商，圖記、戳記由官府頒發。“凡有田房交易，定由官牙書名畫押，交易三日内，官牙具單報縣。每月有無交易，官牙朔望當堂親遞甘結。如扶同隱漏，官牙拿究。”[2]前述民國二十年（1931年）十二月初五張蟒群當契，除了有“東鹿縣第貳區第貳十七鄉東大陳鄉公所圖記”外，在“中人張慶祥、陳老守”處蓋有“大陳官牙圖記”印章，表明其中至少一人爲東大陳村官牙。

1919年，省頒布田房交易監證人制度，“草契之發行。由縣政府制就草契，編列號簿，蓋用縣印，分發各區公所，仍由各區公所編號轉發於各鄉長副，隨時發行之。凡民間買典田房書立草契必須購用此項草契，依式填寫，由田房交易監證人加蓋戳記。否則，遇有訴訟作爲無效。”[3]民國二十四年（1935年）七月初四張蟒群賣地契上鈐印“東鹿縣第二區東大陳田房監證人戳記”，證明東大陳村亦設立了田房監證人。但在民間還是習慣上稱“官牙”。

“大陳官牙圖記”“東鹿縣第二區東大陳田房監證人戳記”兩印章，顯示國民政府時期房地契税徵收的規範化。

南京國民政府時期張氏契約文書上各種不同的官印和圖章，是當時省縣地方行政機構、區鄉基層行政機構變化更替以及對社會管理權限下移的具體體現。

1　河北省辛集市志編纂委員會編：《辛集市志》“歷史大事記”，中國書籍出版社，1996年，第27頁。

2　〔清〕黄六鴻：《福惠全書》卷八“雜課部・田房税”，《四庫全書未收書輯刊》第三輯，北京出版社，1998年，第19册，第99頁。

3　〔民國〕王用舟：《井陘縣志料》第七編“行政”，臺北成文出版社影印，1968年，第444—445頁。

（五）日僞時期契約上的印章顯示出日本帝國主義在華北的强化統治

日僞統治時期的歷史在張氏契約文書上也有反映。如民國三十二年（1943年）十二月二十六日王洛丕賣地契，在土地畝數、國幣洋數、時間等處分别蓋有長條形“東鹿縣東大陳村公所”“東鹿縣東大陳鄉東大陳聯保辦公處”兩枚印章。鈐蓋此兩印章的還有民國三十二年（1943年）張洛潔賣地契、民國三十四年（1945年）張慶法賣地契。鈐蓋“東鹿縣東大陳鄉東大陳聯保辦公處”一枚印章的地契也是三張。

日本侵略者占領東鹿縣後，實行“點綫”政策，即在縣城（今新城鎮）、辛集、舊城三鎮設立據點，建立僞政權。然後向四周擴充勢力範圍，先後在滄石公路以及石德鐵路沿綫建立據點或炮樓。民國二十九年（1940年）“五月十三日，以鐵杆漢奸趙學臣爲隊長的日僞滄石公路第一工程隊（又稱護路隊）進駐束北縣，在新壘頭設立司令部，隨即在滄石公路沿綫的范家莊、東大陳、北大過、軍齊、南張村等地安上了據點，加緊了對交通幹綫的控制”[1]。東大陳村緊鄰滄石公路，日本鬼子在公路旁的村東南角王姓大户人家院中修造了炮樓，整個村子受到日僞軍的嚴密監視。出生於1928年的張静波保存了父親張洛强的一張“身份證明書”，即“良民證”。“良民證”上的照片已被揭去，但姓名、年紀、性别、左右手食指印非常清晰，顯示時間爲民國三十年（1941年）四月二日，編號爲04341，住址爲“東鹿縣第四區東大陳三四保七甲六户”，發證機關爲東鹿縣僞公署，兩枚“東鹿縣公署印”清晰可見。“良民證”及“東鹿縣東大陳村公所”“東鹿縣東大陳鄉東大陳聯保辦公處”印章，證實了日本帝國主義在華北强化“以華制華”手段，在地方推行“强化治安”的僞保甲制度[2]，真實反映了日僞政權對中國基層社會加强統治的殘酷現實。

1　河北省辛集市志編纂委員會編：《辛集市志》“歷史大事記”，中國書籍出版社，1996年，第30頁。
2　郭貴儒、戴建兵主編：《河北經濟史》第四卷，人民出版社，2003年，第369頁。

（六）抗戰勝利後契約上的印章顯示出新型人民政權的建立

1945年9月東鹿縣全境解放，東大陳村作爲老解放區，基層政權已回到人民手中。民國三十五年（1946年）十二月初八石家族賣地契，在“計地五畝零零三毫”“賣價洋壹萬元”“民國三十五年”處分别鈐蓋小方章“東鹿縣東大陳村公所圖記”，與地契粘連的是民國三十六年（1947年）二月初七“買契”，在騎縫處鈐蓋大方章“東鹿縣政府印”。雖然此印章與南京國民政府時期的縣級印章名稱相同，但形制爲方形，且以另一种篆體形式呈現，最重要區别在於兩種“東鹿縣政府印”所代表的政權性質完全不同。另外的小方章“東鹿縣東大陳村公所圖記”代表的是勞動人民的基層政權，也不同於日僞統治時期的長條形印章“東鹿縣東大陳村公所”。

總之，張氏契約文書上各個時代各種形制的印章，有着真實性、具體性等特點，無聲地叙説着已經遠去的歷史變遷和社會變革，佐證了社會發展、區劃演變的歷史史實，是研究社會史不容忽視的第一手原始資料，值得進一步挖掘探究。

東鹿張氏契約文書背後的故事

具有鮮明歸户性的張氏家族契約文書向我們展示了明末起各歷史時期民間經濟生活具體生動的活動個案，進而折射出一個家族在三百餘年間的興衰變遷，幫助我們梳理出相對清晰的家族世系與脉絡。這對張氏後人是一種精神慰藉，也對張氏契約文書研究有所裨益。

在此期間，筆者走訪了張氏以及村中健在的老人，在他們的口述中，家族世系、村中佚事更加清晰，現略記於此。

一、張樹平家藏契約文書與家世

張樹平家藏契約文書是在本世紀初老人去世後整理遺物時發現的。契約文書按年代層層疊放，由一塊方形絲帛包裹，置放在一個長 25 釐米、寬高十三四釐米、有抽拉蓋的長方形木匣内，木匣收藏在老屋一舊式衣櫃頂部約 20 釐米高的夾層内。契約文書共 124 張，其中有清一代從順治到宣統十位皇帝在位的各個時期都有契約留存，多則二十餘張，少則一二張，占了全部契約文書的 77%，如此完整的契約文書在華北地區都是極少見的。此外，另有一本抄契簿，收 17 張抄寫地契。這些抄録的地契雖不是原始地契，但與現存買賣土地契約有同等的史料價值。正是張氏一代代人的精心保護，才使契約文書歷經風雨滄桑保存至今。

東大陳張氏雖非名門望族，但传世家譜還是有的。據張氏族人張静波（1928—2022）講，舊時他曾在本家張滿聚家門房内看到過掛在墻上、字迹已有些模糊、布質的張姓家譜。後發生水災，門房與門洞倒塌，再也没看到過這幅挂譜。

據張氏先人世代口口相傳，東大陳張姓是從本縣南周莊遷來。地處東大陳村南十幾里外的南周莊，現隸屬於和睦井鄉，村子不大，張姓村民占絶大多數。辛集市原黨校校長、原籍南周莊的張學悦，“文革”前曾在村中張氏家廟看到掛在墻上的家譜，上面横七豎八的格子中密密麻麻的寫滿了人名，當時不懂是怎麼回事，只知道這叫家譜。這與張静波看到的東大陳張氏掛譜形制是一樣的，它與裝訂成册的家譜不同，是按家族世系將逝去的先人名字寫在粘連銜接的大幅布或紙張上，裝裱牢固不易損壞，可重複使用，一般在春節、元宵節，將家譜掛在墻上，放好供桌，擺上供品，族中長輩帶領族人對着家譜磕頭跪拜。結束祭祀過程後，將家譜卷好收起，等來年再用。供奉家譜，表現了中國人尊崇祖先、維繫親情、祈求保佑的樸素家族觀念。

張學悦回憶，中學畢業回鄉勞動，曾從長輩口中聽到“南周莊張氏與東大陳張氏是一張”的説法。東大陳張氏地契保存者張樹平在二十世紀八十年代，曾去南周莊，當村人得知是東大陳張姓時，表示“是同一張姓、一家人”，並熱情邀請到家中吃飯。據族人張立生介紹，二十世紀六十年代根治海河時，其父張寶玉隨民工隊伍到南周莊一帶開挖溝渠，在休息聊天中，南周莊張姓族人瞭解到張寶玉是東大陳張姓時，雙方親切攀談，認作本家。

無論是家族長輩的口頭傳説，還是張氏後人所見所聞，或是兩村張氏的友好往來，爲東大陳張氏與南周莊張氏爲同宗做了最好的詮釋。

既然東大陳張氏與南周莊張氏爲同宗，那麼，東大陳張姓是何時從南周莊遷出的呢？張學悦曾提供南周莊張氏輩分排行字爲 18 個字，“志、進、奉、思、發、宗、文、慶、國、學、永、明、德、仁、義、禮、智、信”，張學悦的“學”字輩爲第十代，之前 9 個字，之後 8 個字。東大陳張氏地契中所見名字共十一代，其輩分排行字與南周莊輩分排行字無一相同，顯然，南周莊張氏輩分排行字是在東大陳張氏已遷離南周莊後定的。

張樹平家藏契約文書中最早的一張，是明朝崇禎六年（1633 年）二月十八日肖丙德卖地契：

立文約人肖丙德，因爲無錢使用，今將自己莊北地一段，計地一畝九分，東至張應全，西至李自和，南至王自巧，北至張的好，四至明白，今憑中人肖丙官說合，出賣與民人張孟奇爲業……

崇禎六年二月十八日立文約人肖丙德

北可六步，長七十步五寸，南可七步五寸。

今憑中人張應全、肖丙官、肖丙全、張奉堂。

從地契背景推斷，有兩種可能：一種情況是張孟奇父輩、祖輩或更早已遷至東大陳村，或投親靠友，或開荒耕種，或與人傭耕，由於辛勤勞作勤儉持家，到張孟奇時有了一定積蓄，購置了第一塊土地。另一情況是張孟奇本人是遷徙東大陳村的第一代，或許在崇禎六年以前遷至東大陳村，積攢資金購置土地。地契顯示，購買土地的地鄰、中人有張姓村民，而東大陳村現有張姓分三個群體，其中人數較少的兩張姓爲近現代從外村遷來。人數最多、聚居在村東的爲本張姓，分四大支。地契涉及的這些張姓應是從南周莊遷來的張孟奇本族。在張孟奇後代張後艾順治四年（1647 年）購地契約中，有地鄰“張應奇”，在同年另一張購地契中，立文約人爲“張奉奇”，中人有“張後綏”。從本家同輩起名用同字的傳統習慣來看，“張應奇”“張奉奇”與張孟奇，“張後綏”與張後艾，分別屬同一宗族的同輩人，或爲同胞兄弟，或爲堂兄弟、從兄弟。如果認定“張應奇”“張奉奇”與張孟奇名字相連，爲同一家族的同輩人，那麼照此推斷，張孟奇的祖輩先人早已遷徙東大陳村。無奈，這些都無從考證，只能權且將張孟奇作爲東大陳張氏最早的先祖，根據現有契約文書來梳理張氏家族世系脉絡。因爲，在以農立國的中國古代社會，每個社會成員都將土地看得極爲重要，而擁有土地所有權的證據就是地契，所以一代代中國人都將地契以及財産分割的分單像寶貝一樣珍藏。從這個意義上講，每一張契約文書都無聲證明了曾經的歷史，按照張氏家族契約上的時間順序，串聯起契約上的每一個名字，基本上就能展示出張氏家族世系概况。

一世張孟奇。明朝滅亡前的崇禎六年（1633 年）二月十八日购买肖丙德“莊北地一段計地一畝九分”，雖然不足二畝地，但張孟奇從此在屬於自己的土地上，繼續着春耕夏播秋收冬藏年復一年的農耕生活，也爲後代的生計奠定了初步的物質基礎。十一年後，1644 年，清軍入關，崇禎皇帝吊死在京城煤山（今北京景山公園），明朝滅亡。但這絲毫不影響張孟奇及後人與千千萬萬農民一樣日出而作、日落而息的農耕生活。

二世張後艾（厚愛、後愛）。1644 年，清朝入關建立了新的政權。從順治四年（1647 年）到康熙八年（1669 年）二十二年間，張後艾先後從張奉奇、王積壽、張明孝、張明登、張胡、劉氏手中六次購地共 17.62 畝，其中康熙八年（1669 年）三月八日地契的買主是後人張名顯。康熙九年（1670 年）十二月初一張後艾從趙邦有家購得帶有平房、院墻的莊基一塊。大概是兒子成年，爲成家作準備。

三世張明顯（名現、名顯），從康熙十三年（1674 年）到康熙二十五年（1686 年）的十三年間，先後從曹氏兄弟、張明才、張名樓、張聖如手中四次購地 4.628 畝，至此張家三代人購地 24.148 畝。張明顯有無兄弟，没有分單佐證，但從地契上賣契人、地鄰、中人的名字看，有張明登、張明孝、張名量（明亮）、張明路、張明才（名才）等，顯然，這些人與張明顯是家族内的同輩人。

康熙四十年（1701 年）二月二十日分單，也是張家保存的第一張分家文書。張明顯四個兒子"張方名、張方英、張方傑、張方佑四人情願分開，以使修理房屋。方傑分□□，分南頭西□七步二尺五寸，可四步三尺五寸，上有平房一間半，分在方傑名下，各人情願，並無返悔，立字爲證。"這是老三張方傑所分家産的分單。此分單上張方傑分得一間半房屋，大概是兄弟多已成家，擠在一起，很不方便，於是大家同意分家，"以便修理房屋"，分單上並没有分析耕地的記載。

根據對現有契約主要是分家文書的分析推斷，康熙四十年（1701 年）二月二十日這張分單上的張方名、張方英、張方傑、張方佑四兄弟，應是今天東大陳張姓四大支的各自祖先。

首先，張氏家族成員（除此支外，另有北胡同一支，張振通、張雙路一支，路南張國勝一支）主要聚居在村子东南部，人民公社时分属于第一、第二生产队。各支在村西有共同的老墳（"文革"中毁平，現張英報冷庫所在地）。據張英報所言，改革開放後，張英報在村西張氏老墳一帶建造冷庫時，按照張雙路的叮囑，在西北角修了一小祠堂以安置張氏先祖的靈位。據出生於 1925 年的張雙紀老人回憶，舊時每到春節，張氏各支集體到村西老墳祭祀祖先，回村之後聚餐，其伙食由每年輪流耕種祖墳墓地的家庭承擔，這稱爲"上墳社"。後因社會動蕩，生活困苦，上墳祭祖後，没條件聚餐了，各家只分得一些饅頭。其次，康熙四十年（1701 年）四兄弟分家後，直到乾隆十二年（1747 年）二月十四日張廷寬與侄兒張連的分單，中間未見其他分單。第三，在現存契約文書中，從買賣雙方以及地鄰、中人的姓名，可以看到同祖同宗的同輩兄弟，如：張廷寬、張廷佐、張廷忠、張廷孝；張宣、張連、張積、張恒、張蘭、張會、張敏；張立功、張立容、張立仲、張立方、張立德、張立成、張立命；張思睿、張思誠、張思温、張思和、張思訓；張鳳翥、張鳳至、張鳳消、張鳳岐等等。因此，東大陳張氏四支爲一家，各立門户始於康熙四十年（1701年）二月二十日的四兄弟分家，其共同祖先爲一世祖張孟奇，二世祖張後艾，三世祖張明顯。

四世張方傑。按照保存自己分單的傳統習慣，排行老三的張方傑是地契保存者張樹平、張藏言共同的直系祖先。張方傑與兄弟們分家單過三年後，從康熙四十三年（1704年）到乾隆五年（1740年）的三十七年間，4次從王氏兄弟、張方有、劉氏（劉進真、劉展韜）、王元林手中購買土地14.57畝，與人合夥2次購買土地4畝多。在康熙四十五年（1706年）、雍正十一年（1733年）、乾隆五年（1740年）3次買入村内莊基三塊，按當時生産力水準和農村生活狀況，已屬於小康之家了。

五世張廷寬。從乾隆七年（1742年）到乾隆十二年（1747年）的六年間，張廷寬與張連兩人署名從楊氏、王氏手中多次購地。期間，乾隆九年十二月初八日兩人又購得王氏莊基一塊。之後，乾隆十六年（1751年）二月十四日張廷寬分單記録了張廷寬所分土地，没有房屋的分配，估計兩家各有房屋居住，不用重新分配。分單明確爲“兩家情願”，此“兩家”應該是張廷寬、張連兩個家庭，因爲此後的張氏契約中再也看不見“張連”的名字了。因此，張廷寬與張連到底是什麽關係，需要探究。

此前的乾隆十一年（1746年）三月十四日王門馮氏賣地契上粘有一張小紙條，云“此二張白契似是乾隆十一年十二月二十二日馮氏同子王元福、王冬子、孫王之信賣與張方傑、廷寬、孫連的紅契原底”，“孫王之信”即馮氏之孫王之信，“孫連”即張方傑之孫張連。現存抄契簿抄録了雍正八年（1730年）至嘉慶二年（1797年）六十八年間張方傑、張廷寬、張宣購買土地的地契，證實三人爲祖孙直系親屬關係。如此，張廷寬、張連只能有兩種關係，即父子關係或叔侄關係。我們今天看到的古代地契，在土地買賣過程中，無論賣主或買主，絶大多數書寫的是單一的男性户主姓名，只有少數地契賣主爲父子。在張氏現存地契中，賣主爲父子關係的僅三張，即抄契簿上乾隆七年、乾隆八年兩張楊奇禄同子楊之信賣地契以及乾隆十二年十二月初十王元福父子賣地契。從這個角度考慮，張廷寬與張連不是父子關係，而應爲叔侄關係。古代提倡“孝悌”，即孝順父母，友愛兄弟。看來，張廷寬之兄、張連父親去世早，張廷寬盡兄弟之誼，照顧亡兄一家，與侄子張連同居生活，購置土地兩人一起署名，直到張連長大成人、娶妻生子。乾隆十六年（1751 年）二月十四日正式分家，張連獨立單過，所以在張樹平家藏契約中，再也不見張連的名字了。

本族張藏言是張樹平的侄子輩，他保存了四十多張家傳契約，最早的是乾隆三十五年十二月十七日（1771 年 2 月 1 日）王文禮賣契，“立文契人王文禮，因爲無銀使用，今將自己村西北南北地一段，計地伍畝柒分貳厘……今憑中人劉奉得説合，賣與張連永遠爲業……”。張廷寬胞侄張連之名在這里出現了，表明了分家後張連單獨購置土地的事實，也佐證了同根同祖的張氏另一支系的歷史繁衍，彌足珍貴。

六世張宣（張瑄、張旋）。乾隆六十年（1795 年）前二月二十二日到嘉慶六年十二月二十六日（1802 年 1 月 29 日），張宣從王天相、王廷棟、張勇、焦思聰手中六次購地 29 畝。一個多月後，即春節後的嘉慶七年（1802 年）二月十九日張宣與張袁氏、張立容分家。

分家一般是在同胞兄弟之間進行，但從這張分單内容看，此時張宣的兄弟應是都已過世，張宣與張袁氏一家、胞侄張立容一家共同生活。古代倡導大家庭，不到萬不得已，是不會分家的，即使分家也不是分道揚鑣各顧各的，而是藕斷絲連，親情仍在，特别是對孤兒寡母的格外照顧更是民風所倡。從此分單可看出，張宣分得“村南南北園地中間一段，上帶杏樹夥中”，即杏樹歸三家所有，這些樹木首先給“張袁氏修蓋磚平房二間、平門樓一座、小坯車棚一座”，以保證基本的起居條件，使其生活更加便利。張袁氏應是張宣的胞嫂或弟媳，没有子嗣，如有子嗣分單中應有名字。

分單中的張立容應是本村小街張姓之先人。此推論基於以下幾點：第一，族中老人口傳小街張氏是本族分支。第二，族人張静波（1928—2022）曾在小街張滿聚家中看到過小街張氏與地契保存者東頭張氏爲同宗的張氏傳世掛譜。第三，家譜一般由同族長門存放，推斷小街張氏爲族中長門，張立容是張宣兄长之子。今天，東頭張氏傳到十五世，而小街張氏已傳至十七世，也是其爲長門的佐證。第四，小街張氏最年長者是生於 1928 年的張静波，其祖父張春長是張立容重孫，父親張鎮様（又名張國强、張洛强），與東頭張樹平父親張鎮家同屬“鎮”字輩。

分家後，張宣在嘉慶十一年、十六年（十九年再續）兩次分别承典張立寬、王修敬共 12 畝土地自己耕種。通過勤奮勞動，有了一定積蓄後，張宣在嘉慶年間四次購地 26 畝、莊基兩塊。張廷寬、張宣兩代是張氏家族購地最多最頻繁時期，與清代“康乾嘉盛世”的發展繁榮相吻合。

七世張謙德。《同治束鹿縣志》記載，“張謙德，字行益，庠生，東大陳村人，事繼母以孝聞，母嚴厲甚，屢加呼撻而怡色柔聲，未曾稍忤，晨昏定省，未嘗稍懈，母卒感而化焉”[1]。庠生，即通過童試三級考試，進入官府所辦學校的學生，俗稱“秀才”。明清稱府、州、縣學的生員爲庠生。張謙德享受了父輩帶來的較舒適生活，通過考試成爲縣儒學生員，成爲鄉人羡慕的“秀才”。其有教養懂感恩，雖然繼母“嚴厲甚”，對其屢次打罵，張謙德仍然“怡色柔聲”，早晚到繼母面前請安問好，從不懈怠，用實際行動感動了繼母。後人得其益的張家私塾“瓦房”應該由其始創。道光五年（1825 年）、道光六年（1826 年）張謙德兩次購地 13.1 畝，此時正值鴉片戰爭前，日子平穩安定。1840 年鴉片戰爭的炮聲打破了平静的日子，道光二十九年（1849 年）二月初七當契，“立當契人張行益（張謙德字）因爲不便，今將自己村東南東西地四畝……憑中人楊永和、温洛成説合當與李洛慎耕種”，張謙德家境開始衰落，已到了典當土地的地步。當時的中國，列强入侵，百姓塗炭，國勢每况愈下，岌岌可危，個人小家庭自然不能幸免。也就在這年或第二年張謙德去世，因爲，道光三十年（1850 年）十一月初四的當契主人已是後人張玉潤了。

八世張玉潤。道光三十年（1850 年）有兩張當契，將 27 畝地分兩次當與秦老美名下，當主皆爲張玉潤，家中老大，是自然的户主。道光三十年（1850 年）分單上，“立分單人張玉蔭分與胞兄西邊莊基一段，上帶西房三間，樹株全在……”除莊基分割外，並將所有土地不論大小，統統一分爲二，張玉潤與胞弟張玉蔭各得其一。咸豐三年（1853 年）二月十一日張玉蔭出賣土地與“胞兄玉潤爲業”，

1 〔清〕宋陳壽：《同治束鹿縣志》卷七“人物志・孝友”，見〔民國〕謝道安：《束鹿五志合刊》民國二十六年鉛印本，臺北成文出版社影印，1968 年，第 1182 頁。

地契中有“中人”，有四至，但没有土地的具體尺丈數目，賣給自家兄弟，雙方對土地皆瞭若指掌，所以賣契格外簡略。同時，此契的訂立，反映了傳統社會買賣房地“先盡親鄰”的習俗。

根據地契由買主收藏、以證明擁有土地所有權的傳統習慣，此契也是判定張玉潤是八世祖的依據之一。另一依據是光緒二十三年（1897 年）十一月十二日繼單，“張常發奉母親、胞叔燮元之命，情願使長子有聲與胞兄仁發承嗣”。張常發系九世張仁發之弟，張常發胞叔張燮元，即張玉潤胞弟張玉蔭。

据族中老人口传，張玉蔭（玉印）有一儿一女。儿子名字無考，女儿常張氏，貌美但双目失明，嫁孤庄常姓，因身体残疾，生活艰难且受妯娌挤兑。兄长担忧其生計，给其留出土地、房屋，搬回娘家东大陈村生活，常張氏之子常洛捷（小名四妮），孙辈常瑞来、常春来。这也是如今村民疑惑“張常一家”的缘由。

九世張仁發，張玉潤次子。據張仁發之孫張鎮坤講，家中堂號爲“仁源堂”，是取張仁发名字中的“仁”字。家藏的民國三十二年十二月二十六日王洛丕賣地契、民國三十四年三月初九張慶法賣地契，買主皆爲“仁源堂”。當時，在家門内的影壁，大門口的門楣，以及春節掛在門口、院中的燈籠上，都寫有“仁源堂張”四個大字，這在清末民初也是一種時尚。出現在家藏地契中的堂號，還有“課耕堂”“祥瑞堂”“後升堂”“休明堂”“信義德”“恒昌元”等。據王秀莊、張静波兩位老人回憶，“恒昌元”屬王玉乾家，是專做木製嫁妝的店鋪，日寇修炮樓時被占領。

張仁發兄弟三人，光緒二十三年（1897 年）六月初二繼單中，立單人張常發提到了胞兄仁發和英發。老大張英發，老二張仁發，老三張常發。

張仁發在同治十一年（1872 年）正月二十一日、光緒八年（1882 年）正月初九買下兩塊莊基，光緒十一年（1885 年）六月二十八日、十一月十六日兩次購地 21.74 畝。張長發於光緒十五年（1889 年）、光緒十九年購入兩塊莊基。

光緒二十三年（1897 年）六月初二有一繼單，“立繼單人張常發奉母親、胞叔燮元之命，情願使長子有聲與胞兄仁發承嗣”。張仁發本有二子，而“張常發奉母親、胞叔燮元之命，情願使長子有聲與胞兄仁發承嗣”，估計當時張仁發已過世，二子尚幼，家中老人命張常發（長發）長子張有聲爲其承嗣，以助其渡過難關。對此，張仁發後人稱讚有加。

光緒二十四年（1898 年）十一月十二日兩張分單，主要是張貞祥（張長發）與長子有聲、胞侄六合的分家。光緒二十五年張長發購地 2 畝，光緒二十七年、二十九年張洛貞（張老貞）兩次典當土地 10 畝，這里的“張洛貞”“張老貞”即張貞祥（張長發），當地習慣將老年男子名字中的一個字，前加一“老”字，稱呼其名，這是“老號”。

十世張治國，同族堂兄弟 10 人，即張玉潤、張玉蔭孫輩。十兄弟按大小排行稱呼小名，老大（大名有聲）、老二（大名有慶）、老三的大名小名未知，只知有小名的是四訓（大名頗臣）、五員、六合（大名治國）、七正、八凱、九命（大名耀亭）、十全。其中，張玉潤孫輩 6 人。其中，老三、五員爲張英發之子；六合、九命爲張仁發之子；老大（爲仁發承嗣）、四訓爲張長發之子。張玉蔭孫輩 4 人：老二（有慶）、七正、八凱、十全（見民國八年十二月初二張七正分單）。

十兄弟後人有半數於二十世紀三四十年代爲討生活外出，大多定居在北京、天津、東北等地。

六合，張仁發之子，大名張治國，學名張殿臣。説到學名，不得不提張家的私塾“瓦房”。清朝道光年間，張家七世祖張謙德爲了家族子弟的教育，辦起了私塾。最早在胡同西（現康仁巷張印濤住址）老北房西屋，後遷入胡同北口路東（原張镇南、现常金山住址），俗稱“瓦房”。關於“瓦房”，村中許多老人都知道。筆者詢問了在天津工作、離休的張鎮南長子張雙紀老人（生於 1925 年），他記憶里的三間瓦房是院里坐北朝南的正房，屋後是村内主要的東西大街（今民康街）。瓦房有防雷擊的鐵絲貫穿屋脊，這不僅在東大陳村、即使在滿眼平房的東鹿縣當地也特别顯眼。張雙紀聽父親講，私塾的學生若考上縣里的庠學或做了官員，都將功名狀粘貼在瓦房臨街後山墻上，並燃放鞭炮以給老師報喜。張雙紀回憶，“瓦房”里間作私塾，外間八仙桌上每到春節，便放好“祖盒”（也稱“祖匣”），打開祖盒，是祖先牌位，上面有秀才等文化人的“點紅主”（即在牌位上“神主”的“主”字最上面一點，點成朱紅）。在除夕或大年初一，家族人等各帶着全家老小，來燒香磕頭，祭拜祖先。

張家私塾存續近百年，張家祖輩以及年齡稍長的張鎮藩、張翰章等都曾在“瓦房”私塾讀書學習。曾在私塾學習的十兄弟中的老四，小名四訓，大名張頗臣，學名張殿君；老六，小名六合，大名張治國，學名張殿臣；老九，小名九命，大名張耀亭，學名張殿邦，他們與同村王殿相、王殿松、王殿楠等人的名字中都有一“殿”字，據説是入讀私塾時先生所起的學名。

清末實行“新政”，新式學堂開始出現。東大陳小學成立於二十世紀初[1]，學校的興起逐漸取代了私塾。抗戰前，張鎮南院内的“瓦房”已不復存在，只有殘剩的三間地基、西廂房以及與之相連的大門洞與門樓。張雙紀回憶，西厢房衣櫃頂上有兩個大箱子，裝滿了各種綫裝書，其中包括用紙板青布糊製成“函”、配以象牙别子的成套綫裝書，記得最清楚的有《康熙字典》。另一箱子内還有一頂帶紅翎的清制官帽。

十世張治国，生活在清末及民國前期，軍閥内戰，痞匪横行，民不聊生。張治國只在民國十五年（1926 年）十二月十六日購地 1.82 畝，以後全是典當土地的當契了。據其次子張鎮坤回憶，他五歲時，大概民國十五年（1926 年），原在束鹿縣舊城開設的協泰糧店，在回收糧款過程中遭人陷害，出了人命，被人誣告，惹上了官司。爲此，家境衰落，開始典賣土地。從民國十五年（1926 年）到民國二十三年（1934 年）的八九年間，張治國多次典當土地四五十畝，這些土地無力贖回，有的繼續當出、找價，最後成絶賣。張治國患有嚴重的慢性氣管炎，在四十多歲時病死，地契中最後出現張治國的名字，是民國二十三年（1934年）三月五日張治國找契存根。

民國初年，民族工業興起，張治國之弟、年輕的九命（張耀庭，學名張殿邦），離開家鄉到京城闖蕩，拜師學習土木工程，學徒期滿，參與建築北京的四合院。聽張鎮坤講，鼓樓東曾有張耀亭所建四合院。後建廣通木廠（又稱廣通營造廠），憑藉與故宫太監的良好關係，在八個木廠競標過程中脱穎而出，承攬故宫小規模維修工程。隨着馮玉祥北京政變末代皇帝被逐出故宫，少了一條挣錢門路，更要命的是張耀亭染上了抽大烟嗜好，不滿四十歲便去世了。地契中最後出現張九命的名字，是民國二十三年（1934 年）二月二十三日張六合、張九命找契。

十一世張鎮乾（1915—1991）、張鎮坤（1921—2005）、張鎮家（1924—2002）兄弟三人，出生於北洋政府時期，軍閥混戰，國家貧弱，家道中衰。據張

1 〔清〕李中桂：《光緒束鹿縣志》卷九“地理”，見〔民國〕謝道安：《束鹿五志合刊》民國二十六年鉛印本，臺北成文出版社影印，1968 年，第 1337 頁。

鎮家（筆者張玉的父親）回憶，四歲時因打官司，生活貧困，母親去世，十四五歲的大哥張鎮乾去北平跟東鹿皮匠師傅學徒。幾年後父親張治國去世，爲了生活，十二歲的二哥張鎮坤也離開家鄉到北平，先後在飯館、銀墩工作，又到染坊學習繞綫織地毯。張鎮家與祖母張趙氏在老家相依爲命，艱難度日。

在北京創辦廣通木廠的張耀亭生病回老家後，1932 年，十七八歲的張鎮乾賣掉北京的廣通木廠，憑藉學到的手藝在前門里西皮市大街開設"義昇皮件廠"，手工製作皮箱、皮包、錢包、腰帶等。1935 年，十四歲的張鎮坤轉入義昇皮件廠做學徒工。1938 年，十四歲的張鎮家與祖母也來到北平生活，在義昇皮件廠學徒。也就在這年，在義昇皮件廠基礎上，張鎮乾又在西單開設"義恒皮箱店"，法人是張鎮乾，老二張鎮坤出任掌櫃。

義昇皮件廠最多時有近 30 位夥計，多是從東鹿縣老家來的本族或親戚，如趙端方、趙端正兄弟（張鎮乾祖母的娘家人），南小陳村人；本村王瑞梅、王瑞清兄弟（張鎮乾的表兄弟），王瑞梅爲照顧老人，後回到東大陳老家，王瑞清一家一直生活在北京；本村王立壽（祖母親戚）、王平山（張鎮乾妻弟），本族張存信、張存忠兄弟（張英報父親、叔叔）等。抗戰勝利後，張存信與王平山一起回乡，並先後加入中國共産黨，擔任村幹部二三十年。張存忠一家在北京工作生活。

張鎮乾兄弟三人的打拼，令日子有了起色，與當時千千萬萬中國人一樣，資金又回到土地上，民國三十二年（1943 年）的二月、四月、十二月從張洛潔、石洛開、王洛丕處三次購地共 27.82 畝。其中四月初六的一張買契、一張當契尤爲引人注意。這一天立賣契人石洛開"因爲不便……將自己村北東西園地四段，計地壹拾貳畝肆分二厘八毫六丝……憑中人説合，賣於仁源堂名下永遠爲業，言定每畝賣價國幣貳佰貳拾叁元……"契文後面除詳細列出土地尺寸外，還附有一張四段土地地形圖。涉及的土地多、錢數大，故中人也多至五位。另外一張當契，筆迹完全相同，顯然爲同一人書寫，立當契人仁源堂"因爲不便……將自己村北東西園地四段，計地十二畝四分二厘八毫六丝……憑中人説合，當於石洛開名下耕種，言定共當價國幣叁百元，其洋當日交足，恐口無憑，立契爲證，錢到歸贖。中人石小水、張洛所"。較前買契内容簡單，没有土地具體尺丈，中間人也只兩人。"仁源堂"當天買下 12 畝多的土地"每畝賣價國幣貳佰貳拾叁元"，合計兩千七百七十多元。當天又典當給土地原主人石洛開，“言定共當價國幣叁百元”。賣價與當價，兩者數量相差巨大，對於“仁源堂”來説，是個賠本的買賣，而且與一般當契不同，没有規定典當期限。顯而易見，這完全是爲了買下土地所有權，即當地人所説的“地根”。但家中無人耕種，確實“不便”，只能以“共當價國幣叁百元”的低價，讓出土地使用權。

大概 1944 年春節前後，祖母張趙氏年老思鄉，指定老三張鎮家陪同回到東大陳老家，於是，張鎮家開始了新的農耕生活。

民國三十五年（1946 年）二月二十七日，三兄弟“具各成年”，協議分家，“將東鹿原籍家中及北平所有全部財產，三人平均分割清楚，各立門户”。除全部耕地三股均分外，關於房産、莊基，老大張鎮乾“分老莊基南鄰空莊基壹塊西段”；老二張鎮坤“分老莊基南鄰空莊基壹段東段”；老三張鎮家在東大陳老家生活，故“分老莊基壹塊，上帶北房三間，東房貳間，大門過道壹間，棗樹壹棵”。北平“義昇”“義恒”的財産“計聯幣三百七十五萬一百六十五元，除去歸祖母養老費四十五萬一百六十五元外，餘歸鎮乾、鎮坤、鎮家三人按股均分，每人應分聯幣一百一十萬，家中所有動産、傢俱等歸鎮家所有”。“親族見證人”中，“王焕珍”由“王瑞清代押”，王焕珍是三兄弟的娘舅，在東大陳村生活，王瑞清是王焕珍次子，在北平“義昇皮件廠”工作，顯然，訂立此分單是在北平。

三兄弟分家後，張鎮乾在北平繼續經營“義昇皮件廠”，張鎮坤經營“義恒皮箱店”。全國解放後，公私合營，義昇皮件廠與其他私營企業合併爲北京皮件廠。義昇皮件廠原址在拓寬天安門廣場、修建人民英雄紀念碑時被拆除。張鎮乾在北太平莊以北的北京皮件廠上班，因爲“業主”身份，廠里分給他一間平房，退休後一直居住。二十世紀八十年代後期，修建“亞運村”時，平房拆遷，張鎮乾回到東大陳老家。張鎮坤於 1949 年 9 月轉到陶然亭附近的北京制革廠（後改爲北京革製品廠）工作，憑着老手藝，一直擔任工廠的檢驗員，全家一直工作生活在北京。

關於張鎮家所分“老莊基壹塊，上帶北房三間，東房貳間”，出生於同治十二年（1873 年）的祖母張趙氏曾提及，她嫁到張家時就是老房子，可見房子年代之久。二十世紀六七十年代時，房内地面的青磚已經磨得發亮，房墻外面屋基的青磚被碱侵蝕得没了棱角。西居室窗户旁邊的一塊磚缺了半塊，是因爲抗戰時期胡同北口的遊擊隊與南面炮樓的日僞軍交戰時，日僞軍的子彈亂飛打到這里，整磚被打掉一半。當時，一家人就躲藏在這間房的土炕下，幸好老房子墻皮厚，子彈未穿透墻體，没傷着人。這三間北房，也是家藏契約的存放地。

有關張鎮家名字的家藏契約有三張，一張是前述民國三十五年（1946 年）二月二十七日兄弟三人分家契約，上面的名字是“張鎮家”，這是他最原始的名字，與兩位兄長名字相連成“乾、坤、家”。一張是民國三十八年（1949 年）一月二十三日土地改革後華北區政府頒發的土地房産所有證，上面的名字是“張振甲”。還有一張是 1964 年 11 月 7 日互换莊基契，名字是“張鎮甲”。一個名字三張地契三種寫法。其實，張鎮家早在童年上學時，已改寫爲“張振甲”了。據其回憶，他在村中大寺小學讀書時，教書先生名“張鎮家”，與自己不僅同名同姓，還同音同字。於是，先生爲其改名“張振甲”，直到改革開放後身份證上仍是“張振甲”這三個字。

十二世張志民、張芷平、張樹平，分别爲張鎮乾、張鎮坤、張鎮家之子。張鎮乾長子張志民與姐妹三人均生於北平，後城市人口下放，隨母親回到東大陳村。張芷平與姐妹一直随父母生活在北京。生活在老家的張鎮家、張樹平父子成爲張氏家族契約文書的保藏者。

二、張藏言家藏契約文書與家世

張藏言家契約文書也是放在一個長方形木匣内，分門别類裝在一個個信封内，有各處老契、宅基契、分單、歷年錢糧票等，信封上標注整理時間爲“民國三十二年癸未三月檢查”，形制統一的十四個信封被報紙包裹着放在木匣里，保存完好。最早的是乾隆三十五年王文禮賣地契，最晚的是 1980 年賣契，時間跨越二百一十年。契約文書共 47 張，其中 28 張房地買賣契約，12 張土地典當契約，另有 3 張分單，2 張民國時期有關借貸大洋以及所分房屋寫進土地房産證的字據，2 張民國三十八年（1949 年）華北區政府頒發的土地房産所有證。另有民國時期繳納各種差税的票據 21 張。

六世張連。張藏言所藏契約文書中，乾隆三十五年十二月十七日（1771 年 2

月 1 日）王文禮賣地契，“立文契人王文禮，因爲無銀使用，今將自己村西北南北地一段，計地伍畝柒分貳厘，東至本主，西至本主，南至頂頭，北至道，四至明白。今憑中人劉奉得説合，賣與張連永遠爲業……”此契買主是“張連”，張連是東大陳張氏家族中本支系的六世祖，與前文所述族中另一支系的六世祖張宣爲親叔伯兄弟，此前爲同宗同祖。

七世張立功。張藏言家藏契約中第二張就是嘉慶六年（1801 年）四月張立功當契。但這張當契與一般當契不同，是張立功爲償還借款將自家土地抵押給協成號，同時又與張積、張老儀等十人簽訂了補充協議，不僅張立功有贖回權，而且張積等使錢人也有贖回權。當契涉及三方關係，一是債務人張立功與債權人張積等人的關係；二是出當人張立功與受當人協成號的關係；三是協成號與使錢人張積等人的關係。其抵押貸款的特點尤爲明顯。

在張藏言家藏契約中，關於張立功的契約只此一張。但在張樹平家藏契約中嘉慶二十一年（1816 年）二月初二張立功賣莊基契，可幫助瞭解張立功身份。此契上貼一紙條云：“此一段莊基系馮氏王冬子王元福孫王之信賣於張廷寬、張連紅契，步數長卅步，二可十二步，張立功分北邊一份，長卅步，可同六步。嘉慶二十年憑石作舟、張立德賣於張宣，系西頭截一段，長十五步四尺，可六步。張立功下剩長十四步一尺，可六步。”紙條所述“此一段莊基系馮氏王冬子王元福孫王之信賣於張廷寬、張連紅契，步數長卅步，二可十二步”，指乾隆十一年（1746 年）三月四日與乾隆十二年十二月初十（1748 年 1 月 10 日）馮氏王冬子王元福孫王之信兩次賣與張廷寬、張連的村前東西地，兩塊合二爲一，長卅步，二可十二步。其後“張立功分北邊一份，長卅步，可同六步”，即張立功繼承張連所得“分北邊一份”，這就説明了張立功爲張連之子，張立功是本支七世祖，與張立容、張謙德爲堂兄弟。

八世張思睿。張藏言家藏契約中第三張是道光二十五年（1845 年）三月初四張思成賣地契，“立賣契人張思成因爲不便，今將自己莊基一段……憑中人張思和説合，賣與張思濬居住……”買主名字“張思濬”，應是誤將“睿”寫成“濬”。張樹平家藏道光年間的兩張契據可以證明這一點。一是道光三十年張氏分單，“中人石文彬、張思睿、王國振、楊永和”，這里“張思睿”的“睿”字左旁原有三點水被塗抹，清楚表示了代筆人的真實意圖是“睿”而不是“濬”。

二是道光二十七年七月二十一日張思温庄基證明中，中人之一“張思瑞”的“瑞”與“睿”同音，應指同一人“張思睿”。因此，道光二十五年（1845 年）三月初四張思成賣地契的買主應是“張思睿”，而不是“張思濬”。

九世張鳳翥（奉翥）。現存咸豐三年（1853 年）到光緒十年（1884 年）三十二年間有 8 張地契，張鳳翥先後 6 次從張鳳來、張元明、王化逵、張喜德、張洛雅、首德堂手中購置土地 25.2 畝，是張藏言祖先中購地最多的。

十世張會友（老會、洛會）。現存咸豐三年十二月初九（1854 年 1 月 7 日）張鳳來賣地契、同治五年十二月十六日（1867 年 1 月 21 日）王化逵賣地契，兩契買主爲“張鳳翥”，皆粘連民國四年（1915 年）三月三十一日（此處爲公曆）制式“買契”，收税書吏不僅填寫了“買契”内容，在騎縫處鈐印“束鹿縣知事”，還在原咸豐、同治兩張紅契上分别注明繳税人“東大陳會”“東大陳張洛會”，説明持張鳳翥清代地契去繳税登記的是張鳳翥後人張會友。

張會友在光緒二十九年（1903 年）五月十二日購自張洛才“村東南北地一段，計地貳畝”，光緒三十四年（1908 年）十二月初六又從張四廷手中購得“村東南南北地一段，計地四畝”，這四畝地，兩年前張四亭（四廷）已以“九九京钱壹百伍拾元整”的价格出當與常洛壘。

三年未滿時，光緒三十四年（1908 年）十二月初六，張四廷“憑中人石老坦説合，賣與張老會耕種”，並將光緒三十二年（1906 年）三月二十五日出當土地與常洛壘的上手當契交給買主張老會，在此上手契立契時間“光緒叁拾貳年三月廿五日立”前注“找價三千，中人劉洛行”，又在立契時間後注“中華民國元年找價廿五千文，中人路小丑”，可見張老會並没收回土地，而是繼續由常洛壘耕種，至中華民國元年（1912 年）兩次通過中人找價三千文、廿五千文。

張老會買地的同一天，又“將自己村東南北地壹段，計地貳畝七分……今憑中人石老坦説合，當與張四廷耕種……”。民國七年（1918 年）十二月二十四日與人合夥購置莊基一塊。

據長輩口傳，張會友兄弟五個，家藏契約中未見張會友兄弟分家證據。兄弟中姓名可知的有張和尚，這是今天東大陳西頭張玉川的爺爺。“張和尚”一名見於張樹平家藏光緒二十三年六月初二繼單，繼單中有“堂侄和尚”，還有堂侄“協成”，在張藏言家藏光緒十三年（1887 年）十二月二十四日文德堂賣地契中，買主爲“張協成”，張協成與張和尚同爲張常發“堂侄”，且張協成賣地契在張會友後人手中，因此推定張協成、張和尚與張會友爲親兄弟。

與張會友買契、當契時間交錯的還有幾張地契，如民國二年（1913 年）二月十四日石老平當契，承當人張黑灑；民國六年（1917 年）十月十五日張四庭當契，承當人張洛茂。這些地契掌握在張會友後人手里，張黑灑、張洛茂是張會友同胞兄弟的可能性比較大。若此説成立，張會友的其他四兄弟即上述張協成、張和尚以及張黑灑、張洛茂。

張會友有兩個兒子，長子小名張東西，次子張翰章。

十一世張東西，即契約文書收藏者張藏言的祖父。民國十二年（1923 年）十月初九王洛慎賣地契：“立賣契人王洛慎因爲不便，今將自己村内空莊基壹段……賣於張東西名下居住爲業……”不僅粘連當時的制式“官府草契”，还有一張纳税的“買契”。此外還有此塊莊基買賣的上手契，即民國十一年（1922 年）二月初十張老寬將土地出賣與王洛慎的賣地契。明確顯示出地權轉移的清晰脉絡。張會友去世後，張東西作爲家中老大，擔當起户主職責，買下這塊莊基地，這應是今天張英濤住址的北段。有關張東西買地契只此一張，大概此後不久，張東西去世。

張翰章（西珍、席珍），張東西之弟，張英報祖父。從現有地契可知，在兄長去世後，張翰章支撑起門户，與胞嫂、侄兒共同生活約十年光景。第一次出現張翰章名字的地契，是民國二十年（1931 年）十二月初五的兩張當契，一張是張蟒群將土地“當與張洛翰名下耕種爲業……四年爲滿，元到回贖”，“張洛翰”即張翰章。另一當契，“立當契人張翰章，今將自己村内東街路北莊基一處，上帶北房二間，茅廁一座，槐樹一株，門窗户壁俱全，東、南二至道，西、北二至張老木，四至清。今憑中人張慶祥説和，當與張老辛、張老槐名下居住，言明共當價大洋貳拾伍元整。不許轉當轉租，七年爲滿，洋到原物回贖，尚有損壞，住房人如數賠償，恐口無憑，立字爲證。”在契文後，顯然是另一種筆迹標注：“二十八年十二月二十三日贖回，作廢紙。”此地塊原是清同治十一年（1872 年）二月初二張老好出當與楊老福上帶房屋的宅基地，六十多年后，張翰章在 1939 年臘月將此莊基贖回。

此前民國二十四年（1935 年）十月初八张翰章買下張老木一塊空莊基地，

第二年十二月初九，又買下西面張老錯上帶房屋的莊基一塊，這兩塊莊基合二爲一。幾年後，民國二十八年（1939年）又將贖回的莊基連成一塊，即今天張藏言所居東西大街（現名民康街）路北宅基。

民國二十五年（1936年）有兩張寫有“廢”字的當契，這兩份當契都是張翰章將自家土地出當與德記號，當期拾個月，實質上是抵押契，是當主爲解決燃眉之急將自己物产典當出去、以籌措錢款的一種渠道，大致相當於今天的抵押貸款。

民國二十七年（1938年）二月初十日，子侄輩已長大成人，於是“立分單人張翰章與胞嫂張王氏，當同子侄及同族人等，各自情願，分居度日……”。分單明確了張王氏（張藏言祖母，本村王氏之女）所分莊基、房屋及耕地，對具體權利也做了規定。

張翰章曾任村中“甲地”，張樹平家藏民國十五年（1926年）十二月十六日張煦亭賣地契上有“甲地張翰章”。張藏言家契約文書皆分門别類的裝在一個個信封里，在“歷年錢糧票”信封内，裝有民國十六年至民國二十二年徵收各種賦税、雜税的執照、收據、聯單等票據21張，有張翰章自家的，也有村上其他人的，佐證了張翰章的“甲地”身份。

十二世張存義（1906—1980，1947年加入中國共産黨），張東西次子，張藏言父親。與叔父分家之後，民國二十九年（1940年）、三十三年（1944年）兩張當契的承當人以及民國三十五年（1946年）石家族賣契的買地人皆爲張存義。張存義一直在老家務農，这也是家族地契保存在張存義、張藏言父子手中的主要原因。大哥張恒仁早年去北平，其子孫皆在北京工作生活。四弟張存智隨大哥去北平因病去世，其妻儿先回東大陳老家，後赴西安工作生活。老三張存禮在滄石公路爲日本鬼子修路時，日僞軍强迫他將小鬼子殘殺的本村張小娃人頭掛到樹上，張存禮嚇得連夜逃到天津，直到抗戰勝利後才回到村里。四兄弟與張翰章兩子張存信、張存忠的名字，連起來爲“仁、義、禮、智、信、忠”。

抗戰勝利後，東鹿縣開展了轟轟烈烈的土改運動，至1948年夏，土改工作基本結束。華北區政府直到1949年初才正式頒發土地房産所有證。此時四弟張存智已過世，編號爲“東大陳村第貳拾壹號”的兩張土地房産所有證上的名字包括了張存義三兄弟、張存智兒子張瀛龠以及諸位家人共二十位。最後一張契約，是改革開放初期的1980年，張存禮將規劃後的莊基上的十棵樹賣與胞侄張藏言。

以上根據張樹平、張藏言兩個家庭現存契約文書，結合健在老人的口述，大體勾畫出張氏家族的淵源脉絡，比较清楚地梳理出张氏家族的代际关系以及两分支的具体分家时间，證明了張氏兩支同根同祖的事實。五世以前爲一家，一世祖張孟奇，二世祖張後艾，三世祖張明顯，四世祖張方傑，五世祖是親兄弟，一爲張廷寬之兄、張連之父，一爲弟弟張廷寬，五世以後分而爲二：

孟奇—後艾—明顯—方傑—廷寬—宣—謙德—玉潤—仁發—治國—鎮家—樹平

乾隆十六年（1751年）二月十四日，張氏第五代張廷寬與胞侄張連分家，張連一支世系與代際關係爲：

張連—立功—思睿—鳳翥—會友—東西—存義—藏言

延續到今天，兩分支的世系輩分，與契約文書所體現的情況十分吻合。契約文書的收藏者張樹平，1952年生，屬於張氏家族第十二代。另一收藏者張藏言，爲張樹平族侄，1956年生，屬於張氏家族張連一支的第十三代。

二百多年來，在生産力低下的小農經濟時代，在戰亂頻仍的艱苦歲月，張氏兩支在東大陳村守望相助，互相扶持，勤奮耕耘，砥礪前行。直至今日，始终依然如故。

三、村事拾遺

在整理地契和家族世系的過程中，笔者瞭解到東大陳村一些佚事，附記於此。

（一）寨墻寨門

二十世紀六十年代，東大陳村東南角的“炮樓圈”是日僞軍的炮樓遺址。炮樓圈東面是南北走向的高、寬各丈餘的夯土寨墻，那是東大陳村的原東寨墻南段，孩子們放學後經常爬到寨墻上奔跑玩耍。

東大陳村的寨墻修建於清朝同治前期，主要目的是防禦匪盜。鴉片戰争後，國家内憂外患，清政府根本無力保護百姓的生命財産安全，於是“令各省團練鄉勇，以資捍衛。東鹿紳民由是編齊保甲，召集團丁，築砦寨，制器械，衆心如一，保護鄉閭。自十年以後……匪蔓延入境者十餘次，大小經數十仗，殺賊無算，被害亦甚，慘死者動以萬計”[1]。《同治東鹿縣志》記述了咸豐三年（1853年）的一次戰鬥，“是歲，衡水逆首王洛越招聚匪徒孽僧長泰等，竄擾邑北諸村莊，東大陳村練長廩貢生王化逵，會合各村鄉勇，禦諸郭家莊以北，接仗移時，身受重傷，益奮力前進，賊遂披靡，退出邑境”[2]。東大陳鄉紳王化逵，廩貢生，即享受補貼、入國子監讀書的貢生。當時任團練練長，率各村鄉勇，雖“身受重傷，益奮力前進”，擊退了匪徒。王化逵姓名見張藏言同治五年（1866年）十二月十六日地契。

匪寇襲來，“只因鄉村寥遠，涣散不聚，無深溝高壘可資防守，猝遇寇至，趨避不遑，輒遭荼毒……於是富者出財，貧者出力，築土成壘，掘溝成濠，雲集雷動，不半載而成者數十村”[3]。在鄉紳領導下，村民們在各個自然村修建寨墻、寨門。全縣“共築寨四十五處”。建成最早者如“南小陳村寨同治二年築”，其後“范家莊村寨同治七年築”，東大陳村寨建成時間大概也在同治七年，“村寨周圍四百六十丈，墻高一丈六尺，寬一丈二尺，門四，溝寬一丈，深一丈二尺”[4]。據張雙紀回憶，寨墻外面是兩道深溝。高一丈六尺、寬一丈二尺的寨墻頂上，週

1 〔清〕宋陳壽：《同治東鹿縣志》卷六“武事類”，見〔民國〕謝道安：《東鹿五志合刊》民國二十六年鉛印本，臺北成文出版社影印，1968年，第1159頁。
2 〔清〕宋陳壽：《同治東鹿縣志》卷六“武事類·團練”，見〔民國〕謝道安：《東鹿五志合刊》民國二十六年鉛印本，臺北成文出版社影印，1968年，第1160頁。
3 〔清〕宋陳壽：《同治東鹿縣志》卷六“武事類·村寨”，見〔民國〕謝道安：《東鹿五志合刊》民國二十六年鉛印本，臺北成文出版社影印，1968年，第1166頁。
4 〔清〕宋陳壽：《同治東鹿縣志》卷六“武事類·村寨”，見〔民國〕謝道安：《東鹿五志合刊》民國二十六年鉛印本，臺北成文出版社影印，1968年，第1171頁。

邊再用土夯一圈窄墻，成椅背形狀，以保護寨墻上的護寨人員。寨墻内外種滿有刺的棗樹荆棘，既加固了寨墻，又免於外面的土匪攀登或破壞寨墻。寨門用磚砌成，寨門上有垛口，以利於人們瞭望。寨門兩邊有磚砌的臺階，通向寨門頂及寨墻。厚重的木頭寨門有專人看管，白天打開，晚上用大鐵鎖鎖上。

張雙紀、張静波兩位老人回憶，東寨門與西寨門相對，在今天的東西大街（現名民康街）兩頭。東寨門在今張建良住址東面，看門人就是張建良的爺爺。出了東門是土地廟，村里若有人去世，都要到土地廟焚紙燒香磕頭，謂“報廟”，即所謂“向土地爺報到”之意，這種習俗一直沿襲到“文革”前。土地廟再往東路分兩岔，一路朝南通孤莊，一路朝東北通向尖村。在東寨門北邊的大後街還辟有一小寨門，在今楊占學家的東面。西寨門在東西大街的西頭，今小學校門口。這里原是北宋皇祐五年（1053年）始建的永慶寺，寺廟坐北朝南，門外是一廣場，村民大型活動皆在此舉行，廣場西南角就是大街西頭的西寨門。

北寨門與南寨門不相對，北寨門在村莊偏東的南北大街（今强民街）正北，今王占龍家北面即是寨墻。北門外還有一甕圈（讀juàn，相當於城門外的甕城），出了甕圈才是村外。南寨門在今村委會西面南北大街（今昌民街）南口，今天石津運渠的排水管道出口處。

據老人們回憶，抗戰前寨墻已有殘破。日寇入侵束鹿縣後，爲了方便抗日軍民打擊日寇，中共束鹿縣委號召各村地下組織毁壞寨墻、寨門。據肖立仁老人（生於1928年，肖明恒父親）回憶，當年曾親自帶領縣大隊與群衆夜間拆毁寨墻，日僞軍白天只得强徵村民重修，反反復復，最終寨墻破壞嚴重，爲抗日武裝出入創造了有利條件。肖立仁他們同時參與了偷拆寨門活動，並將木制的寨門分送到小位及北小陳村搭建戲臺，寨門上的磚也被村民們搬回家自用了。

原來，東大陳村是没有集市的，日本鬼子在村内設立炮樓後，將周圍村莊如南小陳、軍齊等村的集市强行撤掉，驅趕百姓到東大陳村趕集，集市就設在以今村委會爲中心的東西大街與南北大街交匯處。但因爲“大陳不大，小陳不小”，侵略者的任性拗不過歷史的慣性，東大陳集市終究没有維持下去，南小陳、軍齊等村的集市重新興旺。

如今村内寨墻寨门毫無踪影，炮樓圈被一點點填平，代之以一棟棟新民居。隨着改革開放的大潮，東大陳集市順勢重生。

（二）大寺小學

清末新政時期，教育改革的呼聲日漸高漲。光緒二十七年（1901 年），清廷下令：“着將各省所有書院，於省城均改設大學堂，各府廳直隸州均設中學堂，各州縣均設小學堂。”兩年後，又以法令形式公布《奏定學堂章程》，在全國推行新的學制。光緒三十一年（1905 年），宣布正式廢除科舉制度，各地紛紛興建新式學堂。直隸的新式教育發展迅速，走在全國前列。成書於光緒三十二年（1906 年）的《光緒東鹿縣志》記載，“小陳疃在城（注：今新城）北偏西方，距城三十里，統五莊二十二村，以南小陳爲疃長……初級學堂十三所：南小陳一、大過一、位井一、小位一、南吕村一、南陳位一、北吕村一、北小陳一、王封一、孤莊一、尖村一、董保一、大陳一。”[1] 可見當時的東大陳村已建有一所新式小學堂，小學堂借用村西大寺舊址，即永慶寺，北宋皇祐五年（1053 年）始建，明清兩代曾多次重修。這就是今天東大陳小學的前身，它開辦於二十世紀初，即清光緒末年。

據曾在此讀書的張静波回憶：大寺有前殿、中殿、後殿，前殿爲天王殿；中殿有三尊大佛，正中是鐵鑄的如來佛，兩邊是泥塑的文殊、普賢像，左右靠墻的是四大天王；後殿只有一尊石佛。二十世紀三四十年代，大寺只有一個和尚，名温興聚，除了平日敲磬、木魚之外，還有一項雷打不動的工作，就是每到農曆朔、望之日，便敲響寺院大鐘 108 下，告訴鄉親們初一、十五到了。大殿東院低窪處的講經房北屋，被改造成學校，西屋是村公所。學校的兩位老師，一位是本村王棟臣（王静生祖父），一位是來自西陳位的張鎮家。新中國成立後，東大陳村的石同茂、肖冠群等村幹部將先生接到村里，住在王會成院内（今王蘭鎖家住址）。二十世纪五十年代後期成立大食堂，村里將張先生安排在飯菜最好的第四生産隊食堂就餐，樸實的村民尊重、敬佩先生，直到六十年代初，先生才回到西陳位村。

據肖慶忠老人（生於 1932 年，肖建彬叔父，離休前任北京市中國銀行副行長）回憶，解放戰争時期，爲了支援前線，村幹部組織民兵將大寺中殿的鐵鑄佛像推倒拉走，用以製造手榴彈。日本投降後，家鄉解放，肖慶忠、王英昌（王樹

---

1 〔清〕李中桂：《光緒東鹿縣志》卷九“地理”，見〔民國〕謝道安：《東鹿五志合刊》民國二十六年鉛印本，臺北成文出版社影印，1968 年，第 1337 頁。

更父親）、王建學（王丙修父親）、徐金科、王玉群等人一塊到大寺小學讀書。此時，大寺後殿石佛的兩邊也改造成三四開間的兩個教室，教室的東西兩頭各有一間教師宿舍。肖慶忠他們學習四年之後轉往范家莊讀完小（即五六年級）。當時正值解放戰爭時期，支援前綫、減租減息、土改運動如火如荼。他們這些小知識份子成了宣傳骨幹，磚墻上刷標語（張静坡寫一手好字），表演霸王鞭、唱歌跳舞、演街頭劇（多爲趙永年編劇）、慰問軍烈屬等。之後，這些學生包括張氏族人張双纪、張静波、張润奇等走出東大陳村，1948 年參加舊城、饒陽軍分區、冀中銀行舉辦的各種培訓班，投入到建立新中國的各項準備工作中。

在天津开辦永利碱廠（今天津渤化永利化工股份有限公司的前身）的本族張林東（張振通父亲、張路澤祖父）曾給东大陈學校捐助了圖書、紙張、毛筆等學習用品，再加上荒年爲村民買來糧食、棉花籽餅充饑等善舉，土改時，村民們聯名上書，張林東家房産被完整保護下來。房址在今康仁巷胡同北口路西（今張路澤家），其青磚建造的門樓比一般人家都要高聳，狹長的院子里青磚鋪地，與門樓相連的是磚砌東廂房，北屋磚房三間，與其他人家不同的是，堂屋與卧室的隔斷是油過漆的木板鑲嵌連接做成的，顯示了主人雄厚的經濟實力。孩子們放學回家時總愛上前摸摸蹲在門口的兩只可愛的小石獅。

東大陳學校最北排房屋正中央是大寺後殿，直到二十世紀六十年代前期，墻上佈滿佛教壁畫。東邊低窪處，是大寺講經堂改造的教室，兩個大教室坐北朝南，最東面是朝北的大門洞，通向村中。教室及門窗滄桑陳舊，直到 1966 年邢臺大地震，這排教室有了裂縫，才最終退出歷史舞臺，被拆除重蓋。

當時的東大陳小學有一群兢兢業業獻身小學教育的優秀教師，李霄老師是傑出的代表。李霄（1918—1999），女，辛集市泊莊村人，從小受到良好的家庭薰陶，畢業於新城女子高中。全國解放後，李老師走出家門，從 1951 年到 1968 年，一直在東大陳學校擔任低年級教學，是本村衆多鄉民的啟蒙老師。李老師憑着對教育工作的摯愛，教學認真負責，從拼音到識字，從數字到計算，一絲不苟，不讓一個學生掉隊。教知識，教做人，與學生談心、家訪，救助貧困學生，不使學生輟學。不論學習還是生活，李老師都像母親一樣無微不至的關心愛護每一位學生，使其茁壯成長。正是因爲有了象李老師那樣的教師群體，東大陳村也成爲當時中考成績名列前茅、考上辛中、縣中學生最多的村莊之一。

1966年3月8日邢臺首次大地震。兩周後的下午，三年級學生正在教室上自習課，李老師穿梭在同學中間輔導寫作業。突然，房屋晃動，房梁咯吱吱響，又地震了，同學們扔下紙筆，慌慌張張向門外跑。當時的教室還是原大寺舊房，只在教室前面、講臺旁邊有一個門，慌不擇路的同學們碰倒了課桌、凳子，形成了擠壓。這時的李老師一步跨到門外，抓起最上面同學的胳膊，輪將出去，除了最先跑出去的幾位同學外，剩下的30多名同學，都被李老師一個個甩出去，速度快極了，驚魂未定的學生跟頭趔趄地被老師甩到了院子中央。當時的李老師已將近五十歲，瘦弱的身軀竟瞬間迸發出如此強大的力量。地震剛過，校長就爬到屋頂查看震裂情况。從此，學生們搬離了這所教室，到學校後邊的第四生産隊敞開一面的大車棚上課。這次地震，是繼3月8日隆堯6.8級地震後的又一次7.2級大地震，時間是1966年3月22日下午4點19分，星期二，震中是束鹿縣南面相鄰的寧晉縣。

（三）打掉日軍飛機

《辛集市志》載："1937年10月9日，日軍飛機在轟炸舊城、石家莊村之後往西飛行時，被駐在東大陳的人民自衛軍擊落一架。這架飛機墜落在北大過村北，機上三名日軍，有兩名被當地群衆用鐵鍬、鋤頭打死，另一名被侵占舊城的日軍駕坦克搶走。"[1]北大過村，位於東大陳村東2.5公里，滄石公路南。關於此事，許多老人皆知，而且有不諳世事的少年抱着炮彈玩耍、因炮彈爆炸而慘死的傳聞。談起此傳聞，山東東營師院教授、原籍孤莊村（位於東大陳東南一公里，滄石公路南）的常來柱講，"落在北大過的日本飛機，我家東鄰和南鄰兩個男孩跑去看，東鄰男孩叫常運乾，突然聽見他的姑姑喊去吃飯，於是离开炮弹，去了北大過村的姑母家。姑母很驚訝，之後聽到爆炸聲，南鄰的男孩被炸死了。冥冥之中聽到姑姑喊吃飯的常運乾幸存下來，長大後擔任孤莊村支書多年，活了九十多歲，2018年去世。"

1 河北省辛集市志編纂委員會編：《辛集市志》"歷史大事記"，中國書籍出版社，1996年，第26頁。

人民自衛軍是吕正操領導的抗日武裝，原屬國民黨53軍691團，團長吕正操1937年5月秘密加入中國共産黨，七七事變後率領691團回師冀中抗日。在東大陳村打掉侵略者飛機五天後，691團改稱“人民自衛軍”。

據張静波回憶，當時691團駐紮在東大陳村東西大街（今民康街）路南有大稍門的王老素（其子王庚辰，兒媳趙雙彩，常青的外祖父母）家。部隊徵用了張文勝家的一匹馬（張文勝小名“小敦”，張滿聚三叔、張立生太叔爺，張樹平家藏民國三十二年四月初六石洛開賣地契，其“中人”，有“保長張文勝”），瞭解到張文勝家僅有這一匹馬幹農活的情况後，部隊出發前將馬還給了張文勝。

張雙紀回憶，當時部隊戰士們在寨門上端着槍站崗放哨，小戰士在站崗間隙還逗他們這些孩子們玩呢。當1937年10月9日日本飛機轟炸時，駐紮在東大陳村的691團一部，立刻投入戰鬥，擊落敵機一架。張雙紀還記得戰士們説過的話“用機關槍打下鬼子飛機有賞”。

打掉敌人飞机后，691團西撤至范家莊時，給了日軍先頭部隊以猛烈還擊。11日，又在藁城梅花鎮與敵激戰，殲敵數百，這是侵華日軍在河北省境内首次遭受重創。而此時國民黨53軍到達晉縣後，却不顧正在梅花鎮與敵激戰的691團，自顧自地向南撤退。梅花鎮戰役後，691團没有追趕國軍，而是轉至晉縣小樵。10月14日，吕正操在這里主持召開了决定部隊前途命運的全團官兵代表會議，决定脱離國民黨的53軍，改稱抗日“人民自衛軍”，吕正操任司令[1]，并率領部隊向北轉移，尋找中共領導的抗日武裝，後與河北遊擊軍合編爲八路軍第三縱隊兼冀中軍區，在冀中平原上狠狠打擊日本侵略者。

（四）侵略者的炮樓

日僞軍在東大陳村修造的炮樓，位於村子東南角，張氏所居胡同（現康仁巷）南口，南隔石津運河就是滄石路。二十世紀六十年代，這裡有殘留的壕溝及大量磚頭瓦塊，村民常至此撿拾磚瓦用做房屋地基。這就是大家熟知的“炮楼圈”位置。

1 河北省地方志編纂委員會編：《河北省志・大事記》，河北大學出版社，1992年，第225頁。

1937年7月盧溝橋事變後，日軍沿津浦鐵路南下，9月24日占領滄州，然後沿滄石公路西犯。10月初，連續出動飛機對辛集、舊城、新城等地狂轟濫炸，炸死炸傷群衆近百人，毀壞房屋八十多間。10月9日，日軍在飛機、坦克配合下，集結上千名步兵、騎兵，由武强、深縣向西侵犯束鹿縣（此日，人民自卫军打掉日軍飞机一架）。村民紛紛扶老携幼逃往北面的村莊躲避。據張雙紀回憶，他們當時逃到了十幾里外的張古莊，那里有家軋花廠，寬大的廠房成了逃難百姓的臨時居所。日軍走後，一家人回到村里，在“瓦房”房基兩個用席子圍起來以存放鴨梨的席囤，被日軍用刺刀挑的稀巴爛，鴨梨被踩爛撒了一地。

日本侵略者占領束鹿縣後，實行“點綫”政策，即在縣城（今新城）、辛集、舊城三鎮設立據點，建立僞政權。然後以點爲中心，向四周擴充勢力範圍，先後在滄石路沿綫以及石德鐵路沿綫建立據點或炮樓。民國二十九年（1940年）“5月13日，以鐵杆漢奸趙學臣爲隊長的日僞滄石公路第一工程隊（又稱護路隊）進駐束北縣，在新壘頭設立司令部，隨即在滄石公路沿綫的范家莊、東大陳、北大過、軍齊、南張村等地安上了據點，加緊了對交通幹綫的控制”[1]。（注：滄石公路，今307国道。1918年北洋政府交通部派員勘測滄州至石家莊鐵路。1921年購地，次年築成路基。滄石鐵路規劃由舊城鎮入境，經軍齊、東大陳、范家莊、新壘頭出束鹿境入晉縣，因政府財力不足未能鋪軌。1928年10月，應河北省政府請求，滄石路移交地方，並按照公路標準建成能跑汽車的初級公路。“河北省汽車路公司管理局開始在滄石公路上行駛汽車，爲束鹿縣現代公路運輸之始。”[2]）

多年來筆者一直以爲，日僞炮樓是建在空曠的荒地上。其實不然，是公然搶占民房駐紮，在民宅内建造炮樓，而且炮樓也不止一座，而是三座。

張静波、肖慶忠、肖立仁三位老人回憶，日僞軍侵入東大陳村後，先是駐紮在今集市巷路北，有前後二進院、十多間房屋的王清月家（王玉鎖堂叔），在東北、西北、東南、西南四處房角上面各加蓋一層樓房，以觀察周邊。王清月家前院東南角是坐北朝南的大稍門（今趙軍藏家門口），直通南寨門至滄石公路（今

1 河北省辛集市志編纂委員會編：《辛集市志》“歷史大事記”，中國書籍出版社，1996年，第30頁。
2 河北省辛集市志編纂委員會編：《辛集市志》第二編“經濟”第七章“交通”，中國書籍出版社，1996年，第248頁。

昌民街南口）。趙學臣等僞軍頭目駐紮在范家莊，來東大陳巡查、换防皆乘汽車從滄石公路直接開到王清月家的日僞軍駐地。

爲了加强對占領區的控制，日僞軍强拉附近村民在南寨門外的西面修建了一座三層圓形炮樓，又在西面不遠處的滄石公路南，修建了一座五層圓形炮樓。

日僞軍爲擴建炮楼駐地，計劃强拆路南（今集市巷）多家民房，且已通告各家。换防的日僞軍小隊長不滿於此，尋找到村東南更加寬敞、距滄石路更近的王玉乾家（今康仁巷南口），便强行侵占。爲此，筆者曾訪問住在附近的九旬老人王秀莊，老人回憶：王玉乾大院正房六間，東西厢房、南房俱全，院子東南角是朝南的大門，正對滄石公路。敵人的炮樓就建在院子正中間，底座爲方形，高五層，占據了整個院子。大院的西跨院是長工屋，大院的東院特大，有專做嫁妝的嫁妝鋪，堂號“恒昌元”，偌大的院子内有一菜園子，還有一籃球場。張静波回憶，僞軍士兵曾幾次邀村上他們幾個小夥伴到籃球場打球，但只能輸不敢打贏。炮樓及兩個大院外邊是深深的一道壕溝，日僞軍不僅侵占了王玉乾院落房屋，周邊一些村民耕地也被壕溝占去。炮樓所在院落的門外壕溝上有吊橋，放下吊橋直通南面的滄石公路。老人們回憶，除了建在院子正中央以觀察遠方的五層高炮樓外，還有建在原西北角房屋上又加蓋一層的矮炮樓，主要監視東大陳村。

張静波回憶，炮樓駐有兩名日本侵略者和一個小隊的“皇協軍”，小隊長名李玉禄（據説與鐵杆漢奸趙學臣是親戚），日僞軍經常拉出隊伍到北鄉洗劫。張鎮家曾讲过，一次從北平回到老家，遇到“掃蕩”而歸的日僞軍，對方端着刺刀，强搶了張鎮家的皮帶、皮鞋。置辦不久上房用的新梯子，也被“皇協軍”搶到炮樓。1945 年日僞軍逃跑時，梯子隨着炮樓化爲灰燼。

1944 年，東晉縣抗敵大隊和三十六區隊配合，向敵人發起反攻，先後解放了縣北部的天宫營、南龐、北吕彩、泊莊等十幾個據點、崗樓和大部分土地。至年底，迫使敵人龜縮在滄石路沿綫的舊城、東大陳、范家莊、新壘頭等據點内。

據肖慶忠回憶，八路軍遊擊隊經常夜間活動，有時敲門到家中要窩頭、水充饑。1945 年夏季的一天早上，他起床後一開大門，來了遊擊隊八九個人，其中人稱“大個子王”對他説：“小忠，你看那個站崗的僞軍還唱歌呢，你找個小點的鐵鍬來。”肖家（現肖計庚住址）在炮樓西面約兩百米距離，在矮炮樓站崗的僞軍看得一清二楚。“大個子王”拿到小鐵鍬（澆地開畦用的），到隔壁南院高栓坡家空場東墻上，挖了個小洞，伸進步槍，隨着“啪”的一聲槍響，炮樓上的僞軍應聲倒下，不久斃命，後埋在炮樓圈内的東南角。找來小鐵鍬的肖慶忠，站在旁邊將這一切全看在眼里。炮樓的日僞軍勘察子彈的方向，硬説是遊擊隊在肖家西屋内，從窗户瞄準打的，將四間西屋全部拆掉，並將户主、肖庆忠之父肖老賞抓进炮楼暴打，後扔在炮樓北面張氏所居胡同内，被人發現用門板將其抬回家，躺了兩個多月才康復。直到二十世紀六十年代老人去世，肖慶忠從不敢對父親説出實情。

1945 年 8 月，抗日武裝對這些據點展開猛烈攻擊和圍困，敵人如熱鍋上的螞蟻，惶惶不可終日。8 月 21 日，深東縣大隊和三十六區隊合力圍攻舊城據點，二三百名僞軍沿着滄石公路慌忙逃往辛集，東大陳炮樓的僞軍見勢不妙，也隨着舊城僞軍一起撤走。其時，抗日武裝在東大陳村中正開挖地道欲炸毁炮樓，就在地道快挖到炮樓底下時，如驚弓之鳥的敵人在逃走之前，將炮樓連同周圍房屋點燃燒毁。肖慶忠讲，他們當時出北門、過道溝，向北逃到小位村東莊稼地里躲藏，遠遠看見村中炮樓冒烟了。事後得知，當時日僞軍在公路上向西逃跑時，朝着村西門外驚慌躲避的人群亂打機關槍，王潤琴（王平仲侄女，在北京已離休）被打傷腿部，其母欲將其扶起，又被日僞打傷胳膊。在與日僞軍槍戰中，一位遊擊隊員犧牲。村中老人曾講，炮樓裹死掉的一僞軍埋在炮樓圈内，不久被村民掘墳，用其棺材裝殮了一位犧牲的遊擊隊戰士。

十天后，9 月 2 日，在東冀縣、深東縣縣大隊包圍七天后，辛集的日僞軍逃往石門（今石家莊市），東鹿縣全境解放，抗戰勝利了。

據肖慶忠回憶，解放戰争時期的 1947 年 11 月，石家莊解放。戰後，晉察冀野戰軍四縱工兵營撤到東大陳村，邊休整，邊訓練。作爲訓練目標，戰士們在村南寨牆外三層日僞炮樓下挖地道，木制箱内裝滿炸藥，導火索與長長的繩索連接，戰士們卧倒點燃繩索，一聲巨響，炮樓飛上了天。原滄石公路南、王玉乾大院内殘存的两座五層炮樓也被炸飛。

（五）“良民證”

爲了加强對民衆的控制，1941 年 6 月 2 日僞華北政務委員會頒布《居住證及旅行證頒發辦法》規定：“凡在本委員會所轄區域内居住之人民，年滿十二歲至六十歲者，均須依本辦法向發證機關請領居住證。”張静波回憶，炮樓建成後，剛滿十二歲的張静波，在張翰章（張英報祖父、今張英涛住址）家大門洞東墻拍照，然後到范家莊鄉公所按手印畫押領取“居民證”。他至今仍保留着父親張洛强（張鎮樣）民國三十年（1941年）四月二日、編號爲04341的“身份證明書”，即大家熟知的“良民證”。以此可知，早在僞政權公佈《居住證及旅行證頒發辦法》之前，束鹿縣的僞政權已開始辦理、登記“良民證”了。張静波保存的這張“良民證”上的照片已被揭去，但姓名、年紀、性别、住址及左右手食指兩個手印非常清晰，具體住址爲“束鹿縣第四區東大陳三四保七甲六户”，證明日僞時期實行了嚴格的保甲制。發證機關爲束鹿縣僞公署，兩枚“束鹿縣公署印”清晰可見。無證者輕則被限制行動自由，重則被拘捕關押甚至被殺害。

關於日僞時期的縣級政權，1938年3月23日，僞中華民國臨時政府頒布《縣公署組織大綱》，規定“縣設縣公署爲一縣行政機關”。於是，各縣維持會之類的僞組織，改組、擴充爲縣級政權，僞“束鹿縣公署”即成立於此時，並進一步在廣大農村推行保甲制，以加强對占領區的控制。此“良民證”上的“束鹿縣第四區東大陳三四保七甲六户”即是證明。

從1940年春季開始，日僞軍强徵周圍村莊百姓爲其挖壕溝、修公路，保長幾乎是隔天派一次活。據幾位老人回憶，在工地上，僞軍帶着大黄狗監工，看着哪個不順眼或者動作稍微慢了些，大黄狗撲上去就咬。日僞軍還將抓來的抗日志士、群衆殺害在施工現場，製造恐怖氣氛。張英所父親張存禮，在給敵人修滄石公路時，被敵人强迫將張小娃（張榮根伯父）人頭掛上樹梢，年輕的張存禮嚇得兩腿發軟，幾次才爬上樹，第二天跑到天津，在本家張林東永利碱廠上班，不敢回村。

（六）抗日先烈

1941年6月，東北縣人民對敵人展開了聲勢浩大的破擊戰，破滄石公路五次，共十九里，扒鐵軌、割電綫、填平封鎖溝，夜破晝擾，使敵人的交通運輸與電話聯繫經常中斷，敵人惱羞成怒，到處亂抓人，東大陳村地下抗日組織遭到破壞。

日僞軍在東大陳村曾製造兩次慘案，據肖立仁老人回憶，日僞軍强迫修滄石公路時殺害三人：其中記得姓名的有張小娃（張榮根伯父，張盼大爺爺）、王慶發（王金榜叔父）。肖慶忠回憶，日僞軍將此次殺害的村民遺體，扔在炮樓東南角的寨墻溝裏，人頭掛在滄石公路的大樹上。第二天慶忠隨母親逃往苗營，出南門過汽車道（滄石公路）時，看到了樹上掛着的人頭（應是張小娃，張榮根伯父）。第二次是夜裏將地下抗日村幹部王振聚、石瑞祥、王長海、高林雨抓捕，押到范家莊東寨門外，用刺刀挑死。環境惡劣，幾天没人敢收屍。不忍心烈士暴屍鄉野，肖慶忠父親肖老賞受村中地下黨組織委託，壯着膽子趁夜色帶着烈士家屬，拉着小平車、大簸籮，含恨忍痛將烈士屍體拉回村中下葬。解放後黨支部書記石同茂曾與肖慶忠聊起此事。

當時，1938 年入黨的地下黨員石同茂（1921—2006，石建科父親，新中國成立後至“文革”前任東大陳村黨支部書記），躲避到自家冬季收藏紅薯的井窖中，没被敵人抓到。因井窖潮濕，躲藏時間長，身上長了疥瘡。同時入黨的張考山（1919—1994，張大樹父親，離休前任石家莊地區公安處科長），其父天剛濛濛亮到村外撿糞，發現寨門寨墻上全是日僞軍，慌忙回家告知。於是，張考山從房頂跳到東鄰房頂再向東，被本家老人（張江州祖父祖母）拉進家中掩護，得以脱身。敵人在抓捕張慶聚（張雙起父親、張建華祖父）時，張雙起母親將張慶聚藏進自己被窩，衣服鞋子也藏起來，回應敵人稱“人未回家”，才幸免於難。

《辛集市志》“革命烈士英名録”記載了東大陳村抗日戰爭時期犧牲的烈士 12 名：王珍珍、李炳和、高林雨、王振聚、王瑞祥（應爲石瑞祥）、肖光遠、劉根來、肖運通、劉進喜、劉黑羊、王長海、王立生。解放戰爭時期犧牲的烈士 3 名：王連生、張恒雙、王順玉[1]。

據肖立仁等老人回憶，15 名烈士名單中知道其後人的有：李炳和（小名小絞，張書洲舅舅）、高林雨（高州州叔父）、王振聚（王貴良、王貴忠父親）、石瑞

1　河北省辛集市志編纂委員會編：《辛集市志》第七編“人物”第三章“人物名録”，中國書籍出版社，1996 年，第 1118—1119 頁。

祥（石進元、石進通父親）、肖光遠（小名大眼，肖建軍伯父）、劉根來（劉六亭伯父、劉成的大爺爺）、肖運通（肖根雙父親）、劉進喜（劉建考伯父）、王長海（王順坡父親）、張恒雙（張萬存堂伯）、王順玉（小名小玉，應爲王須玉，王清奇父親）。

1947 年 8 月 18 日，東鹿縣 2 萬多人在位伯鎮召開公審大會，將殘酷殺害抗日軍民的罪大惡極的漢奸趙學臣處死。[1]

（七）創辦束鹿縣人民醫院的東大陳村第一任黨支部書記——王立山

王立山（1920—2002），東大陳村人，其外祖父家在東大陳村東北的尖村營村。這裏距東大陳只有 2.5 公里，是敵來我往的遊擊區，很早就有中共地下組織的活動。受其影響，王立山 1938 年就秘密加入了黨組織，並以行醫爲掩護在東大陳村開展抗日工作，同年發展了石同茂、張考山、張禄亭等第一批中共黨員，王立山成爲東大陳村第一任黨支部書記。檔案資料顯示，至抗戰勝利的 1945 年，東大陳村黨組織已有近二十名黨員。

日寇投降後，王立山按照東鹿縣委指示，在舊城創辦興華藥社，並以此爲基礎籌建東鹿縣人民醫院。《辛集市志》載：民國三十五年（1946 年）“春，東鹿縣興華藥社在舊城鎮成立。除治療疾病外，還兼營中西藥品，這是東鹿縣醫院的前身”[2]。當初，石同茂曾做王立山助手，在興華藥社任“拉藥匣子”的，即司藥。後因工作需要，回村參加土改工作，並擔任東大陳村第二任黨支部書記。

張静波 1946 年在鄰村袁莊擔任教師一年多，1948 年赴舊城東鹿縣人民醫院工作，並留下了“東鹿縣人民醫院”珍貴照片。

照片拍攝地址在舊城、東鹿縣醫院大門前。大門兩邊的對聯清晰可見，上聯是“入病房呻吟”，下聯是“出醫院喜笑”。兩扇大門上方張貼着領袖像。照片上共十二人，右邊站立者爲張静波，中間一排穿深色衣服的坐者，即院長王立山。

1　河北省辛集市志編纂委員會編：《辛集市志》“歷史大事記”，中國書籍出版社，1996 年，第 37 頁。
2　河北省辛集市志編纂委員會編：《辛集市志》“歷史大事記”，中國書籍出版社，1996 年，第 36 頁。

從照片上看，1948 年冬季拍照時，已正式建立"東鹿縣人民醫院"，另一招牌爲"中西藥零整批發"，顯示了東鹿縣人民醫院在治病救人的同時，仍然兼營中西藥零整批發業務。王立山是東鹿縣人民醫院（今辛集市第一人民醫院）第一任院長，任職時間 1948—1950 年，離休前任河北省衛生廳副廳長。

後記

歷時数年的努力，《東鹿張氏契約文書輯録》一書終於面世了。

本書爲作者2018年承擔的河北省社會科學基金項目“基於家族視域下的東鹿縣張氏契約文書整理與研究”（項目批准號：HB18LS002）成果，並被列爲2021年度國家古籍整理出版專項經費計劃資助項目。

契約文書記録民間日常生活中產生的社會關係、經濟關係、人力關係等個案事實，是民間社會的法律文書和檔案资料，屬於未經人爲潤飾的無意之史料，具有很强的真實性。其中蘊含着豐富的社會學、經濟學、民俗學等學科價值，是研究中國古代、近代社會歷史的第一手原始資料。搜集、整理散落在民間的契約文書，是一項很有意義的基礎性工作，可彌補文獻的缺漏，也有助於地方史研究的推進。

爲更好地挖掘歷史文化資源，探尋華北區域社會歷史文化的發展脉絡，促進區域文化的繁榮與發展，近年來我們一直致力於華北尤其是冀中平原地區的契約文書的挖掘整理工作。2014年2月，出版《滄州民間契約文書輯録》之後，我們將東鹿張氏契約文書作爲研究重點。在前期搜集資料的基礎上，張玉、張津通過各種途徑對張氏族人進行了多方尋訪、查找、求證，共挖掘出張氏家族兩個家庭收藏的契約文書171張以及抄録地契、繳税收據等40多張，同時還收集到與張氏同村的石氏家藏契約文書23張，可作爲對張氏契約文書中某些歷史信息的佐證。童廣俊、張玉、于秀萍、張津對收集到契約文書進行認真的整理、掃描、謄抄辨識、録入、標點、校勘，按立契年代編排順序。河北師範大學歷史文化學院秦進才教授對書稿寫作提出了具體意見。在秦教授指導下，我們對以往研究成果進行了整合和重新審視，利用最新史料，作了較大修改，拓寬深化研究内容，最終完成這部著作。

束鹿張氏契約文書真實記録了張氏家族三百多年的經濟生活狀况，反映了華北冀中平原的人文生態、鄉約民俗的原始風貌及華北社會政治、經濟、文化、風俗的演變過程，爲北方契約文書研究增加了新的材料，具有重要的史料價值。對張氏契約文書進行整理與探討，有助於進一步認識歷史上華北地區的地價變動、銀錢流通、物價水準、賦税制度、政權更迭、人文風俗等問題，彌補北方契約文書研究的不足。我們希望通過《束鹿張氏契約文書輯録》的出版，爲北方契約文書研究進一步深入略盡綿薄之力。

本書撰寫過程中，我們得到了大力的支持與真誠的幫助。東大陳村民張樹平、張藏言、石建科提供了家藏最寶貴的原始資料，爲這部書的完成奠定了堅實的基礎。年過九旬的張氏族人張雙紀、張静波通過對自身坎坷經歷的回憶，提供了大量張氏家族過往年代所經歷的歷史史實，使我們梳理清了張氏契約文書中的某些記述，爲成就本書做出了特殊貢獻。張鎮乾長子張志民、張氏後人張英報、南周莊張氏後人張學悦，以及河北省滄縣王氏族人、元氏縣牛氏族人等，爲我們提供了許多有價值的資料。對民國時期契約文書、徵税收據的探討分析中，河北師範大學郭貴儒教授給予了很大幫助，使我們更加細化了研究内容。本書出版還得到滄州師範學院各級領導及天津古籍出版社領導的大力支持，相關工作人員付出了辛勤的勞動。在此，向所有給予我們支持和幫助的領導、學者、朋友及束鹿張氏族人表示最衷心的感謝。

由於時間倉促，作者學力不够，積累欠缺，故見識未免偏頗，加之一些契約文書本身殘缺漫漶，難以識别，書中錯誤、疏漏之處所在多有，還望讀者不吝賜教、批評指正。

作 者

2021 年 9 月 10 日於滄州師範學院